臺北市立大學

第四屆國際暨海峽兩岸《春秋》《左傳》學術研討會論文選集

張曉生
蔡瑩瑩　主編

第四屆國際暨海峽兩岸
《春秋》《左傳》學術研討會論文選集

編輯委員會
（按姓名筆劃排列）

編輯委員

吳俊德　吳肇嘉　吳智雄　陳逢源
曾昱夫　黃聖松　劉德明

主　　編

張曉生　蔡瑩瑩

主編序

　　第四屆國際暨海峽兩岸《春秋》《左傳》學術研討會，前身為「海峽兩岸左傳學高端論壇」，濫觴於2019年冬，由揚州大學主辦；歷時五年三屆，在揚州大學、成功大學接力合作下，不僅開啟兩岸《左傳》研究交流，歷屆會議的豐碩成果，亦廣獲學界認同。第四屆會議於臺北市立大學舉行，秉此傳承，我們希望弘揚經學於國際，廣邀同道以論學，更期望充分展現臺灣作為「世界公民」的角色，遂以「國際暨海峽兩岸《春秋》《左傳》學術研討會」為名，邀集中國大陸、香港、日本、韓國、馬來西亞、美國、英國、德國等共計七十餘位學者與會；於2024年10月25、26二日，發表專題演講與研究論文共48篇。期能展現臺灣《春秋》《左傳》學宏觀的學術視野與多元的研究成果。

　　本次會議發表之論文，在研究領域方面，傳統經學、史學、文學，乃至經典文獻之互涉與字詞考釋等研究領域的相關論文，可謂一如既往地豐富，呈現《左傳》固有之研究薪傳與學術動能；同時，在出土文獻、教學媒材、宗教民俗、哲學思想、語言學、翻譯、新媒體等領域，亦有與《左傳》相互發明者，同樣在本次會議中獲得新的激盪與靈光。在與會學者方面，除前述各國學者共襄盛舉，更邀請到美國《左傳》學名家史嘉柏教授進行專題演講〈論氏族史之可能——以魯叔孫氏為例〉。同時，本次會議也接受若干青年學者、碩博士生的投稿。呈現了《左傳》研究跨國際、跨領域、跨世代的學術潛能。

　　本論文選集共計選錄十七篇論文，可謂本次會議之縮影。

　　在傳統經學與文獻研究方面，陳溫菊〈《左傳》第三十例「凡民逃其上曰潰，在上曰逃」例辨析〉探討《左傳》凡例「潰」與「逃」的使用，結合先儒詮釋，指出此凡例與經傳記載的符合度不高，並對相關解釋提出反思與補正；張高評〈《左傳》晉楚鄢陵之戰及其敘事義法〉指出《左傳》對鄢陵之戰的敘

述，不僅以詳實之筆記錄晉楚之戰，更聚焦戰後晉國內亂之鋪陳。體現了「原始要終，本末悉昭」的《春秋》義法；吳智雄〈服虔《春秋》書法觀蠡探〉提出服虔的七大《春秋》書法觀，並分析其經學史意義，彰顯東漢《左氏》學派今古兼治、三傳融合的學術特徵；張曉生〈林堯叟《春秋經左氏傳句解》對杜注的補充與修正——兼論其書與宋代《春秋》學術的關係〉針對林堯叟《春秋經左氏傳句解》的貢獻與學術史意義提出論述；劉德明〈論杜諤《春秋會義》特質及其對《左傳》的去取〉則探討杜諤《春秋會義》的解經方式及其對《左傳》的多元取捨，呈顯北宋四川《春秋》學的特色；潘銘基的論文〈表裡《論語》：論《左傳》與《論語》之相互發明〉體現了《左傳》與《論語》兩部經典文獻的互涉涵融，如何達成對《春秋》經的詮釋。上述諸文，可謂涵括漢學到宋學的學術史視野，也體現了《左傳》與《春秋》之學多元而豐饒的學術地景。

在出土文獻與史學研究方面，古育安、黃庭頎、謝博霖皆熟稔地運用傳世與出土文獻互證，探析關於春秋時期的刑法、爵稱、儀典之遞嬗與歷史意義。古育安〈《左傳·昭公六年》叔向致子產書新詮〉運用傳世與出土文獻，針對「叔向致子產書」進行個案分析，探討其文義、刑書性質及治民觀念。黃庭頎〈從新見春秋金文再論五等爵制——以「公」為例〉借助春秋曾國金文的新發現，重新探論五等爵制在東周的發展情況。謝博霖〈西周金文在《左傳》中的繼承——以冊命相關記錄為例〉比對《左傳》與金文之格式套語，探討春秋時期對西周冊命制度的繼承與轉化。水野卓的論文〈《春秋》《左傳》的「公」——《左傳》之素材探析〉涉及《左傳》文本編纂與形成的歷史，劉文強則透過《左傳》解析上古史。

上述研究進徑，充分展現了《左傳》亦經亦史的特質，而在傳統經史學以外，取資或呼應《左傳》的跨領域研究也值得矚目。哲學與語言學方面，關啟匡從熊十力《讀經示要》切入，討論儒家六經所揭示天道與人性之核心義理，闡述內聖外王的實踐路徑，回應現代化思潮挑戰；許懿昀通過包含甲骨、金文、《左傳》、《國語》等殷周至春秋戰國之語料，探討漢語雙音化的進程。宗教民俗方面，謝政修、蔡翔宇聚焦於關聖信仰與文化；教學媒材與新媒體方面，蔡妙真的論文示範了古典文本在教學場域中，如何面對、運用現代媒介的挑戰

與新生，李康範的研究則反省了《左傳》之經典敘事「城濮之戰」如何在新媒體中被重新詮釋理解，思考經學研究在當代所面臨的變局與挑戰。

　　本次研討會以多元視角探索《春秋》《左傳》學的可能性，呈現《左傳》學術研究的深度與廣度。與會學者的論文不僅延續對古典經史學的關注，也突破傳統框架，將哲學、語言學、民俗宗教、新媒體等領域融入討論，展示《春秋》《左傳》在當代人文學領域的持續影響力。本次會議促進了國際與兩岸學術交流，並啟發《左傳》研究在全球化背景下的未來可能性。期許通過此次會議的成果，促進《左傳》研究在傳承中創新，延續跨國際、跨領域、跨世代的美好緣分與研究量能，為古典文獻研究開創更豐饒的學術風貌。

　　本次會議得以順利舉行，要由衷感謝臺北市立大學競爭型計畫「傳統文化的當代詮釋——臺灣在華人文化中的國際影響力」、國家科學及技術委員會、中國經學研究會、臺北市立大學儒學中心、東吳大學儒道智慧永續應用全球研究中心、社團法人中華關聖文化世界弘揚協會、成大中文系于維杰教授學術基金、成大中文系系友張點凡教授學術基金的協力贊助。會議論文集的發行，則有賴臺北市立大學出版中心與教學發展中心的支持，並由萬卷樓圖書股份有限公司協助編輯。在此致上最真誠的感謝。

張曉生、蔡瑩瑩

2024年12月

目次

主編序 ………………………………………………………………………………… I

經學與文獻研究

《左傳》第三十例「凡民逃其上曰潰，在上曰逃」例辨析 ………… 陳溫菊　3

《左傳》晉楚鄢陵之戰及其敘事義法
　——以記事成法、敘事傳統、歷史編纂為例 ………………… 張高評　47

服虔《春秋》書法觀蠡探 ………………………………………… 吳智雄　79

林堯叟《春秋經左氏傳句解》對杜注的補充與修正
　——兼論其書與宋代《春秋》學術的關係 …………………… 張曉生　117

論杜諤《春秋會義》特質及其對《左傳》的去取 …………… 劉德明　139

表裡《論語》：論《左傳》與《論語》之相互發明 …………… 潘銘基　167

出土文獻與史學研究

《左傳‧昭公六年》叔向致子產書新詮 ………………………… 古育安　189

從新見春秋金文再論五等爵制
　——以「公」為例 ………………………………………………… 黃庭頎　213

西周金文在《左傳》中的繼承
　——以冊命相關記錄為例 ……………………………………… 謝博霖　237

《春秋》和《左傳》的「公」
　——《左傳》之素材探析 ……………………………………… 水野卓　257

系統性解析《左傳‧文公十八年》之古人、古史 …………… 劉文強　279

哲學與語言學研究

〈《讀經示要・第一講》外王學維度中的「物」論〉 ………… 關啟匡　325

試探「伐」字雙音化現象：以殷周春秋戰國語料為主的考察 ……… 許懿昀　353

宗教與民俗研究

關夫子與《春秋》：儒士詮釋下的關聖信仰 …………………… 謝政修　407

從關公對春秋的踐履形象初探傳世與當代關聖文化建構發揚之影響　蔡翔宇　445

教學媒材與新媒介

〈城濮之戰〉的文化聯想
　　　——在網路傳媒與傳統學術研究之間 ………………… 李康範　481

當古經穿越到數位世代
　　　——以多模態創意教學提升《左傳》教學成效與傳播之研究　蔡妙真　507

經學與文獻研究

《左傳》第三十例「凡民逃其上曰潰，在上曰逃」例辨析*

陳溫菊

銘傳大學應用中國文學系

摘要

　　《左傳》中有所謂「發凡言例」的五十凡例，意在詮解經傳的內容與事例，以為理解經傳的指標，由此考察孔子作《春秋》褒貶善惡、微言大義的深刻意蘊。但凡例所述，並不能百分之百精確地切合經傳內文的記載，故先儒對此提出諸多批判和異說。本文的研究是針對《左傳・文公三年》：「凡民逃其上曰潰，在上曰逃」一例進行校覈辨析，以歸納統計之法結合屬辭比事的原則來驗證此凡例的信效度。根據本文的探析可知：一、《春秋》書「潰」4例，僅書屬國或城邑名，似無罪君責民之譏刺意。二、《春秋》書「逃」字3例，鄭詹、鄭文公和陳哀公三人皆符合凡例「在上曰逃」的描述，以「逃」書之，或當有貶抑譏諷之意。三、《左傳》書「潰」字23見、16則事例，與《春秋》書法相同者，以標記屬國或城邑名為主，僅占比62.5%；與《春秋》書法相異者，則出現「人、民、眾、師」等用語。觀驗核結果，《左傳》書「潰」並未受凡例所規範，也難據以斷定是否有褒貶美刺之意。四、《左傳》書「逃」字81見，其中50處非具體事例，31處共錄28事例。「逃」字記載具體事例時，大抵敘述史事現況，從逃者身分、所逃地點、逃走原因等要素分析，符合國君、太子、公子、大夫等「在上」身分的逃者占比僅60.7%，且逃者行為有順理、有違理者，不能一概而論，故無法遽斷其「逃」字有褒貶美惡之寄託寓意。故總結而

---

* 臺北：臺北市立大學出版中心，2024年12月，頁3-45。

言，《左傳》第三十凡例說，除了《春秋》書「逃」例符合「在上曰逃」說外，其餘經文和《左傳》傳文記載，與此凡例說之契合度並非百分之百契合，然大體亦可作為參考性質的通則。

關鍵詞：《左傳》凡例、潰逃、戰爭、屬辭比事

一、前言

後人言《左傳》有所謂「五十凡例」，據杜預《春秋經傳集解・序》曰：「仲尼因魯史策書成文，考其真偽，而志其典禮。上以遵周公之遺制，下以明將來之法……。左丘明受經於仲尼……其發凡以言例，皆經國之常制，周公之垂法，史書之舊章，仲尼從而脩之，以成一經之通體。」[1] 杜預一生信好《左傳》，蓋以為「發凡言例」的「凡例」繼承周公治國之禮法及史書傳寫之規範，孔子據此修《春秋》，故有後世研經者據此認為：「凡例」既總結孔子解釋《春秋》之書法，後人亦可據以詮解《經》、《傳》的內容與事例，藉此觀照或推臆聖人託寓之微言大義。事實上，「凡例」雖然對經文書法的解釋提供了概括性論述，有提綱挈領之效，可作為理解經文、傳文的指標，但由於簡略不文，闡述不夠詳盡，導致論經研傳者仍多異說異解，不少先儒也對於「凡例」及杜預之說質疑問難，提出諸多批判辨駁。因此，「凡例」的可信度有待進一步更仔細地辨析與驗證。

本文的研究對象，即是《左傳・文公三年》出現的第三十條凡例：「凡民逃其上曰潰，在上曰逃。」[2] 意謂：凡是百姓四散潰逃的，稱作「潰」；在上位者自行逃跑的，稱作「逃」，這是解釋《春秋》使用「潰」和「逃」二字的意旨和差別。「潰」、「逃」二字所涉記載內容，多與戰爭有關，《左傳》謂「國之大事，在祀與戎」，[3] 戰爭是國家最重大的兩件要事之一，攸關國家的生死存亡，而整部《左傳》所記載的大大小小的戰事多達483件，[4] 佔了全書的百分之40，[5]

---

1 〔晉〕杜預注：《春秋經傳集解》（臺北：新興書局，1990年，相臺岳氏本），頁39上-下。
2 〔晉〕杜預注、〔唐〕孔穎達疏：《春秋左傳正義》，〔清〕阮元審定、盧宣旬校：《重刊宋本十三經注疏附校勘記》本（臺北：藝文印書館，1976年，清嘉慶二十年南昌府學刊本），頁304下。本文引用之《春秋》經文、《左傳》傳文，皆據此本，後文見引僅標明頁碼。
3 引文見《左傳・成公十三年》。《春秋左傳正義》，頁460下。
4 中國軍事史編寫組編：《中國軍事史・兵略》（北京：解放軍出版社，1986年），上冊，頁36。其實對於《左傳》中記載的戰爭次數，各家統計的精確數字均有不同，400餘件是各家統計的約數。
5 陽平南：《《左傳》敘戰的資鑑精神》（臺北：文津出版社，2001年），頁6。

其內容表現在整軍經武、聯盟抑霸、鬥智鬥力的題材上，佔據了全書相當高的比重，戰爭也成為春秋歷史軌跡最重要的面貌之一，故在五十凡例中，與戰爭詞語相關的條例數量最多。[6]若能完整辨析所有與戰爭相關之條例，蓋能更為全面地勾勒出《左傳》對於戰爭敘事筆法與解經書法之一隅。

本文的探析方法主要是採用歸納統計法，先臚列《春秋》、《左傳》中「潰」和「逃」的記載情況、內容事例、具體條件及異同，取證訓釋，結合屬辭比事之原則，仔細推尋經傳之內理涵義，貫通其中可能的褒貶寓意；間或辨析校覈先儒之說，辨明凡例字義之外隱晦幽微之義，驗證此凡例之信效度，以補正對於凡例理解之謬誤或凡例表述上的闕漏。

二、《春秋》經文「潰」、「逃」事例辨析

《春秋》經文記載的「潰」字有4例，「逃」字有3例，當中昭公二十九年、莊公十七年兩例是「經有傳無」的情況。詳如下表所示：

表一　《春秋》經文「潰」、「逃」事例表

	年份	經文	語義	備註
1	僖公4年	春，王正月，公會齊侯、宋公、陳侯、衛侯、鄭伯、許男、曹伯侵蔡，蔡潰。遂伐楚，次于陘。	蔡國百姓潰散	
2	文公3年	春，王正月，叔孫得臣會晉人、宋人、陳人、衛人、鄭人，伐沈，沈潰。	沈國百姓潰散	
3	成公9年	楚公子嬰齊帥師伐莒。庚申，莒潰。楚人入鄆。	莒國百姓潰散	
4	昭公29年	冬，十月，鄆〔魯國鄆城〕潰。（原因不明）	鄆城百姓潰散	經有傳無

---

6 根據筆者初步研究，五十凡例中，約有18條凡例與戰爭攸關。詳見拙著《駱成駫《左傳五十凡例》研究》（臺北：經學文化事業有限公司，2014年）一書。

	年份	經文	語義	備註
1	莊公17年	鄭詹〔鄭國執政大夫〕自齊逃來。	逃走	經有傳無
2	僖公5年	諸侯盟于首止。鄭伯〔鄭文公〕逃歸，不盟。	逃走	
3	襄公7年	陳侯〔陳哀公〕逃歸。	逃走	

說明：〔 〕內的文字為筆者加註文字。

（一）經文「潰」字事例

文公三年《春秋》經文：「春，王正月，叔孫得臣會晉人、宋人、陳人、衛人、鄭人伐沈。沈潰。」[7]《左傳》記載：「春，莊叔會諸侯之師伐沈，以其服於楚也。沈潰。凡民逃其上曰潰，在上曰逃。」[8]說明魯國派大夫叔孫得臣會諸侯之師攻打沈國，是為了懲罰沈國背叛晉國、服從楚國的緣故。左氏隨即在此發凡，解釋《經》義「潰」、「逃」二字的不同，「潰」指人民棄其上而散逃之狀，「逃」是稱上位者棄逃。杜預注：

> 潰，眾散流移若積水之潰，自壞之象也。國君輕走，群臣不知其謀，與匹夫逃竄無異。是以在眾曰潰，在上曰逃，各以類言之。[9]

杜氏所釋，至少有三層意涵：從身份上說，「潰」指稱「民」，即人民群眾，而「逃」指稱國君、群臣等「在上」者；從人數上說，「潰」指稱多數人，「逃」指稱少數人；從褒貶寓意來看，「潰」是形容民眾戰敗潰散若積水流移的「自壞之象」，而「逃」是為君為臣者拋棄其職，如同百姓「逃竄」之狀。民心渙散無法抗敵，君臣怯懦不能擔責，似皆有指責、批判之意。《說文》解釋「潰」字：「漏也。从水貴聲。」段注：「漏當作屚。屋穿水下也。」[10]故

---

7 《春秋左傳正義》，頁304上。
8 《春秋左傳正義》，頁304下。
9 同前註。
10 參見〔東漢〕許慎著，〔清〕段玉裁注：《圈點段注說文解字‧水部》（臺北：萬卷樓，1999年），卷21，第十一篇上二，頁556下。

「潰」本義是形容屋子漏水，然後有引申為大水沖破堤岸、四處奔流的「潰決」義，或者軍隊戰敗、四處逃散的「潰敗」、「潰散」義。杜預所說的「眾散流移若積水之潰，自壞之象」，蓋以「潰決」之狀來陳述「潰敗」、「潰散」之景況。

經文「潰」字事例，包括：蔡潰、沈潰、莒潰、鄆潰4例。蔡國、沈國為國名；莒既是國名，也是城邑名；鄆為魯國城邑名。以下先參照經傳記載，略述「潰」字4例的事件成因或始末：

1. 蔡潰例

《春秋‧僖公四年》：「春王正月，公會齊侯、宋公、陳侯、衛侯、鄭伯、許男、曹伯侵蔡。蔡潰，遂伐楚，次于陘。」[11]《左傳》記載：「齊侯以諸侯之師侵蔡。蔡潰，遂伐楚。」[12]簡言之，齊桓公以諸侯之師攻打蔡國，肇因於前一年蔡姬之事。據僖公三年《左傳》記載：「齊侯與蔡姬乘舟于囿，蕩公，公懼，變色；禁之，不可。公怒，歸之，未之絕也。蔡人嫁之。」[13]蔡姬盪舟，桓公怒而歸蔡姬，後來蔡穆侯便讓蔡姬改嫁，桓公因此盛怒出兵，會合魯國、宋國、陳國、衛國、鄭國、許國、曹國等諸侯，聯合侵蔡。蔡人不敵，潰敗。由於雙方勢力懸殊，蔡國上下面對「蚍蜉撼樹」的景況，可以想見，無論是軍力或民心，都是快速潰散的慘狀。

細究齊桓公攻打蔡國的動機，其恚怒之因頗有難登大雅之堂的隱晦心思，故《史記》中記載，管仲為了替他遮掩，不得不找個責備「楚貢包茅不入」的藉口，以攻打楚國為號召，表示師出有名，來掩蓋他「為一女子故」而大動干戈的事實。[14]

---

11 《春秋左傳正義》，頁201上。
12 《春秋左傳正義》，頁201下。
13 《春秋左傳正義》，頁200下。
14 詳見《史記‧齊太公世家》。〔漢〕司馬遷撰，〔劉宋〕裴駰集解，〔唐〕司馬貞索隱、張守節正義：《史記》（臺北：鼎文書局，1981年，金陵書局本），頁1489。

2. 沈潰例

《春秋·文公三年》:「春,王正月,叔孫得臣會晉人、宋人、陳人、衛人、鄭人,伐沈,沈潰。」[15]《左傳》記載:「莊叔會諸侯之師伐沈,以其服於楚也。沈潰。」[16]莊叔即叔孫得臣,是魯國大夫,所謂「會諸侯之師」攻打沈國,其實是晉國主導的戰役。由於此時晉、楚相爭,彼此的衝突仍相當尖銳,為了懲罰沈國背叛晉國、服從楚國,晉襄公要求宋、陳、衛、鄭、魯等國出兵,會同晉軍共同討伐,以彰顯其霸主地位。晉襄公在父親晉文公新喪繼位時,便以強悍之姿,於崤山敗秦,於泜水退楚,其霸主之氣勢比晉文公有過之而無不及。而沈國只是一個姬姓小國,夾在大國之間難以自安,無論是依附晉國或楚國,總歸要得罪一方,來自於晉國的報復討伐,根本無從抵抗,百姓潰敗是必然結局。

3. 莒潰例

《春秋·成公九年》:「楚公子嬰齊帥師伐莒。庚申,莒潰。楚人入鄆。」[17]《左傳》記載:

> 冬十一月,楚子重自陳伐莒,圍渠丘。渠丘城惡,眾潰,奔莒。戊申,楚入渠丘。莒人囚楚公子平,楚人曰:「勿殺!吾歸而俘。」莒人殺之。楚師圍莒,莒城亦惡,庚申,莒潰。楚遂入鄆。莒無備故也。[18]

由於晉、楚爭霸,夾在其中的鄭國搖擺不定,二月時鄭成公被楚國收買,從而招致晉國不滿,發兵攻鄭。於是楚國侵陳救鄭,又自陳伐莒,莒國被連破渠丘、莒城、鄆城等三城。[19]

---

15 《春秋左傳正義》,頁304上。
16 《春秋左傳正義》,頁304上-頁304下。
17 《春秋左傳正義》,頁447下。
18 《春秋左傳正義》,頁448下-頁449上。
19 據《春秋·文公十二年》記載:「季孫行父帥師城諸及鄆。」(《春秋左傳正義》,頁330上) 魯國曾經入主鄆城,但此時已屬於莒國。

楚國為了救鄭而伐莒的理由很簡單，打擊報復親晉勢力，削弱敵人便是壯大自己。不論是成公七年的馬陵之盟，或者今年正月剛剛舉辦的蒲地之會，莒國都參與了這些晉國同盟集團的活動，再再證明它是晉國附庸的忠貞成員之一。楚國不遠千里攻打莒國，確實出乎莒人意料之外，但此舉實符合楚國利益。經文記載的「莒潰」，對應《左傳》的敘事經過可知，雖然渠丘城的「眾潰，奔莒」被略過（難道是因城池出乎意料破得太快？），然直書「莒潰」，恰恰揭示莒人防禦之差、潰敗之迅速。楚軍由南向北，一路勢如破竹，短短十二日即抵達莒城之北的鄆城。

面對楚軍的攻伐，莒人潰敗並不令人意外，但《左傳》對此似頗有言外之意的伏筆。前一年晉景公派申公巫臣出使吳國，向莒國借道通行，他看到渠丘的城牆，曾經提醒莒國國君「城已惡」，暗示渠丘城牆太壞，應該加固防備，但莒子有恃無恐，認為莒國「辟陋在夷，其孰以為我虞？」無人會覬覦此僻陋蠻夷之地，毫無備戰的憂患意識，即便申公巫臣語重心長的建議：「勇夫重閉，況國乎？」[20]也不放在心上，於是呼應了隔年「渠丘城惡……楚入渠丘」的結局。對於「莒城亦惡」所造成的「莒潰」結果，《左傳》歸究於「莒無備故」，「君子曰」的點評也是如此：

> 恃陋而不備，罪之大者也；備豫不虞，善之大者也。莒恃其陋，而不修城郭，浹辰之間，而楚克其三都，無備也夫！《詩》曰：「雖有絲麻，無棄菅蒯；雖有姬姜，無棄蕉萃。凡百君子，莫不代匱。」言備之不可以已也。[21]

君子批評莒城「恃陋而不備」，不能「備豫不虞」，這是「罪之大者」。然則，若莒城有備，難道便能與楚國頡頏勝負？客觀的事實大約是不能的，但若能先修好城郭，有預防意外的準備，浹辰（十二日）之間被連破三城的難堪困窘，

---

20 詳見《左傳・成公八年》記載。《春秋左傳正義》，頁446下。
21 《春秋左傳正義》，頁449上。

應可避免,《左傳》於「敘事中自寓論斷」[22]之筆法,以及君子的責備,或當是由此而發。

4. 鄆潰例(經有傳無)

《春秋・昭公二十九年》:「春,公至自乾侯,居于鄆,齊侯使高張來唁公。」又:「公如晉,次于乾侯。」又:「冬十月,鄆潰。」《左傳》記載:

> 春,公至自乾侯,處于鄆。齊侯使高張來唁公,稱「主君」。子家子曰:「齊卑君矣,君祇辱焉。」公如乾侯。[23]

魯昭公於二十五年被三家大夫聯合驅逐出境,流亡齊國,隔年齊國攻魯,奪取鄆城,讓昭公「處于鄆」;到了二十八年,昭公轉而至晉,請求晉頃公協助回國,晉國六卿接受季平子的賄賂,勸阻了晉頃公,晉頃公於是讓昭公居住在乾侯。今年春天,昭公又「居于鄆」,齊景公派人送信,信中稱呼昭公為「主君」,這是當時對卿大夫的稱呼方式,所以子家子才說:「齊國瞧不起君上了,君上只是自取羞辱。」昭公惱怒,便又前往晉國的乾侯。經文又書:「冬十月,鄆潰。」究竟鄆城、鄆人因何事而潰散,《左傳》卻沒有記載。

前文提及,鄆城於文公十二年歸屬魯國,成公九年時則歸屬莒國,至昭公二十六年春正月,「齊侯取鄆」,[24]表示昭公時期鄆又曾屬魯。至於齊國攻取鄆城後,傳文又記載:「三月,公至自齊,處于鄆,言魯地也。」[25]強調鄆城是魯國之地。可至二十七年,傳文又云:「公至自齊,處于鄆,言在外也。」[26]齊景公對鄆城的處置,楊伯峻認為:「雖用以居昭公,而地屬齊,故云『在外』。」[27]表示鄆城已經屬於齊國,但齊景公又似無意經營,故同意讓無處容身的昭公

---

22 張高評:《春秋書法與左傳史筆》(臺北:里仁書局,2011年),頁88。
23 《春秋左傳正義》,頁921上。
24 《春秋左傳正義》,頁900下。
25 同前註。
26 《春秋左傳正義》,頁906下。
27 楊伯峻:《春秋左傳注(修訂本)》(臺北:洪業文化,1993年),頁1482。

居處於鄆。昭公自二十五年流亡伊始,輾轉求助於齊、晉之間,齊景使居鄆城,晉頃使居乾侯,這段時間他經常往來兩地,至三十二年病逝乾侯,未能如願回魯。從今年的記載來看,鄆城人對於昭公的入居,恐怕戰戰兢兢,難以安寧。一方面是鄆城隸屬齊國,卻仍居舊主魯君,處境尷尬;另一方面是來自魯國大夫與昭公之間的衝突矛盾尚未解決,季孫氏對昭公依舊虎視眈眈,故而秋天才有「孟懿子、陽虎伐鄆,鄆人將戰」[28]之事。

經文所載昭公二十九年冬季「鄆潰」之事,有經無傳。杜預注:「民逃其上曰潰。潰散叛公。」[29]孔穎達《正義》:「公自二十六年以來,常居于鄆。此時公既如晉,必留人守鄆。鄆人潰散而叛公,使公不得更來,當是季氏道之使然。」[30]結合杜、孔的推測,「鄆潰」是因季氏威脅,導致鄆人叛公而潰散。孫復說:「季孫專魯,民不附公,故鄆潰。」[31]張自超云:「公兩如齊,不得命矣;兩如晉,不見納矣。久于乾侯而不返,此鄆人所以失望于公之復國,惟恐季氏不利于己而潰也。」[32]楊樹達曰:「季氏,魯之大夫也,以得民眾而昭公致敗。……然則國家之於民眾也,可不慎哉!可不慎哉!」[33]皆以為昭公不得民心,復國無望,加上害怕季氏報復,才出現鄆人潰散,不願再依附昭公的結果。

對於「潰」字的意涵和經文寓意,前賢對此有過諸多討論。如《公羊》云:「潰者何?下叛上也。國曰潰,邑曰叛。」[34]公羊釋「潰」為「下叛上」,強調「潰」和「叛」的區別在於作戰範圍的大小,一者以國家為範疇,一者以

---

[28] 《春秋左傳正義》,頁909下。
[29] 《春秋左傳正義》,頁921上。
[30] 《春秋左傳正義》,頁921上。
[31] 〔宋〕孫復:《春秋尊王發微》卷10,僖公二十六年,《景印文淵閣四庫全書》(臺北:臺灣商務印書館,1983年),147冊,頁112上。
[32] 〔清〕張自超:《春秋宗朱辨義》卷十「冬十月鄆潰」,《景印文淵閣四庫全書》178冊,頁263上。
[33] 楊樹達:《春秋大義述》(上海:上海古籍出版社,2007年),卷三,貴得眾第十九,頁165-166。
[34] 〔東漢〕何休解詁、〔唐〕徐彥疏:《春秋公羊傳注疏·僖公四年》,〔清〕阮元審定、盧宣旬校:《十三經注疏》本(臺北:藝文印書館,1976年),頁125下。

城邑為範疇，單就國家或城邑的規模來區分「潰」和「叛」。劉敞以為此說並不允妥，駁斥曰：「非也。潰者，民潰；叛者，臣叛，非繫國邑為別。」[35] 杜預曾解釋「叛」不同於「潰」：「苟無固志，盈城之眾，一朝而散，如積水之敗，故曰『潰』。」[36]「叛者，舉城而屬他，非民潰之謂也。例之潰、逃，指謂一國一軍一邑，君民相須為用，變文以別之也。」[37] 劉敞說：「凡潰者，取其如水之決耳。」[38] 也贊同以大水沖破堤防，江河水潰決的情況來比喻人民散逃的狀態。

《公羊》的「下叛上」說，有責民不忠之意，前人反對者，多以為《春秋》所譏貶者在君、在諸侯、在入侵者，實不在民。如宋人孫覺云：「沈，小國，不勝而潰。潰者，其下奔亡之辭也。暴中國者楚爾，沈何罪乎？《春秋》書之，以諸侯為師所伐矣。」[39] 劉絢曰：「一被侵伐而民散，君之不能可知矣。蔡潰、沈潰、許潰是也。」[40] 今人傅隸樸說：

> 前者侵蔡之師以齊為主（按：指僖公四年事），此次伐沈之師，則以晉為主，都是霸主，蔡沈之不敵，是無待言的，民之潰散，也是必然的，三傳之義都似有責民不忠之意，不知此實由小國之君不善自處所致，於民何尤？故必以「叛上」「逃上」為義，那就是「不諒人只」了，恐非經義所在。[41]

因《穀梁》謂：「潰之為言，上下不相得也。」[42] 以「潰」字昭示君民不同心，

---

35 〔宋〕劉敞：《春秋權衡》卷十一，《景印文淵閣四庫全書》，147冊，頁289上。
36 〔晉〕杜預：《春秋釋例》卷四〈逃潰例第三十四〉，《景印文淵閣四庫全書》，146冊，頁76上。
37 〔晉〕杜預：《春秋釋例》卷四〈逃潰例第三十四〉，《景印文淵閣四庫全書》，146冊，頁76下。
38 〔宋〕劉敞：《春秋權衡》卷十一，《景印文淵閣四庫全書》，147冊，頁289上。
39 〔宋〕孫覺：《春秋經解》，《叢書集成初編》版（上海：商務印書館，1935年，聚珍版叢書本），卷九，頁257。
40 劉絢為宋人，見〔元〕汪克寬：《春秋胡傳附錄纂疏》卷十四，《景印文淵閣四庫全書》165冊，頁366下所引。
41 傅隸樸：《春秋三傳比義》（臺北：臺灣商務印書館，1983年），頁542。
42 〔晉〕范甯注、唐‧楊士勛疏：《春秋穀梁傳注疏‧僖公四年》，〔清〕阮元審定、盧宣旬校：《十三經注疏》本（臺北：藝文印書館，1976年），頁72下。

民心不能與君意一致。左氏凡例說:「凡民逃其上曰潰」,民、上相對,「逃」是民之行為選擇,卻隱有不應「逃」而「逃」之斥,故傅氏認為三傳都似有責民不忠之意,他反對此說。

綜整以上所述,本文以為:「潰」字是形容軍隊或百姓潰敗、潰散的情況,突顯被侵伐或威脅的國家、城邑,君民上下之抵抗心和抵抗力毫無勝算、迅速渙散之狀。從經文的記載來看,「潰」字4例中的「鄆潰」例和前三則事例並不完全相類。首先,鄆是表述一個城邑,蔡、沈、莒則表述一個國家(雖然實際戰況可能只波及國都或幾個城邑),故就潰散、潰敗的範圍而觀,二者有小大之別;其次,蔡潰、沈潰、莒潰都記載了這是國家對國家的侵伐行為,三國潰敗或潰散,明確是戰爭行動,且都是強勢大國甚至是聯軍侵伐弱勢小國造成的結果,經文在「蔡潰、沈潰、莒潰」的記載前,會先明確書寫戰事進攻的成員,而「鄆潰」卻缺乏這個關鍵的描述,又無傳文,導致讀經者揣測紛紜。或許「鄆潰」例事涉魯君及魯國內鬥齟齬,符合《公羊》所謂「為尊者諱,為親者諱,為賢者諱」[43]的《春秋》書法,才使其記載比較特別。至於「潰」字例究竟有否罪責之意,罪君或罪民?或兩者皆罪?或皆不罪?實難以斷言。觀經文僅書「蔡、沈、莒、鄆」之屬國或城邑名,並不稱君或「民」或「人」或「師」等字眼,筆者師心以為:皆不罪。從「潰」字4例的史實來說,「潰」者之必然與無奈,不宜罪之也。故「凡民逃其上曰潰」例,推敲語意,左氏對「潰」字的解釋,責民的負面意味恐太過濃厚。

(二) 經文「逃」字事例

《說文》解釋「逃」字的意義是:「亾也。从辵兆聲。」段注:「亡也。亡、逃互訓。」[44]「逃」的本義是逃走、逃跑,引申有逃亡、逃避之義。經文「逃」字事例,包括:「鄭詹自齊逃來」、「鄭伯逃歸不盟」、「陳侯逃歸」3例。鄭詹應是鄭國的執政大夫,鄭伯是指鄭文公,陳侯則是陳哀公。以下先參照經傳記載,略述「逃」字3例的事件成因或始末:

---

43 〔東漢〕何休解詁、〔唐〕徐彥疏:《春秋公羊傳注疏·閔公元年》,頁114下。
44 《圈點段注說文解字·辵部》,卷4,二篇下,頁74下。

1. 鄭詹逃來例（經有傳無）

《春秋‧莊公十七年》：「春，齊人執鄭詹。」「秋，鄭詹自齊逃來。」《左傳》記載：「春，齊人執鄭詹，鄭不朝也。」[45]鄭詹是何人？杜預注：「齊桓始霸，鄭既伐宋，又不朝齊，詹為鄭執政大臣，詣齊見執。不稱行人，罪之也。」[46]杜氏以為鄭詹是鄭厲公之子，現為鄭國執政大臣，以行人身分出使齊國，被齊國拘執，原因是鄭不朝齊，就是不把齊國當作盟主的意思，「執鄭詹」則是齊人對鄭國的警告和報復手段。在春秋時期，位居中原的鄭國掙扎於齊、晉、楚的爭霸勢力，在夾縫中生存，對霸主的選擇走的是反覆無常路線，霸主們也動不動就教訓不聽話的下屬盟國。相較於《公羊》、《穀梁》以其為鄭之卑微者，因佞被執之說，[47]杜預的解釋更合於情理。如果鄭詹只是一個身分卑微的佞人，齊國卻大張旗鼓執拘他，魯國收留他，經傳記載他，未免過於慎重。

此例經有傳無，經文的記載乃因於魯史立場，顯然此事有其重要性，畢竟「魯容罪人而納之，以抗天下之盟主，亦未免乎有罪也？」[48]鄭詹逃來魯國，豈非讓魯國得罪齊國？故必須記載。但從國際地位的重量來看，齊國才是值得矚目的焦點，因此傳文只記鄭詹被齊人所捉及其被捉原因，至於他出逃去哪裡及後續發展，左史忽略未記，亦無甚影響。

2. 鄭伯逃歸例

《春秋‧僖公五年》：「（夏）公及齊侯、宋公、陳侯、衛侯、鄭伯、許男、曹伯會王世子于首止。秋八月，諸侯盟于首止。鄭伯逃歸不盟。」[49]《左傳》記載：

---

45 《春秋左傳正義》，頁158上-頁158下。
46 《春秋左傳正義》，頁158上。
47 參見〔東漢〕何休解詁、〔唐〕徐彥疏：《春秋公羊傳注疏‧莊公十七年》，頁94上；〔晉〕范甯注、〔唐〕楊士勛疏：《春秋穀梁傳注疏‧莊公十七年》，頁53下。
48 〔宋〕孫覺：《春秋經解‧莊公十七年》，卷六，頁156。
49 《春秋左傳正義》，頁205上。

（夏）會于首止，會王大子鄭，謀寧周也。

秋，諸侯盟。王使周公召鄭伯，曰：「吾撫女以從楚，輔之以晉，可以少安。」鄭伯喜於王命，而懼其不朝於齊也，故逃歸不盟。孔叔止之，曰：「國君不可以輕，輕則失親；失親，患必至。病而乞盟，所喪多矣！君必悔之。」弗聽，逃其師而歸。[50]

根據經文記載，夏天諸侯相會於首止，秋天訂立盟約。首止是衛地，會盟的諸侯包括齊、魯、宋、陳、衛、鄭、許、曹等八國。首止之會的起因是周惠王私心寵嬖王子帶，欲廢太子鄭，改立王子帶，所以齊桓公才出面調解，召集諸侯與太子鄭相會，以安定太子鄭的地位，太子鄭後來即位為周襄王。而鄭文公卻因得到周惠王開出利誘條件的命令，打算「從楚」，但又懼怕不朝於齊的下場，所以不聽孔叔的勸阻，選擇不參與盟約，留下軍隊，自己逃回鄭國了。鄭文公的「逃歸不盟」，總結而言，就是貪利背信又怕死的選擇結果罷了！

3. 陳侯逃歸例

《春秋・襄公七年》：「楚公子貞帥師圍陳。」「十有二月，公會晉侯、宋公、陳侯、衛侯、曹伯、莒子、邾子于鄬。鄭伯髡頑如會，未見諸侯，丙戌，卒于鄵。陳侯逃歸。」[51]《左傳》記載：

楚子囊圍陳。會于鄬以救之。
陳人患楚。慶虎、慶寅謂楚人曰：「吾使公子黃往，而執之。」楚人從之。二慶使告陳侯于會，曰：「楚人執公子黃矣。君若不來，群臣不忍社稷宗廟，懼有二圖。」陳侯逃歸。[52]

此例記載楚國伐陳。襄公五年時，楚國伐陳，晉悼公便大會十一國諸侯於城棣

---

50 《春秋左傳正義》，頁207上。
51 《春秋左傳正義》，頁517下。
52 《春秋左傳正義》，頁519下。

（屬鄭地），以謀救陳。[53]今年楚國再次圍陳，晉悼公又召集七國諸侯於蕭地（屬鄭地）相會，再謀救陳。但陳國二慶私通楚人，拘捕陳哀公的弟弟公子黃，再誘騙陳哀公回到陳國，破壞諸侯相會救陳的計畫，陳國也必然會降楚。陳哀公雖是因為受到威脅才回國，但終究難以規避背信逃會的事實。

概括上文所述：經文所載3個「逃」字例，鄭詹是一國大臣，鄭文公和陳哀公是一國之君，若凡例所云「在上曰逃」，此3人都符合在上者的身分。至於經書「逃」字是否寓褒貶，前人有不同見解。如杜預言：「國君而逃師棄盟，違其典儀，棄其車輻，群臣不知其謀，社稷不保其安，此與匹夫逃竄無異。是以在眾為潰，在君為逃，以別上下之名，無取于別國邑也。」[54]意謂「逃」字用於國君棄盟逃師，大臣不謀社稷、自行逃亡的情況，此言及國君、群臣之「逃」，明顯有「別上下名」的指責意味，似可全數包舉鄭文公、陳哀公、鄭詹三人的行為。但矛盾的是，對於鄭詹之逃，他又另有解釋：「鄭詹見囚於齊，自齊逃來，此為逸囚，無不可逃。《春秋》指事而書，所謂民逃，非在上之逃也。」[55]以為鄭詹是逃跑的囚犯，屬於「民逃」，並非凡例所指的「在上之逃」的「逃」，有多此一舉、節外生枝之弊。葉夢得認為：「逃者，不與於眾，竊以其身免。以是為辨，初不以上下也。鄭伯逃盟，陳侯逃歸曰『逃』，鄭詹自齊逃來亦曰『逃』，何獨在上乎？」[56]他反對「別上下」說，認為貪生怕死，拋棄眾人，「竊以其身免」才是《春秋》書「逃」字的關鍵。孫覺的觀點更複雜些，其言曰：

> 《春秋》之法，義當留而竊去，曰「逃」。鄭詹為鄭之執政大臣，至于見執，已有罪矣。然齊執詹，必有以怒鄭也。為詹者，當仗節死義，以紓一國之難，可也。乃苟免其一身之死，遁逃而去……詹固有罪矣。[57]
> 首止之會，齊桓始攘荊楚，帥諸侯會王世子，以尊周室安天下，而鄭伯

---

53 事見《春秋左傳正義》，頁515下。
54 〔晉〕杜預：《春秋釋例》卷四〈逃潰例第三十四〉，《景印文淵閣四庫全書》146冊，頁76上。
55 〔晉〕杜預：《春秋釋例》卷四〈逃潰例第三十四〉，《景印文淵閣四庫全書》146冊，頁76下。
56 〔宋〕葉夢得：《春秋三傳讞・春秋左傳讞》卷三，《景印文淵閣四庫全書》149冊，頁540上。
57 〔宋〕孫覺：《春秋經解・莊公十七年》，卷六，頁156。

> 附楚，逃歸不盟。《春秋》書之曰：「鄭伯逃歸，不盟。」其叛中國從外裔，行如匹夫也。不盟者，可以盟而不盟也。鄬之會，晉悼公合諸侯以背疆楚，亦有安中國攘外裔之心。而陳侯附楚逃歸，《春秋》書之曰：「陳侯逃歸」爾，不曰「不會」也，蓋陳侯雖為匹夫之賤行，而晉悼亦非天下之盟主，不曰「不會」者，可賤者逃歸爾。……齊桓之盟，可以盟也；鄭伯不盟，則有罪矣。晉悼之會，可以會，可以不會；陳侯不會，亦無譏也。然則齊桓晉悼之優劣，可以陳鄭之君見之也。[58]

孫氏對鄭詹、鄭文公、陳哀公三人的斷言採分而論之的主張。為人臣，鄭詹不能仗節死義以殉國難，有罪；鄭文公逃歸不盟，背齊從楚，叛中國而從蠻夷，有罪；陳哀公逃歸不會，背晉附楚，同樣是叛中國而從外裔，卻又說《春秋》無譏刺之意，標準不一，未免令人無所適從。

總結而言，筆者以為：凡例「在上曰逃」之說能切合經文事例。至於鄭詹之逃來，鄭文、陳哀之逃歸，由傳文記載可知，三人之「逃」無絲毫得稱嘉許之處，反在在見其失當不妥之慮，《春秋》以「逃」書之，或當有貶抑譏諷之意。

三、《左傳》傳文「潰」、「逃」事例辨析

經由上文對《春秋》「潰」、「逃」例的探析，可知經文記載二字的用法都對應具體事件，「潰」字用於標記國家或城邑的地理資訊，「逃」字用於載錄國君或重臣的人物名諱資訊。《左傳》的內容較《春秋》詳繁，記錄的事件和史料更多，因此在傳文中出現的「潰」、「逃」二字用法亦形多元。以下就《左傳》「潰」、「逃」二字的用法分別表列，進而查究、辨析內文，以了解經傳見載之異同，以及傳文與凡例契應的概況。因篇幅有限，為避免冗贅，以下對傳文事例之說明僅扼要略述。

---

58 〔宋〕孫覺：《春秋經解・襄公七年》，卷十二，頁319。

(一)《左傳》「潰」字事例

《左傳》的「潰」字共23見,內文如下表所示。除了文公三年的凡例和襄公二十六年的聲子之言、昭公二十三年的沈尹戌之言,此三則皆非具體事例,其餘19處「潰」字,合計有16件事例。

表二　《左傳》傳文「潰」字事例表

	年份	傳文	描述對象	備註
1	桓公9年	鄭人宵潰①	鄭人／人（百姓）	
2	閔公2年	（鄭）師潰而歸②	師／軍隊	
3	僖公元年	邢人潰③	邢人／人（百姓）	
4	僖公4年	蔡潰④	蔡／國	經傳皆有
5	僖公19年	（梁）民懼而潰⑤	民／百姓	
6	僖公28年	楚右師潰／楚左師潰⑥	楚右師、左師／	
7	文公3年	沈潰⑦ （凡民逃其上曰潰）	沈／國	經傳皆有 （非事例）
8	宣公12年	蕭潰[*2]⑧	蕭／	
9	成公3年	廧咎如潰⑨	廧咎如／	
10	成公9年	（渠丘城）眾潰／莒潰⑩	莒／國	經傳皆有
11	襄公25年	舒鳩潰⑪	舒鳩／	
12	襄公26年	楚師宵潰[*2]〔聲子之言〕	楚師／	（非事例）
13	昭公13年	（楚）師及訾梁而潰⑫	師／	
14	昭公23年	郊、鄩潰⑬	郊鄩／	
15	昭公23年	蒯潰⑭	蒯／	
16	昭公23年	昔梁伯溝其公宮而民潰 〔沈尹戌之言〕		（非事例）
17	昭公24年	攻瑕及杏,皆潰⑮	／	
18	哀公4年	蠻氏潰⑯	蠻氏／	

說明:〔 〕為筆者說明。[*2]表示該詞條重見2次。①表事例編號。

歸納《左傳》記錄「潰」字事例的形式，可分為三類：

1. ○人／民／眾潰：鄀人宵潰、邢人潰、（梁）民懼而潰、（渠丘城）眾潰例

（1）鄀人宵潰

鄀地位於鄧國南方，但它是屬於鄧國領地或為鄧之附屬國則未可知，顧棟高以為是國名。[59]從《左傳・桓公九年》的傳文來看，巴國欲與鄧國結好，請楚國出面協助溝通，結果發生「鄧南鄙鄀人攻而奪之幣」事件，鄧國南部邊境的鄀人攻擊並搶奪聘問團的禮品。鄀人是否受鄧人指使不得而知，但楚國、巴國因此聯合出兵包圍鄀地，鄧國旋派兵援救鄀人，最終鄧師大敗，而「鄀人宵潰」了。[60]因為楚、巴聯軍圍攻鄀地，鄧軍救援失敗，鄀地百姓無力自保，到了晚上就潰散了。

（2）邢人潰

《左傳・僖公元年》記載：「諸侯救邢。邢人潰，出奔師。師遂逐狄人，具邢器用而遷之，師無私焉。」又：「夏，邢遷于夷儀，諸侯城之，救患也。」[61]
據《春秋・莊公三十二年》曰：「狄伐邢。」[62]《左傳・閔公元年》云：「狄人伐邢。」[63]可知狄人入侵邢國。「狄」指的是赤狄部落，邢是國家名，楊伯峻考證：「邢，姬姓國，周公之子所封，今河北省邢台市西南有襄國故城，即其地。」[64]由於赤狄進犯邢國，故在僖公元年，齊桓公才會同宋桓公、曹昭公親自出兵援救，這是齊桓公團結中原、「尊王攘夷」之舉。經文書曰：

---

59 〔清〕顧棟高：《春秋大事表》曰：「（襄陽府）又縣東北十二里有鄀城，為鄀國，居鄧之南鄙。」見楊家駱主編：《春秋大事表　春秋比事》（臺北：鼎文書局，1974年），卷六下，頁216上。
60 《春秋左傳正義》，頁120上。
61 《春秋左傳正義》，頁197上-頁198下。
62 《春秋左傳正義》，頁181上。
63 《春秋左傳正義》，頁187上。
64 楊伯峻：《春秋左傳注・莊公三十二年》，頁251。

「齊師、宋師、曹伯次于聶北,救邢。」[65]原先諸侯之軍駐紮在聶北,準備援助邢國。但當諸侯之軍尚未採取行動,邢國軍民已經潰散,紛紛逃入諸侯軍中。諸侯軍隊追擊狄人,又幫助邢人遷都夷儀、為之築城。此例經文只見「救邢」,未書「邢人潰」之狀,故杜預注:「邢潰,不書不告。」[66]以為不告之故。

(3)(梁)民懼而潰

《左傳·僖公十九年》:「初,梁伯好土功,亟城而弗處,民罷而弗堪,則曰:『某寇將至。』乃溝公宮,曰:『秦將襲我。』民懼而潰,秦遂取梁。」[67]梁國國君無道,好大喜功,大興土木,使得梁國百姓勞役繁重,疲困不堪忍受,怨聲載道;後來聽到「有敵人要打來、秦國要襲擊我們」的謠言,敵軍尚未進攻,百姓就害怕得潰散了。

(4)(渠丘城)眾潰

此事例已於經文「莒潰」例中解說。《左傳·成公九年》:「冬十一月,楚子重自陳伐莒,圍渠丘。渠丘城惡,眾潰,奔莒。戊申,楚入渠丘。」[68]晉國伐鄭,楚國侵陳救鄭,又自陳伐莒,短短十二日內莒國即被連破渠丘、莒城、鄆城三城。楚軍伐莒,首遇渠丘,「渠丘城惡」,完全守不住,眾人潰散。「眾潰」之「眾」,具體來說,應包括在渠丘城的莒子(國君)、群臣和渠丘百姓。

以上4例,都是描摹戰爭或戰前的情況,突顯該國或該城百姓、群眾潰散奔逃之狀。前3例傳文所記「人、民」之「潰」,指稱的對象是某一國或某一城百姓的活動狀態;第四例所記「眾」之「潰」,「眾」字本是強調群眾人數之多,然據傳文得知,或因此處「眾潰」不僅只有渠丘百姓,亦包括在渠丘城的莒子及其臣屬,故用「眾」而不用「人」、「民」。《左傳》記「眾潰」僅此一例。

---

65 《春秋左傳正義》,頁197上。
66 《春秋左傳正義》,頁198上。
67 《春秋左傳正義》,頁240上。
68 《春秋左傳正義》,頁448下。

2. 師／○師潰：(鄭)師潰、楚右師潰及楚左師潰、(楚)師及訾梁而潰例

(1)(鄭)師潰

《左傳‧閔公二年》：「鄭人惡高克，使帥師次于河上，久而弗召，師潰而歸，高克奔陳。」[69]鄭文公厭惡大夫高克，派他帥軍駐紮黃河邊，久不召回，軍隊潰散逃回鄭國，高克出奔陳國。此例「師潰」，並無外來戰事的壓力，而是國君治國無道，導致軍心渙散，未奉召卻自行逃歸。

(2)楚右師潰、楚左師潰

《左傳‧僖公二十八年》記載：

> 子玉以若敖之六卒將中軍，曰：「今日必無晉矣！」子西將左，子上將右。胥臣蒙馬以虎皮，先犯陳、蔡。陳、蔡奔，楚右師潰。狐毛設二旆而退之，欒枝使輿曳柴而偽遁。楚師馳之，原軫、郤溱以中軍公族橫擊之，狐毛、狐偃以上軍夾攻子西，楚左師潰。楚師敗績。[70]

這是晉、楚城濮之戰場景的片段描述，楚軍主帥是令尹子玉，大夫子上率領右軍，大夫子西率領左軍。戰場這邊，陳、蔡是楚國侵宋的聯盟集團之二，兩國之軍也是楚右軍的先頭部隊，晉國下軍副帥胥臣採取主動，先行進攻陳、蔡軍，陳、蔡軍毫無戰力，馬上四散奔逃，旋即楚軍「右師潰」；戰場的另一邊，晉國上軍將領狐毛、狐偃前後夾擊子西的左軍，又打得楚國「左師潰」，楚國大敗。此例「楚右師潰」、「楚左師潰」，都是戰場實際戰況描繪之語。

(3)(楚)師及訾梁而潰

《左傳‧昭公十三年》記載：

---

69 《春秋左傳正義》，頁192上。
70 《春秋左傳正義》，頁272下-頁273上。

> 楚公子比、公子黑肱、公子棄疾、蔓成然、蔡朝吳帥陳、楚、不羹、許、葉之師，因四族之徒，以入楚。及郊，陳、蔡欲為名，故請為武軍。蔡公知之，曰：「欲速，且役病矣，請蕃而已。」乃蕃為軍。蔡公使須務牟與史猈先入，因正僕人殺大子祿及公子罷敵。公子比為王，公子黑肱為令尹，次于魚陂。公子棄疾為司馬，先除王宮，使觀從從師于乾谿，而遂告之，且曰：「先歸復所，後者劓。」師及訾梁而潰。

昭公十三年、楚靈王十二年時，楚國發生政變。由於楚靈王昏聵殘暴，作惡多端，導致眾叛親離，終落得上吊自殺的下場。上段引文內容，寫的是楚國發動政變之人在蔡地舉事，逼蔡公就範後，以楚公子比、黑肱、棄疾等為首，聯合發動陳、蔡、不羹、葉四地的軍隊，攻入楚都。公子比做了王，公子黑肱做了令尹，公子棄疾做了司馬，又派觀從到楚靈王所在的乾谿接觸楚王部隊，說明楚都現況，並散佈威脅、利誘之語，達到瓦解王師與其對抗的想法。果然，楚靈王的軍隊未回到都城，半路到訾梁，就叛離靈王而潰散了。此處所說的「師及訾梁而潰」，乃軍隊自潰之象，並非實際交戰。

以上3例都是記錄軍隊潰散之事。「師」是指軍隊，「師潰」本應是描述戰況結果的用語，但此3例除了第二例有實際交戰，「（鄭）師潰」、「（楚）師及訾梁而潰」例皆非實戰結果。

3. 國／城邑潰：蔡潰、沈潰、蕭潰、廧咎如潰、莒潰、舒鳩潰、郊及鄴潰、蒯潰、瑕及杏皆潰、蠻氏潰例

以上10例中，由於蔡潰、沈潰、莒潰3例，已於解經事例中詳說，故此不贅述，只介紹其餘7例。

（1）蕭潰

《左傳・宣公十二年》記載：

> 冬，楚子伐蕭。宋華椒以蔡人救蕭。蕭人囚熊相宜僚及公子丙。王曰：

「勿殺,吾退。」蕭人殺之,王怒,遂圍蕭,蕭潰。申公巫臣曰:「師人多寒。」王巡三軍,拊而勉之。三軍之士皆如挾纊,遂傅於蕭。還無社與司馬卯言,號申叔展,叔展曰:「有麥麴乎?」曰:「無。」「有山鞠窮乎?」曰:「無。」「河魚腹疾奈何?」曰:「目於眢井而拯之。」「若為茅絰,哭井則已。明日,蕭潰。申叔視其井,則茅絰存焉,號而出之。[71]

今年,楚莊王揮軍北上,先是圍攻鄭國,然後與晉國爆發邲之戰獲勝,一路氣勢如虹,冬季又出兵攻打蕭國,直逼宋國。因為蕭是宋的附屬國,所以宋大夫華椒領兵救援。不知何故,蕭人竟囚禁了楚國大夫熊相宜和公子丙,楚莊王允諾蕭人不殺他們就退兵。令人詫異的是,蕭人竟不懼楚國的霸王氣勢,仍舊殺了他們。莊王大怒,派兵攻打蕭國,攻破蕭國。

傳文先後出現兩次「蕭潰」:首見於「圍蕭,蕭潰」,這一小段文字應該是總敘事件,「蕭潰」是其結局。然後傳文補敘圍蕭過程的二事,[72]一是莊公撫勉三軍,姿態十足,效果良好;二是蕭國大夫還無社求救於友人楚大夫申叔展,兩人一通暗語相約,機智對談,還無社始倖免於難,此處所見「明日,蕭潰」之語,是從還無社事件的視角陳述經過。兩處「蕭潰」實同一事,意義相同,乃楚軍攻蕭、蕭國城破、蕭人潰散奔逃的現實情景。

(2) 廧咎如潰

《左傳・成公三年》:「晉郤克、衛孫良夫伐廧咎如,討赤狄之餘焉。廧咎如潰,上失民也。」[73]廧咎如是赤狄的一個部落,杜預注:「赤狄之別種也,隗姓。」[74]赤狄部落甚多,除廧咎如外,如潞氏、甲氏、留吁、鐸辰皆是,先

---

71 《春秋左傳正義》,頁399上-下。
72 參見楊伯峻:《春秋左傳注(修訂本)》,頁749。
73 《春秋左傳正義》,頁436上-頁437下。
74 《春秋左傳正義・僖公二十三年》杜注,頁251上。

後為晉所滅,[75]只剩下廧咎如,所以此說「討赤狄之餘」。「廧咎如潰」是戰爭結局,而「上失民也」是評論廧咎如戰敗、百姓潰散的原因。

(3) 舒鳩潰

《左傳‧襄公二十五年》記載:

> (秋,七月)舒鳩人卒叛,楚令尹子木伐之,及離城,吳人救之。子木遽以右師先,子彊、息桓、子捷、子駢、子盂,帥左師以退。吳人居其間七日。子彊曰:「久將墊隘,隘乃禽也,不如速戰。請以其私卒誘之,簡師,陳以待我。我克則進,奔則亦視之,乃可以免。不然,必為吳禽。」從之,五人以其私卒,先擊吳師,吳師奔,登山以望,見楚師不繼,復逐之,傅諸其軍,簡師會之。吳師大敗,遂圍舒鳩,舒鳩潰。八月,楚滅舒鳩。[76]

舒鳩是楚國的屬國,去年「吳人為楚舟師之役故,召舒鳩人,舒鳩人叛楚。」[77]因其叛楚,才有今年楚國令尹子木率兵討伐離城(舒鳩之城)、吳國馳援之事。兩軍經過七天對峙,楚將子彊獻謀誘敵,前後夾擊,大敗吳軍。然後楚軍包圍舒鳩,舒鳩人潰散逃跑,舒鳩被滅。

(4) 郊、鄩潰

《左傳‧昭公二十三年》:「春,王正月,壬寅朔,二師圍郊。癸卯,郊、鄩潰。丁未,晉師在平陰,王師在澤邑。王使告間,庚戌還。」[78]此例是王子朝之亂的載錄事件之一。王子朝是周景王庶子,景王原先立嫡長子王子猛為太子,又想改立王子朝,導致子朝產生欲登王位的野心,故在周景王駕崩後(昭

---

[75] 宣公十五年:「晉師滅赤狄潞氏」,宣公十六年:「晉士會帥師滅赤狄甲氏及留吁、鐸辰。」分見《春秋左傳正義》,頁406下、頁410上。
[76] 《春秋左傳正義》,頁622上。
[77] 《春秋左傳正義》,頁611下。
[78] 《春秋左傳正義》,頁876上。

公二十二年），率領郊、要、餞三邑的甲兵作亂，而劉獻公、單穆公則擁立王子猛為周悼王，並向諸侯告急，卻只得晉軍協助護送王子猛回王城。但不久王子猛死亡，故又立其同母弟為周敬王，繼續和王子朝對峙。[79]支持王子朝和支持周敬王的雙方陣營，今年春天持續在王畿附近交戰。「二師」指的是周王師和晉國的軍隊，郊邑、鄩邑蓋「皆子朝所得」[80]之地，是城邑名，「郊、鄩潰」是實際交兵的結果。

（5）蒯潰

《左傳・昭公二十三年》：

> 夏四月乙酉，單子取訾，劉子取牆人、直人。六月壬午，王子朝入于尹。……庚寅，單子、劉子、樊齊，以王如劉。甲午，王子朝入于王城，次于左巷。秋七月戊申，鄩羅納諸莊宮。尹辛敗劉師于唐。丙辰，又敗諸鄩。甲子，尹辛取西闈。丙寅，攻蒯，蒯潰。[81]

接續上文「郊、鄩潰」事件，此段文字記載從夏天到秋天，劉、單陣營和王子朝陣營交手的經過和諸多細節。去年王子朝奔京，今年六月先進尹地（尹文公支持王子朝，此應是尹氏之邑），再入王城，七月又被送到莊宮。劉獻公的軍隊和尹辛（尹氏族人）率領的軍隊一直交戰，劉軍在唐地、鄩地被打敗後，尹辛接著佔取西闈，兩天後進攻蒯地，蒯地人戰敗潰散。蒯顯然也是周之城邑名，不隸屬於王子朝陣營，故被尹辛攻打。

（6）攻瑕及杏，皆潰

《左傳・昭公二十四年》：「六月壬申，王子朝之師攻瑕及杏，皆潰。」[82]

---

79 事見《春秋左傳正義・昭公十二年》文，頁872下-頁875上。
80 《春秋左傳正義》杜預注，頁876上。
81 《春秋左傳正義》，頁877上-下。
82 《春秋左傳正義》，頁886上。

王子朝之亂將近三年，此例記載王子朝的軍隊攻打屬於周敬王的城邑瑕和杏二地，而這兩地的軍隊都潰敗了。

（7）蠻氏潰

《左傳·哀公四年》記載：

> 夏，楚人既克夷虎，乃謀北方。左司馬眅、申公壽餘、葉公諸梁致蔡於負函，致方城之外於繒關，曰：「吳將泝江入郢，將奔命焉。」為一昔之期，襲梁及霍。單浮餘圍蠻氏，蠻氏潰。蠻子赤奔晉陰地。[83]

此時楚國勢大，楚昭王欲向北方擴張，在攻克夷虎（蠻夷部落）後，左司馬眅等大夫令蔡人、方城山以外的人襲擊蠻氏的梁邑和霍邑，再由單浮餘領兵包圍蠻氏，蠻人潰散，其部落首領蠻子赤逃奔晉國的陰地。「蠻氏」是部落名。

以上7例，其中蕭、舒鳩是國家名，廧咎如、蠻氏為部落名，郊、鄎、蒯、瑕、杏皆城邑名。此7例皆記載實際戰事，記錄戰敗方的軍隊或百姓潰散奔逃之狀。再加上蔡、沈、莒3例，亦皆為國家或城邑名，可知此類事例之書法，傳文僅錄其地理稱謂，不書「師、人、民、眾」等詞彙。

（二）《左傳》「逃」字事例

《左傳》出現的「逃」字有81處，詳如附錄〔附表二〕所見。當中只有31處是描述具體的逃跑事件，共錄28事例；餘50處「逃」字，皆非具體事例，本文限於篇幅，又恐取樣信效度不足，故不細究。但為知悉《左傳》「逃」字全面用法，仍將其整理如下表表三所示，並略析所見信息，以資參照：

---

[83] 《春秋左傳正義》，頁999下。

表三　《左傳》傳文「逃」字49處非事例表

	年份	傳文	詞義	備註
1	閔公元年	大子……不如逃之〔晉大夫士蔿之言〕	逃離	人物言語
2	閔公2年	帥師者……不如逃之〔晉大夫梁餘子養之言〕	逃離	人物言語
3	僖公6年	諸侯伐鄭，以其〔鄭文公〕逃首止之盟故	逃離	陳述語
4	僖公15年	①無所逃命〔晉大夫韓簡自言〕 ②又何逃焉〔晉大夫慶鄭對晉惠公之言〕	逃避（君命） 逃命	人物言語 人物言語
5	文公3年	凡民逃其上曰潰，在上曰逃。	逃離／逃跑	凡例
6	文公6年	宣子於是乎始為國政……董逋逃	逃犯（N）	陳述語
7	文公7年	逐寇如追逃〔晉大夫趙宣子之言〕	逃犯（N）	人物言語
8	文公10年	謂臣將逃〔楚大夫子西之言〕	逃走	人物言語
9	文公16年	臣之而逃其難〔宋國司城蕩意諸之言〕	逃避	人物言語
10	文公17年	大國若弗圖，無所逃命〔鄭大夫子家寫予趙宣子之書信〕	逃命	書信
11	宣公4年	天可逃乎〔楚國箴尹官克黃之言〕	逃避	人物言語
12	宣公12年	①君而逃臣〔楚莊王寵臣伍參之言〕 ②群臣無所逃命〔晉大夫甕子矯君命之言〕	逃避 逃避（君命）	人物言語 人物言語
13	宣公17年	故高子及斂孟而逃〔晉大夫苗賁皇之言〕	逃走	人物言語
14	成公2年	①無所逃隱〔晉大夫韓厥之言〕 ②宜將竊妻以逃者也〔楚大夫之子申叔跪之言〕	逃避 逃走（私奔）	人物言語 人物言語
15	成公10年	焉逃之〔晉景公夢中豎子之言〕	逃走	人物言語
16	成公16年	我偽逃楚〔晉大夫范文子之言〕	逃避	人物言語
17	成公17年	逃威也〔晉大夫溫季之言〕	逃走	人物言語
18	襄公3年	①有罪不逃刑〔晉大夫羊舌赤之言〕 ②無所逃罪〔晉大夫魏絳之奏書〕	逃避 逃避	人物言語 奏書
19	襄公10年	①今我逃楚〔晉大夫知武子之言〕 ②逃楚，晉之恥也〔晉大夫欒黶之言〕	逃避 逃避	人物言語 人物言語

	年份	傳文	詞義	備註
20	襄公21年	將逃罪……亡臣猶有所逃〔晉大夫欒盈之言〕	逃避 逃命	人物言語
21	襄公26年	其大夫逃死於四方〔蔡文侯之孫聲子之言〕	逃亡	人物言語
22	昭公元年	出不逃難〔晉大夫趙孟之言〕	逃避	人物言語
23	昭公3年	民聞公命,如逃寇讎〔晉大夫叔向之言〕	逃避	人物言語
24	昭公7年	①是無所執逃臣也。逃而舍之……紂為天下逋逃主〔楚國芋尹之官無宇之言〕 ②苟得容以逃死……獲戾而逃〔鄭國大夫子產之言〕	逃亡／逃亡／逃亡罪人 逃避／逃亡	人物言語 人物言語
25	昭公13年	諸侯不聞,是逃命也〔魯大夫子服惠伯之言〕	逃避（命令）	人物言語
26	昭公19年	駟乞〔鄭大夫〕欲逃	逃走	計劃用語
27	昭公20年	①逃無所入〔楚國城父之司馬奮揚之言〕 ②今聞難而逃〔衛公子之驂乘宗魯之言〕	逃走 逃走	人物言語 人物言語
28	昭公21年	死如可逃〔宋君之御士華多僚之言〕	逃避	人物言語
29	昭公31年	①敢逃刑命〔魯大夫季孫意如之言〕 ②意如不敢逃死〔晉大夫荀躒之言〕	逃避 逃避	人物言語 人物言語
30	定公元年	羈將逃也〔魯大夫子家羈之言〕	逃走	人物言語
31	定公4年	①難而逃之〔楚大夫史皇對令尹子常之言〕 ②子期〔楚昭王之兄〕似王,逃王	逃走 使……逃走	人物言語 計劃用語
32	定公14年	不敢逃刑〔越國罪人之言〕	逃避	人物言語
33	哀公元年	逃出自竇……逃奔有虞〔吳大夫伍子胥之言〕	逃走／逃走	人物言語
34	哀公6年	棄盟、逃讎,亦不如死〔楚昭王之言〕	逃避	人物言語
35	哀公15年	而逃其難〔子路之言〕	逃避	人物言語

根據上表所見,概略而言,《左傳》非事例之「逃」字,多出現於人物語言、對談之中（共42處）,計劃用語、陳述語各2例,凡例、書信、奏書各一例

（共4處）。詞性主要是作動詞，名詞只見於表三第6、第7條，「逃」是逃犯之意。動詞「逃」字的詞義可作：逃走、逃跑、逃離、逃亡、逃避、逃命、使……逃走等解釋。

另外，傳文中出現4處「逃命」一語，有必要釐清。「逃」字獨用時，有時可作引申義——逃命的解釋，如表列第4條之②，晉大夫慶鄭對晉惠公之言：「又何逃焉」（僖公十五年），以及第20條晉大夫欒盈之言：「亡臣猶有所逃」（襄公二十一年），這兩處「逃」字都是逃避危險、保全性命的意思。而「逃命」連用時則有兩種義涵，其一即是「逃」字引申義——逃命的義涵，如表列第10條鄭大夫子家寫予趙宣子的書信所言：「大國若弗圖，無所逃命」（文公十七年）；其二是逃避命令、逃避君令的意思，如表列第4條之①晉大夫韓簡自言：「無所逃命」（僖公十五年），第12條之②晉大夫蒍子矯君命之言：「群臣無所逃命」（宣公十二年），和第25條魯大夫子服惠伯之言：「諸侯不聞，是逃命也」（昭公十三年）等三條。同為「逃命」一詞，意義有別，不可混淆。

以下接著探討《左傳》「逃」字31見、28事例之書法。據傳文內容分析，詳如下表表四所列：

表四：《左傳》傳文「逃」字事例表

	年份	傳文	逃走原因	詞義	逃者身分
1	僖公5年	鄭伯〔鄭文公〕……逃歸不盟……逃其師而歸	鄭君棄齊盟／鄭師而逃	逃走 逃走	鄭國國君
2	僖公22年	晉大子圉為質於秦，將逃歸……遂逃歸	晉太子逃離質押之國	逃走 逃走	晉國太子
3	僖公24年	晉侯之豎頭須……竊藏以逃〔頭須，晉文公侍臣名；豎，未成年之小臣〕	小臣竊庫財而私逃，用以謀求主歸	逃走	晉國小臣
4	文公10年	厥貉之會，麋子逃歸	麋君棄楚盟而逃	逃走	麋國國君
5	宣公2年	華元〔宋國卿大夫〕逃歸	宋大夫戰敗被囚，逃離敵軍	逃走	宋國大夫

	年份	傳文	逃走原因	詞義	逃者身分
6	宣公11年	屬之役，鄭伯〔鄭襄公〕逃歸	鄭君逃離戰場	逃走	鄭國國君
7	宣公16年	於是晉國之盜逃奔于秦	盜懼晉國大治而逃	逃走	晉國盜賊
8	宣公17年	高固〔齊國卿大夫〕逃歸	齊大夫棄晉盟而逃	逃走	齊國大夫
9	宣公18年	蔡朝、南郭偃〔皆齊國卿大夫〕逃歸	齊大夫出使晉盟，被囚而逃	逃走	齊國大夫
10	成公2年	公衡〔魯公子，於楚軍為質〕逃歸	魯公子為質，自楚軍出逃	逃走	魯公子
11	成公15年	（曹宣公庶子子臧）遂逃，奔宋	曹公子守節辭君位而逃	逃走	曹公子
12	成公18年	（齊侯使士華免以戈殺國佐于內宮之朝，）師逃于夫人之宮〔師，眾人，指齊內宮在場的人員〕	齊國內宮人員逃離殺戮現場	逃避	齊國內宮侍臣
13	襄公7年	陳侯〔陳哀公〕逃歸	陳君棄晉盟／陳師而逃	逃走	陳國國君
14	襄公10年	（鄭公子子駟）臣妾多逃〔子駟為執政大夫，被殺；臣妾指其家族中的男女奴隸〕	鄭公子之家奴，懼盜（叛亂者）濫殺而逃	逃走	鄭公子之家奴
15	襄公14年	右宰穀〔衛大夫〕從而逃歸	衛官員跟從出君（衛獻公）而又逃走回國	逃走	衛國官員
16	襄公16年	高厚〔齊國上卿〕逃歸	齊大夫棄晉盟而逃	逃走	齊國大夫
17	襄公27年	其眾皆逃〔眾，指齊大夫崔杼的手下〕	齊大夫下屬逃離崔氏家亂	逃走	齊大夫之下屬
18	昭公6年	徐儀楚〔徐國大夫〕聘于楚，楚子執之。逃歸。	徐大夫聘楚被執而逃	逃走	徐國大夫

	年份	傳文	逃走原因	詞義	逃者身分
19	昭公8年	（陳大夫袁克）加絰於顙而逃	陳大夫逃離楚軍囚殺	逃走	陳國大夫
20	昭公12年	①（周大夫原伯絞）其輿臣使曹逃〔輿臣，眾多手下〕 ②（魯大夫子仲）逃介而先〔介，副使〕	周大夫下屬逃離暴虐之主 魯大夫棄職而逃	逃走 逃走	周大夫之下屬 魯國大夫
21	昭公13年	蔡公〔蔡平侯〕將食，見之而逃。	蔡君受襲而逃	逃走	蔡國國君
22	昭公25年	（魯大夫臧昭伯從弟臧會）為讒於臧氏，而逃於季氏	魯大夫族親讒言他人，獲罪而逃	逃避	魯大夫從弟
23	定公5年	（楚大夫申包胥）遂逃賞	楚大夫拒楚君封賞	逃避	楚國大夫
24	定公9年	（魯季孫氏家臣陽虎）寢於其中而逃……又以蔥靈逃〔蔥靈，輜車也〕	魯大夫家臣叛魯奔齊，被囚而逃	逃走 逃走	魯國大夫之家臣
25	哀公13年	魋〔宋大夫向魋〕也逃歸	宋大夫棄宋師而逃	逃走	宋國大夫
26	哀公14年	（齊大夫陳氏族人陳逆）饗守囚者，醉而殺之，而逃	齊大夫族人殺人被囚，計殺守囚者而逃	逃走	齊國大夫之族人
27	哀公17年	（衛國占筮官胥彌赦）寔之而逃，奔宋	衛國占筮官謊稱吉兆，棄封邑而逃	逃亡	衛國官員

說明：表列依年份排列，共27條，唯第20條有兩件事例，故合計為28事例。

上表所見「逃」字皆作動詞，是逃走、逃避、逃亡等義涵。從中還可觀察到以下三個要點：

1. 逃者身分

參照經文「逃」字例的書法，鄭詹、鄭文公、陳哀公等3人身分，都符合凡例「在上曰逃」的定義，故首先要驗證的是《左傳》逃者身分能否與「在上」相合。表四顯示，此28事例中的逃者身分，包括：

（1）國君5：鄭伯2人（鄭文公、鄭襄公），糜子、陳侯、蔡公等人。

（2）太子及公子3：晉太子圉、魯公子公衡、曹公子子臧等人。

（3）大夫9：齊大夫高固、齊大夫蔡朝及南郭偃、齊大夫高厚、宋大夫華元、徐大夫徐儀楚、陳大夫袁克、魯大夫子仲、楚大夫申包胥、宋大夫向魋等共10人。

（4）官員3：晉文公之豎頭須（公子重耳的侍臣）、衛國官員右宰穀（亦是衛大夫）、衛國占筮官胥彌赦等人。

（5）大夫之族人或家臣3：魯大夫臧昭伯從弟臧會、齊大夫陳氏族人陳逆、魯大夫季孫氏家臣陽虎。

（6）不書名者5：師（齊國內宮侍臣）、眾（齊大夫崔杼的手下）、周大夫原伯之輿臣（眾多手下）、鄭公子子駟之臣妾（家族中的男女奴隸）、晉國之盜。此5例中的逃者皆不書名，其身分為國君低位侍臣或大夫之下屬、家奴，乃至於盜賊，皆地位低下或卑賤、犯罪者。所載內容表現群體行動，人數眾多，非專一人，以「師、眾、輿臣、臣妾、盜」等通稱之。

綜合以上資料，廣義地說，國君、太子、公子、大夫等人，甚為符合「在上」的身分，則28例中有17例，也才占比60.7%，堪堪及格。若勉強加上官員、大夫之族人或家臣等事例，占比可達82.1%，這仍表示《左傳》書「逃」例並非完全受到「在上曰逃」例的規範，與其切合度不夠高。何況能載入史冊之人物，自是以身分貴重者為主，「在上者逃」的事蹟自然亦多，若專以此定義檢驗《左傳》書「逃」例，顯然是不夠客觀的。

2. 所逃地點──多「逃歸」例

《左傳》「逃」字事例中,獨用「逃」字者出現17次,占比54.8%;事例15件,占比53.6%。其餘皆書「逃歸」一詞,意指逃走回國,共出現14處、13事例,占「逃」字比例45.2%,占事例比例46.4%,接近半數。

表四顯示,使用「逃歸」一詞時,逃者皆為國君、卿大夫、太子或公子等身分「在上」之尊貴者。依照表列順序,包括:鄭文公、晉太子圉、麇國國君、宋國卿大夫華元、鄭襄公、齊國卿大夫高固、蔡朝和南郭偃、魯公子公衡、陳哀公、衛大夫右宰穀、齊國上卿高厚、徐國大夫徐儀楚、宋大夫向戌等14人,當中國君4人,卿大夫8人,太子及公子各1人。選擇「逃歸」,多出現於棄盟而逃、被囚而逃的情況,「逃歸」是他們怯懦無勇或不得已自保的最佳選擇。

「逃歸」者之外的逃者所逃地點,明確記載的有:晉盜逃於秦國、曹宣公庶子子臧和衛國占筮官胥彌赦奔宋、師(齊國內宮侍臣)逃于夫人之宮、魯大夫臧昭伯從弟臧會逃於季氏。其餘未書,有些人最後可以逃走回國(如陳大夫袁克、魯大夫子仲之逃),有些人則逃散方向不定(如鄭公子子駟臣妾、齊大夫崔杼下屬、周大夫原伯輿臣之逃),或者如楚大夫申包胥「逃賞」例,「逃」字不是逃走、逃亡之意,無關地點。

3. 逃走原因

分析「逃」字例所見逃走的事由或動機,歸納而言,有下列6類情況:

(1) 棄盟或棄師而逃:包括鄭文公、麇子、鄭襄公、陳哀公、齊大夫高固、齊大夫高厚、宋大夫向戌等人,皆是國君或大夫。共7事例。

(2) 為人質或因故被囚而逃:包括晉太子圉為質於秦、魯公子公衡為質於楚軍、宋大夫華元戰敗被囚、齊大夫蔡朝及南郭偃為盟使被囚、徐大夫徐儀楚聘楚被執、陳大夫袁克因楚軍滅陳而被囚、魯大夫季孫氏家臣陽虎叛魯奔齊而被囚等人。除了陽虎是大夫家臣,其餘皆是公子、大夫。共7事例。

(3) 棄職而逃:如魯大夫子仲從昭公如晉,棄介(副使之職)而逃;衛

官員右宰穀從出君（衛獻公），又逃歸；衛國占筮官胥彌赦棄封邑而逃；晉侯之豎頭須竊庫財而私逃。前三人實則都是棄君而逃，只有頭須是為了出逃的公子重耳謀求回國機會而竊財。共4事例。

（4）逃暴亂：如齊國內宮人員逃離君弒臣現場、鄭公子子駟之臣妾懼盜（叛亂者）濫殺而逃家、齊大夫崔杼之下屬逃崔氏家亂等。又如蔡平侯受襲而逃，是逃離叛亂現場；周大夫原伯之下屬「曹逃」（四散奔逃），是逃其家主暴虐無道，也算逃暴。共5事例。

（5）逃君位或封賞：曹公子子臧守節辭君位、楚大夫申包胥拒絕封賞。共2事例。

（6）犯人逃罪：如魯大夫臧昭伯從弟臧會讒言他人，獲罪而逃；齊大夫陳氏族人陳逆殺人被囚，殺守囚者而逃；晉盜懼國大治而逃秦等。共3事例。

從上述《左傳》「逃」字例的事由或動機來看，逃者的行為表現雖有如子臧、申包胥這般節操端正，值得嘉許讚揚者，然實為少數；或者有如太子圉、公子公衡為人質，徐儀楚出聘被執，華元、袁克戰敗被囚等，因自衛而逃者，蓋合於情理，無可厚非；但多數逃者出逃，包括各國君臣棄盟逃師、陽虎叛魯奔齊、子仲棄介、右宰穀棄君逃歸、胥彌赦棄封奔宋、臧會毀謗而獲罪、陳逆殺人逃罪等，不外背信無勇、作亂失職、畏罪潛逃之惡行。其餘不書名者之眾逃，則多記暴亂現場實況，無關乎逃者之善惡。《春秋》所書之「逃」，鄭詹、鄭伯、陳侯三人行止皆有失其妥當之處，書「逃」或當有貶抑譏諷之意。而觀《左傳》書「逃」事例，大抵敘述史事現況，逃者行為有順理、有違理，無法一概而論。故筆者以為：《左傳》書「逃」，從逃者身分、所逃地點、逃走原因等要素分析，可知傳文並未以第三十凡「在上曰逃」例為其書法，循此，亦無法斷定其「逃」字例有褒貶美惡之寄託寓意。

四、結論

總結本文的研究結果，可歸納為以下四點結論：

一、《春秋》經記載的「潰」字有4例，包括：蔡潰、沈潰、莒潰、鄆潰。蔡、沈為國名；莒既是國名，也是城邑名；鄆為城邑名。蔡潰、沈潰、莒潰都是大國或聯軍攻伐小國的戰事結果，鄆潰則缺乏相關描述，又無傳文佐證，故其緣由不明，或以為因季氏威脅，昭公失民心所致。《春秋》書「潰」，僅書「蔡、沈、莒、鄆」之屬國或城邑名，並不稱君或「民」或「人」或「師」等字眼，似無罪君責民之譏刺意。

二、《春秋》經記載的「逃」字有3例，包括：「鄭詹自齊逃來」、「鄭伯逃歸不盟」、「陳侯逃歸」。鄭詹是一國大臣，鄭文公和陳哀公是一國之君，三人皆符合凡例所云「在上曰逃」的在上者身分。由傳文敘事內容可知，三人之「逃」皆有失職背信之慮，《春秋》以「逃」書之，或當有貶抑譏諷之意。

三、《左傳》的「潰」字共23見，有3則非具體事例，其餘共記載16則事例。記錄事例的形式可分三類：

（一）○人潰、民潰、眾潰：包括鄭人宵潰、邢人潰、（梁）民懼而潰、（渠丘城）眾潰等4例，描摹戰爭或戰前的情況，突顯該國或該城百姓、群眾潰散奔逃之狀。《左傳》記「眾潰」僅此一例，此「眾潰」不僅只有渠丘百姓，亦包括在渠丘城的莒子及其臣屬，故用「眾」而不用「人」、「民」。

（二）師潰、○師潰：包括（鄭）師潰、楚右師潰及楚左師潰、（楚）師及訾梁而潰等3例。「師」是指軍隊，此3例乃記錄軍隊潰散之事，然當中僅「楚右師潰、楚左師潰」例有實際交戰，餘2例皆為軍隊自潰之象，非實戰結果。

（三）某國潰或某城邑潰：包括蔡潰、沈潰、蕭潰、廧咎如潰、莒潰、舒鳩潰、郊及鄸潰、蒯潰、瑕及杏皆潰、蠻氏潰等10例，是數量最多的記法，皆記載國家或城邑實際戰事，記錄戰敗方的軍隊或百姓潰散奔逃之狀。此類事例之書法，傳文僅錄其地理稱謂，不書「人、民、眾、師」等詞彙。

綜觀《左傳》「潰」字例，與《春秋》書法相同者，皆不稱君或書人名，以標記屬國或城邑名為主，占比62.5%；與《春秋》書法相異者，除了書屬

國、城邑名外，也有「人、民、眾、師」等用語。若以第三十凡：「凡民逃其上曰潰」例驗核，第一類形式的事例或可謂吻合其說（占比25%），而第二、第三類事例則不能完全切合。故知《左傳》書「潰」時，並未受凡例所規範，也難據以斷定是否有褒貶美刺之意。

四、《左傳》出現的「逃」字有81處，其中50處非具體事例，僅31處描述具體的逃跑事件，共錄28事例。「逃」字記載具體事例時，皆作動詞，是逃走、逃避、逃亡等意思。其要點有三：

（一）逃者身分：包括國君、太子、公子、各國大夫、官員、大夫族人或家臣，皆明確記其名。另有5例不書名者，以「師、眾、輿臣、臣妾、盜」等通稱，其身分皆地位低下或卑賤、犯罪者，人數眾多，非專一人。逃者之中，國君、太子、公子、大夫等人符合「在上」的身分，28例中有17例，僅占比60.7%，可見《左傳》書「逃」例並非完全受到「在上曰逃」例的規範。

（二）所逃地點：《左傳》「逃」字事例中，獨用「逃」字17次，占比54.8%；事例15件，占比53.6%。其餘皆書「逃歸」一詞，意指逃走回國，共出現14處、13事例，占「逃」字比例45.2%，占事例比例46.4%，接近半數。使用「逃歸」一詞時，逃者皆為國君、卿大夫、太子或公子等身分「在上」之尊貴者。其選擇「逃歸」，多出現於棄盟而逃、被囚而逃的情況，「逃歸」是他們怯懦無勇或不得已自保之舉。

（三）逃走原因：可歸納為棄盟或棄師而逃、為人質或因故被囚而逃、棄職而逃、逃暴亂、逃君位或封賞、犯人逃罪等6類情況。總結這些逃者的行為表現，嘉許其節操端正、值得讚揚者乃少數；多數逃者是因背信無勇、作亂失職、畏罪潛逃而出逃。當中又有不書名者之眾逃，多記暴亂現場實況，無關乎逃者之善惡。

故綜觀《左傳》書「逃」事例，大抵敘述史事現況，從逃者身分、所逃地點、逃走原因等要素分析，可知傳文亦未完全遵循「在上曰逃」例之書法，且因逃者行為有順理、有違理者，不能一概而論，故亦無法遽斷其「逃」字有褒

貶美惡之寄託寓意。

　　總結而言，針對《左傳》第三十凡例的辨析，經由本文的比對及驗證可知：《春秋》經文4個「潰」字例僅記屬國或城邑名，未書逃者身分，故無法校覈「凡民逃其上曰潰」說的正確性；經文3個「逃」字例，逃者身分為國君或大夫，與「在上曰逃」說契合。《左傳》傳文16個「潰」字例，與「凡民逃其上曰潰」說相符，明確記載「人、民、眾」等詞語者僅4例，其餘則記「師」或屬國、城邑名，無法驗核，契合度不高；傳文28個「逃」字例，符合在上者身分的有17例，與「在上曰逃」說契合度60.7%，如若去除不書名姓的5個眾逃事例，則身處高位的「在上」者比例提高到74%。再者，《春秋》書「潰」、書「逃」是否寓褒貶？根據前文論述可知，筆者以為經文書「逃」例或有貶抑譏諷之意，而「潰」字例是否有罪君責民之微言大義則難斷言。至於《左傳》書「潰」、書「逃」例，潰者曰人、民、眾、師、國、城，逃者身分亦尊卑不一，行止或善或惡，事由複雜，標準不一，難以歸罪，故亦無法劇斷其「潰」、「逃」例寄寓褒貶。是以，綜上所述，本文認為《左傳》第三十「凡民逃其上曰潰，在上曰逃」例，大體作為參考性質的通則，提供一般狀況的理解，但無法切合今日對「凡例」的用法，[84]《左傳》在凡例的運用上，是無法達到百分之百的精確程度的。

84　「凡例」是指書首說明著書內容、主旨與編輯體例的文字，撰寫時應完全遵守的規範。

徵引書目

中國軍事史編寫組編：《中國軍事史‧兵略》，北京：解放軍出版社，1986年。
司馬遷撰，裴駰集解，司馬貞索隱、張守節正義：《史記》，臺北：鼎文書局，1981年，金陵書局本。
何休解詁、徐彥疏：《春秋公羊傳注疏》，阮元審定、盧宣旬校：《重刊宋本十三經注疏附校勘記》本，臺北：藝文印書館，1976年，清嘉慶二十年南昌府學刊本。
杜　預：《春秋釋例》，《景印文淵閣四庫全書》，臺北：臺灣商務印書館，1983年，146冊。
杜預注、孔穎達疏：《春秋左傳正義》，阮元審定、盧宣旬校：《重刊宋本十三經注疏附校勘記》本，臺北：藝文印書館，1976年，清嘉慶二十年南昌府學刊本。
杜預注：《春秋經傳集解》，臺北：新興書局，1990年，相臺岳氏本。
汪克寬：《春秋胡傳附錄纂疏》，《景印文淵閣四庫全書》，臺北：臺灣商務印書館，1983年，165冊。
范寧注、楊士勛疏：《春秋穀梁傳注疏》，阮元審定、盧宣旬校：《重刊宋本十三經注疏附校勘記》本，臺北：藝文印書館，1976年，清嘉慶二十年南昌府學刊本。
孫　復：《春秋尊王發微》，《景印文淵閣四庫全書》，臺北：臺灣商務印書館，1983年，147冊。
孫　覺：《春秋經解》，《叢書集成初編》版，上海：商務印書館，1935年，聚珍版叢書本。
張自超：《春秋宗朱辨義》，《景印文淵閣四庫全書》，臺北：臺灣商務印書館，1983年，178冊。
張高評：《春秋書法與左傳史筆》，臺北：里仁書局，2011年。
許慎著，段玉裁注：《圈點段注說文解字》，臺北：萬卷樓，1999年。

陳溫菊：《駱成駧《左傳五十凡例》研究》，臺北：經學文化公司，2014年。

陽平南：《《左傳》敘戰的資鑑精神》，臺北：文津出版社，2001年。

傅隸樸：《春秋三傳比義》，臺北：臺灣商務印書館，1983年。

楊伯峻：《春秋左傳注（修訂本）》，臺北：洪葉文化，1993年。

楊樹達：《春秋大義述》，上海：上海古籍出版社，2007年。

葉夢得：《春秋三傳讞》，《景印文淵閣四庫全書》，臺北：臺灣商務印書館，1983年，149冊。

劉　敞：《春秋權衡》，《景印文淵閣四庫全書》，臺北：臺灣商務印書館，1983年，147冊。

顧棟高：《春秋大事表》，楊家駱主編：《春秋大事表　春秋比事》，臺北：鼎文書局，1974年。

附錄

〔附表一〕　《春秋》、《左傳》「潰」字出處對照表

	年份	經文		年份	傳文	備註
			1	桓公9年	鄭人宵潰	
			2	閔公2年	（鄭）師潰而歸	
			3	僖公元年	邢人潰	
1	僖公4年	蔡潰	4	僖公4年	蔡潰	經傳皆有
			5	僖公19年	（梁）民懼而潰	
			6	僖公28年	楚右師潰／楚左師潰	
2	文公3年	沈潰	7	文公3年	沈潰 （凡民逃其上曰潰）	經傳皆有 X
			8	宣公12年	蕭潰*2	
			9	成公3年	廧咎如潰	
3	成公9年	莒潰	10	成公9年	（渠丘城）眾潰／莒潰	經傳皆有
			11	襄公25年	舒鳩潰	
			12	襄公26年	楚師宵潰*2〔聲子之言〕	X
			13	昭公13年	（楚）師及訾梁而潰	
			14	昭公23年	郊、鄩潰	
			15	昭公23年	蒯潰	
			16	昭公23年	昔梁伯溝其公宮而民潰 〔沈尹戌之言〕	X
			17	昭公24年	攻瑕及杏，皆潰	
4	昭公29年	鄆潰				經有傳無
			18	哀公4年	蠻氏潰	

說明：「X」表示該條記載並非具體事例。*2表示兩見。

〔附表二〕　《春秋》、《左傳》「逃」字出處對照表

	年份	經文	語義	備註
1	莊公17年	鄭詹〔鄭國執政大夫〕自齊逃來	逃走	經有傳無
2	僖公5年	諸侯盟于首止。鄭伯〔鄭文公〕逃歸，不盟	逃走回國	
3	襄公7年	陳侯〔陳哀公〕逃歸	逃走回國	

	年份	傳文		備註
1	閔公元年	大子……不如逃之〔晉大夫士蒍之言〕	逃離	X
2	閔公2年	帥師者……不如逃之〔晉大夫梁餘子養之言〕	逃離	X
3	僖公5年	鄭伯〔鄭文公〕……逃歸不盟……逃其師而歸	逃走 逃走	經傳皆有
4	僖公6年	諸侯伐鄭，以其〔鄭文公〕逃首止之盟故也	逃離	X
5	僖公15年	①無所逃命〔晉大夫韓簡自言〕②又何逃焉〔晉大夫慶鄭對晉惠公之言〕	逃避君命 逃命	X X
6	僖公22年	晉大子圉為質於秦，將逃歸……遂逃歸	逃走／逃走	
7	僖公24年	晉侯之豎頭須……竊藏以逃〔豎：未成年小臣〕	逃走	
8	文公3年	凡民逃其上曰潰，在上曰逃。		X／凡例
9	文公6年	宣子於是乎始為國政……董逋逃	逃犯（N）	X
10	文公7年	逐寇如追逃〔晉大夫趙宣子之言〕	逃犯（N）	X
11	文公10年	①謂臣將逃〔楚大夫子西之言〕②厥貉之會，麋子逃歸	逃走 逃走	X
12	文公16年	臣之而逃其難〔宋國司城蕩意諸之言〕	逃避	X
13	文公17年	大國若弗圖，無所逃命〔鄭大夫子家寫予趙宣子之書信〕	逃命	X
14	宣公2年	華元〔宋國卿大夫〕逃歸	逃走	

	年份	經文	語義	備註
15	宣公4年	天可逃乎〔楚國箴尹官克黃之言〕	逃避	X
16	宣公11年	屬之役，鄭伯〔鄭襄公〕逃歸	逃走	
17	宣公12年	①君而逃臣〔楚莊王寵臣伍參之言〕 ②群臣無所逃命〔晉大夫隨子矯君命之言〕	逃避 逃避君命	X X
18	宣公16年	於是晉國之盜逃奔于秦	逃走	
19	宣公17年	①高固〔齊國卿大夫〕逃歸 ②故高子及斂孟而逃〔晉大夫苗賁皇之言〕	逃走 逃走	X
20	宣公18年	蔡朝、南郭偃〔皆齊國卿大夫〕逃歸	逃走	
21	成公2年	①無所逃隱〔晉大夫韓厥之言〕 ②宜將竊妻以逃者也〔楚大夫之子申叔跪之言〕 ③公衡〔魯公子，於楚軍為質〕逃歸	逃避 逃走（私奔） 逃走	X X
22	成公10年	焉逃之〔晉景公夢中豎子之言〕	逃走	X
23	成公15年	（曹宣公庶子子臧）遂逃，奔宋	逃走	
24	成公16年	我偽逃楚〔晉大夫范文子之言〕	逃避	X
25	成公17年	逃威也〔晉大夫溫季之言〕	逃走	X
26	成公18年	（齊侯使士華免以戈殺國佐于內宮之朝，）師逃于夫人之宮〔師，眾人，指齊內宮在場的官員及內侍〕	逃走（逃避）	
27	襄公3年	①有罪不逃刑〔晉大夫羊舌赤之言〕 ②無所逃罪〔晉大夫魏絳之奏書〕	逃避 逃避	X X
28	襄公7年	陳侯〔陳哀公〕逃歸	逃走	經傳皆有
29	襄公10年	①（鄭公子子駟）臣妾多逃〔臣妾，指其家族中的男女奴隸〕 ②今我逃楚〔晉大夫知武子之言〕 ③逃楚，晉之恥也〔晉大夫欒黶之言〕	逃走 逃避 逃避	X X
30	襄公14年	右宰穀〔衛大夫〕從而逃歸	逃走	
31	襄公16年	高厚〔齊國上卿〕逃歸	逃走	

	年份	經文	語義	備註
32	襄公21年	將逃罪……亡臣猶有所逃〔晉大夫欒盈之言〕	逃避 逃命	X
33	襄公26年	其大夫逃死於四方〔蔡文侯之孫聲子之言〕	逃亡	X
34	襄公27年	其眾皆逃〔眾，指齊大夫崔杼的手下〕	逃走	
35	昭公元年	出不逃難〔晉大夫趙孟之言〕	逃避	X
36	昭公3年	民聞公命，如逃寇讎〔晉大夫叔向之言〕	逃避	X
37	昭公6年	徐儀楚〔徐國大夫〕聘于楚，楚子執之。逃歸。	逃走	
38	昭公7年	①是無所執逃臣也。逃而舍之……紂為天下逋逃主〔楚國芊尹之官無宇之言〕 ②苟得容以逃死……獲戾而逃〔鄭國大夫子產之言〕	逃亡／逃亡／逃亡罪人 逃避／逃亡	X X
39	昭公8年	（陳大夫袁克）加絰於顙而逃	逃走	
40	昭公12年	①（周大夫原伯）其輿臣使曹逃 ②（魯大夫子仲）逃介而先	逃走 逃走	
41	昭公13年	①蔡公〔蔡平侯〕將食，見之而逃。 ②諸侯不聞，是逃命也〔魯大夫子服惠伯之言〕	逃走 逃避（命令）	X
42	昭公19年	駟乞〔鄭大夫〕欲逃	逃走	X
43	昭公20年	①逃無所入〔楚國城父之司馬奮揚之言〕 ②今聞難而逃〔衛公子之驂乘宗魯之言〕	逃走 逃走	X X
44	昭公21年	死如可逃〔宋君之御士華多僚之言〕	逃避	X
45	昭公25年	（魯大夫臧昭伯之從弟臧會）為讒於臧氏，而逃於季氏	逃走（逃避）	
46	昭公31年	①敢逃刑命〔魯大夫季孫意如之言〕 ②意如不敢逃死〔晉大夫荀躒之言〕	逃避 逃避	X X

	年份	經文	語義	備註
47	定公元年	羈將逃也〔魯大夫子家羈之言〕	逃走	X
48	定公4年	①難而逃之〔楚大夫史皇對令尹子常之言〕 ②子期似王，逃王〔楚昭王〕	逃走 使……逃走	X X
49	定公5年	（楚大夫申包胥）遂逃賞	逃避	
50	定公9年	（魯國季孫氏家臣陽虎）寢於其中而逃……又以蔥靈逃〔蔥靈，輜車也〕	逃走 逃走	
51	定公14年	不敢逃刑〔越國罪人之言〕	逃避	X
52	哀公元年	逃出自竇……逃奔有虞〔吳大夫伍子胥之言〕	逃走／逃走	X
53	哀公6年	棄盟、逃讎，亦不如死〔楚昭王之言〕	逃避	X
54	哀公13年	魋〔宋大夫向魋〕也逃歸	逃走	
55	哀公14年	（齊大夫陳氏族人陳逆）饗守囚者，醉而殺之，而逃	逃走	
56	哀公15年	而逃其難〔子路之言〕	逃避	X
57	哀公17年	（衛國占筮官胥彌赦）寘之而逃，奔宋	逃亡	

說明：1.「X」表示該條記載並非具體事例。

2.〔〕、（）內之文字，表示為筆者補充說明。

《左傳》晉楚鄢陵之戰及其敘事義法
——以記事成法、敘事傳統、歷史編纂為例[*]

張高評

英國威爾士三一聖大衛大學漢學院訪問教授

摘要

　　《左傳》長於敘事，尤其工於敘戰。春秋五大戰役，千巖萬壑，洋洋大觀，令人目不暇給。論者稱：歷代敘寫戰陣之事，無有奇于《左傳》者；《左傳》之敘五大戰，更無有奇于鄢陵之戰者。春秋，為一部晉楚爭霸之歷史。城濮勝，而天下諸侯翕然從晉；邲戰勝，而天下諸侯翕然從楚。唯鄢陵之戰，晉勝楚則不然。晉勝，而有三郤之誅，欒氏之譖，晉厲之弒；楚師雖挫敗，而其勢益張如故。於是，鄢陵之戰敘事傳人，與諸戰役大不相同。蓋三戰用意在本傳之中，此篇則用心於本傳之外。《左傳》敘鄢陵之戰，通篇以范文子之懷憂非戰為主意，蓋只為將來之晉亂作張本，不為當下之晉勝序功勳。「原始要終，本末悉昭」之古春秋記事成法，本文落實印證之，以闡述《左傳》鄢陵之戰之敘事。又借鏡杜預〈春秋序〉：「先之後之、依之錯之，隨義而發」之提示，以論證《左傳》敘事之傳統。再參考《春秋》或筆或削以昭義，《禮記‧經解》屬辭比事以顯義，以考察《左傳》歷史之編纂。由此觀之，筆削之書法，史料之編纂，敘事之傳統，古文之義法，多可順指而得月，具見於《左傳》晉楚鄢陵之戰及其敘事義法之中。

關鍵詞：敘事義法、記事成法、敘事傳統、歷史編纂、鄢陵之戰、《左傳》

---

[*] 臺北：臺北市立大學出版中心，2024年12月，頁47-78。

一、前言

　　春秋諸大戰，如韓之戰、城濮之戰、邲之戰、崤之戰、鄢陵之戰，俱長篇鉅製，洋洋大文。清方苞《左傳義法舉要》盛稱之：「《左氏》五戰，千巖萬壑，風雲變現，不可端倪，使觀者目眩而神怡也。」[1]清劉繼莊《左傳快評》則稱：「自有文字以來，寫戰陣之事，無有奇于《左傳》者。《左傳》以五大戰為最，而五大戰中更無有奇于鄢陵之戰者。」[2]《左傳》因事命篇，敘次戰役，並無一筆雷同，堪稱敘事傳統之奇葩，敘戰文學之冠冕。

　　《左傳》敘戰，除了韓之戰、城濮之戰、邲之戰、鄢陵之戰外，筆者探討深究，梳理闡發者，約有八大戰役。如周鄭繻葛之戰（桓公五年）、齊楚召陵之盟（僖公四年）、秦晉韓之戰（僖公十五年）、宋楚泓之戰（僖公二十二年）、晉楚城濮之戰（僖公二十八年）、秦晉崤之戰（僖公三十三年）、晉楚邲之戰（宣公十二年）、晉楚鄢陵之戰（成公十六年）諸敘戰名篇。經傳之異同，敘戰之特色，筆削之書法，史料之編纂，敘事之傳統，古文之義法，多可順指而得月，燦然在篇章。[3]

1　〔清〕方苞口授，王兆符、程崟傳述：《左傳義法舉要》（臺北：廣文書局，1979年），卷1〈鄢陵之戰〉，總評，頁29，總頁57。
2　李衛軍編：《左傳集評》（北京：北京大學出版社，2016年）成公十六年，〈鄢陵之戰〉，引清劉繼莊《左傳快評》，頁1044。
3　參考張高評：《左傳英華》（臺北：萬卷樓圖書公司，2020年），壹，敘事文，四，韓之戰；五，泓之戰；七，城濮之戰；十，麻隧之戰。張高評：〈《左傳》「秦穆公遂霸西戎」之敘事與解釋〉，《山西大學學報》，第46卷第6期，2023年11月，頁48-57。張高評：〈秦穆公稱霸西戎與《左傳》比事見義之書法〉，《嶺南學報》復刊第二十輯，2023年12月，頁1-36。張高評：〈鄭莊公稱雄天下與《左傳》之敘事義法〉，《古典文學知識》2020年第2期，總第209期，2020年3月，頁88-99。張高評：〈《左傳·秦晉韓之戰》及其敘事義法——《春秋》比事屬辭與《左傳》敘戰之書法〉，《古典文學知識》2019年第5期（總第206期，2019.9），頁110-120。張高評：〈《左傳》敘戰與《春秋》筆削——論晉楚城濮之戰的敘事義法（下）〉，《古典文學知識》2018年第6期，總第201期，2018年11月，頁104-113。張高評：〈《左傳》敘戰與《春秋》筆削——論晉楚城濮之戰的敘事義法（上）〉，《古典文學知識》2018年第4期，總第196期，2018年7月，頁105-112。張高評：〈《左傳》敘戰征存兵法謀略——城濮之戰之敘戰與資鑒〉，《古典文學知識》2018年第3期，總第198期，2018年5月，頁125-135。張高評：〈《左傳·邲之戰》及其敘戰之義法——以筆削昭義、敘事義法為例〉，《春秋學研究》第四輯，2024年12

春秋二百四十二年間，弒君三十六，亡國五十二，大小戰役四百八十多場，朝聘盟會亦多達四百五十餘次，誠所謂擾攘紛亂之世也。《左傳》長於敘事，尤其工於敘述戰爭，千古無出其右。《左氏》所敘大戰，命意用筆，多隨義而發，亦各如人面，判然各闢乾坤，幾乎不雷同、不犯重。如韓之戰，意在晉侯見獲；城濮之戰，意在晉求一戰；邲之戰，意在先縠剛愎怙亂。鄢陵之戰敘事傳人，又與三戰殊異。蓋三戰用意在本傳之中，此篇則用心於本傳之外。要而言之，《左傳》敘鄢陵之戰，只為晉亂作張本，不為晉勝序功勳。[4]

　　桓公二年，《春秋》書「蔡侯、鄭伯會於鄧」；《左傳》釋《經》曰：「始懼楚也。」楚自武王以來，整軍經武，無日不圖北方。僖公四年，齊桓公侵蔡伐楚，盟諸侯於召陵。僖公二十七年，楚成王及諸侯圍宋，晉侯侵曹伐衛以救宋。二十八年，晉文公敗楚人於城濮。宣公三年，楚莊王觀兵問鼎。十二年，晉師及楚子戰於邲，晉師敗績，於是荊楚以夷狄之君主盟華夏。成公十六年甲午晦，《春秋》書「晉侯及楚子鄭伯戰于鄢陵，楚子鄭師敗績。」是楚人於城濮戰役後，再次失利。

　　成公十二年，晉楚有弭兵之會、赤棘之盟。十六年，楚背棄盟會，以汝陰之田求成於鄭，鄭叛晉攻宋。於是晉厲公興師伐鄭，鄭告急於楚，楚共王出兵救鄭，引發晉楚鄢陵之戰。《左傳》敘事，多以曲直善惡之行為因果，斷定事件之吉凶成敗，此自是左氏敘事傳人之歷史哲學。[5]鄢陵之戰，以兵家曲直論之，楚新與晉盟，而背之用師，是晉直而楚曲，勝敗之勢，開篇即顯然可見。

　　春秋，為一部晉楚爭霸之歷史。「城濮勝，而天下諸侯翕然從晉；邲勝，而天下諸侯翕然從楚。」[6]唯鄢陵之戰，晉勝楚則不然。晉勝，而內紛亂，君見弒，霸業暫衰。鄢陵之戰，攸關晉楚爭霸中原之重要戰役，決定華夷勢力之

月，頁91-124。張高評：〈《左傳》敘鄢陵之戰與比事屬詞以顯義〉，《華中學術》（第48輯）2024年12月，頁265-279。

4　〔清〕王源：《左傳評》（臺北：新文豐出版公司，1979年），卷5，成公十六年，〈晉侯及楚子、鄭伯戰于鄢陵。楚子鄭師敗績〉，頁17

5　張高評：〈《左傳》因果式敘事與以史傳經——以戰爭之敘事為例〉，《東海中文學報》第25期（2013年6月），頁79-112。

6　〔清〕顧棟高著，吳樹平等點校：《春秋大事表》（北京：中華書局，1993年），卷32〈春秋晉提交兵表・序〉，頁2053。

消長，國際秩序之重整，茲事體大。由於篇幅繁重，觸手紛綸，擬分為三篇詳加論述。筆者參考歷代《春秋》學之論著，探索其中經典之詮釋、《春秋》書法之大凡，已完成論文二篇：其一，〈《春秋》書「戰於鄢陵」及其經典詮釋〉，其〈摘要〉有云：

> 漢王充《論衡・超奇》稱：「孔子得《史記》，以作《春秋》。及其立義創意，褒貶賞誅，不復因《史記》者，眇思自出於胸中也。」或筆或削，出於「丘竊取之」，故微辭隱旨，其義難知。而《春秋》書法所以「推見至隱」者，蓋起於忌諱敘事，所謂「定、哀之際則微」；「有所刺譏褒諱挹損之文辭不可以書見」者是。於是，經典詮釋或以筆削昭義、或以比事顯義、或以屬辭見義、或以終始明義。歷代學者詮釋《春秋》因之，大抵以屬辭約文為常法，體現為終始本末、重輕、主從、華夷、內外之義。本文解讀《春秋》書晉楚「戰於鄢陵」，即參酌運用上列理論，舉例論證之。

據《左傳》鄢陵一戰之敘事傳人，考其終始本末，楚未嘗敗績，晉未曾勝捷。同敘一事，《左傳》「錯經以合異」如此，筆者乃撰寫〈《左傳》敘鄢陵之戰與比事屬辭以顯義〉一文，闡明鄢陵之戰之《春秋》書法、史家筆法。《左傳》之比事與屬辭兼重，敵我之形勢、人物之神貌，遂如見如聞。誠如〈摘要〉所云：

> 《左傳》敘鄢陵之戰，分未戰、將戰、正戰、戰後四節比次敘事之，大抵以晉楚相間對寫為章法，此乃比事屬辭《春秋》教之體現。或一筆兩對，或一線雙行，或正錯，或近遠，皆兩兩相對。林紓《左傳擷華》所謂「每舉一事，必有對也」。主賓、詳略、重輕、虛實、異同，相反相成，亦各有當。要之，皆排比編次史事，以見《左傳》敘戰之特筆與史觀。鄢陵之戰〈巢車之望〉一節，「借乙口敘甲事」，以虛為實，繪聲繪影，俶麗瓌奇，千古無兩。《左傳》妙於記言，要皆擬言代言。往往藉言記事，因言語而示義，後世小說戲曲之賓白對話發端於此。錢鍾書

《管錐編》稱：「《春秋》之書法，實即文章之修辭」。歷代多就屬辭約文指稱書法，固前有所承。然未及編比史事之書法，未免偏而不全。清郝懿行《春秋說略・例言》稱「屬辭之教易明，比事之類難通」，案諸《左傳》鄢陵之戰，兼重屬辭與比事之書法，以詮釋孔子之《春秋》，是所謂圓融無礙。

其三，就中國敘事傳統之視角，古文義法之原委，闡發論述《左傳》晉楚鄢陵之戰及其敘事義法，即是本文著墨所在。為方便論述，下分三大端闡述之：（一），原始要終，本末悉昭與記事成法。（二），先之後之、依之錯之，隨義而發與敘事傳統。（三），或筆或削，比事屬辭與歷史編纂。論證如下：

二、原始要終，本末悉昭，與記事成法

敘事，語典源自《周禮・天官・小宰》：「以官府之六敘正群吏：⋯⋯三曰以敘作其事，⋯⋯。」漢鄭玄注：「敘，秩次也，謂先尊後卑也。」[7]《周禮・春官》〈職喪〉，則作「序事」，指處理喪事之先後次序。又見同書〈樂師〉，指陳列與演奏樂器之順序。[8]《說文解字》云：「敘，次第也。从支予聲。」清段玉裁《注》：「次第謂之敘，經傳多假序為敘。」[9] 凡談吐行文之敘事涉及先後、次第者，其本字皆當作「敘」。《周禮》《儀禮》「序」字注，多釋為次第；《說文》段《注》稱：作「序」，指為敘之通叚可證。

《史記・太史公自序》稱：「余所謂述故事，整齊其世傳。」又謂：「故述往事，思來者。」敘事，即是司馬遷著《史記》，所云「述故事」、「述往事」。

---

7 〔漢〕鄭玄注，〔唐〕賈公彥疏：《周禮注疏》（臺北：藝文印書館，1955年），卷3，〈天官・小宰〉，阮元《十三經注疏》本，頁42。

8 〔漢〕鄭玄注，〔唐〕賈公彥疏：《周禮注疏》，卷22，〈春官・職喪〉：「以國之喪禮，涖其禁令，序其事。」頁336。卷23，〈春官・樂師〉：「凡樂，掌其序事。」頁350。

9 〔漢〕許慎著，〔清〕段玉裁注：《說文解字注》（臺北：洪葉文化事業公司，1998年），第三篇下，「敘」字，頁127。第九篇下：「序，東西牆也。从广予聲。」，頁448。

美國學者浦安迪所謂:「簡而言之,敘事就是『講故事』。」[10]故史傳、小說或樂府詩中,舉凡事件之演述次第作刻意措置安排,辭文之表達先後作巧妙調適設計者,皆得謂之「敘事」。換言之,敘事,不止於講說故事而已,還涉及「如何」講說;其中尤其重要者,當在史實安排之次第,辭文調適之先後。次第之安排,先後之調適,即是中國傳統敘事學的核心。清方苞說義法,所謂「法」指「言有序」,當正名為「敘」。

「爰始要終,本末悉昭」,為古春秋記事之成法。[11]《左傳》以歷史敘事解說《春秋》經,體雖編年,然于世局變革之際,往往出於終始本末之敘事。[12]《春秋》尊王,尊王不得不重霸;重霸,更以攘夷為首務。鄢陵之戰,晉楚成敗攸關華夷內外形勢之消長,亦春秋世局一大變革。故《左傳》敘事傳人,往往原始要終,本末悉昭,體現古春秋紀事之成法。《晉書・荀崧傳》稱《左傳》:「張本繼末,以發明經義。」《左傳》敘事傳人,所以見終始本末者,於世局變革之際,尤其可見一斑。

清章學誠《文史通義・書教上》稱:「《書》亡,而後《春秋》作」;又云:「《書》亡,而入於《春秋》。」又謂「詳略去取,惟意所命,斯《春秋》之所以經世也。」又曰:「『疏通知遠,《書》教也。』豈曰記言之謂哉?」《文史通義・書教下》一則云:「紀傳原本《春秋》,《春秋》原合《尚書》之初意也。」再則曰:「《尚書》一變而為左氏之《春秋》,《尚書》無成法,而《左氏》有定例以緯經也。」三則曰:「《尚書》變而為《春秋》,則因事命篇,不為常例者,得從比事屬辭為稍密矣!」[13]就學術流變之視角觀之,《春秋》《左傳》薪傳《尚書》,《尚書》一變而為《左傳》,可得而言者有三:曰詳略去取,惟意所命;曰疏通知遠,體圓用神;曰因事命篇,比事屬辭。其中,疏通知遠之

---

10 浦安迪講演:《中國敘事學》(北京:北京大學出版社,1996年)第一章〈導言・敘事與敘事文〉,頁4。
11 劉師培:《劉申叔先生遺書》(臺北:華世出版社,1975年),《左盦集》卷2,〈古春秋記事之成法攷〉,頁1445。
12 張高評:〈《左傳》敘事見本末與《春秋》書法〉,《中山大學學報》2020年第1期(1月,第60卷,總283期),頁1-13。
13 〔清〕・章學誠著,葉瑛校注:《文史通義校注》(北京:中華書局,2019年),〈書教上〉,頁37、頁38。〈書教下〉,頁58、頁60。

《書》教，流衍為《左傳》，則成「原始要終，本末悉昭」之敘事成法。

中唐陸淳《春秋集傳纂例》稱《左氏傳》：「博采諸家，敘事尤備。能令百代之下，頗見本末。因以求意，經文可知。」[14]宋葉適《習學記言序目》亦云：「既有《左氏》，始有本末」；「始卒無舛，先後有據，而義在其中」；故讀《春秋》者，不可以無《左氏傳》。[15]因此，宋胡安國《春秋傳》解經，往往持《左傳》之歷史敘事為佐證。解說鄢陵之戰，亦頗取事件之本末始卒，藉「如何書」，以推求《經》《傳》之「所以書」，如：

> 當是時，兩軍相抗，未有勝負之形。晉之捷也，亦幸焉爾。幸，非持勝之道。范文子所以立於軍門，有「聖人能內外無患，盍釋楚以為外懼」之戒乎！楚師雖敗，其勢益張，晉遂怠矣。卒有欒氏之譖，而誅三郤，國內大亂，聖人備書，以見行事之深切著明也。[16]

《左傳》敘鄢陵之戰，兩軍相抗，晉范文子始終不願戰，預示內憂嚴重於外患，「盍釋楚以為外懼」？果然，「楚師雖敗，其勢益張，晉遂怠矣。卒有欒氏之譖，而誅三郤，國內大亂。」《左氏》著傳，始卒無舛，頗見本末。胡安國《春秋傳》所謂「聖人備書，以見行事之深切著明也。」始、微、積、漸，既是歷史發展之軌跡，《左氏》敘事傳人，循是順理成章推進，於是敘事傳統孕育於是，中國傳統敘事學亦生發於斯。

《左傳》長於敘事，能令百代之下洞見終始本末，因以求義，微辭隱義可知。此就系統思維、宏觀視野言之，《史記‧太史公自序》所謂「述往事，知來者。」鄢陵之戰，發生於成公十六年，然《左氏》以史傳經，關注始卒本末，別出「後經以終義」之敘事法，眼光已投注晉勝戰之後，王室之紛亂弒殺。《春秋》成公十七年書：「晉殺其大夫郤錡、郤犨、郤至。」十八年書：

---

14 〔唐〕陸淳：《春秋集傳纂例》（臺北：大通書局，1970年），清錢儀吉《經苑》本。卷1，〈趙氏損益例〉，頁8，總頁2360。

15 〔宋〕葉適：《習學記言序目》（北京：中華書局，2009年），卷9，〈春秋〉，頁118

16 〔宋〕胡安國：《春秋傳》，臺北：臺灣商務印書館，1966年。《四部叢刊》續編本。卷20，成公十六年，〈晉侯及楚子鄭伯戰于鄢陵，楚子鄭師敗績〉，頁7，總頁95。

「晉弒其君州蒲。」宋呂祖謙《左氏傳說》、宋家鉉翁《春秋集傳詳說》，於此多有明確之論說，如：

> 觀一時之勝敗，如射共王中目，見得楚之大敗；晉師三日館穀，見得晉之大勝。然楚大敗之後，君臣戒懼，兢兢守國，終始保全。厲公一勝之後，殺郤錡、郤犨、郤至，又欲殺欒書、中行偃，君臣相賊。……然文子雖見之明，憂之深，……而終不能救厲公之驕。[17]
>
> 城濮之戰，文公勝而益懼，而增脩其德，以是霸。鄢陵之戰，厲公勝而益驕，驕而務逞其志，以是亡。觀乎百年二大戰，或以之興，或以之亡，有國有家者，知所警矣。[18]

鄢陵之戰，敘楚大敗之後，君臣相戒懼；厲公一勝之後，君臣相賊殺。家鉉翁稱：「城濮之戰，文公勝而益懼，而增脩其德，以是霸。鄢陵之戰，厲公勝而益驕，驕而務逞其志，以是亡。」一懼而霸，一驕乃亡，史官之主書主法，於成敗興亡之際，最所盡心於致力，有如此者。非「爰始要終，本末悉昭」之敘事，經世資鑑之歷史使命難見。《左傳》以歷史敘事傳經，有先之、後之、依之、錯之諸法，如萬山之磅礡，皆輻輳於命意之主峰上；且謀篇、安章、鍛句、練字，皆準此為指南。方苞說古文義法，所謂「義以為經，而法緯之。」[19]清王源《左傳評》稱：「《左傳》敘鄢陵之戰，「只為晉亂張本，不為晉勝序功。」於是，或筆或削，謀篇安章，多脈注綺交於戰後之「晉亂」方面。

清王源《左傳評》，就比事屬辭以析分敘戰之情節。釐析鄢陵之戰之敘事，分未戰、序戰、戰罷、餘波。詳言之，則如下列所云：

---

[17] 〔宋〕呂祖謙：《左氏傳說》（臺北：大通書局，1970年），《通志堂經解》本。卷7，成公十六年，〈聖人內外無患〉，頁1-2，總頁12628。

[18] 〔宋〕家鉉翁：《春秋集傳詳說》（臺北：臺灣商務印書館，1983年），文淵閣《四庫全書》，冊158，卷18，頁21，頁343。

[19] 〔清〕方苞：《望溪先生文集》（臺北：臺灣商務印書館，1979年），《四部叢刊》初編。卷2〈讀史‧又書貨殖傳後〉、頁20，總頁40。

一段序晉起師,二段序楚救鄭,三段四段序戰,別立機局,合數小段為一段,與邲戰不同。五段結晉,六段結楚。而三段四段中無窮景態妙處,全在突,全在瑣。突,則峰巒硨岏;瑣,則情致芊眠。突難矣,瑣更難也。[20]

起師,救鄭,交戰,結戰,為《左傳》敘鄢陵之戰四部曲。中間三段四段序戰,正面直接敘戰,情節詳盡,與其他敘戰名篇詳謀而略事,迥不相同。《左傳評》稱此中「無窮景態妙處,全在突,全在瑣。突,則峰巒硨岏;瑣,則情致芊眠。」清馮李驊《左繡》,亦以為通篇凡分四大截:「乃師」至「以為外」,是未戰前事。「甲午晦」至「公從之」,是將戰時事。「有淖於前」至「免使復鼓」,是正寫戰事。「旦而戰」至「宵遁」,是既戰後事。[21]敘戰如此,是所謂張本繼末,暗合古春秋記事之成法,其義可知。

　　章學誠《文史通義‧書教下》所謂因事命篇,體圓用神。馮李驊《左繡》、清孫琮《山曉閣左傳選》評點鄢陵之戰,更凸顯首、尾、中,用心致力,因而疏密相間,通體極見精神:

長文疏密相間,必有幾處著精神。首、尾、中三者,正聚精會神,極肯綮處也。此篇首以談理勝,中以敘事勝,尾以辭令勝。首是出色寫一個人,中是出色寫兩個人,尾是出色寫四個人。三處寫得十分出色,而通體精神皆為煥發矣。[22]

《左傳》鄢陵之戰之章法:「首以談理勝,中以敘事勝,尾以辭令勝。」清孫琮《山曉閣左傳選》稱:「或以議論,以敘事,或以辭令,兩兩相形,重

---

[20] 〔清〕王源:《左傳評》(臺北:新文豐出版公司,1979年),卷5,成公十六年,〈晉侯及楚子、鄭伯戰于鄢陵。楚子鄭師敗績〉,頁18-19。
[21] 〔清〕馮李驊、陸浩評輯:《左繡》(臺北:文海出版社影印清康熙五十九年書業堂鐫藏本,1967年),卷13,成公十六年〈鄢陵之戰〉,頁943。
[22] 〔清〕馮李驊、陸浩評輯:《左繡》,卷13,成公十六年〈鄢陵之戰〉,頁943。

重變化,與城濮之戰,神巧悉敵。」[23]如此,則錯綜而盡得精神。如此敘事傳人,誠如《文心雕龍‧章句》所謂:「啟行之辭,逆萌中篇之意;絕筆之言,追媵前句之旨;故能外文綺交,內義脈注,跗萼相銜,首尾一體。」[24]杜預〈春秋序〉所謂先、後、依、錯,要皆「隨義而發」;亦即方苞說義法,所謂「義以為經,而法緯之。」

晉呂錡射楚共王中目之後,兩軍成敗已成定局。敘戰至此本可以終結,不意《左傳》敘事別出心裁,添加往來辭令,吳闓生《左傳微》特揭其妙:

> 楚王中射,則戰事勝負已決,無可再記。乃加入往還酬對等辭令,以極蕭閑儒雅之風度,使讀者心志耳目灑然一變,頓開異境。千古以來,史家無能及其萬一者,古今絕無僅有之大文也。[25]

鄢陵之戰楚王中射之後,「加入往還酬對等辭令,以極蕭閑儒雅之風度,使讀者心志耳目灑然一變,頓開異境。」《左傳》敘戰如是,可以添增文情之聲色,所謂絕處逢生者是。吳闓生《左傳微》許為:「古今絕無僅有之大文章」,信然。

《左傳》工於敘事,往往於絕處開出生路,灑脫再闢另地乾坤,已略如上述。清劉繼莊《左傳快評》稱鄢陵之戰終篇:「前云晉師乃止、囚楚公子茷,以為鄢陵之戰止此矣,乃更有欒鍼一篇極奇文字在後」:

> 至此猶曰「免使者而復鼓」,曰「見星未已」,曰「惟命是聽」,曰「明日復戰」,讀者至此,心神亦苦其震盪,耳目亦疲於眩搖。無怪乎晉人患之,而楚王宵遁也。嗚呼!以三寸之管而動搖千萬世之心思耳目,不

---

[23] 李衛軍編:《左傳集評》(北京:北京大學出版社,2016年),〔清〕孫琮《山曉閣左傳選》總評,成公十六年,引「戴岡得曰」,頁1038。
[24] 〔梁〕劉勰著,范文瀾註:《文心雕龍註》(北京:人民文學出版社,2014年),卷7,〈章句第三十四〉,頁570-571。
[25] 吳闓生:《左傳微》(臺北:臺灣中華書局,1970年),卷5,〈晉楚鄢陵之戰〉,頁7,總頁142。

知左氏之用心何如而有此筆墨也。[26]

《左傳》敘「復鼓」、「復戰」云云，讀者多料想戰爭將再起，所謂一波既平，另波又起。「讀者至此，心神亦苦其震盪，耳目亦疲於眩搖」，「無怪乎晉人患之」。不意楚令尹子重醉酒，不能視事，於是「楚王宵遁」，結局出乎意料之外。所云「動搖千萬世之心思耳目」者，即在奇正相生，虛實不測。《左傳》敘戰，記言與記事並行，《史通‧載言》稱美《左傳》：「言事相兼，煩省合理，故使讀者尋繹不倦，覽諷忘疲。」[27]日本空海《文境秘府論》稱：「凡作文之道，構思為先：……建其首，則思下辭而可承；陳其末，則尋上義不相犯；舉其中，則先後須相附依。」[28]左氏敘事傳人，能運用宏觀視野，就其首、其末、其中，系統而思維之，故文不偏枯，有柳暗花明又一村之妙。

左氏敘戰，長於排比史事，工於連屬辭文，遂成史書編纂之教本，文章義法之典範。敘事之法，義以為經，從而分賓分主；詳略、重輕、虛實、離合諸法，多隨義而發。鄢陵之戰之主意，「只為晉亂張本，不為晉勝序功」。楚固有敗道，晉實無勝道，范文子之所以不欲戰也。欒書之徒，徒能外面看晉楚之曲直，不能於內看君之昏明。不知厲公驕縱致亂，遂至於滅亡。

史官主書主法，最用心於成敗興廢之際。因此，《左傳》敘鄢陵之戰，起始、終結，及中間之敘事，皆以范文子憂患之言論為主。始曰「晉國之憂可立俟」；繼曰「逃楚可以紓憂」；又曰「外寧必有內憂」；終曰：「唯命不於常」。范文子睿智精言，可作「生於憂患，死于安樂」之注腳。清鄒美中《左傳約編》稱：「鄢陵之戰，晉以倖勝，故前後敘范文子語為起結。敘事曲折變化，尤得虛實互換之妙。」[29]《左傳》敘戰勝文字，而如此起結，如此關鍵，何其奇警。

總之，晉國成敗治亂之根本關鍵，在於晉厲公之驕橫逞志，德不能脩政於

---

26 李衛軍編：《左傳集評》，成公十六年，引〔清〕劉繼莊《左傳快評》，頁1044-1045。
27 〔唐〕劉知幾著，〔清〕浦起龍釋：《史通通釋》（上海：上海古籍出版社，1978年），第二，〈載言〉，頁34。
28 〔日〕空海（遍照金剛）著，盧盛江校考：《文境秘府論彙校彙考》（北京：中華書局，2006年），〈南卷‧論體〉，頁1471。
29 李衛軍編：《左傳集評》，成公十六年，引〔清〕鄒美中《左傳約編》尾評，頁1040。

內,而徒務求逞於外。猶如宋襄公君德有闕,卻一心求霸。然《春秋》書法,為尊者諱恥,於是藉賓形主,詳敘范文子之不憂晉敗,而憂楚敗,終始表述之。最終,晉僥倖獲勝,楚不幸落敗,而晉之不幸亦接踵而來:越明年,而三郤見殺,厲公見弒,欒氏亦幾于滅亡。范文子之憂國憂民,豈徒然哉?《左傳》「爰始要終,本末悉昭」,以敘鄢陵之戰,得古春秋記事成法之傳,而微辭隱義可知。

三、先之後之、依之錯之,隨義而發與敘事傳統

其事、其文、其義,《孟子・離婁下》視為《春秋》編著之三大元素。《禮記・經解》曰:「屬辭比事,《春秋》教也。」合《孟子》《禮記》而言之,則屬其辭,比其事,可以求得其義。換言之,連屬文辭,排比史事,則其義可以考求。《三傳》及其注疏解讀詮釋《春秋》經,大抵多用屬辭比事、或比事屬辭之法。[30]故劉異:〈孟子《春秋》說微〉稱:「《春秋》之義,因史之文與事而見。」[31]或有見而云然。

自是之後,屬辭比事之教,從《春秋》書法,變為歷史編纂之學,蔚為史家著述之筆法,進一步更衍化為敘事之傳統,古文之義法。宋吳縝《新唐書糾謬・序》曰:「夫為史之要有三:一曰事實,二曰褒貶,三曰文采。」[32]劉咸炘《太史公書知意・序論》亦云:「史之質有三:其事、其文、其義。而後之治史者止二法,獨說其義者闕焉。」[33]因此,亟思詳人之所略,異人之所同,

---

30 趙友林:〈《春秋》三傳中的屬辭比事考〉,《儒家典籍與思想研究》第三輯(2011年4月),北京大學出版社,頁87-101。
31 劉異:〈孟子《春秋》說微〉,武漢大學《文哲季刊》4卷3期,1935年6月,頁509-547。
32 〔宋〕吳縝:《新唐書糾謬・序》:「有是事而如是書,斯謂事實。因事實而寓懲勸,斯謂褒貶。事實褒貶既得矣,必資文采以行之,夫然後成史。」〔宋〕吳縝《新唐書糾謬》(上海:上海書店,1985年),卷前,〈序〉。《四部叢刊》三編,頁45。
33 劉咸炘:《太史公書知意・序論》云:「史之質有三:其事、其文、其義。而後之治史者止二法,曰考證,曰評論。攷其事、攷其文者為校注,論其事、論其文者為評點,獨說其義者闕焉,蓋史法之不明久矣。」黃曙輝編校:《劉咸炘學術論集》(桂林:廣西師範大學出版社,2007年),頁3。

自比事辭屬以考求經旨與史義。

　　自「敘事」一詞之語源觀之，方苞說義法所稱「言有序（敘）」，誠然為中國敘事傳統之一大特色。就事件之演述次第，作刻意之措置安排；辭文之表達先後，作巧妙之調適設計，方稱為「敘事」。換言之，敘事不止於講說故事而已，史實安排之次第，辭文調適之先後，即是中國傳統敘事學的核心與關鍵。如何比事，如何屬辭，皆是「言有序」之法。[34]

　　晉杜預《春秋經傳集解·序》指《左傳》釋《經》：「《傳》或先《經》以始事，或後《經》以終義，或依《經》以辯理，或錯《經》以合異，隨義而發。」[35]換言之，或先、或後、或依、或錯，孰前孰後？如何措置？如何安排？皆緣義而發。安排妥適，不可移易，乃謂之「言有序（敘）」。林紓《左傳擷華·序》，推崇上述之四大法式，謂「不惟解經，已隱開後世行文之塗轍。」[36]要之，四大法式誠可作解經之鎖鑰，自成為文章之軌範。

　　抑有進者，先《經》、後《經》、依《經》、錯《經》，隨義而發云云；先、後、依、錯之位序設計，多經筆削措置之工續。後世史傳與小說，「敘事有主意，猶傳之有經也。」因或筆或削，而見主從、詳略、重輕、異同之指義，中國傳統敘事學，即濫觴於作《春秋》、釋《春秋》。[37]清代方苞說古文義法，標榜言有物之義，言有序之法，且稱「義以為經，而法緯之。」[38]方苞桐城義法，主張義先法後、法隨義變（詳後）；實即杜預〈春秋序〉所謂「先《經》、後《經》、依《經》、錯《經》，隨義而發」之演化。換言之，此四大法式，同時可作傳統敘事學之津筏，古文義法之圭臬。

---

34 參考張高評：〈書法、史學、敘事、古文與比事屬辭——中國傳統敘事學之理論基礎〉，香港中文大學《中國文化研究所學報》第64期（2017年1月），頁1-33。

35 〔周〕左丘明著，〔晉〕杜預注，〔唐〕孔穎達疏：《春秋左傳注疏》（臺北：藝文印書館，1955年），晉杜預〈春秋經傳集解序〉，頁11，總頁11。

36 〔清〕劉熙載著，徐中玉、蕭華榮校點：《劉熙載論藝六種（，成都：巴蜀書社，1990年），卷1，〈藝概·文概〉，頁43。林紓：《左傳擷華·序》（高雄：復文書局，1981年），頁1。

37 參考張高評：〈《春秋》筆削見義與傳統敘事學——兼論《三國志》、《三國志注》之筆削書法〉，山東大學《文史哲》學報，2022年第1期（總第388期），頁117-130。

38 〔清〕方苞：《望溪先生文集》，卷2，〈讀史·又書貨殖傳後〉，頁20，總頁40。何謂義法？參考姚永樸：《文學研究法》（南京：鳳凰出版社，2009年），卷1，〈綱領〉，頁28。

杜預〈春秋序〉所謂「先《經》、後《經》、依《經》、錯《經》，隨義而發」云云，《左傳》以歷史敘事解說《春秋》經，在「義以為經，而法緯之」之前提下，就原始文獻進行或筆或削，已略見獨斷別裁之史義。其次，在「義經法緯」之約制下，自始至終，從根本到末節，關注史料之排比、講究辭文之連屬，萬變不離「言有序」之演繹。比事與屬辭，即是歷史編纂之方法。清劉熙載《藝概・文概》稱：「馬遷之史，與《左氏》一揆。《左氏》『先經以始事，後經以終義，依經以辯理，錯經以合異』。在馬，則夾敘夾議，於諸法已不移而具。」[39]四法之施為，要皆以「義」為指南、為斟酌、為定奪，以之編纂史事，藉以體現史義。總之，事見於文，文以為事，比其事而屬其辭，義以為經，隨義而發。《左傳》敘鄢陵之戰，有具體而微之體現。

《春秋》成公十六年載：「甲午，晦，晉侯及楚子、鄭伯，戰于鄢陵。楚子、鄭師敗績，楚殺其大夫公子側。」成公十二年，《左傳》敘晉楚有弭兵之會。夏五月，盟于宋西門之外。冬十二月晉侯及楚公子罷盟于赤棘。[40]就晉楚鄢陵之戰而言，是所謂先《經》以始事。成公十六年，《左傳》敘「春，楚子自武城使公子成，以汝陰之田，求成于鄭，鄭叛晉。」「衛侯伐鄭，至于鳴鴈，為晉故也。晉侯將伐鄭。范文子曰：若逞吾願，諸侯皆叛，晉可以逞」云云，至「晉入楚軍，三日穀。……（楚）王使止之（子反），弗及而死。」就《春秋》成公十六年書：「甲午晦，晉侯及楚子、鄭伯，戰于鄢陵。楚子鄭師敗績，楚殺其大夫公子側」而言，是正面敘次鄢陵之戰，所謂依《經》以辨理。

成公十七年，《左傳》敘晉室三郤族大多怨，陳屍於朝。欒書忠而無私，苟免於難。十八年，《春秋》書：「庚申，晉弒其君州蒲。」就鄢陵之戰言，《左傳》敘次其事之始末，可謂「後《經》以終義」。《春秋》成公十六年書：

---

39 〔清〕劉熙載著，徐中玉、蕭華榮校點：《劉熙載論藝六種》，卷1，〈藝概・文概〉，頁15。
40 《左傳》成公十二年載：宋華元克合晉楚之成。夏五月，晉士燮會楚公子罷，許偃。癸亥，盟于宋西門之外，曰：「凡晉楚無相加戎，好惡同之，同恤菑危，備救凶患。若有害楚，則晉伐之；在晉，楚亦如之。交贄往來，道路無壅。謀其不協，而討不庭。有渝此盟，明神殛之，俾隊其師，無克胙國。」鄭伯如晉聽成，會於瑣澤，成故也。文見周左丘明著，晉杜預注，唐孔穎達疏：《春秋左傳注疏》（臺北：藝文印書館，1955年），〔清〕阮元《十三經注疏》本，卷27，成公十二年，頁15，總頁458。

「晉侯及楚子鄭伯，戰于鄢陵。楚子鄭師敗績。」而《左傳》以史傳經，稱「苗賁皇徇曰：『蒐乘補卒，秣馬利兵。脩陳固列，蓐食申禱，明日復戰。』乃逸楚囚。王聞之，召子反謀。穀陽豎獻飲於子反，子反醉而不能見。王曰：『天敗楚也夫！余不可以待。』乃宵遁。晉入楚軍，三日穀。」由此觀之，楚師「宵遁」而已，實未嘗「敗績」。《左傳》所敘，與《春秋》所書，頗有出入，是所謂「錯經以合異」。[41]

司馬遷《史記・十二諸位年表序》稱孔子：「論史記舊聞，興於魯而次《春秋》，上記隱，下至哀之獲麟，約其辭文，去其煩重，以制義法。」[42] 約其辭文，指屬辭約文；去其煩重，指或筆或削，編比史事。據此，《春秋》之義法遂呼之欲出。至清代方苞說古文義法，乃云：

> 《春秋》之制義法，自太史公發之，而後之深於文者亦具焉。義即《易》之所謂「言有物」也。法，即《易》之所謂「言有序」也。義以為經，而法緯之，然後為成體之文。[43]

孔子作《春秋》，或筆或削，排比史事，連屬辭文，皆出自「丘竊取之（私為之）」以取義。於是有「義法」之說，司馬遷斷定起於孔子作《春秋》。清代方苞倡古文義法，以「言有物」為「義」，「言有序」為「法」。就《春秋》書法，歷史編纂而言，章學誠曾云：「載筆之士，有志《春秋》之業，固將惟義之求。其事與文，所以藉為存義之資也。」[44] 由此觀之，藉為存義之資之「其事與文」，即是「言有序」之「法」。方苞〈又書貨殖傳後〉接續所謂「義以為經，而法緯之」，強調義在法先，法隨義後。夷考其實，實不異杜預〈春秋序〉所云「隨義而發」。不止《春秋》、《左傳》、《史記》諸經傳、或古文、駢

---

41 張高評：〈《左傳》鄢陵之戰與筆削昭義——「《春秋》詮釋學之一」〉，《漢籍與漢學》2024年第二輯。

42 〔日〕瀧川資言：《史記會注考證》（臺北：萬卷樓圖書公司，1996年），《漢文大系》本。卷14〈十二諸位年表序〉，頁6，總頁235。

43 〔清〕方苞：《方望溪文集》卷2，〈讀史・又書貨殖傳後〉，頁20，總頁40。

44 〔清〕章學誠著，葉瑛校注：《文史通義校注》，內篇二〈言公上〉，頁201。

文；及一切詩，詞、文賦、小說、戲劇、繪畫、書法、音樂諸文藝寫作，草創鴻蒙之際，腹稿藍圖擬定之初，無不以命意、立義為優先，蘇軾所謂成竹在胸，《孟子》稱：「先立其大者，則小者不能奪也。」

　　清王源《左傳評》評鄢陵之戰：「只為晉亂張本，不為晉勝序功。……蓋意不在於序晉功，故但零寫一人一事，而勝敗帶敘其中。」[45]此篇敘戰主意，既然定調「只為晉亂張本」，因此，《左傳》敘鄢陵之戰，戰前、戰中、戰後，隨義而發，多聚焦於士燮（范文子）之始終非戰，堅持避戰，戒慎恐懼。清王系《左傳說》稱：「楚固有敗道，晉實無勝道，范文子之所以不欲戰也。」[46]清馬驌《左傳事緯》，曾闡明其中緣故：

　　　　鄢陵之勝，倖勝也。……獻捷稱伐，相矜于朝，難且作矣，勝于何有？士燮（范文子）知之，故益深其危懼：未戰，則求釋楚以為外虞；既勝，又進戒以正君心。祝宗祈死，老成云逝，彼不欲坐享勝敵之福哉？知禍將伏此也。[47]

劉勰《文心雕龍‧附會》云：「何謂附會？謂總文理，統首尾，定與奪，合涯際，彌綸一篇，使雜而不越者也。」黃侃《文心雕龍劄記‧附會》申之曰：「附會者，總命意、修辭為一貫，而兼草創、討論、修飾、潤色之功績者也。大抵著文裁篇，必有所詮表之一意，約之為一句，引之為一章，長短之形有殊，而所詮之一意則不異。」[48]韓席籌《左傳分國集註》稱美《左傳》：「雖寫鄢陵戰事，而眼光專注三郤之亂，所以意鬱而神遠。」[49]劉勰、黃侃之談說附會，即世稱之命意、主意，杜預〈春秋序〉云「隨義而發」，方苞古文義法所

45　〔清〕王源：《左傳評》（臺北：新文豐出版公司，1979年），卷5，成公十六年，〈晉侯及楚子、鄭伯戰于鄢陵。楚子鄭師敗績〉，頁17。
46　李衛軍編：《左傳集評》，成公十六年，引〔清〕王系《左傳說》尾評，頁1035。
47　〔清〕馬驌著，徐連城校點：《左傳事緯》（濟南：齊魯書社，1992年），卷5，頁195-196。
48　洪治綱主編：《黃侃經典文存》（上海：上海大學出版社，2008年），黃侃：《文心雕龍劄記》，〈附會第四十三〉，頁191。
49　韓席籌：《左傳分國集註》（南京：江蘇人民出版社，1963年），卷6，〈晉楚鄢陵之戰〉尾批，頁341。

謂「義以為經,而法緯之」。義,即「眼光專注」處,一篇附會、命意處,持以論說《左傳》鄢陵之戰之謀篇安章,足以相發明。

杜預所云「先《經》、後《經》、依《經》、錯《經》,隨義而發。」方苞所謂「義以為經,而法緯之」,堪作書法、史學、敘事、古文謀篇布局之要領與策略。且看金聖歎提示《西廂記》讀法,以清楊繩武《文章鼻祖》評鄢陵之戰論證之:

> 文章最妙,是目注彼處,手寫此處。若有時必欲目注此處,則手寫彼處。一部《左傳》,便十六都用此法。若不解其意,而目亦注此處,手亦寫此處,便一覽已盡。《西廂記》最是解此意。[50]
>
> 此篇主意,不重晉之能勝楚,重晉之以勝楚召內亂。故城濮、邲兩篇,須看前面來龍,此篇須看後面去路。自鄢陵戰勝,君臣相猜,厲公被弒,三郤見殺,欒氏出奔,皆張本於此番之一勝。此題外之意,而實一篇之主也。惟范文子見及此,文子不欲戰者也。[51]

所謂「目注彼處,手寫此處」,即金批《西廂記》所謂「移堂就樹」法。亦即杜預〈春秋經傳集解序〉所謂「先經以始事」法、即俗所稱「經前起傳」。至於「目注此處,則必手寫彼處」,則如杜預〈春秋序〉所謂「後經以終義」。《左傳》敘鄢陵之戰,前、中、後,皆以范文子之言敘貫串通篇。士燮高瞻遠矚,眼光已注目三郤之亡,欒氏之亂、厲公見弒。楊繩武《文章鼻祖》指出:「此篇須看後面去路」,所謂「題外之意,而實一篇之主」者,皆指范文子之言。作文之道,避就留餘,以遒健雋妙押尾,此之謂「目注此處,則必手寫彼處」,《左傳》敘事之中權、後勁,發用多用此法。[52]

---

50 金聖歎著,陸林輯校整理:《金聖歎全集》(南京:鳳凰出版社,2008年),第二冊,《貫華堂第六才子書西廂記》,〈第六才子《西廂記》讀法〉之十五,頁857。

51 李衛軍編:《左傳集評》,成公十六年,引〔清〕楊繩武《文章鼻祖》總評,頁1039。

52 張高評:《左傳屬辭與文章義法》(臺北:五南圖書公司,2021年),第三章第二節,三、〈中權〉;五、〈後勁〉,頁129-130,頁132-133。

《左傳》敘鄢陵之戰，遙指「三郤之亡、厲公之弒」，作為張本。清周大璋《左傳翼》稱：「攘外必先安內，而晉君臣貪近功而忘遠禍，范文子所以未戰而憂，既勝而懼。一篇血戰文字，而以文子名論經緯其間，識見學問俱係聖賢一路。」吳闓生《左傳微》引宗堯（劉培極）云：「晉之勝楚，亦中原之幸。《左氏》之意，則以晉之內亂實階於此，以為通篇主意。此《左氏》識見夐絕常人處。通篇范文子之言凡六見，字字悲鬱沉痛。」又稱：「眼光專注三郤之亂，而文中始終並不露出一字。此文章之茹鬱處。愈鬱，則其神愈茂也。」[53]此一「後經以終義」之敘事手法，實即金聖歎所謂「目注彼處，手寫此處」之妙法。清方苞《左傳義法舉要》，十分推崇士燮（范文子）之深謀遠慮，以為乃「眾人皆醉我獨醒」之卓絕識見。其言曰：

> 此篇大指，在為三郤之亡、厲公之弒張本。故以范文子之言貫串通篇，而中間「國之存亡，天也」二語，尤前後之樞紐。蓋鄭之畔服，關楚晉之興衰，欒書知之。晉之勝，孟獻子知之。楚之敗，申叔時知之，姚句耳知之。楚有間可乘，郤至知之，苗賁皇知之，而晉之逃楚，可以紓憂。倖勝轉為亂本，則眾人皆不知。蓋眾人所知者，人事之得失；而文子所憂者，天命之去留。[54]

若晉之倖勝，翻轉為紛亂之根源，那麼，國之存亡，只能歸諸天意。范文子之言，為前後敘事之樞紐，《左傳》於此，詳敘、重敘、不一敘，以複沓見《春秋》書法，且凸顯「眾人所知者，人事之得失；而文子所憂者，天命之去留。」《老子》第五十八章：「禍兮福之所倚，福兮禍之所伏。」范文子見識卓犖，老成持重，苟用其言，晉厲未必不終。《左傳》敘事傳人，於天人之際，吉凶悔吝，往往取決於行為之因果，[55]此又一實證。

---

53 吳闓生：《左傳微》（臺北：臺灣中華書局，1970年），成公十五年，卷5，〈晉楚鄢陵之戰〉，頁3、5、7。

54 〔清〕方苞：《左傳義法舉要》（臺北：廣文書局，1977年），卷1，〈鄢陵之戰〉，頁28。

55 張高評：〈《左傳》因果式敘事與以史傳經——以戰爭之敘事為例〉，《東海中文學報》第25期（2013年6月），其二，由行為自身之因果關係，證明善惡在歷史中所得的勸懲。頁72-96。

《左傳》之為史學，主書主法，於治亂成敗之際，最所關注。尤其戰爭，為國之大事，無論勝負，皆攸關家國之治亂，社稷之存亡，宗族之興衰。成敗勝負之所以然，為經世資鑑之焦點。清王源《左傳評》申說《左傳》敘鄢陵之戰，料敵之勝負成敗，雖是賓筆旁襯，益重范文子之戒慎恐懼，所謂「勝敗之故未嘗略也」：

> 此篇雖為晉亂張本，然如此大戰，一勝一負，所關非小，勝也豈無因？敗也豈無故？若略而不見，便有偏倚，而或過或不及矣。故序孟獻子有勝之言，見晉之所以勝；序申叔時、姚句耳與郤至之言，見楚之所以敗。是以精神雖不在序晉功，而勝敗之故未嘗略也。時中之妙，烏可不知。[56]

未戰之初，料敵虛實；知己知彼，料算成敗，往往為《左傳》敘戰之慣伎：晉之勝，孟獻子、欒鍼、子重早見之；楚之敗，申叔時、姚句耳、欒書、郤至早見之。由於左氏經營此篇，立義創意，只為晉亂作張本，不為晉人序戰功。故晉之所以勝，楚之所以敗，多藉言記事以表出。記言而曲傳其事，知己知彼之料敵虛實，從中可見。

左氏敘鄢陵之戰，工於約文屬辭。晉楚之成敗，早已提敘於前：晉之整暇，對敘楚軍之輕窕。輕窕，楚之所以敗；整暇，晉之所以勝，一篇之中，亦以錯綜相對為章法。范文子深知君驕臣亂，禍福相倚，故不憂晉敗，而憂楚敗。《左傳》敘戰，藉言以敘事，凸顯晉之整暇，楚之輕窕，益加坐實范文子之戒慎恐懼。清孫琮《山曉閣左傳選》闡發之，其言曰：

> 鄢陵之戰，晉勝而楚敗。寫晉人，純是雍雅；雍雅者，整暇之本也。寫楚人，純是勇氣；勇氣者，輕窕之發也。楚之輕窕，叔時數言已盡，而姚句耳所見，亦甚左券。晉之整暇，士燮深慮素定，而欒鍼之攝飲，乃其實事。晉有欒書、郤至、韓厥、范匄、呂錡，楚有潘黨、養由基、叔

---

[56] 〔清〕王源：《左傳評》，卷5，成公十六年，〈晉侯及楚子、鄭伯戰于鄢陵。楚子鄭師敗績〉，頁18。

山冄，鄭有石首、唐苟，而苗賁皇、伯州犁尤以料敵畫謀見重。穿插映帶，埋伏照應，亦自無處不整，無處不暇，絕無輕窕之態。[57]

戰役之敘寫，堪稱千頭萬緒，猶治絲之益紛。《左傳》敘戰，往往神閒氣定，好整以暇，如敘鄢陵之戰，馮李驊《左繡》稱：「首是出色寫一個人，中是出色寫兩個人，尾是出色寫四個人。三處寫得十分出色。」清孫琮《山曉閣左傳選》，凸顯晉之整暇者，寫晉士燮等七人，純是雍雅。又寫楚養由基，鄭等石首等五人，純是勇氣輕窕。而苗賁皇、伯州犁之料敵畫謀，亦寫雍雅整暇。就全篇敘戰而言，「穿插映帶，埋伏照應，亦自無處不整，無處不暇。」《左傳》之工於敘戰，有如此者。

預言成敗，最是《左傳》敘戰之常法。蓋揭示成敗、功過、是非、得失之所以然，可以提供借鑑與警戒。此猶《左傳》釋經，多經前起傳之文，金聖歎評《西廂記》稱為移堂就樹法，[58] 清楊繩武《文章鼻祖》謂之題前作勢，筆者稱為預言成敗：

> 《左傳》文字，慣於題前作勢。如邲之戰，隨武子、欒武子兩番議論，便見楚之必勝。知莊子、伍參兩番議論，便見晉之必敗。鄢陵之戰，孟獻子一言，便見晉之必勝；申叔時、姚句耳兩段，是從旁人見楚之必敗；欒書、郤至兩段，是從晉人見楚之必敗。當未戰之先，兩國勝負情形已分寫得瞭如指掌。直至交兵，勝負只如點睛，一點更不多著筆墨。《史》《漢》以下，便多正面直敘，不能如此曲折頓挫矣。[59]

晉楚邲之戰，晉敗而楚勝；《左傳》敘戰，敵我尚未交鋒，即率先預言戰役之成敗勝負，此最是左氏敘戰常法。或對敘雙方之兵法謀略，以高下得失見成

---

57 李衛軍編：《左傳集評》，成公十六年，引〔清〕孫琮《山曉閣左傳選》，頁1638。
58 金聖歎著，陸林輯校整理：《金聖歎全集》，第二冊，《貫華堂第六才子書西廂記》，卷五，〈寺警〉，頁936-937。
59 李衛軍編：《左傳集評》，成公十六年，引〔清〕楊繩武《文章鼻祖》總評，頁1039。

敗。或藉人說事，逆料戰役之成敗，如邲之戰，藉隨武子、欒武子之議論，以見楚之必勝；因知莊子、伍參之議論，便見晉之必敗。鄢陵之戰，晉之必勝，見於孟獻子一言；而申叔時、姚句耳之知己；欒書、郤至之料敵，亦逆知楚人必敗。「當未戰之先，兩國勝負情形已分寫得瞭如指掌。直至交兵，勝負只如點睛，一點更不多著筆墨。」用筆於虛，省略於實，曲折頓挫、虛實不測如此，此最是《左傳》敘戰之風格與特色。

四、或筆或削，比事屬辭與歷史編纂

孔子參考魯史春秋，獨斷別裁，或筆或削，排比史事，連屬辭文，編著而成一萬六千餘字之《春秋》。《孟子·離婁下》所稱孔子作《春秋》，其事、其文、其義云云，庶幾近之。《史記·十二諸侯年表序》所稱：「（孔子）興於魯而次《春秋》，……約其辭文，去其煩重，以制義法。」敘說更加確切不移。《禮記·經解》曰：「屬辭比事，《春秋》教也。」提示指引，尤其精簡可法。《左傳》敘事傳人，從或筆或削之選材，經比其事而屬其辭之撰述，對照《春秋》載記，歷史編纂學之流程，有絕佳之示範與演示。

《史記·十二諸侯年表序》所稱孔子次《春秋》，「約其辭文，去其煩重，以制義法。」所謂「約」、「去」云云，即隱含筆削去取之鎔裁工夫。《文心雕龍·鎔裁》謂：「草創鴻筆，先標三準：履端於始，則設情以位體；舉正於中，則酌事以取類；歸餘於終，則撮辭以舉要。」[60] 設情位體、酌事取類、撮辭舉要，事、文、義之脈注綺交，正是歷史編纂之際，或筆或削，比事屬辭，自始、而中、至終之心路歷程，系列寫照。因此，歷史編纂、敘事傳統、古文義法，與《春秋》書法，同源共本，相通相融。立義創意，而又獨立分化，自成一家。

本文開頭，引述清代劉繼莊《左傳快評》稱：「自有文字以來，寫戰陣之事，無有奇于《左傳》者。《左傳》以五大戰為最，而五大戰中更無有奇于鄢陵

---

60 〔梁〕劉勰著，范文瀾註：《文心雕龍註》，卷7，鎔裁第七，頁543。

之戰者。」《左傳》敘鄢陵之戰,所以見稱為最「奇」者,薪傳疏通知遠之記事成法,光大義經法緯之敘事傳統,為其主要經典成就,已詳說論證於前。另外,因史家之或筆或削,而見《左傳》比事與屬辭之主從、詳略、重輕、明暗、虛實,進而體現《春秋》義法、史家筆法,尤其值得稱道與推廣。闡說如下:

(一) 主從、詳略、重輕、明暗與《春秋》書法

分賓分主,為筆削去取之第一要著。賓可多,主無二,乃謀篇安章之不二要領。[61]主意(指義)所在,往往詳盡敘事、重點強調;若為賓從,則輕描淡寫,簡略交代即可。因此,敘事傳人之道,詳略、重輕之布署,與主意賓筆相互牽連,關係十分密切。

《左傳》敘鄢陵之戰,意在本傳之外:只為晉亂張本,不為晉勝序功。通篇一言以蔽之,以「憂」字為主。清劉熙載《藝概・文概》稱:「左氏敘戰之將勝者,必先有戒懼之意,如韓原秦穆之言,城濮晉文之言,邲楚莊之言,皆是也。不勝者反此。」[62]韓之戰、城濮之戰、邲之戰固然如此;其實,鄢陵之戰,范文子戒慎恐懼之說,亦不殊《左傳》諸大戰。

詳言之,鄢陵之戰之敘戰,以范文子之外寧內憂、戒慎恐懼為主要指義,舉凡開宗明義,中權後勁,或明或暗,或虛或實,多呼應「憂」字之主旨而詳寫重敘之。否則,於史料去取定奪之際,則削去之,簡略之,輕點之。清馮李驊評輯《左繡》,曾作畫龍點睛之提示,所謂「萬山磅礡必有主峰,龍袞九章但挈一領」,其言曰:

> 此番鄢陵之戰,是起下文字,極寫文子,只要跌出晉屬之不終。……文子凡三提「憂」字,前一番,對伐鄭說;第二番,對逃楚說;第三番,對服楚說。讀「諸侯皆叛,晉可以逞」,殊自駭人;即「我偽逃楚,可以紓憂」,亦不可解;及讀「外寧內憂」數語,乃見文子胸中成竹,有

---

61 張高評:《左傳屬辭與文章義法》(臺北:五南圖書公司,2021年),第三章第三節〈情境對敘之設計・賓主〉,頁142。
62 〔清〕劉熙載著,徐中玉、蕭華榮校點:《劉熙載論藝六種》,卷1,〈藝概・文概〉,頁6。

絕人議論、絕頂識見在。真作「死於安樂,生於憂患」絕好註腳。[63]

就系統思維而言,稱鄢陵之戰之敘事,乃「起下文字」,即是杜預〈春秋序〉所謂「後經以終義」,經前起傳之法;金聖歎所云:「目注彼處,手寫此處」,移堂就樹之法。鄢陵之戰之主意,「只要跌出晉厲之不終」,不為晉勝楚敘戰功。在「義以為經」之前提下,或筆或削,皆以此為依違取捨:故戰前、戰中、戰後,再三提示伐鄭、逃楚、服楚,宜戒慎「憂」患:若唯晉叛,晉憂可立俟:我偽逃楚,可以紓憂:自非聖人,外寧必有內憂云云,一篇之中,三致其意焉。

章學誠《文史通義・答客問上》,揭示「《春秋》之義,昭乎筆削」之大蠹。以為「筆削之義,不僅事具始末,文成規矩」而已。擴而廣之,更推拓到詳略、異同、重輕、忽謹之抉擇之書法。其言曰:

> 史之大原,本乎《春秋》。《春秋》之義,昭乎筆削。筆削之義,不僅事具始末,文成規矩已也。以夫子「義則竊取」之旨觀之,……所以通古今之變,而成一家之言者,必有詳人之所略,異人之所同,重人之所輕,而忽人之所謹。……而後微茫杪忽之際,有以獨斷於一心。[64]

事具始末,謂比事以顯義;文成規矩,指屬辭以見義。意謂:義昭筆削之層面,不限於「屬辭比事之《春秋》教」而已。或筆或削所及,更生發「詳人之所略,異人之所同,重人之所輕,而忽人之所謹」,如此,方見獨斷之撰述,以及別識之心裁,方可卓犖不群,自成一家之言。[65]孔子作《春秋》如此,左丘明著《左傳》,亦同一方術與路數。試觀《左傳》鄢陵之戰,敘戰主意,卻以范文子之憂國、懼勝、釋楚、戒戰為主,《左傳》其他敘戰所詳所重之兵

---

63 〔清〕馮李驊輯評:《左繡》(臺北:文海出版社影印清康熙五十九年書業堂鐫藏本,1967年),卷13,成公十六年,〈鄢陵之戰〉眉批,頁930、頁935。
64 章學誠著,葉瑛校注:《文史通義校注》,卷5,〈答客問上〉,頁545-546。
65 參考余英時:《歷史與思想》(臺北:聯經出版事業公司,1977年),〈章實齋與柯靈烏的歷史思想〉,三,「筆削之義與一家之言」,頁188-199。

謀、將帥、士氣、組織、裝備，要皆略之輕之。或筆或削，可以昭義，於鄢陵戰役可以獲得印證。

清劉熙載《藝概・文概》：「敘事有主意，如傳之有經也。主意定，則先此者為先經，後此者為後經，依此者為依經，錯此者為錯經。」[66]清楊繩武《文章鼻祖》，評點《左傳》鄢陵之戰，開宗明義即宣稱：「通篇以『憂』字為主」，其他中權、首尾、關鍵，要皆脈注綺交於此一「憂」字，進行次第之渲染與鋪張，可以相發明。如云：

> 通篇以「憂」字為主，開口說：「晉國之憂可立俟也」；中間云：「我偽逃楚，可以紓憂」；又曰「惟聖人能內外無患。自非聖人，外寧必有內憂」，總不脫「憂」字。末段，立於戎馬之前曰：「君幼，諸臣不佞，何以及此？君其戒之。」戒，所以弭憂也。首尾兩段，兩相呼應，是一篇精神血脈貫注處。有此三段作中權、首尾、關鍵，其餘題面雖極力鋪張，總絲絲入扣矣。[67]

《左傳》敘次戰爭，往往用心於成敗、存亡、治亂、得失之際，最得史官主書主法之天職。《左傳》敘戰之履端、舉正、歸餘，要皆申說晉楚所以成敗之故，此之謂義經法緯；或先或後，或依或錯，要皆隨義而發。清楊繩武《文章鼻祖》，於此亦多所闡述，如：

> 整暇兩字，亦是一篇眼目。整暇與輕窕針對，詳、禮、信、義得之，則為整暇之本，失之則為輕窕之本。「楚有六間」，是實指其輕窕；「騁而左右」一段，乃細陳其整暇也。其餘敘晉事，總不脫整暇意；敘楚事，總不脫輕窕意，極錯綜映射之妙。欒書、郤至以整暇勝者也，范文子以整暇持勝者也。整暇是題面，「憂」字是題意。題面以「整暇」為主，

---

[66] 〔清〕劉熙載著，徐中玉、蕭華榮校點：《劉熙載論藝六種》，卷6，〈藝概・經義概〉，頁164。
[67] 李衛軍編：《左傳集評》，成公十六年〈鄢陵之戰〉，引〔清〕楊繩武《文章鼻祖》總評，頁1039。

題意以「憂」字為主。[68]

杜預〈春秋序〉云:「先經以始事,後經以終義,依經以辯理,錯經以合異。」余謂:「經義用此法操之,便得其要。經者,題也,先之、後之、依之、錯之者,文也。」[69]《左傳》敘鄢陵之戰,整暇,為晉之所以勝;輕窕,則楚之所以敗。一篇之中,明寫「整暇」、「輕窕」,即暗點成敗勝負之隱憂。清吳曾祺《左傳菁華錄》稱:「鞌之戰有高固,鄢陵之戰有潘黨、養由基、皆以勇力聞,而皆無救于敗。聖人所以輕暴虎馮河之技也。」[70]由此觀之,以勇力聞,即是輕窕之舉,暴虎馮河之勇,聖人論戰所以不取。

歷史編纂,於文獻筆削去取之際,又必需同時關照重筆與輕筆。輕重之斟酌定奪,亦與「竊取之」之義相貫串。《左傳》敘鄢陵之戰,晉勝楚敗,看似結局,實則暗伏晉亂君弒之隱憂,范文子所以有「外寧內憂」之警語,戒慎恐懼者在此。於是敘戰之筆,輕重亦隨之,方苞所謂「義以為經,而法緯之。」清馮李驊《左繡》評之曰:

> 獻子斷晉勝,用輕筆;句耳料楚敗,用重筆。重者,為鄢陵本事生色;輕者,不令與文子本意矛盾也。何等斟酌!他篇斷勝敗,皆在局內;此篇斷勝敗,都在旁觀,亦脫換處。[71]

一篇主腦既在於斯,故《文心雕龍·鎔裁篇》稱:「草創鴻筆,先標三準:履端於始,則設情以位體;舉正於中,則酌事以取類;歸餘於終,則撮辭以舉要。」劉熙載《藝概·經義概》云:「凡作一篇文,其用意俱要可以一言蔽

---

68 李衛軍編:《左傳集評》,成公十六年〈鄢陵之戰〉,引〔清〕楊繩武《文章鼻祖》總評,頁1039。
69 〔清〕劉熙載著,徐中玉、蕭華榮校點:《劉熙載論藝六種》,卷6,〈藝概·經義概〉,頁164。
70 李衛軍編:《左傳集評》,成公十六年〈鄢陵之戰〉,引〔清〕吳曾祺《左傳菁華錄》尾評,頁1036。
71 〔清〕馮李驊輯評:《左繡》,卷13〈鄢陵之戰〉,頁930。

之。擴之,則為千萬言;約之,則為一言,所謂主腦者是也。」[72]劉熙載《藝概》說文章,關注輕筆、重筆;他篇、此篇;局內、旁觀之脫換變化,有助於《左傳》史傳敘戰,與敘事藝術之理解。

五、餘論

《左傳》敘戰,以韓之戰、城濮之戰、鞌之戰、邲之戰、鄢陵之戰五大戰,為春秋之最;而五大戰之中,「更無有奇于鄢陵之戰者」。若然,作為鄢陵之戰之敘事義法,除了上列三節所論記事成法、敘事傳統、歷史編纂之外,可資談說者尚有二大端:其一,語敘對話,藉言記事;其二,每舉一事,必有偶對。因已另撰專文論說,今摘要略言如下,以助鄢陵之戰之系統了解。

(一)語敘對話,藉言記事

《禮記・玉藻》曰:「動則左史書之,言則右史書之。」《白虎通德論・諫諍》,亦以為言。然《漢書・藝文志》云:「古之王者世有史官,君舉必書,所以慎言行,昭法式也。左史記言,右史記事,事為《春秋》,言為《尚書》,帝王靡不同之。」清代章學誠《文史通義》調和之,以為:左史右史、記事記言云云,其職不見於《周官》。因此,不贊同《尚書》記言,《春秋》記事之說。其言曰:

> 古人事見於言,言以為事,未嘗分事言為二物也。……《記》曰:「疏通知遠,《書》教也。」豈曰記言之謂哉?[73]

《書》亡,既入而為《春秋》、《左傳》,於是記言、記事互見於《左傳》之敘事傳人之中。劉知幾《史通・載言》云:「《左氏》為書,不遵古法,言之與事,

---

72 〔清〕劉熙載著,徐中玉、蕭華榮校點:《劉熙載論藝六種》,卷6,〈藝概・經義概〉,頁164-165。

73 〔清〕章學誠著,葉瑛校注:《文史通義校注》,卷1〈書教上〉,頁38。

同在傳中。然而言事相兼，煩省合理。故使讀者尋繹不倦，覽諷忘疲。」[74]「言事相兼，煩省合理」，為《左傳》敘事特色之一。就廣義之敘事而言，記言亦敘事方式之一：《史通・載言》云：「敘事之體，其別有四：有直紀其才行者，有唯書其事跡者，有因言語而可知者，有假讚論而自見者。」[75]「因言語而可知」之賓白對話，即敘事之一要法，從而可知。

《左傳》敘鄢陵之戰，無論敘寫范文子戒慎恐懼之三憂，多出於藉言記事。即晉楚將帥之知己料敵，預言成敗利鈍，亦皆出於賓白語敘，此《史通・載言》所謂「因言語而可知」者。無論始端之設情位體，舉中之酌事取類，歸終之撮辭舉要，多出於語敘言敘。全篇敘事，多出於賓白對話。清馮李驊輯評：《左繡》稱：「一于楚陳之壓晉軍也，不用實寫，卻於郤至口中論出；一于晉陳之疏行首也，亦不用實寫，卻于楚子眼中望出。虛實互用，結構尤奇。」不實寫敵軍之軍容，卻假我方口中論出，眼中望出，此之謂虛實相生，妙在不直書、不犯正位，從對面得知。

《左傳》鄢陵之戰〈巢車之望〉記言之殊勝，錢鍾書《管錐編》已多所提撕：一則曰：「史家追敘真人實事，每須遙體人情，懸想事勢，設身局中，潛心腔內，忖之度之，以揣以摩，庶幾入情合理。」二則曰：「《左氏》設身處地，依傍性格身分，假之喉舌，想當然耳。」三則曰：「不直書甲之運為，而假乙眼中舌端出之，純乎小說筆法矣！」四則曰「《左傳》記言，而實乃擬言、代言，謂是後世小說、院本中對話、賓白之椎輪草創，未遽過也。」[76]錢氏所云「《左傳》記言，而實乃擬言、代言。」此一提示，提供極為可觀之研究選題契機。[77]

考察對話之作用，筆者以為功能有四：一曰刻劃性格，表現情懷。為《左傳》對話所專擅，舉凡描寫人情者皆屬之。二曰推進情節，逆料形勢。亦為

---

74 〔唐〕劉知幾著，浦起龍釋：《史通通釋》，卷2〈載言〉，頁34。
75 〔唐〕劉知幾，浦起龍釋：《史通通釋》，卷6〈敘事〉，頁168。
76 錢鍾書：《管錐編》（北京：中華書局，1979年）。《左傳正義》，一，〈杜預序〉，頁165、166。三一，〈成公十六年〉，頁210。
77 張高評：〈《管錐編》論《左傳》之敘事與記言——錢鍾書之《左傳》學〉，《國學研究》第十五卷（北京大學出版社，2005年6月），頁351-384。

《左傳》藉對話以逆提、激射史事者。三曰展示場景，替代解說。此則《左傳》借言記事之慣伎。四曰交代枝節，統攝瑣微。雖時遠事隔，有賴對話以統攝之，是亦《左傳》謀篇安章之巧法也。由此觀之，錢鍾書之論《左傳》記言，誠為真知灼見，值得推拓。

（二）每舉一事，必有偶對

舉凡戰役，必有衝突交戰之雙方。為顧及敘事之面面俱到，《左傳》敘次戰爭，敵我往往次第對寫，以較量成敗、是非、得失、高下。此一敘事藝術，實乃比事屬辭《春秋》教之衍化。清姜炳璋《讀左補義》云：

> 《經解》曰：『屬辭比事，《春秋》教也。』……若一傳之中，彼此相形而得失見；一人之事，前後相絜而是非昭。晉楚俱用夾寫，傷楚強之出於晉衰也；魯鄭每為並敘，傷季孫之不如鄭臣也。抉盛衰之關，立事為之矩，莫不舉一例餘，而旁通四達：桓與文相比，襄、靈、厲、悼與桓、文相比，而升降可見。伯未興之前，與有伯相比；有伯之後與無伯相比，而世變可知。條理燦著，脈絡貫通，觸處皆屬辭比事之旨也。[78]

比事，指類比相近相關之事件，或對比相反相悖之歷史。《史記·太史公自序》所謂「述故事，整齊其世傳」者是。此乃歷史編纂學中，筆削去取史料後之第二部曲。第三部曲，則約文屬辭，提供素材之發揮，文字之表述。姜炳璋《讀左補義》所云：「彼此相形而得失見」，「前後相絜而是非昭」，蓋人物與事件皆可通用無礙。歷史人物或事件，經由比事屬辭之書法體現，相形、相絜、夾寫、並敘之相互較量，不惟是非、得失昭見，盛衰、升降，以及世變，亦皆班班可考。因以求義，經文可知。

晉楚鄭鄢陵之戰，大抵兩兩相對敘事。尤其〈巢車之望〉一段，清馮李驊輯評：《左繡》：「通篇一線雙行，其對寫尤妙者，則中間伯州犁以公卒告王，

---

[78]〔清〕姜炳璋：《讀左補義》：（臺北：文海出版社，1968年），卷首，〈綱領下〉，頁106-107。

苗賁皇以王卒告,一實一虛,一承上,一起下,整整對仗,而又總寫『皆曰:國士在,且厚不可當也』。以一筆作兩對,分明以此數句為全文中腰轉捩,與邲戰『盟有日矣』同機軸。」[79]筆者〈《左傳》敘鄢陵之戰與與比事屬辭以顯義〉一文,[80]已多所闡發論證,今不再贅。但摘錄部分引文,以管窺一斑:

> (鄢陵之戰)虛實互見,兩兩對敘,另開一境。串寫奇變,千秋獨步。(清馮李驊輯評:《左繡》)
>
> 史家敘事,皆一往寫,唯《左氏》(敘鄢陵之戰)能分合寫。一邊寫晉,一邊寫楚,筆筆不同,卻逐筆對照,此法惟司馬子長敘劉項戰事,彷彿如此。(清高塘:《左傳鈔》)
>
> (鄢陵之戰)此章文字之美,美不勝收。然以大勢論之,得一偶字法。何云偶?每舉一事,必有對也。(林紓:《左傳擷華》)

《文心雕龍・鎔裁篇》稱:「草創鴻筆,先標三準:履端於始,則設情以位體;舉正於中,則酌事以取類;歸餘於終,則撮辭以舉要。」《左傳》敘戰,於始,設情(義)以位體;於中,酌事以取類;於終,撮辭以舉要,多已作系統之規劃,週到之布署,方能奇偶相生,錯偶於奇。《左傳》敘鄢陵之戰,其法曰虛實互見,兩兩對敘;曰能分合寫,逐筆對照;曰每舉一事,必有對也云云,實即林紓《左傳擷華》所謂:「善為文者因事設權,往往使人不覺;當散則散,當偶則偶。」[81]《左傳》敘戰之謂也。

由是觀之,《左傳》不但多敘戰之名篇,文章之奇偶相生,兩兩對敘,作為中國駢儷文章之先河,[82]亦值得學界關注與探索。

---

79 〔清〕馮李驊輯評:《左繡》,卷13〈鄢陵之戰〉,頁933-934。《左傳集評》三,頁1023-1024。
80 張高評:〈《左傳》敘鄢陵之戰與比事屬辭以顯義——《春秋》詮釋學之二〉,三,兩兩對敘,以編比史事,體現鄢陵成敗之指義,《華中學術》2024年第4期,12月。
81 林紓:《左傳擷華》(高雄:復文書局,1981年)。卷下,〈鄢陵之役〉,頁107。
82 參考張高評:修訂重版《左傳之文學價值》(臺北:五南圖書公司,2019年),第四章,〈駢儷文章之先河〉,118-133。

徵引書目

方　苞：《望溪先生文集》，臺北：臺灣商務印書館，1979年)，《四部叢刊》初編本。

方苞授，王兆符、程崟傳述：《左傳義法舉要》，臺北：廣文書局，1979年。

王　源：《左傳評》，臺北：新文豐出版公司，1979年。

司馬遷著，瀧川資言：《史記會注考證》。臺北：萬卷樓圖書公司，1996年，《漢文大系》本。

左丘明著，杜預注，孔穎達疏：《春秋左傳注疏》，臺北：藝文印書館，1955年，《十三經注疏》本。

余英時：《歷史與思想》，臺北：聯經出版事業公司，1977年。

吳　縝《新唐書糾謬》，上海：上海書店，1985年，《四部叢刊》三編。

吳闓生：《左傳微》，臺北：臺灣中華書局，1970年。

呂祖謙：《左氏傳說》，臺北：大通書局，1970年，《通志堂經解》本。

李衛軍編：《左傳集評》，北京：北京大學出版社，2016年。

林　紓：《左傳擷華》，高雄：復文書局，1981年。

空　海（遍照金剛）著，盧盛江校考：《文境秘府論彙校彙考》，北京：中華書局，2006年。

金聖歎著，陸林輯校整理：《金聖歎全集》，第二冊，《貫華堂第六才子書西廂記》，南京：鳳凰出版社，2008年。

姚永樸：《文學研究法》，南京：鳳凰出版社，2009年。

姜炳璋：《讀左補義》，臺北：文海出版社，1968年。

洪治綱主編：《黃侃經典文存》，《文心雕龍劄記》，上海：上海大學出版社，2008年

胡安國：《春秋傳》，臺北：臺灣商務印書館，1966年。《四部叢刊》續編本。

家鉉翁：《春秋集傳詳說》，臺北：臺灣商務印書館，1983年，文淵閣《四庫全書》本。

浦安迪講演：《中國敘事學》，北京：北京大學出版社，1996年。

馬驌著，徐連城校點：《左傳事緯》，濟南：齊魯書社，1992年。

張高評：修訂重版《左傳屬辭與文章義法》，臺北：五南圖書公司，2021年。

張高評：〈《左傳・秦晉韓之戰》及其敘事義法——《春秋》比事屬辭與《左傳》敘戰之書法〉，《古典文學知識》2019年第5期（總第206期，2019年9月）。

張高評：〈《左傳》「秦穆公遂霸西戎」之敘事與解釋〉，《山西大學學報》，第46卷第6期，2023年11月。

張高評：〈《左傳》因果式敘事與以史傳經——以戰爭之敘事為例〉，《東海中文學報》第25期（2013年6月）。

張高評：〈《左傳》敘事見本末與《春秋》書法〉，《中山大學學報》2020年第1期（1月，第60卷，總283期）。

張高評：〈《左傳》敘戰與《春秋》筆削——論晉楚城濮之戰的敘事義法（上）〉，《古典文學知識》2018年第4期，總第196期，2018年7月。

張高評：〈《左傳》敘戰與《春秋》筆削——論晉楚城濮之戰的敘事義法（下）〉，《古典文學知識》2018年第6期，總第201期，2018年11月。

張高評：〈《左傳》敘戰徵存兵法謀略——城濮之戰之敘戰與資鑒〉，《古典文學知識》2018年第3期，總第198期，2018年5月。

張高評：〈《左傳》鄢陵之戰與筆削昭義——《春秋》詮釋學之一〉，《漢籍與漢學》2024年第二輯。

張高評：〈《管錐編》論《左傳》之敘事與記言——錢鍾書之《左傳》學〉，《國學研究》第十五卷，北京大學出版社，2005年6月。

張高評：〈書法、史學、敘事、古文與比事屬辭——中國傳統敘事學之理論基礎〉，《中國文化研究所學報》第64期，2017年1月。

張高評：〈秦穆公稱霸西戎與《左傳》比事見義之書法〉，《嶺南學報》復刊第二十輯，2023年12月。

張高評：〈鄭莊公稱雄天下與《左傳》之敘事義法〉，《古典文學知識》2020年第2期，總第209期，2020年3月。

張高評:《左傳英華》,臺北:萬卷樓圖書公司,2020年。

張高評:修訂重版《左傳之文學價值》,臺北:五南圖書公司,2019年。

章學誠著,葉瑛校注:《文史通義校注》,北京:中華書局,2019年。

許慎著,段玉裁注:《說文解字注》,臺北:洪葉文化事業公司,1998年。

陸　淳:《春秋集傳纂例》,臺北:大通書局,1970年,清錢儀吉《經苑》本。

馮李驊、陸浩評輯:《左繡》,臺北:文海出版社影印清康熙五十九年書業堂鎸藏本,1967年。

葉　適:《習學記言序目》,北京:中華書局,2009年。

趙友林:〈《春秋》三傳中的屬辭比事考〉,《儒家典籍與思想研究》第三輯,北京大學出版社,2011年4月。

劉知幾著,浦起龍釋:《史通通釋》,上海:上海古籍出版社,1978年。

劉咸炘著,黃曙輝編校:《劉咸炘學術論集》,《太史公書知意》,桂林:廣西師範大學出版社,2007年。

劉師培:《劉申叔先生遺書》,《左盦集》,臺北:華世出版社,1975年。

劉　異:〈孟子《春秋》說微〉,武漢大學《文哲季刊》4卷3期,1935年6月。

劉熙載著,徐中玉、蕭華榮校點:《劉熙載論藝六種》,成都:巴蜀書社,1990年。

劉勰著,范文瀾註:《文心雕龍註》,北京:人民文學出版社,2014年。

鄭玄注,賈公彥疏:《周禮注疏》,臺北:藝文印書館,1955年,《十三經注疏》本。

錢鍾書:《管錐編》,北京:中華書局,1979年。

韓席籌:《左傳分國集註》,南京:江蘇人民出版社,1963年。

顧棟高著,吳樹平等點校:《春秋大事表》,北京:中華書局,1993年。

服虔《春秋》書法觀蠡探*

吳智雄
國立臺灣海洋大學共同教育中心語文教育組特聘教授

摘要

　　服虔不僅為東漢中後期的《左氏》學大家,其所注《左傳》,更盛行於魏晉北朝時期。據史志所載,服虔著有《春秋左氏傳解誼》、《春秋左氏傳音》、《春秋左氏膏肓釋痾》、《春秋成長說》、《春秋塞難》、《駁何氏漢議》等書,然皆亡佚於唐、宋之際。本文從清人馬國翰《玉函山房輯佚書》所輯服虔撰《春秋左氏傳解誼》之963條輯文中,揀取其中與《春秋》書法主張有關之43條輯文,得出服虔有七大《春秋》書法觀,分為:《春秋》乃孔子修作、《春秋》有諸多不書、《春秋》若書必有因、《春秋》用辭有深意、《春秋》書時月日有定法、《春秋》區內外夷夏之別、《春秋》謹婦人守禮之行。再者,本文從中探知服虔注《左傳》兼採《公羊》、《穀梁》之義,一方面相承自漢代《左氏》學脈兼治、兼通《穀梁》學的特色,另一方面則在表明《左傳》同於《公》、《穀》二傳,皆為解《春秋》之作,能傳聖人之意,在某種程度上回應並抵銷了《公羊》與《穀梁》的挑戰與攻擊,為爭學官建立起不容質疑之基礎,故而具有某種程度的經學史意義;且上述服虔注《左氏》之特徵,與賈逵教授《公羊》學弟子、鄭玄論駁何休,皆共同呈現東漢《春秋》學三傳融合、今古兼治、古文學逐漸壓倒並取代今文學的發展特色。

關鍵詞:服虔、《春秋左氏傳解誼》、《春秋》、輯佚、漢代

---

* 臺北:臺北市立大學出版中心,2024年12月,頁79-116。
　本文為國科會專題研究計畫「《春秋》學輯佚文獻研究」(NSTC 112-2410-H-019-029-MY3)之部分研究成果。

一、前言

　　自劉歆（前50？-23）於西漢哀帝朝（前7-前1）移書讓太常博士以爭立《左氏》博士官後，整個東漢時代的《春秋》學，便是發展於《左傳》學派與《公》、《穀》二傳學派爭立學官的激盪起伏之中。《隋書》載曰：「建武中，尚書令韓歆請立而未行。時陳元最明《左傳》，又上書訟之。於是乃以魏郡李封為《左氏》博士。後群儒蔽固者，數廷爭之。及封卒，遂罷，然諸儒傳《左氏》者甚眾。永平（光武帝年號）中，能為《左氏》者，擢高第為講郎。其後賈逵、服虔並為訓解。至魏，遂行於世。」[1]據此可知《左傳》學在東漢的發展重點有三：一是光武帝朝曾短暫立《左傳》博士官；二是《左傳》之學在東漢初即已甚盛；三是特別指出學賈逵、服虔二人訓解《左傳》的學術史地位。[2]

　　就上引第三個重點而言，賈逵「生於光武帝建武六年，卒於和帝永元十三年（30-102）」。[3]服虔「生年未詳，卒於靈帝中平末年」，[4]其「生活和學術活動時代與鄭玄同時」，[5]而鄭玄生於西元127年，卒於西元200年，即東漢順帝永建二年至獻帝建安五年，因服虔早卒於鄭玄，故服虔生年可合理上推至安帝時代。如此，從賈逵生年到服虔卒年，幾乎前後貫穿了整個東漢時代，而為東漢《左傳》學前後期的代表人物。再者，賈、服二人皆有注解《左傳》之作，且可能具某種程度的師承關係，如程南洲云：「服虔之師承，本傳未明言，惟《世說新語》記鄭玄嘗以所注《春秋左氏傳》贈之，則服之與鄭當在師友之間。又東漢《左氏》舊注，大都以賈服並稱，故其《左氏》學當亦師承劉、賈

---

[1] 〔唐〕魏徵：〈經籍志一〉，《隋書》（北京：中華書局，1973年），卷32，頁933。
[2] 如沈玉成、劉寧所云：「後代的學者提到東漢的《左傳》學，無不以賈逵、服虔為代表。」見沈玉成、劉寧：《春秋左傳學史稿》（南京：江蘇古籍出版社，1992年），頁115。
[3] 程南洲案曰：「《後漢書》賈逵本傳未載出生年歲，惟曰：『永元十三年卒，時年七十二。』永元為和帝年號，永元十三年即西元102年，據此上推，賈逵享年七十二，則當生於西元30年，西元30年為光武帝建武六年。」見程南洲：《東漢時代之春秋左氏學》（上海：華東師範大學出版社，2011年），頁65。
[4] 程南洲案曰：「《後漢書》服虔本傳未載出生之年，但云中平末，拜九江太守，免，遭亂行客，病卒。」見程南洲：《東漢時代之春秋左氏學》，頁273。
[5] 沈玉成、劉寧：《春秋左傳學史稿》，頁124。

一脈之傳。」[6]可知賈、服二人亦為東漢《左傳》學之主流學脈。

其中，服虔活動時代處於東漢中、晚期，其學術影響及於漢魏六朝，史書多有記載，例如《隋書》曰：「賈逵、服虔並為訓解。至魏，遂行於世。晉時，杜預又為《經傳集解》。《穀梁》范甯注、《公羊》何休注、《左氏》服虔、杜預注，俱立國學。……後學三傳通講，而《左氏》唯傳服義。至隋，杜氏盛行，服義及《公羊》、《穀梁》浸微，今殆無師說。」[7]《魏書》曰：「漢世鄭玄並為眾經注解，服虔、何休各有所說。玄《易》、《書》、《詩》、《禮》、《論語》、《孝經》，虔《左氏春秋》，休《公羊傳》，大行於河北。」[8]《北史》則曰：「河北諸儒能通《春秋》者，並服子慎所注，亦出徐生之門。張買奴、馬敬德、邢峙、張思伯、張奉禮、張彫、劉晝、鮑長宣、王元則並得服氏之精微。又有衛覬、陳達、潘叔虔，雖不傳徐氏之門，亦為通解。又有姚文安、秦道靜，初亦學服氏，後兼更講杜元凱所注。其河外儒生，俱伏膺杜氏。」又曰：「大抵南北所為章句，好尚互有不同。江左，……《左傳》則杜元凱。河洛，《左傳》則服子慎。」[9]知服虔所注《左傳》，盛行於魏晉六朝，尤其為北朝河洛一帶《左傳》學之所宗。

服虔，「字子慎，初名重，又名祇，後改為虔，河南滎陽人」。《後漢書》儒林有傳，傳中稱服虔「有雅才，善著文論，作《春秋左氏傳解》，行之至今，又以《左傳》駁何休之所駁漢事六十條」，另著「賦、碑、誄、書記、《連珠》、《九憤》，凡十餘篇」。[10]其中，關於服虔注解《左傳》一事，歷來最常援引者，即《世說新語》所載以下兩則「軼事」：

6　程南洲：《東漢時代之春秋左氏學》，頁273。
7　〔唐〕魏徵：〈經籍志一〉，卷32，頁933。
8　〔北齊〕魏收：〈儒林列傳〉，《魏書》（北京：中華書局，1974年），卷84，頁1843。
9　〔唐〕李延壽：〈儒林列傳上〉，《北史》（北京：中華書局，1974年），頁2709。
10　以上引文，皆見〔劉宋〕范曄：〈儒林列傳下〉，《後漢書》卷79下（北京：中華書局，1965年），卷81，頁2583。另，服虔注《左傳》事，亦可見張瑩《漢南紀》：「服虔字子慎，河南滎陽人。少行清苦，為諸生，尤明《春秋左氏傳》，為作訓解。舉孝廉，為尚書郎、九江太守。」見余嘉錫：〈文學第四〉，《世說新語箋疏》（臺北：王記書坊，1984年），上卷下，頁192。陸德明（550-630）《經典釋文》：「九江太守服虔……注解《左氏傳》。」見〔唐〕陸德明：〈敘錄〉，《經典釋文》（上海：上海古籍出版社，2012年），頁18。

> 鄭玄欲注《春秋傳》，尚未成時，行與服子慎遇宿客舍，先未相識，服在外車上與人說己注傳意。玄聽之良久，多與己同。玄就車與語曰：「吾久欲注，尚未了。聽君向言，多與吾同。今當盡以所注與君。」遂為服氏注。[11]
>
> 服虔既善《春秋》，將為注，欲參考同異；聞崔烈集門生講傳，遂匿姓名，為烈門人賃作食。每當至講時，輒竊聽戶壁間。既知不能踰己，稍共諸生敘其短長。烈聞，不測何人，然素聞虔名，意疑之。明蚤往，及未寤，便呼：「子慎！子慎！」虔不覺驚應，遂相與友善。[12]

上引兩則「軼事」之歷史真實度如何？頗引後世學者討論，尤其是鄭玄將己注《春秋傳》盡與服虔一事，更是公婆各有理。例如惠棟《後漢書補注》案曰：「服氏《解誼》，僖十五年遇〈歸妹〉之〈睽〉，文十二年在〈師〉之〈臨〉，皆以互體說《易》，與鄭氏合，《世說》所稱，為不謬矣。」[13]吳承仕《經籍舊音序錄》則曰：「鄭珍《鄭學錄》三云：『按《六藝論》序《春秋》云：玄又為之注（自注見劉知幾議）。』是康成實注《左傳》，自言明甚。其所以世無鄭注者，盡用所注之文與服子慎，而與服比注耳。義慶之言，為得其實。」[14]皆以《世說》所載不謬、得其實。馬國翰認為：「然則，服氏解中有康成手稿，服、鄭固一家之學也。」[15]亦據《世說》申明服、鄭為一家之學。余嘉錫案曰：「趙坦〈保甓齋札記〉言服注雖本鄭氏，然有與鄭違異者。」[16]則有調和之意。

　　本文認為，東漢《左傳》舊注常賈逵、服虔連用，而稱「賈、服」，孔穎達《左傳正義》亦多稱「賈、服曰」，顯見賈、服二人之注義多有相合；若果

---

11 余嘉錫：〈文學第四〉，上卷下，頁192。
12 同上註，頁194。
13 〔清〕惠棟：《後漢書補注》（八）（上海：上海商務印書館，1935年），卷18，頁857。
14 見余嘉錫：〈文學第四〉，上卷下，頁193。
15 〔清〕馬國翰：〈經編·春秋類〉，《玉函山房輯佚書》（揚州：廣陵書社，影印本，2004年），冊2，頁1285。
16 余嘉錫：〈文學第四〉，上卷下，頁193。

如《世說新語》所載，鄭玄認為服虔所說多與己同，而將所注《左傳》盡與服虔，豈不意謂鄭玄所注亦與賈逵多有相合？且賈逵生存年代甚早於鄭玄，鄭玄與服虔又「先未相識」，則鄭玄所謂「聽君向言，多與吾同」，是否僅可視為鄭、服二人同述賈逵注《左傳》之意，而非服注中融有鄭玄之說？此點日後或可再進一步討論。

現存服虔注《左傳》之輯文，以《左傳解誼》最多，共約九百餘條，牽涉面向甚廣，本文乃揀取其中與《春秋》「書法觀」[17]有關之輯文四十餘條，在經由輯文歸納、內容分析之後，整體推衍出服虔《春秋》書法觀之雛貌。至於服虔在各條輯文中的注解是否得當？則另待他文討論。

二、史志著錄與輯文揀梳

服虔的著述早已亡佚，今僅存若干輯文。以下分述歷代史志關於服虔著述的著錄情形，再從現有的輯文中，揀選出與《春秋》書法觀相關輯文並梳理之。

（一）史志著錄

服虔於《後漢書‧儒林列傳》有傳，傳中記載服虔「作《春秋左氏傳解》」，並另有「賦、碑、誄、書記、《連珠》、《九憤》，凡十餘篇」。[18]其後，《隋書‧經籍志》、《新唐書‧藝文志》各有著錄，如下表所示：

---

17 所謂《春秋》書法，最早可見於《左傳‧莊公二十三年》魯大夫曹劌諫莊公勿「如齊觀社」，曹劌曰：「非是，君不舉矣。君舉必書，書而不法，後嗣何觀？」〈宣公二年〉則載孔子譽晉太史董狐曰：「董狐古之良史也，書法不隱。」見〔周〕左丘明傳，〔晉〕杜預注，〔唐〕孔穎達正義：《春秋左傳正義》（北京：北京大學出版社，2000年），收入李學勤主編「十三經注疏整理本」，冊16，卷10，〈莊公二十二年〉，頁316；冊17，卷21，〈宣公二年〉，頁688。張高評認為《春秋》書法有兩種層面：「側重內容思想者，如《左傳》所謂『懲惡而勸善』，『上之人能昭明，善人勸焉，淫人懼焉』，以及《公羊》學家闡揚之『微言大義』，多屬焉。」「其二，側重修辭文法，如《左傳》所謂『微而顯，志而晦，婉而成章，盡而不汙』；『微而顯，婉而辨』，杜預所謂的正例變例，皆屬之。」見張高評：《《春秋》書法與《左傳》學史》（臺北：五南圖書出版公司，2002年），頁155-156。
18 〔劉宋〕范曄：〈儒林列傳下〉，卷79下，頁2583。

《隋書・經籍志》[19]	《新唐書・藝文志》[20]
《春秋左氏傳解誼》三十一卷 自注:「漢九江太守服虔注。」	《左氏解誼》三十卷
《春秋左氏傳音》三卷 自注:「梁有服虔、杜預音三卷,……亡。」	《音隱》一卷
《春秋左氏膏肓釋痾》十卷 自注:「服虔撰。梁有《春秋漢議駁》二卷,服虔撰,亡。」	《膏肓釋痾》五卷
《春秋成長說》九卷 自注:「服虔撰。」	《春秋成長說》七卷
《春秋塞難》三卷 自注:「服虔撰。」	《塞難》三卷
《駁何氏漢議》二卷 自注:「梁有《漢議駁》二卷,服虔撰,亡。」	《駁何氏春秋漢議》十一卷

　　上引兩史志所著錄的著作名稱雖不盡相同,卷數也有小異,但六種著述基本一致。此外,唐人陸德明(約550-630)《經典釋文》亦著錄「服虔《解誼》三十卷、服虔《音》一卷」。[21]

　　但上述服虔的六種著述,至《宋史・藝文志》便未見著錄。對此,周予同(1898-1981)於皮錫瑞《經學歷史》中增註云:「服虔《春秋左氏傳解誼》三十一卷,見於《隋書・經籍志》。《隋志》又云:『晉時,……《左氏》,服虔、杜預注俱立國學。……至隋,杜氏盛行,服義及《公羊》、《穀梁》浸微,今殆無師說。』則服之《春秋》,隋時已書存而學亡。《新唐書・藝文志》及陸德明《經典釋文》著錄為三十卷,卷帙微有不同。至《宋史・藝文志》,殆不著錄,蓋亦亡於唐之後,南、北宋之前也。」[22] 程南洲亦云:「此六種至《宋

---

19 〔唐〕魏徵:〈經籍志〉,卷32,頁928。
20 〔宋〕歐陽修、宋祁:〈藝文志〉,《新唐書》(北京:中華書局,1975年),卷57,頁1438。
21 〔唐〕陸德明:〈敘錄〉,頁18。
22 皮錫瑞:《經學歷史》(臺北:藝文印書館,1987年),頁366。

史‧藝文志》皆未著錄，殆皆已亡佚。」[23]可知服虔的各類著述，大約皆佚於唐、宋之際，或可說是亡於五代十國的戰亂之中，故而全、殘本今皆未見，僅賴前人若干輯佚文字存之於世。

後世關於服虔著述的輯佚文獻，計有：

1. 清人馬國翰輯《春秋左氏傳解誼》（書目作《春秋左傳解誼》）四卷、《春秋成長義》一條、《左氏膏肓釋痾》一條，見《玉函山房輯佚書》。
2. 清人袁鈞輯《春秋左傳服氏注》十二卷，見《鄭氏佚書》。
3. 清人黃奭輯《春秋左氏傳解誼》一卷，見《黃氏逸書考》。
4. 清人王謨輯《左氏傳解誼》四卷，見《漢魏遺書鈔》。
5. 清人李貽德《春秋左傳賈服注輯述》二十卷。
6. 清人劉文淇《春秋左氏傳舊注疏證》。
7. 日人重澤俊郎《左傳賈服注攟逸》十二卷、附篇一卷。

其中，以清人馬國翰所輯服虔佚注種類最多，而李貽德《輯述》本、劉文淇《疏證》本，則甚有功於服虔之說的發揮。

（二）輯文揀梳

清人馬國翰於所輯之《春秋左氏傳解誼》，撰有〈序錄〉一篇，其中有云：

> 從王應麟所輯古文《春秋左傳》所引服說，更補缺漏，釐為四卷。又考服有《春秋左氏膏肓釋痾》，《隋志》十卷，《唐志》五卷；《春秋漢議駁》，《隋志》梁有二卷，《唐志》十一卷；《春秋成長說》，《隋志》九卷，《唐志》七卷；《春秋塞難》，《隋志》三卷；《春秋音隱》，《唐志》一卷。今並散亡，唯於《後漢續志注》得《釋痾》一條，於《正義》得《成長說》一條，附著《解誼》後。孔疏每駁服、申杜，疏家體式宜然。北史謂江左《左傳》則杜元凱，河洛《左傳》則服子慎，要其會歸，殊方同致，此為持平之論已。[24]

---

23 程南洲：《東漢時代之春秋左氏學》，頁31。
24 〔清〕馬國翰：〈經編‧春秋類〉，冊2，頁1285。

基於上述文獻基礎，筆者在逐條爬梳馬國翰《玉函山房輯佚書》所輯服虔撰《春秋左氏傳解誼》後，共得輯文963條，[25]其中與《春秋》書法主張有關之文字，計有43條，約佔全部輯文4.5%。因目前可見之服虔佚注文，多輯自孔穎達《正義》疏文所引用者，顯見服虔關於《春秋》書法觀之主張，從有限的相對數據看來，恐非孔穎達注《左傳》之重點。

今依魯公紀年，依序條列服虔注語，並參酌孔穎達《春秋左傳正義》、李貽德《春秋左傳賈服注輯述》、劉文淇《春秋左氏傳舊注疏證》等書，初步梳理考證如下：

01.〈隱公元年〉，服虔：「孔子作《春秋》，於春每月書王，以統三王之正。」（《正義》）

02.〈隱公元年〉，服虔：「四公皆實即位，[26]孔子修經，乃有不書。」（《正義》引舊說、賈、服之徒）

03.〈隱公元年〉，服虔：「儀父嘉隱公有至孝謙讓之義而與結好，故貴而字之，善其慕賢說讓。」[27]（《正義》引賈、服）又：「北杏之會時，已得王命。」（同上）又：「爵者，醮也，所以醮盡其材。」（同上引服虔）

04.〈隱公六年〉，服虔：「若登臺而不視朔，則書時不書月。若視朔而不登臺，則書月不書時。若雖無事，視朔、登臺，則定書時月。」（《禮記·中庸》正義引賈、服）[28]

---

25 〔清〕馬國翰：〈經編·春秋類〉，冊2，頁1285-1361。
26 黃奭《黃氏佚書考》、王謨《漢魏遺書鈔》二家輯本，「四公」作「隱莊閔僖四公」，茲錄存參。
27 「善其慕賢說讓」句，馬國翰《玉函山房輯佚書》未輯，李貽德《春秋左傳賈服注輯述》、劉文淇《春秋左氏傳舊注疏證》皆輯為服虔語。孔疏於此句下，接以「知不然者」，為駁說之語，知在此之前顯為所引服虔語，故依孔疏文意，據補為服虔語為宜。見〔周〕左丘明傳，〔晉〕杜預注，〔唐〕孔穎達正義：〈隱公元年〉，《春秋左傳正義》。
28 〔漢〕鄭玄注，〔唐〕孔穎達疏：〈中庸〉，《禮記正義》，收入李學勤主編「十三經注疏整理本」（北京：北京大學出版社，2000年），冊15，卷53，頁1708。本條馬國翰《玉函山房輯佚書》繫於桓公十七年，然該年經文無「夏，五月」，李貽德《春秋左傳賈服注輯述》繫於莊公二十二年經文「夏，五月」下，劉文淇《春秋左氏傳舊注疏證》繫於隱公六年經文「秋，七月」下。依首發例，當繫於隱公六年為宜。

05.〈桓公五年〉,服虔:「言人者,時陳亂無君,則三國皆大夫也,故稱人。」(《詩‧衛風‧伯兮》正義)

06.〈桓公七年〉,服虔:「穀、鄧,密邇於楚,不親仁善鄰以自固,卒為楚所滅。無同好之救,桓又有弒賢兄之惡,[29]故賤而名之。」(《正義》)

07.〈桓公十一年〉,服虔:「不書宋,宋後盟。」(《正義》)

08.〈桓公十三年〉,服虔:「下日者,[30]公至而後定戰日。[31]」(《正義》)

09.〈莊公元年〉,服虔:「桓公之薨,至是年三月,期而小祥,公憂思少殺,念及於母,以其罪重,不可以反之,故書『孫于齊』耳。其實先在於齊,本未歸也。」(《詩‧齊風‧南山》正義引何休、賈逵、服虔)又:「蓋魯桓之喪從齊來。」(同上引服虔)又:「文姜為二年始來。」(《詩‧齊風‧南山》正義,及鄭玄於〈喪服‧小記〉疏引,皆賈、服同說)[32]

10.〈莊公二十八年〉,服虔:「陰陽不和,土氣不養,故禾麥不成也。〔傳言饑,而經不書者,得齊之糴,救民之急,不至於饑也。傳言饑者,指未糴之前,說告糴之意,[33]故言饑也。〕[34]」(《正義》)

11.〈莊公二十八年〉,服虔:「不言如,重穀急辭。〔以其情急於糴,故

---

29 「桓又有弒賢兄之惡」句,馬國翰《玉函山房輯佚書》作「又有殺賢兄之惡」,據今本改。見見〔周〕左丘明傳,〔晉〕杜預注,〔唐〕孔穎達正義:〈桓公七年〉,卷7,頁213。

30 「下日」,馬國翰《玉函山房輯佚書》作「不日」,今十三經《左傳》注疏本、李貽德《春秋左傳賈服注輯述》皆作「下日」,據改。

31 「公至而後定戰日」句後,馬國翰《玉函山房輯佚書》續錄「地之與日當同時設期,公既不及期地,安得及期日也」句,依文意,此句當為孔穎達《正義》疏語,李貽德《春秋左傳賈服注輯述》亦同,據刪不錄。

32 馬國翰《玉函山房輯佚書》未輯本條文字,李貽德《春秋左傳賈服注輯述》、劉文淇《春秋左氏傳舊注疏證》有輯,茲錄存參。

33 「告」,馬國翰《玉函山房輯佚書》作「言」,今十三經注疏本作「告」。以作「告」為是,據改。

34 李貽德《春秋左傳賈服注輯述》、劉文淇《春秋左氏傳舊注疏證》皆輯至「故禾麥不成也」句止,馬國翰《玉函山房輯佚書》則輯至「故言饑也」止,茲錄存參。

不言如齊告糴；乞師則情緩於穀，故云如楚乞師。〕」[35]（《正義》）又：「無庭實也。」[36]（《儀禮・聘禮》疏）

12. 〈閔公二年〉，服虔：「文姜殺夫罪重，故去姜氏。哀姜殺子罪輕，故不去姜氏。」（《正義》引賈、服之說）

13. 〈僖公四年〉，服虔：「《公羊傳》曰：『屈完者何？楚大夫也。何以不稱使？尊屈完也。曷為尊屈完？以當桓公也。』」（《正義》云，服虔取以為說。）又：「言來者，外楚也，嫌楚無罪，言來以外之。」[37]（《正義》）

14. 〈文公五年〉，服虔：「含、賵當異人，今一人兼兩使，故書，且以譏之。」（《正義》引賈、服）

15. 〈文公十一年〉，服虔：「反不書者，施而不德。」（《正義》）

16. 〈文公十一年〉，服虔：「伐我不書，諱之也。」（《正義》）

17. 〈文公十四年〉，服虔：「子殺身執，閔之，故言子，為在室辭。〔十二年子叔姬卒，已被杞絕，是並在室也。〕」[38]（《正義》）

18. 〈文公十五年〉，服虔：「魯國中小寇，非異國侵伐，故不書也。」（《正義》）

19. 〈文公十七年〉，服虔：「再來伐魯西鄙書，北鄙不書，諱仍見伐。」（《正義》）

---

35 李貽德《春秋左傳賈服注輯述》無「以其情急於糴……故云如楚乞師」句，馬國翰《玉函山房輯佚書》、劉文淇《春秋左氏傳舊注疏證》有輯。劉文淇疏證曰：「李貽德《輯述》止取『不言如，重穀急辭』為服《注》，非也。」見〔清〕劉文淇著，郭院林等整理：〈莊公二十八年〉，《春秋左氏傳舊注疏證》（北京：國家圖書館出版社，2023年），頁313。茲錄存參。

36 馬國翰《玉函山房輯佚書》未輯本條文字，李貽德《春秋左傳賈服注輯述》、劉文淇《春秋左氏傳舊注疏證》有輯，茲錄存參。

37 「嫌楚無罪，言來以外之」句，馬國翰《玉函山房輯佚書》、劉文淇《春秋左氏傳舊注疏證》輯為服虔語，李貽德《春秋左傳賈服注輯述》未輯。劉文淇疏證曰：「『嫌楚無罪，言來以外之』，申外楚之說，亦服氏語。嚴蔚、李貽德《輯本》皆略之，非。」見〔清〕劉文淇著，郭院林等整理：〈僖公四年〉，頁388。茲錄存參。

38 「十二年子叔姬卒，已被杞絕，是並在室也」句，馬國翰《玉函山房輯佚書》輯為服虔語，《春秋左傳賈服注輯述》、劉文淇《春秋左氏傳舊注疏證》則以為孔穎達疏語，茲錄存參。

20. 〈宣公元年〉，服虔：「古者，一禮不備，貞女不從，故《詩》云：『雖速我訟，亦不女從。』宣公既以喪娶，夫人從，亦非禮，故不稱氏，見略，賤之也。」(《正義》)

21. 〈成公三年〉，服虔：「宋公，衛侯，先君未葬而稱爵，譏其不稱子。」(《禮記・曲禮下》正義引賈、服注)[39]

22. 〈成公八年〉，服虔：「不稱主人，母命不通，故稱使，婦人無外事。」(《儀禮・士昏禮》疏)

23. 〈成公十五年〉，服虔：「魚石，卿，故書。〔四人非卿，故不書。〕」[40] (《正義》)

24. 〈襄公十年〉，服虔：「不書，諱。從晉，不能服鄭，旋復為楚、鄭所伐，恥而諱之也。」(《正義》)

25. 〈襄公十九年〉，服虔：「兄子曰姪，懿姬所從也。顏、鬷皆其母姓；懿、聲，諡也。傳家從後言之，故舉諡也。」[41] (《太平御覽》卷一百四十六)

26. 〈襄公二十二年〉，服虔：「武仲非卿，故不書。」[42] (《正義》)

27. 〈襄公二十三年〉，服虔：「傳發此言，為不書慶氏以陳叛，為楚所圍。稱國以殺，不成惡人肆其志也。」(《正義》)

28. 〈襄公二十六年〉，服虔：「殺太子痤不書，舉重者。」(《正義》)

29. 〈襄公二十六年〉，服虔：「經書『宋公殺其世子痤』，平公用伊戾之譖，聽夫人左師之言，言世子無罪而死，故稱宋公殺，罪之也。」(《太平御覽》卷一百四十七)

30. 〈襄公二十六年〉，服虔：「取魯高魚及反之皆不書，蓋諱之。」(《正義》)

---

[39] 馬國翰《玉函山房輯佚書》繫此條於成公十三年，劉文淇《春秋左氏傳舊注疏證》則繫於成公三年。依杜注、孔疏所云，以繫於成公三年為宜。

[40] 馬國翰《玉函山房輯佚書》於「故書」下，續輯「四人非卿，故不書」句為服虔語，李貽德《春秋左傳賈服注輯述》、劉文淇《春秋左氏傳舊注疏證》皆未輯，茲錄存參。

[41] 李貽德《春秋左傳賈服注輯述》未輯本條文字。

[42] 李貽德《春秋左傳賈服注輯述》未輯本條文字。

31. 〈襄公三十年〉，服虔：「不書『大』，非災，火及人，伯姬坐而待之耳。」(《正義》)

32. 〈昭公九年〉，服虔：「愍陳不與楚，故存陳而書之，言陳尚為國也。」(《正義》引賈、服)

33. 〈昭公九年〉，服虔：「此會宋、鄭、衛之大夫，不書叔弓，後也。」(《正義》)

34. 〈昭公十二年〉，服虔：「《穀梁傳》曰：『其曰晉，狄之也，不正其與夷狄交伐中國，故狄稱之也。』」(《正義》引，云賈、服取以為說。)

35. 〈昭公十九年〉，服虔：「禮，醫不三世，不服其藥。君有疾，飲藥，臣先嘗之。親有疾，飲藥，子先嘗之。公疾未瘳而進藥，雖嘗而不由醫，而卒，故國罪之，書弒，告於諸侯。」[43]（《太平御覽》卷一百四十七）

36. 〈昭公二十三年〉，服虔：「不書楚，楚諱敗不告。」(《正義》)

37. 〈昭公二十六年〉，服虔：「往年齊侯取鄆，實圍鄆耳，經於圍書取，傳實其事，故於是言取。」(《正義》)

38. 〈昭公三十年〉，服虔：「非公且徵過。昭公無道，久在外，季氏非公，不肯釋，言公在某地，《春秋》之義，亦以不書，徵季氏之過。此年書者，公不得入晉，外內有困辱，季氏閔而書之，所謂事君如在國。〔按：明年傳云「言不能外內，又不能用其人」，皆是傳說經意，非責昭公，不是季氏非公也。〕」[44]（《正義》）

39. 〈哀公二年〉，服虔：「趙鞅入于晉陽以叛，諸侯之策書曰「晉趙鞅以叛」。既復，更名志父。(《正義》) 既得歸，改名志父，《春秋》仍舊猶書趙鞅。」(《釋文》)

40. 〈哀公三年〉，服虔：「季氏出桓公，又為僖公所立，故不毀其廟。」(《正義》) 又：「俱在迭毀，故不言及。」(《正義》) 又：「桓、僖當

---

[43] 李貽德《春秋左傳賈服注輯述》未輯本條文字。
[44] 按語後文字，馬國翰《玉函山房輯佚書》輯為服虔語，李貽德《春秋左傳賈服注輯述》未輯入。依文意，似以不輯為宜。

毀而魯事非禮之廟，故孔子聞有火災，知其加桓、僖也。」(《史記・孔子世家》集解)[45]

41. 〈哀公十四年〉，服虔：「孔子自衛返魯，考正禮樂，修《春秋》，約以周禮。三年文成致麟，麟感而至，取龍為水物，故以為修母致子之應。(《正義》引賈逵、服虔、穎容等。〈正義序〉引服虔云：「夫子以哀十一年自衛反魯而作《春秋》，約之禮，故有麟應而至。」) 又：「麟，中央土獸。土為信，信禮之子脩其母、致其子，視明禮脩而麟至，思慮信至而白虎擾，言從義成而神龜在沼，聰聰知正則名川出龍，貌恭性仁則鳳凰來儀。」(《禮記・禮運》正義。《禮・周南・麟趾》正義引「視明」以下。《釋文》引「視明」前二句)

42. 〈哀公十四年〉，服虔：「《春秋》終于獲麟，故小邾繹不在三叛人中也。弟子欲明夫子作《春秋》以顯其師，故書小邾繹以下至孔子卒。」(〈春秋序〉正義)

43. 〈哀公十四年〉，服虔：「言西者，有意於西，明夫子有立言，立言之位在西方，故著於西也。」[46] (《正義》引服虔云) 又：「大野，藪名，魯田圃之常處，蓋今鉅野是也。」(《史記・孔子世家集解》)

三、輯文歸納與內容分析

上述43條服虔佚注輯文，經歸納分類，再經筆者據文意之某種程度演繹之後，大致可推衍出服虔的七種《春秋》書法觀，各書法觀之主張大要及其可能具有之經學史意義，分述於後。

(一)《春秋》乃孔子修作

服虔認為《春秋》為孔子所修、所作，其用意在立言於後世，相關輯文如下表所列。

---

45 李貽德《春秋左傳賈服注輯述》未輯本條文字。
46 李貽德《春秋左傳賈服注輯述》未輯本條文字。

紀年	經／傳文	服虔注語
隱1	春，王正月。（經） 春，王周正月。（傳）	孔子作《春秋》，於春每月書王，以統三王之正。
隱1	不書即位，攝也。（傳）	四公皆實即位，孔子修經，乃有不書。
哀14	小邾射以句繹來奔。（經）	《春秋》終于獲麟，故小邾繹不在三叛人中也。弟子欲明夫子作《春秋》以顯其師，故書小邾繹以下至孔子卒。
哀14	西狩獲麟。（經）	孔子自衛返魯，考正禮樂，修《春秋》，約以周禮。三年文成致麟，麟感而至，取龍為水物，故以為修母致子之應。 麟，中央土獸。土為信，信禮之子脩其母、致其子，視明禮脩而麟至，思慮信至而白虎擾，言從義成而神龜在沼，聽聰知正則名川出龍，貌恭性仁則鳳凰來儀。
哀14	西狩於大野。（傳）	言西者，有意於西，明夫子有立言，立言之位在西方，故著於西也。 大野，藪名，魯田圃之常處，蓋今距野是也。

就輯文所見，服虔主張《春秋》為孔子所修作，表現的面向有四：

一是《春秋》於魯公每年紀年若以正月為始，則書「王正月」；若以二月為始，則書「王二月」，如清人李貽德（1783-1832）所云：「言於春每月書王者，謂春王正月、春王二月、春王三月也。」[47]也就是說，於「正月」前加書「王」字，即是孔子修作之跡，而其用意在「統三王之正」。所謂「統三王之正」，孔穎達《正義》曰：「言『王正月』者，王者革前代，馭天下，必改正朔，易服色，以變人視聽。夏以建寅之月為正，殷以建丑之月為正，周以建子之月為正，三代異制，正朔不同。……正是時王所建，故以『王』字冠之，言是今王之正月也。」[48]程南洲認為「孔疏所云正可闡發服義」。[49]

---

47 〔清〕李貽德輯注：《春秋左傳賈服注輯述》，收錄於古風主編：《經學輯佚文獻彙編》（北京：國家圖書館出版社，2010年），冊15，卷1，頁415。
48 〔周〕左丘明傳，〔晉〕杜預注，〔唐〕孔穎達正義：〈隱公元年〉，卷2，頁43。
49 程南洲：《東漢時代之春秋左氏學》，頁276。

二是服虔認為魯公皆有即位之實,《春秋》理應皆書「即位」,但隱、莊、閔、僖四公卻不書「即位」,即是孔子所修作之跡。李貽德云:「四公皆書元年,則實即位矣。」[50]又云:「《春秋》本魯史舊文,孔子因而飾治之,故《傳》亦曰『非聖人,其誰能修之』。人君即位,繼體改元,舊史無不書,至孔子修時,始有不書。」[51]服虔此說,可上溯至西漢《公羊》學家顏安樂之說:「魯十二公,國史盡書即位,仲尼脩之,乃有所不書。」[52]

三是《春秋》書「小邾繹以下至孔子卒」之事,以表明《春秋》乃孔子所作,如李貽德云:「今射以句繹來奔,與三叛同,若獲麟以下,仍是孔子所修,則彼傳亦當舉之。不舉者,足證此下至仲尼卒是弟子所記。」[53]

四是《春秋》書「西狩獲麟」,特在寓藏孔子欲藉《春秋》立言於後世,而其立言之位在西方,故特書「西狩」。

就經學史的角度而言,自西漢末年劉歆爭立《左氏春秋》學官後,《左氏》不傳《春秋》之說,一直是《公》、《穀》等家抨擊《左氏》學派不足立學官的重要論點,例如劉歆在移書太常博士中責讓曰:「謂《左氏》為不傳《春秋》,豈不哀哉!」[54]又如東漢光武帝時,博士范升曰:「《左氏》不祖孔子,而出於丘明,師徒相傳,又無其人,且非先帝所存,無因得立。」[55]是以服虔主張《春秋》為孔子所修作,或甚至可說是當時賈、服等《左氏》學派的主張,在某種程度上,其實是在回應《公》、《穀》學派對《左氏》不傳《春秋》的攻擊;也就是說,孔子修作《春秋》的主張,雖然不能直接解釋《左氏》不傳《春秋》的質疑,但在《春秋》一開頭的隱公元年就強調孔子修作《春秋》,可先建立後續發揮《春秋》書法觀的基礎,其後藉由闡釋《春秋》書法觀的同時,將《左氏》傳《春秋》、得聖人之意的主張融入其中,最後於哀公

---

50 〔清〕李貽德輯注:《春秋左傳賈服注輯述》,卷1,頁417。
51 同上註,頁417。
52 〔漢〕顏安樂:《春秋公羊顏氏記》,收錄於古風主編:《經學輯佚文獻彙編》(北京:國家圖書館出版社,2010年),冊17,頁279。
53 〔清〕李貽德輯注:《春秋左傳賈服注輯述》,卷20,頁648。
54 〔漢〕班固:〈楚元王傳〉,《漢書》(北京:中華書局,1962年),卷36,頁1970。
55 〔南朝宋〕范曄:〈鄭范陳賈張列傳〉,《後漢書》,卷36,頁1228。

十四年再以弟子欲明孔子作《春秋》、孔子立言於後世之意作結,如此首尾相貫、謹始重本的注經手法,已足具《左氏》乃傳《春秋》而得立學官的經學史意義了。

(二)《春秋》有諸多不書

《春秋》既為孔子所修作,則《春秋》的書與不書,便蘊含了諸多聖人之意在其中,以下先述服虔所謂「《春秋》有諸多不書」所指為何?

1.《春秋》為內諱而不書。計有輯文4條如下:

紀年	經／傳文	服虔注語
文11	鄭瞞侵齊,遂伐我。(傳)	伐我不書,諱之也。
文17	齊侯伐我北鄙,襄仲請盟,六月盟于穀。(傳)	再來伐魯西鄙書,北鄙不書,諱仍見伐。
襄10	秋,七月,楚子囊、鄭子耳伐我西鄙。(傳)	不書,諱。從晉,不能服鄭,旋復為楚、鄭所伐,恥而諱之也。
襄26	遂襲我高魚。(傳)	取魯高魚及反之皆不書,蓋諱之。

上述4條輯文,皆是諸侯伐、襲魯國的經、傳文記載,服虔皆以「內諱」的基本觀念解釋《春秋》不書之因。對此,清人述評也多申服虔之意,如李貽德於〈文公十一年〉云:「經書侵齊,而伐我不書,是史為本國諱也。」[56]於〈襄公十年〉云:「傳書而經無文,故知其為內恥諱也。」[57]於〈襄公二十六年〉云:「高魚無備,為齊烏餘所襲取,且烏餘以廩邱奔晉,晉人貪之,非盟主之道,故《春秋》於取及反皆諱之,不書於策也。」[58]皆申明服虔《春秋》為魯諱之意。

《公》、《穀》二傳解《春秋》經義,亦皆有為內(魯)諱之說,例如《公羊傳·隱公二年》:「內大惡,諱也。」〈莊公元年〉:「內諱奔。」〈僖公二十八

---

56 〔清〕李貽德輯注:《春秋左傳賈服注輯述》,卷8,頁495。
57 同上註,卷11,頁532。
58 同上註,卷12,頁549。

年〉:「內諱殺大夫。」《穀梁傳・桓公十年》:「不言及者,為內諱也。」〈桓公十七年〉:「內諱敗,舉其可道者也。」〈莊公二十八年〉:「不言如,為內諱也。」等等,服虔注解《左氏》,既有與《公》、《穀》二傳相同之為內諱主張,正是《左氏》傳／解《春秋》之證。

2.《春秋》不告不書。計有輯文1條如下:

紀年	經／傳文	服虔注語
昭23	戊辰,吳敗頓、胡、沈、蔡、陳、許之師於雞父。(經)	不書楚,楚諱敗不告。

服虔認為《春秋》於雞父之戰不書楚敗,乃因楚諱敗而不赴告,故《春秋》不書。清人李貽德云:「服云『不書楚,楚諱敗不告』者,史之所書,據楚告也。知是楚告者,以雞父,楚地,吳敗六國之師於其地,不能不告,故來告。至其敗,則諱而不告,故經不書。……服云『楚諱敗不告』,謂楚祇告六國之敗而不數己也,於情為愜。」[59]

3.《春秋》於臣改名時不書新名。計有輯文1條如下:

紀年	經／傳文	服虔注語
哀2	志父無罪。(傳)	趙鞅入于晉陽以叛,諸侯之策書曰「晉趙鞅以叛」。既復,更名志父。既得歸,改名志父,《春秋》仍舊猶書趙鞅。

服虔認為晉人趙鞅改名志父,但《春秋》仍以舊名趙鞅書之於史。李貽德云:「《春秋》仍舊書『趙鞅』者,以此年經書『趙鞅帥師納衛世子蒯聵于戚,趙鞅帥師及鄭罕達帥師戰于鐵』,故云。《正義》曰『楚公子圍弒君取國,改名曰虔,經即書虔。公子棄疾殺君取國,改名曰居,經即書居。今趙鞅改名志父,經書猶云趙鞅者,衛楚子既為國君,臣下以所改之名告於鄰國,故得書所改之名。趙鞅,人臣,國家不為之諱,仍以趙鞅名告,故書鞅也』。按:孔氏

---

[59] 〔清〕李貽德輯注:《春秋左傳賈服注輯述》,卷17,頁610。

之言是也。鞅之改名,祇自諱耳。傳記他人猶稱其舊名,不獨國家也。故下文
蒯聵之禱曰『使鞅禱之』,十七年傳稱晉趙鞅,使告於衛。至其敘鞅之言,則
曰君之在晉也,志父為主。可證傳記及他人,均不稱其改名也。」[60]

4.《春秋》於後會盟者不書。計有輯文2條如下:

紀年	經／傳文	服虔注語
桓11	春,正月,齊人、衛人、鄭人盟于惡曹。(經) 春,齊、衛、鄭、宋盟于惡曹。(傳)	不書宋,宋後盟。
昭9	叔弓、宋華亥、鄭游吉、衛趙黶,會楚子于陳。(傳)	此會宋、鄭、衛之大夫,不書叔弓,後也。

服虔認為桓公十一年,傳書宋而經不書,乃因宋國後盟;而昭公九年經不
書叔弓,亦因叔弓後會。清人李貽德云:「案:傳云『齊、衛、鄭、宋盟于惡
曹』,列宋于衛、鄭之後,以其後至而盟,故列于下也。當來告時,止有三
國,故史據書之,不及宋也。」[61]又云:「凡會,諸侯不書所會,後也。今經
云『叔弓會楚子于陳』,與文七年盟扈書法相似;傳歷敘宋、鄭、衛之大夫,
與彼歷敘齊、宋、衛、鄭、許、曹之君相同。傳所敘宋、鄭、衛之大夫,據凡
例言之,則彼不書所會,為公緩;此不書所會,明叔弓後也」[62]

5.《春秋》於內寇不書。計有輯文1條如下:

紀年	經／傳文	服虔注語
文15	一人門于句鼆,一人門于戾丘。(傳)	魯國中小寇,非異國侵伐,故不書也。

服虔認為《左傳》所載「一人門于句鼆,一人門于戾丘」之文,二人皆為
魯國中小寇,非異國侵伐,所以《春秋》不書。杜預接受服虔之義,注云:

---

60 〔清〕李貽德輯注:《春秋左傳賈服注輯述》,卷20,頁639。
61 同上註,卷3,頁444。
62 同上註,卷16,頁588-589。

「句鼅、戾止,魯邑。有寇攻門,二子禦之而死。」清人李貽德云:「此蓋國中剽劫之寇,非他國來相侵伐,故傳紀二子禦寇而死,而經不書何寇也。」[63] 劉文淇(1789-1854)亦云:「服明經不書二子死事之義。」[64]

在本條輯文中,服虔將魯國中小寇攻門之事與異國侵伐對比,相對於異國侵伐之重應書,魯國內寇之事為輕而不書,可與服虔另一書法觀——重者書,輕者不書——相互發明。

6.《春秋》對施而不德者不書。計有輯文1條如下:

紀年	經／傳文	服虔注語
文11	襄仲聘于宋,且言司城蕩意諸而復之。(傳)	反不書者,施而不德。

所謂「施而不德」,指「惠而不自以為恩」之意,李貽德有云:「施而不德,襄二十九年傳文。《國語・晉語》『夫齊侯好示務施』,注『施,惠也』。僖二十四年傳疏『荷其恩者謂之為德』,施而不德,惠而不自以為恩也。」[65]孔穎達《正義》云:「衛冀隆亦同服義,而難杜云:『襄二十九年,欒氏施而不德,《春秋》所善。不書,意諸之歸則是施而不德,且經所不書,傳即發文,史失之,即「不書日,史失之」之類是也。此既無傳,何知史失?』」劉文淇認為「衛氏難杜,以史失之義,傳所未言,最為分明」,[66]並引壽曾曰:「疏之駁服,所引經文皆諸侯出而復歸之事。其書卿大夫反國,《左氏》舊誼容有不同。服氏此注『施而不德』,指襄仲言,故衛冀隆以欒氏施而不德為例,則不得以魯君復鄰國之君臣比。」[67]既然「惠而不自以為恩」,則《春秋》不書,反能成其善之之意,故而服虔有此書法主張。

7.《春秋》不書懲臣下之過者。計有輯文1條如下:

---

63 〔清〕李貽德輯注:《春秋左傳賈服注輯述》,卷8,頁499。
64 〔清〕劉文淇著,郭院林等整理:〈文公十五年〉,頁867。
65 〔清〕李貽德輯注:《春秋左傳賈服注輯述》,卷8,頁495。
66 〔清〕劉文淇著,郭院林等整理:〈文公十一年〉,頁821。
67 同上註,頁821。

紀年	經／傳文	服虔注語
昭30	公在乾侯，不先書鄆與乾侯，非公，且徵過也。（傳）	非公且徵過。昭公無道，久在外，季氏非公，不肯釋，言公在某地，《春秋》之義，亦以不書，徵季氏之過。此年書者，公不得入晉，外內有困辱，季氏閔而書之，所謂事君如在國。〔按：明年傳云「言不能外內，又不能用其人」，皆是傳說經意，非責昭公，不是季氏非公也。〕

　　服虔將「徵臣下之過」的書法，上升到「《春秋》之義」的位階。對此，李貽德有詳細說明，曰：「史例『公在外』，于春王正月必書其所在之地，所以解釋不朝之故也。今昭公無為君之道，季氏不善公之所為，故于二十七年、二十八年『公在鄆』，二十九年『公在乾侯』，皆缺朝正之禮，而史不釋言之者，季氏不肯也。孔子《春秋》之時，當補書之，而亦不書者，所以明季氏之罪耳。此年書者，謂此年史于春王正月書『公在乾侯』，其書者何？以往年公如晉，次于乾侯，既不能入晉，又不能返國，季氏閔公之內外交困，因于此年歲首書『公在乾侯』，釋不朝正之禮，明猶以為君也。」[68]

　　8.《春秋》非卿不書。計有輯文2條如下：

紀年	經傳文	服虔注語
成15	左師、二司寇、二宰遂出奔楚。（傳）	魚石，卿，故書。〔四人非卿，故不書。〕
襄22	臧武仲如晉。（傳）	武仲非卿，故不書。

　　服虔於〈成公十五年〉注云「卿，故書」，於〈襄公二十二年〉注云「非卿，故不書」，「因卿而書，非卿不書」乃一體兩面的主張，可見此為服虔非常明確的《春秋》書法觀。李貽德云：「傳言魚石為左師，且是執政之卿，故經書之也。宋自殤公以前，執政皆大司馬，華督以太宰相，變例也。僖九年傳，以公子目夷為仁，使為左師聽政。魚石為子魚曾孫，而為左師，當與華元共聽

---

68 〔清〕李貽德輯注：《春秋左傳賈服注輯述》，卷18，頁624。

宋政。元復石奔,經書之者,以其執政故也。向為人為大司寇,亦卿也,與石出奔,而經不書者,以其非執政卿也。」[69]程南洲認為:「李說能闡明服義。然揆諸服、杜二說,亦有相通之處,魚石以執政卿,故告於魯,四人非執政卿,故不告。《春秋》據告而書,故獨書魚石奔也。」[70]洪亮吉《左傳詁》曰:「今攷魯司寇非卿。《史記‧孔子世家》,嘗為大司寇,不列于卿。蓋魯即同大國之例三卿。此時季孫斯、叔孫豹、仲孫貜並為卿,故服云然。疑後年仲孫速卒後,紇始代為卿,又不久即出奔,故得列於經也。」[71]

9.《春秋》非災不書大。計有輯文1條如下:

紀年	經／傳文	服虔注語
襄30	甲午,宋大災,宋伯姬卒,待姆也。(傳)	不書「大」,非災,火及人,伯姬坐而待之耳。

襄公三十年,《春秋》書「五月甲午,宋災」,《左傳》載曰:「甲午,宋大災,宋伯姬卒,待姆也。」服虔認為《春秋》不書「大」,乃因所謂「宋災」,其實非災,僅是伯姬之舍失火,所以經不書「大」,以明非災之意,如李貽德所云:「此經書『宋災』,不書大,《穀梁傳》曰『伯姬之舍失火』,可證非災及一國矣,服故曰『非災』,言特火耳。」[72]

輯文所見有上述九種服虔主張「《春秋》不書」的類型,但不論何種類型,都是建立在孔子作《春秋》故有不書的主張,而此不書的主張,其實也可見於《公》、《穀》二傳,例如《公羊傳‧隱公二年》「外逆女不書」、〈隱公四年〉「外取邑不書」、〈桓公四年〉「常事不書」,《穀梁傳‧桓公五年》「外相如不書」、〈莊公十一年〉「外災不書」、〈襄公十二年〉「取邑不書」……等等。身為《左氏》學者如服虔,既有與《公》、《穀》二傳相同的《春秋》「某某不書」的主張,則《公》、《穀》等今文學派對《左氏》不傳／不解《春秋》的指摘,自然也就容易不攻自破了。

---

69 〔清〕李貽德輯注:《春秋左傳賈服注輯述》,卷10,頁520。
70 程南洲:《東漢時代之春秋左氏學》,頁324。
71 〔清〕洪亮吉:《春秋左傳詁》(北京:中華書局,1987年),卷13,〈襄公二十二年〉,頁556。
72 〔清〕李貽德輯注:《春秋左傳賈服注輯述》,卷13,頁563。

(三)《春秋》若書必有因

　　《春秋》既為孔子修作，大小史事之記載與否，必有其深意之考量。因此除了上述九種「不書」的情況外，對於書於《春秋》之事，亦必有其因。就輯文所見，服虔認為書於《春秋》經文者，有下列兩種情形。

　　1.《春秋》舉重者書，輕者不書。計有輯文1條如下：

紀年	經／傳文	服虔注語
襄26	殺子叔及太子角。（傳）	殺太子角不書，舉重者。

　　襄公二十六年，《春秋》書「二月辛卯，衛甯喜弒其君剽」，《左傳》載史事曰：「辛卯，殺子叔及大子角。」子叔即衛君剽，亦即《春秋》僅書「弒其君剽」，未書「及大子角」。服虔認為這是「舉重者書」的《春秋》書法，清人李貽德解曰：「晉侯、宋公之殺世子，所殺者惟世子，故當書。若此殺太子角，因子叔而輕，非謂世子概可輕也。至荀息、孔父之死，《公羊傳》云『何以書？賢也』，固是《春秋》特例。其常例，則《公羊傳》又曰『及者何？累也』，何休注『上下大夫言及』，知君尊亦不得及臣子。子角既無孔父、荀息之賢，則舉君之弒，不得[73]及矣。」[74]

　　《公》、《穀》二傳也有「舉重者書，輕者不書」的《春秋》書法主張。例如《公羊傳‧隱公五年》曰：「君將不言率師，書其重者也。」《穀梁傳‧襄公十二年》曰：「伐國不言圍邑，舉重也。」既然《春秋》「書其重者」、「舉重也」，即是「不書輕者」、「不舉輕也」，在此點上，服虔的主張與之俱同。

　　2.《春秋》書非禮之事以譏之。計有輯文3條如下：

紀年	經／傳文	服虔注語
文5	王使榮叔歸含且賵。（經、傳）	含賵當異人，今一人兼兩使，故書，且以譏之。

---

[73]「得」下，原有「不」字，依上下文意，疑衍，宜刪。
[74]〔清〕李貽德輯注：《春秋左傳賈服注輯述》，卷12，頁546。

紀年	經／傳文	服虔注語
成13	夏，五月，公自京師，遂會晉侯，齊侯，宋公，衛侯，鄭伯，曹伯，邾人，滕人伐秦。（經）	宋公，衛侯，先君未葬而稱爵，譏其不稱子。
哀3	孔子在陳，聞火，曰「其桓、僖乎」！（傳）	季氏出桓公，又為僖公所立，故不毀其廟。 俱在迭毀，故不言及。 桓、僖當毀而魯事非禮之廟，故孔子聞有火災，知其加桓、僖也。

　　文公五年，《公羊傳》云：「其言歸含且賵者何？兼之。兼之，非禮也。」《穀梁傳》云：「含，一事也。賵，一事也。兼歸之，非正也。其曰且，志兼也。」服虔「一人兼兩使」之說，與《公》、《穀》之義同，皆指非禮、非正，[75]服虔認為《春秋》書非禮之行有譏刺之義。

　　同樣的情形，成公十三年杜預採服虔之義，注云：「宋、衛未葬，而稱爵以接鄰國，非禮也。」劉文淇亦云：「僖九年《傳例》：『凡在喪，公、侯曰子。』此賈、服所據也。《穀梁注》：『宋、衛未葬，而自同於正君，故書公、侯以譏之。』此經、《左氏》、《穀梁》說同。」[76]程南洲說：「禮，諸侯親廟四焉，高祖之父即當毀其廟，計桓之於哀，八世祖也，僖六世祖也。親盡而廟不毀，言其宜為天所災也。」[77]凡此皆屬書非禮之事以譏之的《春秋》書法。

　　除了上述兩種之外，勢必還有其他書於《春秋》之因，只是囿於輯文而未得見；但藉有限之輯文文獻，至少能一窺服虔《春秋》書法之某些主張，可見輯文對傳統學術研究之重要。

（四）《春秋》用辭有深意

　　《春秋》在孔子修作之下，不僅有書與不書之深切考量，在用辭方面亦有

---

[75] 關於含、賵之禮，劉文淇言之甚詳，詳見〔清〕劉文淇著，郭院林等整理：〈文公五年〉，頁764-765。
[76] 〔清〕劉文淇著，郭院林等整理：〈成公三年〉，頁1187。
[77] 程南洲：《東漢時代之春秋左氏學》，頁359。

其深意,服虔於注解時多有申明。依輯文所見,計有下列八類。

1.《春秋》書「孫」以表諱奔念母之意。計有輯文2條如下:

紀年	經／傳文	服虔注語
莊1	三月,夫人孫于齊。(經)	桓公之薨,至是年三月,期而小祥,公憂思少殺,念及於母,以其罪重,不可以反之,故書「孫于齊」耳。其實先在於齊,本未歸也。 蓋魯桓之喪從齊來。 文姜為二年始來。
閔2	夫人姜氏孫于邾。(經)	文姜殺夫罪重,故去姜氏。哀姜殺子罪輕,故不去姜氏。

上列兩文,乃《春秋》唯二書「孫」之經文,且所書對象皆是魯公夫人。莊公元年的解釋重點在《春秋》為何書「孫于齊」?服虔認為是「公憂思少殺,念及於母,以其罪重,不可以反之」,李貽德解曰:「蓋前此深痛父仇,無暇計母之出。至是哀思少殺,始念母出未反,簡策宜書,即繫之此月,以為首事,其實卒未歸也。」[78]而閔公二年則對兩條同書「孫」,但又略有不同的經文進行差異的比較,如李貽德所云:「莊元年『夫人孫于齊』,傳曰『絕不為親,以文姜與弒桓公,故舍以絕之,明其罪重也。慶父通哀姜而子般見殺,是哀姜有殺子之罪,然輕於文姜,故不去氏。」[79]劉文淇認為「李說是也」。[80]雖然服虔注解兩經文的重點有所不同,但同樣都是以書「孫」以表念母之意為基礎予以開展。

服虔的念母主張乃與《公羊》同義,《公羊傳・莊公元年》云:「孫者何?孫猶孫也。內諱奔謂之孫。夫人固在齊矣,其言孫于齊何?念母也。正月以存君,念母以首事。夫人何以不稱姜氏?貶。曷為貶?與弒公也。……念母者,所善也,則曷為於其念母焉貶?不與念母也。」而書「孫」的諱奔之義,則與

---

78 〔清〕李貽德輯注:《春秋左傳賈服注輯述》,卷4,頁448。
79 同上註,卷5,頁461。
80 〔清〕劉文淇著,郭院林等整理:〈閔公二年〉,頁348。

《穀梁》之義同,〈莊公元年〉曰:「孫之為言猶孫也,諱奔也。」至於服虔關於文姜殺夫罪重而去姜氏以貶之的主張,亦與《穀梁》義同,《穀梁傳・莊公元年》云:「不言氏姓,貶之也。」可知服虔的這兩個主張,恐是各取自《公》、《穀》二傳傳義而來。

2.《春秋》言「子」為在室之辭。計有輯文1條如下:

紀年	經／傳文	服虔注語
文14	齊人執子叔姬。(經)	子殺身執,閔之,故言子,為在室辭。〔十二年子叔姬卒,已被祀絕,是並在室也。〕

服虔認為在出嫁的魯女前加「子」,是加之以未出嫁的在室之辭。對此,李貽德釋之曰:「傳稱『子叔姬妃齊昭公,生舍。昭公卒,舍即位,齊商人弒舍』,是舍為叔姬子。閔即慇。……言在室者,關已許嫁,若未出嫁,謂之在室。今叔姬為齊夫人矣,經不稱夫人而稱子者,蓋自魯錄之,猶似未嫁者,然所以閔之也。」[81]

3.《春秋》稱「字」以善之。計有輯文1條如下:

紀年	經／傳文	服虔注語
隱1	三月,公及邾儀父盟於蔑,邾子克也。未王命,故不書爵。曰「儀父」,貴之也。(傳)	儀父嘉隱公有至孝謙讓之義而與結好,故貴而字之,善其慕賢說讓。 北杏之會時,已得王命。 爵者,醮也,所以醮盡其材。

隱公元年,《左傳》載:「三月,公及邾儀父盟於蔑,邾子克也。未王命,故不書爵。曰『儀父』,貴之也。」《公羊傳》曰:「儀父者何?邾婁之君也。何以名?字也。曷為稱字?褒之也。曷為褒之?為其與公盟也。」《穀梁傳》曰:「儀,字也。」《公》、《穀》皆以「儀」為字,《左》、《公》另評曰「貴之」、「褒之」,《公羊》則再進而指出褒之之由為儀父與隱公盟。服虔注解的行

---

81 〔清〕李貽德輯注:《春秋左傳賈服注輯述》,卷8,頁499。

文手法與《公羊》同，以稱「字」為美稱，《公羊傳》有「州不若國，國不若氏，氏不若人，人不若名，名不若字，字不若子」（〈莊公十年〉）之說，《穀梁傳》亦有「州不如國，國不如名，名不如字」（〈莊公十四年〉）的雷同主張，李貽德亦云：「是襃則書字，貶則稱名，書字為貴之也。」[82]雖然貴儀父的原因不盡相同，但稱字以貴之、襃之的書法基礎則是一致的。

4.《春秋》稱「名」以賤之。計有輯文1條如下：

紀年	經／傳文	服虔注語
桓7	穀伯、鄧侯來朝，名，賤之也。（傳）	穀、鄧，密邇於楚，不親仁善鄰以自固，卒為楚所滅。無同好之救，桓又有弒賢兄之惡，故賤而名之。

前引隱公元年服虔注文為「貴而字之」，此桓公七年則注為「賤而名之」，二者屬同一概念，所謂「名不若字」。杜預注云：「辟陋小國，賤之。禮不足，故書名。」[83]李貽德解曰：「今穀、鄧不然，無以自固，以致卒為楚滅。蓋魯弱於楚，而又遠于穀、鄧，力不足以芘二國，而二國乃背楚以事之，是適以怒楚而自速其亡耳，其又何望于同好之救哉！且桓又親弒賢兄，天下之所共棄，而二國乃相率來朝，其可賤，孰甚焉。」[84]

5.《春秋》稱「人」指大夫。計有輯文1條如下：

紀年	經／傳文	服虔注語
桓5	蔡人、衛人、陳人從王伐鄭。（經）	言人者，時陳亂無君，則三國皆大夫也，故稱人。

清人李貽德案曰：「傳曰『陳侯鮑卒，於是陳亂』，又曰『陳亂，民莫有鬬心』，是時君猶未定，故知從王者為大夫。陳既以大夫稱人，則蔡、衛皆大夫矣。《詩‧載馳》箋『許人，許大夫也』，疏『大夫而曰人，眾詞』。」[85]服虔

---

82 〔清〕李貽德輯注：《春秋左傳賈服注輯述》，卷1，頁416。
83 〔周〕左丘明傳，〔晉〕杜預注，〔唐〕孔穎達正義：〈桓公七年〉，卷7，頁212。
84 〔清〕李貽德輯注：《春秋左傳賈服注輯述》，卷3，頁443。
85 同上註，卷3，頁437。

由陳亂無君的史事,推出從王伐鄭者為大夫,再由蔡、衛與陳大夫同稱人,推出蔡、衛、陳三國皆是大夫而稱人的《春秋》書法。

6.《春秋》稱國稱君以殺或書弒在罪之。計有輯文3條如下:

紀年	經／傳文	服虔注語
襄23	君子謂「慶氏不義,不可肆也」。(傳)	傳發此言,為不書慶氏以陳叛,為楚所圍。稱國以殺,不成惡人肆其志也。
襄26	過期,乃縊而死,佐為太子。(傳)	經書「宋公殺其世子痤」,平公用伊戾之譖,聽夫人左師之言,言世子無罪而死,故稱宋公殺,罪之也。
昭19	太子奔晉,書曰「弒其君」。(傳)	禮,醫不三世,不服其藥。君有疾,飲藥,臣先嘗之。親有疾,飲藥,子先嘗之。公疾未瘳而進藥,雖嘗而不由醫,而卒,故國罪之,書弒,告於諸侯。

襄公二十三年,服虔所謂「稱國以殺」,指《春秋》書「陳殺其大夫慶虎及慶寅」,李貽德解曰:「云『不書慶氏以陳叛』者,傳言而經不書也。傳言『楚屈建從陳侯圍陳』,是二慶由楚人圍之而殺之。經云『陳殺其大夫慶虎、慶寅』,不書楚圍者,見二慶為眾所惡,非見殺於楚,是不成其肆志也。」[86] 是稱「陳殺」,在罪慶虎、慶寅二人,以不使惡人肆其志。襄公二十六年,服虔所謂「稱宋公殺」,指《春秋》書「宋公殺其世子痤」,李貽德釋曰:「經書『宋公殺其世子痤』,稱君以殺,是罪之文也。服總述上事,以宋公之昏,致太子無罪被殺,以明經文罪宋公之旨也。」[87] 指所罪者為宋公。昭公十九年,《春秋》書「許世子止弒其君買」,杜預注云:「藥物有毒,當由醫,非凡人所知,譏止不舍藥物,所以加弒君之名。」杜說同服虔之意。

---

86 〔清〕李貽德輯注:《春秋左傳賈服注輯述》,卷12,頁539。
87 同上註,卷12,頁548。

7.《春秋》於圍城書「取」。計有輯文1條如下：

紀年	經傳文	服虔注語
昭26	齊侯取鄆。（經）	往年齊侯取鄆，實圍鄆耳，經於圍書取，傳實其事，故於是言取。

李貽德云：「『往年齊侯取鄆』者，謂往年經已書取鄆也。經于圍鄆之日，即書取者，《穀梁傳》曰『以其為公取之，故易言之是也。明臣無拒君之義』。故往年傳書圍鄆，經即書取鄆矣。其實取鄆在今年，故傳從實書之。」[88]此處顯示經、傳不同步的情形，《春秋》記載時寄託孔子修作的深意，《左傳》則據實直書，是以往年齊侯實圍鄆，但《春秋》乃書「取」以寓孔子微言大義。

8.《春秋》急辭書告、緩辭書如，計有輯文2條如下：

紀年	經／傳文	服虔注語
莊28	大無麥、禾。	陰陽不和，土氣不養，故禾麥不成也。〔傳言饑，而經不書者，得齊之糴，救民之急，不至於饑也。傳言饑者，指未糴之前，說告糴之意，故言饑也。〕
莊28	臧孫辰告糴于齊。（經、傳）	不言如，重穀急辭。〔以其情急於糴，故不言如齊告糴；乞師則情緩於穀，故云如楚乞師。〕

服虔於莊公二十八年提出急辭、緩辭的說法，並指出急、緩辭的書法規則。急辭書「告」，行文為「告糴於齊」，而非「如齊告糴」；反之，緩辭書「如」，行文為「如楚乞師」，而非「乞師於楚」。服虔所謂急、緩辭之說，可見於《穀梁傳》，例如〈成公七年〉「不言日，急辭也」、〈定公十五年〉「乃，急辭也」、〈僖公二十八年〉「歸之于京師，緩辭」、〈成公八年〉「于齊，緩辭也」……等等，可見服虔頗受《穀梁傳》之影響。

由上述八種用辭類型，可推知服虔認為《春秋》書法用辭有其深意。

---

88 〔清〕李貽德輯注：《春秋左傳賈服注輯述》，卷18，頁614。

（五）《春秋》書時月日有定法

《春秋》三傳皆有時月日書法之說，後世甚而發展出「時月日例」的主張，服虔對此亦有相關說法，輯文所見2條如下：

紀年	經／傳文	服虔注語
隱6	夏，五月。（經）	若登臺而不視朔，則書時不書月。若視朔而不登臺，則書月不書時。若雖無事，視朔、登臺，則定書時月。
桓13	不書所戰，後也。（傳）	下日者，公至而後定戰日。

服虔於隱公六年提出魯公登臺、視朔如何書時月的主張，其情形如下表所示：

狀況	登臺	視朔
一	✓	✗
二	✗	✓
三	✓	✓

時	月
✓	✗
✗	✓
✓	✓

對服虔登臺視朔書時月之說，李貽德釋曰：「登臺是四時之事，視朔是每月之事。故登臺不視朔，則書時不書月；視朔不登臺，則書月不書時，以核實也。登臺視朔，禮竝無關，雖無事紀，仍書時月以存禮也。若然，則桓四年及七年不書秋七月、冬十月，成十年不書冬十月者，明不登臺及視朔也。桓十七年但書五月，不書夏者，明不登臺而但視朔也。此書夏五月而不繫事者，明登臺、視朔備也。」[89]劉文淇認為服虔採劉歆之說，疏證曰：「《漢書‧律曆志》引劉歆三統說云：『經於四時，雖無事必書時月，時所以記啟閉也，月所以記分至也。啟閉者，節也；分至者，中也。節不必在其月，故時中必在正數之月。』賈、服蓋用歆說也。」[90]又曰：「此下缺秋、冬首月，……以賈、服之義

---

[89] 〔清〕李貽德輯注：《春秋左傳賈服注輯述》，卷4，頁455。
[90] 〔清〕劉文淇著，郭院林等整理：〈隱公六年〉，頁61。

推之,則秋、冬首月不具者,以無事且不視朔登臺也。」[91]又曰:「李貽德云:『此書「夏五月」而不繫事者,明登臺視朔備也。』李所舉為賈、服義。」[92]

而在桓公十三年,服虔認為《左傳》「不書所戰,後也」,指魯公至後才定戰日,故己巳的戰日才書於其下。對此,李貽德案曰:「經順文當云『二月己巳,公會紀侯、鄭伯』,今退日于鄭伯之下者,是俟公至而後定戰日也。」[93]杜注曰:「公後地期而不及其戰,[94]故不書所戰之地。」孔疏則駁服虔之說曰:「地之與日當同時設期,公既不及期地,安得及期日也?」[95]但劉文淇疏證曰:「杜直謂公不及其戰,與經傳皆違。疏駁服說,謂地與日當同時設期,尤謬。」[96]認為杜、孔之說謬誤。

由上述輯文,可推知服虔主張《春秋》對時月日的記載有其定法。

(六)《春秋》區內外夷夏之別

分內外之別,嚴夷夏之防,是《春秋》微言大義之一,其大義乃寄寓於書法的呈現,輯文所見者有3條如下:

紀年	經／傳文	服虔注語
僖4	楚屈完來盟于師。(經)	《公羊傳》曰:「屈完者何?楚大夫也。何以不稱使?尊屈完也。曷為尊屈完?以當桓公也。」 言來者,外楚也,嫌楚無罪,言來以外之。
昭9	夏,四月,陳災。(經、傳)	愍陳不與楚,故存陳而書之,言陳尚為國也。
昭12	晉伐鮮虞。(經(傳))	《穀梁傳》曰:「其曰晉,狄之也,不正其與夷狄交伐中國,故狄稱之也。」

---

91 〔清〕劉文淇著,郭院林等整理:〈桓公四年〉,頁136。
92 〔清〕劉文淇著,郭院林等整理:〈莊公二十二年〉,頁285。
93 〔清〕李貽德輯注:《春秋左傳賈服注輯述》,卷3,頁445。
94 「不」,今本十三經注疏無,據文意及劉文淇《左傳舊注疏證》補。
95 〔周〕左丘明傳,〔晉〕杜預注,〔唐〕孔穎達正義:〈桓公十三年〉,卷7,頁231。
96 〔清〕劉文淇著,郭院林等整理:〈桓公十三年〉,頁192。

上引僖公四年的「外楚」、昭公九年的「愍陳不與楚」、昭公十二年的「不正其與夷狄交伐中國」，皆是內外、夷夏觀念的呈現，也就是內諸夏而外夷狄之義。其中，服虔直接引了《公羊》、《穀梁》的傳文以為己說，可見是完全同意《公》、《穀》二傳之說。

僖公四年，李貽德案曰：「隱元年『天王使宰咺來歸惠公仲子之賵』，杜曰『來者，自外之文』。《穀梁傳》曰『來者何？內桓師也。』內桓師，則外楚矣，服故云然也。」[97]劉文淇疏證曰：「《公羊》之義，謂屈完得君，無假君命自來之說。權在屈完，乃《穀梁》說，《公羊》無此義。」[98]

昭公九年，經、傳皆書《陳災》，《公羊傳》云：「陳已滅矣，其言陳火何？存陳也。」《穀梁傳》云：「國曰災，邑曰火。火不志，此何以志？閔陳而存之也。」服虔的「存陳而書之」，本之《公》、《穀》的「存陳」、「閔陳」而來，皆是對華夏的陳國表示存亡國、繼絕世之義。清人李貽德有云：「賈、服取以為說者，以《春秋》之例，外災不書，往弔來告，則其書法如宣十六『年成周宣榭火』，必繫其國名於火處之上。時陳既為楚縣，若與楚有陳，則當曰『楚陳火』。今曰『陳火』，明陳國尚存，不與楚滅，為繼絕存亡之義明矣。」[99]日人竹添光鴻亦云：「《公》、《穀》皆云存陳也，賈、服從之，得矣。蔡、陳二國皆不遠而復，是國猶國，侯猶侯。故五年之中，因事以寓存陳之意。若終滅之，雖曰不與楚滅，亦安能以筆墨存之耶？凡外災必繫之國，例也，《春秋》無書邑災者，則稱陳災，是國而書之明矣。」[100]

昭公十二年，服虔引《穀梁》對晉「狄稱之」之說，日人竹添光鴻云：「伐鮮虞始書，此後三伐皆書大夫將，《春秋》書法有謹始者，以文十年『秦伐晉』，成三年『鄭伐許』例之，此伐晉見貶，亦特筆也。晉不能救陳、蔡，本年秋以詐假道鮮虞而滅無罪之肥，此《春秋》所惡也。因肥之役而并伐鮮虞，自此釁開，攻伐相繼，尤《春秋》所惡也。」[101]程南洲亦云：「晉以詐滅

---

97 〔清〕李貽德輯注：《春秋左傳賈服注輯述》，卷6，頁465。
98 〔清〕劉文淇著，郭院林等整理：〈僖公四年〉，頁388。
99 〔清〕李貽德輯注：《春秋左傳賈服注輯述》，卷16，頁588。
100 竹添光鴻：〈昭公第二十二〉，《左傳會箋》（臺北：鳳凰出版社，1975年），頁10。
101 同上註，頁37。

肥並伐鮮虞,其行如同夷狄,故以夷狄貶之也。」[102]

(七)《春秋》謹婦人守禮之行

《春秋》所載,除了「貶天子,退諸侯,討大夫」,「別嫌疑,明是非,定猶豫,善善惡惡,賢賢賤不肖,存亡國,繼絕世」等王事之外,亦有部分記載當時的婦人之事。對此,服虔亦有書法義,輯文所見3條如下:

紀年	經／傳文	十服虔注語
宣1	三月,遂以夫人婦姜至自齊。(傳)	古者,一禮不備,貞女不從,故《詩》云:「雖速我訟,亦不女從。」宣公既以喪娶,夫人從,亦非禮,故不稱氏,見略,賤之也。
成8	宋公使公孫壽來納幣。(經)	不稱主人,母命不通,故稱使,婦人無外事。
襄19	顏懿姬,無子,其姪鬷聲姬生光,以為太子。(傳)	兄子曰姪,懿姬所從也。顏、鬷皆其母姓;懿、聲,諡也。傳家從後言之,故舉諡也。

宣公元年,宣公服喪期間娶齊穆姜,服虔認為宣公非禮,夫人從之亦非禮,故而《春秋》不稱氏以賤之。《公羊傳》曰:「夫人何以不稱姜氏?貶。曷為貶?譏喪娶也。喪娶者公也,則曷為貶夫人?……夫人與公一體也。」《穀梁傳》曰:「其不言氏,喪未畢,故略之也。」僅言略之,故服虔不稱氏以賤之之說,較接近《公羊》義。李貽德云:「《詩·行露》、《韓詩外傳》以為『女許嫁,見一物不具,一禮不備,而不行』,劉向《列女傳》所載相同。向傳魯學者也,是韓、魯合矣。服此注引《詩》辭,蓋本魯、韓《詩》說,以證夫人從喪娶為非禮,故經不稱氏也。……服本二傳為說,以見公與夫人一體,喪娶非禮。若以〈行露〉之貞女相例,則亦不女從,可也,乃竟來嫁於魯,故不稱氏以略,賤之。」[103]劉文淇按云:「夫人姜氏,乃是魯史常稱,去氏稱姜,去

---

102 程南洲:《東漢時代之春秋左氏學》,頁115。
103 〔清〕李貽德輯注:《春秋左傳賈服注輯述》,卷9,頁504。

姜稱氏，賈、服皆以為書法。」[104]程南洲認為：「若以書法而言，當取服說。」[105]

成公八年，服虔主張婦人無外事，李貽德解云：「服意昏禮本不稱主人，而母命又不得達，則自命之矣，故稱使，與《公羊》宋公無母之說稍異。〈士昏禮記〉『宗子無父，母命之』，是父沒母可命矣。故何休謂母命諸父兄師友，稱諸父兄師友以行。而服不然者，以〈昏禮記〉是士禮，故母得命之，若國君之母，不得以命達于境外。何休註『于禮無明文』，故服不同之也。」[106]劉文淇則云：「嚴蔚云：『稱使，謂稱宋公使也。』服氏此注總釋上文。……宋公無母，為《公羊》義。宋、何說雖與服同，然彼自據紀伯有母，不謂宋公有母，則服謂宋公有母，《左氏》義也。」[107]

襄公十九年，服虔主張婦人傳家應從後言之，杜預採服虔之義，注云：「兄子曰姪。顏、鬷皆二姬母姓，因以為號，懿、聲皆謚。」

上引三條輯文，不論是喪娶夫人、婦人無外事，或是婦人傳家從後言之，皆在申明服虔謹婦人守禮之行的《春秋》書法主張。

四、結論

本文從馬國翰《玉函山房輯佚書》所輯服虔撰《春秋左氏傳解誼》之963條輯文中，揀取其中與《春秋》書法主張有關之43條輯文，在歸納統整後，得出服虔有七大《春秋》書法觀，分為：「《春秋》乃孔子修作」、「《春秋》有諸多不書」、「《春秋》若書必有因」、「《春秋》用辭有深意」、「《春秋》書時月日有定法」、「《春秋》區內外夷夏之別」、「《春秋》謹婦人守禮之行」。

在服虔的七大《春秋》書法觀之中，又有若干細項主張。例如「《春秋》有諸多不書」中，計有：《春秋》為內諱而不書、《春秋》不告不書、《春秋》

---

104 〔清〕劉文淇著，郭院林等整理：〈宣公元年〉，頁919。
105 程南洲：《東漢時代之春秋左氏學》，頁319。
106 〔清〕李貽德輯注：《春秋左傳賈服注輯述》，卷10，頁517-518。
107 〔清〕劉文淇著，郭院林等整理：〈成公八年〉，頁1233。

於臣改名時不書新名、《春秋》於後會盟者不書、《春秋》於內寇不書、《春秋》對施而不德者不書、《春秋》不書徵臣下之過者、《春秋》非卿不書、《春秋》非災不書大等九種。而在「《春秋》若書必有因」中，有：《春秋》舉重者書，輕者不書、《春秋》書非禮之事以譏之等兩種。至於「《春秋》用辭有深意」中，則有：《春秋》書「孫」以表諱奔念母之意、《春秋》言「子」為在室之辭、《春秋》稱「字」以善之、《春秋》稱「名」以賤之、《春秋》稱「人」指大夫、《春秋》稱國稱君以殺或書弒在罪之、《春秋》於圍城書「取」、《春秋》急辭書告、緩辭書等八種。

　　由上述七大書法觀的輯文可知，服虔注解《左傳》之義，常有與《公羊》、《穀梁》二傳傳義相通、相合甚或相同之處，例如主張《春秋》為孔子所修作、《春秋》為魯避諱而不書、《春秋》舉重者書而輕者不書、《春秋》書「孫」為諱奔並表示念母之意、《春秋》有急辭緩辭之別、《春秋》不稱氏以賤之⋯⋯等等。甚而直引《公》、《穀》二傳傳文以為己注，例如闡發《春秋》內外夷夏之義時，便直引《公羊傳・僖公四年》：「屈完者何？楚大夫也。何以不稱使？尊屈完也。曷為尊屈完？以當桓公也。」《穀梁傳・昭公十二年》：「其曰晉，狄之也，不正其與夷狄交伐中國，故狄稱之也。」之傳文，孔疏皆云「賈、服取以為說」或「服虔取以為說」，乃直接以《公》、《穀》傳文為注文。

　　服虔取《公》、《穀》之義以注《左傳》的現象，或可從以下三個視角拈出其中可能暗含的經學史意義：

　　一、從漢代《左傳》學派的傳習而言。相關史志雖未載明服虔的師承，但學界普遍有服虔《左氏》學乃上承賈逵的共識。賈逵除承其父賈徽家傳之《左氏》學外，《後漢書》本傳又載其「兼通五家《穀梁》之說」。而徽、逵父子《左氏》學則上承西漢末年劉歆，劉歆之父劉向治《穀梁春秋》，並曾以《穀梁》學者的身分參與宣帝時代的石渠閣會議，由於家學影響，劉歆解《左傳》時亦時有偏向《穀梁》義的現象。[108]此外，劉歆《左氏》學可再上承翟方進、

---

[108] 如筆者曾云：「劉歆對某些經傳義理的解釋偏向《穀梁傳》的現象，恐怕與其父劉向治《穀梁》的家學背景以及當時興盛的今文學派有著密切的關係。」見吳智雄：〈從《春秋左氏傳章句》輯文管窺劉歆《左氏》學〉，收錄於黃聖松主編：《大雅當傳——第二屆海峽兩岸《左傳》學高端論壇論文選集》（臺北：萬卷樓圖書公司，2023年），頁384。

尹咸，翟、尹二人《左氏》學則上承尹更始而來。在此三人之中，翟方進除修習《左氏》外，亦兼治《穀梁》學；尹咸父尹更始，則是精研《穀梁》學，為西漢《穀梁》學派第六代學者，並於石渠閣會議擔任殿中主論人與《公羊》學派論議，最終帶領《穀梁》學派獲最終勝利而得立博士官。[109]以此，知服虔注《左傳》兼採《穀梁》學，自有其學脈相承之因。

二、從漢代今古文學派爭立學官而言。自西漢哀帝時劉歆開出爭立《左氏》學官的第一槍後，《左氏》學派便一直在與今文學派的交手攻防之下勇往前進。在雙方的交相詰難之中，《公》、《穀》二傳陣營對《左氏》學派最主要的攻擊點，即是《左氏》不傳《春秋》、不祖聖人之意，如羅軍鳳有云：「漢代賈逵、服虔等人，借鑒《公羊》、《穀梁》的義例以治《左傳》，但今文學家不承認《左傳》是《春秋》之傳，自然不承認它有經學義理或義例。」[110]今服虔採《公》、《穀》之說以注《左傳》，即在表明《左傳》同於《公》、《穀》二傳，皆同為解《春秋》之作，能傳聖人之意，而在某種程度上回應並抵銷了《公羊》與《穀梁》的挑戰與攻擊，為爭立學官建立不容質疑之基礎，故而具有某種程度的經學史意義。[111]

三、從漢代經學史的發展趨勢而言。從上述可知，漢代《左氏》學自西漢中期的尹更始起，其傳承譜系便與《穀梁》學有著兼治兼通的關係。時至東漢，肅宗「令逵自選《公羊》嚴、顏諸生高才者二十人，教以《左氏》，與簡紙經傳各一通」，[112]可知賈逵弟子中亦有習《公羊》之學者。如此，東漢中後期的服虔在上承賈逵《左氏》之學時，於《穀梁》學之外進一步加入當時位居

---

109 關於西漢《穀梁》學的傳承譜系及其與石渠閣會議的關係，可見吳智雄：〈政權、學官、經義的交結──論漢宣帝與穀梁學〉，《成大中文學報》，第37期（2012年6月），頁1-36。
110 羅軍鳳：〈清代《春秋左傳》學的目標、發展與各階段的主要課題〉，《漢學研究通訊》，第29卷第4期（總116期，2010年11月），頁9。
111 如沈玉成等云：「還有一個現實的目的，即爭取《左傳》的合法地位甚至正統地位，以期再度立於學官，必須洗刷『《左氏》不傳《春秋》』的罪名，努力從《左傳》裡搜索出『微言大義』來。」見沈玉成、劉寧：《春秋左傳學史稿》，頁118。然而，羅軍鳳也指出：「賈逵、服虔等人雜采《公》、《穀》義例闡釋《春秋左傳》義理的方法，被晉代杜預譏為『膚引』。」見羅軍鳳：〈清代《春秋左傳》學的目標、發展與各階段的主要課題〉，頁9。
112 〔劉宋〕范曄：〈鄭范陳賈張列傳〉，卷36，頁1239。

官學主流的《公羊》義,恐怕並不突兀,也無須意外。此外,與服虔活動年代相當的鄭玄,在經由與何休(129-182)的「三疾」(指鄭玄《針膏肓》、《發墨守》、《起廢疾》等三書)與「三闕」(指何休《左氏膏肓》、《公羊墨守》、《穀梁廢疾》等三書)的論辯之後,史書最終下以「義據通深,由是古學遂明」[113]的歷史結論。可知,若就賈、鄭、服三人的學術屬性來看,東漢《春秋》學除了具有三傳融合、今古兼治的特色之外,還有朝向古文學逐漸壓倒並取代今文學的發展趨勢。

---

113 〔劉宋〕范曄:〈張曹鄭列傳〉,卷35,頁1207-1208。

徵引書目

王　謨：《漢魏遺書鈔》，收入《續修四庫全書》，上海：上海古籍出版社，2002年。

左丘明傳，杜預注，孔穎達正義：《春秋左傳正義》，北京：北京大學出版社，2000年。

皮錫瑞：《經學歷史》，臺北：藝文印書館，1987年。

竹添光鴻：《左傳會箋》，臺北：鳳凰出版社，1975年。

余嘉錫：《世說新語箋疏》。臺北：王記書坊，1984年。

吳智雄：〈政權、學官、經義的交結——論漢宣帝與穀梁學〉，《成大中文學報》第37期，2012年6月，頁1-36。

吳智雄：〈從《春秋左氏傳章句》輯文管窺劉歆《左氏》學〉，收入黃聖松主編：《大雅當傳——第二屆海峽兩岸《左傳》學高端論壇論文選集》，臺北：萬卷樓圖書公司，2023年，頁351-385。

李延壽：《北史》，北京：中華書局，1974年。

李貽德輯注：《春秋左傳賈服注輯述》，收入古風主編：《經學輯佚文獻彙編》，北京：國家圖書館出版社，2010年。

沈玉成、劉寧：《春秋左傳學史稿》，南京：江蘇古籍出版社，1992年。

洪亮吉：《春秋左傳詁》，北京：中華書局，1987年。

范　曄：《後漢書》，北京：中華書局，1965年。

班　固：《漢書》，北京：中華書局，1962年。

袁鈞輯：《鄭氏佚書》，收入《續修四庫全書》，上海：上海古籍出版社，2002年。

馬國翰：《玉函山房輯佚書》，揚州：廣陵書社，影印本，2004年。

張高評：《《春秋》書法與《左傳》學史》，臺北：五南圖書出版公司，2002年。

陸德明：《經典釋文》，上海：上海古籍出版社，2012年。

惠　棟：《後漢書補注》，上海：上海商務印書館，1935年。

程南洲：《東漢時代之春秋左氏學》，上海：華東師範大學出版社，2011年。

黃　奭：《黃氏逸書考》，收入《續修四庫全書》，上海：上海古籍出版社，2002年。

劉文淇著，郭院林等整理：《春秋左氏傳舊注疏證》，北京：國家圖書館出版社，2023年。

歐陽修、宋祁：《新唐書》，北京：中華書局，1975年。

鄭玄注，孔穎達疏：《禮記正義》，北京：北京大學出版社，2000年。

顏安樂：《春秋公羊顏氏記》，收入古風主編：《經學輯佚文獻彙編》，北京：國家圖書館出版社，2010年。

魏　收：《魏書》，北京：中華書局，1974年。

魏　徵：《隋書》，北京：中華書局，1973年。

羅軍鳳：〈清代《春秋左傳》學的目標、發展與各階段的主要課題〉，《漢學研究通訊》第29卷第4期（總116期），2010年11月，頁8-15。

林堯叟《春秋經左氏傳句解》
對杜注的補充與修正
——兼論其書與宋代《春秋》學術的關係[*]

張曉生
臺北市立大學中國語文學系教授

摘要

　　《左傳》之注，自晉杜預合經傳釋之而成《春秋經傳集解》三十卷，唐《五經正義》主杜《注》解《春秋左傳》，其後杜《注》成為閱讀《左傳》最重要的憑藉，亦少見有注解全傳之繼作出現。宋代以後，或因童蒙習讀經典之需，促使新的《左傳》注解出現。這種《左傳》注解以「初學者」為主要對象，故其解釋務求淺近，且通解全文，略無遺漏。目前傳世者以林堯叟《春秋經左氏傳句解》流行最廣，不僅在中國形成多種版本及文獻形式，更遠傳朝鮮、日本，成為明清時代普遍的《左傳》入門書籍。此書或許因其以初學者為主要受眾的取向，學術價值長期未受重視，雖然清代以下之藏書家重其傳世之宋、元刊本而施加題跋，學者對於林氏書的內容並未深入考察。本文從文獻分析的角度，對於他在解釋中在杜《注》的依循與取捨、補充與修正的情況提出觀察與說明，也嘗試將林氏此書置於宋代《春秋》學術發展中，定位其學術屬

---

[*] 臺北：臺北市立大學出版中心，2024年12月，頁117-137。
　　根據顧永新的研究，林堯叟此書原名應為《春秋經左氏傳句解》，其中原本即附有音注與史事始末之題識，其後書坊為誇示其內容之富，另有「《音注全文春秋括例始末左傳句讀直解》」之名，經過比對，兩種書名之本在句解內容完全一致，並無差別。本文論題及文中指稱用其原本書名，研究文本則為求公眾可見，則以正式出版之「中華再造善本」影印元刊明修《音注全文春秋括例始末左傳句讀直解》為據。顧永新研究見顧永新：《經學文獻的衍生與通俗化》（北京：北京大學出版社，2014年），第二章，第五節下篇，頁438-467。

性。本文認為林堯叟《句解》乃站在以《左傳》為史籍,並顧及初學者學習需求的立場,有意將杜《注》、孔《疏》原本的經學義理加以簡化或捨去,以歷史敘事之流暢、文義之通達為目標,進行《左傳》全文的解釋。其中於杜《注》、孔《疏》經學內涵的減省,又可能與宋代《春秋》學術中「《左傳》傳事不傳義」的思想有關。

關鍵詞:林堯叟、杜預、《春秋經左氏傳句解》、《音注全文春秋括例始末左傳句讀直解》、陳傅良

一、前言

　　《左傳》為先秦典籍，自漢代起即多有章句訓詁之作，至晉杜預合經傳釋之，其《春秋經傳集解》三十卷書成，號為「《左傳》忠臣」，加以唐《五經正義》主杜《注》解《春秋左傳》，其後杜《注》成為閱讀《左傳》最重要的憑藉，亦少見有注解全傳之繼作出現。宋代以後，或因童蒙習讀經典之需，促使新的《左傳》注解出現。這種《左傳》注解以「初學者」為主要對象，故其解釋務求淺近，且通解全文，略無遺漏。目前傳世者以林堯叟《春秋經左氏傳句解》流行最廣，不僅在中國形成多種版本及文獻形式，更遠傳朝鮮、日本，[1] 成為明清時代普遍的《左傳》入門書籍。[2] 此書或許因其以初學者為主要受眾的取向，學術價值長期未受重視，清代以下之藏書家則以其傳世之宋、元刊本而施加題跋，所論仍集中在版式、行款等事，對於林氏書的內容並未深入考察。筆者近期從事林氏此書的點校整理，在離章斷句、比勘校正之餘，對於林堯叟所為之《左傳》解釋，略有閱讀所得，乃從文獻分析的角度，對於他在解釋中在杜《注》的依循與取捨、補充與修正的情況提出觀察與說明，也嘗試將林氏此書置於宋代《春秋》學術發展中，定位其學術屬性。惟林堯叟生平與學術淵源杳然難以考徵，文中所論僅根據目前可見的資料加以推求，未當之處，敬祈方家指教。

---

[1] 筆者所見，目前研究林氏書之版本流衍及域外傳播的研究成果有：顧永新：〈林堯叟《春秋左傳句解》傳刻考論〉，《中國經學》第8輯（2011年6月），頁151-174；顧永新：《經學文獻的衍生與通俗化》（北京：北京大學出版社，2014年）；朱秋虹：〈林堯叟《左傳句讀直解》版本考論〉，《古典文獻研究》第26輯上（2023年），頁64-85；朱秋虹：〈林堯叟《左傳句讀直解》域外影響探析〉，《歷史文獻研究》2023年第1期，頁111-128。

[2] 顧永新認為林堯叟「其書絕非一般的通行於鄉塾的兔園冊子，亦非簡單地出於書坊射利的科舉用書，既約定俗成，又喜聞樂見，既非欽定御撰，也非官方定本，但它作為《春秋經傳》標準而又穩定的讀本，在民間有著廣闊巨大的受眾面和無比旺盛的生命力，其影響之深、勢力之大，遠遠超出列為科舉程式的單行杜《注》和《胡傳》。」顧永新：《經學文獻的衍生與通俗化》，〈緒論〉，頁29。

二、林堯叟《句解》對杜注的依循與取捨

　　林堯叟其書卷首有一篇〈綱目〉，說明其為《左傳》做解的原則。其中有「句解、直解並依杜氏古註」一語，[3] 說明了他進行「句解」的基本依據即為杜《注》，[4] 檢視林氏《句解》，依循杜預作解，是其常例。最直接的情況是直接抄錄，例如文公十二年經：「杞伯來朝」杜注：「復稱伯，舍夷禮」；「二月庚子，子叔姬卒」，杜注：「既嫁成人，雖見出棄，猶以恩錄其卒」，林注于此全錄杜《注》，一字不改。[5] 其次則以杜《注》為主要釋意根據，如《左傳‧隱公十一年》鄭莊公入許後，使許大夫百里奉許叔居於許之東偏，並有言語告誡許大夫百里，此一段文字的杜《注》：

> 天禍許國，鬼神實不逞于許君，而假手于我寡人。^{借手于我寡德之人以討許。}寡人唯是一二父兄不能共億，^{父兄，同姓群臣。共，給。億，安也。}其敢以許自為功乎？寡人有弟不能和協，而使餬其口於四方，^{弟，共叔段也。餬，饘也。段出奔在元年。}其況能久有許乎？吾子其奉許叔以撫柔此民也，吾將使獲也佐吾子，^{獲，鄭大夫公孫獲。}若寡人得沒于地，^{以壽終。}天其以禮悔禍于許，言天加禮於許，而悔禍之。無寧茲許公復奉其社稷，^{無寧，寧也。茲，此也。}唯我鄭國之有請謁焉，如舊昏媾。^{謁，告也。婦之父曰昏，重昏曰媾。}其能降以相從也，^{降，降心也。}無滋他族實偪處此，以與我鄭國爭此土也。吾子孫其覆亡之不暇，而況能禋祀許乎？^{絜齊以享謂之禋祀。謂許山川之祀。}寡人之使吾子處此，不唯許國之為，亦聊以固吾圉也。^{圉，邊垂也。}[6]

林堯叟的《句解》則為：

3　〔宋〕林堯叟：《音注全文春秋括例始末左傳句讀直解》（北京：北京圖書館出版社，2006年，《中華再造善本》據中國國家圖書館藏元刻明修本影印本），〈春秋正經全文左氏傳括例始末句解綱目〉，頁2下。
4　「注」、「註」二字雖通用，但元明時期似多用「註」字，本文中筆者行文使用「注」字，引用原書書名或原文若用「註」字，則俱依原本。
5　〔宋〕林堯叟：《音注全文春秋括例始末左傳句讀直解》，卷19，頁2上。
6　〔晉〕杜預集解，〔唐〕孔穎達正義，浦衛忠等整理：《春秋左傳正義》（北京：北京出版社，2000年），卷4，頁144。

天禍許國，^{言上天降禍於許國。}鬼神實不逞于許君，^{鬼神實怒許君而不得自逞其志而降之罰。}而假手于我寡人。^{言鬼神借手于我以討許罪。}寡人唯是一二父兄，^{言我唯是一二同姓之臣。}不能共億。^{不能供給而億安之。}其敢以許自為功乎？^{其敢以克許自為己功乎？}寡人有弟，^{其叔段}不能和協，^{不能和睦而叶比之。}而使糊其口於四方，^{而使叔段寄食於四方之國，謂叔段元年奔共。}其況能久有許乎？^{其況能久有許乎？}吾子其奉許叔，^{吾子謂百里，其奉許莊公之弟。}以撫柔此民也。^{以撫綏柔順此東偏之民也。}吾將使獲也佐吾子，^{我將使鄭大夫公孫獲佐助百里以治許。}若寡人得沒于地，^{若以壽終得葬於地下。}天其以禮悔禍于許，^{言天其以禮悔禍於許，不以亂也。}無寧茲，^{無寧，寧也。茲，此也。言寧終此許叔居東偏。}許公復奉其社稷。^{謂許莊公復返國而奉其社稷之祭祀。}唯我鄭國之有請謁焉，^{言許公復國之後，若我鄭國之有請謁於許焉。}如舊昏媾，^{婦之父曰昏，重昏曰媾。如舊日昏媾之親。}其能降以相從也。^{降心以從鄭之請告。}無滋他族，^{無生他姓族類之心。}實偪處此。^{處此許地以逼害鄭。}以與我鄭國爭此土也。^{以與我鄭國爭此國之土也。}吾子孫其覆亡之不暇，^{若他族處此相偪害，則我鄭國之子孫救覆亡之不暇。}而況能禋祀許乎？^{絜齊以享謂之禋祀。而況能禋祀許山川乎？}寡人之使吾子處此，^{言我之使許叔處許東偏之地。}不唯許國之為，^{不唯為許國之社稷。}亦聊以固吾圉也。^{圉，邊陲也。亦賴汝以固我之邊陲也。}[7]

上引林氏《句解》文字由筆者施加底線者皆為林氏直承杜《注》之處，其中語意關鍵之字詞訓詁皆本于杜《注》，可見林氏《句解》之基本型態。此外，杜預《集解》以簡要著稱，但其中未注之處仍多，其間文義內涵，孔穎達《正義》輒加以補充闡釋，以求對傳文之深入理解。林堯叟在做句解之時不僅本于杜《注》，同時也會將孔穎達《正義》之疏文加以綜合，融入在他的句解結構中。例如莊公十年齊魯長勺之戰，曹劌與莊公以何與齊一戰之問對。此先列林堯叟之解：

乃入見。^{乃入見莊公。}問何以戰？^{問莊公以何為本與齊師戰？}公曰：^{告曹劌}「衣食所安，^{衣食二者，雖吾身之所安。}弗敢專也，^{弗敢自專其有。}必以分人。^{必分與人之凍餒者。}」對曰：^{曹劌答云。}「小惠未遍，^{自擅己之衣食，豈能徧惠於國人？不過及公之左右耳。}民弗從也。^{民未懷惠，必不從公所使。}」公曰：^{公又告劌}「犧牲玉帛，^{犧牲，牛、羊、豕之屬；玉，珪、璧；帛，幣也。皆祭祀禮神之物。}弗敢加也，^{牲玉自有常數，弗敢有加於舊。}必以信。^{祝史必陳信於鬼神，不敢以小為大，以惡為美。}」對曰：^{劌又答。}「小信未孚，^{此特一念之小信，未孚于上下。}神弗福也。^{神未必降之福。}」公曰：^{公又告劌}「小大之獄，^{言爭訟刑罰之類。}雖不能察，^{雖不能徧察其曲直當否。}必以情。^{必盡己之情以求人之情。}」對曰：^{劌答。}「忠之屬也，^{上思利民，忠也。故言莊公以情察獄，為忠之一端。屬，音蜀。}可以一戰，^{民感其忠，思欲報上，}

---

[7]〔宋〕林堯叟：《音注全文春秋括例始末左傳句讀直解》，卷2，頁8上-8下。

故可用以一戰。**戰則請從。**若與齊戰,則請從師。從,去聲。」[8]

以上的傳文中,林堯叟對「衣食所安」、「小惠未徧」、「犧牲玉帛」諸句的解說,是取自孔穎達《正義》,而「忠之屬也」依據的解釋,則是融合杜《注》「上思利民,忠也。」以及孔《疏》「言以情審察,不用使之有枉,則是思欲利民,固為忠之屬也。」[9]而「必以分人」句之解語謂「必以分與人之凍餒者」則是林氏所加。由此可見林堯叟《句解》實為一《左傳》整合解釋文獻。林氏之書名為「句解」的特點即在「逐句說解」,即使是一般認為毋須解釋的語句,亦必解說。例如隱公三年「鄭穆公疾,召大司馬孔父而屬殤公焉」一事的解說:

宋穆公疾,為也。召大司馬孔父。孔父嘉,為宋大司馬,孔子六世祖也。穆公召之。而屬殤公焉。殤公名與夷,宣公之子,穆公之弟。蓋以殤公託之孔父,使立為國君。託孔之辭。曰:以下並穆公託之辭。「先君舍與夷,與夷即殤公。而立寡人。先君謂宣公,穆公之兄也。蓋言宣公捨其子與夷,而立穆公。寡人弗敢忘。不敢忘宣公之德。若以大夫之靈,若以汝孔父之咸靈,得保首領以沒,得保全首領而善終,蓋謙辭。先君若問與夷,宣公若問其子。其將何辭以對?其將何言辭對宣公之問?請子奉之。請孔父奉殤公以為君。以主社稷。以主宋國社稷之事。寡人雖死,言我雖即死。亦無悔焉。亦無愧悔於先君之前。對曰:孔父答穆公。「群臣願奉馮也。馮,穆公子,莊公也。言群臣願奉馮為君,不願立殤公。」公曰:再告孔父。「不可。言不可立馮。先君以寡人為賢,宣公以穆公為有賢德。使主社稷,使我為宋國社稷祭祀之主。若棄德不讓,若我棄遜讓德,不與殤公。是廢先君之舉也。是廢宣公舉賢之意也。豈曰能賢?豈曰能賢於人?光昭先君之令德,宣公以國讓我,今我又以國讓殤公,是光明宣公讓國之美德。可不務乎?可不以此為先務乎?吾子其無廢先君之功。謂孔父當成我意,其無廢先君舉賢之功。」使公子馮出居於鄭。使其子出居於鄭,以避殤公。八月庚辰,宋穆公卒,殤公即位。即與夷。君子曰:「宋宣公可謂知人矣。言宣公可謂有知人之明。立穆公,不立其子而立弟。其子饗之,穆公卒,又立宣公之子,是其子饗有天祿也。命以義夫!讓國,義也。言宣公能以義制命。《商頌》曰:舉《商頌》〈玄鳥〉詩。『殷受命咸宜,合宜之為義,言殷湯、武丁受天命,皆合義。百祿是荷。』之百祿。」其是之謂乎!此言宣公以義制命,能使其子任荷天祿,合此《詩》之義也。」[10]

---

[8] 〔宋〕林堯叟:《音注全文春秋括例始末左傳句讀直解》,卷5,頁7下-8上。

[9] 杜《注》及孔氏《正義》並參〔晉〕杜預集解,〔唐〕孔穎達正義,浦衛忠等整理:《春秋左傳正義》,頁275。

[10] 〔宋〕林堯叟:《音注全文春秋括例始末左傳句讀直解》,卷1,頁8下-9下。

林氏之句解可謂鉅細靡遺，全文之語意遠較杜注詳細，[11]這對於林堯叟所設定受眾對象的「初學者」而言，確實有利於閱讀。不過我們也觀察到，這種著重文意、語意的解說，卻會捨棄了杜注原本在傳文義理或是知識方面的注解。例如杜注在「商頌曰」一段之末注云：「《詩・頌》言殷湯武丁受命皆以義，故任荷天之百祿也。帥義而行，則殤公宜受此命，宜荷此祿。公子馮不帥父義，忿而出奔，因鄭以求入，終傷咸宜之福。故知人之稱，唯在宣公也。殷禮有兄弟相及，不必傳子孫，宋其後也，故指稱《商頌》。」[12]「宜荷此祿」之前的杜注，林氏取用納入各句解之中，不過「公子馮不帥父義」以下，杜預以公子馮出奔鄭國，但其後在華督弒殤公後因鄭之力返國為君，是違背其父讓國之德義，有傷先祖受命咸宜之福，為「君子曰宋宣公可謂知人矣」一語再深入一層解釋，解說宣公、穆公兩代讓國，君子卻僅稱讚宣公有知人之明的深意。[13]此外，杜預又以殷商傳位之例說明君子為何引用《商頌・玄鳥》以附其事。這一段有關褒貶評價的傳文義理原應是杜預注解經傳精彩之處，林氏卻予以捨去，亦可見其在「為初學設也」目的之下的選擇。

我們可再看一例，將可更明顯的看到林堯叟取捨杜注的傾向。《春秋・桓公二年》經文：「戊申，宋督弒其君與夷及其大夫孔父」杜《注》：「稱督以弒，罪在督也。孔父稱名者，內不能治其閨門，外取怨於民，身死而禍及其君。」[14]林氏《句解》於經文「與夷」下注云：「殤公弒莊公立」；《左傳・桓公二年》敘宋華督殺孔父、弒莊公之先後，並解說《春秋》先書弒君之義。傳文「立華氏也」下杜《注》：「經稱平宋亂者，蓋以魯君受賂立華氏，貪縱之甚，惡其指斥，故遠言始與齊、陳、鄭為會之本意也。傳言『為賂故，立華氏』明經本書平宋亂，為公諱，諱在受賂立華氏也。猶璧假許田為周公祊故，

---

[11] 為避繁冗，杜注原文請參〔晉〕杜預集解，〔唐〕孔穎達正義，浦衛忠等整理：《春秋左傳正義》，頁88-89。

[12] 〔晉〕杜預集解，〔唐〕孔穎達正義，浦衛忠等整理：《春秋左傳正義》，頁88-89。

[13] 杜預之注以《左傳》肯定宋宣公知人，然據孔穎達之《正義》，杜預此解更在於駁《公羊傳》以「宋之禍，宣公為之」的觀點，如此則杜《注》的解釋更表現了《春秋》經義的論爭。見〔晉〕杜預集解，〔唐〕孔穎達正義，浦衛忠等整理：《春秋左傳正義》，頁89。

[14] 〔晉〕杜預集解，〔唐〕孔穎達正義，浦衛忠等整理：《春秋左傳正義》，頁154。

所謂婉而成章。督未死而賜族，督之妄也。」杜《注》於此重點在發揮經義，並且藉此事之書法與杜預《春秋左氏經傳集解序》「為例之情五」之「三曰婉而成章」呼應，形成系統的經傳義理論述。林氏於此段傳文之句解作：

> 宋督攻孔氏，攻孔父氏之家。殺孔父而取其妻。終去年治容誨淫之事。公怒。宋殤公怒。督懼，懼公誅己。遂弒殤公。督弒殤公。君子以督為有無君之心，督雖有君心實無之。而後動於惡，而後動惡念以殺孔父，無所忌憚也。故先書弒其君。據弒君在殺孔父後，而經書「弒君及孔父」，故傳以此釋之。會于稷以成宋亂，舉經文。為賂故也。為取賂於宋之故。立華氏也。言華氏所以無15諸侯之討。

由以上之引述，我們可以很明顯的看到林氏《句解》對於杜《注》的經傳義理論說全不採用，僅僅順釋文句而已，即此可知林《句解》重在疏解文意，而杜《注》則側重在經義論析，林堯叟如此取捨，一方面可能是避免「初學者」的學習負擔，另一方面，杜《注》以孔父「內不能治其閨門，外取怨於民，身死而禍及其君。」將宋督弒君責任，一部份歸咎於孔父，恐未必符合傳意，而是杜預的過度解釋，林堯叟捨去杜《注》的解釋，亦可視為他有意回歸《左傳》史文的本質的作法。林堯叟其書綱目曾自言「經變為史，自《左氏》始，執史筆者必來取法」，[16]則他對於《左傳》的性質的認定，是由經變為史，也就是說，他對於杜《注》孔《疏》經學義理的簡化與捨棄，是有意為之，刻意將《左傳》的經傳身份轉變為史籍。這樣的觀念以及文獻處理方式，與宋代學術的關係，將在第四節中嘗試提出觀察。

三、林堯叟《句解》對杜注的補正

林堯叟在其書〈綱目〉中雖明言其句解本於杜《注》，前文也舉例說明其繼承及選擇的關係，但林氏亦云「其有潤色古註，別出新意者，並以愚按別

---

15 〔宋〕林堯叟：《音注全文春秋括例始末左傳句讀直解》，卷3，頁2下。
16 〔宋〕林堯叟：《音注全文春秋括例始末左傳句讀直解》，〈春秋正經全文左氏傳括例始末句解綱目〉，頁1上。

之。」[17]實際觀察林堯叟《句解》，可知其「潤色古註」之舉，大致為補充杜《注》未盡之處，而所謂「別出新意者」，則為對杜注進行修正或提出別解。今略舉數例加以呈現。

在補充杜《注》方面，例如莊公八年傳文載鮑叔牙批評齊襄公「君使民慢」，此處杜預、孔穎達均未施注，林堯叟注曰：「言襄公之使民，有慢易之心。如葵丘期戍，公問不至，請代弗許，是有慢易之心也。語曰：以逸道使民，雖勞不怨。古人使民豈敢慢哉？」[18]林注將「君使民慢」解釋為「齊襄公使用民力有慢易之心」並以傳文所載齊襄公原本答應連稱、管至父葵丘之戍為「瓜時而往，及瓜而代」，但是及期卻「公問不至，請代弗許」，終於導致叛弒之禍，以為齊襄慢易之例，並引孟子之言提示為政使民之正道。[19]楊伯峻《春秋左傳注》釋「慢」為「鬆弛放縱」，[20]義與林注相近。

僖公二十八年，晉楚城濮戰前，子犯、先軫論辯戰略，先軫有「我曲楚直，其眾素飽，不可謂老」，杜《注》於「不可謂老」下注曰：「直氣盈飽」，[21]林堯叟《句解》於「我曲楚直」解曰：「我理曲，楚理直。」於「其眾素飽」解曰：「其眾直氣盈飽有素」，[22]將杜《注》未言的「楚直」與「直氣盈飽」的解釋連結起來，意謂杜《注》未言之「楚直」就是「楚之理直」，而「其氣」即是「直氣」，因其理直，故直氣盈飽有素。林氏這樣的解釋比孔穎達的《正義》合理，孔曰：「素訓為空，忿怒之深，空腹不食，直氣盈飽。」[23]孔穎達以「其氣素飽」為楚軍雖因忿怒不食，但直氣使其盈飽，這不僅難以理喻，也使杜《注》解釋不能貫通語意，林堯叟的解釋明顯較勝。

又如文公十八年，莒太子僕弒君父來奔魯，季文子逐之而對太史克之問，

---

17 〔宋〕林堯叟：《音注全文春秋括例始末左傳句讀直解》，〈春秋正經全文左氏傳括例始末句解綱目〉，頁2下。
18 〔宋〕林堯叟：《音注全文春秋括例始末左傳句讀直解》，卷5，頁6上。
19 孟子之言在《孟子・盡心上篇》，惟林注所引「逸道」原作「佚道」。〔宋〕朱熹：《四書章句集注》（臺北：大安出版社，1994年），頁493。
20 楊伯峻：《春秋左傳注》（北京：中華書局，2013年），頁176。
21 〔晉〕杜預集解，〔唐〕孔穎達正義，浦衛忠等整理：《春秋左傳正義》，頁513。
22 〔宋〕林堯叟：《音注全文春秋括例始末左傳句讀直解》卷15，頁6上。
23 〔晉〕杜預集解，〔唐〕孔穎達正義，浦衛忠等整理：《春秋左傳正義》，頁513。

其中有「則以觀德，德以處事」之語，杜《注》釋「則以觀德」曰：「則，法也。合法則為吉德。」而林堯叟《句解》申之曰：「則者，君臣、父子、兄弟、夫婦、朋友之法則也，合此法則為吉德，違此法則為凶德，故以觀德。」[24]杜《注》之解在字義上並無不是，但在理解文意上卻顯得不夠貼近季文子針對莒太子僕弒君父行為而欲逐之的用意，林堯叟將杜《注》「則，法也」的解釋進行補充，將「法」特指在「君臣父子兄弟夫婦朋友之法則」上，如此就能對應季孫文子惡莒太子行為而逐之的語意脈絡，更與季文子於其後以「孝、敬、忠、信為吉德」的說法形成互證，[25]則林氏句解的補充可使文義更為透徹。再如成公十六年晉楚鄢陵之戰，楚國戰敗，楚共王責子反，子重進逼子反自殺，子反語曰：「大夫命側，側敢不義？」杜《注》：「言以義命己，不敢不受。」[26]林堯叟《句解》於二句分別解曰：「大夫謂子重也，側，子反名。言子重以義責我」、「言己敢不引義自裁」，[27]《左傳》原文語意隱微，杜《注》也僅以「不敢不受」點到為止，林堯叟的解釋則直白淺露的說明子反面對敗戰指責「不敢不自裁」的承擔決定。

　　在修正杜《注》方面，例如隱公元年傳文「莊公寤生，驚姜氏」，杜《注》：「寤寐而莊公已生，故驚而惡之。」[28]林堯叟《句解》則曰：「杜氏謂寤寐而莊公已生，非也。如此當喜，何得復驚而惡之？《史記》云『寤生，生之難』，是也。此當為難生，故武姜困而後寤。」、「武姜因寤而驚」，[29]林堯叟直以杜《注》為非，並引《史記·鄭世家》文為證，修改杜預的解釋。

　　又如僖公四年，齊桓公征蔡而伐楚，管仲對楚使「齊、楚風馬牛不相及，何故涉楚地？」之問言道：「昔召康公命我先君大公曰：『五侯九伯，汝實征

---

24 〔宋〕林堯叟：《音注全文春秋括例始末左傳句讀直解》，卷20，頁7上。
25 林氏這個解釋並非來自孔《疏》，孔《疏》於杜預此注之疏文云：「德者，得也。自得於心，心之所得，有惡有善，欲知善惡，以法觀之。合法則為吉德，不合法則為凶德，故曰則以觀德也。」孔穎達僅順釋杜預注解，並未深入語意。〔晉〕杜預集解，〔唐〕孔穎達正義，浦衛忠等整理：《春秋左傳正義》，頁662。
26 〔晉〕杜預集解，〔唐〕孔穎達正義，浦衛忠等整理：《春秋左傳正義》，頁902。
27 〔宋〕林堯叟：《音注全文春秋括例始末左傳句讀直解》，卷30，頁10下。
28 〔晉〕杜預集解，〔唐〕孔穎達正義，浦衛忠等整理：《春秋左傳正義》，頁58。
29 〔宋〕林堯叟：《音注全文春秋括例始末左傳句讀直解》，卷1，頁3上-3下。

之，以夾輔周室』賜我先君履，東至于海，西至于河，南至于穆陵，北至于無棣」，管仲所言四方之境中，「海」、「河」所指明確，杜預於「北至于無棣」下注：「穆陵、無棣皆齊境也。履，所踐履之界，齊桓又因以自言其盛。」[30] 如果依照杜預的解釋，管仲所言四方之境皆為齊之疆域，藉此誇耀其國土之遼闊。但是衡諸文義，管仲之對，應為回答楚使「何以涉吾楚地」之問，依杜《注》，則管仲僅誇稱其領域之大，並未回答楚使之問。林堯叟之《句解》則有所修正：

賜我先君履，_{賜我大公征伐諸侯所得踐履之境界。}東至于海，_{東界則至于海。}西至于河，_{西界則至于黃河。}南至于穆陵，_{《索隱》曰：「今淮南有故穆陵門。是楚之境。」}北至于無棣。_{《索隱》曰：「無棣在遼西孤竹，服虔以為大公受封境界所至，不然也。蓋言其征伐所至之域也。」愚按：是時管仲相齊，子文相楚，正是的對，齊既以涉地何故為問，則齊不應歷言受封境界以自狹，當以征伐所至為正。}[31]

林堯叟據司馬貞《史記索隱》，認為穆陵應為楚地，而無棣是遼西之地，兩地均非齊境，藉此證明在召康公授命之下，齊國既擁有征伐遠國的權力，當然可以進入楚地。林氏還根據文義，認為管仲相齊，子文相楚，地位相敵，二國在外交場合中的問與對應該相當，作為支持司馬貞意見的旁證。楊伯峻《春秋左傳注》亦以管仲所稱穆陵、無棣，「其意若曰：我先君實受命專征討伐，有權至楚國之境。」[32] 其論據雖與林堯叟不同，然對於文義之理解相同。

僖公二十一年，魯大旱，僖公欲焚巫、尪以止旱，臧文仲諫以「脩城郭，貶食省用，務穡勸分」才是備旱之道。杜《注》「貶食省用，務穡勸分」曰：「穡，儉也。勸分，有無相濟」[33] 林堯叟之《句解》則曰：「減省費用」、「以稼穡為先務，如今貸種借牛之類」、「勸富民分財粟以賑貧民」，[34] 從臧文仲的語意脈絡來看，「貶食省用」是節省開支，「務穡勸分」則應是開拓生活資源，兩者相輔，方是紓困的合理方法，若依杜《注》，「貶食省用」是節省，「務

---

30 〔晉〕杜預集解，〔唐〕孔穎達正義，浦衛忠等整理：《春秋左傳正義》，頁378。
31 〔宋〕林堯叟：《音注全文春秋括例始末左傳句讀直解》，卷9，頁5上。
32 楊伯峻：《春秋左傳注》，頁290。
33 〔晉〕杜預集解，〔唐〕孔穎達正義，浦衛忠等整理：《春秋左傳正義》，頁458。
34 〔宋〕林堯叟：《音注全文春秋括例始末左傳句讀直解》，卷12，頁6上。

稷」也是節省,語意重複;林氏用「以稼穡為先務」解「務穡」,即是輔助農業生產以增加糧食,即可與「省用」相對應。林氏雖然未直接批評杜預解釋有誤,他的句解確實修正了杜注未審之處。

再如昭公二十二年,周景王寵王子朝,欲立為太子,傳文:「王與賓孟說之,欲立之。」杜《注》:「孟即起也,王語賓孟欲立王子朝為太子。」[35],解「說」為「語之」,林堯叟《句解》則謂:「賓孟即賓起,與景王皆喜子朝」,[36]則解「說」為「悅」,從全文敘事脈絡觀察,若依杜《注》,則景王已將欲立王子朝的心意告訴賓孟,那麼賓孟在野外看到雄雞自斷其尾,遽歸告王,微諫景王應寵異王子朝,景王心意默許而不言的發展就顯得不合理,因為「立王子朝為太子」已是景王與賓孟的「共識」,並且已經言明,為何還要有賓孟微諫而景王不言的高深表演?若依林氏《句解》,景王與賓孟雖皆喜王子朝,但是「欲立之」的意願是景王心中之事,並未告訴賓孟,如此則賓孟微諫、景王不言,方為合理。明陸粲《左傳附註》即採用林堯叟之說,[37]楊伯峻《春秋左傳注》亦云:「說,同悅,杜《注》不確。」[38]則林氏之修改較為合理。

林堯叟《句解》為達到便利初學者閱讀的目的,將杜《注》、孔《疏》繁瑣之處簡化疏通,將未注之處補充修正,確實有利于通閱全書。但是林堯叟在其句解中仍存在因仍杜《注》之誤而未加修正,或為求句句有解,而出現過度解釋或誤解之處。

例如桓公八年,楚子伐隨,軍于漢、淮之間。隨國有和戰兩派,季梁主下楚以求和,求和不成成再戰,少師主速戰而決勝,隨侯從少師之言。兩軍隊對陣時,季梁獻戰術曰:「楚人上左,君必左,無與王遇,且攻其右。右無良焉,必敗。」這段文字杜《注》在「君必左」下注曰:「君,楚君也。」,[39]林堯叟《句解》因之:「君必左,楚君必在左。」[40]文中「君必左」和「無與王遇」兩句

---

35 〔晉〕杜預集解,〔唐〕孔穎達正義,浦衛忠等整理:《春秋左傳正義》,頁1638。
36 〔宋〕林堯叟:《音注全文春秋括例始末左傳句讀直解》,卷56,頁6下。
37 〔明〕陸粲:《左傳附註》(臺北:臺灣商務印書館,1986年,影印文淵閣四庫全書本),卷3,頁14下。
38 楊伯峻:《春秋左傳注》,頁1434。
39 〔晉〕杜預集解,〔唐〕孔穎達正義,浦衛忠等整理:《春秋左傳正義》,頁215。
40 〔宋〕林堯叟:《音注全文春秋括例始末左傳句讀直解》,卷4,頁1下。

話是上下連屬,從行文常理言,「君」與「王」應該是指兩個人,不當同指一人。另從文意看,季梁說楚人尊左,在道理上,楚王應居於師之左,如果衡諸戰陣形勢,兩軍對壘,雙方的左右位置如對鏡一般,敵之左為我之右,敵之右為我之左。若要如季梁建議的「無與王遇」、「攻其右」,那麼隨侯所率領的部隊就必須在其布陣中居于左,才能避楚王之鋒,且攻楚師之右翼。如此,則「君必左」之君,應指「隨侯」,不當解為「楚君」。顧炎武《日知錄》即正之:「君謂隨侯,王謂楚王。」,[41]楊伯峻《春秋左傳注》據顧炎武之辨正而申釋:「君謂隨侯。隨侯之左師當楚君之右師。」[42]林堯叟於此未能詳辨文義,至沿襲杜解之誤。

隱公二年傳文:「莒子取于向,向姜不安莒而歸。」杜預於此並未說明向姜為何不安于莒而遽歸父母之國的原因,僅釋曰:「《傳》言失昏姻之義。」這樣的解釋,是對應本年經文「夏,五月,莒人入向。」杜預的解釋重心放在說明為何《春秋》經文要記莒、向如此小國之事?因此他在概略說明向姜所為「失昏姻之義」後說:「凡得失小故,經無異文,而傳備其事,案文則是非足以為戒,他皆倣此。」杜預注重的是建立經傳解釋的模式,「莒人入向」的義理,從向姜所為失昏姻之義即可明見,此為即事見義的解經範例。林堯叟的解釋卻在追究向姜為何不安莒而歸的原因:「不安莒者,琴瑟不和,故不安於莒而歸父母之國。」[43]林氏在並無明證下硬要為向姜歸母國添加「琴瑟不和」的理由,實屬過度解釋,又在他以《左傳》為史籍的立場下,刪去了杜預注中為傳文釋經建立模式的注文,使其解說失去了義理的深度。

莊公十二年,宋南宮長萬弒宋閔公,南宮牛及其黨猛獲攻亳助之,經蕭叔大心、宋諸先公之族及曹師的干預下,叛亂失敗,南宮牛被殺,南宮長萬奔陳,猛獲奔衛。宋人向衛國請求將猛獲移交返宋以治其罪,衛人欲勿與,衛大夫石祈子則認為:「不可。天下之惡,一也。惡於宋而保於我,保之何補?得一夫而失一國,與惡而棄好,非謀也。」這一段文字的文意並不難解,杜預僅

---

41 〔清〕顧炎武撰,黃汝成集釋:《日知錄集釋》(臺北:世界書局,1984年),卷27,頁620。
42 楊伯峻:《春秋左傳注》,頁123。
43 〔宋〕林堯叟:《音注全文春秋括例始末左傳句讀直解》,卷1,頁7上。

於「不可」下注石祈子為衛大夫,於「非謀也」下注「宋、衛本同好國。」[44]這樣已經可以表明:石祈子基於衛國立場,認為不宜保護猛獲。因為猛獲所涉為弒君之罪,其罪惡為天下所共棄,若衛國保之,實無益於國;加以宋、衛本為同好盟邦,若因保一罪人而失去與國,絕非善謀。文中「得一夫而失一國」杜預雖未施注,但根據下文「宋衛本同好國」可知石祈子語中所謂「失一國」,在衛國的立場即是指「失宋國」,但是林堯叟在此句下注:「得一猛獲而失一衛」,[45]將「失一國」解為「失衛國」,很明顯的誤解文義。杜《注》之簡要提點,反較林氏之句解明達。

四、林堯叟《句解》與宋代《春秋》學術

前文討論林堯叟對於杜預注解的繼承與擇取時,曾言及林氏注《左傳》的立場傾向以史籍讀之而略論經義,我們如果再結合上文觀察林堯叟補充、修正杜注的重點也在文義的疏通以及敘事的邏輯性,則其《左傳》句解的史籍性質當更加明顯。作為一部宋代《左傳》當代讀本,其所表現的「時代性」,除了如顧永新所論,將林堯叟《句解》置於宋、元以後因童蒙學習儒家經典以參加科舉之需求,出現許多通俗而文意淺近的「句解」型態經書注解的環境中,[46]我們也嘗試觀察他與宋代《春秋》學術風氣的關係。

林堯叟在其書在根據杜預《集解》的情形我們在上文已有所呈現,其中不論對於杜《注》、孔《疏》的依循、補充或修正,所表現可視為對於舊注的整合與總結。至於在取捨舊注方面,他著重歷史敘事與文意的暢達,刻意捨去舊注的經學義理,視《左傳》為史籍,則與宋代發展出來的「《左傳》傳事不傳義」觀念相契。《春秋》學術發展至唐代啖助、趙匡、陸淳,興起「舍傳求

---

44 〔晉〕杜預集解,〔唐〕孔穎達正義,浦衛忠等整理:《春秋左傳正義》,頁283。
45 〔宋〕林堯叟:《音注全文春秋括例始末左傳句讀直解》,卷6,頁2下。
46 參考顧永新意見。見顧永新:《經學文獻的衍生與通俗化》(北京:北京大學出版社,2014年)頁413。

經」的研究風氣，其影響一直及於宋元明三代。[47]其實從啖、趙、陸開始，乃至於其後主張「舍傳求經」的學者，對三傳的態度並非一味排斥不用，而是綜合其長、捨去其短。《四庫全書總目・經部春秋類序》曾說：「啖助、趙匡以逮北宋，則《公羊》、《穀梁》勝。孫復、劉敞之流，名為棄傳從經，所棄者特《左氏》事跡、《公羊》、《穀梁》月日例耳。」[48]四庫館臣對於從啖趙以及於北宋的《春秋》學術觀察，認為學者多取《公》、《穀》「推闡譏貶」之義，而「棄《左傳》之事跡」。《公》、《穀》所釋《春秋》經義，彰微闡幽，本即《春秋》學術之基礎，用之本無疑義，但是如果要「棄」《左傳》之事跡，則《春秋》僅以一萬八千餘字記二百四十二年之事，讀者欲據此簡約文字闡述其大義，如何可能？我們仔細檢閱這種解經風氣的開始--啖趙學派的著作，發現四庫館臣所謂的「棄《左傳》事跡」，應是指：「習《左氏》者，皆疑經存傳，談其事跡，翫其文彩，如覽史籍，不復知有《春秋》微旨。」[49]也就是說，啖趙等認為《左傳》之於《春秋》，或有傳而無經，或有經而無傳，致使習《左傳》者往往信傳而疑經，只習其史事文辭而不能得《春秋》微旨，如此則讀《左傳》如讀「史籍」。啖趙等人這個看法所表現的「棄」，乃在於「不取《左傳》以事釋經」，即否定《左傳》這種以文、史為主的典籍可以闡述《春秋》微旨。由此發展，至北宋之劉敞便有「《左氏》不傳《春秋》」之說。[50]劉氏又以《左傳》只有史籍觀興衰成敗的功能，而無《春秋》褒貶之義，所以「左氏為不傳《春秋》」，《左傳》在性質上為歷史文獻，所以研讀其書，僅可以藉此得知歷史中人物事件的成敗興衰，至於《春秋》經文中所含藏的深意，則非《左傳》所能夠闡釋表述，學者可以不必於其中探研尋求。

---

47 參張穩蘋：《啖、趙、陸三家之春秋學研究》（臺北：東吳大學中國文學研究所碩士論文，1999年），第六章〈啖助學說對宋代春秋學之影響〉、第七章〈啖助學派在元代以後的發展〉，頁151-196。

48 〔清〕紀昀等撰：《欽定四庫全書總目》（北京：中華書局整理本，1997年），頁328。

49 〔唐〕陸淳纂：〈啖氏集傳集注義〉，在《春秋集傳纂例》（上海：商務印書館，1936年，《叢書集成初編》排印本），卷1，頁5。

50 劉敞云：「前漢諸儒不肯為《左氏》學者，為其是非謬於聖人也。故曰《左氏》不傳《春秋》。此無疑矣。」見〔宋〕劉敞：《春秋權衡》（臺北：大通書局，1970年，影印通志堂經解本），卷1，頁1上。

這種「《左氏》不傳《春秋》」的意見在北宋末年持續進行，如葉夢得《春秋傳・序》中也有「《左氏》傳事不傳義」之說，[51]很直接的認定孔子《春秋》固然是以史為本，但其中有所取義，所以是經而不是史；《左傳》雖詳於史事，但因為其不知《春秋》之義，所以「未必實」，即在義理及價值判斷上未必正確。這種觀念就影響其弟子章沖對《左傳》進行紀事本末體的史籍化改編。[52]這種以《左傳》為史的觀念，在《春秋》經學詮釋上，《左傳》所擔任的是提供史事的角色，並非價值的提供者或判斷者。此外，林堯叟於其書之「綱目」中曾提示他注解《左傳》的依據杜預古注外，也「採取止齋陳先生議論而附益之。」他我們從林氏所宣稱書中引述「止齋陳先生議論」的現象，也可以觀察到林堯叟《句解》刻意傾向於史的態度。

陳傅良（1137-1203），字君舉，號止齋，南宋高宗至寧宗之間在世。其《春秋》學著作有《左氏章指》、《春秋後傳》，其中《章指》已佚，惟《後傳》傳世。[53]陳傅良《春秋後傳》是一部釋經之作，其中僅列經文，兼採三傳加以解釋，但不具體引述傳文。他認為《左傳》所載是魯史舊文，而孔子《春秋》即本於魯史而作，故《左傳》所載史事與《春秋》有緊密的關係，可以「著其不書以見《春秋》之所書」。[54]陳傅良在《春秋後傳》解釋經文義理時，使用《左傳》史事，連屬前後，鉤稽其變化契機與脈絡。例如桓公十四年經文；「宋人以齊人、蔡人、衛人、陳人伐鄭」，陳傅良的解釋為：

> 伐未有言「以」者，則其言「以」何？用諸侯之師於是始也。東遷之後，諸侯雖會伐非一國之志也，非一國之志也，則會者序爵而已矣。據隱四年

---

51 葉夢得；「孟子不云乎：『其事則齊桓、晉文，其文則史』，而子之自言則曰：『其義則丘竊取之矣』夫《春秋》者史也，所以作《春秋》者經也。故可與通天下曰事，不可與通天下曰義。《左氏》傳事不傳義，是以詳於史而未必實，以不知經故也。」見〔宋〕葉夢得：〈春秋傳序〉，《春秋傳》（臺北：臺灣商務印書館，1986年，影印文淵閣四庫全書本），卷首，頁2下。
52 李建軍：《宋代春秋學與宋型文化》（北京：中國社會科學出版社，2008年），頁366-367。
53 參康凱淋：〈陳傅良春秋後傳的解經方法〉，《臺大中文學報》第89期（2018年5月），頁42。
54 〔宋〕樓鑰：〈春秋後傳左氏章指序〉，在〔宋〕陳傅良：《春秋後傳》（揚州：廣陵書社，2007年，影印通志堂經解本），第9冊，頁244。

伐鄭、十年伐戴,桓十五年、十六年伐鄭,十七年伐衛,皆先宋。雖主兵也,而小國序大國之上。據隱五年邾鄭伐宋、莊五年齊宋伐衛。亦非一國之志也。以一國而用諸侯之師於是始。上無天子,下無方伯,有以一國而用諸侯之師者矣。書「以」,此伯之所由興也。伯者之令行於天下,自是無書「以」者。書「以」者,必中國用夷狄者也。據僖二十六年公以楚師、定四年蔡侯以吳子。[55]

陳傅良認為周室東遷之初、春秋之始,諸侯若有會伐之事,均是透過會盟形成共同意見而為,所以諸侯之會皆僅序與會國家之爵。他舉隱公四年「宋公陳侯蔡人衛人伐鄭」、隱公十年「宋人、蔡人、衛人伐戴」等事為例,又,即使有主兵者,而出現小國序於大國之上,亦非一國之志,《春秋》於此時未曾書「某國以」者。他認為《春秋》書「某國以」表示此一征伐是某國依據其意志率領諸侯之兵進行戰事,從國際秩序而言,這是主兵之國遂行私志的表現,呈現了此時「上無天子,下無方伯」,各以私欲興兵,彼此結黨攻伐的失序狀態,也因此促成未來的伯業之興,以回歸尊天子、和中國的秩序。所以在中國出現可以統合諸侯的伯主之後,《春秋》即不再用「某國以諸侯之師」的書法,以示中國有主持者。陳傅良這一段解經語中認定《春秋》以宋人與齊、蔡、衛、陳合兵伐鄭,是宋國主導的軍事行為,其中可能根據《左傳》桓公十二年、十四年所載魯桓公於宋、鄭之間進行「穿梭外交」,欲調停因宋執祭仲,強送公子突回國即位並責求重賂造成的問題,結果調停失敗,鄭、魯伐宋,而十四年宋率諸侯伐鄭以報之的事件脈絡,再連屬比對其他史事而得經文書法的意義。這樣融合史事以解經,在書法的判定與解釋上具有事實依據,更具有效性。林堯叟《句解》於此年經文下取陳傅良《後傳》文字為注:「以一國而用諸侯之師於是始,此伯者之所由興也。」[56]林堯叟此注,節取了陳傅良長文中的兩句話,既沒有說明「一國而用諸侯之師於是始」的意義,也就更無法解釋「一國用諸侯之師」與伯者之興的關係。林堯叟只取陳傅良對於歷史關鍵節點的提示,卻不解釋這些節點的經學意義,林堯叟雖然取用陳傅良之經解,但是其用意卻與陳氏不同。

---

55 〔宋〕陳傅良:《春秋後傳》,頁250。
56 〔宋〕林堯叟:《音注全文春秋括例始末左傳句讀直解》,卷4,頁6下-7上。

我們可再舉一例。莊公十年經文:「夏六月,齊師宋師次於郎。」林堯叟解曰:「其言次何?以桓公始霸而未集也,是故書次郎,以見齊伯之難。書次厥貉以見楚伯之難,書次于鄬以見復伯之難。」我們再看看陳傅良《後傳》中對於這段經文的解釋以為對照:

> 其言次何?以桓公之圖伯而未集也。外師未有書次者,<small>據僖二十五年晉次陽樊、宣十五年秦次輔氏之類。</small>桓公所甚汲汲者,魯也。苟不得魯,不可以合諸侯。宿師於郎,將以詘魯爾。而北杏之會不至、鄄會不至,則猶未得志於魯也。於是書次,用見桓之未得志於諸侯也。是故書「齊師宋師次于郎」,以志齊伯之難;書楚子蔡侯次於厥貉,以志楚伯之難。於此焉可以知人心矣。不苟於從齊,是人心猶有周也。不苟於從楚,是人心猶有晉也。有王者作,天下歸往之矣。齊一變至於魯,魯一變至於道,孔子所以有志於魯也。[57]

陳傅良認為《春秋》經文於外國的軍事行動不書「次」來表示其行止狀態,而於此書「次」,其用意在表現齊桓公欲以軍事行動壓迫魯國,使魯服事而完成霸業,但是魯國接連擊敗宋師,又于長勺之戰勝齊,並未屈服,陳傅良解讀《春秋》於此書「次」的用意在表示齊桓公求霸受阻,且霸業未易成之意。陳氏並舉文公十年經書「楚子蔡侯次于厥貉」以為同為楚國求霸而未就之例。在陳傅良的解釋中,很完整的表達了他基於史事而對於經文書法的意見,而林堯叟之解則省去了林氏完整論述,又添加了「書次于鄬以見復伯之難」一事,而此事實在襄公元年,陳傅良認為此事是表現晉悼公欲恢復晉國原有霸業之不易。[58] 事實上,陳傅良在莊公十年經文的解說中所著重的齊國求霸不易的意義,與林堯叟添加的晉悼復霸未必相同,林堯叟在注解中將這些事拼接在一起,或許可以起到一些標識史事的作用,但是因為沒有如陳傅良在《後傳》中

---

57 〔宋〕陳傅良:《春秋後傳》,頁253。
58 陳傅良曰:「言次何?從晉而未決也。悼承厲公之烈,盟虛打,遂合諸侯。討宋魚石、爭彭城于楚,天下知鄉方矣,而五國之大夫猶未以其眾會韓厥之師,是有待也,亦以見再伯之難也」見〔宋〕陳傅良:《春秋後傳》,頁272。

完整的義理脈絡，使得這樣的「標識」可能可以成為知識，卻無法提供更深刻的意義。

根據以上的觀察，林堯叟《句解》在取用陳傅良議論時，即使陳氏主張以《左傳》釋經，但林堯叟並未順從其「以史解經」的詮釋方向，而僅取陳氏對史事的綜理，以及歷史關鍵節點的判斷，如此則使其著作仍是「注史」而非「注經」。這樣的《左傳》解說可以作為讀《春秋》之輔助，卻不主導《春秋》義理，它或許也可視為宋代《春秋》學術發展中「《左氏》傳事不傳義」主張的一種型態？

五、結語

以上通過分析林堯叟《春秋經左氏傳句解》對杜《注》之依循與取捨、補充與修正的情形，以及林氏著作與宋代《春秋》學術關係的推論，筆者認為林堯叟《句解》乃站在以《左傳》為史籍，以及顧及初學者學習需求的立場，有意將杜《注》、孔《疏》原本的經學義理加以簡化或捨去，以歷史敘事之流暢、文義之通達為目標，進行《左傳》全文的解釋。其中於杜《注》、孔《疏》經學內涵的減省，又可能與宋代《春秋》學術中「《左傳》傳事不傳義」的思想有關，我們通過檢視林氏對於陳傅良釋經之作的節取與引用現象，可作為上述推論的側面觀察。

林堯叟此書在宋、元之後流行廣遠，其中關於杜注的修正補充，常見明清學者引用，其所釋《左傳》地名也常見於明清方志，則林氏此書對於明清《左傳》知識的構成影響如何？而其書中常節引陳傅良《後傳》對於歷史發展關鍵節點的標識，作為一部科舉用書，這樣的標識在應對科舉考試上的價值如何？我們在閱讀整理過程中，也發現林氏將「理」與「天理」觀念引入解釋之中，是否可以藉此推考其思想學派之歸屬？林堯叟之書，既非廟堂提倡之作，也非名家大儒之筆，但是作為一部入門讀本，它長期在民間流行，其中所反映的學術風尚，以及在廣大讀者間《左傳》基礎知識的建構，可作為學術史的另一個觀察的視角，值得繼續深入探究。

徵引書目

朱秋虹：〈林堯叟《左傳句讀直解》版本考論〉，《古典文獻研究》第二十六輯上，2023年，頁64-85。

_____：〈林堯叟《左傳句讀直解》域外影響探析〉，《歷史文獻研究》，2023年第1期，頁111-128。

朱　熹：《四書章句集注》，臺北：大安出版社，1994年。

李建軍：《宋代春秋學與宋型文化》，北京：中國社會科學出版社，2008年。

杜預集解，孔穎達正義，浦衛忠等整理：《春秋左傳正義》，北京：北京出版社，2000年。

林堯叟：《音注全文春秋括例始末左傳句讀直解》，北京：北京圖書館出版社，2006年，《中華再造善本》據中國國家圖書館藏元刻明修本影印本。

紀昀等撰，四庫全書研究所整理：《欽定四庫全書總目》，北京：中華書局整理本，1997年。

康凱淋：〈陳傅良春秋後傳的解經方法〉，《臺大中文學報》第89期，2018年5月，頁42。

張穩蘋：《啖、趙、陸三家之春秋學研究》，臺北：東吳大學中國文學研究所碩士論文，1999年。

陳傅良：《春秋後傳》，揚州：廣陵書社，2007年，通志堂經解影印本。

陸淳纂：《春秋集傳纂例》，上海：商務印書館，1936年，《叢書集成初編》排印本。

陸　粲：《左傳附註》，臺北：臺灣商務印書館，1986年，影印《文淵閣四庫全書》本。

楊伯峻：《春秋左傳注》，北京：中華書局，2013年。

葉夢得：《春秋傳》，臺北：臺灣商務印書館，1986年，影印文淵閣四庫全書本。

劉　敞：《春秋權衡》，臺北：大通書局，1970年，影印通志堂經解本。

顧永新：〈林堯叟《春秋左傳句解》傳刻考論〉，《中國經學》第八輯，2011年6月，頁151-174。

_____：《經學文獻的衍生與通俗化》，北京：北京大學出版社，2014年。

顧炎武撰，黃汝成集釋：《日知錄集釋》，臺北：世界書局，1984年。

論杜諤《春秋會義》特質及其對《左傳》的去取

劉德明

國立中央大學中國文學系教授

摘要

　　杜諤是北宋四川的儒者，其著有《春秋會義》一書。本書是一部以薈萃眾多經說、並綜合自己見解的《春秋》學著作。現今對於北宋四川《春秋》學的研究，主要是集中在蘇轍與崔子方兩人，對於杜諤的《春秋》學內容較少人注意，本文則是對此進行初步的研究。杜諤在《春秋會義》中除了收集自漢至宋三十餘家的說《春秋》的資料，用以呈現對《春秋》經義的闡釋外，更在此基礎上加以他個人評註。杜諤《春秋》學可上溯啖助、趙匡等人，又有其個人的特色。如其特別強調《春秋》經義與儒家經典，如強調對《論語》、《周官》、〈王制〉等的融通。又重視書例的運用，尤其是對首次出現的事件進行更多義理上的闡發。在《春秋會義》中，杜諤對於《左傳》的態度相對多元。他並不完全拒斥《左傳》，在很多情況下會引述或採用其記載的史實來補充和說明《春秋》經文。但他也對《左傳》的解經方式提出了一些批評，尤其是他認為《左傳》過於著重事件的記錄，而忽略了對經義的闡釋。他尤其重視《春秋》記錄下的禮制違背，並主張《春秋》所載的事件都可以通過「禮」的標準來衡量。因此，他的詮釋往往是從禮制的角度出發，用以說解《春秋》中的褒貶，

---

* 臺北：臺北市立大學出版中心，2024年12月，頁139-165。

本文原題為「論杜諤《春秋會義》對《左傳》的去取」，現改為本題更切合全文內容。感謝會議評論人張曉生教授與兩位匿名審查人給予的寶貴意見，使本文得以修改的較為完整。此外，本文為執行國科會計畫「北宋四川《春秋》學比較研究——以蘇轍、王當與崔子方為核心」（NSTC 113-2410-H-008 -047 -MY2）之部分成果。

也因此特別重視君臣的分際。

關鍵詞：宋代春秋學、四川、杜諤、左傳

一、前言

　　當前學界對宋代《春秋》學的研究已取得豐碩成果，然而北宋四川《春秋》學這一學術發展脈絡尚未受到充分關注。事實上，在北宋時期，四川一地的《春秋》學是十分興盛的，舉其要者，如龍昌期（？-？，北宋陵州，今四川省眉山市仁壽縣）人，著有《春秋正論》及《春秋復道論》。[1]《宋史》說他「其說詭誕穿鑿，至詆斥周公」，雖然我們現在不知龍昌期之說的實際內容，但戴維說：「歐陽修、劉敞都指斥其說經詭異害道，……政府對龍昌期進行了處罰。劉敞本是開慶曆新學風者，而龍昌期說經，受到本不守先儒成說的劉敞的指斥，可見龍昌期經學之怪並已達到什麼程度。」[2]可惜龍昌期兩本《春秋》著作都已佚失，現已無法更仔細了解其內容。此外還有黎錞（1015-1093，渠江縣，今四川省廣安區花橋鎮）人，撰有《黎氏春秋經解》十二卷。依晁公武（1101-118）所言：「皇朝黎錞希聲撰。錞，蜀人，歐陽公之客。名其書為「經解」者，言以經解經也。其後又為統論附焉。」但《黎氏春秋經解》此書，現也已不存。除以上兩書外，另有楊繪（1027-1088，四川綿竹）人，撰有《春秋辨要》。楊繪「專治經術，工古文，尤長於《易》、《春秋》」，[3]又與蘇軾（1037-1101）多所交遊，彼此有詩文往來。[4]楊繪著有《春秋辨要》一書：「嘉祐三年，楊繪獻《書意》、《詩旨》、《春秋辨要》十卷，開十二月，命為集賢校理。」[5]但此書現也已不存。目前對於北宋四川《春秋》學研究最

1　北宋巴蜀地區的《春秋》學相關註解表列可參看汪璐：〈宋代巴蜀經學文獻概覽〉之「表5宋代巴蜀春秋類著述」，收入蔡東洲、金生揚主編：《區域文化研究（第二、三輯）》（北京：社會科學文獻出版社，2017年），頁353-354。

2　戴維：《《春秋》學史》（長沙：湖南教育出版社，2004年），頁344。又本書中兩次將「龍昌期」誤植為「賈昌期」，本文引文直接改正。

3　鄒重華：〈士人學術交遊圈：一個學術史研究的另類視角（以宋代四川為例）〉，《中國文化研究所學報》新第9期（2000年），頁111。

4　關於楊繪與蘇軾的交遊參見：程美珍：〈蘇軾與楊繪交遊考〉，《有鳳初鳴年刊》第2期（2005年7月），頁325-340。

5　楊果霖：《《經義考》著錄「春秋類」典籍校訂與補正》（臺北：臺灣學生書局，2013年），頁755。

多的應為蘇轍（1039-1102）與崔子方（？-？）。但在北宋《春秋》學家中，另有約略與蘇轍同代的杜諤，著有《春秋會義》一書，對於《春秋》學用功頗深。但因種種因素，杜諤的《春秋》學的方法及主張，一直未受到注意，學界至今尚無相關成果。故本文將對杜諤之《春秋集義》進行初步之研究，盼能填補既有研究的空白，更作為探討北宋四川《春秋》學，提供一個起點。

杜諤，字獻可，北宋眉州（今四川眉山）人，生卒年不詳。晁公武的《郡齋讀書志》說他是「皇祐間進士」，而李心傳（1167-1243）的《建炎以來繫年要錄》則說他「元祐中舉進士」，兩者記載不一。所以《全宋文》大約為了彌合二者的不同，因而大略說杜諤是在「仁宗、哲宗間」。[6] 杜諤著有《春秋會義》一書，此書在晁公武的《郡齋讀書志》中說其集「三十餘家成一書，其後仍斷以己意。雖其說不皆得聖人之旨，然使後人博觀古今異同之說，則於聖人之旨，或有得焉。」[7] 陳振孫的《直齋書錄解題》則說：「自三傳及啖、趙諸儒，迄於孫氏《經社》，凡三十餘家，集而繫之，時述以己意。」[8] 晁、陳兩人都指出《春秋會義》一書在體例上的特色，即是薈集了自漢三傳以下，至於宋朝的孫覺（1028-1090）三十多家說《春秋》者的相關看法，而後再加上自己的按語，用以詮說《春秋》經義。杜諤的《春秋會義》一書，雖在宋、元之間有所流傳，但到了清代朱彝尊（1629-1709）的《經義考》時，卻只記《宋志》言此書為二十六卷，並著明為「佚」。[9] 所幸此書雖在明時亡佚，但後經四庫館臣透過《永樂大典》重新抄出會整後，又以使世人得以復見本書。

依清人孫葆田（1840-1909）的說法：「乾隆中詔修《四庫全書》，館臣使始《永樂大典》輯出，書已成而總目失收。……後見人所輯《春秋規過》、《春秋摘微》序言，乃知是書成於楊君昌霖手。」也就是說，現《春秋會義》是由

---

6 關於杜諤的籍貫及為何時之「進士」，詳請參見黃覺弘：〈《永樂大典》殘卷所見杜諤《春秋會義》原文校說〉，《東北師大學報（哲學社會科學版）》，2023年第1期（總第321期），頁65-66。
7 〔宋〕晁公武撰，孫猛校證：《郡齋讀書志校證》（上海：上海古籍出版社，1990年），卷3，頁124。
8 〔宋〕陳振孫：《直齋書錄解題》（上海：上海古籍出版社，1987年），卷3，頁60。
9 〔清〕朱彝尊撰，林慶彰、蔣秋華、楊晉龍、馮曉庭主編：《經義考新校》（上海：上海古籍出版社，2010年），卷180，頁3309。

四庫館纂修兼分校官楊昌霖所重新輯出的，本來預計要收入《四庫全書》之中，但不知為何，最後《四庫全書》中並沒有收錄此書。後由分別由孔繼涵（1739-1784）等人存錄之副本傳出，再經不同管道抄寫與傳刻，演變為目前的十二卷、二十六卷及四十卷三個《春秋會義》的版本系統。[10]或許是也因為《四庫全書》失收《春秋會義》，所以杜諤的《春秋會義》一書在目前學界的名聲不顯，是以不論在《春秋》學史或對於宋代《春秋》學的相關研究中，極少提及此書，更不用說對於此書的思想內容進行專門的研究。就筆者所見，目前僅有黃覺弘的〈《永樂大典》殘卷所見杜諤《春秋會義》原文校說〉及〈孔繼涵《杜諤〈春秋會義〉所引書目》辨正〉兩篇論文專門討論《春秋會義》一書。兩文的論述內容分別為：一、以現今《永樂大典》的殘卷與三個不同卷數版本的《春秋會義》相校，希望整理出更為理想的《春秋會義》版本。二、則是針對《春秋會義》中所引述的書目數量究竟是三十餘家，抑或是五十餘家或八十餘家，作一判定。又指出孔繼涵〈杜諤〈春秋會義〉所引書目〉中存有的失序、遺漏與誤增等訛謬現象，並進一步給予更正。這兩篇文章雖沒有論及杜諤《春秋》學的內容主張，其主要貢獻在於對《春秋會義》一書的成書及文獻方面的考訂，用力頗深成果細密，給學界要研究杜諤《春秋》學奠定了良好的文獻基礎。

除了以上黃覺弘兩篇論文外，另有姜龍翔與蔡根祥合著的〈唐陳岳《春秋折衷論》輯佚及其思想義旨析探〉（以下簡稱〈義旨析探〉）一文也與《春秋會義》關係較為密切。如前文所述，《春秋會義》一書中廣錄三十餘家前人經說，所以〈義旨析探〉一文利用《春秋會義》中收錄許多陳岳《春秋折衷論》的內容，對於現已失傳的陳岳《春秋折衷論》加以輯佚，並探討晚唐新《春

---

[10] 依楊果霖的考察，《春秋會義》現有五個版本，分別為碧琳琅館叢書本、丁丙善本書室藏本的鈔本、榮城孫氏山淵閣刊本、芋園叢書本及清抄本。而黃覺弘則依不同卷數，整理出《春秋會義》的版本源流圖，其中「孔本十二卷系楊昌霖初輯本的彔副本，基本與《永樂大典》原文保持一致……孫葆田據四十卷的四庫寫定本重釐定」。孫葆田的二十六卷本應是最晚整理而成，故本文所引暫以此本為主。關於現行《春秋會義》一書的重現與版本問題，參見：孫葆田：〈新校春秋會義目錄序〉，收於光緒壬辰古不夜城孫氏山淵閣校勘本之《春秋會義》中、楊果霖：〈《經義考》著錄「春秋類」典籍校訂與補正〉，頁780-782、黃覺弘：〈《永樂大典》殘卷所見杜諤《春秋會義》原文校說〉，頁66-68、71。

秋》學的內容。但也因〈義旨析探〉一文其本旨在討論陳岳之說，故在本文中，《春秋會義》僅具有保存資料文獻的價值，並沒有對於杜諤之《春秋》學內容有較全面的論述。

綜觀以上三文，可以發現學界對《春秋會義》的關注主要集中在文獻版本方面，而對杜諤《春秋》學的內容卻鮮有深入探討。然而，杜諤在《春秋會義》一書上投入的時間和精力應十分可觀。《春秋會義》中收錄了任貫（？-？）所撰的〈原序〉和杜諤的兩篇〈自序〉。任貫的〈原序〉寫於宋仁宗嘉祐七年（1062），而杜諤的第二篇〈自序〉則完成於宋哲宗元佑二年（1087）。這表明《春秋會義》從初刊到最終改定重刊，歷時長達二十五年之久。由如此漫長的修訂過程中，可見杜諤對這部著作的重視與反覆思考。杜諤在定稿的〈自序〉中言：

> 《春秋》之法，撥亂世反之正，二百四十二年之奧旨微義，必有以追治於人而著其所懲勸矣。且錄其善者，豈全與之乎？將裁之以道；目其惡者，豈全棄之乎？欲正之以義。故曰：《春秋》無褒，疑若有褒；《春秋》無諱，疑若有諱。此聖人之託文詳略不同，而輕重之義所在也。三傳之學，相傳至漢胡母子都著之竹帛，而董仲舒治之為博士，則《公羊》之論興；榮廣授之蔡千秋，而宣帝擢千秋為郎，則《穀梁》之說起。學《左氏》者，西京有張蒼、尹咸、劉歆之好尚，東都有鄭眾、賈逵、服虔之習嚮。然各專門黨義務售其師說，是非互有所私，以致注釋之流皆專守其傳。杜元凱拘以赴告，何休涉以讖緯，范甯又博集諸說以為之解。噫！先儒所以歧意而矛盾者亦且多矣。唐之啖、趙、陸淳統論其異同，則《纂例》、《辨疑》、《微旨》存焉。宋朝名儒演索微隱，凡十數家。曩嘗編集而會聚之，然論斷有所未暢，義例有所未詳，今復改脩而刊正之，以待學者所悉慮而研究焉。[11]

---

[11] 〔宋〕杜諤：《春秋會義・自序二》（光緒壬辰古不夜城孫氏山淵閣校勘本，約1892年），頁2。

在這段修訂過後的〈自序〉中，杜諤提出了對於《春秋》的基本看法以及在《春秋會義》中收錄前賢之說的態度。杜諤認為：一、《春秋》所錄之事，雖看似有善有惡，但是在評價上卻不是全襃全貶，其間各有巧妙的詳略、輕重裁量。也因此需要好的解經者將之表詮而出。二、三傳在源流上雖各有所承，之後也各有傳授之儒，但是時間日久，則演變成只擁護師說。加上三傳各有缺點，但儒者只論師門而不論是非，以致於分歧日多且無法調合。三、歷來解《春秋》之意者繁多，杜諤認為唐朝的啖助（724-770）、趙匡（？-？）及陸淳（？-805）的作法十分可取，因其能打破各家藩籬「論其異同」，用皮錫瑞（1850-1908）的話來說即是：「雜采三《傳》，以意取取，合為一書，變專門為通學，是《春秋》經學一大變。宋儒治《春秋》者皆此一派。」[12]也就是不專依三傳中的任何一傳，而是綜採三傳可取之處，再加上自己的獨特看法，用以詮說經義。宋代《春秋》學家繼之而起，亦志在探得經義。四、杜諤自言本書之所以用「會義」為名，是自覺的承續了唐代啖助、趙匡的「新《春秋》學派」精神，不專守一家，而是會聚眾說而後再加以裁斷。其中最值得注意的是，杜諤自認此書是對前人「論斷有所未暢，義例有所未詳，今復改脩而刊正之」，也就是其主要在意的是「論斷」與「義例」兩者，也就是說他詮解《春秋》，在方法上重視「義例」，至於「論斷」則是他對於《春秋》大義的闡發。故而下節主要就介紹與說明《春秋會義》的這幾個特質。

二、《春秋會義》的幾個基本特色

關於杜諤《春秋會義》一書的基本特質，大致可以由以下三個方向論述：一是本書的形式，二則是關於其對於孔子（前551-前479）著《春秋》的看法，三則是其解經的方法與基本立場。

---

12 皮錫瑞：《經學通論・論啖、趙、陸不守家法，未嘗無扶微學之功，宋儒治《春秋》者皆此一派》，收入吳仰湘編：《皮錫瑞全集》（北京：中華書局，2015年），第6冊，頁575。

（一）《春秋會義》的論述形式

本書在形式上有兩個特點：一是除了對少數幾條《春秋》經文，杜諤是直接加上按語在經文後，並沒有引述前人之說。此外，絕大部分都是在經文後，先摘引列舉前人各家說法，而後再以「諤曰」發論，對經文加以說解。而且從內容而言，在「諤曰」中的論述中，又有評述前賢的看法。也因本書以「會義」為名，故在書中引述了許多在杜諤之前的《春秋》名家的說法，晁公武在《郡齋讀書志》中曾統計並詳列《春秋會義》的引用書目：

> 皇祐間進士杜諤集《釋例》、《繁露》、《規過》、《膏肓》、《先儒同異篇》、《指掌碎玉》、《折衷》、《指掌議》、《纂例》、《辨疑》、《微旨》、《摘微》、《通例》、《胡氏論》、《箋義》、《總論》、《尊王發微》、《本旨》、《辨要》、《旨要》、《集議》、《索隱》、《新義》、《經社》三十餘家成一書，其後仍斷以己意。雖其說不皆得聖人之旨，然使後人博觀古今異同之說，則於聖人之旨或有得焉。[13]

而後清代孔繼涵（1739-1784）的〈杜諤〈春秋會義〉所引書目〉一文中，所列出的書目更多。[14]但我們必須注意，這僅是就引用數量上的統計。若進一步以其引用內容做初步分析，則有三個應值得注意的點：一是如黃覺弘所述，此書「所引北宋書目則具有一定蜀地傾向性，如何涉、李堯俞、楊繪、宋堂等皆為蜀人，這與杜諤自己身為眉州人是分不開的。」[15]所以杜諤此書可視為北宋前期四川《春秋》學的彙整。二是本書對於啖助、趙匡之說的重視與遵從，這也與杜諤在前後兩篇〈自序〉中分別提到「唐之世，啖、趙、陸淳尤精」、「唐

---

13 〔宋〕晁公武撰，孫猛校證：《郡齋讀書志校證》，卷3，頁124。
14 黃覺弘認為孔繼涵此文中所列書目有「失序、遺漏、誤增與訛謬」四大問題，以致於書目數量較晁氏等人為多，經過黃氏的辨正，「可知《春秋會義》所引書目以晁公武、陳振孫、王應麟所言『三十餘家』為是。」見黃覺弘：〈孔繼涵《杜諤〈春秋會義〉所引書目》辨正〉，《歷史文獻研究》總第46輯，2021年第1期，頁123-126、131。
15 黃覺弘：〈孔繼涵《杜諤〈春秋會義〉所引書目》辨正〉，頁131。

之啖、趙、陸淳統論其異同」相呼應。三則是雖然在《春秋會義》經文後的引述眾說中，少有看到對《左傳》等三傳原文的引述，但這不代表杜諤就不重視三傳。若細看「諤曰」的論述內容，其內容許多都是對三傳舊說的重新衡定。所以不可因《春秋會義》在表面上對三傳原文的引述不多，即直接誤斷其為棄三傳於不顧。

《春秋會義》在形式上的第二個特點則是在「諤曰」發論之中。雖然本書是詮解《春秋》經文之義為主，但是杜諤在說明或解釋《春秋》之義時，常先用其他儒家經典的意義作為導引，並由此說明《春秋》經文之義。比如在解隱公「元年，春，王正月」時即言：

> 諤曰：〈易象〉曰：「大哉乾元，萬物資始。」又曰：「至哉坤元，萬物資生。」是則天地之大，資元以為妙本也，《春秋》變一寫元者，仲舒所謂視大始而欲正本矣。[16]

即引《周易‧象傳》之語來解釋為何《春秋》不書「一年」而書「元年」。當然我們可以說，這並是不杜諤的專有解法，因為從其引文中即可見早在董仲舒即是這樣解釋了。但在《春秋會義》中，先引儒家典籍之語而後才解經文之義，則成了杜諤解經時常用的慣例。若說解隱公「元年」引〈易象〉之語，是正面的以《周易》的義理來說《春秋》。另外一種則是引述來用以批評前儒之說《春秋》，沒有與核心的儒家經典內容密切結合與相互呼應。如在解隱公元年第二條經文：「三月，公及邾儀父盟于蔑」時，其一開始即言：「《周禮》司盟之職，凡邦國有疑，則掌其盟載之約。」而後說批評「三傳諸儒以為襃之美之，斯未盡聖人之本意也。」最後才說經文之意在於「譏禮樂自諸侯出」。[17]雖然杜諤在此並沒有完整引用《周禮‧司盟》：「掌盟載之灋。凡邦國有疑會同，則掌其盟約之載及其禮儀，北面詔明神。」的原文，[18]但其批評三傳的理

---

16 〔宋〕杜諤：《春秋會義》，卷1，頁10。
17 〔宋〕杜諤：《春秋會義》，卷1，頁13。
18 〔漢〕鄭玄注，〔唐〕賈公彥疏：《周禮注疏》（北京：北京大學出版社，2000年），卷36，頁1114-1115。

由與對經義的發揮,無疑都是基於《周禮》的意思而生。又如其在解隱公元年「無駭帥師入極」時說:

> 《論語》云:「禮樂征伐自諸侯出,十世希不失矣;自大夫出,五世希不失矣。」……無駭,大夫也,為專伐之始,而未當乎希不失之世。故《春秋》所以去氏者,其以大夫專伐貶之乎。三傳及諸儒解之,未原乎《論語》之說爾。[19]

杜諤認為三傳在解這則經文時,多只將焦點放在經文不書無駭的氏「展」,認為這是「疾始滅」或「滅同姓」。但杜諤認為這則應與《論語》中的「禮樂征伐自諸侯出,十世希不失矣。」一語相呼應,同時亦在表示「當隱、桓之際,征伐雖或大夫尸之,然亦專之尚鮮」,經文在此同時含著論述春秋不同時期變化的趨勢。在《春秋會義》中,屢見杜諤這種先引他經內容,而後形式的論述。就以隱公元年為例,共七條經文中,杜諤對其中六條經文的說解形式都是如此。[20]

(二)杜諤對於孔子著《春秋》的看法

在《春秋會義》中,除了引述他經用以解釋一條條經文之義外,杜諤同時也常引用他經,用以說明孔子之所以要著《春秋》三個考量:一、說明孔子為何要作《春秋》,如前文所提杜諤引孔子言:「我觀周道,幽、厲傷之。」與「如有用我者,吾其為東周乎?」兩語,主要是在說明「《春秋》既為憫周而

---

[19] 〔宋〕杜諤:《春秋會義》,卷1,頁24。
[20] 「夏,五月,鄭伯克段于鄢」引「《周禮》大司馬之職,以九伐之法正邦國。」;「秋,七月,天王使宰喧來歸惠公、仲子之賵。」引「孔子曰:『我觀周道,幽、厲傷之。』又曰:『如有用我者,吾其為東周乎?』」;「九月,及宋人盟于宿」引「孔子曰:『殷禮吾能言之,宋不足徵也。文獻不足故也。』」;只有「冬十有二月祭伯來」一條沒有引述儒家經典之語說解。但在下條「公子益師卒」則引「〈王制〉:大國之卿,三命於天子,次國再命之,小國一命之。」分見〔宋〕杜諤:《春秋會義》,卷1,頁15、16、18、19、21。順帶一提,杜諤在這些引述中,三次引述《論語》中的孔子之語,兩次引《周禮》,一次引《禮記》,可見其對於《論語》與禮制對於詮說《春秋》的重視。

作,至若周家淩替之事,不得不詳錄之,以起聖筆之本意。」[21]認為《春秋》之作是因為「憫周道之不復興」。二、說明為何孔子要依魯史作《春秋》的原由,如其引孔子曰:「殷禮吾能言之,宋不足徵也。文獻不足故也。」之語,而後杜諤說:「夫子傷周道之衰,而歷觀杞、宋之文獻,杞、宋亦不足徵之,而返魯作《春秋》,所謂託之空言,不如載之行事也。」[22]認為《春秋》之作除了傷周道衰亡外,更是鑑於前代文獻缺失嚴重,故而透過相關史事來傳達自己的理念。[23]三則是在說明《春秋》一書中的重要要旨,如引〈詩・六月〉的〈序〉云:「小雅廢則四夷交侵,中國微。」來說明當時周王衰微,夷狄已入侵中原,「是以聖人撥反正而為之筆。雖夷狄之事,必詳錄之,明《春秋》所以治中國也。」[24]由此說明為何《春秋》中為何要詳細夷狄之事,並強調《春秋》中有「攘夷」的要旨。又如引《周禮》「閒問以諭諸侯之志」一語,用以說明「東遷之後,禮籍虧廢,諸侯不朝於天子,天子下聘之事亦從而不講,是由周室微弱,諸侯暴橫,而《春秋》不得不作矣。」[25]認為《春秋》以記諸侯聘問,由此反見春秋時期諸侯失禮不朝天子而相朝,因而引出《春秋》「尊王」的要旨。再如引《周易・坤》「履霜堅冰至」一語,用以說明:「其臣暴橫,以致君弒臣殺之事。蓋王法不能正,而辨之不早,《春秋》之作不得不詳而貶之。」[26]說明《春秋》之所以要詳載臣子種種行為不端之事,不只是在貶斥不臣之人,更重要的在於提醒要盡早發現並加以糾正,以免事態越來越無可收拾。

　　杜諤在論述《春秋》經義時採用引述他經立論的這種形式,其想法應是認

---

21 〔宋〕杜諤:《春秋會義》,卷1,頁16-17。
22 〔宋〕杜諤:《春秋會義》,卷1,頁18。
23 若就文獻解讀的角度而言,杜諤將「文獻不足」之語與作《春秋》相連,是其獨特的創發。如《史記・孔子世家》中在「文獻不足」之語前為:「孔子之時,周室微而禮樂廢,詩書缺。追跡三代之禮,序書傳,上紀唐虞之際,下至秦繆,編次其事。」之後則說:「故《書傳》、《禮記》自孔氏。」。認為由是故孔子編《書傳》與《禮記》。司馬遷的這個說法至少在時代內容上較為相合。〔漢〕司馬遷:《史記》(北京:中華書局,1936年),卷47,頁1935-1936。
24 〔宋〕杜諤:《春秋會義》,卷1,頁25。原〈序〉為:「《小雅》盡廢,則四夷交侵,中國微矣。」與杜諤所言文字微有不同。
25 〔宋〕杜諤:《春秋會義》,卷3,頁5-6。
26 〔宋〕杜諤:《春秋會義》,卷2,頁11。

為《春秋》既為孔子所作,所以《論語》中所記的孔子之語,應與《春秋》大義相通。此外,就儒家的核心經典而言,其內在義理也應是互相呼應與貫通,所以引他經來解《春秋》即成為看似十分自然且合理的做法。但是,若從另一方面來看,《春秋》作為一本獨立的經典,其亦應有本身的特質與所欲表達的意旨。故而杜諤在《春秋會義》中,也表述了一些對於《春秋》經本身的特質的基本看法。

(三)杜諤的基本立場與解經方法

在《春秋會義》裡,對《春秋》的基本立場與解經方法說明甚夥,這也可從三個方面而論:一、總體而言,杜諤認為《春秋》所書記都是孔子所欲貶斥之事。如其言:「夫《春秋》所書,皆疾諸侯之自恣。而錄之以盟,豈可謂褒而貴之乎?」[27]這在杜諤對隱公元年「三月,公及邾儀父盟于蔑。」的經文而發,杜諤認為三傳皆因經文書「邾儀父」是稱其字而褒,所以採《春秋尊王發微》「邾,附庸國。儀父,字。附庸之君,未得列於諸侯,故書字以別之」之說,用以反駁三傳「附庸之君,不當名」之說。但杜諤之所以會採用這種說法,並非是通貫《春秋》所有附庸之君書字的使用例子而來,而是因為他認為《春秋》所書記的都是諸侯違禮放肆之舉,所以《春秋》經文並不會用以表示褒揚,這可謂是「有貶無褒」的主張。[28]杜氏對《春秋》經文的這種總體的看法並不是偶然言之,而是有其一致性。如其又言:「《春秋》所書,皆以禮去取其文而示筆削之大義爾。」及「《春秋》所書皆非度而失制矣」[29]等語,都是在表達類似的意思。

---

27 〔宋〕杜諤:《春秋會義》,卷1,頁13。
28 一般認為「有貶無褒」之說出自於孫復。但「有貶無褒」一語並非出自孫復之口,而是四庫館臣在《四庫總目‧春秋尊王發微提要》中認為孫復的《春秋》學是「有貶無褒,大抵以深刻為主。」宋鼎宗亦言:「孫氏《尊王發微》,蓋本《穀梁》常事不書之義,以為凡經所書者,皆變古亂常則書之。故曰《春秋》有貶無褒,凡書者皆惡之也。」。但林玉婷則言孫復「對夷狄能慕禮修義、進於中國頗為稱許,絕非前人所謂『有貶無褒』」。分見宋鼎宗:《春秋宋學發微》(臺北:文史哲出版社,1986年),頁38。林玉婷:《孫復《春秋尊王發微》研究》(臺北:國立臺灣師範大學國文研究所碩士論文,2002年),頁170
29 分見〔宋〕杜諤:《春秋會義》,卷4,頁22、卷7,頁26。

第二、杜諤特別重視《春秋》中的書例，尤其是經文首次書記的事例。如其解隱公四年「春，王二月，莒人伐杞，取牟婁。」的經文時說：

> 《春秋》書「取」者二十一，取邑此其始矣。且古者胙土以封諸侯，疆域有限而城郭有量也。天子所封之地，諸侯豈可以擅取哉？今莒興師徒以伐人之國，又取其邑。《春秋》詳而書之者，必有以甚而譏之也。[30]

杜諤統計《春秋》共有二十一次書「取」，[31] 而莒人取杞之牟婁，則是在春秋時期第一次攻取他國之邑。杜諤認為諸侯土地原均為天子所封，不可擅自以武力奪取。所以《春秋》在此用「取」字，是在表示莒國伐杞取牟婁嚴重違反周代禮制，故而書「取」來譏斥莒國。在《春秋會義》中類似的例子頗多，如對隱公四年「夏，公及宋公遇于清。」經文的說解為：

> 《春秋》書「遇」者七，此為之始。按〈曲禮〉：「未及期相見曰遇。」此蓋諸侯因朝天子而有此不期相遇之禮也。春秋之時，法度幾喪，諸侯擅相會遇多矣。然夫子所以詳而錄之者，謂其非典禮之實而廢朝天子之正也。[32]

杜諤認為雖然在《禮記・曲禮》中有「諸侯未及期相見曰『遇』，相見於郤地曰『會』。」的說法，[33] 但〈曲禮〉中的「遇」，是指諸侯在朝天子時的不期而遇。而在春秋時期，諸侯的「遇」，並非是因朝天子而起，而是私自相會。於是，《春秋》記這些「遇」，實是用以譏貶當時諸侯癈棄朝天子之禮而行亂世之

---

30 〔宋〕杜諤：《春秋會義》，卷2，頁10。
31 陸淳：《春秋集傳纂例》中雖將「取」細分「內取田邑」、「外取邑」、「外取內田邑」、「取師」，但又有部分的「取」歸之於「得國不書滅」一類。見〔唐〕陸淳：《春秋集傳纂例》，收入《儒藏：精華篇》（北京：北京大學出版社，2016年），第90冊，卷5，頁133-137。
32 〔宋〕杜諤：《春秋會義》，卷2，頁12。
33 〔漢〕鄭玄注，〔唐〕孔穎達疏：《禮記正義・曲禮下》（北京：北京大學出版社，2000年），卷5，頁164。

禮。又如對隱公七年「秋，公伐邾」的經文說：「《春秋》書公伐之事於此始見於經，且諸侯擅相征伐，譏之可知也。」[34]杜諤的這個方式，無疑是採用「義例」解經的方法。但是正如所有以「義例」解經的模式相類，其不免會遇到無法以「義例」說明的經文，於是在《春秋會義》中，我們亦可以見到杜諤常會用「變文」來說明這種情況。如對莊公四年「冬，公及齊人狩於禚。」的經文解釋：

> 《春秋》之譏有以變文而釋義。今禚之狩，二傳及諸儒之解，則皆曰「人齊侯」，以明魯不可與齊侯狩。是則聖人之意，雖「人齊侯」，其旨不在於貶齊侯，而譏甚於莊公也。為人之子，與父之讎行狩，非禮可知矣。[35]

魯莊公之父桓公為齊襄公所殺，但在此年，魯莊公卻與齊襄公在禚地一同狩獵。對此《左傳》無傳，但《公羊傳》與《穀梁傳》都認為「齊人」指的是齊襄公，而之所以將襄公稱「人」，則是「諱與讎狩」、「所以卑公」，[36]認為實際上是在貶斥魯莊公不應與殺父仇人一同狩獵。杜諤雖然接受了這個說法，但是他特別說這是《春秋》的「變文」，因為這段經文實際要貶斥的是魯莊公而並非齊襄公。但經文記莊公並沒有異文，反而是將齊侯「變文」書為「齊人」。[37]

第三、杜諤強調《春秋》對於人、事的評價，主要是依據「禮」作為標

---

34 〔宋〕杜諤：《春秋會義》，卷3，頁5。
35 〔宋〕杜諤：《春秋會義》，卷7，頁18。
36 《公羊傳》說：「齊侯則其稱人何？諱與讎狩也。」《穀梁傳》則言：「齊人者，齊侯也。其曰人，何也？卑公之敵，所以卑公也。何為卑公也？不復讎而怨不釋，刺釋怨也。」分見〔漢〕公羊壽傳，〔漢〕何休解詁，〔唐〕徐彥疏：《春秋公羊傳注疏》（北京：北京大學出版社，2000年），卷6，頁146。〔晉〕范甯集解，〔唐〕楊士勛疏：《春秋穀梁傳注疏》（北京：北京大學出版社，2000年），卷5，頁81。
37 對於將齊襄公貶稱「齊人」而來貶魯莊公之說，趙匡曾經提出：「實是齊侯，即當書云：『及齊侯狩于禚』而不書公。此則諱公之義，義與盟義同，不應諱齊侯也。」認為若真是要貶魯莊公，則應以「不書公」的方式，而不應該用書「齊人」的方式。見〔唐〕陸淳：《春秋集傳辨疑》（臺北：臺灣商務印書館，1983年，影印清高宗乾隆三十八（1773）至四十七年（1782）寫文淵閣四庫全書本），卷3，頁5。

準，其言：

> 《春秋》之作，深欲揆之以禮，經之正也。禮，國家之大本，《春秋》所以謹之也。朝聘、會盟、征伐、蒐狩、喪祭之大者也，聖人以周衰懼禮之不綱不紀於後世，於是詳筆削於《春秋》，則正不正在其中。至如蒐、狩之事，〈王制〉及《周官》載之有制，而《春秋》所書皆以不禮不時也。[38]

杜氏首先強調禮作為治國之大本，而《春秋》又是以外王為主的經典，所以《春秋》自然而然是以禮為價值的尺度。其中又分為兩種模式：一是透過「詳筆削」的方式，將之記錄下來，而後人見其事，則知其正不正。二是以〈王制〉及《周官》書中記有相關禮制用以相較，《春秋》所書則皆是不禮不時之事。對於杜諤所謂的這兩類，我們分舉一例加以申論。杜諤解莊公二十五年「春，陳侯使女叔來聘」的經文為：

> 《春秋》凡書「聘」，譏之也。然而大夫或稱名或稱字，先儒因而謂之有貶焉。殊不知聖人約魯史而成文，據其事而加之筆削。凡所傳聞及所聞之世史策，有可損者，則脩而正之，俾歸之禮經之正耳。至於大夫之名字，或有字存而名不見於史；名見而字不書於冊，則聖人亦不可得而強刊正之。故此女叔之稱字，聖人因史所錄，非其嘉之之本意也。《穀梁》以「命大夫」言之，則《春秋》亦因其事以存之，所託存周之意，亦不害為筆削之義矣。[39]

女叔為陳國大夫，姓女，字叔。對於《春秋》經為何不記女叔之名而記其字，前儒在解《春秋》時，常會使用書名或書字作為褒貶的依據。[40]但杜諤認為，

---

38 〔宋〕杜諤：《春秋會義》，卷4，頁24。
39 〔宋〕杜諤：《春秋會義》，卷9，頁13。
40 如在此則經文後，杜諤引陸淳《春秋集例纂例》中的啖助說：「書字，善之。」又引陳岳《春秋折衷論》言：「升絀之體，唯在爵氏名字而已。」〔宋〕杜諤：《春秋會義》，卷9，頁13。

《春秋》經文多據魯史,雖然孔子據禮經有「脩而正之」,但對於太過遠久的史事,若太夫之名、字不見於史策中,孔子亦無可奈何。所以對於這條經文,杜諤先有「外大夫來聘於魯者,二十有五,凡書之皆譏也。」的原則主張,[41] 而後說不論女叔是名是字,甚至是《穀梁傳》所謂記「女叔」是因其為「天子之命大夫」的緣故,這都是為了留存當時的史事,並不妨礙對於正不正的判斷。因為杜諤認為這是基於他國大夫來聘為違禮的原則而下的論斷。至於第二種依據禮書中的禮制而立論,如對莊公八年「春王正月,師次於郎,以俟陳人,蔡人。甲午,治兵。」經文的詮說:

> 為國者必有以豫備不虞也,莫越於完城郭善守備而已。……今魯國無寇而出師,入駐於郎地,雖曰以俟陳、蔡,亦不可也。……〈王制〉、《周禮》皆有四時田獵之事,自天子諸侯皆得習武事,以為國之備也。《春秋》所書,皆非度而失制矣。至若莊公此年書治兵,又與蒐、狩之例別也。[42]

此年魯莊公約了陳、蔡兩國伐郕,所以駐師於郎,以待陳、蔡之師。並在春時,授兵於太廟。對於此事,杜諤認為雖然於古有修繕城池以備外患,〈王制〉、《周禮》中也有四時田獵以修習武備的禮制。[43] 但此年是魯莊主動發動聯合陳、蔡軍隊以攻打郕國,並非是魯國受到攻擊,與禮制不合。故而《春秋》書記此事,用以貶斥莊公治兵之舉。

以上是略述杜諤《春秋集義》在論述形式、對《春秋》的基本看法與解經方法,接下來則就其對經義的發揮立論。在《春秋會義》杜諤的按語中,許多

---

41 〔宋〕杜諤:《春秋會義》,卷3,頁4。
42 〔宋〕杜諤:《春秋會義》,卷7,頁25-26。
43 《禮記・王制》:「天子、諸侯無事,則歲三田,一為乾豆,二為賓客,三為充君之庖。無事而不田,曰不敬;田不以禮,曰暴天物。天子不合圍,諸侯不掩群。天子殺則下大綏,諸侯殺則下小綏,大夫殺則止佐車。佐車止則百姓田獵。」《周禮・夏官・大司馬》:「中冬,教大閱。前期,群吏戒眾庶修戰法。」〔漢〕鄭玄注,〔唐〕孔穎達疏:《禮記正義》,卷12,頁437。〔漢〕鄭玄注,〔唐〕賈公彥疏:《周禮注疏》,卷29,頁911。

都是於三傳之說的評述，下節則專就杜諤對三傳中《左傳》的去取為主，借以進行初步的討論。

三、杜諤《春秋會義》對《左傳》的去取

《春秋會義》在形式上是在經文後廣引諸家經說，而後以「諤曰」陳述自己的看法。雖然杜諤明引了三十餘家經說，但這些引述中，卻絕少明引三傳經說。但如前文所述，這不代表杜諤棄三傳而不顧。相反的，在「諤曰」的論述中，可以很明顯的看出杜諤之所以要廣引諸說，其最主要的「對話對象」仍是三傳之說。所以我們可以在「諤曰」的論述中，常見其對於三傳之說有所去取。在三傳之中，《左傳》有事有義，內容遠較《公羊傳》與《穀梁傳》更為豐富，而《公羊》學家的主張則又較《穀梁》之學更具有辨識度。也因此，我們較易看出杜諤是反對《公羊》學者的「受命」、「王魯」的主張。[44]如杜諤言：「何氏又以託隱公受命而言之。噫！《春秋》假魯史而作，舉天下一斷之於公，豈以受命言之？」、「何休以王魯言之，是豈盡聖人尊周之意歟？然《春秋》於魯獨稱薨者，非聖人私魯而立文也。……因主魯史而載行事，復出其稱薨之文，亦所以明禮之正矣。」[45]都是明確的反對《公羊》名家何休的重要主張。相較之下，杜諤對於《左傳》的去取則較為複雜，其中包含了許多不同的面向。也因此，本文先就杜諤對《左傳》之說的去取作為研究起始，希望由此可以進一步探求杜諤經說的特點。

首先，《春秋集義》既然在體例上是彙集眾說，不專主一家。則杜諤在面

---

[44] 嚴格來說「受命」與「王魯」並未在《公羊傳》中出現，「王魯」一詞最早見於董仲舒《春秋繁露·三代改制質文》中：「《春秋》應天作新王之事，時正黑統。王魯，尚黑，絀夏，親周，故宋。」而〈符瑞〉篇則有：「西狩獲麟，受命之符是也。」等說法。而郭曉東說：「《春秋》實為一本書，並不可能成為真正的王者，如何以《春秋》當新王，實為費解之說，董仲舒也不過是約略地說。……直到東漢末，何休解詁《公羊》，『以《春秋》當新王』及與其相關的『王魯』說遂有了明確的內含，且成為何注《公羊》最為核心的義理之一。」見郭曉東：〈論陳立對《春秋》「王魯」說的發揮〉，《同濟大學學報（社會科學版）》2019年第4期（2019年8月），頁87。

[45] 分見〔宋〕杜諤：《春秋會義》，卷3，頁19。卷2，頁7。

對《左傳》其他兩傳說法有異時，往往會用較寬闊融和的態度兼采眾說。如其解桓公二年「宋督弒其君與夷及其大夫孔父」時說：

> 《春秋》詳錄弒君及其大夫者三：孔父、仇牧、荀息也。且及之之義。《穀梁》以為及卑，而《公羊》以為累也。左氏各傳其事，而獨於此釋宋督為無君，皆其義矣。[46]

三傳對於《春秋》在此用「及」的釋義各有不同，《左傳》著重在說明宋督「有無君之心，而後動於惡，故先書弒其君。」強調雖然《左傳》記宋督是因孔之妻的美色而殺孔父及宋君，但在此之前是先有「無君之心」，而後才有這一連串的行動；[47]而《公羊傳》則是「及者何？累也。」認為孔父之所以被殺，是因為宋督原即想弒宋君與夷，但因「孔父生而存，則殤公不可得而弒」，[48]所以孔父是受了殤公的牽累而被殺；《穀梁傳》則是說「書尊及卑，《春秋》之義也。」[49]認為在時間上，孔父死於宋君之前，但因在書記時要考慮先君後臣的等級，故將與夷書記於孔父之前。若從仔細區辨的角度來看，三傳對於《春秋》在此用「及」的解釋各自不同。但是杜諤認為三傳的解釋，就尊君與責弒臣的大方向上都是一致的，所以用「皆其義」將之並容，而不予進行這些仔細的區辨。[50]

在《春秋會義》，杜諤除了排列三傳異說，在盡可能的情況下予以收納外，其另一種採用《左傳》之說的方向則是利用《左傳》特有的所記之事來用以解說經說。如對桓公六年「蔡人殺陳佗」的解說為：

---

46 〔宋〕杜諤：《春秋會義》，卷4，頁11。
47 楊伯峻：《春秋左傳注》（北京：中華書局，1981年），頁85。
48 〔漢〕公羊壽傳，〔漢〕何休解詁，〔唐〕徐彥疏：《春秋公羊傳注疏》，卷4，頁81-82。
49 〔晉〕范甯集解，〔唐〕楊士疏：《春秋穀梁傳注疏》，卷3，頁40。
50 另要說明的是，在此經文中「孔父」杜預以為是名，《穀梁傳》則認為是字。杜諤同意《穀梁傳》的說法，其主要的理由是孔父「不可謂有罪」，而《春秋》書「及」主要是在「懲弒者之惡」。見卷4，頁11。

《左傳》於五年載陳侯之亂，經雖無所見，而事亦可據。今名佗而稱人以殺之，亦討賊之文，以其殺太子故也。[51]

陳佗為什麼被殺，三傳的說法不同：《公羊傳》及《穀梁傳》認為是因「淫于蔡，蔡人殺之」、「淫獵于蔡，與蔡人爭禽，蔡人不知其是陳君也，而殺之。」[52]認為蔡人殺陳佗是因為陳佗個人的過份行為。但依《左傳》在桓公五年解「陳侯鮑卒」的傳文所記，在陳侯鮑死後，「文公子佗殺太子免而代之」，奪取了陳國君位。但在桓公五年，蔡國協助公子躍殺了陳佗，即位為陳厲公。[53]杜諤認為《左傳》所記之事雖然不見於《春秋》經文中，卻翔實可信。並由此認為此則經義為「討賊之文」。這類採《左傳》所記史事，並用於解釋《春秋》經義的作法，可以證明雖然杜諤並沒有明引《左傳》原文，其仍十分依賴《左傳》所記之事用以解經。

但是杜諤對於《左傳》所記之事並非完全沒有批評，其大略有兩個方向的批評：一是批評《左傳》記事有誤，如其在隱公三年「夏，四月，辛卯，尹氏卒。」的解釋為：

> 《詩·小雅·節南山》云：「尹氏大師，為周之氏秉國之鈞。」此幽王之時，尹氏執政，而詩人刺之也。至此平王之末，而《春秋》卒之於經，則是尹氏專政可知矣。漢史劉向上封事而云：「尹氏世卿而專恣」，是亦本此而言也。春秋之末，又有尹氏立王子朝，是則尹氏世為大夫於周矣。《春秋》錄其卒，而《左氏》解為聲子，蓋由傳授之誤，誤為「君氏」故也。左氏於「歸仲子賵及夫人子氏」之經，所解其失由此矣。今考之《詩·雅》，以聖人之經，質諸儒之論，則此不得不謂天子大夫也。[54]

---

51 〔宋〕杜諤：《春秋會義》，卷5，頁9。
52 分見〔漢〕公羊壽傳，〔漢〕何休解詁，〔唐〕徐彥疏：《春秋公羊傳注疏》，卷4，頁101。〔晉〕范甯集解，〔唐〕楊士疏：《春秋穀梁傳注疏》，卷3，頁51-52。
53 楊伯峻：《春秋左傳注》，頁104、109及222。
54 〔宋〕杜諤：《春秋會義》，卷2，頁5。

《左傳》說:「君氏卒,聲子也。」聲子是魯隱公之母。[55]《公羊傳》與《穀梁傳》則認為是「天子之大夫」。[56]三傳對於尹氏(君氏)究竟為誰,差異甚大。杜諤認為這裡的「尹氏」應該是與《詩經》、《春秋》裡的相關內容相連,故而說尹氏是周天子的權臣,並言這在許多典籍中都有記載。甚至在《春秋》昭公二十三年中也記有「尹氏立王子朝」一事,由此可見「尹氏世為大夫於周」。故而認為此則記其卒的經文,是在貶斥「尹氏專政」。杜諤認為《左傳》誤將此則經文與隱公元年「歸仲子賵及夫人子氏」相聯,故而認為「君氏」是聲子,這是「傳授之誤」。若我們綜觀尹氏(君氏)究竟是指聲子或周大夫尹氏,《左傳》之說法未必不可取,但是杜諤認為尹大夫之說一方面可以與《詩經》內容相連,另一方面則可以呈現《春秋》討大夫之義。相較之下,《左傳》的說法,僅限於在解釋聲子之卒何以「不赴于諸侯,不反哭于寢,不祔于姑」與不曰薨。這都只是有關於衍生而出的禮制說明,嚴格來說與經義關係不大。[57]兩者在對經義的說明的角度而論,確實高低有別,故而杜諤不採《左傳》之說而認為其是「傳授之誤」。

杜諤對於《左傳》記事的第二個批評在於《左傳》僅記其事,但卻未對於經義有所發揮與陳述。如對隱公十一年「秋,七月,壬午,公及齊侯、鄭伯入許。」經文的解釋:

《春秋》諸侯侵伐稱人,而此稱爵者,《左氏》但解伐許之由,而不明所

---

[55] 三傳的經文有不同,《左傳》依楊伯峻:《春秋左傳注》,頁24。
[56] 〔漢〕公羊壽傳,〔漢〕何休解詁,〔唐〕徐彥疏:《春秋公羊傳注疏》,卷2,頁44。〔晉〕范甯集解,〔唐〕楊士勛疏:《春秋穀梁傳注疏》,卷1,頁16。
[57] 會中承張曉生教授指出:《左傳》記為「尹氏」指聲子,實亦有經義隱含其間。如《左傳》同時言:「不赴於諸侯」、「不反哭於寢」、「不祔於姑」、「不稱夫人」等非夫人常態葬制的說明,可以與隱公元年不書即位,義在表示隱公為攝政經義相發明,在經義之合理性與深度上,似亦較《公》、《穀》之義為協洽。而且清人徐廷垣在《春秋管窺》中提出,此條中「尹氏」不應是一族之稱,因為如果是一個人去世,不應用一族之稱。筆者認為這樣來說《左傳》的經義,確實能將《左傳》說《春秋》的經義展現出來。這確實是杜諤所未思及的解法。當然,就杜諤的視角來假設回應,其或認為《左傳》並沒有明文將「尹氏卒」與隱公不書即位兩者聯合起來釋義,故其就僅此單條經文來看,《左傳》的說解對經義並沒有太多發揮。至於徐廷垣的批評,杜諤應不易加以回應。

書之旨。夫公及齊鄭以兵入人之國,又使大夫守之,其惡可知矣。而目其爵者,豈無旨哉?蓋《春秋》書公及者,自內主之也。今公夏先與鄭伯為會,而此以兵及之,是公主欲伐許也。故不可不書公而主譏之。[58]

《左傳》對於魯、齊、鄭三國攻許此役的過程描述甚為詳細,除了敘述穎考叔被暗算一事外,又完整的記載了鄭莊公警告許叔的大段話語,其中包含了為何要伐許以及許叔日後應有的態度。[59]但是杜諤認為《左傳》這些「解經之語」,只敘述了事件緣由,但對齊、鄭伐人之國,《春秋》卻書「齊侯、鄭伯」,而非書「齊人、鄭人」的「所書之旨」,沒有任何解釋,這無疑是漏失了對於解經之傳最為核心的工作。杜諤認為經文之所以書「齊侯、鄭伯」,是因為此次伐許,實是魯隱公力主,故以「變文」來呈顯這個「經旨」。也就是說杜諤對《左傳》記事的第二種批評其不是在記事之真確與否,而是批評《左傳》在敘事之後,卻沒有進一步說明經義。[60]

杜諤對隱公十年「六月,壬戌,公敗宋師于菅。辛未,取郜。辛巳,取防。」的說解,可謂結合以上兩類對《左傳》記事批評的最好例子,杜諤言:

> 《春秋》書敗某師,自內勝之也。書取邑,惡之也。今魯於夏,肇帥師會二國伐宋,又以兵敗之,不可也,復取其二邑,甚之矣。是以聖人詳錄而謹之以日也。《左氏》又生經外之文,以為鄭取,是則聖人之經苟以鄭取為魯取,則何以正筆削之實而定取邑之譏耶![61]

《左傳》記此次伐宋是魯國聯合了齊、鄭之師,其間的過程為:「壬戌,公敗宋師于菅。庚午,鄭師入郜。辛未,歸于我。庚辰,鄭師入防。辛巳,歸于

---

58 〔宋〕杜諤:《春秋會義》,卷3,頁20。
59 楊伯峻:《春秋左傳注》,頁73-76。
60 如杜諤在解桓公六年「子同生」時,對《左傳》也是提出了類似的批評,杜諤言:「《左氏》以聖人筆之於經,而遂以太子之禮附於傳,又述其名之之義,皆不明聖人所書之旨也。」見〔宋〕杜諤:《春秋會義》,卷5,頁10。
61 〔宋〕杜諤:《春秋會義》,卷3,頁16-17。

我。」[62]也就是說郜與防兩地是鄭國攻下的,而後才將之歸於魯。而杜諤首先對經義做出說明,以《春秋》經文中的書「日」、「敗」與「取」立義,認為此則經義主要在批評魯國不應攻打宋國,更不該取其邑。這是《左傳》釋經時沒有言及的意思。加上依《春秋》經文,攻下郜與防兩地的應是魯國,而非如《左傳》所記是鄭國。杜諤批評若依《左傳》所記之史事,則為何孔子在作《春秋》時未能將此記出,更不用說若為鄭取,則貶魯取邑的經義就更無所依附。

此外,在《春秋會義》中對《左傳》的批評與前者有點類似,但在性質上卻不太一樣,實應歸屬於另一種批評型態,即是認為《左傳》所釋經義無誤,但並不完整,或沒有將孔子之意完全傳達出來。如其解:隱公七年「夏,城中丘」:

> 孟子曰:「佚道使民,民勞而無怨。」春秋之世,征伐四出,民苦不暇,至於工築之事,亦靡有息。夫子書之者,其愛民之深旨乎!若夫不修德而務興作,傷財害民之本也。今隱公城中丘,而《左氏》謂之不時,則聖人所譏之旨隘矣。且末世勞民之甚,豈問乎時與不時哉?《春秋》書城及築凡二十九,是皆不重民力而務興作也。詳而錄之,皆所以謹懲戒而遏僭忒爾。[63]

杜諤此解首先引《孟子》之語,作為框定此則經文之義的依據。而後便論述《春秋》中所書城與築共29次,都是在表示君主不重民力。若是如此,對比《左傳》對此條經為的解釋為:「夏,城中丘,書不時也。」其解經文經文的重點在於「夏」而非「城」。兩相對比之下,杜諤更重視經文用「城」字。但他也不認為《左傳》的解釋就是錯的,所以說《左傳》的理解只是「所譏之旨隘矣」。與之類似的的是對隱公十年「冬,十月,壬午,齊人、鄭人入郕。」的解釋。此事依《左傳》的說法在九年時鄭伯即以王命宣告要伐宋,而且曾遍告有關諸侯,要求派兵援助。但在此年秋天時,「蔡人、衛人、郕人不會王命」,於

---

62 楊伯峻:《春秋左傳注》,頁68。
63 〔宋〕杜諤:《春秋會義》,卷3,頁3-4。

是鄭國與蔡、衛、郕三國發生爭戰。於是才有十月齊、鄭入郕之事。[64]《左傳》對此的解釋為：「齊人、鄭人入郕，討違王命也。」認為是郕國沒有遵周王之命，故而齊、鄭攻郕是「討違王命」的正大光明之舉。但是杜諤卻認為：「《左氏》雖曰『討違王命』，而齊、鄭以兵入人之國亦不可也。故從書人之貶。」[65]與前文所舉解釋隱公十一年「公及齊侯、鄭伯入許」經文其中所言「《春秋》諸侯侵伐稱人」的義例相同，杜諤認為《左傳》的解釋並沒有注意到齊、鄭是書「人」而，非書「爵」。認為釋經不能僅發揮「討違王命」的一面，還必須發揮不可以兵入他人之國的這一層意思，如此才是對經義完整的說明。

最後，杜諤對於《左傳》的批評最後一種型態則是認為《左傳》對《春秋》經的釋義有誤。如對桓公十年「冬，十有二月丙午，齊侯、衛侯、鄭伯來戰于郎。」經文的解釋：

> 《春秋》諸侯征伐稱「人」，其或稱爵者，蓋變文以示之義也。桓公不奉王法而立於今十年矣，諸侯未見其有以討之者也。今齊、衛、鄭伐之而書其爵者，斯聖人罪桓之本意歟？以桓之罪所當誅，而三國討之可也。《左氏》不原所書之旨，而以「我有辭」言之，經無其事則不可據以釋經也。噫！諸侯雖無討桓之實，而聖人之心疾桓已久，其欲諸侯有以伐之也，豈謂魯直而諸侯曲哉！然《春秋》書戰，必有主客之文，而此獨出三國者，與其人之伐桓也。[66]

對於此年為何齊、衛、鄭三國與魯發生郎之戰，其遠因在於桓公六年時，北戎入侵齊國，各諸侯國前往救齊。鄭國領軍的公子忽功勞最大，所以齊國在感謝各諸侯時，按諸侯爵位高低而將魯排於鄭國之前。但鄭公子忽認為自己論功應排於魯之前，於是怒而歸。之後於此年聯合齊、衛攻魯。對於此事，《左傳》

---

64 楊伯峻：《春秋左傳注》，69-70。
65 〔宋〕杜諤：《春秋會義》，卷3，頁18。
66 〔宋〕杜諤：《春秋會義》，卷5，頁22。

認為：「冬，齊、衛、鄭來戰于郎，我有辭也。」[67]所謂的「我有辭」，依杜預（222-285）的解釋是：「不稱侵、伐，而以戰為文，明魯直，諸侯曲，故言『我有辭』，以禮自釋，交綏而退，無敗績。」[68]認為《春秋》經文不用「侵」或「伐」，而是用「來戰」，所以說「我有辭」，用以表示此戰魯國是有理的，而鄭、齊、衛三國則是無理。但杜諤則不同意《左傳》的說法，杜諤的理由可分為四個：一、桓公得位不正，其罪本即當誅。[69]二、通常《春秋》書記諸侯征伐他國，都為貶之稱「人」。但此則明書「齊侯、衛侯、鄭伯」，是孔子「變文以示之義」。三、《左傳》所謂的「我有辭」並非經文所言，而是《左傳》自己的臆測，但這並不符合孔子之意。四、杜諤認為孔子認為諸侯早就應該出兵討伐桓公，但一直未有諸侯主持正義。所以孔子借由此條經文，以「變文」的方式，用以表示孔子對於桓公的譴責。相較之下，《左傳》反而將之解為此戰是為褒揚魯桓公有理，這是嚴重違反經義的。

四、結語

綜合以上的論述，可以有以下簡要的結論：

一、對於杜諤的《春秋會義》的內容，歷來討論者不多，但是此書是現存北宋四川《春秋》學的較早著作，其中除了保留諸多唐至北宋前期《春秋》經說外，更難得的是也同時錄有北宋四川《春秋》學的相關論述。此外，《春秋會義》中亦有大量的杜諤按語。故此書兼具文獻保存與對《春秋》學的論述兩方面均有其貢獻。相較於李明復《春秋集義》之類，單純以收輯前人之說的書籍，更具有內容上的價值。

二、本書在大方向上，上承啖助、趙匡與宋初諸儒經說，其主要的表現在

---

67 楊伯峻：《春秋左傳注》，128。
68 〔周〕左丘明傳，〔晉〕杜預注，〔唐〕孔穎達疏：《春秋左傳正義》（北京：北京大學出版社，2000年），卷7，頁221。
69 杜諤認為《春秋》對於魯桓公深惡痛絕，可見其對桓公三年「春，正月」的經文解釋：「桓公月而不書王者，桓公篡立，不由王命，故夫子變文以示義，猶曰正朔桓之自出爾。」認為可由此年春，不書「王」正月可知。見〔宋〕杜諤：《春秋會義》，卷4，頁18。

三個方向：一是不尊一家，彙集眾說以定可否。杜諤尤為特殊處為，在解說經文時，特別重視《春秋》與其他各儒家核心經典之間義理的融通，尤其特重《論語》、《周官》與〈王制〉。二則是強調《春秋》的書例，對於第一次出現的事件，會特別加以申說其義。又使用義例說經，說明《春秋》中的大義。值得注意的是，以義例說經，其又提出「變文」之說，用以補充義例所不及處。三、認為《春秋》經所錄之事並沒有純為褒揚之意，其更多的用意在於批評當事之人、事，這似可謂上承孫復的意指，對《春秋》「有貶無褒」的主張更為極端。

　　三、在《春秋會義》經文後的引文中，鮮少看到明引三傳之文，但從「諤曰」的內容來看，三傳之說明顯是其「對話」的主要對象。若專以《左傳》之說來看，杜諤會盡量涵攝舊說，也會引《左傳》之記事以解經，但其不滿《左傳》只敘其事而不申說經義的作法。此外，若遇到杜諤所不滿意的說法，除非是完全不相容的說法。杜諤並不會將舊說一概抹殺，而是會以他說加以補充。這種兼容的態度十分明顯。另外，若從本文所舉之例來看，杜諤認為《春秋》中特別注重君臣之分與反對諸侯征伐，這在其對「尹氏卒」、「城中丘」及「來戰于郎」三則經文的解釋中，都可以看到這種明顯的傾向。

　　最後要說明的是，本文僅就杜諤《春秋會義》的基本特質與其對《左傳》的去取進行一初步的研究。至於由此進一步與同為北宋蜀地的蘇轍、崔子方兩人的《春秋》學比較其異同，因為篇幅所限，未能在本文中予以討論，只能留至日後另文加以申述。

徵引書目

公羊壽傳，何休解詁，徐彥疏：《春秋公羊傳注疏》，北京：北京大學出版社，2000年。

司馬遷：《史記》，北京：中華書局，1936年。

左丘明傳，杜預注，孔穎達疏：《春秋左傳正義》，北京：北京大學出版社，2000年。

皮錫瑞：《經學通論》，收入吳仰湘編：《皮錫瑞全集》第6冊，北京：中華書局，2015年。

朱彝尊撰，林慶彰、蔣秋華、楊晉龍、馮曉庭主編：《經義考新校》，上海：上海古籍出版社，2010年。

宋鼎宗：《春秋宋學發微》，臺北：文史哲出版社，1986年。

杜　諤：《春秋會義》，光緒壬辰古不夜城孫氏山淵閣校勘本，約1892年。

林玉婷：《孫復《春秋尊王發微》研究》，臺北：國立臺灣師範大學國文研究所碩士論文，2002年。

范甯集解，楊士勛疏：《春秋穀梁傳注疏》，北京：北京大學出版社，2000年。

晁公武撰，孫猛校證：《郡齋讀書志校證》，上海：上海古籍出版社，1990年。

郭曉東：〈論陳立對《春秋》「王魯」說的發揮〉，《同濟大學學報（社會科學版）》，2019年第4期，頁87-94。

陳振孫：《直齋書錄解題》，上海：上海古籍出版社，1987年。

陸　淳：《春秋集傳辨疑》，臺北：臺灣商務印書館，1983年，影印清高宗乾隆三十八（1773）至四十七年（1782）寫文淵閣四庫全書本。

陸　淳：《春秋集傳纂例》，收入《儒藏：精華篇》第90冊，北京：北京大學出版社，2016年。

程美珍：〈蘇軾與楊繪交遊考〉，《有鳳初鳴年刊》第2期，2005年7月，頁325-340。

黃覺弘：〈《永樂大典》殘卷所見杜諤《春秋會義》原文校說〉，《東北師大學報（哲學社會科學版）》，2023年第1期總第321期，頁65-71。

黃覺弘：〈孔繼涵《杜諤〈春秋會義〉所引書目》辨正〉，《歷史文獻研究》總第46輯，2021年第1期，頁120-131。

楊伯峻：《春秋左傳注》，北京：中華書局，1981年。

楊果霖：《《經義考》著錄「春秋類」典籍校訂與補正》，臺北：臺灣學生書局，2013年。

鄒重華：〈士人學術交遊圈：一個學術史研究的另類視角（以宋代四川為例）〉，《中國文化研究所學報》，新第9期，2000年，頁97-139。

蔡東洲、金生揚主編：《區域文化研究（第二、三輯）》，北京：社會科學文獻出版社，2017年。

鄭玄注，孔穎達疏：《禮記正義》，北京：北京大學出版社，2000年。

鄭玄注，賈公彥疏：《周禮注疏》，北京：北京大學出版社，2000年。

戴　維：《《春秋》學史》，長沙：湖南教育出版社，2004年。

表裡《論語》：論《左傳》與《論語》之相互發明[*]

潘銘基

香港中文大學中國語言及文學系

摘要

趙岐〈《孟子》題辭〉嘗謂《論語》之書，乃是「五經之錧鎋，六藝之喉衿」，是《論語》之書乃是通讀五經六藝之關鍵。《左傳》既名為「傳」，表明其有相對應的「經」，在某程度上也說明了其與《春秋》的關係。楊伯峻在《春秋左傳注》的前言便具體分析了《左傳》較少直接解釋經文的情況，甚至在《左傳》裡有「無經之傳」，以及《左傳》與《春秋》有矛盾之處。然而，《左傳》有其解經之處，而《論語》則是通讀諸經的關鍵，此為二書之可相通。《論語》雖不出孔子之手，但內裡滿載孔子對諸多人事的評價，且《論語》嘗引孔子有言：「巧言、令色、足恭，左丘明恥之，丘亦恥之。匿怨而友其人，左丘明恥之，丘亦恥之。」（5.25）是孔子對於花言巧語、偽善容貌、屈膝恭順，皆有著與左丘明相同的評價準則。準此而言，二書之評論，自多有可相互發明之處，本文當選取兩書相合之若干契合點，比合論之，以證《論語》與《左傳》之深層關係。

關鍵詞：論語、左傳、品評人物、春秋時代、君子小人

---

[*] 臺北：臺北市立大學出版中心，2024年12月，頁167-186。
本文在「第四屆國際暨海峽兩岸《春秋》《左傳》學術研討會」後，獲得兩位匿名評審人予以寶貴之修訂意見，在此謹申謝忱！

一、《左傳》與《論語》成書的一些考察

　　先秦兩漢典籍,每多不出一人一時一地,如要考證撰者誰孰,難度頗大。《左傳》既名之如此,則此書與左丘明之關係當最為密切。張高評云:「《左氏傳》之作者,為與孔子同恥之左丘明。自司馬遷、劉向、劉歆、桓譚、王充、班固、許慎;以至于漢末魏晉大儒,若賈逵、鄭玄、何休、范甯、杜預等,率皆無異辭。」[1]據此,則左丘明當為《左傳》作者之說,最為可信。後世疑「左氏非丘明」,立說甚多,意欲推翻左丘明為《左傳》撰者之說法。

　　《春秋》本為魯國史書之名,而孔子嘗加以整理國史,始於魯隱公元年（前722）,訖於魯哀公十四年（前481）,論斷242年之歷史。《左傳》雖然同樣起於隱公元年,卻訖於哀公二十七年（前468）,倘若以為《左傳》乃解釋《春秋》之作,則何以《春秋》已告結束而《左傳》尚且載錄史事,因此而有《左傳》是否釋經之疑問。《史記‧十二諸侯年表序》首見以左丘明為《左傳》作者之說,其云:

> 七十子之徒口受其傳指,為有所刺譏褒諱挹損之文辭不可以書見也。魯君子左丘明懼弟子人人異端,各安其意,失其真,故因孔子史記,具論其語,成《左氏春秋》。[2]

此言孔門弟子口耳相傳孔子之教學內容,因為其中包含著批評、規勸、褒揚、隱諱、貶抑、損傷之類的文辭,故此不能從書面上表達出來。魯國的君子左丘明擔憂孔門弟子各持異端,各執己見,失去了《春秋》的最初面目,因此他以孔子所編的歷史為基礎,詳細闡述了他的觀點,寫出了《左氏春秋》。以此為首,關注點在於「左氏」確出「左丘明」,本文並非旨在討論「左氏」與「左丘明」之關係,下不贅言,但左丘明可在《論語》得見,則是事實。

---

[1] 張高評:《左傳導讀》（臺北:五南圖書出版股份有限公司,2019年）,頁46。
[2] 〔漢〕司馬遷:《史記》（北京:中華書局,1982年）,卷14,頁509-110。

《論語‧公冶長》嘗載錄左丘明一次，此亦《論語》全書唯一有見左丘明之處。其文如下：

> 子曰：「巧言、令色、足恭，左丘明恥之，丘亦恥之。匿怨而友其人，左丘明恥之，丘亦恥之。」（5.25）

孔子指出，花言巧語，偽善之貌，恭順十足，如此態度，左丘明以為可恥，孔子持見相同。內心藏著怨恨，表面上卻跟他要好，如此行徑，左丘明以為可恥，孔子亦持此見。如要討論《左傳》與《論語》之關係，且又涉乎《論語》與左丘明、左丘明與《左傳》之關係，此為年代較早之記載，不可不細意觀察。楊伯峻指出：

> 歷來相傳左丘明為《左傳》的作者，又因為司馬遷在報任安書中說過：「左丘失明，厥有《國語》。」又說他是《國語》的作者。這一問題，經過很多人的研究，我則以為下面的兩點結論是可以肯定的：（甲）《國語》和《左傳》的作者不是一人，（乙）兩書都不可能是和孔子同時甚或較早於孔子（因為孔子這段言語把左丘明放在自己之前，而且引以自重）的左丘明所作。[3]

據楊氏所言，尤其是（乙）的一項，《論語‧公冶長》之左丘明當是孔子看重的人，因言自己的好惡標準與左丘明同出一轍。有關《論語》所載人物，除了孔門弟子以外，李零《喪家狗：我讀〈論語〉》嘗分類為「孔子以前的人物」、「孔子同時的人物」、「時代不詳的人物」等三大類，此中左丘明乃在「孔子同時的人物」之列，並云：「是孔子稱道的前賢，魯人。前人或以為孔子弟子，不可信。」[4] 結合諸家所言，左丘明當是與孔子同時，而得到孔子尊重的賢人。《春秋》信為孔子所編，而左丘明作為孔子同時代人，當是在《春秋》成

---

3 楊伯峻：《論語譯注》（北京：中華書局，1980年），頁52。
4 李零：《喪家狗：我讀〈論語〉》（太原：山西人民出版社，2007年），附錄三，頁107。

書以後，才撰作《左傳》。

孔子雖然是春秋末年人，然而《論語》可能成書甚晚，且成說頗多，難以定於一尊。有關《論語》之作者或編者，前賢多有論述，眾說紛紜。究其要者，《論語》由孔門弟子之弟子編定，而當時有關孔子話語之記載，蓋亦眾矣，先秦兩漢典籍裡有眾多「孔子曰」云云，皆其例也。有關《論語》之內容，在兩漢仍不時只題作「孔子曰」，而不以「《論語》」二字名之，大抵當時《論語》所載亦只是眾多孔子話語記載之一本矣。至西漢中葉而《論語》之名始見，至兩漢之末《論語》所載方必徵引為「《論語》」矣。楊伯峻《論語譯注》云：「我們說《論語》的著筆當開始於春秋末期，而編輯成書則在戰國初期，大概是接近於歷史事實的。」[5]唐明貴《論語學的形成、發展與中衰》云：「孔子的孫子子思肩負起了這個歷史重任。他以孔子嫡孫的身份，召集孔子的再傳弟子，以殘缺的孔子文集為底本，通過匯集孔子的再傳弟子記錄的孔子弟子的口傳親授，經過選擇、分類、校勘、加工、整理，最後裁定而成《論語》、《孔子家語》等文獻。這些文獻為孔氏家族世代相傳，並通過不同方式流傳到各地。那麼，為甚麼說子思擔此重任呢？其一，從《論語》的結集年代看，其結集者當主要是孔子的再傳弟子。……其二，結集《論語》的再傳弟子肯定是曾子之門人。……其三，子思是曾門弟子中之佼佼者。」[6]結合二說，大抵《論語》一書始編成於戰國時代，而在兩漢時代則一直與其他載錄孔子話語的典籍同時流傳，並不固定有書；及其漢末，則《論語》所載孔子說話而必定以「《論語》」之名出之，蓋此時典籍流傳已告穩定矣。

進言之，《論語》有載左丘明之人而不言其撰作，大抵左丘明其人之時代，與孔子相若而或稍早。孔子為《春秋》編者，而《左傳》雖未必旨在解經，但所載內容可與《春秋》相發明。《左傳》載錄史事至於魯哀公二十七年，孔子編《春秋》而止於哀公十四年，卒於哀公十六年，而《論語》則是孔門師弟子及時人對話之記錄。《左傳》與《論語》，兩者之編撰、內容等，關係密切，值得深入討論。

5　楊伯峻：《論語譯注》，頁29-30。
6　唐明貴：《論語學的形成、發展與中衰》（北京：中國社會科學出版社，2005年），頁37-40。

二、《左傳》援引孔子話語

考之《左傳》，間或引用孔子言辭。此等用例，大多以引用「仲尼」云云出之。孔子，名丘，字仲尼。以孔子之字而援引其言，顯為《左傳》尊孔子之謂也。結合《論語・公冶長》「左丘明恥之，丘亦恥之」之評價，彼可見孔子之喜惡與左丘明相同；此見《左傳》直接援引孔子所言，《左傳》作者必定後於孔子，能夠及於孔子之評論。另外，《左傳》雖載孔子所言，但不及「《論語》」二字，知彼時《論語》尚未成書，《左傳》所引皆為「孔子曰」而已。

> 例1：有子曰：「信近於義，言可復也。恭近於禮，遠恥辱也。因不失其親，亦可宗也。」（1.13/2/9）《左傳・成公八年》：「信以行義。」（B8.8.1/200/31）《左傳・昭公二十八年》：「仲尼聞魏子之舉也，以為義，曰：『近不失親，遠不失舉，可謂義矣。』」（B10.28.3/398/25）

案：《論語・學而》所言屬孔門弟子有若所言，非直出於孔子。據《孔子家語・七十二弟子解》所載，「有若，魯人，字子有，少孔子三十六歲。為人強識，好古道也」。[7] 有若乃是孔子晚年時候之重要弟子，在孔子死後，因其相貌與孔子相似，更嘗為其他弟子共立為師。此處《左傳・昭公二十八年》載孔子聽說魏獻子舉拔人才之事，以為其合乎道義，指出近的不失去親屬，遠的不失去應該舉拔的人，可稱得上合乎道義。這裡的「近不失親」，可與《論語》「因不失其親」句相合看，《論語》所言指出重用親近的人有其可取之處。進言之，有若既為孔門弟子，而《左傳》引此出於孔子，則有若所言乃是直承師訓，為孔子之教學內容矣。

> 例2：顏淵問仁。子曰：「克己復禮為仁。一日克己復禮，天下歸仁焉。為仁由己，而由人乎哉？」顏淵曰：「請問其目。」子曰：「非禮

---

[7] 高尚舉、張濱鄭、張燕：《孔子家語校注》（北京：中華書局，2021年），卷9，頁502。

勿視,非禮勿聽,非禮勿言,非禮勿動。」顏淵曰:「回雖不敏,請事斯語矣。」(12.1/30/17)《左傳·莊公八年》:「秋,師還。」杜預《注》:「時史善公克己復禮。」(8/265)《左傳·昭公十二年》引仲尼:「古也有志:『克己復禮,仁也。』」(B10.12.11/353/18)

案:在魯昭公十二年,《左傳》記載楚靈王向子革作揖後進內,送上飯來吃不下,睡在床上睡不著,好幾天不能克制自己,因而遭受禍難。《左傳》援引孔子評論,以為古語有云,克制自己回到禮上,那便是仁了。這裡表明「古也有志」,可見「克己復禮為仁」乃是古語,乃是孔子引之。在《論語·顏淵》,此為孔子告訴顏淵之文。顏淵為孔門高弟,問仁而孔子答之尤其詳細。能夠克己復禮,自能免禍,《左傳》所載之楚靈王則不能。在《左傳·昭公十三年》,便載錄楚靈王遭弒於乾谿。阮元〈論語論仁篇〉云:「《左傳·昭公十二年》,楚靈王聞右尹子革諷〈祈招〉之詩而不能自克,以及於難。仲尼曰:『古也有志,克己復禮,仁也。楚靈王若能如是,豈其辱於乾谿。』據此,可見克己復禮本是古語,而孔子嘗引之。且觀楚靈王之事,可知克己復禮則家國必仁,不能克己復禮則國破身亡。」[8]便詳言此事,同時指出「克己復禮為仁」乃是古語,《左傳》屬孔子援引古語,在《論語》則屬孔子教導顏淵之詞。

例3:衛靈公問陳於孔子。孔子對曰:「俎豆之事,則嘗聞之矣;軍旅之事,未之學也。」明日遂行。(15.1/41/28)《左傳·哀公十一年》:「孔文子之將攻大叔也,訪於仲尼。仲尼曰:『胡簋之事,則嘗學之矣;甲兵之事,未之聞也。』退,命駕而行。」(B12.11.6/451/25)

案:孔子一生志在恢復當時的社會秩序,重視禮樂,反對戰爭。孔門儒家並不

---

[8] 〔清〕阮元:《揅經室集》(北京:中華書局,1993年),一集,卷8,頁182。

好戰，但亦非完全不同意戰爭。武王伐紂，以有道伐無道，替天行道者，蓋不反對也。《左傳》記載衛國孔文子（衛卿孔圉）攻打大叔（世叔齊），便向孔子求教。孔子指出，有關祭祀的事，曾經學過；打仗的事，則沒有聽過。然後，孔子便命令套車上路，欲離開衛國。孔子以為鳥可以選擇樹木，但樹木怎麼能選擇鳥呢？孔文子急欲挽留孔子，孔子原本也打算留下來了，但就在這個時候，魯人召請孔子，於是孔子便回魯國去了。相類似的答案，在《論語・衛靈公》的記載也曾出現。衛靈公問孔子軍隊陣列之事，孔子也是不作正面回應。《左傳》言「胡簋之事」，《論語》作「俎豆之事」；《左傳》謂「甲兵之事」，《論語》作「軍旅之事」，二書文字、涉乎人物等雖不盡相同，但不欲言行軍作戰之意則相同。邢昺云：「《左傳》哀十一年，『孔文子之將攻大叔也，訪於仲尼。仲尼曰：「胡簋之事，則嘗學之矣。甲兵之事，未之聞也。」』其意亦與此同。軍旅甲兵亦治國之具也，彼以文子非禮，欲國內用兵；此以靈公空問軍陳，故並不答，非輕甲兵也。」[9] 邢疏以為兩文可加比較，互相發明；又謂關鍵在於非禮，而非戰爭。邢疏未必正確。劉寶楠《論語正義》以為兩事所載此事乃是「與此事略同」。[10] 劉說是也。

三、發明《左傳》之義

《論語》成書之初，並非經書，然其重要性卻遠超其他經書，乃是人人必讀之書。王國維〈漢魏博士考〉云：「以後世之制明之：小學諸書者，漢小學之科目；《論語》、《孝經》者，漢中學之科目；而六藝則大學之科目也。武帝罷傳記博士，專立五經，乃除中學科目于大學之中，非遂廢中小學也。……且漢時但有受《論語》、《孝經》、小學而不受一經者，無受一經而不先受《論語》、《孝經》者。……蓋經師授經，亦兼授《孝經》、《論語》，猶今日大學之或有豫備科矣。然則漢時《論語》、《孝經》之傳，實廣於五經，不以博士之廢

---

9 《論語注疏》，《十三經注疏（整理本）》（北京：北京大學出版社，2000年），卷15，頁234-235。
10 〔清〕劉寶楠：《論語正義》（北京：中華書局，1990年），卷18，頁610。

置為盛衰也。」[11]可見《論語》在漢代雖不在五經之列，然其重要性實在不亞於五經。又，東漢趙岐注釋《孟子》，成《孟子章句》一書，內有〈《孟子》題辭〉一文，其云：「《論語》者，五經之錧鎋，六藝之喉衿也。」[12]據此則《論語》是通讀諸經之關鍵，廢此而不行。因此，利用《論語》所載，亦可發明《左傳》之義。孔穎達《疏》多有引《論語》以發明《左傳》，可作參考。

> 例4：子曰：「為政以德，譬如北辰，居其所而眾星共之。」（2.1/2/25）《左傳‧昭公二十五年》：「為父子、兄弟、姑姊、甥舅、昏媾、姻亞，以象天明。」杜預《注》：「六親和睦，以事嚴父，若眾星之共辰極也。」孔穎達《疏》引《論語》：「北辰居其所，而眾星共之。」（51/1673）

案：《左傳》所載，出於子太叔與趙簡子有關禮之討論。子太叔則援引子產所言，作為回答的內容。此言制訂父子、兄弟、姑姊、甥舅、翁婿、姻親等各種關係，以象徵天象星辰。此處所言「以象天明」，如取《論語‧為政》首章所言，即可發明其義。在《論語》裡，孔子以為「為政以德，譬如北辰，居其所而眾星共之」，在治國之時，用道德以治理國政，如同北極星一般，在一定的位置上，其他星辰皆環繞之。《左傳》所言之父子、兄弟、姑姊、甥舅、昏媾、姻亞，便是六親關係，六親和睦，如同《論語》之「北辰居其所」，可以互相發明。

> 例5：子曰：「君子周而不比，小人比而不周。」（2.14/3/27）《左傳‧文公十八年》：「掩義隱賊，好行凶德，醜類惡物，頑嚚不友，是與比周。」孔穎達《疏》引《論語》：「君子周而不比，小人比而不周。」（20/667）

---

[11] 〔清〕王國維：《觀堂集林》（北京：中華書局，1959年），卷4，頁179-182。
[12] 《孟子注疏》，載《十三經注疏（整理本）》，孟子注疏題辭解，頁10。

案：《左傳・文公十六年》指出昔帝鴻氏有個不成材的兒子，壓制道義之士，包庇盜賊，喜歡做屬於凶德的事情，愛和壞東西在一起，與不講道德忠信、不友愛的人關係十分密切。《論語》許多章節特別關注君子與小人的對比，此為一例；這裡說君子是團結而不是勾結，小人則是勾結而不是團結。朱熹注：「周，普徧也。比，偏黨也。」[13]黃懷信云：「周，徧也，謂一視同仁，普徧團結。比，去聲，所謂毗志反，密也，謂私相親密。」[14]黃氏釋義大抵以朱注為是。王引之云：

> 引之謹案：「周」有訓為忠信者，《小雅・皇皇者華篇》「周爰咨諏」，〈魯語〉釋之曰「忠信為周」是也。有訓為親、為密、為合者：文十八年《左傳》「頑囂不友，是與比周」杜注曰「周，密也」，哀十六年傳「周仁之謂信」注曰「周，親也」，〈離騷〉「雖不周於今之人兮」，王注曰「周，合也」是也。《論語・為政篇》云：「君子周而不比，小人比而不周。」蓋「周」與「比」皆訓為親、為密、為合。故辨別之如是。以義合者，周也；以利合者，比也。其合同，其所以合者則異，猶〈子路篇〉「君子和而不同，小人同而不和」，亦為「和」、「同」字義相近故辨之也。〈子路篇〉又云：「君子泰而不驕，小人驕而不泰。」「驕」、「泰」字義亦相近，故辨之。蓋世皆言「比周」，不知「比」與「周」異，君子周而不比，小人比而不周也。世皆言「和同」，不知「和」與「同」異，君子和而不同，小人同而不和也。世皆言「驕泰」，不知「驕」與「泰」異，君子泰而不驕，小人驕而不泰也。〈晉語〉：「吾聞事君者，比而不黨。夫周以舉義，比也；舉以其私，黨也。籍偃曰：『君子有比乎？』叔向曰：『君子比而不別，比德以贊事，比也；引黨以封己，利己而忘君，別也。』」彼之所謂「比」，即此之所謂「周」，「周以舉義」者也，「比德以贊事」者也；彼之所謂「黨」，即此之所謂「比」，「舉以其私」者也，「引黨以封己」者也。「比」與「黨」相近，則辨之曰「比

---

[13] 〔宋〕朱熹：《四書章句集注》（北京：中華書局，1983年），論語集注卷1，頁57。
[14] 黃懷信：《論語彙校集釋》（上海：上海古籍出版社，2008年），卷2，頁153。

而不黨」;「比」與「別」相近,則辯之曰「比而不別」,文義正與此相類也。孔《注》訓「周」為忠信,孫綽訓為理備,皇侃訓為博遍,皆失之。[15]

王引之在以上考辨,已舉《左傳・文公十八年》之文與《論語・為政》為例,可見二書所載關於「比」、「周」二字,正可互相發明。大抵「比」、「周」二字皆有合之義,其差異在於以何事而合,以義而合者為「周」,以利相合者為「比」。較之朱熹注而言,釋義更為深入可信,言之誠是。王引之以為《論語集解》所引孔安國注,以及皇侃《論語義疏》之釋義皆非是,可參。

> 例6:或曰:「雍也仁而不佞。」子曰:「焉用佞?禦人以口給,屢憎於人。不知其仁,焉用佞?」(5.5/9/14)《左傳・成公十三年》:「寡人不佞。」孔穎達《疏》引《論語》:「焉用佞?禦人以口給,屢憎於人。」(27/873)

案:孔穎達疏在於援引《論語》,以釋《左傳・成公十三年》之「不佞」一詞。楊伯峻云:「不佞,當時習語,十六年傳『諸臣不佞』、昭二十年傳『臣不佞』、〈魯語上〉『寡君不佞』皆可證。不佞,猶言不才,不敏。」[16]可見楊氏乃以「不才」、「不敏」解釋「不佞」一詞。《左傳・成公十三年》所載「寡人不佞」句,語出晉厲公之使呂相,此乃《左傳》名篇「呂相絕秦」之文。當時,呂相奉晉厲公之名,出使秦國,正式宣佈與秦絕交。文章華美,措辭激昂。此處所謂「寡人不佞」,乃以晉厲公的角度而言之。觀乎孔穎達此疏,其云:

> 服虔云:「佞,才也。不才者,自謙之辭也。」《論語》云:「焉用佞?禦人以口給,屢憎於人。」則佞非善事。而以不佞為謙者,佞是口才捷利之名,本非善惡之稱。但為佞有善有惡耳,為善敏捷是善佞,為惡敏

---

15 〔清〕王引之:《經義述聞》(上海:上海古籍出版社,2016年),弟三十一,頁1873-1875。
16 楊伯峻:《春秋左傳注》(北京:中華書局,1990年),頁865。

捷是惡佞。但君子欲訥於言而敏於行,言之雖多,情或不信,故云「焉用佞」耳。[17]

可見引《論語》「焉用佞?禦人以口給,屢憎於人」為說,「佞」即有口才之意,則《左傳》之「不佞」即沒有口才之意。此雖出呂相絕秦之文,但以晉厲公之語氣出之,全文謂「君若不施大惠,寡人不佞,其不能諸侯退矣。敢盡布之執事,俾執事實圖利之」,意即君王如果不肯施予大恩,寡人欠缺口才,就不能率領諸侯退走了。晉厲公謹將詳情悉數報告予執事,請執事仔細權衡利弊!「佞」可釋為口才,亦可引伸為才能,借《論語》之文可以發明《左傳》之意。

例7:子貢曰:「管仲非仁者與?桓公殺公子糾,不能死,又相之。」子曰:「管仲相桓公,霸諸侯,一匡天下,民到于今受其賜。微管仲,吾其被髮左衽矣。豈若匹夫匹婦之為諒也,自經於溝瀆而莫之知也?」(14.17/38/23)《左傳·成公二年》:「五伯之霸也。」孔穎達《疏》引《論語》:「管仲相桓公,霸諸侯。」(25/803)

案:此句《左傳·成公二年》之文,乃在著名的鞌之戰裡。在這段文字裡,賓媚人言「五伯之霸也,勤而撫之,以役王命」,意謂五霸之所以能夠成就霸業,乃因他們勤勞而安撫諸侯,共同為周天子效命。此言「五伯」,杜預注:「夏伯昆吾,商伯大彭、豕韋,周伯齊桓、晉文。」[18]陸德明《經典釋文》引用或說,以為五伯乃「齊桓、晉文、宋襄、秦穆、楚莊」。[19]楊伯峻《春秋左傳注》云:「杜注是。說詳劉文淇《疏證》。後說至戰國始有,如《孟子·告子下》『五霸桓公為盛』是其例。」[20]孔穎達疏引《論語》,所言乃是齊桓公之稱

---

[17] 《春秋左傳注疏》,《十三經注疏(整理本)》,卷27,頁873-874。
[18] 《春秋左傳注疏》,《十三經注疏(整理本)》,卷25,頁803。
[19] 〔唐〕陸德明:《經典釋文》(北京:中華書局,1983年),春秋左氏音義之三,頁7a。
[20] 《春秋左傳注》,頁798。案:劉文淇說參《春秋左氏傳舊注疏證》(北京:科學出版社,1959年),頁785-786。

霸,今據兩種五霸之說,齊桓公皆在其中,可見孔穎達作疏時之矜慎。有關齊桓公之霸,《論語》多有論述,關鍵在於管仲輔佐齊桓公之功。在《論語》裡,因管仲之故,齊桓稱霸多有關注;《漢書‧古今人表》為古人分等第,只要《論語》有載之人物,悉據《論語》,列齊桓公為第五等(中中)。據《論語‧憲問》14.15所載,孔子對二人之評價大抵以齊桓公較高。其曰:

  子曰:「晉文公譎而不正,齊桓公正而不譎。」(14.15)

譎,詭詐;正,正直。晉文公之詭詐,如《左傳‧僖公二十八年》天王狩於河陽之事,晉文公實召天子而使諸侯朝之,以臣召君。[21]齊桓公之正直,則如《左傳‧僖公四年》,齊桓公伐楚,責其苞茅不入於周室,義正詞嚴。[22]據此大抵孔子以為齊桓公較晉文公為佳。然而,《漢書‧古今人表》廁齊桓公於第五等,晉文公為第四等,與《論語》之評價顯有不同。又〈古今人表〉篇首云:「齊桓公,管仲相之則霸,豎貂輔之則亂。可與為善,可與為惡,是謂中人。」[23]可知齊桓公易受大臣疏擺,乃中中之人,賢人輔之則善,無德者輔之則惡。班固特於篇首加以說明,知其不以《論語》所載為據矣。朱一新《漢書管見》云:「齊桓晚節不終,故居於次。管仲相之則伯,豎刁輔之則亂,可善可惡,是為中人列於五等之故。班氏已明言之矣。桓之伯由於仲,今列仲於上中,則非不知伯首之功盛也。仲列於仁人,即孔子許仲為仁之意。」[24]朱氏以為班固列管仲於第二等「上中仁人」,列齊桓公於第五等,乃在表明管仲之功。朱說是也。管仲,《漢書‧古今人表》列第二等「上中仁人」。[25]在《論語》中,孔子曾稱許七人為仁,[26]其中論述較為詳審有二,一為顏淵,一為管

---

21 《春秋左傳注疏》,《十三經注疏(整理本)》,卷16,頁525-527。
22 《春秋左傳注疏》,《十三經注疏(整理本)》,卷12,頁376-381。
23 〔漢〕班固:《漢書》(北京:中華書局,1962年),卷20,頁861。
24 朱一新:《漢書管見》,載吳平、曹剛華、查珊珊輯:《漢書研究文獻輯刊》(北京:國家圖書館出版社,2008年),第六冊,卷2,頁15b。
25 〔漢〕班固:《漢書》,卷20,頁907。
26 此七人分別為微子、箕子、比干(18.1)、伯夷、叔齊(7.15)、管仲(14.9、14.16、14.17)、顏淵(6.7)。

仲。《論語》有關管仲之評價具見以下四章：

> 子曰：「管仲之器小哉！」或曰：「管仲儉乎？」曰：「管氏有三歸，官事不攝，焉得儉？」「然則管仲知禮乎？」曰：「邦君樹塞門，管氏亦樹塞門。邦君為兩君之好，有反坫，管氏亦有反坫。管氏而知禮，孰不知禮？」（3.22）
>
> 或問子產。子曰：「惠人也。」問子西。曰：「彼哉！彼哉！」問管仲。曰：「人也。奪伯氏駢邑三百，飯疏食，沒齒無怨言。」（14.9）
>
> 子路曰：「桓公殺公子糾，召忽死之，管仲不死。」曰：「未仁乎？」子曰：「桓公九合諸侯，不以兵車，管仲之力也。如其仁，如其仁。」（14.16）
>
> 子貢曰：「管仲非仁者與？桓公殺公子糾，不能死，又相之。」子曰：「管仲相桓公，霸諸侯，一匡天下，民到于今受其賜。微管仲，吾其被髮左衽矣。豈若匹夫匹婦之為諒也，自經於溝瀆而莫之知也？」（14.17）

如就《論語‧憲問》所引三章觀之，孔子對管仲評價甚高，以為其不徇舊主（公子糾），反而輔佐桓公，能令百姓受其恩惠。時人似乎對管仲之行為有所非議，以為「未仁乎」，惟孔子則謂管仲乃仁。阮元云：「管仲不必以死子糾為仁，而以匡天下為仁，蓋管仲不以兵車會諸侯，使天下之民無兵革之災，保全生民性命極多。仁道以愛人為主，若能保全千萬生民，其仁大矣。故孔子極許管仲之仁，而略其不死公子糾之小節也。」[27]阮元言是。至於〈八佾〉所引，孔子明確批評管仲不知禮。準此，是管仲一人，而孔子評價迥異。徐剛以為「孔子責管仲以非禮，是就實際發生的事實而言；他許管仲以仁，是看到管仲的實質，深明大義」。[28]徐說有理可參。《漢書‧古今人表》將管仲列為第二等「上中仁人」，明顯是《論語‧憲問》所引三章之結論，班固以管仲為「仁」，實與孔子之想法相符。翁聖峰云：「在儒家之外，除管仲居二等，李悝、田子

---

27 〔清〕阮元：〈論語論仁篇〉，《揅經室集》，一集卷8，頁190。
28 徐剛：《孔子之道與論語其書》（北京：北京大學出版社，2009年），頁231。

方、西門豹在三等，其他諸家均被列在四等以下。」[29]翁說可補。此因班固所據乃係《論語》，孔子既許管仲為仁人，則班固自是列之「上中仁人」，此實班氏據孔子立說之明證，而不在管仲本身是否儒家。[30]

> 例8：陳亢問於伯魚曰：「子亦有異聞乎？」對曰：「未也。嘗獨立，鯉趨而過庭。曰：『學《詩》乎？』對曰：『未也。』『不學《詩》，無以言。』鯉退而學《詩》。他日，又獨立，鯉趨而過庭。曰：『學禮乎？』對曰：『未也。』『不學禮，無以立。』鯉退而學禮。聞斯二者。」陳亢退而喜曰：「問一得三，聞《詩》，聞禮，又聞君子之遠其子也。」（16.13/47/3）《左傳・昭公七年》：「禮，人之幹也。無禮，無以立。」（B10.7.12/340/12）
>
> 孔子曰：「不知命，無以為君子也；不知禮，無以立也；不知言，無以知人也。」（20.3/58/3）《左傳・昭公七年》：「禮，人之幹也。無禮，無以立。」（B10.7.12/340/12）

案：學禮，乃用以立身處世，《論語・季氏》與〈堯曰〉兩言之。《左傳・昭公七年》謂「禮，人之幹也。無禮，無以立」，指出禮猶如人的軀幹，沒有禮就不能夠立身處世。此言出自孟僖子。當時，孟僖子因為自己不能相禮而羞愧，於是學習禮儀，凡是有能精擅禮儀者，孟僖子便願意跟他學習。及至孟僖子將去世時，召集了屬下大夫們，說了禮的作用。《論語》兩見「不知禮，無以立」之語，首見孔門弟子陳亢與孔子兒子孔鯉之對話中。陳亢向孔鯉查問，未知其在老師那兒，會否學到與眾不同的內容。孔鯉以為沒有，唯獨孔子曾經獨站庭中，孔鯉恭敬地走過，而孔子問道學詩沒有，當孔鯉答道沒有之時，孔子便說不學詩就不會說話。於是，孔鯉便退回學詩了。過了幾天，孔子又獨立庭中，孔鯉再次恭敬地走過。孔子問道學禮沒有，而孔鯉答道沒有之時，孔子指出不

---

29 翁聖峰：〈《漢書・古今人表》試論〉，《輔仁國文學報》第13卷（1998年），頁194。
30 有關《漢書・古今人表》與《論語》之關係，詳參拙作〈「表章正學，有功名教」──論班固《漢書・古今人表》品評人物與《論語》之關係〉，《九州學林》第39卷（2018年），頁3-35。

學禮，便沒有立足社會的依據了。於是，孔鯉便退回學禮。孔鯉以為自己所學與其他弟子不同唯有此二事。陳亢聽了孔鯉的回答後，十分高興，以為自己問了一件事，卻知道了三件事，那便是詩為何物，禮為何物，以及知道君子對他兒子的態度。此外，《論語・堯曰》所載，則較為簡單直接，以為不知命運便沒有可能作為君子，不知禮便沒有可能立足於社會，不懂分辨別人言語便沒有可能認識人。結合兩書合共三見禮的作用，可見學禮可以使人立足於社會，乃人類立身處世的重要工具。邢昺云：「以禮者，恭儉莊敬。人有禮則安，無禮則危，故不學之，則無以立其身也。」[31]邢氏所言是也，正是「禮」的功用。

四、補充《左傳》史料

先秦之時，經史不分，後世雖目《左傳》為經書，然而《左傳》載錄春秋史事，卻是不爭之事實。《論語》成書時代或稍後，誠如李零云：「前人辨偽，於各書的可信度向有成說，如研究孔子生平，學者習慣上認為，只有《論語》是真孔子言，《左傳》、《孟子》、大小戴《記》次之，諸子皆可疑，《史記》等漢代人的說法又等而下之。這種看法有一定道理，但不能奉為規矩準繩。《孔子家語》和《孔叢子》，在學者心目中，一向是與《古論》、《古文尚書》及孔安國傳屬於同一組懷疑對象，但從出土竹簡看，還是很有所本。」[32]據此，是《論語》乃屬較為可靠之孔子生平資料，進言之，亦是春秋時代較為可靠的史料。因此，同屬春秋歷史材料，《論語》實有可以補充《左傳》者，今舉例如下。

> 例9：子曰：「甯武子，邦有道，則知；邦無道，則愚。其知可及也，其愚不可及也。」（5.21/11/5）《左傳・文公四年》：「臣以為肆業及之也。」杜預《注》：「魯人失所賦，甯武子佯不知，此其愚不可及。」孔穎達《疏》引《論語》：「甯武子其知可及，其愚不可及。」（18/579）

---

31 《論語注疏》，《十三經注疏（整理本）》，卷16，頁262。
32 李零：《喪家狗：我讀〈論語〉》，頁1注2。

案：此言有關衛國甯武子之為人，在《左傳》事見文公四年，其云：「衛甯武子來聘，公與之宴，為賦〈湛露〉及〈彤弓〉。不辭，又不答賦。使行人私焉。對曰：『臣以為肄業及之也。昔諸侯朝正於王，王宴樂之，於是乎賦〈湛露〉，則天子當陽，諸侯用命也。諸侯敵王所愾，而獻其功，王於是乎賜之彤弓一、彤矢百、玈弓矢千，以覺報宴。今陪臣來繼舊好，君辱貺之，其敢干大禮以自取戾？」[33] 此言甯武子來魯國聘問，魯文公與之飲宴，更為甯武子賦〈湛露〉與〈彤弓〉。但甯武子沒有辭謝，又不賦詩回答。於是，文公派外交人員私下詢問甯武子，甯武子回答，自言以為那是在練習學業而演奏的。從前諸侯正月去京師向天子朝賀，天子設宴奏樂，此時而賦〈湛露〉，表示天子朝南對著太陽治事，諸侯聽命效勞。諸侯把天子所憤恨的人作為敵人，獻上自己的功勞。天子因此而賜給他們紅色的弓一把，紅色的箭百枝，黑色的弓十把，黑色的弓千枝，用來彰顯他們的功勞和慶功的宴會。甯武子自言希望繼續過去的友好關係，蒙君王賜宴，豈敢犯大禮以自取罪孽。甯武子的為人，上引《論語・公冶長》之文嘗載之，孔子以為甯武子此人，在國家太平時節便聰明，在國家昏暗時便裝傻；甯武子的聰明，別人趕得上；他的裝傻，別人就趕不上了。杜預注指出甯武子在魯人失所賦之時，便是佯作不知，這正是他的那種別人趕不上的裝傻。由此可見《論語》之文補充了讀者對甯武子的認識。邢昺疏引《左傳・文公四年》此文以釋《論語・公冶長》此章，[34] 誠為卓識。李零說：「邦有道就聰明，邦無道就糊塗，這是韜晦之計。孔子說，甯武子會這一套。他是聰明好學，糊塗難學。」[35] 此言有理，孔子與甯武子之性情相去甚遠。

例10：陳司敗問昭公知禮乎？孔子曰：「知禮。」孔子退，揖巫馬期而進之，曰：「吾聞君子不黨，君子亦黨乎？君取於吳，為同姓，謂之吳孟子。君而知禮，孰不知禮？」巫馬期以告。子曰：「丘也幸，苟有過，人必知之。」（7.31/17/14）《左傳・哀公十二

---

33 《春秋左傳注疏》，《十三經注疏（整理本）》，卷18，頁579-580。
34 參自《論語注疏》，《十三經注疏（整理本）》，卷5，頁73。
35 李零：《喪家狗：我讀〈論語〉》，頁124。

年》:「孟子卒。」孔穎達《疏》引《論語》:「君取於吳為同姓,謂之吳孟子。」(59/1915)

案:《左傳・哀公十二年》記載「孟子卒」,這裡的孟子指的是魯昭公的夫人孟子。《春秋》以一字褒貶,此處但言「孟子」,便屬此等情況,《論語・述而》所載正可以作補充。陳司敗向孔子問魯昭公懂不懂禮,孔子起初回答說懂禮。孔子走了出來,陳司敗便向孔門弟子巫馬期作了個揖。請他走近自己,然後指出君子理當無所偏袒,可是孔子竟然偏袒魯君。魯君從吳國迎娶女子,而吳、魯為同姓國,故不便叫她做吳姬,便叫她做吳孟子。如果魯君懂得禮,便沒有人不懂得禮了。巫馬期將陳司敗所言轉告孔子。孔子以為自己十分幸運,犯了錯誤,別人一定會公開指出。《論語》所載完美地解釋了為何《左傳》只書寫了「孟子卒」三個字。又,《左傳・哀公十二年》原文云:「昭夫人孟子卒。昭公娶于吳,故不書姓。死不赴,故不稱夫人。不反哭,故言不葬小君。孔子與弔。」[36] 此言昭公夫人所以只稱「孟子」,乃因昭公在吳國娶了姬姓女,故不書寫其姓;及至其死,沒有發出訃告,故不稱她為夫人;吳孟子安葬後,沒有到祖廟哭弔,故不記載其安葬小君。由於孔子有參加此弔唁之事,故對事情原委自是知悉。如此敘述,反過來補充說明了《論語》,可見表裡《論語》,以經證經的釋義之法。孔穎達疏援引《論語》,解釋了「孟子」實即「吳孟子」,不用「吳」字。楊伯峻云:

> 春秋時代,國君夫人的稱號一般是所生長之國名加她的本姓。魯娶於吳,這位夫人便應該稱為吳姬。但「同姓不婚」是周朝的禮法,魯君夫人的稱號而把「姬」字標明出來,便是很顯明地表示出魯君的違背了「同姓不婚」的禮制,因之改稱為「吳孟子」。[37]

---

36 《春秋左傳注疏》,《十三經注疏(整理本)》,卷59,頁1916。
37 楊伯峻:《論語譯注》,頁75。

據此，知《左傳》所以書之為「孟子」的因由，《論語》所載補充了《左傳》未有詳細解釋之處。

五、結語

　　《左傳》與《論語》同為十三經之一，誠如東漢趙岐所言，《論語》之書乃是「五經之錧鎋，六藝之喉衿」；[38]張高評教授《左傳導讀》以為《左傳》乃是「表裡《論語》，並云：「聖人之心法，具見於《論語》；左氏既與孔子同恥，故左氏作《傳》，其所稱述，多與《論語》相表裡。」[39]由是觀之，是《左傳》與《論語》關係密切，可並觀之而細作討論。據上文所述，可總之如下：

1. 有關《左傳》作者之討論，自書成以來，聚訟紛紜，未有定論。然而，考諸《左傳》有援引孔子所言，而《論語》更有言及左丘明，孔子與其同恥。且二書皆載春秋之人和事，是二書關聯必定密不可分，毋庸置疑。至於《論語》之書，成書年代雖亦未有定讞，然書中所載有及於春秋史事，卻毫無疑問，故可與《左傳》相合看。

2. 《左傳》援引孔子話語甚多，有見於《論語》者，亦有《論語》所不載者。蓋先秦兩漢典籍引用孔子說話甚多，《論語》僅屬記載孔子言語之一途。且《左傳》所引亦僅孔子說話而已，而非出自《論語》一書，或許《左傳》與《論語》同載孔子說話，而皆其源有自，不主一書。先秦兩漢典籍多有互見文獻之狀況，此一例也。

3. 在《論語》敘述看來，左丘明乃是與孔子同時代而稍早的人，然而《春秋》編成，方可有《左傳》。《春秋》載事至於魯哀公十六年，而孔子卒於魯哀公十四年，《左傳》則載事至哀公二十七年。今見《左傳》有援引孔子語，則左丘明與孔子時代之先後，或可再作深思。

38　《孟子注疏》，《十三經注疏（整理本）》，孟子注疏題辭解，頁10。
39　張高評：《左傳導讀》，頁208。

4. 《左傳》載春秋史事，能夠援及孔子話語；同樣，《論語》多載孔門師生的對話，亦有兼及春秋史事。《左傳》所載，較諸《論語》所載同時或稍早；《左傳》篇幅亦遠較《論語》為多，職是之故，本文以為稍後的《論語》可以發揮《左傳》之義，以及可據《論語》補充《左傳》未備之處。

5. 《論語》初非經書，只在諸子之部，但在兩漢人之傳授與學習過程裡，可見在通五經前皆先能通《論語》，則《論語》之重要性，以及其與諸經之間循序漸進的關係，卻在在可見。東漢趙岐為《孟子》作注，成《孟子章句》，同時亦撰有〈《孟子》題辭〉一文。此中以為《論語》是「五經之錧鎋，六藝之喉衿」，[40]可見明白《論語》是通讀諸經之關鍵。今見《左傳》注釋，如杜預、孔穎達；《論語》之注釋，如邢昺等，皆嘗援《論》解《左》，以及援《左》解《論》，即可見二書可以相互發明矣。

6. 《左傳》雖為經書，然其史學價值甚高，在春秋時代之史籍裡，《左傳》至為重要。《論語》初後子書，後入經部，同樣具備豐厚的史學價值。並據二書，可以得見更全面的春秋政治、社會、民生等各種面貌。相較而言，《左傳》篇幅更長，所載史事自多，惟據上文考證，《論語》仍有可足補充《左傳》之處，則為《論語》之另一用途矣。

---

40 《孟子注疏》，《十三經注疏（整理本）》，孟子注疏題辭解，頁10。

徵引書目

《十三經注疏（整理本）》，北京：北京大學出版社，2000年。

王引之：《經義述聞》，上海：上海古籍出版社，2016年。

王國維：《觀堂集林》，北京：中華書局，1959年。

司馬遷：《史記》，北京：中華書局，1982年。

朱一新：《漢書管見》，載吳平、曹剛華、查珊珊輯：《漢書研究文獻輯刊》，北京：國家圖書館出版社，2008年，第六冊。

朱　熹：《四書章句集注》，北京：中華書局，1983年。

李　零：《喪家狗：我讀〈論語〉》，太原：山西人民出版社，2007年。

阮　元：《揅經室集》，北京：中華書局，1993年。

唐明貴：《論語學的形成、發展與中衰》，北京：中國社會科學出版社，2005年。

徐　剛：《孔子之道與論語其書》，北京：北京大學出版社，2009年。

班　固：《漢書》，北京：中華書局，1962年。

翁聖峰：〈《漢書‧古今人表》試論〉，《輔仁國文學報》第13卷，1998年，頁177-211。

高尚舉、張濱鄭、張燕：《孔子家語校注》，北京：中華書局，2021年。

張高評：《左傳導讀》，臺北：五南圖書出版股份有限公司，2019年。

陸德明：《經典釋文》，北京：中華書局，1983年。

黃懷信：《論語彙校集釋》，上海：上海古籍出版社，2008年。

楊伯峻：《春秋左傳注》，北京：中華書局，1990年。

楊伯峻：《論語譯注》，北京：中華書局，1980年。

劉文淇：《春秋左氏傳舊注疏證》，北京：科學出版社，1959年。

劉寶楠：《論語正義》，北京：中華書局，1990年。

潘銘基：〈「表章正學，有功名教」——論班固《漢書‧古今人表》品評人物與《論語》之關係〉，《九州學林》第39卷，2018年，頁3-35。

出土文獻與史學研究

《左傳・昭公六年》叔向致子產書新詮

古育安

國立政治大學中國文學系助理教授

一、前言

　　《左傳・昭公六年》記載了一封叔向致子產的信，內容以「昔先王議事以制，不為刑辟，懼民之有爭心也」這句話為主軸，對「鄭人鑄刑書」一事提出批評。關於此段內容的文義及所反映的古代制度、觀念，歷來經史學者多有不同詮釋，當代法制史學界則據以探討古代中國「成文法」之形成與發展諸問題。然而，此信最基本、最關鍵的內容，如「議事以制」的具體內涵、「刑辟」與三代「刑書」的性質、子產所制「參辟」的性質，及叔向關於「治民」的看法，仍有討論空間。本文不揣淺陋，擬對以上問題作一補充討論，希望能釐清這些關鍵內容的文義，並以此為基礎，談談叔向對春秋時期政治觀念變遷的現實關懷與理想寄託。

二、「議事以制」與叔向理想的寄託

　　《左傳・昭公六年》記載「鄭人鑄刑書」一事，此事未見於《春秋》，《左傳》錄有叔向致子產論其不可之信，內容如下：

---

* 臺北：臺北市立大學出版中心，2024年12月，頁189-211。
　本文得到會議主持人徐富昌教授、評論人陳逸文教授及兩位匿名審查人的批評與指正，特此致謝。匿名審查人提出許多建設性的意見，皆甚有啟發性，惟稿件修訂時間較為倉促，難以詳論，筆者日後將另文開展。

> 三月,鄭人鑄刑書。叔向使詒子產書,曰:
> 始吾有虞於子,今則已矣。昔先王議事以制,不為刑辟,懼民之有爭心也。猶不可禁禦,是故閑之以義,糾之以政,行之以禮,守之以信,奉之以仁;制為祿位,以勸其從;嚴斷刑罰,以威其淫。懼其未也,故誨之以忠,聳之以行,教之以務,使之以和,臨之以敬,涖之以彊,斷之以剛;猶求聖哲之上、明察之官、忠信之長、慈惠之師,民於是乎可任使也,而不生禍亂。民知有辟,則不忌於上,並有爭心,以徵於書,而徼幸以成之,弗可為矣。
> 夏有亂政而作《禹刑》,商有亂政而作《湯刑》,周有亂政而作《九刑》,三辟之興,皆叔世也。
> 今吾子相鄭國,作封洫,立謗政,制參辟,鑄刑書,將以靖民,不亦難乎?《詩》曰:「儀式刑文王之德,日靖四方。」又曰:「儀刑文王,萬邦作孚。」如是,何辟之有?民知爭端矣,將棄禮而徵於書,錐刀之末,將盡爭之。亂獄滋豐,賄賂並行。終子之世,鄭其敗乎?肸聞之,「國將亡,必多制」,其此之謂乎![1]

叔向此信因子產「鑄刑書」而發,其內容卻未侷限於刑罰問題,而是談刑罰與治國之間的關係,並扣緊「治民」此一主題。「昔先王議事以制,不為刑辟,懼民之有爭心也」是整個論述的起點,是理解此信內涵的關鍵,以下從「議事以制」談起。

歷來關於「議事以制」的說法也包括偽古文《尚書‧周官》「學古入官,議事以制,政乃不迷」的「議事以制」,[2]寧全紅先生已有詳細的整理,指出古代學者對於「議」不存在分歧,「以制」的說法則有「以古制」、「以裁斷」、「以古制裁斷」三類,而對「古制」內涵的詮釋也不一致,有制度、古事、古義、古之義理議論等。[3]古代學者關於「議」字僅於串講文義中略作解釋,王引之指出

---

[1] 楊伯峻:《春秋左傳注(修訂本)》(北京:中華書局,2018年),頁1410-1414。
[2] (偽)孔安國傳,孔穎達疏:《尚書正義》(北京:北京大學出版社,1999年),頁486。
[3] 參寧全紅:《春秋法制史研究》(成都:四川大學出版社,2009年),頁64-72。

「議」讀為「儀」，訓為「度」，《說文》「儀，度也」，文獻中「儀」、「度」多互文見義，「議」也與「程」、「量」互文，以為「『儀度』之『儀』，古通作『議』。」[4] 趙生群先生則據《說文》「議，語也。一曰謀也」，以為「議」本有「謀度」之義。[5]《爾雅·釋詁》「度，謀也」，[6]「議事以制」之「議」解釋為「謀度」應無問題。至於「事」字本無特指，從後文「民知有辟，則不忌於上，並有爭心以徵於書」及「民知爭端矣，將棄禮而徵於書，錐刀之末，將盡爭之。亂獄滋豐，賄賂並行」來看，此「事」應指「刑獄之事」。「議事」意為「謀度刑獄之事」，也可解釋為「審度刑罰」，與後文的「嚴斷刑罰」呼應。

古代學者對「以制」的說法較籠統，未能考慮語法問題，寧先生透過語法分析釐清此字的詞性，是比較準確的作法。他指出「以」有兩種理解，即「連詞連接兩個動詞構成連動式」或「連接一個名詞對這個動賓結構補充說明」，並舉出《左傳》「動賓結構+以+名詞」之例，如「撫小民以信，訓諸司以德，而威莫敖以刑也」、「吾懼君以兵」、「招攜以禮，懷遠以德」等，判定後者為是。確切的說，兩種理解的區別在於「以」是「連詞」還是「介詞」，[7] 若為連詞，「議事」與「制」是順承關係，表示先王「議事」去「制（決斷、裁決）」，若為介詞，則「以」引介的賓語是名詞「制」，表示先王憑藉「制（古制）」來「議事」。

本文也認為後者為是。信中批判的「鑄刑書」是指子產制定並公布「參辟」之事，[8] 叔向以「為刑辟」比擬「鑄刑書」，「不為刑辟」是指不制定「刑辟」（不制定則無公布問題）。若「以」是「介詞」，則「議事以制，不為刑辟」指「議事」的關鍵是依靠「制」而非「刑辟」，若「以」是「連詞」，則變為透過「議事」而非「刑辟」斷獄，叔向要表達的究竟是因為「制」而不須「刑辟」，還是因為「議事」而不須「刑辟」？兩種理解似乎都說得通，然而

---

4 王引之：《經義述聞》（上海：上海古籍出版社，2018年），頁1100。
5 趙生群：《《左傳》疑義新證》（北京：人民文學出版社，2013年），頁329-330。
6 〔東晉〕郭璞注，邢昺疏：《爾雅注疏》（臺北：臺灣古籍，2001年），頁16。
7 「以」原為動詞，其後虛化為介詞、連詞，春秋戰國時期「以」字已很少作動詞使用，相關討論及用例參郭錫良：〈介詞「以」的起源和發展〉，《古漢語研究》1998年第1期（總第38期）。
8 孔穎達疏曰：「制參辟、鑄刑書，是一事也，為其文，是制參辟；勒于鼎，是鑄刑書也。」參〔西晉〕杜預注，孔穎達疏：《春秋左傳正義》（北京：北京大學出版社，1999年），頁1228。

「刑辟」對應的是「制（古制）」還是「議事（斷獄方法）」，句法上屬於不同的表述，無法模稜兩可。從後文看，叔向嚮往的理想境界是「儀式刑文王之德」、「儀刑文王」，則天下便不須有「刑辟」，不須有「刑辟」的原因並非在斷獄時採取「議事」的方式，而是人人皆能效法文王之德，這是理想的狀況。實際運作則是「議事以制，不為刑辟」，以及在「猶不可禁禦」的狀況下採取教化與刑賞的方式引導人民成為「可任使」的良民，如此亦不須有「刑辟」，因此「昔先王議事以制」應該也與「教化」有關，先王之所以「不為刑辟」應該是因為「依據古制議事」，而非「用議事的方式斷獄」。

關於「制」的內涵，寧全紅先生綜合古代學者的解釋，指出「議事以制」可以理解為古代執政者以「古之義理議論」議處糾紛，而透過《左傳》中斷獄的事例可知，這些「古之義理議論」一般指「詩、歌、誥令以及口傳史書等等形事所流傳下來的古代執政者的經驗之談或者是他們根據執政經驗對於後世的諄諄告誡」，不少內容出自《詩》、《書》之類文獻。《國語·周語上》的「賦事行刑，必問於遺訓而咨於故實」就是「議事以制」，而代表性的例子是《左傳·昭公十四年》叔向據《夏書》中的「皋陶之刑」斷「刑侯之獄」的事件。[9]

寧先生對「制」已有詳盡的討論，本文再作一些補充。其實「議事以制」與《論語·為政》的「為政以德」不僅句法結構相同，二者也是治民之道的一體兩面，「為政」、「議事」分指「政」、「刑」，「德」是價值、典範，「制」是承載價值、典範的具體內容，記載於典冊之中，信中的「議事以制」與「儀式刑文王之德」前後呼應，可以互相發明。周人「德」的最高典範是文王，文獻中頌揚「文王之德」的文字非常多，金文則有「今我唯即刑稟于文王正德」（《大盂鼎》），叔向所引用的「儀式刑文王之德」，今本作「儀式刑文王之典」（〈周頌·我將〉），「文王之典」又見於「維清緝熙，文王之典。肇禋，迄用有成，維周之禎」（〈周頌·維清〉），「典」為「典型」之義，「文王之德」指文王言、行所體現的價值，「文王之典」則是指文王言、行內容所樹立的典範。周人崇敬祖先、古聖，這些先聖、先王的言、行著之於典冊，便成為後世為政依循的

9　參寧全紅：《春秋法制史研究》，頁74、83-87、90-115。

典法，今天所見的「書」類文獻應該就是此類內容，其中包含大量古代聖王、名臣關於為政及刑罰規範的言、行內容。「議事」所依據的「制」應該就是此類內容。

綜上所述，「議事以制」可以解釋為「依據古代的典法謀度刑獄之事」，「昔先王議事以制」至「民於是乎可任使也，而不生禍亂」一段大意為：先王依據古代的典法審度刑罰，不制定量刑、用刑之法，以避免人民知法而爭，若仍未能禁絕犯罪之事，則透過德教與刑賞，導民於正；「議事以制」呼應後文的「儀式刑文王之德」，也是叔向政治理想的寄託。

三、「刑辟」與叔向對三代「刑書」的想像

「刑辟」在信中可簡稱為「辟」，提及載體則稱「刑書」、「某刑」。「刑」、「辟」皆可訓為「法度」之「法」，一般將「刑辟」理解為義近詞連用而直接解釋為「法」；然而「刑」也有「刑罰」之義，從後文所述可知，叔向認為民知「辟」會導致「亂獄滋豐，賄賂並行」，可知此「刑辟」應該是指「刑罰」之「法」，即量刑、用刑之法，簡稱為「辟」也是同樣的意思。

叔向以「為刑辟」比擬子產「制參辟」，可知叔向的「刑辟」、「辟」所指與「參辟」同類，叔向又將「參辟」聯繫到三代末世之「辟」，可知在叔向的認知中，三者應有同質性、可比性。叔向可以親見「參辟」，當知其內容，而「三辟」為三代之「辟」，年代久遠，叔向能掌握多少，不得而知。由於子產之「參辟」已經失傳，而與「三辟」有關的材料較少，考察不易，若要釐清二者的性質與關係，只能先從有限的材料中界定「三辟」的性質，再推想叔向是如何理解「三辟」並將之與「參辟」作連結。

叔向所謂「三辟」指夏之《禹刑》、商之《湯刑》及周之《九刑》，其中只有《九刑》的內容有跡可循。[10]《左傳・文公十八年》魯大史克曰：

---

10 楊伯峻注提到〈呂刑〉有「訓夏贖刑」，文獻中亦有關於商代之刑的佚文，也提到大史克所述，參楊伯峻：《春秋左傳注（修訂本）》，頁1412。其中只有大史克之言提到《九刑》可以聯繫，其他雖有可能是《禹刑》、《湯刑》的內容，但無從考證。

> 先君周公……作「誓命」曰:「毀則為賊,掩賊為藏。竊賄為盜,盜器為姦。主藏之名,賴姦之用,為大凶德,有常,無赦。」在《九刑》不忘。[11]

一般將此《九刑》與叔向提到的《九刑》及《逸周書‧嘗麥》的「刑書九篇」聯繫在一起。李學勤先生指出「毀則為賊」至「有常無赦」為《九刑》佚文,認為〈嘗麥〉文字多與西周早期金文類似,且典故與〈呂刑〉呼應,可能是穆王初年的作品,進一步指出「刑書九篇」即《九刑》,是根據周初的刑書修訂,因此收有周公「誓命」內容。[12]本文同意李先生的說法,類似的刑罰敘述也見於《尚書‧康誥》及〈費誓〉,〈康誥〉稱之為「文王作罰」。叔向所謂「三辟」應該是當時流傳的三種「刑書」,內容為聖王名臣刑罰敘述的整理彙編,而《禹刑》、《湯刑》未必成於夏、商,也可能是整理典籍中的夏、商刑罰資料託名禹、湯之作。[13]

《九刑》為穆王所作,然而《禹刑》、《湯刑》為何時所作不得而知,何以叔向連類並論,或可討論。先秦文獻中明確指出三代衰世的文字見於《國語‧周語下》:

> 衛彪傒適周,聞之,見單穆公曰:「萇、劉其不歿乎?……昔孔甲亂夏,四世而隕。玄王勤商,十有四世而興。帝甲亂之,七世而隕。后稷勤周,十有五世而興。幽王亂之,十有四世矣……。」[14]

帝甲為殷祖甲,其與幽王在文獻中並無與刑罰有關的記載,而清華簡〈厚父〉中的孔甲與刑罰有關。《清華伍‧厚父》:

---

[11] 楊伯峻:《春秋左傳注(修訂本)》,頁693-694。
[12] 李學勤:〈《嘗麥》篇研究〉,《古文獻論叢》(北京:中國人民大學出版社,2010年),頁73-74。
[13] 相關討論可參古育安:〈試說清華簡〈成人〉「刑之無赦」的觀念背景——兼談《尚書大傳》的「五刑」之說〉,《中國文哲研究通訊》32卷第1期(2022年3月)。
[14] 徐元誥:《國語集解(修訂本)》(北京:中華書局,2006年),頁130-131。

古天降下民,設萬邦,作之君,作之師,惟曰其助上帝亂下民之愿。王乃遏【5】佚其命,弗用先哲王孔甲之典刑,顛覆厥德,沉湎于非彝,天廼弗若,墜厥命,亡厥邦。【6】[15]

子居先生曾認為:

> 《厚父》篇中雖然認為孔甲是先哲王,但《左傳‧昭公六年》:「夏有亂政而作禹刑,商有亂政而作湯刑,周有亂政而作九刑,三辟之興,皆叔世也。」所言夏之叔世,顯然就是指孔甲之時,因此「孔甲之典刑」自然就是《禹刑》。從這個情況看,對後世站在不同立場、持有不同觀念的人來說,上古人物傳說中的行為,或被肯定,或被否定,都是不奇怪的事情。[16]

李若暉先生則認為:

> 厚父之言,顯然對以刑治國持讚賞態度,並進而將夏王朝滅亡歸因於「弗用先哲王孔甲之典刑」。只是這樣一來,以刑治國的傳統,就與《尚書》學傳統所頌揚的禹德發生矛盾,於是猶秉周禮之彪傒以孔甲「亂禹之法」,也就是必然的了。[17]

〈厚父〉中的孔甲稱為「先哲王」,顯然與《國語》中的形象不同,而李先生

---

[15] 李學勤主編:《清華大學藏戰國竹簡(伍)》(上海:中西書局,2015年),頁110。原釋文「之愿」二字屬下讀,「若」讀為「教」,此從學者指出「之愿」屬上讀,「若」不必破讀,相關討論可參高佑仁:《清華簡伍書類文獻研究》(臺北:萬卷樓,2018年),頁157-158,129-131。「之愿」屬上讀又可參郭永秉:〈論清華簡《厚父》應為《夏書》之一篇〉,收入李學勤主編:《出土文獻》(上海:中西書局,2015年10月),第7輯,頁126-127。

[16] 子居:〈清華簡《厚父》解析〉,發表於「清華大學出土文獻與保護中心」網站(https://www.ctwx.tsinghua.edu.cn/info/1081/2221.htm),2015年4月28日。

[17] 李若暉:〈《厚父》典刑考〉,《哲學與文化》第44卷第3期(2017年10月),頁67。

點出孔甲被批判的原因很可能是因為彪傒不認同孔甲「以刑治國」，因此若〈厚父〉中的孔甲形象是先秦學者所熟知的，那麼叔向應該是與彪傒的看法相同，進而將孔甲、《禹刑》、末世聯繫在一起。

《九刑》或為穆王時期所作，將之視為「叔世（末世）」可以理解，[18]由此可知，叔向很可能是以孔甲為基準，將「新法」與「末世」聯結為「歷史規律」，在商、周各找一個代表，周之《九刑》是穆王，商之《湯刑》則不知聯繫到哪位商王。[19]然而從《九刑》引用周公之「誓命」可知其為依據先王之舊典所作之「法」，而《九刑》為大史克所引述，叔向對其內容應有一定的認識，則叔向將子產所作之「參辟」比擬為「三辟」，一方面反映的是將「新法」與「末世」連結的成見，一方面是連繼承先王、鎔舊鑄新之「法」都不能接受，在各國逐漸開始走向「法治」的歷史發展中，是強硬堅持傳統的一方。

四、「參辟」之性質與公布「刑辟」的結果

從信中的敘述來看，叔向反對子產「制參辟」、「鑄刑書」主要是因為其既制定新法，又將之公布。首先，他在意的是「民知有辟」的後果，這是回應將「參辟」鑄之於鼎公布的問題，若依照先王的作法，只需務德教、善用刑，不必制「刑辟」，人民不僅不必知「刑辟」，根本不必有「刑辟」；其次，他在意的是「作新法」的問題，他以三代末世所作之「三辟」比擬「參辟」，焦點在「有亂政而作」。因此就叔向而言，不論子產所制「參辟」的內容為何，在這兩個前提下都不必深究；然而從叔向的立場來看，「參辟」雖是違逆傳統的做法，但距離傳統多遠，可進一步討論。

關於「制參辟，鑄刑書」，杜預注曰：「謂用三代之末法。」孔穎達疏曰：「三代之辟，皆取前世故事，制以為法。子產亦取上世故事，故謂之『制參

---

18 學者或以為西周於穆王時期開始走下坡，參夏含夷：〈西周之衰微〉，《夏含夷古史異觀》（上海：上海古籍出版社，2005年），頁205-212；李峰：《西周的滅亡（增訂本）》（上海：上海古籍出版社，2019年），頁104。

19 叔向與彪傒的末世可能只有在夏代同為孔甲，彪傒以幽王為周衰之象徵，並非穆王，而叔向認為的商代末世也沒有證據可以證明是祖甲。

辟』。言其所制，用三代之末法，非謂子產所作還寫三代之書也，子產蓋亦取上世所聞見斷獄善者以為書也。」[20]竹添光鴻曰：「子產所作，與三代末法同類，故謂之制作三辟，言語之道也，三代不必鑄，今制之一失也，鑄之一失也，故兩言之。」[21]楊伯峻曰：

> 疑子產之刑律亦分三大類。或者如《晉書・刑法志》所云「大刑用甲兵，中刑用刀鋸，薄刑用鞭扑」，或者亦如〈刑法志〉所述魏文侯師李悝，著《法經》六篇，此僅三篇耳。吳闓生《文史甄微》謂「參辟與封洫、謗政並言，亦子產所作之法」，是也。[22]

這裡對「參辟」有四種說法，一是用三代之法（杜預），二是上承「三辟」（孔穎達），三是與「三辟」同類（竹添光鴻），四是指三類「刑律」（楊伯峻）。

首先，從「作新法」的角度來看，子產鑄刑書可與晉鑄刑鼎之事作比較。《左傳・昭公二十九年》：

> 冬，晉趙鞅，荀寅，帥師城汝濱，遂賦晉國一鼓鐵，以鑄刑鼎，著范宣子所謂刑書焉。仲尼曰：「晉其亡乎，失其度矣。夫晉國將守唐叔之所受法度，以經緯其民，卿大夫以序守之，民是以能尊其貴，貴是以能守其業。貴賤不愆，所謂度也。文公是以作執秩之官，為被廬之法，以為盟主。棄是度也，而為刑鼎，民在鼎矣，何以尊貴？貴何業之守？貴賤無序，何以為國？且夫宣子之刑，夷之蒐也，晉國之亂制也。若之何以為法？」[23]

孔子的立場與叔向類似，都強調應遵循前人之法度，及民不可知「刑辟」，不同

---

20 〔西晉〕杜預注，孔穎達疏：《春秋左傳正義》，頁1228。
21 竹添光鴻：《左氏會箋》（成都：巴蜀書社，2008年），頁1733。
22 楊伯峻：《春秋左傳注（修訂本）》，頁1413。
23 楊伯峻：《春秋左傳注（修訂本）》，頁1674-1675。

的是，叔向的對象是鄭，呼籲子產「儀刑文王」，是守周之法度，晉則是遵守周初唐叔受封時所定的法度。孔子特別提到晉文公的「執秩之官」、「被廬之法」雖是新制，卻遵循唐叔之法度，故能稱霸，而宣子之刑捨棄唐叔之法度，[24]是為「亂制」；黃聖松先生曾指出晉文公之法度強調「教」，叔向信中強調「閑之以義」、「行之以禮」、「守之以信」等教民之道，便是以晉國之傳統勸子產勿鑄刑書，此說十分精確。[25]唐叔之法度可以「經緯其民」，與叔向理想中透過德教與刑賞使民「不生禍亂」一樣，都是維護封建秩序的「治民」之法，以「教民」為核心，「刑辟」只是其中一項內容，子產與晉所鑄之刑書，則有以偏概全、以刑代禮之弊。

其次，子產所制「參辟」是否也是孔子所謂不守先王法度的「亂制」，清華簡〈子產〉提供了一些訊息，《清華陸・子產》：

> 子產由善用聖【23】，班好物俊之行，乃肆三邦之令，以為鄭令、野令，導之以教，乃跡天地、逆順、強柔【24】，以咸全御；肆三邦之刑，以為鄭刑、野刑，行以尊令裕儀，以釋亡教不辜，此謂【25】張美棄惡。……【26】[26]

整理者指出「三邦」指夏、商、周，「三邦之刑」指《左傳・昭公六年》夏之《禹刑》、商之《湯刑》及周之《九刑》。[27]若所述屬實，子產並未棄先王法度不從，而是據「三邦之刑」作「鄭刑」、「野刑」，上引孔穎達之說比較接近

---

[24] 范宣子為趙宣子之誤，參顧頡剛：〈晉蒐于夷，定國政者為趙宣子盾，非范宣子匄〉，《顧頡剛讀書筆記》卷14，收於顧頡剛：《顧頡剛全集》（北京：中華書局，2010年），第29冊，頁396-398。李隆獻：《晉史蠡探——以兵制與人事為重心》（新北：花木蘭文化出版社，2011），頁238。

[25] 關於「執秩之官」、「被廬之法」與唐叔法度的繼承關係，及晉文公之「教」的內涵，可參黃聖松：〈《左傳》文詞釋讀三則〉，《高雄師大國文學報》第29期（2019年1月），頁73-83。

[26] 李學勤主編：《清華大學所藏戰國竹簡（陸）》（上海：中西書局，2016年），頁138。

[27] 李學勤主編：《清華大學所藏戰國竹簡（陸）》，頁143。李力先生有進一步補充，參李力：〈從法制史角度解讀清華簡（六）《子產》篇〉，武漢大學簡帛研究中心主編：《簡帛》（上海：上海古籍出版社，2018年11月），第17輯，頁45-46。

〈子產〉內容所述,而此「新法」既不同於守唐叔法度的晉文公之法,也與宣子之「亂制」有別。[28]此外,王沛先生曾將〈子產〉與叔向之信對照,指出二者觀點截然不同,〈子產〉是站在肯定鄭國立法的角度論述,其結果是「為民刑程,上下維輯」,新法使國內各階層團結而和諧,不僅是「得民」的手段,也沒有出現「亂獄滋豐,賄賂並行」的結果,[29]其所承繼之「三辟」自然也不會是「末世」的象徵。〈子產〉體現可能是鄭國的立場,或戰國時期強調「法治」的立場,基本上都是傾向「開新」角度的書寫,亦可見叔向的批判有其主觀立場,是較「守舊」的傳統維護者。

附帶一提,《左傳·襄公十年》有子孔專政一事:

> 子孔當國,為載書,以位序、聽政辟,大夫、諸司、門子弗順,將誅之。子產止之,請為之焚書,子孔不可,曰:「為書以定國,眾怒而焚之,是眾為政也,國不亦難乎?」子產曰:「眾怒難犯,專欲難成,合二難以安國,危之道也。不如焚書以安眾,子得所欲,眾亦得安,不亦可乎?專欲無成,犯眾興禍,子必從之!」乃焚書於倉門之外,眾而後定。[30]

子孔欲與各級貴族盟誓以服從其統治,而「載書」內容應該是約定官員們應該「以位序、聽政辟」的誓詞。[31]「辟」訓為「法」,「政辟」應與「執政」之

---

28 這裡還可做一推想,由於叔向知道「參辟」的內容,那麼他反對子產所制「參辟」的原因,也可能不只是將「新法」與「末世」連結的「成見」,還在於子產未遵循應守之法度。鄭國乃西周末年趁亂分出之諸侯國,與周初封建之晉國不同,晉所守者為唐叔之法度,而叔向或以為鄭應從周,守周之法度,故其主張應「議事以制」而特別標舉「儀刑文王」,非僅強調文王為最高標準。子產將三代之法(三辟)鎔舊鑄新,氣魄雖大,卻仍是顛覆傳統之舉,叔向認為子產遵守周之法度即可,故難以接受此種「新法」。
29 王沛:〈子產鑄刑書新考——以清華簡《子產》為中心的研究〉,《刑書與道術:大變局下的早期中國法》(北京:法律出版社,2018年),頁116-117。劉光勝先生也曾指出〈子產〉中的子產取法三代且非違禮之人,可參劉光勝:〈德刑分途:春秋時期破解禮崩樂壞困局的不同路徑以——清華簡《子產》為中心的考察〉,《孔子研究》2019年第1期。
30 楊伯峻:《春秋左傳注(修訂本)》,頁1078。徐富昌先生提醒筆者注意此條材料,並指出其中子產對於是否公布載書的看法,可以與公布刑書一事對照討論。
31 關於盟誓制度中的「載書」,可參呂靜:《春秋時期盟誓研究——神靈崇拜下的社會秩序再建構》(上海:上海古籍出版社,2007年),頁184-245。

「法」有關，[32]至於具體所指、內容為何，沒有足夠的材料可以討論。子產以為子孔之「辟」難以服眾，其主因還是在於「專欲難成」，而子產自己依據「三邦之令」所為之「鄭令」、「野令」，才是前有所承而當公布推行之「政辟」。[33]

以上是對子產「參辟」的性質做一推論，下面再透過鄧析之「竹刑」談談公布「刑辟」的結果。子產自然明白叔向堅持傳統的用心，但其回信曰：「若吾子之言，僑不才，不能及子孫，吾以救世也，既不承命，敢忘大惠！」[34]委婉地表達其因應世變不得不為之志，可知子產之「參辟」是「因時而變」的產物，而透過鄧析之《竹刑》則可見子產公布刑辟帶來的結果，及其新法亦未能趕上世變之速。

《左傳・定公九年》：

> 鄭駟歂殺鄧析，而用其《竹刑》，君子謂子然：「於是不忠。苟有可以加於國家者，棄其邪可也。〈靜女〉之三章，取彤管焉。〈竿旄〉『何以告之』，取其忠也。故用其道，不棄其人。《詩》云：『蔽芾甘棠，勿翦勿伐，召伯所茇。』思其人，猶愛其樹，況用其道而不恤其人乎！子然無以勸能矣。」[35]

杜預注曰：「欲改鄭所鑄舊制，不受君命，而私造刑法，書之於簡，故云『竹刑』。」[36]竹添光鴻曰：「鄭此時秕政紛紛，子產之典型，顛覆殆盡，國人不服，思嚴刑威之，故以刑書為未盡，而用鄧析之竹書也。」[37]童書業認為：

---

32 杜注曰：「自群卿諸司，各守其職位，以受執政之法，不得欲朝政。」參〔西晉〕杜預注，孔穎達疏：《春秋左傳正義》，頁889。

33 李怡嚴先生認為〈子產〉之「鄭令」與「野令」與《左傳・襄公三十年》所載子產為政時使「都鄙有章，上下有服，田有封洫，廬井有伍」有關，可備一說。參李怡嚴：〈過渡時期的「救時宰相」——子產兼論《清華簡・子產》篇對《左傳》的補充〉，《經學研究集刊》第29期（2020年11月）頁13。

34 楊伯峻：《春秋左傳注（修訂本）》，頁1414。

35 楊伯峻：《春秋左傳注（修訂本）》，頁1752-1753。

36 〔西晉〕杜預注，孔穎達疏：《春秋左傳正義》，頁1579。

37 竹添光鴻：《左氏會箋》，頁2207。

「如其說是,則春秋時已有私家所造刑法,且為公家所用,可能因鄭國社會政治矛盾特別尖銳化,貴族階級無繁刑不能統治,故私人刑法家開始出現,其所造之『刑』且為是時貴族統治者予以一定之肯定矣。」[38]楊伯峻以為:「《竹刑》出後,或較子產所鑄為強,故駟歂用之。」[39]鄧析之事見於《呂氏春秋·離謂》:

> 鄭國多相縣以書者。子產令無縣書,鄧析致之。子產令無致書,鄧析倚之。令無窮,則鄧析應之亦無窮矣。是可不可無辨也。可不可無辨,而以賞罰,其罰愈疾,其亂愈疾,此為國之禁也。
> 子產治鄭,鄧析務難之,與民之有獄者約:大獄一衣,小獄襦袴。民之獻衣襦袴而學訟者,不可勝數。以非為是,以是為非,是非無度,而可與不可日變。所欲勝因勝,所欲罪因罪。鄭國大亂,民口讙譁。子產患之,於是殺鄧析而戮之,民心乃服,是非乃定,法律乃行。[40]

前者是說鄧析自為刑法流傳,並處處與子產作對,混亂了賞罰的標準,後者是說鄧析教人訴訟,混淆是非的標準,並提到子產殺鄧析。

戰國秦漢文獻多以為鄧析為子產所殺,與《左傳》不同,錢穆則以為子產死於昭公二十年,鄧析與子產同時,非子產所殺,又指出:

> 今鄧析之所為,即是叔向之所料,是駟歂之誅鄧析,正為其教訟亂制。然必子產《刑書》疏闊,故鄧析得變易是非,操兩可,設無窮,以取勝。亦必其《竹刑》較子產《刑書》為密,故駟歂雖誅其人,又不得不捨舊制而用其書也。時晉亦有刑鼎,仲尼曰:「鼎在民矣,何以尊貴!」蓋自刑之有律,而後賤民之賞罰,得不全視夫貴族之喜怒,而有所徵以爭。鄧析之《竹刑》,殆即其所以教民為爭之具,而當時之貴者,乃不

---

38 童書業:《春秋左傳研究》(上海:上海人民出版社,1980年),頁208。
39 楊伯峻:《春秋左傳注(修訂本)》,頁1752。
40 王利器:《呂氏春秋注疏》(成都:巴蜀書社,2002年),頁2179-2181、2187。

得不轉竊其所以為爭者以為治也。此亦當時世變之一大關鍵也。其後不百年，魏文侯用李克，著《法經》，下傳吳起、商鞅，然後貴族庶民一統於法，而昔「禮不下庶人，刑不上大夫」之制，始不可復。[41]

錢穆所論從時代變革的角度檢視鄧析作《竹刑》之事，十分精到。子產所制「參辟」一經公布便受公評，不僅產生爭端，甚至有人因此私定「刑辟」，《竹刑》未必完備，但足以挑戰子產之「刑」並為貴族所用，則子產之「刑」有不足之處，或因其上承三代之「刑」而未能及時反應變化，此亦可見世變之速。

進入戰國時代，各國自為「刑辟」，類似的狀況更為常見，如《韓非子・定法》曰：

> 問者曰：「徒術而無法，徒法而無術，其不可何哉？」對曰：「申不害，韓昭侯之佐也。韓者，晉之別國也。晉之故法未息，而韓之新法又生；先君之令未收，而後君之令又下。申不害不擅其法，不一其憲令則姦多故。利在故法前令則道之，利在新法後令則道之。利在故新相反，前後相勃，則申不害雖十使昭侯用術，而姦臣猶有所譎其辭矣。[42]

這裡雖是批評申不害重術不重法之弊，從中可以看到韓急於改晉之舊法卻未能及時「一其憲令」的問題。此時民之所「爭」已與子產之時不同，當時還是由不知而知產生的「爭」，此則為新、舊刑律不一之「爭」，《竹刑》雖為以私害公，卻也包含新舊衝突的問題，此種衝突至戰國已成常態，且從「變」不從「常」，如《呂氏春秋・察今》有「刻舟求劍」之典故：

> 舟止，從其所契者入水求之。舟已行矣，而劍不行，求劍若此，不亦惑乎？以此故法為其國與此同。時已徙矣，而法不徙，以此為治，豈不難

---

[41] 錢穆：《先秦諸子繫年》（臺北：東大圖書股份有限公司，1990年），頁18-19。
[42] 陳奇猷：《韓非子新校注》（上海：上海古籍出版社，2000年），頁959。

哉?[43]

此明確指出「為國」當「因時變法」,究其淵源,亦可謂肇端於子產「因時而變」之「定法」。然而鄧析或以為子產之變不足,叔向則以為子產之變不可,此亦可見子產於新舊轉變之際遭遇的困境及勇於突破之決斷。相較於子產,叔向不僅守舊,甚至可能連鎔舊鑄新也不能接受,或許在他的認知中,向時代妥協便是傳統崩壞的破口;孔子曾讚許叔向為「古之遺直」,不僅在於其公正斷獄,可能還包含堅守舊傳統之志。

五、「民有爭心」與叔向的關懷

叔向在信中批判子產「鑄刑書」之事,並對鄭國的前途感到憂慮,實際上叔向透過此信,表達了在春秋禮崩樂壞的時代變局下,仍堅持維護傳統政治秩序與政治價值的態度,而這樣的關懷體現在「治民」的觀念上。

子產「制參辟」、「鑄刑書」,其制定並公布的「新法」是為了「治民」,然而叔向認為此非先王刑罰之道,反使民有「爭心」,將導致獄亂、國亡,信中三次提到「爭」,即「昔先王議事以制,不為刑辟,懼民之有爭心也」、「民知有辟,則不忌於上,並有爭心」、「民知爭端矣,將棄禮而徵於書,錐刀之末,將盡爭之」,因此「治民」不應只繫之於「刑辟」,更不可使民「知刑辟」。將信中批判子產的內容刪除,可以更清楚地看到叔向的觀點:

> 昔先王議事以制,……猶不可禁禦,是故閑之以義,糾之以政,行之以禮,守之以信,奉之以仁;制為祿位,以勸其從;嚴斷刑罰,以威其淫。懼其未也,故誨之以忠,聳之以行,教之以務,使之以和,臨之以敬,蒞之以彊,斷之以剛;猶求聖哲之上、明察之官、忠信之長、慈惠之師,民於是乎可任使也,而不生禍亂。……《詩》曰:「儀式刑文王之德,

---

[43] 王利器:《呂氏春秋注疏》,頁1779。

日靖四方。」又曰:「儀刑文王,萬邦作孚。」如是,何辟之有?[44]

簡言之,即先王據古之典法審度刑罰以治民,若有不足,再輔以德教、刑賞,則民可使,以文王之德為表率,則民可治。其中「民於是乎可使任也」便是以先王之道「治民」達到的結果,而《詩》中所述萬邦統合於文王之德便是治民的理想境界。相較於子產使民「知刑辟」的革新,叔向主張維持舊有由上而下的統治模式,且德、刑兼備。

叔向的「治民」觀與孔子在《論語・泰伯》中所說的「民可使由之,不可使知之」類似。關於「民可使由之,不可使知之」的文義,歷來說法甚多,且斷句不同。[45]蔣紹愚先生從語法上確立了此句為「由受事話題構成的使役句」,此類句型先秦文獻中多見,可以理解為句子原型是「可使民由之,不可使民知之」,為了強調「民」而提到句首,不應斷為「民可,使由之;不可,使知之」、「民可使,由之;不可使,知之」。這句話的意思與《孟子・盡心上》的「行之而不著焉,習矣而不察焉,終身由之而不知其道者,眾也」一致。蔣先生也舉了許多《論語》中把「民」看做「使」、「勞」對象的例子,指出「作為春秋時期的思想家,孔子不可能主張啟發民智。我們可以說這是它的侷限性,但不必想方設法地把他的話解釋的和我們所期望的一樣,更不必改動句讀來改變這句話的意思」,同時孔子在如何「使民」上反對專橫的統治(3.21、11.17),並主張富而後教、贊同足民而後教之以禮義(13.9、11.26)。[46]

「民可使由之,不可使知之」說明在禮制森嚴的環境中,統治者與被統治者之間存在明確的界線,此「由」字或訓為「從」,以為「王者設教,務使人從之。若皆知其本末,則愚者或輕而不行」(鄭玄);或訓為「用」,如「百姓日用」之「用」(何晏),[47]簡朝亮訓「從」,並從身分的角度論「由之」、「知

---

[44] 楊伯峻:《春秋左傳注(修訂本)》,頁1411-1413。
[45] 可參程樹德:《論語集釋》(北京:中華書局,1990年),頁531-533,及高尚榘:《論語歧解輯錄》(北京:中華書局,2021年),頁614-620。
[46] 蔣紹愚:《論語研讀》(上海:中西書局,2018年),頁112-116。程樹德指出此句與《孟子・盡心上》該句意思相同,「可謂此章確詁。紛紛異說,俱可不必」,見程樹德:《論語集釋》,頁532。
[47] 程樹德:《論語集釋》,頁532。

之」之別：

> 謹案：由者，從而行之也。士能學焉，知然後行，可使知之而由之者矣。民，非士也，豈可等民於士乎？《釋詁》：「由、從義同。」《詩·蕩》云：「人尚乎由行。」毛《傳》云：「行是道也。」蓋由者，從而行之也。論家說云：「理之當然者，若人當忠孝也。其所以然者，若忠孝本天性之仁義也。」是也。《詩·天保》云：「民之質矣，日用飲食。」蓋可使由之也。《詩·皇矣》云：「不識不知，順帝之則。」蓋不可使知之也。《易·繫辭傳》言繼善成性者，則云「百姓日用而不知」，言民性之善而氣稟不齊也。民從其善，日用行之，而不知其善所自來焉。[48]

其說可從。

至於如何「使由之」，錢遜先生曾指出：

> 孔子主張「為政以德」，重視教化，要求做到民「有恥且格」，這應該說是要使民「知之」。但這裡又提出「民可使由之，不可使知之」。通觀《論語》，在談到「使民」、「使人」的時候，孔子反覆強調的是在上位的人要「好禮」、「好義」、「好信」、「臨之以莊」，以及「寬」、「惠」等等，這些的著眼點，都在「使民由之」，而不是「使民知之」。可見，講教化，孔子強調使民「有恥且格」，但實際上真能做到這一點的只是少數；講實際的行政，孔子又強調「可以使由之，不可使知之」。這是互相矛盾又互相補充的兩個方面。把這兩個方面統一起來才能全面把握孔子的政治思想。[49]

錢先生以孔子「使民」、「使人」的材料詮釋「民可使由之」是合理的，茲略舉幾例如下：

---

48 簡朝亮：《論語集注補正述疏》（上海：華東師範大學出版社，2013年），頁485。
49 錢遜：《《論語》讀本》（北京：中華書局，2007年），頁100。

> 李康子問：「使民敬、忠以勸如之何？」子曰：「臨之以莊，則敬；孝慈，則忠；舉善而教不能，則勸。」（〈為政〉）
>
> 子謂子產：「有君子之道四焉：其行己也恭，其事上也敬，其養民也惠，其使民也義。」（〈公冶長〉）
>
> 子曰：「小人哉，樊須也！上好禮，則民莫敢不敬；上好義，則民莫敢不服；上好信，則民莫敢不用情。」（〈子路〉）
>
> 子曰：「上好禮，則民易使也。」（〈憲問〉）
>
> （子）曰：「恭、寬、信、敏、惠。恭則不侮，寬則得眾，信則人任焉，敏則有功，惠則足以使人。」（〈陽貨〉）[50]

這些內容主要是指上位者以「身教」教化人民，人民自然從而行之，而錢先生認為「有恥且格」是使民「知之」則可商。《論語・為政》「道之以政，齊之以刑，民免而無恥；道之以德，齊之以禮，有恥且格」的「道」即「導」，就是「使由」的意思，齊之以「刑」、「禮」也是由上而下的規範，「政」、「刑」、「德」、「禮」都是透過「由之」的方式教民，而非「知之」。又《論語・為政》曰「為政以德」，〈子路〉曰「禮樂不興，則刑罰不中」，則孔子的德、刑關係，是「政」、「刑」須以「德」、「禮」統之，不可以「政」、「刑」治民。

叔向認為透過「議事以制」治民而犯罪之事仍「不可禁禦」時，須以德教、刑罰加諸人民，即後文「閑之以義，糾之以政，……聖哲之上、明察之官、忠信之長、慈惠之師」，則「民於是乎可任使也，而不生禍亂」，這也是強調上位者以「身教」教化人民使民從道，則民可使，與孔子的「使民」觀如出一轍。不同的是，在德、刑關係上，叔向的「由之」、「知之」包含「政」、「刑」，德、刑兼有，而孔子的德、刑關係有主、從之分。

附帶一提，孔子亦曾有「民可使知之」的言論：

> 子之武城，聞弦歌之聲。夫子莞爾而笑，曰：「割雞焉用牛刀？」子游

---

[50] 程樹德：《論語集釋》，頁119、326、896-897、1040、1199。

對曰：「昔者偃也聞諸夫子曰：『君子學道則愛人，小人學道則易使也。』」子曰：「二三子！偃之言是也。前言戲之耳。」(〈陽貨〉)[51]

這段對話可以看出孔子原本從「民不可使知之」的角度發言，而子游以過去孔子說過的「小人學道則易使」之說回應，得到孔子讚許，說明孔子已逐漸突破時代的侷限，而叔向的思維仍停留在民「由道」則「可使」這樣的觀念。

在「不可使知之」上，前引鄭玄以為「若皆知其本末，則愚者或輕而不行」，東晉張憑曰：

> 為政以德，則各德其性，天下四用而不知，故曰可使由之。若為政以刑，則防民之為奸，民知有防而為奸彌巧，故曰不可使知之。言為政當以德，民由之而以；不可用刑，民知其數也。(皇侃《論語義疏》引)[52]

此說與叔向遙相呼應。雖然刑罰問題只是先王治民之道的一部分，但叔向認為「為刑辟」使「民有爭心」，民將「不忌於上」、「棄禮而徵於書」，前者造成上位者無法化民，後者則是民知刑辟而棄禮義，正與「民可使由之，不可使知之」相反，是顛覆傳統秩序的最大破口。這應該就是叔向反對子產「鑄刑書」的主要原因。

進一步看，「民可使由之」的觀念或可上溯至《尚書·洪範》的「皇極」。前引簡朝亮舉《詩經·皇矣》「不識不知，順帝之則」說「由之」之義，而顏元亦曾指出「修道立教，使民率由乎三綱五常之路，則會其有極，歸其有極」，[53]「會其有極，歸其有極」出自《尚書·洪範》「皇極」章，這兩材料確可反應西周時期之統治觀念，二位學者的引用應非偶然。

〈洪範〉之「皇極」自古注家多有討論，本文同意「皇」讀為「王」、「極」為「法則」之義，「皇極」指「君王的準則」。「皇極」章開頭提到「皇

---

51 程樹德：《論語集釋》，頁1188-1189。
52 程樹德：《論語集釋》，頁531。
53 程樹德：《論語集釋》，頁533。

建其有極」，指君王建立統治的準則，後文提到「于汝極」、「惟皇作極」、「惟皇之極」是說明天下臣、民皆須以君王為準則之義，這是一種由下而上統合在同一價值標準的統治模式。此標準是由古聖先王之言、行淬鍊出的言、行規範，即古聖先王之德，其中最高的典範是文王之德。〈召誥〉提到「知今我初服，宅新邑，肆惟王其疾敬德。王其德之用，祈天永命」，「其惟王位在德元，小民乃惟刑；用于天下，越王顯」，即召公勉勵成王敬德、樹立德之表率，才能讓人民效法，或可做為「皇極」的註解。[54] 叔向、孔子「上行下效」的「使民」觀念，都繼承了「皇極」所體現的西周統治觀。

六、結語

本文探討《左傳・昭公六年》叔向致子產書，以「昔先王議事以制，不為刑辟，懼民之有爭心也」一句為核心，對相關文句進行補充討論，同時對叔向的理想寄託、叔向對三代刑書的想像、子產所為刑辟的性質、叔向的現實關懷四個問題提出一些詮釋。茲總結如下。

第一，從語法來看，「議事以制」的「以」為「介詞」，而非「連詞」，叔向要表達的是先王因為「制（古制）」而不須「刑辟」，而非因為「議事（斷獄方法）」而不須「刑辟」。「制」是作為執政者為政參考的古聖、先王、名臣言、行記載，「議事以制」可以解釋為「依據古代的典法謀度刑獄之事」，「昔先王議事以制」至「民於是乎可任使也，而不生禍亂」一段大意為：先王依據古代的典法審度刑罰，而不制定刑法，以避免人民知法而爭，若仍未能禁絕犯罪之事，則透過德教與刑賞，導民於正。「為政以德」與「議事以制」是為政之道的一體兩面，周人「德」的最高典範是文王，故叔向以「儀式刑文王之德」為治國之最高境界，叔向信中的「議事以制」與「文王之德」前後呼應，體現其政治理想的寄託。

---

54 以上關於「皇極」的說法參古育安：〈《尚書・洪範》「皇極」再思考——從顧頡剛的一則筆記談起〉，發表於中華孔子學會經學研究專業委員會主辦：「經學與中國文明國際學術研討會」（北京：清華大學，2024年7月6-7日）。

第二，叔向以「為刑辟」比擬子產「制參辟」，可知叔向的「刑辟」、「辟」所指與「參辟」同類，叔向又將「參辟」聯繫到三代末世之「辟」，在叔向的認知中，三者應有同質性、可比性。然而叔向認知的三代「刑書」是有成見的，早期「刑書」的內容或為聖王名臣刑罰敘述的整理彙編，從「三辟」中的《九刑》來看，雖作於西周開始衰敗的穆王之時，亦為遵循先王舊典之作，而《禹刑》可與孔甲連結，孔甲於《國語》中被視為夏衰亡之始。叔向很可能是以孔甲為基準，在商、周各找一個代表，將「新法」與「末世」聯結為「歷史規律」（新法是否前有所承，已不重要），再將子產之「參辟」放入此規律中，定位子產之「刑」。

　　第三，從清華簡〈子產〉來看，子產所作「參辟」應該是依據三代之「三辟」所作的新法，子產並未捨棄先王法度，只是其法為綜合三代之刑所作的創新，非如晉文公謹守唐叔之法度。對叔向而言，除了不能接受任何形式的新法之外，鄭國應守文王之法度而不守，或許也是其難以接受子產之刑的原因之一。此外，從鄧析之《竹刑》來看，子產「制參辟」、「鑄刑書」雖開創了新局，其公布刑辟的結果便是遭受其他人的挑戰，且由於世變之速，自然會出現更能因應新局之法而取代之，然此亦可見子產於新舊轉變之際勇於突破之決斷。叔向則是堅守傳統的代表，在他的認知中，向時代妥協便是傳統崩壞的破口。

　　第四，叔向的現實關懷主要在「治民」，以為「刑辟」導致「民有爭心」而國亂，而遵循先王之典範以教民、用刑才能成就「可任使」之民而國治。叔向的「治民」觀與孔子所說的「民可使由之，不可使知之」類似，都是主張由上而下的統治，透過上位者之「身教」教化人民。與孔子不同的是，在德、刑關係上，叔向的「由之」、「知之」包含「政」、「刑」，德、刑兼備，而孔子的德、刑有主、從之分。又孔子已有「小人學道則易使」的「民可知之」之論，頗能突破時代侷限，而叔向仍停留在民「由道」則「可使」的思維，較為保守。進一步看，「民可使由之」的觀念可上溯至《尚書·洪範》的「皇極」，即由下而上統合在同一價值標準的統治模式，叔向、孔子「上行下效」的「使民」觀念，都繼承了「皇極」所體現的西周統治觀。

徵引書目

子　居：〈清華簡《厚父》解析〉，發表於「清華大學出土文獻與保護中心」網站，https://www.ctwx.tsinghua.edu.cn/info/1081/2221.htm，2015年4月28日。

孔安國傳，孔穎達疏：《尚書正義》，北京：北京大學出版社，1999年。

王引之：《經義述聞》，上海：上海古籍出版社，2018年。

王利器：《呂氏春秋注疏》，成都：巴蜀書社，2002年。

王　沛：〈子產鑄刑書新考——以清華簡《子產》為中心的研究〉，《刑書與道術：大變局下的早期中國法》，北京：法律出版社，2018年。

古育安：〈《尚書‧洪範》「皇極」再思考——從顧頡剛的一則筆記談起〉，發表於中華孔子學會經學研究專業委員會主辦：「經學與中國文明國際學術研討會」，北京：清華大學，2024年7月6-7日。

古育安：〈試說清華簡〈成人〉「刑之無赦」的觀念背景——兼談《尚書大傳》的「五刑」之說〉，《中國文哲研究通訊》第32卷第1期，2022年3月。

竹添光鴻：《左氏會箋》，成都：巴蜀書社，2008年。

呂　靜：《春秋時期盟誓研究——神靈崇拜下的社會秩序再建構》，上海：上海古籍出版社，2007年。

李　力：〈從法制史角度解讀清華簡（六）《子產》篇〉，武漢大學簡帛研究中心主編：《簡帛》，上海：上海古籍出版社，2018年11月，第17輯。

李怡嚴：〈過渡時期的「救時宰相」——子產兼論《清華簡‧子產》篇對《左傳》的補充〉，《經學研究集刊》第29期，2020年11月。

李若暉：〈《厚父》典刑考〉，《哲學與文化》第44卷第3期，2017年10月。

李　峰：《西周的滅亡（增訂本）》，上海：上海古籍出版社，2019年。

李隆獻：《晉史蠡探——以兵制與人事為重心》，新北：花木蘭文化出版社，2011年。

李學勤：〈《嘗麥》篇研究〉，《古文獻論叢》，北京：中國人民大學出版社，2010年。

李學勤主編：《清華大學所藏戰國竹簡（陸）》，上海：中西書局，2016年。

李學勤主編：《清華大學藏戰國竹簡（伍）》，上海：中西書局，2015年。

杜預注，孔穎達疏：《春秋左傳正義》，北京：北京大學出版社，1999年。

夏含夷：〈西周之衰微〉，《夏含夷古史異觀》，上海：上海古籍出版社，2005年。

徐元誥：《國語集解（修訂本）》，北京：中華書局，2006年。

高佑仁：《清華簡伍書類文獻研究》，台北：萬卷樓，2018年。

高尚榘：《論語歧解輯錄》（北京：中華書局，2021年）。

郭永秉：〈論清華簡《厚父》應為《夏書》之一篇〉，收入李學勤主編：《出土文獻》，上海：中西書局，2015年10月，第7輯。

郭璞注，邢昺疏：《爾雅注疏》，臺北：臺灣古籍，2001年。

郭錫良：〈介詞「以」的起源和發展〉，《古漢語研究》1998年第1期（總第38期）。

陳奇猷：《韓非子新校注》，上海：上海古籍出版社，2000年。

程樹德：《論語集釋》，北京：中華書局，1990年。

童書業：《春秋左傳研究》，上海：上海人民出版社，1980年。

黃聖松：〈《左傳》文詞釋讀三則〉，《高雄師大國文學報》第29期，2019年1月。

楊伯峻：《春秋左傳注（修訂本）》，北京：中華書局，2018年。

寧全紅：《春秋法制史研究》，成都：四川大學出版社，2009年。

趙生群：《《左傳》疑義新證》，北京：人民文學出版社，2013年。

劉光勝：〈德刑分途：春秋時期破解禮崩樂壞困局的不同路徑以——清華簡《子產》為中心的考察〉，《孔子研究》2019年第1期。

蔣紹愚：《論語研讀》，上海：中西書局，2018年。

錢　遜：《《論語》讀本》，北京：中華書局，2007年。

錢　穆：《先秦諸子繫年》，臺北：東大圖書股份有限公司，1990年。

簡朝亮：《論語集注補正述疏》，上海：華東師範大學出版社，2013年。

顧頡剛：《顧頡剛讀書筆記》卷14，收於顧頡剛：《顧頡剛全集》，北京：中華書局，2010年，第29冊。

從新見春秋金文再論五等爵制
——以「公」為例[*]

黃庭頎

國立政治大學中國文學系副教授

摘要

五等爵制是研究周代歷史與先秦文獻的重要課題，經過前輩學者的深入研究，也獲得相當豐碩的成果。現今所見的討論中，多數學者已同意西周時期可能不存在傳世文獻勾勒的「五等爵制」，即使西周金文已經出現公、侯、伯、子、男的稱呼，然其實際所指與秩序關係，並不似傳世文獻那樣嚴謹有等次，因此不少學者即從「沒有五等爵制」角度論述西周政治。

值得注意的是，學者雖對五等爵制在西周歷史與文獻的呈現落差多有共識，但是對於東周時期，尤其是春秋時期的看法則頗為不一。有的學者認為春秋時期隨著制度崩潰，本在西周已較具象徵意義的爵制，此時更加失序；但亦有學者認為，制度化的五等爵制正是反映東周時期新的政治秩序情況，其較西周時期反而更加具體完整。面對以上不同說法，本文認為唯有以春秋金文與傳世文獻《春秋》、《左傳》再次比較，方能有較具體的認識。

雖然本文所採用的途徑與過往學者並無不同，然隨著近年春秋曾國金文大量出土，尤其是棗樹林墓地的發掘，其相對完整的時間序列與君主稱謂，對於理解春秋時期是否具備五等爵制頗有助益。有鑑於此，本文將利用新出土的春秋金文重新思考五等爵制，並針對發展情況進行論述，以推進相關之討論。

關鍵詞：東周、春秋、金文、青銅器、五等爵制

---

[*] 臺北：臺北市立大學出版中心，2024年12月，頁213-235。

本論文為國科會專題研究計畫「西周王室的邦國聯盟─以非姬姓邦國銅器銘文為中心」（計畫編號：NSTC 113-2410-H-004-162-）研究成果之一，特致謝忱。曾於發表會上蒙講評人陳炫瑋教授提供寶貴意見，後蒙二位匿名審查人提供修改建議，亦致謝忱。惟一切文責，由作者自負。

一、前言

　　所謂的「五等爵」制是研究《左傳》及先秦史的重要議題之一，曾是人們認識周代政治秩序的根據。不過從歷史角度來看，學者基本已經否定五等爵制的真實存在，甚至成為一種共識。然而，即便歷史上可能並不存在文獻所述的五等爵制，但「公、侯、伯、子、男」這五種稱呼仍大量且頻繁地見於青銅器銘文當中，因此，學者對於如何理解「公、侯、伯、子、男」的內涵，或是其如何形成傳世文獻所說的五等爵制，則各家又有不同的理解及詮釋。

　　近來不少學者通過更細緻的比較，注意到歷史上也許並不存在嚴格意義的五等爵制，但文獻及銘文對地方諸侯的稱謂基本較為一致，因此也有部分學者認為此制度的源頭仍然可以追溯至西周。比較值得注意的是，多數學者在討論五等爵制時常把西周和春秋視為一體，但本文較同意李峰的看法，應將西周和春秋分別視之。因西元前771年的西周滅亡及周室東遷，大大改變了中國北方地區的政治體制，並為新制度的產生奠定基礎。[1]基於此立場，本文欲以春秋金文為考察的基點，上溯西周金文，並旁推傳世文獻，希望通過聚焦且新穎的出土資料，為經典學術問題提供不同的思路。

　　在目前學者的討論中，無論是否同意存在五等爵制，關於「侯」、「伯」、「男」的討論是比較豐富且明確的。尤其近年隨著王畿周邊小國的考古發現，可以更進一步理解「伯」所代表的宗族與政治秩序意義。然而相較之下，「公」與「子」的討論顯得較難推進，雖然無論從青銅器銘文或傳世文獻來看，「公」及「子」的出現頻率似乎遠超過「侯」及「男」，但該如何理解這兩種稱呼，學者往往仍有許多不同見解。這種使人困惑的情況，主要仍跟「公」、「子」究竟表明什麼樣的政治秩序有關。

　　近來湖北隨州發現的棗樹林墓地，出土許多與曾國有關的青銅器銘文，而當中出現一個有意思的現象。在目前所見的曾國銘文中，可以清楚知道曾國的

---

[1] 李峰：〈論「五等爵」稱的起源〉，《古文字與古代史》第3輯（臺北：中央研究院歷史語言研究所，2012年），頁161。

領導者從西周早期開始就被稱為「曾侯」，而這個稱呼一路延續至戰國晚期。然而在這漫長的歷史中，春秋中期的曾國國君「睽」，卻不在銘文中表明自己為「曾侯睽」，而是自稱「曾公睽」。其何以不延續父祖習慣稱「侯」，而稱「公」？春秋中期的「公」與「侯」之間是否存在表述意涵的不同？甚或「公」究竟是否為表明春秋地方政治秩序的稱號？凡此種種，乃是本文所欲探究的問題。以下將先梳理前人研究成果，其後結合新出的金文資料，企圖重新思考五等爵制中「公」所代表的可能意涵，並嘗試提出我們的看法。

二、前人研究成果

關於五等爵制的文獻依據，學界已多有討論，最主要的兩條資料即是《孟子‧萬章下》及《禮記‧王制》。其內容如下：

> 《孟子‧萬章下》：北宮錡問曰：「周室班爵祿也，如之何？」孟子曰：「其詳不可得聞也。諸侯惡其害己也，而皆去其籍。然而軻也，嘗聞其略也。天子一位，公一位，侯一位，伯一位，子、男同一位，凡五等也。君一位，卿一位，大夫一位，上士一位，中士一位，下士一位，凡六等。」「天子之制，地方千里，公侯皆方百里，伯七十里，子、男五十里，凡四等。不能五十里，不達於天子，附於諸侯，曰附庸。天子之卿受地視侯，大夫受地視伯，元士受地視子、男。」[2]

> 《禮記‧王制》：王者之制祿爵，公、侯、伯、子、男，凡五等。[3]

學者普遍認為上述兩條資料，雖然具體描述了所謂周代的「五等爵制」，不過孟子亦自云「詳不可得聞也」、「嘗聞其略也」，顯然戰國時人亦不明白其內

---

2 〔東漢〕趙岐注，〔宋〕孫奭疏：《孟子注疏》（臺北：藝文印書館影印清嘉慶廿年江西南昌府學刻本，2001年），頁177-178。
3 〔清〕朱彬撰：《禮記訓纂》（北京：中華書局，2007年），頁163。

涵。加之《孟子》及《禮記》的成書年代均在戰國時期，且描述內容也略有不同，因此學者對於其究竟反映了多少周代爵制的真實面貌，頗有不同看法。二十世紀後更隨著疑古思潮的湧現，利用出土文獻及考古資料探索五等爵制的研究不斷推進，甚至形成幾個比較重要的研究階段。

本文初步將學者對五等爵制的探討分為三大階段，其發展如下：

第一階段屬於對舊說進行檢討的時期。主要的研究者為傅斯年、顧頡剛、郭沫若等人，[4]他們結合金文資料反對傳世文獻所述的五等爵制，強調公、侯、伯、子、男，不屬於同一個稱謂系統。而此時期的主要推進在於破除舊說，而不在於探究「公侯伯子男」系統是如何形成的。

第二階段則是針對前一階段的否定立場展開反省。主要研究者為王世民、陳恩林等人。王世民認為在西周春秋那樣「名位不同，禮亦異數」的社會條件下，諸侯爵無定稱是難以理解的。[5]故其結合金文及文獻資料，思考公、侯、伯、子、男等爵稱的形成過程，並注意到「公」有生稱、死諡之分，或「子」多為蠻夷戎狄之君。此階段主要的創獲，在於突破過往將「五等爵制」視為一整體，探討此制度之有無，而是更細緻的思考不同爵稱的性質與形成，並從中發現出土文物與傳世文獻之間共同的規律，為下一階段的討論奠定重要基礎。

第三階段的討論則更為細緻化，學者切入的觀點也開始有所不同。例如：王世民仍延續前一階段的觀點，主張公、侯、伯是爵稱，且使用具有一定規律。[6]魏芃則主張應該將「五等爵稱」與「五等爵制」分開視之，除了同樣對公、侯、伯、子、男的形成過程進行梳理外，認為「五等爵制」不曾以完善制度存在過，其乃戰國時期迎合儒家學說而產生的觀念，但「五等爵稱」卻反映了春秋時期諸國之君的等級次序。[7]李峰的研究則側重「五等爵稱」的起源，

---

4 參見傅斯年：〈論所謂五等爵〉，《中央研究院歷史語言研究所集刊》第2本第1分（臺北：中央研究院歷史語言研究所，1930年），頁110-129。郭沫若：〈周代彝銘中無五服五等之制〉，《郭沫若全集・歷史編》（北京：科學出版社，2002年）、〈金文所無考・五等爵祿〉，《郭沫若全集・考古編》（北京：科學出版社，2002年）、楊樹達：〈古爵名無定稱說〉，《積微居小學述林》（上海：上海古籍出版社，2007年），頁386-396。
5 王世民：〈西周春秋金文中的諸侯爵稱〉，《商周銅器與考古學史論叢》（臺北：藝文印書館，2008年），頁114。
6 王世民：〈西周春秋所見諸侯爵稱的再檢討〉，《古文字與古代史》第3輯，頁149-157。
7 魏芃：《西周春秋時期「五等爵稱」研究》（天津：南開大學博士學位論文，2012年）。

也強調西周春秋時期未曾實行過五等爵制,此觀念與春秋時代的霸主政治及儒家文化有密切關係。[8]劉源則嘗試從殷商時期開始考察五種爵稱的起源,並區隔了侯、男與公、伯、子,認為前二者起源商代職官,內涵單純;後三者則屬尊稱或表明宗族秩序的稱號,並外延不限於諸侯的稱號。[9]

事實上,第三階段的相關討論非常豐富,而相較於前二階段,此時期的學者比較有意識的將金文所見的「五等爵稱」與傳世文獻所談的「五等爵制」分開討論,也對兩者的基本性質產生更多共識。從眾多研究成果中,可以歸納出一個比較明確的結論:即「五等爵稱」普遍存在於西周春秋時期,且具有一定的規律及次第,某種程度反映了諸侯國的等差關係。至於「五等爵制」則不是一個真實存在或施行過的制度,而是戰國時期經過儒家學說包裝改造後的概念。

至於五等爵制這種概念的形成,除了有實際存在過的五等爵稱作為基底外,學者對其形成原因及背景也有不同看法。劉源認為五等爵制的形成與西周內外服制度鬆動有關。其指出:

> 隨著王室的衰微,外服諸侯及若干內服貴族日漸強大和獨立。在此趨勢的推動下,內外服的界線逐漸模糊。至春秋時代,各類貴族為攫取土地財賦,均加入兼併爭霸的行列,原為外服的侯,內服稱伯的貴族,及蠻夷戎狄之君,就會同時出現在會盟、征伐等政治、戰爭場合,經史官之手以公、侯、伯、子、男等名號記錄,遂出現《春秋》中類似五等爵稱的貴族名號序列。[10]

原本呈現西周邦國聯盟等級次第的內外服制,隨周天子權勢的衰落,彼此界線更加模糊。儘管西周恐怕也未必存在傳世文獻所描述的嚴格內外服制,但個別畿內貴族與列國諸侯的崛起,確實造成原來指涉內涵相對明確的五等爵稱,在

8　李峰:〈論「五等爵」稱的起源〉,《古文字與古代史》第3輯,頁159-184。
9　劉源:〈「五等爵」制與殷周貴族政治體系〉,《歷史研究》2014年第1期,頁62-78。
10　劉源:〈「五等爵」制與殷周貴族政治體系〉,頁76。

使用上變得更加自由寬泛。例如：原本用以稱呼畿內貴族權勢地位較高者的「公」，到了春秋早期已成為諸侯封君亦可使用的自稱。另一方面，春秋戰國的社會環境因周王室東遷而產生巨大變化，尤其是政治秩序方面的重整。故李峰就認為制度化了的五等爵，是春秋時期政治秩序進行重新制度化過程中的一個部分，這個過程導致了諸侯國稱霸制度的產生。五等爵在戰國時期得到了儒家的進一步推崇，並將其與領土分配制度和其他禮制系統結合起來，共同形成一個複雜卻有機地聯繫在一起的理想化了的制度。[11]由此可知，被多數學者認為不曾真實存在過的「五等爵制」，是在確實使用過的「五等爵稱」基礎上，受到社會環境變遷的影響，並結合儒家學說的形塑，逐漸成為傳世文獻所述的一套政治制度。

儘管學者對五等爵制的形成有著不同看法，孰是孰非，以目前的線索尚難論斷。不過可以肯定的是，通過對特定五等爵稱的內涵變化研究，應該可以觀察到西周到春秋這個階段的政治秩序改變，李峰就曾針對「公」的稱呼做出以下敘述，其指出：

> 作為官僚體系中至高點的「公」的稱謂雖然在王畿洛邑仍被保留，但已失去過去的尊貴並淪為諸侯操縱王室政治的工具。體現西周國家對外關係的外交秩序隨著西周國家的消亡喪失了其原有的意涵，被隨後的各國之間互相爭奪、角逐稱「霸」的新國際秩序所取代。[12]

由上述內容可知，「公」的稱謂雖然貫串西周與春秋時期，但其內涵出現頗大轉變。而李峰認為其轉變反映了西周國家外交秩序的變化，甚至暗示春秋以「爭霸」為主的政治新秩序。

此觀察甚為有趣，因為在「公侯伯子男」的五種稱謂中，「侯」的內涵相對明確，「伯」的稱謂除了能同時展現宗族秩序及政治秩序，也更能表現西周王朝與周邊族群的橫向關係。唯有「公」的稱謂是偏向呈現歷時性變化，而此

---

11 李峰：〈論「五等爵」稱的起源〉，《古文字與古代史》第3輯，頁161。
12 李峰：〈論「五等爵」稱的起源〉，《古文字與古代史》第3輯，頁173。

種變化確實可能反映出西周到春秋歷史上的政治秩序更迭，同時也能進一步思考傳世文獻的敘述與記載。為了更加細緻的觀察「公」稱謂在兩周之際的變化，與五等爵制的形成過程，以下將針對春秋新見金文與傳世文獻所見的「公」進行考察，並以此檢視前輩學者提出的學說。

三、春秋新見金文與傳世文獻所見的「公」

在討論春秋時期的「公」稱謂以前，本節欲先確立一個問題，亦即「『公』在西周時期是否為爵稱？」唯有先確立「公」稱謂的性質，方能針對春秋時期金文及文獻所見之「公」進行更具體的討論。

（一）西周的「公」是否為爵稱？

關於西周的「公」是否為爵稱，歷來學者頗有不同看法。例如：王世民認為「公」仍是爵稱，且為王之卿士。[13] 劉源則認為西周的「公」，總體上是一種對長者和位高者的尊號，而非爵稱。「公」多用作王室最高執政大臣的稱號。[14] 魏芃則將「公」稱分為表示身分等級的天子重臣以及表示尊敬意義的生稱、死稱，並認為前者的使用方式比較接近「爵稱」，而後者只能算作泛泛的尊稱。[15] 由此可見，儘管學者逐漸認識到「公」稱內涵豐富，甚至包括生稱、死稱、器主自稱，但就「公」稱有無對應職位、職務內容，或是器主自稱時又代表何種意義，相關討論都仍較少，甚至多數學者對於「爵稱」的定義及內涵亦不曾討論。

如同魏芃所言，從表面上看，生稱「公」最符合傳統意義上的「五等爵稱」之「公」的含意。[16] 因此要討論「公」是否為「爵稱」，這類生稱「公」的材料是本文特別重視的。而探索相關課題，則必須從這方面的金文材料著手，學者一般認為能夠反映「公」稱變化的資料為〈令方尊〉（集成6016）、

---

13 王世民：〈西周春秋所見諸侯爵稱的再檢討〉，頁150。
14 劉源：〈「五等爵」制與殷周貴族政治體系〉，頁68。
15 魏芃：《西周春秋時期「五等爵稱」研究》，頁17。
16 魏芃：《西周春秋時期「五等爵稱」研究》，頁17。

〈令方彝〉(集成9901)、〈班簋〉(集成4341)以及部分新出青銅銘文。

首先是〈令方尊〉及〈令方彝〉,兩器銘文相同,內容均為記載周王命令周公之子「明保」負責治理三事四方、管理卿士寮等職務。其內容如下:

> 唯八月,辰在甲申,王令周公子明保尹三事四方,受卿士寮。丁亥,令矢告于周公宮,公令徣同卿士寮。唯十月月吉癸未,明公朝至于成周……甲申,明公用牲于京宮。乙酉,用牲于康宮,咸既。用牲于王。明公歸自王,明公賜亢師瑒、金、小牛……作冊令敢揚明公尹厥宝,用作父丁寶尊彝,敢追明公賞于父丁,用光父丁。〔鼄冊〕

從銘文可知,在「明保」受命以後,銘文後段出現「明公」之稱,過往學界對於「明保」、「明公」是否為同一人有些爭議,但現今學者普遍接受「明保」即「明公」之說。[17]若先不論「明保」、「明公」之稱的具體結構,僅就銘文來看,仍可推論「明保」改稱「明公」,應與王命其「尹三事四方」、「受卿士寮」的職務有關。這類因受命新的職務,而由原本的稱呼改稱「某公」的例子,在另一條經典資料〈班簋〉中亦有所呈現,其銘文曰:

> 唯八月初吉在宗周甲戌,王令毛伯更(賡)虢城公服,粵(屏)王位,作四方亟(極),秉緐、蜀、巢令,賜鈴鑾,咸。王令毛公以邦冢君、土(徒)馭、戜人伐東國瘄戎,咸。

在〈班簋〉銘文中,因受命而改稱者為「毛伯」,其於賡虢城公服後,銘文改稱其為「毛公」。過去學者也曾對器主班、毛伯、毛父、毛公的身分有所爭論,不過多數學者都同意毛伯、毛公為一人,故其因賡服而改稱的現象確實是存在的。然而「賡服」為何?乃指周王命令毛伯接替過世的虢城公職事,其職務內容還包括屏王位、作四方極及秉緐、蜀、巢令。而李學勤指出「秉緐、蜀、巢

---

[17] 魏芃:《西周春秋時期「五等爵稱」研究》,頁23-24。

令」義為「管理南方蠻夷之號」，但「毛伯」所擔任的是卿士之職，按道理來講是不能管理蠻夷的，但周王在此特意提到讓毛伯「秉繁、蜀、巢令」，這應與下文的「征東國蠻夷」有關。[18]李氏的推論很有道理，這也能夠說明毛伯所接替的職務，應該除了王朝卿士的例行任務外，也包括此次伐東國的軍事指揮權，而同時虢城公的「公」稱，也一併由毛伯接替，改稱「毛公」。

相較於〈令方尊〉、〈令方彝〉的記載，〈班簋〉似乎呈現了一個由「伯」改稱「公」的嚴謹系統。在其敘述中，可以發現「公」稱不僅較「伯」稱更高，而且是同一人在受到王命的前後，可以分別使用的稱呼。此種彷彿存在遞進關係的現象，使得部分學者認為此乃反映「五等爵制」的重要證據。然而若仔細分辨，仍可發現箇中有難以確認「公」為「爵稱」之處：

首先，「公」稱的出現，雖然看似與職務密切相關。但明保與毛伯受命後的職務內容卻截然不同，唯一較大的共同點，就是所獲職位都相對顯要，而此種顯要，也有可能是令銘文敘述者使用「某公」尊稱的原因。

其次，雖然〈班簋〉「毛伯」賡服後改稱「毛公」，但「賡服」若僅從「接替任務」的角度來看，並不意味著毛伯必然經歷職位升級。換言之，毛伯固然因接替新職務，地位顯要，但有可能僅是因為責任更加重大、處理業務更為龐雜，而改稱毛公，不必然反映「公」稱在系統中必然高於「伯」稱。

如果從上述二銘的敘述來看，西周時期生稱「公」似乎未必是傳統認為的「爵稱」，但近來新出土的銘文卻顯示，生稱「公」與「受命」一事有較密切的關係。韓巍就通過對首陽齋收藏的〈鴌觶〉、〈鴌簋〉、〈鴌鼎〉、晉侯墓地M9小鼎、應國器等，考察滕國、晉國及應國國君稱謂的變化。其因此主張「公」是需受周王冊命的「爵稱」，並指出：

> 「公」多數情況下是周王授予王朝高級貴族的稱號，少數地位特殊或立有大功的諸侯也可被冊命為「公」，以示特別的尊寵。與「侯」不同的是，「公」的稱號不能世襲，說明它更多地承載著周王與臣下個人之間

---

18 李學勤：《金文與西周文獻合證（中冊）》（北京：清華大學出版社，2023年），頁647。

的權力授受關係。「公」在禮制上的地位要高於「侯」，如果一位諸侯先被冊命為「侯」，然後又受命為「公」，就會採取最後也是最高的稱號「公」。「侯」與「公」稱號的使用在當時均有嚴格限制，只有接受周王冊命為「侯」和「公」的貴族才能使用──包括他生前的自稱、臣下對他的尊稱以及後代對他的追稱。除了殷遺民使用的「日名＋公」式稱謂外，可以說西周時期並不存在作為「一般性敬稱」的「公」，「公」的稱號泛化為諸侯國君的通稱要晚到春秋。[19]

儘管韓氏結合近出材料，提出對「公」作為「爵稱」的支持性觀點，不過我們不完全同意其說。在上舉論述中，「公」是周王授予王朝高級貴族或是有功諸侯稱號，以及「公」不是一個世襲的稱號，反映了周王與受命個人更多的權力關係，這些觀察本文大致同意。例如：〈曾侯與鐘〉及〈嬭加編鐘〉反映了曾國的先祖有「伯括」和「南公」兩種稱謂，而「南公」確實有可能是「伯括」受王命後的改稱。[20]然而「公」在禮制上是否必然高於「侯」？在韓氏考察的例證當中，除了不少屬於死稱的「某公」外，包括：第二代滕君由「滕伯」改稱「滕公」，第三代滕君稱「滕侯」；應國國君早先稱「應公」後稱「應侯」等生稱現象，似乎都只能反映這些諸侯國某代國君被授予了「侯」的爵稱跟職務內容。也因為「公」稱無法世襲，因此很難從諸侯國君的「某公」或「某侯」稱謂改變，進而推論出「公」在禮制上的地位必然高於「侯」。

此外，雖然西周生稱「公」的銘文都似乎反映「公」稱與王命的授受有關，但其是否如同韓巍所設想，是需通過冊命儀式才會獲得「公」稱？在目前所見的冊命銘文中，似乎未見到專門授予某人「公」稱的銘文。儘管其舉〈畢伯克鼎〉（銘圖2273）「畢伯克肇作朕丕顯皇祖受命畢公䵼彝，用追享于子孫永寶用」，並指出「受命畢公」的稱謂，是明確將「受命」與「公」聯繫在一起，可見畢氏宗子「公」的稱號是因接受天子冊命而來。[21]然而細究銘文可以

---

19 韓巍：〈新出金文與西周諸侯稱謂的再認識〉，《青銅器與周史論叢》（上海：上海古籍出版社，2022年），頁219-220。
20 參黃庭頎：《北歌南風──曾國青銅器銘文綜合研究》（臺北：政大出版社，2024年），頁83。
21 韓巍：〈新出金文與西周諸侯稱謂的再認識〉，《青銅器與周史論叢》，頁208。

發現，此乃畢伯克作予先祖的祭器，而畢公高受命於周天子乃周初大事，對畢氏家族而言意義重大，故畢伯克言「皇祖受命畢公」，也有可能只是將畢公高「受命」的歷史與子孫敬稱「畢公」結合敘述，並不能直接反映「畢公」是因為受到周王冊命才能擁有「公」稱。

綜上所論，本文傾向同意西周時期生稱「公」仍是一種尊敬意義較強烈的稱呼，並非明確的「爵稱」。不過此時期得以稱「公」的條件仍較為明確，不僅王畿貴族必須地位崇高、職務重要，諸侯國君有功於王朝，關鍵仍在於其職務內容確實是來自王命。換言之，西周時期生稱的「公」所展現的確實是周王與個別臣下的權力互動關係，因此「公」稱存在無法世襲的性質，甚至可能無法自稱。

（二）春秋金文及傳世文獻所見的「公」

從西周到春秋時期，作為生稱的「公」開始產生性質上的變化，同時傳世文獻也呈現另一套不同的系統，顯示西周與春秋兩個時期，無論在歷史或人們的觀念上，對於政治秩序的理解也出現新的轉變。

就金文所呈現的現象而言，朱鳳瀚有過比較細緻的觀察，其先針對西周時期的「公」稱指出：

> 在西周畿內供職於王朝的周人貴族中，有以其封邑名（多亦即宗族之氏名）冠於「公」上稱為「某公」者，如周初即有周公、召公、畢公、毛公等，這些貴族均為王室成員，助武王克商而卓有功勳，且輩分均與武王同輩。此類貴族稱「公」，說明「公」這一名稱在周人稱為系統中，應是有尊貴的成分在內，而且使用者是有一定的限制的，既非僅以功勳計，亦非僅以輩分計，因為並非所有與稱「公」者行輩相同的姬姓貴族均得稱「公」。[22]

---

[22] 朱鳳瀚：〈關於西周封國君主稱謂的幾點認識〉，《甲骨與青銅的王朝》（上海：上海古籍出版社，2022年），頁656-657。

同時又針對春秋時期的「公」稱表示：

> 從文獻與金文資料看，在春秋早期，已有封國國君不再受西周時期此種稱謂限制而自我生稱「某（國公）公」，此漸成為當時列國國君較普遍的稱謂。韓城梁帶村春秋早期墓 M19所出芮公鬲（《銘圖》2884），國君亦不再稱「伯」而稱「公」，也許與《史記・衛康叔世家》所記衛武公「將兵往佐周平戎，甚有功，周平王命武公為公」有關。王世民先生推測，應侯大約也曾參與佐周平戎事，因有功受命為公，這是很可能的。自此，畿外封國國君稱「侯」者不可稱「某（國公）公」的規矩已經被周王自己打破，而且周王亦再也不可能如同西周王朝那樣控制畿外封國，列國國君紛紛稱「公」，則應是此政治形勢變化的產物。[23]

根據朱鳳瀚所述，「公」稱從西周到春秋，最鮮明的轉變就是諸侯國君自稱「公」。隨著以周天子為中心的西周邦國聯盟瓦解，周王室東遷，形成新的政治秩序，原來標示周王與個別臣下權力關係的「公」稱，雖然還保有尊稱性質與死稱習慣，但諸侯國君卻能在沒有特別受到王命的情形下，自由的使用「公」稱，此亦反映周王已無法在像西周時期，有效地控制諸侯國，而原來具有特殊意涵的稱呼，也開始出現內涵的轉變。

不過，此種自由使用「公」稱的情形，在目前所見的春秋金文中，又是如何呈現與分布？下表為筆者利用中央研究院「殷周金文暨青銅器資料庫」初步搜尋330筆春秋時期出現「公」稱的銘文，再分析見於傳世文獻中相同的諸侯國君的爵稱，羅列如下：

國名	宋	芮	郜	邾	秦	鄧	曹	許	郳	晉
出土文獻	宋公	芮公 芮伯	郜公	邾公 邾伯	秦公 秦子	鄧公 鄧伯 鄧子	曹公 曹伯	許公 許子 許男	郳公	晉伯 晉公 晉侯

---

23 朱鳳瀚：〈關於西周封國君主稱謂的幾點認識〉，《甲骨與青銅的王朝》，頁663。

國名	宋	芮	郜	邾	秦	鄧	曹	許	郳	晉
左傳記載	宋公	無	無	邾子	秦伯	鄧侯	曹伯	許男	無	晉侯

根據上表所示，諸侯國君中目前僅見「國名＋公」者，為宋國、郜國與郳國。若與《左傳》記載比對，只有「宋公」稱呼基本相合，而郜及郳則在《左傳》中看不出使用何種爵稱。至於同見稱「公」與稱「侯」者為晉國，其於西周時期更有「晉伯」（晉伯卣）之稱，但金文的實際狀況是「晉侯」之稱遠多於「晉公」，而「晉侯」之稱也與《左傳》基本相合，從其他情況來看，亦可確知晉國受命為「侯」。至於〈晉公盆〉所稱之「晉公」，細究格式則不難發現，其乃「器主曰」類型銘文，此種銘文與器主欲展現自我權勢地位有關，而晉國國君於此器自稱「公」而不稱「侯」，應與作器目的及時代風尚有所關聯。

諸侯國君稱呼中見「公」又見「伯」者，則有芮國、邾國、曹國。首先，芮國的爵稱不見於《左傳》，但《尚書‧顧命》有「芮伯」。而金文部份其自西周始封之君即稱「公」，朱鳳瀚認為這個近畿地區姬姓小國的國君，可能因兼任王朝卿士且地位重要，故被命為「公」。[24]朱說可從，因芮國相關記載較少，而文獻中顯示芮國國君在王朝中地位亦頗重要，故此「公」稱應是西周時期周王任命王畿貴族的角度承襲而來。至於西周晚期的「芮伯」稱呼，則應是「公」稱不世襲的傳統，故回歸一般諸侯國君的稱呼。

至於邾國在《左傳》中一律稱之「邾子」，顯然與金文呈現的情況有所差異。[25]比較值得注意的是，金文中稱「邾伯」的〈邾伯鬲〉（集成669）為春秋早期器，而邾國國君自稱「邾公」者，如〈邾公牼鐘〉（集成152）、〈邾公華鐘〉（集成245）等，均為春秋晚期器。雖然「邾伯」的例證不多，但從金文資

---

24 朱鳳瀚：〈關於西周封國君主稱謂的幾點認識〉，《甲骨與青銅的王朝》，頁657。
25 蒙匿名審查人提示，邾國國君在《左傳》中有二種用法，生稱為邾子，死稱為邾某公，如襄公十九年：「執邾悼公，以其伐我故。」至於《春秋》經文稱「邾子」，當有其複雜的因素，楊伯峻《春秋左傳注》（北京：中華書局，2016年第4版）認為：「然考之經例，凡小國，或文化落後，或在邊裔，所謂蠻、夷、戎、狄者，皆稱其君為子。」關於「國君＋子」在傳世文獻及出土文獻中的情形頗為複雜，尚須再作進一步的研究，而前行相關整理可參見魏芃：《西周春秋時期「五等爵稱」研究》，頁178-183。

料看來，邾國在春秋時期的政治秩序裏，恐怕非如文獻記載般地位低於那些稱「伯」的諸侯國，而是使用了周王室習慣稱呼外服諸侯的「伯」稱，至於春秋晚期則隨著「公」稱的使用變得寬泛自由，故邾國國君亦開始以「公」自稱。而曹國在《左傳》中稱「曹伯」，金文則有一件〈曹伯狄簋蓋〉（集成4019）、兩件〈曹公簠〉（集成4593）、〈曹公盤〉（集成10144），「曹伯」器為春秋早期，「曹公」器則為春秋晚期，雖然例證不多，尚難確知曹國國君稱呼轉變的具體因素，但頗有可能與邾國的現象相同，是受到時代風尚影響所致。

此外，同時出現稱「公」及稱「子」，甚至有更多種國君稱呼者，有秦國、鄧國及許國。關於「秦公」與「秦子」的討論，陳昭容有較完整的整理，可以確知「秦子」不是爵稱，而是一種泛稱，可能尚未繼位的秦國國君都可以使用「秦子」稱呼。[26]至於「秦公」則在秦國文字資料中，都是指秦國曾登基的歷代國君。[27]而截至目前所見的秦國金文中，未見「秦公」之外的國君稱呼，與《左傳》習見的「秦伯」顯然不同。

鄧國的情況則較為複雜，出現「伯」、「公」、「子」等稱呼。在《春秋》經、傳中，鄧國的爵稱為「鄧侯」，但目前所見的鄧國金文中，情況則較為複雜。西周早期似乎稱「伯」，西周中期開始到春秋早期比較明顯的稱「公」，尤其是〈鄧公作應嫚簋〉（集成3776）、〈鄧公牧簋〉（集成3590）等，而徐少華認為鄧君這種稱謂關係的變化，體現鄧國國勢的不斷強大，獨立性增加，周王朝勢力的衰弱，對諸侯逐漸失去了控制能力。[28]除此之外，1980年代出現一件〈鄧子午鼎〉，稍晚湖北也出土另一件「鄧子」器，兩件器的形制都具有春秋晚期的特徵。徐少華指出，戰國中期以前稱「某子」者，「某子」多為某國之君或王（公）室顯貴。故此二件器，表明是鄧國、鄧人之器，顯示直到春秋中晚期，鄧國仍然存在，並於楚境活動。有可能是楚文王滅鄧置縣之後，不久又

---

26 陳昭容：〈秦公器與秦子器──兼論甘肅禮縣大堡子山秦墓的墓主〉，《中國古代青銅器國際研討會論文集》（上海：上海博物館、香港中文大學文物館，2010年），頁253。
27 陳昭容：〈秦公器與秦子器──兼論甘肅禮縣大堡子山秦墓的墓主〉，頁232。
28 徐少華：《周代南土歷史地理與文化》（上海：中西書局，2021年），頁18-19。

使鄧人復國,並遷於他地安置,作為附庸存於楚境。[29]徐氏推論可信。

值得注意的是,春秋晚期著名鄧器〈鄧公乘鼎〉(集成2573),雖然也稱器主為「鄧公」,然此時鄧國已為楚國所滅,故此處之「鄧公」為楚國縣公,其「公」與西周時期的「公」稱性質截然不同。整體論之,在鄧國金文所呈現的國君稱謂中,不僅可從其歷時性變化,觀察鄧國到與周王室、楚國的互動關係,也與傳世文獻的記載截然不同,是用以思考稱謂反映政治秩序的重要資料。

最後是許國,其較特別之處為「許男」的稱呼,同時反映在金文及《左傳》之中。〈許男鼎〉(集成2549)為西周晚期器,其在形制、花紋、銘文風格方面都與中原文化較為一致,除了反映西周時期「侯、甸、男」制度外,也說明西周時期許國與周室的關係更加密切。春秋中期以後,許國國君改為「公」稱,如:〈許公戈〉(銘圖16649)、〈許公買簠〉(集成4617)等。徐少華認為許國由「男」改稱「公」,並非是因其政治地位上升,而是反映春秋中晚期禮崩樂壞、爭相僭越的一面,致使仰賴楚國生存、弱不堪言的許國亦可稱「公」。[30]徐氏對許國國君稱呼的轉變,呈現出支持周代存在諸侯爵稱的立場,然而其並未解釋鄧國君稱與《左傳》等文獻不合的情況。本文認為,「許男」一詞雖可以印證「侯、甸、男」系統的存在,也能反映《左傳》所謂的「五等爵制」有其一定證據,但無法據此推論「許公」一詞的出現,就是禮崩樂壞或是僭越的結果。而《左傳‧成公十五年》有「許靈公畏偪于鄭,請遷于楚。辛丑,楚公子申遷于葉。」楊伯峻注云:「許自遷徙後,其本土為鄭所有,鄭人稱之為『舊許』。此後,許為楚附庸,晉會盟侵伐,許皆不從;楚有事,許則無役不從。」[31]若再考慮到「許公」稱謂多見於春秋中期以後,此「許公」之稱或可能與許淪為楚國附庸有關。

承上論之,本段通過對春秋金文及傳世文獻中「公」稱的比較,並非是想再次討論《左傳》是否存在不見於現實的一套爵稱等差制度,而是想聚焦於

---

29 徐少華:〈論近年來出土的幾件春秋有銘鄧器〉,《古文字研究》第25輯(北京:中華書局,2004年),頁196。
30 徐少華:《周代南土歷史地理與文化》,頁257。
31 此意見感謝匿名審查人提供,參見楊伯峻:《春秋左傳注》,頁959。

「公」稱的出現情形,思考周代的「公」究竟是否為爵稱?而從西周到春秋又呈現何種變化。結合出土與傳世的資料來看,自始至終均以「公」稱指涉國君者,只有宋國,而「宋」作為殷商後裔的特殊身分,其國君稱「公」以展現顯赫地位與重要身分似頗合理。然從其他春秋時期的諸侯國金文來看,「公」稱明顯散布在不同等級的諸侯國君稱謂中,包括被封「侯」的晉國。因此,春秋時期的「公」稱一方面承襲西周時期形容地位顯赫、功績卓越的尊稱性質,但另一方面也因為周王室東遷後,受到社會環境與政治秩序變化的影響,使用「公」稱不必再像過去那般,需要得到周王任命或授予重要職務,其使用人選與範圍也較過去更加廣泛自由。而此現象並不是反映一個原有的等差制度邁向崩潰,而是原來相對約定俗成的互動關係,在周王室東遷後重新被定義與塑造。

四、新秩序的誕生

(一) 曾公𫞢的稱呼問題

通過上述資料的爬梳,對西周春秋時期的「公」稱有初步理解後,再回歸到本文所關心的「曾公𫞢」議題來看,則可對學界說法有一較好的甄別。

就「曾公𫞢」的稱呼問題來看,過去學者有兩種不同的看法:第一種是黃錦前認為「曾侯」與「曾公」就是同一人,沒有什麼疑問。如同應國國君既稱「應侯」,又稱「應公」。儘管過去「曾公」一詞並未見於曾國國君的稱呼,但無論「曾公𫞢」或「曾公得」都是指曾國國君。[32]第二種則認為「曾公𫞢」稱呼正好反映春秋中期周王賜命制度。包括〈曾公𫞢編鐘銘文初步釋讀〉就認為諸侯爵稱一般是固定不變,除非周王室重新頒次爵位,冊命之後才能改服稱公。甚至推斷曾侯𫞢就是在銘文書寫的冊命儀式後改稱曾公𫞢。[33]楊理勝也支持此

---

[32] 黃錦前:〈隨州漢東東路墓地新出曾侯得銅器及相關問題〉,《出土文獻》第15輯(上海:中西書局,2019年),頁87。
[33] 郭長江、凡國棟、陳虎、李曉揚:〈曾公求編鐘銘文初步釋讀〉,《江漢考古》2020年第1期,頁3-31。

說，並進一步認為雖然春秋時期已經禮崩樂壞，但天子賜命仍有所保留。[34]

上述兩種觀點，雖然本文同意第一種看法，但黃錦前比較聚焦於論述「曾侯」及「曾公」都是指曾國國君，尤其認為「曾侯得」即「曾公得」，並未進一步深究何以出現「曾公」稱呼，也沒有就「曾公」與周代爵稱問題進行討論。第二種觀點則建立在周代存有爵制，而且「公」為需要得到周王冊命才能擁有的爵稱前提下進行論述。此觀點不僅與本文所觀察到的「公」稱性質相悖，也對曾公𠦪編鐘銘文的冊命段落理解有誤。該段落其實是器主追述曾國皇祖受周天子冊命，並受封經營南土一事，[35] 並非是記錄曾國國君因得到周王冊命而由「侯」改稱「公」的過程。由此來看，「曾公」一詞的出現仍未得到很好的解釋，但若連結上文探索的結果，則能較好地解釋「曾公」稱呼見於春秋曾國銘文的意義與脈絡。

從傳世文獻及出土資料可知，曾國國君在整個周代的政治秩序當中，就是屬於外服的「侯」，故從西周早期葉家山墓地，到戰國晚期擂鼓墩墓地出土的相關資料都顯示其國君為「曾侯」，而春秋時期則出現少數稱「曾公」的國君，包括：曾公𠦪、曾公得。此處「公」稱的出現脈絡亦與前文所述的社會背景相同，是因為「公」稱使用的範圍及自由度擴大，使得外服諸侯也可自稱「公」，故曾公𠦪、曾公得也受到此風尚影響而選擇此種稱呼。

然較為值得注意的是，出土「曾公得」器的墓地中，也出現「曾侯得」相關青銅器，推測此位曾國國君可能同時使用兩種稱呼。然而「曾公𠦪」墓所出之器，都只見「曾公」稱呼，而未見「曾侯」之稱。關於此現象，幾個可能的推測是：第一，曾公𠦪受到時代風氣影響，且欲標榜自身，為了敘事目的，刻意選擇「公」稱，如同前文提及的擁有較明確爵稱的諸侯國。其次，曾公𠦪可能因為某些緣故，沒有承襲「侯」稱，因此只能使用「曾公」，而未使用「曾侯」。

此二觀點，目前都沒有決定性的證據支持，但有些旁證可供參照。首先，

---

34 楊理勝：〈曾公求編鐘銘文所見春秋周王賜命制度補論〉，《江漢考古》2021年第2期，頁116-118。

35 參見黃庭頎：《北歌南風——曾國青銅器銘文綜合研究》，頁149。

雖然目前不見曾公㝬自稱「曾侯」的青銅器，不過其夫人嬭漁墓的棗樹林M191曾出土〈唐侯贈隨侯行簠〉，由此可知，漢陽諸姬中的唐國，仍然承認曾公㝬為隨侯。既然曾公㝬作為曾國國君的身分為周邊國家認同，可見其不大可能沒有承襲「侯」稱，亦說明第二種觀點可能無法成立。至於為何曾公㝬未見以「曾侯」自稱的資料，除了出土銘文數量有限之外，從〈曾公㝬編鐘〉銘文的內容來看，其較特別之處在於該篇銘文不同於春秋時期常見的宣揚己身主題，而是反映出曾公㝬無依無靠，行為謹慎，小心翼翼的心理。[36]推測其採取「公」稱的心態，可能還是跟春秋時期的風尚，或是自身所處環境比較有關。

（二）從「公」稱內涵所見的周代政治秩序變化

在過去學者的論述當中，可以發現西周到春秋之間，應該存在一次較大的政治秩序重組，而我們嘗試通過對「公」稱使用範圍的爬梳，觀察周天子與諸侯間的互動關係變化。雖然目前所採用的資料尚不完整，觀點也不甚成熟，但已凝聚幾個較初步的想法，或許可稍微勾勒「公」稱從西周到春秋的發展情況，並再次思考傳世文獻所謂「五等爵制」出現的可能原因。

從目前所見的西周金文來看，「公」稱既不屬於外服體系，亦非有特定職務的職官，而是主要是對王畿貴族中的長者或執政大臣的尊稱。只是此尊稱亦非毫無限制的自由使用，而是獲得「公」稱者，往往是獲得周王命令的重要職務，或是經過周王認可的新身分，故得以稱「公」。換言之，在西周所見的「五等爵」稱中，儘管可能不曾真正存在後人所認為的「等差」，不過仍可反映一個重要現象，即無論稱「公、侯、伯、子、男」，都是以周天子為中心的視角與互動關係。即便「公」稱可能與受到周王明確分封授土的「侯」稱性質不同，其稱呼包含較主觀且模糊的尊敬成分，但需得到周王認證，這才是獲取「公」稱的主要關鍵。由此看來，至少在西周時期周王室與畿內貴族、外服諸侯的互動關係，仍然保持著以周王室為尊的邦國聯盟狀態。

但東周以後，「公」稱的使用範圍明顯外溢，原本屬於外服體系的諸侯，

---

36 黃庭頎：《北歌南風——曾國青銅器銘文綜合研究》，頁152。

或許只有宋國、應國、芮國等特殊情況者可以稱「公」。但及至春秋時期，即使有著明確「侯」稱、「伯」稱的諸侯國君，也可以自稱「公」，如：晉公、曾公、曹公等。多數學者亦已注意到，其主要的原因與周王室東遷，政治權力得到重整，存在密切關係。只是本文認為此時的「公」稱可能已不如西周時期，是為了表明較高地位、權勢的稱呼，「公」稱的內涵在春秋時期可能得到進一步的寬泛化，不再需要經過周王的認證或許可，即使是外服諸侯在自稱時亦可使用。此稱呼的發展途徑可能較接近金文中的「君」。[37]

「公」稱外溢的現象，說明周王室與王畿貴族、外服諸侯關係的轉變。此轉變的諸多細節，也能從《左傳》記載的故事中看出，而其中最為關鍵的差異，就是邦國間的互動關係，已經從周王中心轉向霸主中心。然而和李峰不同的是，本文不認為霸主中心是形成「五等爵」概念或「五等爵」制的主要原因，畢竟《左傳》所反映的五等爵制度，或是依循此制度而形成的盟會順序、貢賦比例等，在目前的考古資料中並沒有發現可供支持的積極證據。因此，本文較傾向《左傳》當中的「五等爵制」，《左傳・襄公十五年》「王及公、侯、伯、子、男、甸、采、衛、大夫各居其列」等敘述，反映的是史家對政治次序等差的理想，如同李峰提到的：

> 用爵稱來區分各國國君身分差別的某種慣例在春秋晚期已經形成，並且為戰國時期的史學家和哲學家們所採用。但是金文材料卻可能提供了一種不同的場景：文獻中記載的許多國君稱謂是北方諸侯國史學家所採用的方式，並非是諸侯國君們在自己國內的稱謂，它更多地反映了一種典型的外交秩序，而銘文中記載的是國君們如何自稱或是如何被其屬臣所稱呼。[38]

這段話已經說明了金文的「五等爵稱」和傳世文獻的「五等爵制」是兩套不同

---

[37] 關於「君」字在金文相關發展脈絡，參見陳英傑：《西周金文作器用途銘辭研究》（北京：線裝書局，2008年），頁723-771。
[38] 李峰：〈論「五等爵」稱的起源〉，《古文字與古代史》第3輯，頁173。

系統。在金文方面,「公」稱的外溢現象,反映的是以周王室為中心的政治體系正逐漸瓦解,尤其是屬於王畿貴族的內服體系,其逐漸瓦解,變成由外服諸侯主導的系統。至於在傳世文獻方面,本文認為「五等爵制」概念的出現,並不完全只是因為霸主中心的政治形態形成,其背景亦與隨著西周內外服體系的崩潰有關。由於西周時期由王畿貴族與外服諸侯組成的系統,在東遷之後,改由諸侯國君主導,因此原來主要使用於王畿貴族或是對周王室有功的諸侯「公」稱,也更多地為諸侯國君使用。另一方面,東遷以後的社會變遷,尤其是周王室威望的衰落,霸主政治的崛起,也使得原有以周天子為中心的邏輯開始改變。假使李峰所謂的北方史書撰寫者,其書寫目的乃是「微而顯,志而晦,婉而成章,盡而不汙,懲惡而勸善」,[39]那麼嘗試通過書寫,再次恢復以周王室為中心的政治圖景,也是很容易理解的。因此,史書撰寫者很有可能就是揉合了西周時期內外服系統與五等爵稱,再將這套觀念系統化,進而形成傳世文獻所能看到的五等爵制。

五、結語

本文嘗試通過考察新出土的春秋金文,重新討論傳世文獻「五等爵制」中的「公」稱問題。而通過上述資料的爬梳,可歸納出以下幾個不成熟的觀點:

首先,雖然五等爵稱與五等爵制的討論歷來相當豐富,但隨著新出資料的面世,不斷刷新我們對過去結論的認識。尤其是多見於金文,但討論相對少的「公」稱與「子」稱。而在前人研究的基礎上,可以初步將五等爵稱與五等爵制視為兩個議題討論,其中五等爵稱是確實存在的,但五等爵制可能只見於文獻敘述,而學者對於五等爵制概念如何形成存在不同看法。

其次,本文嘗試討論的第一個問題為「公」是否為爵稱?然而除了過往學者並未對「爵」稱的內涵有較明確的討論或共識外,從西周金文看來,得以稱「公」者除了職務內容重要、身分地位顯赫外,似乎仍需要有周王的認同與首

---

[39] 參見楊伯峻:《春秋左傳注・成公十四年》「君子曰:『春秋之稱,微而顯,志而晦,婉而成章,盡而不汙,懲惡而勸善,非聖人,誰能脩之?』」,頁951。

肯。但擁有「公」稱是否需要接受周王的冊命典禮？亦或是稱「公」者的政治地位必然比「侯」、「伯」更高？這些過去認為比較具體的獲得「公」稱管道，或其性質的認識，在目前所見的金文資料中尚未出現較明確的證據。故本文認為西周時期的「公」稱應該還是尊敬意義比較強烈的稱呼，而非明確的「爵稱」。

其三，本文同意李峰觀點，認為西周與春秋之間的政治秩序有所不同。而從比對春秋時期的金文與傳世文獻所見之「公」稱來看，則會發現稱「公」且吻合者只有宋國。至於金文與文獻所記「爵稱」相同，但金文中又出現「公」稱者則有不少，而且散布在文獻記載的「侯、伯、子、男」等不同等級的國家。說明歷史意義的「公」稱在春秋時期的使用範圍更加寬泛，但其反映的並不是一個政治秩序等差的崩潰，而是原本西周時期約定俗成的互動關係，在周王室東遷以後，再次被定義與塑造。

其四，本文嘗試通過曾公䀠編鐘，討論曾國國君稱「公」問題。在可以確認曾國國君有稱「侯」與稱「公」的並行現象下，考慮到春秋時代的社會環境，曾公䀠的「公」稱可能還是偏向單純的尊稱性質，並推測曾公䀠之所以不自稱「曾侯」，可能不是其他學者所認為的，因為得到周王冊命而擁有更能彰顯身分的「公」稱，反而有可能是某種因素而未使用「侯」稱。

最後，本文試著就傳世文獻所述的「五等爵制」概念出現，提出一些不成熟的思考。主要與過去學者看法不同之處，是在於不認為「五等爵制」是完全受到霸主政治的影響而產生，就史家敘述策略角度來看，此概念產生的源頭，可能與春秋周王室的威望衰落有關，是想通過書寫追述西周以周王室為中心的政治秩序圖景，故揉合了內外服系統與五等爵稱，並系統化成為五等爵制。

徵引書目

王世民：〈西周春秋所見諸侯爵稱的再檢討〉，《古文字與古代史》第3輯，臺北：中央研究院歷史語言研究所，2012年，頁149-157。

王世民：《商周銅器與考古學史論叢》，臺北：藝文印書館，2008年。

朱鳳瀚：《甲骨與青銅的王朝》，上海：上海古籍出版社，2022年。

李　峰：〈論「五等爵」稱的起源〉，《古文字與古代史》第3輯，臺北：中央研究院歷史語言研究所，2012年，頁159-184。

李學勤：《金文與西周文獻合證（中冊）》，北京：清華大學出版社，2023年。

徐少華：〈論近年來出土的幾件春秋有銘鄧器〉，《古文字研究》第25輯，北京：中華書局，2004年，頁194-198。

徐少華：《周代南土歷史地理與文化》，上海：中西書局，2021年。

郭沫若：《郭沫若全集・考古編》，北京：科學出版社，2002年。

郭沫若：《郭沫若全集・歷史編》，北京：科學出版社，2002年。

郭長江、凡國棟、陳虎、李曉揚：〈曾公求編鐘銘文初步釋讀〉，《江漢考古》2020年第1期，頁3-31。

陳昭容：〈秦公器與秦子器——兼論甘肅禮縣大堡子山秦墓的墓主〉，《中國古代青銅器國際研討會論文集》，上海：上海博物館、香港中文大學文物館，2010年，頁229-260。

陳英傑：《西周金文作器用途銘辭研究》，北京：線裝書局，2008年。

傅斯年：〈論所謂五等爵〉，《中央研究院歷史語言研究所集刊》第2本第1分，臺北：中央研究院歷史語言研究所，1930年，頁110-129。

黃庭頎：《北歌南風——曾國青銅器銘文綜合研究》，臺北：政大出版社，2024年。

黃錦前：〈隨州漢東東路墓地新出曾侯得銅器及相關問題〉，《出土文獻》第15輯，上海：中西書局，2019年，頁86-91。

楊伯峻：《春秋左傳注》，北京：中華書局，2016年第4版。

楊理勝：〈曾公求編鐘銘文所見春秋周王賜命制度補論〉，《江漢考古》2021年第2期，頁116-118。

楊樹達：《積微居小學述林》，上海：上海古籍出版社，2007年。

劉　源：〈「五等爵」制與殷周貴族政治體系〉，《歷史研究》2014年第1期，頁62-78。

韓　巍：《青銅器與周史論叢》，上海：上海古籍出版社，2022年。

魏　芃：《西周春秋時期「五等爵稱」研究》，天津：南開大學博士學位論文，2012年。

西周金文在《左傳》中的繼承
——以冊命相關記錄為例

謝博霖

東海大學中國文學系助理教授

摘要

在西周金文中,「冊命」做為一種表現形式最為凸出的類型,不僅數量較多,且形式相對固定。這類銘文由大量程式化的套語組成,欄目順序與用語都遵循著當時的書寫傳統。而隨著西周政府的崩潰瓦解,大量的宮廷檔案去向不明,但在《左傳》中仍能見到一些冊命儀式或者是相關的殘跡。本文嘗試比對《左傳》中記載的三個冊命情境與西周金文中冊命銘文的格套,探討《左傳》中的冊命記載如何繼承或轉化前朝「西周」的冊命銘文。在《左傳》中,大體保留了西周冊命銘文的篇章格式與套語,這些可能是來自當時貴族社會的檔案文書,反映了西周金文書寫文化在春秋時期的影響和遺緒。

關鍵詞:《左傳》、冊命銘文、西周金文、篇章格式、套語

---

* 臺北:臺北市立大學出版中心,2024年12月,頁237-256。
  本論文撰寫獲國科會專題研究計劃獎助「西周金文字詞關係的整理與研究」(計劃編號:NSTC 113-2410-H-029-040-)。本文於「第四屆國際暨海峽兩岸《春秋》《左傳》學術研討會」研討會發表,蒙臺北市立大學中國語文學系吳俊德教授提供寶貴修改意見,受惠良多,萬分感謝。又,本文題目與內容亦承蒙兩位匿名審查人多所賜正,特此致謝。

一、前言

　　在西周時期，銘文作為一種特殊的語言形式，主要記錄於青銅器載體上。《禮記‧祭統》：「夫鼎有銘，銘者，自名也。自名以稱揚其先祖之美，而明著之後世者也。」[1]銘文承載著重要的政治、宗教與文化意涵，其中的高峰當屬用於紀錄冊命儀式的冊命銘文。這類主題的銘文在西周中期以後的朝廷授職、賞賜等儀式中扮演著不可或缺的角色，且以極為重複性的套語和結構展現其儀式化的禮制：周王即位、儐者右受命者入門，受命者北向站立，史官宣讀命書；受命者拜手稽首，受命冊佩以出，反入堇章，對揚王休等。這些重複性的結構與套語與反覆表演的儀式相結合，也為禮制生成了神聖性。[2]在冊命儀式後產生的文本，除了被轉錄到銘文之外，當下所授予的命書或是儀式紀錄的文本，書寫清晰地體現出政治權力、司法權力、和當權者的意志，同時也清楚地表達了其政治與社會經濟關係，也隨著西周貴族傳播到不同的社會領域，建立起廣泛的閱讀群體。[3]

　　然而，隨著西周滅亡，由統一王權凝聚的貴族菁英書寫文化是如何銜接到以敘事見長的《左傳》書寫模式中？因為在《左傳》的紀錄中，仍不可避免地出現了一些冊命的情境敘述，在這些敘述中，其敘述是否仍然保持了其原有的功能和形式？抑或經歷了某種轉化，以適應《左傳》所呈現的歷史語境？本研究將以此問題為核心，以西周冊命金文的套語和結構為參照物，探討在《左傳》敘述冊命情境時的繼承與變化現象。

　　在此之前，過去研究冊命銘文的學者，即有留意到傳世文獻中的冊命記錄者。早期陳夢家曾討論過西周金文中的冊命，又詳列傳世文獻如《尚書》、《左

---

[1] 〔晉〕杜預注，〔唐〕孔穎達疏：《禮記正義》，收錄於〔清〕阮元校勘：《重刊宋本十三經注疏附校勘記》（臺北：藝文印書館，1976年），卷49，頁838。下引之《禮記正義》文本皆由此出，為求版面整潔，不再重複引註，僅標註卷名與頁數。

[2] 張懷通：〈大盂鼎與《康誥》體例〉，《青銅器與金文（第二輯）》（上海：上海古籍出版社，2018年），頁102。

[3] 〔美〕李峰：〈西周的讀寫文化及其社會背景〉，《青銅器與金文書體研究》（上海：上海古籍出版社，2018年），頁128。

傳》、《國語》、《儀禮》、《周禮》、《逸周書》中的策命記載，其整理的結果，認為傳世文獻中的策命除了少數有較後的制度與追想的說法外，都和西周金文相符合。[4]與之相同的是陳漢平，同樣也認為在「西周以後文獻中之冊命記錄，雖不免混入較後之制度與追想之說法，但大體仍符合西周冊命金文所載當時冊命實錄。」[5]，不過陳漢平在整理分析完傳世文獻中提到的冊命記載後，又有修正：以上根據古典文獻，雖可約略考證西周冊命制度，然歲月湮沉，時代久遠，以傳世文字，後人追記，終難窺其原貌。故欲詳細研究西周冊命制度，當求諸西周時代之實錄，即西周金文。[6]

儘管陳漢平與陳夢家意見相似，都認為傳世文獻中的冊命制度與西周金文差距不大，但做為第一手材料，西周金文仍為研究冊命制度的首選。究其討論西周冊命銘文與傳世文獻中的冊命記錄，不外乎以經傳證金文為旨。其目標仍以探究西周冊命典禮的樣貌為主，而非研究傳世文獻中的冊命記錄與西周冊命銘文間的差異與其間的轉化演變狀況。

此外，何樹環在《西周錫命銘文新研》中，也援引《左傳》在內的等傳世文獻討論冊命銘文，在該書第二章第一節「文獻所見『冊命』之意義與所命之事」中，羅列傳世文獻中所見與冊命相關記載，認為文獻所謂「冊命」，其意不外乎「以策命之」，即「讀此策辭以告受命者」。[7]

黃明磊在《西周冊命制度新探》中也專門討論「東周時代的錫命禮」，蒐集傳世文獻11條與冊命相關的材料，透過與西周冊命銘文的比較分析後，認為東周的錫命禮與西周的冊命是性質不同的兩件事，不僅沒有對畿內諸侯的錫命事件，地點也並非在周天子的宮室中舉行，而是天子派遣使者在諸侯國的宗廟進行。且其針對《左傳‧襄公十四年》周王命劉定公賜命齊侯記載，認為這並不存在實質性的任命，不是選官、任官的西周舊制，只能視為王室獎勵諸侯的一種政治榮譽，由於錫命的內容過於空泛，所以《左傳》、《國語》等先秦典籍

4　陳夢家：《西周銅器斷代》（北京：中華書局，2004年），頁410-411。
5　陳漢平：《西周冊命制度研究》（上海：學林出版社，1986年），頁13。
6　同前註，頁13、19。
7　何樹環：《西周錫命銘文新研》（臺北市：文津出版冊，2007年），頁12-18。

往往只書錫命而不記載其具體內容。[8]

在過去相關的研究中,較少注意到傳世文獻對冊命的記載往往經過相當程度的剪裁與編輯,這些文獻的編輯者對於哪些部分要全文實錄,哪些部分可以加以芟夷,自有其考慮的重點。其次,西周滅亡後,宗周之地淪陷,典籍散亡,重要的西周貴族或分裂、或南遷,稀釋周王庭掌握知識的特權,同時也推進古典知識的擴散與傳播。[9]冊命銘文作為西周習見並廣泛傳播的書寫文化,在西周滅亡後是如何變化的,這在《左傳》中的冊命情境中可以窺見一斑。

這當中郭沫若曾指出《左傳‧僖公廿八年》,晉文公受冊命後,《左傳》記載其「受策以出,出入三覲」,此語與頌鼎(《集成》2827-2829)中「受冊佩以出」近似,進一步將「出入三覲」改讀為「出入三瑾」,用字不同係因後人更易其字。[10]這點在膳夫山鼎(《集成》2825):「受冊佩以出,返入瑾璋」與四十三年逨鼎:「受冊佩以出,返入覲圭」得到佐證。王治國認為,這個步驟可能是西周晚期才發展出來的儀節,[11]可以看出春秋時期去西周未遠,對於冊命禮的儀節,應有所繼承。

除了《左傳》外,美國學者羅泰(Lothar Von Falkenhausen)也認為「《覲禮》的儀節順序和銘文反應的實際情況類似」。[12]既然冊命禮在當時有一定程度的遺存,且《左傳》作者也似乎相當看重這類前朝文本,[13]那麼,《左傳》中所收錄的冊命情境敘述,究竟做了怎樣的取捨與改動?面對以下將就《左傳》中的冊命情境記錄來加以探討。

---

[8] 黃明磊:《西周冊命制度新探》(北京:社會科學文獻出版社,2022年),頁302-309。

[9] 李旻:〈西周社會歷史記憶的傳承與失散〉,收錄於李零主編:《歷史記憶與考古發現》(北京:商務印書館,2022年),頁64。

[10] 郭沫若:《兩周金文辭大系圖錄攷釋》,收錄於郭沫若:《郭沫若全集‧考古編‧第八卷》(北京:科學出版社,2002年),頁163-164。

[11] 王治國:〈四十三年逨鼎銘文所反映的西周晚期冊命禮儀的變化〉,收錄於朱鳳瀚編:《新出金文與西周歷史》(上海:上海古籍出版社,2011年),頁304。

[12] 〔美〕羅泰(Lothar Von Falkenhausen):〈西周銅器銘文的性質〉,《考古學研究(六)》(北京:科學出版社,2006年),頁359。

[13] 〔日〕白川靜:《白川靜著作集‧別卷‧金文通釋3[上]》(東京:平凡社,2004年),頁162-163。

二、《左傳》冊命情境：「晉文公受命」

在《左傳》中有三段相對完整的冊命禮記載，如下：

> 五月，丙午，晉侯及鄭伯盟于衡雍。丁未，獻楚俘于王，駟介百乘，徒兵千。鄭伯傅王，用平禮也。己酉，王享醴，命晉侯宥。王命尹氏，及王子虎，內史叔興父策命晉侯為侯伯，賜之大輅之服，戎輅之服，彤弓一，彤矢百，玈弓矢千，秬鬯一卣，虎賁三百人。曰：「王謂：『叔父，敬服王命，以綏四國，糾逖王慝。』」晉侯三辭，從命，曰：「重耳敢再拜稽首，奉揚天子之丕顯休命。」受策以出，出入三覲。(《左傳・僖公二十八年》)[14]

僖公二十八年當年發生城濮之戰，所獻楚俘即該役所擒獲者。戰後，晉文公至衡雍，「作王宮于踐土」，杜注：「襄王聞晉戰勝自往勞之故為作宮」。[15]典禮雖然不在成周舉行，但場地名義上仍是王宮。鄭國在戰前暗助楚國，見楚敗則又與晉盟，最終得以依舊時卿士地位佐周天子行獻俘禮。[16]在經過享醴與命宥活動後，周天子命尹氏、王子虎與內史叔興父策命[17]晉文公為侯伯。在此處「尹氏」與「內史」同見，與西周晚期金文中由兩位史官冊命的典禮情形相同，[18]在袁鼎(《集成》2819) 中由史朆授王命，王呼史減冊賜器主袁。在頌鼎(《集

---

[14] 〔晉〕杜預注，〔唐〕孔穎達疏：《春秋左傳正義》，收錄於〔清〕阮元校勘：《重刊宋本十三經注疏附校勘記》(臺北：藝文印書館，1976年)，卷16，頁273-274。下引之《春秋左傳正義》文本皆由此出，為求版面整潔，不再重複引註，僅標註卷名與頁數。

[15] 〔晉〕杜預注，〔唐〕孔穎達疏：《春秋左傳正義》，收錄於〔清〕阮元校勘：《重刊宋本十三經注疏附校勘記》(臺北：藝文印書館，1976年)，頁273。

[16] 楊伯峻：《春秋左傳注》，頁462-463。

[17] 張光裕：「文獻上的『策命』、『賜命』，與金文中的『冊命』意義是完全相同的」。見張光裕：〈金文冊命之典〉，《中國文化研究所學報》第十卷下冊(1979年12月)，頁262。

[18] 陳夢家：「冊命宣讀的執行者是兩種史官：一種是秉冊的史官……一種是宣讀冊命的史官」，見陳夢家：《西周銅器斷代》，頁407。劉懷君、辛怡華、劉棟認為西周冊命禮時，一般書命與冊命是兩人。見劉懷君等：〈四十二年、四十三年逑鼎銘文試釋〉，《文物》2003年第6期，頁86。

成》2827-2829）由尹氏授王命書，王呼史虢生冊命器主頌。在趞鼎（《集成》2815）由史留授王命書，王呼內史󠄀冊賜器主趞。由此可以推測，在冊命晉文公的典禮上，尹氏與內史叔興父主要是頒賜王命冊書，王子虎可能扮演的是右者的角色。

《左傳》此處先言賞賜物，後載王訓誥語，與部分西周冊命金文現象相似，如庚季鼎（《集成》2781）、即簋（《集成》4250）下言「王謂叔父」應當也是剪裁冊命銘文體式而來，在前引頌鼎銘文中即云：「王曰：『頌，命汝……』。又膳夫山鼎（《集成》2825）銘：「王曰：『山，命汝……』」揚簋（《集成》4295）：「王若曰：『揚，作司工……』」由於是史官代宣王命，因此「王謂叔父」一段原初可能是「王曰：『叔父……』」或「王若曰：『叔父……』」這樣的形式，而《左傳》加之剪輯，使之與後文「敬服王命，以綏四國，糾逖王慝」相似。

「重耳敢再拜稽首，奉揚天子之丕顯休命。」此句也保留與西周冊命銘文中的習見套語，如無㠱簋（《集成》4225-4227）：「王征南夷，王賜無㠱馬四匹，無㠱拜手稽首曰：敢對揚天子魯休令。」此一習語在西周金文中有許多變化形式：「拜稽首」、「既拜稽首」、「則拜稽首」、「三拜稽首」、「拜手稽首」，也有單用「稽首」或「拜手」者。整體而言，從西周早期就已經出現「拜稽首」一直流行到西周晚期，而「拜手稽首」則從西周中期開始出現，延續到西周晚期。此一套語在《左傳》中也並不罕見，有「晉三大夫三拜稽首」（《左傳・僖公十五年》）、「公子（重耳）降拜稽首」（《左傳・僖公二十三年》）、「韓厥執縶馬前，再拜稽首」（《左傳・成公二年》）、「（鍾儀）再拜稽首」（《左傳・成公二年》）、「子反再拜稽首曰」（《左傳・成公十六年》）等等，大抵皆與實際情境相合，並非虛言套語。但在西周金文中，「拜稽首」或「拜手稽首」有時難以區分其是否實際執行此一禮儀，或者僅僅是銘文書寫者搬用套語。石安瑞總結前人看法，認為「拜稽首」從實際動作到錄入文書，有一輾轉過程：

很有可能當時有史官記錄作器者施行過這種禮節，此後有此記載的文書被交給作器者，而銘文編纂者在起草銘文底稿時無疑參考了這份文書。

雖然他所引用的文書中很可能有關於施行跪拜禮和稽首的記錄，但是青銅器銘文不能理解為當時文書的逐字抄寫本，而是在習慣性的處理模式的範圍內，基於文書內容而撰寫的一篇新文本，這一文本有自己的用途和用意，與文書的性質不同，其「目標群」也不同，有獨立於文書措辭的語法關係。[19]

同理，從《左傳》在處理晉文公受命的這段文字中，不難看出與西周冊命銘文相似的結構、句式與套語，當時或許參考了受命記錄的抄錄本，包含下文「受策以出，出入三覲」的文句，大抵也與西周晚期冊命金文的套語相去不遠，篇章結構上也遵守「王命史官授命」、「賞賜物」、「訓勉語」、「臣子答禮」的順序，省略了西周冊命銘文經常記載的典禮站位與「命汝為侯伯」的授職語。而《左傳》中大量與實際情境相合的「拜稽首」，則又脫離了銘文套語的可能，恢復其原本描述行為的作用，加強了《左傳》中行禮者的嚴肅隆重以待的情境描寫。

如前所述，在《左傳》這段冊命記載中，「受策以出，出入三覲」被過去學者視為西周晚期冊命禮的遺存。只是在「出入三覲」一事上，自郭沫若以降，或認為「覲」要讀為「瑾」。[20]也有認為要如字讀，即覲見。張光裕反對郭說，認為「覲」是見周天子之禮，而不能讀為「瑾」。[21]王詩涵認為《左傳》「出入三覲」與西周金文「返入覲璋」有所不同，西周金文中的「覲璋」與晉文公在接受命書後三次返回天子面前致謝，只取其精神，不再覲璋。冊命完成後諸侯向諸公、太史致贈禮物，是答謝使者遠來冊命之勞，而非回應周王冊命。諸侯接受冊命後，由於無法當面向周王表達效忠，因此以向北行禮致謝。[22]王

---

19 〔捷〕石安瑞：〈由銅器銘文的編纂角度看西周金文中「拜手稽首」的性質〉，《青銅器與金文》（上海：上海古籍出版社，2017年），頁557。
20 如謝明文：《《大雅》《頌》之毛傳鄭箋與金文》（北京：首都師範大學碩士學位論文，2008年6月），頁38。
21 張光裕：〈金文冊命之典〉，頁265-268。劉懷君等人、孫亞冰皆同此說。見劉懷君等：〈四十二年、四十三年逨鼎銘文試釋〉，頁89。孫亞冰：〈眉縣楊家村冊二、冊三年逨鼎考釋〉，《中國史研究》2003年第4期，頁32。
22 王詩涵：〈從西周金文中的覲見儀節試探《儀禮·覲禮》的性質〉，《中國文學研究》第四十期（2015年7月），頁22。

詩涵的看法將《左傳》與西周金文兩處材料分離是比較合理的說法,「反入覲璋」即接受命書後,離開王庭,再次進入向周天子呈上覲璋或覲圭。而《左傳》的「出入三覲」,無論如何理解,差別只在三次返入覲見是否見玉,可能到了東周時期,冊命後還玉的儀節已經淡化。[23]

《國語・周語上》亦有周王賜晉文公命事件記載:「襄王使太宰文公及內史興賜晉文公命,上卿逆于境,晉侯郊勞,館諸宗廟,饋九牢,設庭燎。及期命于武宮,設桑主,布几筵,太宰蒞之,晉侯端委以入。太宰以王命命冕服,內史贊之,三命而後即冕服。既畢,賓、饗、贈、餞如公命侯伯之禮,而加之以宴好。」

從這段記載來看,「出入三覲」應即「三命而後即冕服」的另一面向的記載,但《國語》幾乎不保留冊命套語,與《左傳》保留大量冊命套語的情況不同。王和在〈《左傳》的成書年代與編纂過程〉一文中認為《左傳》記載的晉國史事,大多取自晉國史官實錄,部份採集戰國的傳聞傳說。又認為左氏未見過系統的周室史書,但是見過一些由周室出奔貴族攜走的片段記錄。[24]文公冊命為侯伯一事,作為晉國稱霸的重要里程碑,無論在周或在晉,應都有當時製作的命書留存。《左傳》將其大略剪裁並收錄其中,頗有重視的意味。

三、《左傳》冊命情境:「王使劉定公賜齊侯命」

相較於晉文受冊命,齊桓盟於葵丘僅受賜胙,事見《左傳・僖公九年》,故冊命之辭無錄。此前齊桓已於莊公二十七年接受召伯廖賜王命,《左傳》不錄其命,大概與此事背後是周天子以錫命交換齊侯助周伐衛有關。齊桓與晉文類似的受命,要晚至齊靈公時,其文如下:

> 王使劉定公賜齊侯命,曰:「昔伯舅大公,右我先王,股肱周室,師保萬民,世胙大師,以表東海,王室之不壞,繄伯舅是賴。今余命女環,

---

[23] 張光裕:〈金文冊命之典〉,頁269。
[24] 王和:〈《左傳》的成書年代與編纂過程〉,《中國史研究》2003年第4期,頁38-40。

茲率舅氏之典，纂乃祖考，無忝乃舊。敬之哉，無廢朕命。」(《左傳·襄公十四年》)（卷32，頁564）

此次賜命關係到兩年前的「靈王求后於齊」事件，「靈王求后于齊。齊侯問對於晏桓子……齊侯許昏，王使陰里逆之。」杜注於襄公十四年此處云：「將昏於齊故也。」在這次賜命中，出現較為明顯的西周冊命套語，且篇章結構也頗為近似。

首先是套語部分，「纂乃祖考」與「無廢朕命」兩個於西周金文習見的套語。單就嚴謹的形式而言，「纂乃祖考」見於陝西眉縣楊家村出土的逑盤：「逑肇帥（纂）[25]朕皇祖考服，虔夙夕，敬朕死事」、豆閉簋（《集成》4276）：「用乃祖考事」、禹鼎（《集成》2833、2834）：「命禹辥（纂）朕祖考，政于井邦」，以及害簋（《集成》4258-4260）：「用辥（纂）乃祖考事」。這當中有器主自述後將人稱調整者，有抄錄原命保留對器主以第二人稱者，大致不離命器主繼承其祖考的職務。

若擺脫讀為「纂」者，同樣在冊命銘文中，表述受命者要繼承其祖考職務事業者，少數者有「嗣」，如伯晨鼎（《集成》2816）：「嗣乃祖考侯于䞔」與邵咎簋（《集成》4197）：「用嗣乃祖考事，作司徒」。多數者有「賡」，如畯簋（NB2635）[26]：「更乃祖考事，作司徒」、習鼎（《集成》2838）：「命汝賡乃祖考司卜事」、引簋（NB2287）：「余既命汝更乃祖縂司齊師」、宰獸簋（NA0663）：「賡乃祖考事」以及師虎簋（《集成》4316）：「命汝賡乃祖考」等。

而「無廢朕命」一語，更是在西周中期開始盛行於冊命銘文中，如師酉簋（《集成》4288-4291）：「敬夙夜，勿廢朕命」、伯晨鼎：「用夙夜事，勿廢朕命」，其餘蔡簋（《集成》4340）、牧簋（《集成》4343）、大克鼎（《集成》2836）等十餘條均為相當固定的套語組合形式。

---

25 裘錫圭：〈讀逑器銘文札記三則〉，收錄於裘錫圭：《裘錫圭學術文集·金文及其他古文字卷》（上海：復旦大學出版社，2015年），頁167-171。

26 以下編號除另注出《集成》為《殷周金文集成》號者外，均採用中央研究院歷史語言研究所建置之「殷周金文暨青銅器資料庫」的編號，不再一一說明。https://www.ihp.sinica.edu.tw/~bronze/。

從上引諸例可以發現，《左傳・襄公十四年》的「敬之哉，無廢朕命」即源於西周冊命銘文套語「敬夙夜，勿廢朕命」，只是「敬夙夕」或「敬夙夜」被改造成「敬之哉」，而「勿廢朕命」被改成「無廢朕命」，在字面形式上略有不同，但基本保持其用法與意義。

「勿廢朕命」在傳世文獻中有較多不同的變體，足見此一套語生命力之強。其以「無逆朕命」見於《左傳・僖公十二年》：

> 冬，齊侯使管夷吾平戎于王，使隰朋平戎于晉。王以上卿之禮饗管仲，管仲辭曰：「臣，賤有司也。有天子之二守國、高在，若節春秋，來承王命，何以禮焉？陪臣敢辭。」王曰：「舅氏，余嘉乃勳，應乃懿德，謂督不忘，往踐乃職，無逆朕命。」管仲受下卿之禮而還。君子曰：「管氏之世祀也宜哉，讓不忘其上。《詩》曰：『愷悌君子，神所勞矣。』」（卷13，頁223）

《左傳》此處穿插以王命齊桓、管仲繼續承擔職責，無逆天子之命，其中「無逆朕命」上承踐職之語，相當於「無廢朕命」。[27] 又《左傳・宣公十二年》：「隨季對曰：『昔平王命我先君文侯曰：「與鄭夾輔周室，毋廢王命。」』」此處也保留了冊命套語中的「勿廢朕命」一語。《左傳・襄公二十五年》亦有「我先君武、莊為平、桓卿士，城濮之役，文公布命，曰：『各復舊職。』命我文公，戎服輔王，以授楚捷，不敢廢王命故也。」其所不敢廢王命者，應即文公所布

---

[27] 《左傳・僖公十二年》「齊侯使管夷吾平戎于王」，雖非冊命情景，但此處「王曰」內容，多存有西周金文的殘留。除「無逆朕命」與西周金文「勿廢朕命」外，「督不忘」，於《尚書・微子之命》異文作「篤不忘」，在西周金文中則有「毒揚」讀為「篤揚」。陳劍認為西周金文中的「毒（篤）揚」即厚揚，在《左傳》中則為周王之命，言自己膺受管仲之勳德而「篤不忘」並做出回應，與西周金文中臣下受上級休美、後人受前人休蔭，「篤揚」之並做出回應可相印證。見陳劍：〈釋金文「毒」字〉，《中國文字》總第三期（2020年6月），頁214。又，在四十三年逨鼎（NA0747-NA0756）銘文中，天子對器主逨說：「肆余弗忘聖人孫子」，四十二年逨鼎（NA0745、NA0746）銘文則作「余弗叚忘聖人孫子」。同樣是上位者不忘下位者先祖功業，亦見於西周晚期的禹鼎：「肆武公亦弗叚忘朕聖祖考幽大叔、懿叔」，作冊封鬲（NA1556、NA1557）：「王弗叚言人孫子」。綜合上述證據，《左傳》中的「督（篤）不忘」可能是西周金文「厚揚」與「不忘」這類習語的遺留與改造。

「各復舊職」之命。也可能是「勿廢朕命」一語在《左傳》中的轉化與繼承。

《左傳・襄公十二年》「王使劉定公賜齊侯命」此處除了保存西周冊命金文套語外，在結構上也與西周冊命銘文中的訓誥語套式相當接近，推測可能也是在春秋時期保留了西周金文中冊命銘文寫作的格套。一般來說，西周金文這類天子冊命臣子時說的訓誥語，有時候會先述說臣子先祖的職事與功勞，再說今日天子也延續這份賜命，使受命者承繼祖考的職務。以下為《左傳・襄公十二年》「王使劉定公賜齊侯命」與西周冊命金文篇章格套的對比表：

材料	文武受命或先王授命	臣子祖考之德	時王延續	臣子受職、受賞
彔伯䧹簋蓋（《集成》4302）		彔伯䧹，繇唯乃祖考有庸于周邦……		汝肇不墜，余賜汝秬鬯一卣……
乖伯簋（《集成》4331）	泙伯，[28]朕丕顯祖玟、珷，膺受大命	乃祖克 先王，異自它邦，有庸於大命	我亦弗奪享邦[29]	賜汝……
十七祀詢簋（《集成》4321）	訇，丕顯文武受命	則乃祖奠周邦		今余令汝嫡官司邑人……
元年詢簋（《集成》4342）	師訇，丕顯文武受命	亦則於汝乃聖祖考克左右先王……	今余唯申就乃命……	命汝更雍我邦小大猷……
師克盨（《集成》4467、4468）	師克，丕顯文武，膺受大命，匍有四方	則繇唯乃先祖考有庸[30]於周邦，幹害王身，作爪牙。	克，余唯經[31]乃先祖考……	令汝賡乃祖考，𧶜司左右虎臣……

---

28 董珊：〈重讀拜伯簋〉，《中國古典學（第五卷）》（北京：北京大學出版社，2024年），頁324-325。

29 同前註。

30 張富海：〈讀新出西周金文偶識〉，《古文字研究》第二十七輯（北京：中華書局，2008年），頁235-236。

31 「經」，銘文作「𢀜」，有「念」的意思。見董珊：〈略論西周單氏家族窖藏青銅器銘文〉，《中國歷史文物》總45期（2003年8月），頁44。

材料	文武受命或先王授命	臣子祖考之德	時王延續	臣子受職、受賞
四十二年逑鼎（NA0745、NA0746）	逑，丕顯文武，膺受大命，匍有四方	則繇唯乃先聖祖考夾召先王，庸勤大命，奠周邦。	余弗叚忘聖人孫子，余唯閘乃先祖考……	余肇建長父侯于楊，余命汝奠長父……
四十三年逑鼎（NA0747-NA0756）	逑，丕顯文武，膺受大命，匍有四方	則繇唯乃先聖祖考夾召先王，庸勤大命，奠周邦	肆余弗叚忘聖人孫子	昔余既命汝……今余唯經乃祖考……命汝官司歷人
《左傳・襄公十四年》		昔伯舅大公，右我先王，股肱周室，師保萬民，世胙大師，以表東海，王室之不壞，繄伯舅是賴		今余命女環，茲率舅氏之典，纂乃祖考，無忝乃舊。敬之哉，無廢朕命。

從上表可以看出，《左傳・襄公十二年》「王使劉定公賜齊侯命」與西周冊命金文都遵守先講述器主祖先對周邦先王的功勞，今天時王念其舊勞任命今日的臣子繼承職位。陳民鎮曾整理這類格套的西周銘文，並與〈文侯之命〉、〈封許之命〉相比，在體例上一脈相承，且多見一致的套語。[32]《左傳・定公四年》中提到「其子蔡仲，改行帥德，周公舉之，以為己卿士，見諸王，而命之以蔡，其命書云：『王曰：「胡，無若爾考之違王命也。」』」張懷通即認為此處的「命書」就是府庫中的檔案，是一種具有較強事後備查性質的檔案。[33]這類檔案在春秋各國之間應當有所流傳，成為書類文獻的部分源頭。類似的現象還有《清華簡・攝命》，在戰國時期重組後定型。[34]因此，《左傳》也可能是看到了類似於書類文獻源頭的文獻檔案，在抄錄進《左傳》之餘，也將一些部分加以剪

---

[32] 陳民鎮：〈試論冊命之「書」的體例及《攝命》的性質〉，《出土文獻綜合研究集刊》第十三輯（2021年12月），頁114-115。

[33] 張懷通：〈大盂鼎與《康誥》體例〉，《青銅器與金文（第二輯）》（2019年1月），頁107。

[34] 陳民鎮：〈試論冊命之「書」的體例及《攝命》的性質〉，頁121

裁，造成了在這些段落中，忽然出現近似於西周冊命套語和格式的現象。

四、《左傳》冊命情境：「晉侯策公孫段命」

第三則例子在情境上與前兩者較為不同。在周天子冊命之外，諸侯或大貴族也可以自行冊命家臣，如西周金文的卯簋蓋（《集成》4327），即為榮季入右卯，由榮伯呼令卯，銘文中先敘述了器主卯的父親子承父職卻辦事不善，榮伯在任命卯的時候提及此事，責令他毋敢不善。可知西周時諸侯公室在私廷可以比擬王室，公室中也有世襲服役的傳統。[35]但在《左傳‧昭公三年》卻保留了一段晉國策命他國臣子的內容：

> 夏，四月，鄭伯如晉，公孫段相，甚敬而卑，禮無違者。晉侯嘉焉，授之以策，曰：「子豐有勞於晉國，余聞而弗忘，賜女州田，以胙乃舊勳。」伯石再拜稽首，受策以出。君子曰：「禮其人之急也乎，伯石之汰也。一為禮於晉，猶荷其祿，況以禮終始乎？《詩》曰：『人而無禮，胡不遄死。』其是之謂乎？」（《左傳‧昭公三年》）（卷42，頁724）

杜注：「子豐，段之父。」《正義》：「服虔云：『鄭僖公之為大子，子豐與之俱適晉。』計從大子一朝於晉，不足以為勞也，或當別有功勞，事無所見，故杜不解之。」公孫段做為鄭國的攝卿，[36]即使有功於晉，也似不當領受晉國策命，這可能是君子所批評其驕傲無禮的原因。在這段簡短的策命內容中，就出現兩個西周金文冊命套語：「有勞於……」與「弗忘」。在前述表格中，已經有大量這樣的套語被頻繁使用，用以表述君上不用受命者祖考之功勞，茲不再贅述。在這裡可以看出，冊命情境在《左傳》中雖然保留的詳略程度不同，但在一些結構和套語上仍試圖保留西周銘文書寫的傳統。這個傳統源自於柯馬丁

---

35 陳夢家：《西周銅器斷代》，頁223。
36 黃聖松、楊受讓：〈《春秋》經傳「卿」之身分判準考論──任國君之「介」與「相」國君者為卿〉，《東華漢學》第32期（2020年12月），頁16。

（Martin Kern）所謂的語彙庫，即這類文本（青銅器銘文與石刻）往往按照預先設定的形式創作，充塞適用於各「欄目」的固定表達方式，格套化的表現形式既體現在各主題結構的層面上，也體現在語言詞彙層面上。在檔案基礎上形成的這類文本，創作過程遵守著固定的表達方式，整體而言構成了一種獨特的詞語庫，並將其與其他書寫傳統的其他門類區分開來。[37]順此，則可見《左傳》在記錄冊命情境時，保留了西周金文中冊命銘文這種語彙庫，也可使後人窺見《左傳》成書過程中所據的資料來源。

五、《左傳》非冊命情境與文獻背景

在《左傳》中，有些情境並非冊命，卻會看到西周金文冊命套語的殘留。如《左傳‧宣公十五年》：「以事神人而申固其命」，其中「申固」即西周金文中的「🗆🗆」，[38]即重複申成並安定之的意思。在西周金文中大多用來說皇天上帝授周的大命，到了傳世文獻則有靈活的變化，如《詩‧大雅‧皇矣》：「天立厥配，受命既固」，及《尚書‧君奭》：「今汝永念，則有固命」。[39]

又如《左傳‧僖公五年》「晉侯使士蒍為二公子築蒲與屈」事件中也有出現相似的套語：「守官廢命，不敬，固讎之保，不忠，失忠與敬，何以事君？」此處「廢命」可能就是「勿廢朕命」的一種靈活的節略變化。

以上從《左傳》中的冊命情境出發，尋找《左傳》中殘留的西周冊命金文痕跡，可以看見《左傳》在收集史料的過程中，應當是有見到西周冊命金文的遺留。這些遺留同樣也出現在其他先秦典籍中，作為當時史官或貴族的共同記憶而存在。像是《詩經‧大雅‧江漢》的後段：

> 王命召虎，來旬來宣，文武受命，召公維翰。

---

[37] 〔美〕柯馬丁著，劉倩譯：《秦始皇石刻：早期中國的文本與儀式》（上海：上海古籍出版社，2018年），頁137。

[38] 裘錫圭：〈談曾侯乙墓鐘磬銘文中的幾個字〉，《裘錫圭學術文集‧金文及其他古文字卷》，頁58-59。

[39] 李學勤：〈讀棗莊徐樓村宋公鼎〉，《夏商周文明研究》（北京：商務印書館，2015年），頁98。

無曰予小子，召公是似，肇敏戎公，用錫爾祉。

釐爾圭瓚，秬鬯一卣，告于文人，錫山土田。

于周受命，自召祖命，虎拜稽首，天子萬年。

虎拜稽首，對揚王休，作召公考，天子萬壽。

明明天子，令聞不已，矢其文德、洽此四國。[40]

詩中保留了前述提及冊命銘文的格套：先述文武受命，再述召伯虎的祖考召公之德，最後褒揚召伯虎的功勞，並賜下賞物。且套語上保留冊命銘文的特色，如「拜稽首」與「對揚王休」。形式上比起同樣是改造成韻語的西周晚期的虢季子白盤（《集成》10173）銘文更加接近西周晚期銘文的樣貌。

與〈江漢〉相近的《詩經·大雅·韓奕》，在首章同樣保留冊命銘文的內容：

韓侯受命，王親命之，纘戎祖考。無廢朕命，夙夜匪解。

虔共爾位，朕命不易。榦不庭方，以佐戎辟。（卷18之4，頁679）

過去學者指出，《左傳》、《國語》中的貴族稱「詩」而引及《詩經》的詩以二雅為主，[41] 不難想像除了周室與公室府庫中的冊命檔案外，時人習誦的《詩經》也是冊命銘文套語的傳播途徑之一，甚至可能更為重要。前引三項《左傳》中的冊命情境中的套語，也大抵不離上引二詩的範圍，如「纘乃祖考」與「纘戎祖考」以及「勿廢朕命」。一些西周冊命銘文中也很常見的套語，像是「用事」或「敬夙夕」等語，《詩經》所無，《左傳》亦無。

陳夢家在討論冊命銘文時，已經提到西周王命存於世上者可分為四項，一是西周金文，二是《尚書》中的周書部分，三是《詩經》中的〈大雅〉部分，

---

40 〔晉〕杜預注，〔唐〕孔穎達疏：《毛詩正義》，收錄於〔清〕阮元校勘：《重刊宋本十三經注疏附校勘記》，（臺北：藝文印書館，1976年），卷十八之四，頁686-687。下引之《毛詩正義》文本皆由此出，為求版面整潔，不再重複引註，僅標註卷名與頁數。

41 魏培泉：〈《左傳》、《國語》中引詩、書的套式——兼論《詩經》的成書過程〉，《當代儒學研究》33期（2022年12月），頁30。

四是《左傳》。[42]時至今日，在傳世文獻之外還有《清華簡》中的〈封許之命〉與〈攝命〉。《左傳》以及其所收錄的春秋冊命文字的作者，或許是在這樣的文獻背景下成書，進而繼承與轉化前朝的冊命傳統。

六、結語

總結前引三項《左傳》中的冊命情境以及一些非冊命情境下出現的冊命套語遺留，可以看出《左傳》在處理冊命情境與其套語中的一些現象。

（一）在重大的冊命情境下大致上保留冊命銘文的內容

在《左傳・僖公二十八年》冊命晉文公時，《左傳》幾乎完整保留了冊命典禮的內容，除了「王格某地，立中廷，北向」被省略外，與西周冊命金文相去不遠。而在《左傳・襄公十四年》中，就省略了大量賞賜物的記載。而在《左傳・昭公三年》就只保留了短短的一段話而已。

（二）《左傳》甚少改變西周冊命套語

除了「出入三覲」、「敬之哉，無廢朕命」與「勿廢朕命」外，使用到西周冊命金文套語的例子中，在形式與內容上也與西周金文相差無幾。除了《左傳》收錄的來源即已保持穩定的形式，也可能與《詩》、《書》等其他當時的背景文獻也保留這些冊命金文套語有關。

（三）《左傳》對「拜手稽首」與「勿廢朕命」使用較為靈活

在前引諸冊命金文套語中，「拜手稽首」經常以實際情境中的動作出現在《左傳》中，顯見其做為一種生活中使用的拜禮儀節，反而跳脫套語的形式而回到一般的動作敘述中。其次，「勿廢朕命」也可作「廢王命」，甚至可以略作「廢命」。「廢命」雖可能是沿續西周冊命金文的套語而產生的變化，也可能與其無關。

---

42 陳夢家：《西周銅器斷代》，頁409。

綜上所述，雖然春秋時期王權衰微，作為整合周人統治下的貴族社會的冊命儀式及其記載已經不復其往日的威嚴，冊命儀式及其記載仍舊遺存於《左傳》相關紀錄中。且在春秋時期，冊命銘文的書寫尚存於世，如《禮記·祭統》中所收錄「衛孔悝之鼎」銘文：

> 六月丁亥，公假于大廟。公曰：「叔舅！乃祖莊叔，左右成公。成公乃命莊叔隨難于漢陽，即宮于宗周，奔走無射。啟右獻公。獻公乃命成叔，纂乃祖服。乃考文叔，興舊耆欲，作率慶士，躬恤衛國，其勤公家，夙夜不解，民咸曰：『休哉！』」公曰：「叔舅！予女銘：若纂乃考服。」悝拜稽首曰：「對揚以辟之，勤大命施于烝彝鼎。（卷49，頁839）

這當中保留了部分前述冊命銘文套語與格式，如「纂乃祖服」與「對揚」，其先述時間與冊命地點，又於敘述訊誥語中先述受命者的祖考事跡，接著讓受命者繼承祖考之職務，最終以對揚語為結，基本符合西周金文中的冊命金文格套。而孔悝是春秋晚期人物，其事亦見於《左傳·哀公十五年》，當是時銘文仍有相當程度的保留，足見西周金文語彙庫的遺緒仍保存在當時貴族書寫。《左傳》的成書過程中，應當有一部分來源於當時這些具有檔案性質的冊命文書，而這些檔案文書，又承襲自西周時代的金文書寫文化。

徵引書目

王　和：〈《左傳》的成書年代與編纂過程〉,《中國史研究》, 2003年第4期, 頁35-50。

王治國：〈四十三年逨鼎銘文所反映的西周晚期冊命禮儀的變化〉, 收錄於朱鳳瀚編：《新出金文與西周歷史》, 上海：上海古籍出版社, 2011年, 頁297-304。

王詩涵：〈從西周金文中的覲見儀節試探《儀禮·覲禮》的性質〉,《中國文學研究》第四十期, 2015年7月, 頁1-46。

石安瑞：〈由銅器銘文的編纂角度看西周金文中「拜手稽首」的性質〉,《青銅器與金文》, 上海：上海古籍出版社, 2017年, 頁541-559。

何樹環：《西周錫命銘文新研》, 臺北市：文津出版冊, 2007年。

李　旻：〈西周社會歷史記憶的傳承與失散〉, 收錄於李零主編：《歷史記憶與考古發現》, 北京：商務印書館, 2022年, 頁29-66。

李　峰：〈西周的讀寫文化及其社會背景〉,《青銅器與金文書體研究》, 上海：上海古籍出版社, 2018年, 頁111-128。

李學勤：〈讀棗莊徐樓村宋公鼎〉,《夏商周文明研究》, 北京：商務印書館, 2015年, 頁97-99。

杜預注, 孔穎達疏：《春秋左傳正義》, 收錄於阮元校勘：《重刊宋本十三經注疏附校勘記》, 臺北：藝文印書館, 1976年。

孫亞冰：〈眉縣楊家村冊二、冊三年逨鼎考釋〉,《中國史研究》, 2003年第4期, 頁25-32。

張光裕：〈金文冊命之典〉,《中國文化研究所學報》第十卷下冊, 1979年12月, 頁241-272。

張富海：〈讀新出西周金文偶識〉,《古文字研究》第二十七輯, 北京：中華書局, 2008年, 頁233-236。

張懷通：〈大盂鼎與《康誥》體例〉，《青銅器與金文（第二輯）》，上海：上海古籍出版社，2018年，頁100-110。

郭沫若：《兩周金文辭大系圖錄攷釋》，收錄於郭沫若：《郭沫若全集・考古編・第八卷》，北京：科學出版社，2002年。

陳民鎮：〈試論冊命之「書」的體例及《攝命》的性質〉，《出土文獻綜合研究集刊》第十三輯，2021年12月，頁101-123。

陳夢家：《西周銅器斷代》，北京：中華書局，2004年。

陳漢平：《西周冊命制度研究》，上海：學林出版社，1986年。

黃明磊：《西周冊命制度新探》，北京：社會科學文獻出版社，2022年。

黃聖松、楊受讓：〈《春秋》經傳「卿」之身分判準考論——任國君之「介」與「相」國君者為卿〉，《東華漢學》第32期，2020年12月，頁41-78。

楊伯峻：《春秋左傳注》，北京：中華書局，2016年重印。

董　珊：〈重讀 伯簋〉，《中國古典學（第五卷）》，北京：北京大學出版社，2024年，頁311-337。

董　珊：〈略論西周單氏家族窖藏青銅器銘文〉，《中國歷史文物》總45期，2003年8月，頁40-50。

裘錫圭：《裘錫圭學術文集・金文及其他古文字卷》，上海：復旦大學出版社，2015年。

劉懷君等：〈四十二年、四十三年逨鼎銘文試釋〉，《文物》，2003年第6期，頁85-92。

謝明文：《《大雅》《頌》之毛傳鄭箋與金文》，北京：首都師範大學碩士學位論文，2008年6月。

魏培泉：〈《左傳》、《國語》中引詩、書的套式——兼論《詩經》的成書過程〉，《當代儒學研究》33期，2022年12月，頁1-54。

殷周金文暨青銅器資料庫：https://www.ihp.sinica.edu.tw/~bronze/。

白川靜：《白川靜著作集・別卷・金文通釋3[上]》，東京：平凡社，2004年。

柯馬丁著，劉倩譯：《秦始皇石刻：早期中國的文本與儀式》，上海：上海古籍出版社，2018年。

羅　泰（Lothar Von Falkenhausen）:〈西周銅器銘文的性質〉,《考古學研究（六）》,北京：科學出版社,2006年,頁343-374。

《春秋》和《左傳》的「公」
──《左傳》之素材探析[*]

水野卓

日本愛媛大學法文學部教授

摘要

　　有關《左傳》之先行研究，之前有大量關於其編纂者之研究，也有很多研究探索其資料來源。本次論文發表，擬從「君主稱號」這一角度而來釐清《左傳》之原始材料。

　　關於「君號」的線索乃是《春秋》中所出現的君號「公」。由於《春秋》是根據魯國的編年史而寫成，所以魯國之統治者簡稱為「公」。此外，由於「公」字僅是為當時在位的魯國統治者所寫，因此《春秋》中的文章很可能是當代記錄的集合。

　　而如果我們把史書記載者的「主觀」這個視角應用到《左傳》書上，我們就能找到《左傳》的原始資料。換句話說，當《左傳》中書「公」之際，我們可以推測其乃「公」所指之君主國家的當代記錄。而《左傳》中約有四百個書「公」例證，其中大多數指的是魯國的統治者。另外，由於《左傳》中亦可見齊、晉、宋、鄭等國之「公」，因此或可推測以魯國為中心的齊、晉等國之相關記載，應該是《左傳》的原始資料。

關鍵詞：「素材」（原始材料）、君號「公」、國號、魯國君主

---

[*] 臺北：臺北市立大學出版中心，2024年12月，頁257-278。

一、前言

　　在討論春秋時代的歷史時，《春秋左氏傳》（《左傳》）是不可或缺的史料。關於《左傳》是否描寫春秋時代的歷史，學者從《左傳》的歷史性質等多方面進行了研究，特別是《左傳》的成書年代及其作者，已有豐碩的研究成果。然而，對於原始材料（本文稱之為「素材」）自身的關注卻不多。[1]當然，也有一些研究將春秋時代各國的史料作為素材來探討列國史，或是直接使用《左傳》全文當作各國的史料素材進行探討，例如衛聚賢和韓席籌等人的研究。[2]不過，這些探討素材的研究，基本上都是依記事的「主題」來進行分類，[3]將內容分類到某個主題的過程之中，難免參雜了研究者的高度主觀意識，[4]因此，從不同的角度進行分析是必要的。

　　在本文中，筆者將從「君主稱號」這一個角度進行分析。例如，「齊桓公」的稱號是由國號「齊」、諡號「桓」與君主「公」所組成，而「晉侯」則是由國號「晉」與爵號「侯」所組成。《春秋》作為魯國的編年史，在記載這

---

[1] 例如，吉本道雅指出：「自古以來，學者就已推測『諸國之史』是《左傳》的原始史料，不過，就我的淺見，對《左傳》某部分出自於哪個國家之『史』這個問題進行考察的研究幾乎寥寥無幾」（吉本道雅：〈左氏探源序說〉，《東方學》第81卷（1991年），頁16）。另外，「素材」一詞取自小倉芳彥：《閱讀古代中國──小倉芳彥著作選》（東京：論創社，2003）。有關《左傳》的素材（即編寫《左傳》時，主要依據的原始材料），請參閱：水野卓：〈《春秋左氏傳》中的「始」──探討作為「素材」的「列國史」〉，《探討「資料學」的方法》第22卷（2023年）。

[2] 衛聚賢：〈左傳的研究〉，《古史研究》（上海：上海文藝出版社，1990年）。韓席籌，《左傳分國集注》（北京：華夏出版有限公司，2021年）。吉永慎二郎，《「春秋」新研究──從「原左氏傳」到「春秋經」「左氏傳」的成立及「全左氏經」和「傳文」的分析》（東京：汲古書院，2019年）。

[3] 關於主題分類，野間文史：《春秋左氏傳──結構與基礎》（東京：研文出版，2010年）以《左傳》僖公四年的〈召陵之盟〉一文為例，對於先行研究（包含韓席籌前引書在內）將其歸入齊國的論點，進行反駁，並且留意到桓公被稱為「不穀」一事，對顧頡剛講授、劉起釪筆記：《春秋三傳及國語之總合研究》（北京：中華書局，1988年）所主張的「楚史」之說，予以贊同。

[4] 關於歷史記錄者的「主觀意識」，請參見水野卓：〈《春秋》的君主記載法──聚焦於歷史記錄的「主觀」層面〉，《探討〈資料學〉方法》第21期（2022年）。

些稱號時，對於魯國以外的君主，會將國號記錄下來，至於年代早於當時魯國君主的人物，則會記錄他們的諡號。

由此可知，透過君主的稱號，我們就能對記有該稱號的記事，在某種程度上推斷出記錄地點（國家）和時期。因此，在本文中的君主稱號，筆者將聚焦於《左傳》之中的「公」，藉此探析《左傳》是以哪些國家、哪些時期的記錄為素材。[5]

二、《春秋》《左傳》隱公時期的「公」

首先對《春秋》之中的「公」，進行確認。目前關於《春秋》的性質，仍有爭議，[6]不過，正如晉代的杜預在〈春秋左氏經傳集解序〉寫道：「《春秋》魯之史記名也」，一般認為《春秋》以魯國的史籍記載為基礎。例如，《春秋》中第一次提到「公」的記載，如下（本文引用《春秋》內容時，會加上「經」字）。

> 三月，公及邾儀父盟于蔑。〈隱公元年經〉

可想而知，這裡的「公」指的是魯國的君主隱公。反過來說，這也表示《春秋》是「魯之史記」。另外，也有學者認為《春秋》是根據魯國的「編年紀事」而寫成的。正如野間文史所說：「《春秋》是以史官在魯國朝廷年曆空白處

---

[5] 關於《春秋》和《左傳》的底本，本文使用《春秋左傳正義（十三經注疏）》（北京：北京大學出版社，2000年）。

[6] 野間文史詳述了近年日本學界的《春秋》相關研究，他指出：「以魯國為中心，以魯國為主角的記錄」乃是《春秋》的特點之一（野間文史：《春秋學——公羊傳和穀梁傳》（東京：研文出版，2001年），頁22）。吉本道雅也指出：「《春秋》採用了魯國編年紀事的體裁，並特別貶低魯國周圍小國的「爵」，從這一點來看，最初編纂《春秋》的地點無疑是在魯國之地」（吉本道雅：《中國先秦史研究》（京都：京都大學學術出版社，2005年），頁306）。另外，關於《春秋》，洪業：《春秋經傳引得》序（劍橋：哈佛燕京學社，1937年）和佐川修：《春秋學論考》（東京：東方書店，1983年）指出，左傳補本中的《春秋》保留了最早的形式，因此，本文也會使用左傳傳承的《春秋》。

所作的記事為基礎」，[7]史官有可能是逐年進行記錄的。關於這一點，我們可看以下兩例。

  二年，春，公會戎于潛。〈隱公2年經〉
  五年，春，公矢魚于棠。〈隱公5年經〉
  十年，春，王二月，公會齊侯、鄭伯于中丘。
  〈隱公10年經〉

從這些「公」的記載來看，無論是哪一年即位，魯隱公時期各條記事之中的「公」指的都是魯隱公，而非魯國的其他君主。

  我們處於當代，已有資料顯示《春秋》是根據魯國的編年紀事而成，因此可以判斷文中的「公」指的就是魯國的君主。那麼，回到當時，特別從記錄者（也就是春秋時期魯國史官）的角度來看，[8]又是如何呢？對效力於魯隱公的史官來說，在記錄與隱公相關的事件時，只寫「公」，就足以代表魯隱公了。因為是魯國的編年紀事，所以沒有必要寫上「魯」這個國號；隱公亦在世，因此也沒有必要為他加上「隱」這個諡號。也就是說，關於《春秋》提到的十二位魯國君主，作為魯國的記載，僅記作「公」，是毫無問題的。

  從記錄者的這個角度來看，在記錄歷史時，史官自身所處的立場與其撰寫手法，應該也有關聯。承繼這個觀點，接下來我們來看《左傳》對「公」的描述。以《左傳》的隱公時期為例，以下引文是《左傳》中第一次提到「公」的記載，而隱公時期一共出現了28個「公」。

  三月，公及邾儀父盟于蔑，邾子克也。〈隱公元年〉

---

7 野間文史：《春秋學——公羊傳和穀梁傳》，頁29。
8 高木智見指出：自唐啖助以來，梁啟超、顧頡剛、楊寬、鎌田正等人都「一致認為史料的來源是史官的記錄」（高木智見：〈春秋左氏傳——歷史和法律的源流〉，收入滋賀秀三編：《中國法制史——基本資料的研究》（東京：東京大學出版會，1993年），頁58）。

隱公在位11年，因此，在隱公在位期間，每年的《左傳》第一條記事可想而知有11條，其中含有「公」的條目可列舉如下。

> 二年，春，公會戎于潛，修惠公之好也。戎請盟。公辭。〈隱公2年〉
> 四年，春，衛州吁弒桓公而立。公與宋公為會，將尋宿之盟。未及期，衛人來告亂。〈隱公4年〉
> 五年，春，公將如棠觀魚者。臧僖伯諫曰……〈隱公5年〉
> 十年，春，王正月，公會齊侯、鄭伯于中丘。癸丑，盟于鄧為師期。〈隱公10年〉

從上下文的脈絡可知，這些記事裡的「公」指的都是魯隱公。這些記事乃是以魯國的記錄為基礎，因此，僅記作「公」，即可代表魯隱公。除此之外，還有其他的線索，例如，在隱公時期的記事裡，除了「公」之外，尚有隱公四年的「宋公」、隱公十年的「齊侯」與「鄭伯」。以魯國編年史為基礎的《春秋》並未提到「魯」這個國號，那麼，以此作為佐證，提到宋、齊、鄭等國號的話，就表示這些都是宋國、鄭國、齊國以外的記載，[9]由此可知，這些提到「公」的記事極有可能使用了魯國的記錄作為素材。

除了國號之外，還可以從君主的稱號得到其他線索。在前引隱公二年的史料裡，除了「公」之外，還可見「惠公」這個君主稱號。「惠公」指的是魯國的惠公，也就是隱公的前任君主。有趣的是，這裡的君主稱號記作「諡號＋公」。在過去的研究中，筆者曾指出，使用「諡號」的記載，其涵蓋地理範圍乃是該諡號所指君主的治下國家，涵蓋時期則是該君主之後的時期。[10]如果套用在這裡，上述使用「惠公」稱號的史料就是關於惠公治下魯國的記錄，時期在惠公之後。再者，由於魯國的隱公記作「公」，所以該文是魯國隱公時期的記錄，更確切地說，乃是隱公元年的記錄。

---

9 關於君主稱號中的國號，請參閱：水野卓：〈《春秋》的君主記載法——聚焦於歷史記錄的「主觀」層面〉。
10 水野卓：〈《春秋》的君主記載法——聚焦於歷史記錄的「主觀」層面〉。

三、探索《左傳》架構和君主稱號的條件

鑑於魯隱公時期包含「公」字在內的段落極有可能是隱公時期當時的記錄，以下將分析其他魯國君主時期的記事，不過，在此之前，有一條隱公時期的記事值得注意。

> 羽父請殺桓公。將以求大宰。公曰，為其少故也。吾將授之矣。使營菟裘，吾將老焉。羽父懼，反譖公于桓公，而請弒之。〈隱公11年〉

這裡可見兩個君主稱號：「桓公」和「公」。「公」指的是魯國的隱公，「桓公」則是繼承隱公的桓公。就記有「公」的部分來看，這條記事應為隱公當時的記錄，但是，「桓公」乃是作為諡號的「桓」與「公」所組合而成的君主稱號。如上節最後部分所述，使用「桓公」這個稱號，就表示這條記事記錄於魯桓公之後，於是，這裡出現了矛盾。

在此，我們應留意「《左傳》即為《春秋》之傳」的這一個事實，也就是說，我們必須考量到《左傳》中的記事是承繼《春秋》寫成的可能性。就經學的角度來看，這些記事就是所謂的「解經」。[11]不過，假設《左傳》中的記事承繼於某些記錄之後，且受其影響（即使不是直接受到《春秋》記事的影響），我們也無法斷言《左傳》中的記事就是根據某個國家的記錄（即所謂的「素材」）所創作而成的。

關於如何判斷這些「解經」部分，發行於日本的小倉芳彥譯本（以下簡稱為「小倉譯本」）對本文的助益匪淺。[12]以《春秋》中條幅最少的桓公四年為例，小倉譯本在《春秋》和《左傳》每條記事的開頭都加上了數字或字母，如下所示。

---

11 請參閱楊向奎：〈論左傳之性質及其與國語之關係〉，《史學集刊》1936年第2期。
12 小倉芳彥譯：《春秋左氏傳》上、中、下（東京：岩波書店，1988、1989年）。關於在小倉譯本之前對《左傳》條文進行分類的研究有楊向奎前引論文，小倉譯本之後的研究則有張素卿：《敘事與解釋——《左傳》經解研究》（台北：書林出版，1998年）。

《春秋》
1 四年,春,正月,公狩于郎。
2 夏,天王使宰渠伯糾來聘。

《左傳》
1 四年,春,正月,公狩于郎。書時禮也。
2 夏,周宰渠伯糾來聘。父在,故名。
A 秋,秦師侵芮敗焉。小之也。
B 冬,王師、秦師圍魏,執芮伯以歸。

根據小倉譯本的凡例說明,對於「內容對應於經文的傳文」,會加上與經文相同的數字,至於「沒有對應經文的傳文」,則在段首加上字母。[13] 舉例來說,上述《左傳》1「公狩于郎」所見的「公」,是與《春秋》1互相對應的記錄,由於引自《春秋》,因此,這條記事不太可能是我們探討素材的對象。有鑑於此,重新查證本節開頭所提到的〈隱公十一年〉一文。

《春秋》4 冬,十有一月壬辰,公薨。〈隱公11年經〉
《左傳》4 羽父請殺桓公。將以求大宰。公曰,為其少故也。吾將授之矣。使營菟裘,吾將老焉。〈隱公11年〉

由此可知,〈隱公11年〉一文在《春秋》或是《左傳》裡的數字都是一樣的。換句話說,由於《左傳》之中的「公」是承繼於《春秋》的記事,因此「桓公」與「公(隱公)」是同時書寫的。特別要留意的是,〈隱公11年〉一文在《春秋》記有「公」,那麼《左傳》之中的「公」極有可能是逐字引自《春秋》的。

如果我們出自以上考量,對上一節所列舉的隱公時期記事進行探討的話,首先就必須將《左傳》中的記事分為兩類,即:數字記事和字母記事。然後,

---

13 小倉芳彥譯:《春秋左氏傳》,頁3。關於此一分類,小倉芳彥:《閱讀古代中國——小倉芳彥著作選I》的「後記」(頁523、524)有詳細說明。

與《春秋》互相對應的《左傳》記事（小倉譯本中的數字記事）因可能受到《春秋》的影響而暫時剔除，至於《左傳》獨有的記事（小倉譯本中的字母記事）則應為考證的對象。以下根據這個條件，列出在隱公時期可見「公」的條目，如下（以下引用小倉譯本中的字母記事時，除了在位年份以外，也會同時註明字母）。

> 冬，十月庚申，改葬惠公。公弗臨，故不書。惠公之薨也，有宋師。太子少。葬故有闕。是以改葬。衛侯來會葬。不見公。亦不書。〈隱公元年 D〉
> 鄭共叔之亂，公孫滑出奔衛。衛人為之伐鄭，取廩延。鄭人以王師、虢師伐衛南鄙。請師於邾。邾子使私於公子豫。豫請往。公弗許。遂行，及邾人、鄭人盟于翼。不書，非公命也。〈隱公元年 E〉
> 冬，京師來告饑。公為之請糴於宋、衛、齊、鄭，禮也。〈隱公6年 C〉
> 冬，齊侯使來告成三國。公使眾仲對曰，君釋三國之圖，以鳩其民，君之惠也。寡君聞命矣。敢不承受君之明德。〈隱公8年 D〉

這裡所見的「公」指的都是魯隱公，我們至少可說，這些記事極有可能使用了魯隱公時期的記錄作為素材。不過這是否適用於所有字母記事中的「公」呢？倒也未必。

> 公子州吁，嬖人之子也。有寵而好兵，公（衛莊公）弗禁，莊姜惡之。〈隱公3年 B〉

在以上引文中，可見「公」的君主稱號。這個「公」是指衛莊公，根據我們目前的考證，可以推測這是衛莊公時期的記錄。但是，如以下引文可知，這條記事的開頭卻可見「衛莊公」（「國號＋諡號＋爵號」）這個君主稱號。

> 衛莊公娶于齊東宮得臣之妹，曰莊姜。美而無子。
> 〈隱公3年 B〉

換句話說，這條記事的「公」乃是承自「衛莊公」這個稱號而來，所以這條記事未必是衛莊公在位時期的記錄。留意到這一點，我們將在下一節繼續加以考證。

四、《左傳》獨有記事中的「公」

根據上一節的分析，在探索《左傳》的素材時，我們的考察對象可歸納如下。

①《左傳》獨有的記事（小倉譯本中的字母記事）。

②「公」作為第一個君主稱號的記事。

以下將根據這兩個條件來探討《左傳》的素材問題，其中關於①的部分，最易於理解的乃是哀公時期的記事。這是因為《左傳》中的《春秋》記事僅止於哀公十六年，不過，《左傳》在哀公十七年之後仍持續記錄，且未受《春秋》的影響，有著自己的原創記事。如果我們在哀公十七年以後的記事中檢索「公」的話，可以發現13個例子，但其中4個不符合②的條件，這是因為在這4個例子裡，「公」之前已有另一位君主的稱號。這4個例子分別如下：

> <u>衛侯</u>夢。于北宮，見人登昆吾之觀，被髮北面而譟，曰登此昆吾之虛，緜緜生之瓜，余為渾良夫，叫天無辜。⬜公⬜親筮之。〈哀公17年 F〉
> 二十五年，夏，五月庚辰，<u>衛侯</u>出奔宋。衛侯為靈臺于藉圃，與諸大夫飲酒焉。褚師聲子韤而登席。⬜公⬜怒。
> 〈哀公25年 A〉
> 二十六年，夏，五月，叔孫舒帥師會越皋如、后庸、宋樂茷納<u>衛侯</u>……重賂越人，申開守陴而納⬜公⬜。⬜公⬜不敢入。師還。立悼公。〈哀公26年 A〉
> <u>宋景公</u>無子。取公孫周之子得與啟，畜諸公宮，未有立焉……冬，十月，⬜公⬜游于空澤。辛巳，卒于連中。
> 〈哀公26年 B〉

換句話說,〈哀公17年F〉、〈哀公25年A〉和〈哀公26年A〉的文內,在「公」之前已有「衛侯」,而〈哀公26年B〉則有「宋景公」。這些「公」乃是延續前文,用來指稱「衛侯」或「宋景公」。

如上4例,最先出現的君主稱號與之後的「公」重合。不過,在某些情況下,最先出現的君主稱號與之後的「公」也有可能不一致。例如,第二節提到的「冬,齊侯使來告成三國。公使眾仲對曰……」〈隱公8年D〉,最先出現的「齊侯」與之後的「公(魯隱公)」各為不同的君主。後者看似是一個很好的題材,但我們並無法斷言所有這類型記事之中的「公」絕對不是指前文第一次出現的君主,所以,「公」之前尚有其他君主稱號的記事就不在我們的考慮之列。

除此以外的9例都符合條件①和②,例如,以下7例中的「公」指的都是魯哀公。

公會齊侯盟于蒙。孟武伯相。齊侯稽首。公拜。齊人怒。〈哀公17年 G〉
秋,八月,公及齊侯、邾子盟于顧。齊人責稽首,因歌之。
〈哀公21年 B〉
公子荊之母嬖。將以為夫人。使宗人釁夏獻其禮。對曰,無之。公怒曰,女為宗司。立夫人,國之大禮也。何故無之。〈哀公24年 C〉
閏月,公如越。得大子適郢。將妻公而多與之地。〈哀公24年 D〉
六月,公至自越。季康子、孟武伯逆於五梧。郭重僕。見二子。曰,惡言多矣。君請盡之。〈哀公25年 B〉
夏,四月己亥,季康子卒。公弔焉,降禮。〈哀公27年 B〉
公患三桓之侈也,欲以諸侯去之。三桓亦患公之妄也。故君臣多閒,公游于陵阪。遇孟武伯於孟氏之衢。〈哀公27年 D〉

換句話說,這些記事極有可能是與魯哀公在位時期同一個時代的記錄,因此我們可以推測,撰寫這些記事時所依據的素材應為魯哀公的記錄。另外,關於剩下的兩例,如下所示,其主題皆為宋國,其中的「公」(宋景公)則是首次出現的君主稱號。

宋皇瑗之子麇,有友曰田丙。而奪其兄鄭般邑以與之。鄭般慍而行,告
桓司馬之臣子儀克。子儀克適宋,告夫人曰,麇將納桓氏。公(宋景
公)問諸子仲。〈哀公17年H〉

十八年,春,宋殺皇瑗。公(宋景公)聞其情,復皇氏之族,使皇緩
為右師。〈哀公18年A〉

從以上的討論來看,宋國的記錄看似也是《左傳》的素材。但是,上一節的結
尾曾提到,在「公」之前,若已有包含國號在內的君主稱號的話,那麼,我們
就無法斷言這條記事是該君主治下國家的記錄。因此,探討《左傳》的素材
時,符合以下條件的記事才會在對象範圍內,即:

※包含「公」的記事,記事開頭並無國號。

細看前引的兩例,就會發現記事開頭已有「國號」宋,如「宋皇瑗」或
「宋殺皇瑗」。換句話說,這條記事不能說是宋國的記錄,因為它不符合上述
※的條件。[14]

有鑑於此,在符合以上①②※的三個條件下,《左傳》內文出現「公」字
的次數,大致如下。

隱公期:1例、桓公期:0例、莊公期:1例、
閔公期:0例、僖公期:2例、文公期:0例、
宣公期:2例、成公期:0例、襄公期:3例、
昭公期:3例、定公期:1例、

---

[14] 關於其他例子(也就是後文記有「公」,但在開頭或前文卻有國號的記事),如下。「晉人謀去故絳。諸大夫皆曰,必居郇瑕氏之地,沃饒而近盬。國利君樂。不可失也。韓獻子將新中軍,且為僕大夫。公(晉景公)揖而入。獻子從公,立於寢庭」〈成公6年B〉、「九月,鄭公孫黑肱有疾。歸邑于公(鄭簡公)」〈襄公22年D〉、「宋左師請賞曰,請免死之邑。公(宋平公)與之邑六十。以示子罕」〈襄公27年C〉等等。關於「公」緊接在國號之後的記事,如下。「冬,十月,華登以吳師救華氏。齊烏枝鳴戍宋。廚人濮曰,軍志有之,先人有奪人之心。後人有待其衰。盍及其勞且未定也伐諸。若入而固,則華氏眾矣。悔無及也。從之。丙寅,齊師、宋師敗吳師于鴻口,獲其二帥公子苦雒、偃州員。華登帥其餘,以敗宋師。公(宋元公)欲出」〈昭公21年B〉。

哀公期＜※至哀公16年為止＞：1例

通過這14例其中11例可知，魯國的記錄是被作為素材用於《左傳》的。例如以下兩例，第一條乃是莊公時期的記事，文內的「公」指的是魯國的莊公；第二條則是定公時期的記事，文內的「公」指的是魯國的定公。[15]

乘丘之役，公（魯莊公）以金僕姑射南宮長萬。〈莊公11年Ａ〉
陽虎又盟公（魯定公）及三桓於周社，盟國人于亳社，詛于五父之衢。〈定公6年Ｃ〉

至於14例中剩下的3例（即以下引文），乃是將晉國或齊國的君主稱作「公」的例子，並且在文首或文中皆未提到晉國或齊國的國號。

文嬴請三帥曰，彼實構吾二君。寡君若得而食之不厭。君何辱討焉。使歸就戮于秦，以逞寡君之志若何。公（晉襄公）許之。〈僖公33年Ａ〉
崔氏之亂，喪群公子。故鉏在魯。叔孫還在燕，賈在句瀆之丘。及慶氏亡，皆召之，具其器用而反其邑焉。與晏子邶殿其鄙六十。弗受……與北郭佐邑六十。受之。與子雅邑。辭多受少。與子尾邑。受而稍致之。公（齊景公）以為忠，故有寵。〈襄公28年Ｅ〉
鮑牧又謂群公子曰，使女有馬千乘乎。公子愬之。公（齊悼公）謂鮑子。〈哀公8年Ｃ〉

---

[15] 除了本文的兩個例子之外，以下記事中的「公」指的都是當時的魯國君主。「冬，京師來告饑。公（魯隱公）為之請糴於宋、衛、齊、鄭，禮也」〈隱公6年Ｃ〉、「五年，春，王正月辛亥朔，日南至。公（魯僖公）既視朔，遂登觀臺以望，而書，禮也」〈僖公5年Ａ〉、「孟獻子言於公（魯宣公）曰，臣聞，小國之免於大國也，聘而獻物」〈宣公14年Ａ〉、「夏，公（魯宣公）使如楚乞師，欲以伐齊」〈宣公18年Ａ〉、「公（魯襄公）送晉侯，晉侯以公宴于河上。問公年」〈襄公9年Ｂ〉、「公（魯襄公）薨之月，子產相鄭伯以如晉。晉侯以我喪故，未之見也」〈襄公31年Ｄ〉、「十六年，春，王正月，公（魯昭公）在晉。晉人止公。不書，諱之也」〈昭公16年Ａ〉、「初，臧昭伯如晉……拘臧氏老。季臧有惡。及昭伯從公（魯昭公），平子立臧會」〈昭公25年Ｂ〉、「孟懿子、陽虎伐鄆。鄆人將戰……公（魯昭公）使子家子如晉。公徒敗于且知」〈昭公27年Ａ〉。

不過，關於〈僖公33年A〉的部分，如以下引文所示，在「公」字之前已見國號「晉」及「文公」(「諡號＋公」)的君主稱號，因此，〈僖公33年A〉極有可能是下則的續文。

> 晉原軫曰，秦違蹇叔，而以貪勤民。天奉我也。奉不可失。敵不可縱。縱敵患生，違天不祥。必伐秦師……夏，四月辛巳，敗秦師于殽，獲百里孟明視、西乞術、白乙丙以歸。遂墨以葬文公。晉於是始墨。
> 〈僖公33年3．4〉

此外，關於〈哀公8年C〉的部分，緊接於〈哀公8年C〉之前的記事（即以下3則引文）皆與齊國相關，其中提到齊悼公（「國號＋諡號＋公」）和的齊侯（「國號＋爵號」），因此，〈哀公8年C〉極有可能是以下3則引文的延續。

> 齊悼公之來也，季康子以其妹妻之。即位而逆之。季魴侯通焉。女言其情。弗敢與也。齊侯怒。夏，五月，齊鮑牧帥師伐我，取讙及闡。
> 〈哀公8年3〉
> 或譖胡姬於齊侯曰，安孺子之黨也。六月，齊侯殺胡姬。〈哀公8年A〉
> 齊侯使如吳請師，將以伐我。乃歸邾子。邾子又無道。吳子使大宰子餘討之。囚諸樓臺栫之以棘。使諸大夫奉大子革以為政。〈哀公8年4〉
> 秋，及齊平。九月，臧賓如如齊涖盟。齊閭丘明來涖盟。且逆季姬以歸。嬖。〈哀公8年B〉

另一方面，關於〈襄公28年E〉的部分，緊接於前的記事（即下方引文）是以周朝為主題，與齊國的記錄並無關聯。從這點來看，〈襄公28年E〉極有可能使用了齊國的記錄作為素材。

> 癸巳，天王崩。未來赴。亦未書，禮也。（襄公28年D）

從以上的考證可知，在符合條件①②，以及標有※的條件下，作為《左傳》原創記事的素材，可能有某些部分使用了齊國的記錄，但是，基本上還是以魯國的記錄為主。

五、第對應於《春秋》文內的「公」

為了除卻《春秋》經文可能帶來的影響，上一節的焦點主要集中在《左傳》的原創記事（即小倉譯本中的字母記事）。不過，在小倉分類法的基礎之上而進一步有所發展的平勢隆郎，[16]曾對《春秋》與《左傳》的記事進行分類。例如，第2節引用了桓公四年的記事，關於這些記事，平勢所作的內容分類，如下（數字與字母以小倉譯本為依據）。

1（春秋桓公四－一）四年，春，正月，公狩于郎。
2（春秋桓公四－二）夏，天王使宰渠伯糾來聘。
1（左傳桓公四－一）【經文引用】四年，春，正月，公狩于郎。【經解】書時，禮也。
2（左傳桓公四－二）【經文換言・說話】夏，周宰渠伯糾來聘。【經解】父在，故名。
A（左傳桓公四－A）【說話】秋，秦師侵芮敗焉。【說解】小之也。
B（左傳桓公四－B）【說話】冬，王師、秦師圍魏，執芮伯以歸。

根據平勢的分類，《左傳》「公狩于郎」的「公」引自《春秋》中的一條記事，歸於【經文引用】的分類之內，由此可知，《春秋》中的記事的確會直接記於《左傳》。然而，關於以下《隱公五年》的記事，平勢將其分類如下。

4（春秋隱公五－四）九月，考仲子之宮。初獻六羽。

---

16 平勢隆郎：《左傳史料批判的研究》（東京：汲古書院，1998年）。

4（左傳隱公五—四）【經文引用】九月，考仲子之宮。
【說話】將萬焉。公問羽數於眾仲。

由此可知，即使是小倉譯本歸類於《春秋》的《左傳》記事，換作是平勢的分類，也未必在【經文引用】的類別內，而是歸在【說話】之中。也就是說，在這類與《春秋》經文互作對應的記事裡，也有僅見於《左傳》的部分，並且記有「公」。[17]這類記事基本上，在《春秋》之中多半未見「公」。因此，這一節主要聚焦於這類對應於《春秋》經文的《左傳》記載，特別是其中《春秋》經文並未述及「公」的部分。不過，同時還須符合以下的條件，也就是：

②「公」作為文內第一個君主稱號的記事。
這個條件已在上一節有所說明。此外，本節還要附加以下條件，即：
③在小倉譯本的數字記事中，與《春秋》經文互作對應的《左傳》記事。
④《春秋》中未提及「公」的記事。
關於符合以上②③④條件的《左傳》全文，魯國君主各時期「公」的用例數目如下（以下引用小倉譯本中的數字記事時，記作〈○公○年小倉數字〉）。

隱公期：5例、桓公期：3例、莊公期：5例、
閔公期：2例、僖公期：9例、文公期：7例、

---

[17] 平勢隆郎指出：「或許在編纂《左傳》時，已有不少包含「對話」在內的【說話】（故事）」（平勢隆郎：《左傳史料批判的研究》，頁55）。他認為自身分類的「創新之處在於，將【說話】之中的「對話」部分抽出來，並與【說話】底文作區分」（同上註，頁474）。與平勢的研究幾乎出版於同個時期的張素卿：《敘事與解釋——《左傳》經解研究》（臺北：書林出版，1998年）之中，亦有分類。關於兩者分類最大的不同，平勢認為是「以編輯材料為前提的分析，以及將對話部分獨立出來的地方」（平勢隆郎：《左傳史料批判的研究》，頁153）。此外，以他對【經文換言・說話】的分類為例，他自己說：「可以判斷為「春秋」經文准提的部分。由於很有可能一開始就使用說話（下記），所以也使用「說話」一詞」（同上註，頁486），因此有許多部分與【說話】重疊，而「可以判斷」一詞則顯示這種分類是基於他的主觀看法。然而，本文的重點在於承接《左傳》中明顯引自《春秋》的文章，由於在平勢的分類中被歸類為【經文引用】，因此這部分的「公」被排除在研究之外。不過，我們會謹慎處理這個分類，因為看似【經文換言・說話】的「公」也可能是未來的考量對象。

宣公期：2例、成公期：4例、襄公期：12例、
昭公期：13例、定公期：2例、
哀公期＜※至哀公16年為止＞：5例

在這69個例子中，例如以下引文，文內的「公」指的是魯國的文公。

　　晉人以公不朝來討。公（魯文公）如晉。夏，四月己巳，晉人使陽處
父盟公以恥之。〈文公2年3〉

記事開頭確實可見國號「晉」，而且對應於此文的《春秋》經文記作「三月乙巳，及晉處父盟」〈文公2年經〉，由此可知，《左傳》【經文引用】的部分寫在「公」之後。另外，再舉一例說明，以下引文的「公」指的是魯宣公，不過，記事開頭的國號為「齊」，而且《春秋》有「六月，齊人取濟西田」〈宣公元年經〉的句子，由此可知「公」的部分並非【經文引用】。

　　六月，齊人取濟西之田，為立公（魯宣公）故，以賂齊也。
　〈宣公元年8〉

換句話說，這些記事中的「公」指的都是當時魯國的君主，至少我們可以推斷這些記事是根據魯國的記錄而寫成的。
　　不過，如果我們把焦點放在其他地方的話，還是可以找到幾個非魯國君主的例子，以下引文即為其一例。

　　冬，齊仲孫湫來省難。書曰仲孫，亦嘉之也。仲孫歸曰，不去慶父，魯
難未已。公（齊桓公）曰，若之何而去之。〈閔公元年5〉
　　晉荀息請以屈產之乘與垂棘之璧，假道於虞，以伐虢。公（晉獻公）
曰，是吾寶也。〈僖公2年3〉
　　衛甯喜專。公（衛獻公）患之。公孫免餘請殺之。〈襄公27年3〉

宋桓魋之寵，害於[公]（宋景公）。[公]使夫人驟請享焉，而將討之。
〈哀公14年7〉

這些記事將齊、晉、衛、宋等國的君主稱為「公」，極有可能是以這些國家的記錄為素材。不過，我們再回到上一節提到標有※符號的條件，即：

※包含「公」的記事，開頭並無國號。

基於這個條件，再次細看上述引文即可發現，這些記事的開頭都包含「國號」在內。[18]換句話說，由於開頭已有國號，因此這些記事是在該國君主的前提之下，將其記作「公」。另外，關於其他例子，如以下4例所示，這些記事的開頭並無國號，因此有可能出自於各個國家的記錄。

鮑叔帥師來言曰，子糾親也。請君討之。管召讎也。請受而甘心焉。乃殺子糾于生竇。召忽死之。管仲請囚。鮑叔受之，及堂阜而稅之。歸而以告曰，管夷吾治於高傒。使相可也。[公]（齊桓公）從之。〈莊公9年5〉
[公]（晉文公）說，復曹伯。遂會諸侯于許。〈僖公28年19〉
子鮮曰，逐我者出，納我者死。賞罰無章。何以沮勸。君失其信，而國無刑。不亦難乎。且鱄實使之。遂出奔晉。[公]（衛獻公）使止之。不可。〈襄公27年4〉
冬，十一月，荀躒、韓不信、魏曼多奉公以伐范氏、中行氏。弗克。
〈定公13年6〉

不過，我們再看以下引文（也就是緊接於上述4例之前的記事）可知，前

---

[18] 除了本文所舉的例子外，還有以下案例。「宋寺人柳有寵。大子佐惡之。華合比曰，我殺之。柳聞之，乃坎用牲埋書，而告公（宋元公）曰……」〈昭公6年5〉、「齊惠、欒、高氏皆耆酒，信內多怨……公（齊景公）召之而後入。公卜使王黑以靈姑銔率，吉」〈昭公10年2〉、「宋華向之亂，公子城、公孫忌、樂舍、司馬彊、向宜、向鄭、楚建、郳甲出奔鄭……公（宋元公）與夫人，每日必適華氏，食公子而後歸」〈昭公20年4〉、「宋華費遂生華貙、華多僚、華登。貙為少司馬，多僚為御士。與貙相惡。乃譖諸公（宋元公）曰……」〈昭公21年3〉、「齊陳乞偽事高、國者，每朝必驂乘焉……夏，六月戊辰，陳乞、鮑牧及諸大夫以甲入于公宮。昭子聞之，與惠子乘如公（齊荼），戰于莊敗」〈哀公6年4〉。

後描述的是同一個國家的事件。另外,在〈莊公9年〉的記事中,可見國號「齊」,以及作為「諡號+公」組合的桓公;在〈僖公28年〉和〈定公13年〉的記事中,可見作為「國號+爵號」組合的晉侯;在〈襄公27年〉的記事中,則有國號「衛」。

> 夏,公伐齊納子糾。桓公自莒先入。〈莊公9年2〉
> 秋,師及齊師戰于乾時。我師敗績。公喪戎路,傳乘而歸。〈莊公9年4〉
> 丁丑,諸侯圍許。晉侯有疾。曹伯之豎侯獳,貨筮史使曰……〈僖公28年18〉
> 衛甯喜專。公患之。公孫免餘請殺之。〈襄公27年3〉
> 荀躒言於晉侯曰,君命大臣,始禍者死。載書在河。今,三臣始禍,而獨逐鞅,刑已不鈞矣。請皆逐之。〈定公13年5〉

換句話說,前引4例含有「公」字的記事,有可能是緊接在前文之後的續條,而後文的「公」這個稱號,也就是承繼於前文附有國號的君主稱號。

　　由此可知,除了「公」用於指稱魯國君主的記事以外,其他記事都記有國號。如前所述,站在當時史官的立場來看,只有在記錄他國時,才須書寫該國的國號。從魯國史官在記錄《春秋》記事時並未寫下魯國國號的現象,可以證實這一點。那麼,對應於《春秋》記事,並且僅見於《左傳》的「公」,基本上可說是以魯國的記載為素材。此外,關於包含魯國以外國號(如齊、晉、衛、宋等)在內的其他記事,從史官特地書寫國號一事可知,這些記事應該不是齊、晉、衛、宋等國的記錄,而是魯國的記錄。

五、結論

　　《春秋》以魯國的編年史為基礎,因此,其中提到的「公」指的是魯國的君主。不過,站在記錄者(也就是魯國的史官)的立場來看,記錄者的主觀意識也反映在史書。筆者從記錄者主觀意識的角度,探討《左傳》之中的「公」

指稱哪位君主，藉此估算出被史官作為素材所依據的各國記錄。

在《左傳》之中，有與《春秋》對應的記載，也有《左傳》獨有的記載。在這個前提之下，小倉譯本在前者加上數字，對於後者則冠上字母，將兩者區分開來。本文首先以受《春秋》影響較小的《左傳》原創記事（也就是小倉譯本中的字母記事）為對象，探究其中可見的「公」，結果可知，這些記事提到的「公」大多指的是史官編撰當下的魯國君主。另一方面，關於與《春秋》有所對應的條目，筆者參考了平勢的分類，認為在【經文引用】這個分類以外的條目也有《左傳》獨有的記事，因此，針對《春秋》並未記有「公」，並且對應於《春秋》的條目進行分析，結果發現此處的「公」指的都是魯國君主。

由此可知，「公」在《左傳》中常指魯國君主，因此，我們至少可以說這些記事是根據魯國的記錄撰寫的，也就是說，魯國的記錄為《左傳》提供了素材。不可否認的是，本文討論的記事是在相當嚴格的條件之下，所挑選出來的部分材料，因此，考證只涵蓋《左傳》的一小部分，特別是考證對象僅限於將「公」作為第一個君主稱號的記事。不過，例如以下隱公時期的記事所示，也有一些條目，第一個稱號是「衛侯」〈隱公元年D〉或「滕侯」「薛侯」〈隱公11年1〉，之後的第二個稱號「公」則是魯隱公。

> 衛侯來會葬。不見公（魯隱公）。亦不書。〈隱公元年D〉
> 十一年，春，滕侯、薛侯來朝。爭長。薛侯曰，我先封。滕侯曰，我周之卜正也。薛庶姓也。我不可以後之。公（魯隱公）使羽父請於薛侯曰……〈隱公11年1〉

由於第一個君主稱號之前記有「衛」「滕」「薛」等國號，顯示這些記事是「衛」「滕」「薛」以外國家的記錄。特別是後文將魯隱公記作「公」，因此，這些記事極有可能出自於魯國的記錄。諸如此類「公」並非是第一個君主稱號的例子相當多，這類型的「公」指的都是魯國君主，[19]因此，筆者認為許多魯

---

19 除了本文所舉的兩個例子之外，隱公時代還有以下幾個案例。「鄭共叔之亂，公孫滑出奔衛，衛人為之伐鄭，取廩延。鄭人以王師、虢師伐衛南鄙。請師於邾。邾子使私於公子豫。豫請往。公弗許」〈隱公元年E〉、「宋殤公之即位也，公子馮出奔鄭。鄭人欲納之。及衛州吁

國的記錄都用於《左傳》的素材。[20]

另一方面，也有幾點值得注意。在第3節，筆者指出「公（齊景公）以為忠。故有寵」〈襄公28年E〉一文可能是齊國的記載，緊接在此文之前則有「癸巳，天王崩。未來赴。亦未書，禮也」〈襄公28年D〉，由於這部分以周朝為題材，所以看不出前後文的直接關聯。不過，在以周朝為題材的記事之前，尚有以下記載，開頭的國號記作齊。

> 齊慶封好田而耆酒，與慶舍政。則以其內實遷于盧蒲嫳氏，易內而飲酒。數日國遷朝焉。〈襄公28年6〉

過去，有些研究假設早在《左傳》之前已有列國史書彙編成集，例如顧頡剛的《原本左氏書》、小倉芳彥的《古文左氏（傳）》等。[21]如果這是《左傳》的編纂者依據《春秋》條文所編排而成的，那麼，上述〈襄公28年6〉與〈襄公28年E〉有可能是一個系列的連續文本。這麼一來〈襄公28年E〉單獨提到「公」的這一個記載，其實就是建立在齊國的這個前提下，對齊國之事進行撰寫。也就是說，〈襄公28年E〉雖然單獨提到「公」，但未必是來自齊國的記錄。[22]

立……公問於眾仲曰，衛州吁其成乎」〈隱公4年4〉、「秋，諸侯復伐鄭。宋公使來乞師。公辭之。羽父請以師會之。公弗許」〈隱公4年5〉、「冬，齊侯使來告成三國，公使眾仲對曰……」〈隱公8年D〉、「宋公不王。鄭伯為王左卿士，以王命討之伐宋。宋以入郛之役怨公，不告命。公怒，絕宋使」〈隱公9年6〉、「鄭伯將伐許。五月甲辰，授兵于大宮。公孫閼與穎考叔爭車。穎考叔挾輈以走。子都拔棘以逐之。及大逵。弗及。子都怒。秋，七月，公會齊侯、鄭伯伐許」〈隱公11年3〉、「羽父請殺桓公。將以求大宰。公曰，為其少故也」〈隱公11年4〉。這些案例中的「公」都不是第一個出現的君主稱號，並且指的都是魯隱公。

20 眾所周知，從春秋時期到戰國時期，周王的影響力下降，而諸侯的權力增加。如果「公」一詞是基於周朝處於制度頂端的假設，那麼該制度崩解時期的編年史記載者用什麼意義來記錄「公」一詞，是一個重要的問題。關於這一點，我另外準備了一篇討論，發現周朝至少在「記錄」方面是有影響力的，直到戰國時期，各國才開始使用「王」這個稱號。如果《左傳》的編纂是在雙王之前，那麼我們似乎可以合理地推測，記錄「公」的人是在假設周朝掌管制度的情況下留下他們的「記錄」的。

21 關於這一點，請參閱：小倉芳彥：《春秋左氏傳研究——小倉芳彥著作選III》（東京：論創社，2003年），頁332-334。

22 在這篇文章中，由於從「公」的題目角度來考察，我指出主要是採用魯國的記錄，但我曾從

正如小倉所言:「若能掌握（原始故事）發生變化並且脫胎換骨的機制，再稍作「偏光處理」的話，應該可以在某種程度上估算出故事的原貌」，探討《左傳》素材時，必須進行多項「偏光處理」。[23]本文各節提示了諸多條件，將記事挑選出來，而這個過程可說是一項「偏光處理」。不過，除此之外，我們還須考量史官編纂《左傳》時，如何「編排故事」的這個問題。總言之，本文透過《左傳》之中的「公」，[24]推敲出史官編纂《左傳》時使用魯國記錄作為素材，這可說是探討《左傳》成立背景的一個重要觀點。

《左傳》中可見的「始」的角度來探討「素材」（水野卓:〈《春秋左氏傳》中的「始」——探討作為「素材」的「列國史」〉）。在這樣做時，我指出不僅是魯國，晉、楚、周、宋、齊等國的記載都被當作「素材」。這與當時流傳的各國史料相符，如《孟子》離婁下篇中的的《晉之乘》、《楚之檮杌》、《魯之春秋》，以及《墨子》明鬼下篇中的《周之春秋》、《宋之春秋》、《齊之春秋》。

23 小倉芳彥文中引用的「偏光處理」一詞似乎難以理解。在前一段中，小倉先生指出「原來的傳說——假設這樣的事情是可能的——通常會因為傳播者、記錄者和整理者有意或無意的添加而改變和變形」（小倉芳彥:《春秋左氏傳》，頁506）。「偏光處理」一詞被認為是指去除被傳播者、記錄者等改變的部分的過程。關於這方面，增淵龍夫也指出:「對收入《左傳》之中的龐大故事進行分析時，將受到後人潤色而有所變化的部分和保有原貌的部分作區分，並藉此觀察春秋時期的趨勢動向，也未必是不可能的」（增淵龍夫:〈左傳的世界〉，收入筑摩書房編集部編,《世界歷史3　東亞文明的形成》（東京:筑摩書房，1960年），頁57）。

24 本文主要基於目前現行版本的《左傳》，因此，可想而知其中多少參雜了《左傳》編纂過程的改寫以及編纂過後的增補與修訂。不過，正如增淵龍夫論文所言:「我們終究無法想像，載於《左傳》的所有故事全數都受到《左傳》編纂當時的思想影響而有所潤色」（增淵龍夫:〈左傳的世界〉，頁56），在某種程度上，當時的記錄還是有可能保有其原貌，因此，筆者希望將本文的結論作為研究《左傳》素材的一個立足點。

徵引書目

小倉芳彥譯：《春秋左氏傳》上、中、下，東京：岩波書店，1988、1989年。
小倉芳彥：《閱讀古代中國——小倉芳彥著作選I》，東京：論創社，2003年。
小倉芳彥：《春秋左氏傳研究——小倉芳彥著作選III》，東京：論創社，2003年。
水野卓：〈《春秋》的君主記載法：聚焦於歷史記錄的「主觀」層面〉，《探討〈資料學〉方法》第21期，2022年。
水野卓：〈《春秋左氏傳》中的「始」：探討作為「素材」的「列國史」〉，《探討〈資料學〉的方法》第22期，2023年。
平勢隆郎：《左傳史料批判的研究》，東京：汲古書院，1998年。
吉本道雅：〈左氏探源序說〉，《東方學》第81輯，1991年。
吉本道雅：《中國先秦史研究》，京都：京都大學學術出版社，2005年。
吉永慎二郎：《「春秋」新研究——從「原左氏傳」到「春秋經」「左氏傳」的成立及「全左氏經」和「傳文」的分析》，東京：汲古書院，2019年。
佐川修：《春秋學論考》，東京：東方書店，1983年。
洪　業：《春秋經傳引得》，劍橋：哈佛燕京學社，1937年。
高木智見：〈春秋左氏傳：歷史和法律的源流〉，收入滋賀秀三編，《中國法制史：基本資料的研究》，東京：東京大學出版會，1993年。
張素卿：《敘事與解釋——《左傳》經解研究》，臺北：書林出版，1998年。
野間文史：《春秋學——公羊傳和穀梁傳》，東京：研文出版，2001年。
野間文史：《左氏傳——結構與基礎》，東京：研文出版，2010年。
楊向奎：〈論左傳之性質及其與國語之關係〉，《史學集刊》第2期，1936年。
增淵龍夫：〈左傳的世界〉，收入筑摩書房編集部編，《世界歷史3　東亞文明的形成》，東京：筑摩書房，1960年。
衛聚賢：〈左傳的研究〉，《古史研究》，上海：上海文藝出版社，1990年。
韓席籌：《左傳分國集注》，北京：華夏出版有限公司，2021年。
顧頡剛講授、劉起釪筆記：《春秋三傳及國語之總合研究》，北京：中華書局，1988年。

系統性解析《左傳・文公十八年》之古人、古史

劉文強

國立中山大學中國文學系教授

摘要

《左傳・文公十八年》載季文子述古人、古史甚多，學者如楊伯峻，概據《史記・五帝本紀》為說解，既未考慮〈本紀〉之時代性，又未據《左傳》以證《左傳》，乃線性思考之結果，不見系統性之說明。本篇以為，在系統性思考之下，文獻「真」、「偽」，雖有意義；「有」、「無」，才是重點。所謂「偽」，互比之下，往往呈現「真」的成分；反之，所謂「真」，亦不等同其所言皆「真」，仍需就其所述，相互比對，分析所以，見其異同。至於「有」者，「明數據」；「無」者，「暗數據」；「有」、「無」互比，以「無」彰「有」；在特定情況下，「無」的重要性，或遠超「有」。故不論「明數據」，還是「暗數據」，只要細心檢視，對比異同，皆可能時時觸發核裂變般地效應，引爆出更多的問題，導引學者朝向更寬廣的面向或層次，進行更多元的思考與判斷。據此，本篇捨棄以往線性思考，不求所謂正確答案；改為著重系統性思考，呈現問題架構；使用精準判斷方法，達到還原情境目的，以期盡量還原《左傳》等相關文獻中古人、古史之全貌；更進一步，期能還原典籍，例如：《左傳》、《史記》等等，書寫的情境。

關鍵詞：系統性分析、《左傳》、精準判斷、還原情境、暗數據

---

[*] 臺北：臺北市立大學出版中心，2024年12月，頁279-321。

一、前言

　　本人曾在之前的文章中，條列新、舊方法之差別，以為整體之比對。[1]雖已歷經年所，惟以今日眼光視之，仍未過時，有其參考價值。故不嫌辭贅，復加引用，以饗讀者：

　　在觀念方面：舊法著重承襲，不重更新，難以開創新說；新法者重發現，重視更新，據以開創新說。

1. 在視野方面：舊法視野侷限，自我設限，難逃窠臼；新法視野開放，自由拓展，海闊天空。
2. 在方法方面：舊法因循以往，墨守先人法古無過；新法前瞻開創，隨時前進日新又新。
3. 在目的方面：舊法預設問題，以追求「正確」答案為職志；[2]新法呈現現象，以建構多元面相為依歸。
4. 在問題方面，舊法根據主觀設定，提出特定問題；新法根據客觀現象，發掘可能問題。[3]

---

[1] 劉文強：〈《論語》中的「仲尼」〉，收入李威熊主編：《第十二屆中國經學國際學術研會論文選集》（臺北：萬卷樓圖書股份有限公司，2023年），頁497-520。

[2] 研究目的，或許是更值得關切的問題。傳統上研究經典的目的，往往是為了找到「唯一、正確」的答案；至於何謂「唯一、正確」，又每多牽涉利益問題，致使學者之間往往各執一辭，互不相讓。於是個人意氣既興，門戶之見遂起，最終造成互不相讓，乃至敵對的學派；最不幸的結果，還造成壟斷性的學閥。自西漢以來，今古文之爭、鄭王之爭、南學北學、宋學清學、舊新儒家，何時不陷於紛擾？或許就學術史研究而言，這些紛擾有其意義；惟就經典文獻研究而言，卻是治絲益棼，徒增不必要的困擾。總而言之，學者非不用力，惟所提出之「唯一、正確」答案，因不夠客觀，故禁不起重複的驗證。究其所以，觀念的侷限，方法的缺失，門戶的意氣，利祿的作祟。種種原因，都使得這些著述成果受到不必要的限制，未能盡如人意。

[3] 依據本人的經驗，所有首次面對有關數位方法問題者，其回答皆是：「這個問題，我以前（從來）沒想過。」初聞此語，或以為問題過深；及次數既多，且絕無例外，方意識到此為普遍現象。這並非對任何人有所輕視，事實上，本人最初的反應亦是如此。可見面對新的方法，因而出現的新問題，驟視之下，皆無經驗可據，因而「以前（從來）沒想過」，此人之常情也。反過來看，數位方法所提出的問題，既為學者所初聞，自然無答案可應對，有待全新探索也。

5. 在步驟方面：舊法為：1.預設問題→2.文獻溯源→3.分析異同→4.證成己見→5.提出結論。新法為：1.根據資料，設關鍵詞→2.列表分析，呈現現象→3.依據現象，提出問題→4.設定指標，討論問題→5.形成架構，識其流變。

6. 在分析方面：舊法引用成說，無所分析，比對成說異同；新法引用資料，分析數據，說明所以異同。

7. 在判斷方面：舊法不重情境背景，不識整合研究，未立參考指標，無從精準判斷；新法重視情境背景，強調整合研究，設立參考指標，如：關係（遠、近，好、壞）、位階（高、低，平行）、位置（前、後，淺、深）、形勢（強、弱，先、後）、情緒（正、負，強、弱）、價值（正、負，是、非）、效果（正、負，長、短）、過程（先、後，繁、簡）等等，進行精準判斷（Precision Ascertain）。

8. 在效率方面：舊法仰賴個人智能，受限於人力，研究效率低下；新法借重電腦科技，受惠於工具，處理效率陡升。

9. 在效果方面：舊法經論述之後，證成唯一、正確答案；新法在析辨過程中，呈現問題多元現象，及流變過程。

10. 在整合方面：舊法資料有限，適合個人操作，無從整合研究；新法資料巨量，適合群體操作，重視整合研究。

11. 在跨域方面：舊法問題單一，著重專業單一，不重跨域研究；新法問題多元，需要專業多元，重視跨域研究。

12. 在潛力方面：舊法受限於資料量少，囿於個人能力，困於單一專業，發揮有限；新法受惠於資料豐沛，強調群體整合，重視跨域研究，潛力無窮。

13. 在規範方面：舊法據學者成說，因以立論；縱有一、二精到之處，亦不能改變其為二手材料之本質；新法據文獻一手材料，分析以立論，與現行學術規範不謀而合。

如今，更有新意，序列於下：

1. 研究經典，在使用文獻方面，不宜線性思考，當採系統性之概念。
2. 面對文獻，除所謂「真」、「偽」，更重要的是「有」、「無」。
3. 所謂「偽」的文獻，互比之下，往往呈現「真」的成分；反之，即使被認為「真」的文獻，亦不等同其所有內容皆「真」，仍需就其所述，相互比對，分析所以，見其異同。
4. 文獻「有」者，得據以分析判斷，惟通常只能反映有限現象，所謂「明數據」；相較之下，文獻「無」者，看似無有，實則可能因素更多，其重要性往往超過「有」者，所謂「暗數據」。
5. 不論「明數據」，還是「暗數據」，只要細心檢視，對比異同，皆可能時時觸發核裂變般地效應，引爆出更多的問題，導引學者面向更寬廣的面向或層次，進行更多元的思考與判斷。
6. 本篇使用 Word 檔，致使資料繁多，不利蒐檢；日後當使用 Excel 檔，既精簡內容，更便於蒐檢。

總結而言，本篇通過相關原始文獻相互比對，建立判斷的基準；以此判斷基準，檢驗其他相關原始文獻，並及相關論述篇章。整體而言，本篇捨棄傳統線性思考模式，不求所謂正確答案，而是利用系統性概念，呈現問題架構；使用精準判斷方法，達到還原情境目的；經由上述的工序，揭示更為重要成果：回歸文獻本身，呈現典籍是如何書寫的情境。

二、製表

本篇討論《左傳‧文公十八年》中的古人、古史，兼及相關比對文獻《史記》、《尚書》、《國語》、《孔子家語》、《大戴禮記》。所使用之電子資料庫為《中國哲學電子書計劃》（簡稱《電子書》），校訂以傳世文獻《左傳注疏》、《史記》、《尚書注疏》、《孔子家語》、《大戴禮記》；[4]為省篇幅，頁碼隨附列表引文

---

4 〔晉〕杜預集解，〔唐〕孔穎達正義：《春秋左傳注疏》（臺北：藝文印書館，2001年，據清嘉慶二十年江西南昌府學版影印）。〔西漢〕孔安國傳，〔唐〕孔穎達正義：《尚書注疏》（臺北：

之後，不再加註。為便於討論，茲先將《左傳・文公十八年》季文子所述古人、古史，列表於下，以《左傳》中相關記載，互為比對，以為討論的基礎。

表一

順序	《左傳・文公十八年》	《左傳》相關記載
1	高陽氏有才子八人蒼舒隤敱檮戭大臨尨降庭堅仲容叔達齊聖廣淵明允篤誠天下之民謂之八愷（頁352~353）	高陽氏（杜《注》：高陽，帝顓頊之號。（頁352）楊伯峻《注》：〈五帝本紀〉云：「帝顓頊高陽者，黃帝之孫而昌意之子也。」[5]）→無（對應者，以下同） 蒼舒→無、隤敱→無、檮戭→無、大臨→[6] 無→尨降→無 庭堅→〈文五〉：冬楚子燮滅蓼臧文公聞六與蓼滅曰皋陶庭堅不祀忽諸。杜《注》：蓼與六，皆皋陶後也。（頁311）（庭堅，杜無《注》，孔無《疏》。楊伯峻《注》甚長，（頁540）惟於庭堅，亦未有說。） 仲容→無、叔達→無
2	高辛氏有才子八人伯奮仲堪叔獻季仲伯虎仲熊叔豹季貍忠肅共懿宣慈惠和天下之民謂之八元（頁353）	高辛氏（杜《注》：高辛，帝嚳之號。（頁353）楊伯峻《注》：〈五帝本紀〉云：「帝嚳高辛者，黃帝之曾孫也。高辛於顓頊為族子。」（頁637））→〈昭元〉：子產曰昔高辛氏有二子伯曰閼伯季曰實沈居于曠林不相能也日尋干戈以相征討（頁705） 伯奮→無、仲堪→無、叔獻→無、季仲→無、伯虎→無、仲熊→無、叔豹→無、季貍→無

藝文印書館，2001年，據清嘉慶二十年江西南昌府學版影印）。〔日〕瀧川龜太郎：《史記會注考證》（臺北：洪氏出版社，1977年），5版。〔周〕左丘明：《國語》（臺北：宏業書局，1980年）。《孔子家語》（鄭州：中州古籍出版社，1991年）。〔清〕王聘珍：《大戴禮記解詁》（北京：中華書局，1989年），3刷。

5　楊伯峻：《春秋左傳注》（臺北：源流出版社1982年），頁636。
6　〈宣十二〉：國人大臨。此「大臨」為動詞，非人名。〔晉〕杜預集解，〔唐〕孔穎達正義：〈宣十二〉，《春秋左傳注疏》，頁388。

順序	《左傳·文公十八年》	《左傳》相關記載
3	此十六族也世濟其美不隕其名以至於堯堯不能舉舜臣堯舉八愷使主后土以揆百事莫不時序地平天成舉八元使布五教于四方父義母慈兄友弟共子孝內平外成（頁353~354）	后土→〈僖十五〉：君履后土而戴皇天皇天后土實聞君之言（頁231） 〈昭二九〉：共工氏有子曰句龍為后土（頁925） 地平天成→〈僖二四〉：君子曰…夏書曰地平天成（頁258） 五教→桓六：（季梁對曰）務其三時脩其五教親其九族以致其禋祀（頁110）
4	昔帝鴻氏有不才子掩義隱賊好行凶德醜類惡物頑嚚不友是與比周天下之民謂之渾敦（頁354）	帝鴻氏（杜《注》：黃帝。（頁354）楊伯峻《注》：〈五帝本紀集解〉引賈逵云：「帝鴻，黃帝也。」（頁638）按：若以水名官，則帝鴻氏宜為共工）→無、渾敦→無
5	少皞氏有不才子毀信廢忠崇飾惡言靖譖庸回服讒蒐慝以誣盛德天下之民謂之窮奇（頁354）	少皞氏（杜《注》：金天氏號，次黃帝。（頁354）楊伯峻《注》：〈昭十七年傳〉云：「我高祖少皞摯之立也」，則少皞名摯。杜《注》：「少皞，金天氏之號，次黃帝。」「皞」，亦作「皓」，亦作「昊」。〈五帝本紀索隱〉引皇甫謐及宋衷說，謂少昊即黃帝之子玄囂，按之《左傳》所敘世次，頗相合。（頁639））→〈昭十七〉：昭子問焉曰少皞氏鳥名官何故也郯子曰…我高祖少皞摯之立也鳳鳥適至故紀於鳥為鳥師而鳥名（頁835~836） 〈昭二九〉：（蔡墨）對曰少皞氏有四叔曰重曰該曰脩曰熙實能金木及水使重為句芒該為蓐收脩及熙為玄冥（頁925） 窮奇→（無）
6	顓頊有不才子不可教訓不知話言告之則頑舍之則嚚傲很明德以亂天常天下之民謂之檮杌（頁354）	顓頊（杜《注》無。（頁354）楊伯峻《注》：顓頊即高陽，已見前。（頁639））（顓頊資料見下引）
7	此三族也世濟其凶增其惡名以至于堯堯不能去（頁354）	→無

順序	《左傳‧文公十八年》	《左傳》相關記載
8	縉雲氏有不才子貪于飲食冒于貨賄侵欲崇侈不可盈厭聚斂積實不知紀極不分孤寡不恤窮匱天下之民以比三凶謂之饕餮（頁355）	（杜《注》：縉雲，黃帝時官名。（頁355）楊伯峻《注》：〈五帝本紀集解〉引賈逵云：「縉雲氏，姜姓也。炎帝之苗裔，當黃帝時，任縉雲之官也。」孔《疏》云：「〈昭十七年傳〉稱黃帝以雲名官，故知縉雲黃帝時官名。」服虔云：夏官為縉雲氏。（頁640））饕餮→無
9	舜臣堯賓于四門流四凶族渾敦窮奇檮杌饕餮投諸四裔以禦螭魅（頁355）	檮杌、以禦螭魅→〈昭九〉：先王居檮杌于四裔以禦螭魅（頁778）
10	是以堯崩而天下如一同心戴舜以為天子以其舉十六相去四凶也（頁355）	→無（僖三三：臼季曰……舜之罪也殛鯀其舉也興禹（頁291））
11	故虞書數舜之功曰慎徽五典五典克從無違教也曰納于百揆百揆時序無廢事也曰賓于四門四門穆穆無凶人也舜有大功二十而為天子（頁355）	→無

三、析論

據（表一），其中問題甚多，若盡論述，恐篇幅過鉅。今擇其若干，析論如下：

（一）庭堅

於（表一）高陽氏八子條，《左傳》他處中無「高陽氏」；高陽氏八子，除「庭堅」外，其他七子亦無。至於〈文十八〉八愷之「庭堅」為誰，杜《注》：

此即垂、益、禹、皋陶之倫。庭堅，即皋陶字。（頁353）

杜預以「庭堅」為皋陶之字，是二者為名、字，非二人。孔《疏》：

> 司馬遷采《帝系》、《世本》，以為《史記》。其〈夏本紀〉稱：「禹是顓頊之後」，〈秦本紀〉稱：「皋陶是顓頊之後，伯益則皋陶之子」。垂之所出，史無其文，舊說相傳，亦出顓頊，故云：「此即垂、益、禹、皋陶之倫」。服虔云：「八人，禹、垂之屬也。」〈六年傳〉：臧文仲聞六與蓼滅，云：「皋陶庭堅不祀忽諸」，知皋陶、庭堅為一人，其餘則不知誰為禹，誰為益，故云：「之倫」、「之屬」，不敢斥言也。班固《漢書》有〈古今人表〉，詮量古人，為九等之次，雖知禹、益必在八愷，契、稷必在八元，不能識知其人，不得自相分配。故八元、八愷，與皋陶、禹、益，並出其名，亦為不知故也。鄭玄注《論語》云：「皋陶為士師，號曰庭堅」；杜云：「庭堅，皋陶字」者，古人名之與字，難得審知。言「字」者，明其是一人。（頁353）

《疏》不破《注》，杜、孔二者說法基本一致。惟孔《疏》又引鄭玄之說，不以「庭堅」為字，而以為皋陶之號。可見「庭堅」為字之說，亦非歷來共識，而是在無可確定之下，學者各自的臆測。「庭堅」又見〈文五〉：

> 冬，楚子燮滅蓼。臧文公聞：「六與蓼」滅，曰：「皋陶、庭堅不祀忽諸。」

杜預於此條但曰：

> 蓼與六，皆皋陶後也。（頁311）

不注「庭堅」與皋陶的關係。楊伯峻《注》：

〈文十八年傳〉，高陽氏才子八人有庭堅，杜《注》本班固《漢書‧古今人表》謂：「庭堅即皋陶字」，則以此皋陶、庭堅為一人，然此說實難置信。崔述《考信錄》疑之，云：「〈典〉、〈謨〉之稱皋陶多矣，帝稱之，同朝之臣稱之，史臣稱之，皆以皋陶。乃至後世之詩人稱之，儒者稱之，亦同詞焉，從未有一人稱為庭堅者。何所見而知庭堅之為皋陶乎？」皋陶與庭堅宜為兩人。（頁540）

楊伯峻指出杜預所說來源為《漢書‧古今人表》，並駁斥其說難信；又引崔述《考信錄》，以為歷來：

從未有一人稱為庭堅者，何所見而知庭堅之為皋陶乎？

據上述，楊伯峻結之以：

皋陶、庭堅宜為兩人。

至於「皋陶、庭堅」二人之關係為何？楊伯峻只說「皋陶與庭堅宜為二人」，亦未說明二人之關係。

雖然崔述、楊伯峻反對《漢書》、杜《注》「皋陶、庭堅」為「名、字」之說，惟《左傳》實有同時稱「名、字」者，雖未必多，亦有如下：

1. 〈僖三三〉：夏四月辛巳，敗秦師于殽，獲百里孟明視、西乞術、白乙丙，以歸。[7]（頁290）
2. 〈文二〉：二年春，秦孟明視帥師伐晉。（頁301）
3. 〈哀十七〉：宋皇瑗之子麇有友，曰田丙，而奪其兄鄖般邑以與之。

---

[7] 杜無《注》。〈僖三二〉：召孟明、西乞、白乙，（杜預集解，孔穎達正義：《春秋左傳注疏》，頁288）無「術」字，當為省文之故。〈文十二〉：西乞術，（杜預集解，孔穎達正義：《春秋左傳注疏》，頁330）則并書氏、名。

剷般慍，而行，告桓司馬之臣子儀克，子儀克適宋。（頁1046）

　　略析以上三條，秦國貴族「百里孟明視、西乞術、白乙丙」，先舉其氏，後或連名帶字，或但稱其字「孟明、西乞、白乙」（此條孟明不加「氏」，當為行文一致之故）。宋桓司馬之臣，位階較低，無「氏」可舉，亦連名帶字，稱之曰「子儀克」。除上引之外，更無他例；即以上引而言，貴族，必舉「氏」；低階者，則無「氏」可舉。由是可知，縱然《左傳》有此連名帶字之例，惟此數例的形式，與「皋陶、庭堅」，仍有明顯的不同。因此，《左傳》雖有數例，亦不足以證明「皋陶、庭堅」為連名帶字之例。

　　「皋陶、庭堅」既非連名帶字之稱謂，又當為何種情形？會是平行關係（兄、弟？），抑或垂直關係（父、子？祖、孫？）。若為平行關係（兄、弟），則扣除排序在後的庭堅、仲容、叔達，還有五人：蒼舒、隤敳、檮戭、大臨、尨降，皋陶當為其中何人？若為垂直關係（父、子？祖、孫？），且為父子關係，則皋陶即庭堅之父「高陽氏」；若為祖孫關係，則皋陶猶在「高陽氏」之先，至少為「高陽氏」之父；其他關係，依此類推。當然，若以「庭堅」為「皋陶」之父，或祖，其關係可以再論。惟先子後父、先孫後祖，如此順序，似未見聞。總之，不論上述何種說法，都得面對以下的事證：

1. 《論語‧顏淵‧22》：子夏曰：「富哉言乎！舜有天下，選於眾，舉皋陶，不仁者，遠矣！」[8]
2. 《史記‧夏本紀‧27》：帝禹立，而舉皋陶薦之，且授政焉，而皋陶卒；封皋陶之後於英、六，或在許；而后舉益，任之政。（頁51）
3. 《大戴禮記‧五帝德‧8》：宰我曰：「請問：『禹』。」孔子曰：「…舉皋陶與益，以贊其身。」（頁124）

　　上述三段，或以舜舉皋陶，或以禹舉皋陶，有所不同；惟以文獻可信度而

---

[8] 〔魏〕何晏注，〔宋〕邢昺疏：《論語注疏》（臺北：藝文印書館，2001年，據清嘉慶二十年江西南昌府學版影印），頁110。

言,《論語》最高。茲以《論語》為準,舜舉皋陶,則皋陶與舜或為同輩、或為先輩、或為晚輩;反之,若以《史記》、《大戴禮記》為準,禹舉皋陶,則皋陶與禹或為同輩、或為先輩、或為晚輩。總之,上述三說,皆為皋陶與舜、禹同時。若然,且「皋陶、庭堅」為父子關係,則皋陶卒,禹可舉庭堅,而〈文十八〉季文子以為舜舉庭堅;反之,若「皋陶、庭堅」為祖孫關係,則皋陶死,舜、禹更無從薦舉其孫庭堅。再假設:若「皋陶、庭堅」為「庭堅」父、「皋陶」子之關係,既難尋例;且《論語》、《史記》、《大戴禮記》皆不及誰舉庭堅,唯〈文十八〉季文子言。正因「皋陶、庭堅」關係未明,各種文獻所載,皆難免矛盾重重,反倒是杜預以「庭堅」為「皋陶」字,雖不得已,而最為簡明。比對其「高陽氏有才子八人」杜《注》:高陽,帝顓頊之號。(頁352)其來源,則自《史記‧五帝本紀》。惟杜《注》實有可議。上引〈文五〉:

冬,楚子燮滅蓼。臧文公聞:「六與蓼」滅,曰:「皋陶、庭堅不祀忽諸。

杜預《注》:

蓼與六,皆皋陶後也。(頁311)

〈僖十七〉:

齊人為徐伐英氏。

杜《注》:

英氏,楚與國。(頁237)

〈僖十七經〉:

齊人、徐人伐英氏。

楊伯峻《注》：

英氏，國名，偃姓，〈夏本紀〉「封皋陶之後於英」者。（頁371）

楊伯峻雖有注，惟〈夏本紀〉載禹「封皋陶之後於英、六，或在許」，則皋陶之後至少有三：英、六、蓼，另有「在許」者，不止一「英」而已。若「庭堅」為「皋陶」之子，則《史記》大可直書不諱「庭堅」之封：英、六、蓼、許。《史記》不載封於英、六、蓼、許者為誰，當以文獻不足之故；由是或可反證：「庭堅」非「皋陶」子。惟「庭堅」是否即為「皋陶」之父、祖？亦猶待論證。總之，不論「庭堅」為「皋陶」子，或為「皋陶」之父、祖，此二說皆有互相牴觸之處，無法自圓其說。杜預以「庭堅」為「皋陶」字，反而矛盾最小，乃至全無；至少，彼有《史記·五帝本紀》可證也。至於《史記·五帝本紀》是否足以為證，又是另一層面之事，說詳下文。

（二）顓頊

〈文十八〉季文子口中，顓頊氏之不才子為惡甚多，屬於負面人物。惟季文子口中古人古氏，於《左傳》中，顓頊（氏）出現的次數最多，列序於下：

「高陽氏」1次：〈文十八〉。
「高辛氏」2次：〈文十八〉、〈昭元〉。
「帝鴻氏」1次：〈文十八〉。
「少皞」5次，其中「少皞氏」3次：〈文十八〉、〈昭十七〉、〈昭二九〉，「少皞」2次：〈昭十七〉、〈定九〉。
「顓頊」6次，其中「顓頊氏」2次：〈文十八〉、〈昭二九〉，「顓頊」4次：〈昭八〉、〈昭十〉、〈昭十七〉（2次）。
「縉雲氏」1次：〈文十八〉。

綜合上述,「顓頊」(氏)出現的次數最多;且除季文子之外,其他記載非但無負面之辭,而反出現與季文子相反的正面敘述:

〈昭八〉:陳顓頊之族也[9]...自幕至于瞽瞍無違命舜重之以明德寘德于遂遂世守之及胡公不淫故周賜之姓使祀虞帝(頁770~771)

〈昭十〉:今茲歲在顓頊之虛姜氏任氏實守其地(頁782)

〈昭十七〉:自顓頊以來不能紀遠乃紀於近為民師而命以民事則不能故也(頁837~838)

〈昭十七〉:衛顓頊之虛也(頁839)

〈昭二九〉:顓頊氏有子曰犁為祝融(頁925)

以上各條,皆顓頊之事,看不出有任何「不可教訓不知話言告之則頑舍之則囂傲很明德以亂天常」的「不才子」;[10]且祝融位列五祀之一,絕非「不才子」可比擬者。[11]

至於「顓頊」何許人也?〈文十八〉「顓頊氏有不才子」,杜《注》無,(頁354)楊伯峻《注》:

---

9 杜《注》:陳,祖舜;舜,出顓頊。(杜預集解,孔穎達正義:《春秋左傳注疏》,頁770)楊伯峻《注》:杜《注》:陳祖舜,舜出顓頊。陳祖舜,《史記·陳世家》言之。舜出顓頊,《大戴禮·帝繫篇》言之。(同註2,頁1305)

10 季文子所以有情緒性之言語,則事出有因,《左傳·文公十八年》:文公二妃,敬嬴生宣公。敬嬴嬖,而私事襄仲;宣公長,而屬諸襄仲。襄仲欲立之,叔仲不可,仲見於齊侯而請之。齊侯新立,而欲親魯,許之。冬十月,仲殺惡,及視,而立宣公。(杜預集解,孔穎達正義:《春秋左傳注疏》,頁351)東門襄仲有擁立之功,大權在握;季文子心有不甘,又不敢明言,乃以古為喻,借題發揮,以洩心頭怨氣。故雖引古人古事,惟此夾怨之辭,焉得遽信?除此之外,《左傳》凡事在年末,而文字甚多者,皆宜審慎參酌,如桓〈二〉晉穆侯命子事、僖〈二三〉晉公子重耳事、〈文十八〉季文子事等等,皆其著例;〈襄五〉季文子卒,文字雖少,亦同此類。此本篇所以強調:雖一手材料,亦有待檢驗,不得遽信。季文子此條,足為代表。

11 見〈昭二九〉魏獻子與蔡墨之問對。杜預集解,孔穎達正義:〈昭二九〉,《春秋左傳注疏》,頁925。

> 顓頊即高陽，已見前。（頁639）

楊伯峻所謂「已見前」，者，為〈文十八〉「高陽氏有才子八人」，杜《注》：

> 高陽，帝顓頊之號。（頁352）

楊伯峻《注》刻意不引杜《注》，直接引《史記‧五帝本紀》：

> 〈五帝本紀〉云：「帝顓頊高陽者，黃帝之孫而昌意之子也。」《索隱》引宋衷云：「顓頊，名；高陽，有天下之號也。」又引張晏云：「高陽者，所興地名也。」才子之子，必非兒子之謂，蓋下文云：「舜臣堯，舉八愷」，年代不相及也。故〈五帝本紀〉引賈逵說：「謂其後代子孫而稱為子」，杜《注》本之，因云：「八人，其苗裔。」[12]

雖然上述注家皆以顓頊即高陽，又有《史記‧五帝本紀》為據，此說似無可疑。惟果真如此，何以在季文子口中，高陽自高陽，顓頊自顓頊，明顯與上述之說有異？且果如《史記‧五帝本紀》、注家之說，顓頊高陽為一人，則顓頊高陽既有才子八元，又有不才子檮杌，是顓頊高陽共有九子？此外，上引〈昭二九〉：顓頊氏有子曰犁，為祝融。〈昭八〉：陳，顓頊之族也。杜《注》：陳祖舜，舜出顓頊。若杜《注》可信，則顓頊高陽既有八元、檮杌、黎，共計十子；另外，還另有一不知名之子，則為十一子，且其後裔為陳。總而言之，不論在數目，還是事蹟，《左傳》各條所載，可謂矛盾重重，令人莫衷一是。

限於篇幅，本篇但舉皋陶、顓頊為例說明；其他古人、古氏，有待後續，也歡迎學者加入探討的行列。

---

[12] 楊伯峻：《春秋左傳注》，頁636。

三、文獻比對

　　上引杜預、楊伯峻所言，其來源皆自《史記‧五帝本紀》；至於《史記‧五帝本紀》是否足以徵信？仍有待比對檢討。為易於說明，茲以《史記‧五帝本紀》、〈夏本紀〉為主要比對文獻，《國語‧晉語四》、《孔子家語‧五帝德》、《大戴禮記‧五帝德》、《孟子》……等為配合對比文獻，文字完全相同者，用標楷體；約略相同者，用斜體標楷體；完全不同者，用細明體。相關資料，列表於下，以為討論的基礎。

表二

出處編號	〈五帝本紀1〉	比對文獻
1	〈五帝本紀1〉：黃帝者少典之子姓公孫名曰軒轅生而神靈弱而能言幼而*徇*/*齊*長而敦敏成而聰明[13]（頁23~24） 〈五帝本紀2〉：軒轅之時神農氏世衰諸侯相侵伐暴虐百姓而神農氏弗能征於是軒轅乃習用干戈以征不享諸侯咸來賓從而蚩尤最為暴莫能伐炎帝欲侵陵諸侯諸侯咸歸軒轅軒轅乃修德振兵（頁24） 治五氣藝五種撫萬民度四方教熊羆貔貅貙虎以與炎帝戰於阪泉之野三戰然後得其志蚩尤作亂不用帝命於是黃帝乃徵師諸侯與蚩尤戰於涿鹿之野遂禽殺蚩尤[14]	《國語‧晉語四‧35》：昔少典娶于有蟜氏生黃帝炎帝（頁356） 《孔子家語‧五帝德‧1》：（孔子曰）……黃帝者少典之子曰軒轅生而神靈弱而能言幼*齊叡莊*敦敏*誠信*長聰明（頁112） 治五氣*設*五*量*撫萬民度四方*服牛乘馬擾馴猛獸*以與炎帝戰于阪泉之野三戰*而後剋之*（頁112）

---

[13] 〈晉語四〉載少典娶于有蟜氏，生黃帝。惟司馬遷既「觀《春秋》、《國語》」（瀧川龜太郎：《史記會注考證》，頁39），而〈本紀〉不載少典之娶，未知何故。豈〈晉語四〉此條，未足盡信？

[14] 〈本紀〉俱載黃帝、炎帝阪泉之戰及蚩尤（父子）涿鹿之戰，《家語》、《大戴禮記》惟書阪泉、版泉之戰，而不載涿鹿之戰。《大戴記》主要承自《家語》，而「教熊羆貔豹虎」則大致同〈本紀〉。整體而言，《家語》、《大戴記》重教化，故重虛言，曰：「黃帝教化三百年」；〈本紀〉重宣揚，故重事功，曰：「披山通道未嘗寧之」；田千秋（說見下）重教訓，最重事實，曰：「子弄父兵」，一如唐太宗不諱屈膝突厥。

出處編號	〈五帝本紀1〉	比對文獻
	而諸侯咸尊軒轅為天子代神農氏是為黃帝天下有不順者黃帝從而征之平者去之披山通道未嘗寧居（頁24~25） 〈五帝本紀3〉：東至于海登丸山及岱宗西至于空桐登雞頭南至于江登熊湘北逐葷粥合符釜山而邑于涿鹿之阿遷徙往來無常處以師兵為營衛官名皆以雲*命*為雲師置左右大監監于萬國萬國和而鬼神山川封禪與為多焉獲寶鼎迎日推筴舉風后力牧常先大鴻以治民順天地之紀幽明之*占*死生之說存亡之難*時播*百穀草木*淳化*鳥獸*蟲蛾*旁羅日月星辰水波土石金玉*勞勤心力耳目節*用水火*材*物有土德之瑞故號黃帝（頁25~26） 〈昭十七〉：黃帝氏以雲紀故為雲師而雲名（頁835） 〈五帝本紀4〉：黃帝二十五子其得姓者十四人（頁26） 〈晉語四35〉：司空季子曰同姓為兄弟黃帝之子二十五人其同姓者二人而已唯青陽與夷鼓皆為己姓青陽方雷氏之甥也夷鼓彤魚氏之甥也其同生而異姓者四母之子別為十二姓凡黃帝之子二十五宗其得姓者十四人為十二姓姬酉祁己滕箴任荀僖姞儇依是也唯青陽與蒼林氏同于黃帝故皆為姬姓（頁356）	始垂衣裳作為黼黻治民以順天地之紀知幽明之*故*達死生存亡之說*播時*百穀嘗味草木*仁厚*及於鳥獸*昆虫*考日月星辰*勞耳目勤心力*用水火*財*物以生民民賴其利百年而死民畏其神百年而亡民用其教百年而移故曰黃帝三百年（頁112~113） 《大戴禮記‧五帝德‧2》：（孔子曰）黃帝少典之子也曰軒轅生而神靈弱而能言幼而慧齊長而敦敏成而聰明治五氣*設*五量撫萬民度四方教熊羆貔豹虎以與赤帝戰於*版*泉之野三戰然後得行其志黃帝黼黻衣大帶黼裳乘龍辰雲以順天地之紀幽明之故死生之說存亡之難時播百穀草木故教化淳鳥獸*昆蟲歷離*日月星辰極畋土石金玉勞心力耳目節用水火材物生而民得其利百年死而民畏其神百年亡而民用其教百年故曰三百年（頁117~119）
2	〈五帝本紀5〉：黃帝居于軒轅之丘而娶于西陵之女是為嫘祖為黃帝正妃生二子其後皆有天下其一曰玄囂是為青陽青陽降居江水其二曰昌意降居若水昌意娶[15]	《大戴禮記‧帝繫‧3》：[18]黃帝產昌意昌意產高陽是為帝顓頊（頁126） 《大戴禮記‧帝繫‧6》：黃帝

---

[15] 若以：娶（〈本紀〉）→娶于（〈帝繫〉）、蜀山氏女（〈本紀〉）→蜀山氏子（〈帝繫〉）為例，則

出處編號	〈五帝本紀1〉	比對文獻
	蜀山氏女曰昌僕（按：《電子書》作「仆」，誤）生[16]高陽高陽有聖德焉黃帝崩葬橋山其孫昌意之子高陽立是為帝顓頊也[17]（頁26~27）	居軒轅之邱娶于西陵氏之子謂之嫘祖氏產青陽及昌意青陽降居泜水昌意降居若水（頁127） 《大戴禮記・帝繫・7》：昌意娶于蜀山氏蜀山氏之子謂之昌濮氏產顓頊（頁127）
3	〈五帝本紀6〉：帝顓頊高陽者黃帝之孫而昌意之子也靜淵以有謀疏通而知事養材以任地載時以象天依鬼神以制義治氣以教化絜誠以祭祀北至于幽陵南至于交阯西至于流沙東至于蟠木動靜之物大小之神日月所照莫不砥屬（頁27） 《大戴禮記・五帝德・4》：孔子曰顓頊黃帝之孫昌意之子也曰高陽洪淵以有謀疏通而知事養材以任地履時以象天依鬼神以制義治氣以教民絜誠以祭祀乘龍而至四海北至於幽陵南至於交阯西濟於流沙東至於蟠木動靜之物大小之神日月所照莫不祗勵（頁120）	《孔子家語・五帝德・2》：孔子曰顓頊黃帝之孫昌意之子曰高陽淵而有謀疏通以知遠養財以任地履時以象天依鬼神而制義治氣性以教眾潔誠以祭祀巡四海以寧民北至幽陵南暨交趾西抵流沙東極蟠木動靜之類小大之物日月所照莫不底屬（頁113）

〈帝繫〉之文法現象時代較早，〈本紀〉較晚。

18 《家語》無〈帝繫〉之篇。

16 若以「生」、「產」二字之文法現象相較，則〈本紀〉時代較早，〈帝繫〉較晚。（《左傳》，人用「生」（生桓公。頁29），馬用「產」（屈產之乘。頁199）。《孟子・滕文公上・4》，人、馬皆用「產」：陳良，楚產也（頁98）、《孟子・萬章上・9》「屈產之乘」（頁172））〈本紀〉一篇之中，行文或早或晚，顯示其來源現象，值得注意。又，《大戴禮記》雖多承自《家語》，惟無〈帝繫〉之篇，亦值得留意。《左傳》頁數見杜預集解，孔穎達正義：《春秋左傳注疏》。《孟子》頁數見〔漢〕趙岐注，〔宋〕孫奭疏：《孟子注疏》（臺北：藝文印書館，2001年，據清嘉慶二十年江西南昌府學版影印）。

17 此段所述世系為？→少典→黃帝（1）…昌意（次子2）→帝顓頊（高陽3）。

出處編號	〈五帝本紀1〉	比對文獻
4	〈五帝本紀7〉帝顓頊生子曰窮蟬顓頊崩而玄囂之孫高辛立是為帝嚳[19]（頁27）	
5	〈五帝本紀8〉：帝嚳高辛者黃帝之曾孫也[20]高辛父曰蟜極蟜極父曰玄囂玄囂父曰黃帝自玄囂與蟜極皆不得在位至高辛即帝位高辛於顓頊為族子[21]（頁27）	《孔子家語・五帝德・3》：宰我曰請問帝嚳孔子曰玄枵之孫蟜極之子曰高辛生而神異自言其名博施厚利不於其身聰以知

---

[19] 上引《電子書》〈文十八〉「顓頊」下無「氏」字。《校勘記》：《石經》、宋《本》、淳熙《本》、岳《本》、纂圖《本》、「項」下皆有「氏」字。（瀧川龜太郎：《史記會注考證》，頁358）以數量而言，為4：1，似《電子書》本（阮元《宋刊本》）無「氏」字為誤。惟〈文十八〉「顓頊」下若無「氏」字，而「顓頊」又有不才子「檮杌」，適足以反證〈本記〉此條顓頊何以傳姪不傳子。反應事實則為：檮杌被迫出走，不得繼其父顓頊之位；又不知何故，由其堂兄弟高辛繼承帝位。至於版本，雖為4：1，惟阮元《宋刊本》之精確，遠過其他四本，而其所書，則無「氏」字，是否反證原文果無「氏」字，正與〈本記〉顓頊傳姪相呼應？說詳資生偉倫〈論代立〉之篇。

[20] 此段所述世系為？→少典→黃帝（1）→（其二）昌意（2）→帝顓頊（高陽3）→窮蟬（4）。

[21] 此段所述世系為？→少典→黃帝（1）→（其一）玄囂（2）→蟜極（3）→帝嚳（高辛4，顓頊族子）。上條討論「氏」字，此條〈本記〉又特載「高辛於顓頊為族子」，正反證阮元《宋刊本》所以無「氏」字。按：〈本記〉「玄囂」，《左傳》作「玄枵」。〈襄二八〉二十八年春，無冰。梓慎曰：「今茲，宋、鄭其饑乎？歲在星紀，而淫於玄枵，以有時菑。陰，不堪陽；蛇，乘龍。龍，宋、鄭之星也。宋、鄭，必饑。玄枵，虛中也；枵，耗名也！土虛而民耗，不饑，何為？」（杜預集解，孔穎達正義：《春秋左傳注疏》，頁650~651）比照上引其他諸人，皆各自有「虛」，如「顓頊之虛」、「少皞之虛」、「祝融之虛」、「大皞之虛」。「玄枵」（「玄囂」）未得繼承，無「虛」可言，是以無「玄枵（囂）之虛」？綜合上述所論，或可隱約察覺《左傳》雖未明載五帝之世系，惟其中內容，似又有可比對者，如顓頊有「虛」，且其他古人亦各有「虛」，可對應顓頊非虛構之人，確實存在。顓頊有「不才子」檮杌，未能繼承，可對應《史記》所以顓頊傳姪帝嚳，且特別強調「自玄囂與蟜極皆不得在位至高辛即帝位高辛於顓頊為族子」。帝嚳之父「玄囂」未得繼承，此所以無「玄枵（囂）之虛」（暗數據）。堯、舜雖立為帝，而皆無「虛」。堯未有「虛」，堯後居唐，唐無「虛」之稱；舜居虞，亦未見虞得「虛」之稱（舜後之陳，〈昭十七〉陳，大皞之虛（杜預集解，孔穎達正義：《春秋左傳注疏》，頁839），此皆難解。《說文》「丘」：土之高也，非人所為也。一曰：四方高，中央下為丘。〔清〕段玉裁：《說文解字注》（高雄：復文圖書出版社1998年），頁386。《說文》「虛」：虛，大丘也。（同前註，頁386）有「虛」者蓋亦有「觀」，〈哀十七〉：衛侯夢于北宮，見人登昆吾之觀，被髮北面而譟，曰：「登此昆吾之虛。」（杜預集解，孔穎達正義：《春秋左傳注疏》，頁1045），「虛」為「大丘」，「顓頊之虛」又稱「帝丘」，為專有名詞，豈以顓頊嘗號令一統，而其他諸氏僅各據一方，故惟「顓頊之虛」得「帝丘」之稱？〈本紀〉堯、舜無

出處編號	〈五帝本紀1〉	比對文獻
	〈五帝本紀9〉：高辛生而神靈自言其名普施利物不於其身聰以知遠明以察微順天之義知民之急仁而威惠而信修身而天下服取地之財而節用之撫教萬民而利誨之曆日月而迎送之明鬼神而敬事之其色郁郁其德嶷嶷其動也時其服也士帝嚳溉執中而遍天下日月所照風雨所至莫不從服（頁27~28）《大戴禮記·五帝德·5》：宰我曰請問帝嚳孔子曰元囂之孫蟜極之子也曰高辛生而神靈自言其名博施利物不於其身聰以知遠明以察微順天之義知民之急仁而威惠而信修身而天下服取地之財而節用之撫教萬民而利誨之曆日月而迎送之明鬼神而敬事之其色郁郁其德嶷嶷其動也時其服也士春夏乘龍[22]秋冬乘馬黃黼黻衣執中而獲天下日月所照風雨所至莫不從順[23]（頁120~121）	遠明以察微仁而威惠而信以順天地之義知民所急脩身而天下服取地之財而節用之撫教萬民而誨利之曆日月之生朔而迎送之明鬼神而敬事之其色也和其德也重其動也時其服也衷春夏秋冬育護天下日月所照風雨所至莫不從化（頁113~114）

「虛」，亦無「丘」，豈有「都」邪？〈昭二九〉「顓頊氏有子曰黎，為祝融」，〈昭十七〉「鄭，祝融之虛」，見祝融能獨立繼世。是顓頊雖未傳位其子，其子亦能開枝散葉，除有「祝融之虛」之鄭地，另一枝「皇祖伯父昆吾」，亦嘗「舊許是宅」（〈昭十二〉楚靈王語。杜預集解，孔穎達正義：《春秋左傳注疏》頁794。）。據〈鄭語〉，黎為楚人先祖，「為高辛氏火正」、「命之曰祝融」（左丘明：《國語》，頁510）。此雖與〈昭二九〉「顓頊氏有子曰黎，為祝融」稍異，惟其謂祝融為楚人先祖，或亦有《左傳》「黎為祝融」為佐證。《左傳》季文子以顓頊有不才子檮杌，而《檮杌》，則楚之《春秋》（趙岐注，孫奭疏：〈離婁下·49〉，《孟子注疏》，頁146），是顓頊之子（檮杌？黎？）為楚之先祖，的確有跡可尋，詳見賈生偉倫〈論楚先祖〉之篇。以上種種，皆顯示本篇所引《左傳》之古人，其與《史記》之五帝，確有千絲萬縷之關係。然則，《史記》所載，雖頗有後人加工刻鑿之痕跡，惟所述五帝及其事跡，未必盡屬虛構，確有與《左傳》、《國語》相互比對而可證者。

22 「乘龍」一詞，《家語》、《史記》皆無。《左傳》「乘龍」為名詞，為量詞「乘」（四，【河、漢各二。杜預集解，孔穎達正義：《春秋左傳注疏》，頁922】）加名詞「龍」。除《大戴記》之外，西漢中期文獻《易林》多見「乘龍」，為動詞「乘」+名詞「龍」。

23 「從化」，重教化；「從服」，表面（天下初定）；「從順」，深入（天下已定）。三者，各自顯示其時代特色。

出處編號	〈五帝本紀1〉	比對文獻
6	〈五帝本紀 10〉：帝嚳娶陳鋒氏女生放勳娶娵訾氏女生摯帝嚳崩而摯代立[24]帝摯立不善崩而弟放勳立是為帝堯[25]（頁28） 〈五帝本紀 11〉：帝堯者放勳其仁如天其知如神就之如日望之如雲富而不驕貴而不舒[26]黃收純衣彤車乘白馬能明馴德以親九族九族既睦便章百姓百姓昭明合和萬國（頁28） 《大戴禮記・五帝德・6》：宰我曰請問帝堯孔子曰高辛之子也曰放勳其仁如天其知如神就之如日望之如雲富而不驕貴而不豫黃黼黻衣丹車白馬伯夷主禮龍夒教舞舉舜彭祖而任之四時先民治之流共工於幽州以變北狄放驩兜于崇山以變南蠻殺三苗于三危以變西戎殛鯀于羽山以變東夷其言不貳其行不回四海之內舟輿所至莫不說夷（頁121~122） (〈五帝本紀 24〉：舜曰嗟四嶽有能典朕三禮皆曰伯夷可舜曰嗟伯夷以汝為秩宗夙夜維敬直哉維靜絜伯夷讓夔龍舜曰然以夔為典樂教稚子直而溫寬而栗剛而毋虐[27]簡而毋傲詩言意歌長言[28]聲依永律和	《孔子家語・五帝德・4》：宰我曰請問帝堯孔子曰高辛氏之子曰陶唐其仁如天其智如神就之如日望之如雲富而不驕貴而能降（頁114） 伯夷典禮龍夒典樂舜時而仕趨視四時務先民始之流四凶而天下服其言不忒其德不回四海之內舟輿所及莫不夷說 〈堯典 1〉：克明俊德以親九族九族既睦平章百姓百姓昭明協和萬邦黎民於變時雍（頁20） 〈舜典 15〉：帝曰咨四岳有能典朕三禮僉曰伯夷帝曰俞咨伯[29]汝作秩宗夙夜惟寅直哉惟清伯拜稽首讓于夔龍帝曰俞往欽哉（頁44） 〈舜典 16〉：帝曰夔命汝典樂教胄子直而溫寬而栗剛而無虐簡而無傲詩言志歌永言聲依永律和聲八音克諧無相奪倫神人以和夔曰於予擊石拊石百獸率

---

[24] 既書「帝摯」，則摯已立為帝；數之，則六帝，當曰「六帝本紀」。且「代立」，篡弒之詞，見其傳位不順。黃帝立孫不立子，高辛死，摯代立，其複雜情況，不減任何朝代。

[25] 此段所述世系為？→少典→黃帝（1）→玄囂（2）→蟜極（3）→帝嚳（高辛4）→摯（5）→放勳（堯5）。

[26] 「能降」，《左傳》、《家語》用語；「不舒」，〈本紀〉用語，「不豫」，《大戴記》用語。

[27] 「毋虐、毋傲、言意」，漢人用語；「無虐、無傲、言志」，先秦用語。

[28] 〈本紀〉「歌長言聲依永」，甚為不倫；〈舜典〉「歌永言聲依永」，「永」字為「聲」所依，文通意順。

[29] 比對〈本紀〉「伯夷」，〈舜典〉作「伯」，闕「夷」字，《校勘記》無說明（瀧川龜太郎：《史記會注考證》，頁51）。

系統性解析《左傳・文公十八年》之古人、古史 ❖ 299

出處編號	〈五帝本紀1〉	比對文獻
	聲八音*能諧毋*相奪倫神人以和夔曰於予擊石拊石百獸率舞舜曰龍朕*畏忌讒說殄偽*振驚朕*眾*命汝為納言夙夜出入朕命惟信（頁37）） （〈舜典 6〉：象以典刑流宥五刑鞭作官刑扑作教刑金作贖刑眚災肆赦怙終賊刑欽哉欽哉惟刑之恤哉流共工于幽洲放驩兜于崇山竄三苗于三危殛鯀于羽山四罪而天下咸服（頁40））	舞（頁46） 〈舜典 17〉：帝曰龍朕*聖讒說殄珍行*震驚朕*師*命汝作納言夙夜出*納*朕命惟*允*（頁47）
7	〈五帝本紀 18〉：虞舜者名曰*重華*重華父曰瞽叟*瞽叟*父曰*橋牛橋牛*父曰句望句望父曰敬康敬康父曰窮蟬窮蟬父曰帝顓頊顓頊父曰昌意以至舜七世矣自從窮蟬以至帝舜皆微為庶人[30]（頁34） 〈五帝本紀 19〉：舜父瞽叟盲而舜母死瞽叟更娶妻而生象象傲瞽叟愛後妻子常*欲殺舜舜避逃及有小過則受罪順事父及後母與弟日以篤謹匪有解*（頁34） 〈五帝本紀 20〉：舜冀州之人也舜耕歷山漁雷澤陶河濱作什器於壽丘就時於負夏舜父瞽叟頑母嚚弟象傲皆欲殺舜舜順適不失子道兄弟孝慈欲殺不可得即求嘗在側（頁34） 〈五帝本紀 21〉：舜年二十以孝聞三十而帝堯問可用者四嶽咸薦虞舜曰可於是堯乃以二女妻舜以觀其內使九男與處以觀其外舜居媯汭內行彌謹堯二女[31]不敢以貴驕事舜親戚甚有婦道堯九男皆益篤	《孔子家語・五帝德・5》：宰我曰請問帝舜孔子曰喬牛之孫瞽*瞍*之子也曰有虞（頁114） 舜*孝友聞於四方陶紋事親寬裕而溫良敦敏而知時畏天而愛民恤遠而親近*（頁114） 承受大命依于二女叡明智通為天下帝命二十二臣率堯舊職躬己而已天平地成巡狩四海五載一始三十年在位嗣帝五十載陟方岳死于蒼梧之野而葬焉（頁114） 《大戴禮記・五帝德・7》：宰我曰請問帝舜孔子曰蟜牛之孫瞽叟之子也曰重華好學孝友聞于四海陶家事親寬裕溫良敦敏而知時畏天而愛民恤遠而親親承受大命依于倪皇叡明通知為天下工使禹敷土主名山川以利

---

[30] 此段所述世系為？→少典→黃帝（1）→昌意（2）→帝顓頊（高陽3）→窮蟬（4）→敬康（5）→句望（6）→橋牛（7）→瞽叟（8）→重華（舜9）。

[31] 堯、舜為同姓，同姓之後，其生不蕃，而堯釐降二女，舜娶之不疑，都無戒懼，令人匪夷所思。若此為單一事件，亦足謂堯之無識；若為系統性事件，則其氏族衰敗，殆非無由。

出處編號	〈五帝本紀 1〉	比對文獻
	舜耕歷山歷山之人皆讓畔漁雷澤雷澤上人皆讓居陶河濱河濱器皆不苦窳一年而所居成聚二年成邑三年成都堯乃賜舜絺衣與琴為筑倉廩予牛羊瞽叟尚復欲殺之使舜上塗廩瞽叟從下縱火焚廩舜乃以兩笠自捍而下去得不死後瞽叟又使舜穿井舜穿井為匿空旁出舜既入深瞽叟與象共下土實井舜從匿空出去瞽叟象喜以舜為已死象曰本謀者象象與其父母分於是曰舜妻堯二女與琴象取之牛羊倉廩予父母象乃止舜宮居鼓其琴舜往見之象鄂不懌曰我思舜正鬱陶舜曰然爾其庶矣舜復事瞽叟愛弟彌謹於是堯乃試舜五典百官皆治[32]（頁34~35） 〈五帝本紀 24〉：[33]舜入于大麓烈風雷雨不迷堯乃知舜之足授天下堯老使舜攝行天子政巡狩舜得舉用事二十年而堯使攝政攝政八年而堯崩三年喪畢讓丹朱天下歸舜而禹皋陶契后稷伯夷夔龍倕益彭祖自堯時而皆舉用未有分職於是舜乃至於文祖謀于四嶽辟四門明通四方耳目命十二牧論帝德行厚德遠佞人則蠻夷率服舜謂四嶽曰有能奮庸美堯之事者使居官相事皆曰伯禹為司空可美帝功舜曰嗟然禹汝平水土維是勉哉禹拜稽首讓於稷契與	於民使后稷播種務勤嘉穀以作飲食羲和掌厤敬授民時使益行火以辟山萊伯夷主禮以節天下夔作樂以歌簫舞和以鐘鼓皋陶作士忠信疏通知民之情契作司徒教民孝友敬政率經其言不惑其德不懈舉賢而天下平南撫交阯大教鮮支渠廋氏羌北山戎發息慎東長鳥夷羽民舜之少也惡悴勞苦二十以孝聞乎天下三十*在位嗣帝所五十乃死葬於蒼梧之野*[36]（頁122~123）

---

[32] 〈五帝本紀19、20、21〉所載舜事，多見《孟子‧萬章上‧1~5》。孟子引《左傳》教射事，甚疏略；所載舜事，與〈本紀〉相比，同有此現象。如《孟子》以浚井之後，「象往入舜宮，舜在床琴」，〈本紀〉則作「象喜以舜為已死…象乃止舜宮居鼓其琴舜往見之」。對比之下，〈本紀〉所載，更合情理；《孟子》所言，則頗有齊東野之風。《孟子》、〈本紀〉，所承或同一源流，〈本紀〉時代雖較晚，惟所載則更為可信。

[33] 〈本紀〉自22至23，多取〈文十八〉季文子言，《家語》、《大戴記》皆無。

[36] 《大戴》舜所舉人數，少於〈文十八〉、〈本紀〉、〈舜典〉。

出處編號	〈五帝本紀1〉	比對文獻
	皋陶舜曰然往矣舜曰棄黎民始饑汝后稷播時百穀舜曰契百姓不親五品不馴汝為司徒而敬敷五教在寬舜曰皋陶蠻夷猾夏寇賊姦軌汝作士五刑有服五服三就五流有度五度三居維明能信舜曰誰能馴予工皆曰垂可於是以垂為共工舜曰誰能馴予上下草木鳥獸皆曰益可於是以益為朕虞益拜稽首讓于諸臣朱虎熊羆舜曰往矣汝諧遂以朱虎熊羆為佐舜曰嗟四嶽有能典朕三禮皆曰伯夷可舜曰嗟伯夷以汝為秩宗夙夜維敬直哉維靜絜伯夷讓夔龍舜曰然以夔為典樂教稚子直而溫寬而栗剛而毋虐簡而毋傲詩言意歌長言聲依永律和聲八音能諧毋相奪倫神人以和夔曰於予擊石拊石百獸率舞舜曰龍朕畏忌讒說殄偽振驚朕眾命汝為納言夙夜出入朕命惟信舜曰嗟女二十有二人敬哉惟時相天事三歲一考功三考絀陟遠近眾功咸興分北三苗（頁36~37） 〈五帝本紀25〉：[34]此二十二人咸成厥功皋陶為大理平民各伏得其實伯夷主禮上下咸讓垂主工師百工致功益主虞山澤辟棄主稷百穀時茂契主司徒百姓親和龍主賓客遠人至十二牧行而九州莫敢辟違唯禹之功為大披九山通九澤決九河定九州各以其職來貢不失厥宜方五千里至于荒服南撫交阯北發西戎析枝渠廋氐羌北山戎發息慎東長鳥夷四海之內咸戴帝舜之	

---

[34] 〈五帝本紀24、25〉又見〈舜典〉（9~19），文長，不錄。

出處編號	〈五帝本紀1〉	比對文獻
	功於是禹乃興九招之樂致異物鳳皇來翔天下明德皆自虞帝始[35]（頁37~38）〈五帝本紀 26〉：舜年二十以孝聞年三十*堯舉之年五十攝行天子事年五十八堯崩年六十一代堯踐帝位踐帝位三十九年*南巡狩*崩*於蒼梧之野葬於江南九疑是為零陵舜之踐帝位載天子旗往朝父瞽叟夔夔唯謹如子道封弟象為諸侯舜子商均亦不肖舜乃豫薦禹於天十七年而崩三年喪畢禹亦乃讓舜子如舜讓堯子諸侯歸之然後禹踐天子位堯子丹朱舜子商均皆有疆土以奉先祀服其服禮樂如之以客見天子天子弗臣示不敢專也（頁38）	
8	〈夏本紀1〉：*夏禹名曰文命*禹之父曰鯀鯀之父曰帝顓頊顓頊之父曰昌意昌意之父曰黃帝禹者黃帝之玄孫而*帝顓頊*之孫也禹之曾大父昌意及父鯀皆不得在帝位為人臣[37]（頁41）〈夏本紀 2〉：當帝堯之時[38]鴻水滔天浩浩懷山襄陵下民其憂堯求能治水者群臣四嶽皆曰鯀可堯曰鯀為人負命毀族不可四嶽曰等之未有賢於鯀者願帝試之於是堯聽四嶽，用鯀治水九年而水不息功用	《孔子家語・五帝德・6》：宰我曰請問禹孔子曰*高陽*之孫鯀之子也*曰夏后*[41]敏給克齊其德不爽其仁可親其言可信聲為律身為度亹亹穆穆*為紀為綱*[42]其功為百神主其惠為民父母左准繩右規矩履四時據四海任皋繇伯益以贊其治興六師以征不序四極民莫敢不服（頁114~115）

---

[35] 周武王立為天子，封虞、夏、商之後，以備三恪：封舜後胡公滿于陳，妻以大姬；封杞以嗣夏，封微子啟于宋以嗣商。唯獨堯之後，周武王非但無封；其後嗣唐國，周成王且滅之以封其唐叔。周人對堯，可謂毫無敬意。上引〈本紀25〉：「天下明德皆自虞帝始」，不以明德自堯始，蓋述其實。反之，《論語》、《尚書》等等文獻，則推尊堯如天若地。兩種態度，如此懸殊，不知何為正解。可說者，《左傳》、《史記》皆史學文獻，重視史實，重視經驗教訓；《論語》、《尚書》，所謂經學文獻，重視德性，往往虛擬寄託。

[37] 此段所述世系為？→少典→黃帝（1）→昌意（2）→帝顓頊（高陽3）→鯀（4）→文命（禹5）。

[38] 「當帝堯之時」以下，疑重複〈舜典〉。

出處編號	〈五帝本紀1〉	比對文獻
	不成於是帝堯乃求人更得舜舜登用攝行天子之政巡狩行視鯀之治水無狀乃殛鯀於羽山以死天下皆以舜之誅為是於是舜舉鯀子禹而使續鯀之業 〈夏本紀3〉：堯崩帝舜問四嶽曰有能成美堯之事者使居官皆曰伯禹為司空可成美堯之功舜曰嗟然命禹女平水土維是勉之禹拜稽首讓於契后稷皋陶舜曰女其往視爾事矣[39]（頁41~42） 〈夏本紀4〉：[40]禹為人敏給克勤其德不*違*其仁可親其言可信聲為律身為度稱以**出**亹亹穆穆*為綱為紀*（頁42）	《大戴禮記・五帝德・8》：宰我曰請問禹孔子曰*高陽*之孫鯀之子也*曰文命*敏給克濟其德不*回*其仁可親其言可信聲為律身為度稱以*上士*亹亹穆穆為綱為紀巡九州通九道陂九澤度九山為神主為民父母左準繩右規矩履四時據四海平九州戴九天明耳目治天下舉皋陶與益以贊其身舉干戈以征不享不庭無道之民四海之內舟車所至莫不賓服（頁124~125）

據上述，有如下析論：

1. 據〈五帝本紀1〉，黃帝之父為少典，雖〈晉語四〉明言少典娶于有蟜氏，而〈本紀〉亦不書少典之母。
2. 此系統始自黃帝，其父少典，未見稱帝；其他數（五）帝，概黃帝之後。
3. 據〈五帝本紀2〉黃帝有正妃，西陵之女，生二子，玄囂、昌意。
4. 據〈五帝本紀2〉玄囂、昌意皆未繼承黃帝之位。
5. 據〈五帝本紀5〉繼黃帝之位者，昌意（黃帝次子？）之子顓頊高陽。
6. 據〈五帝本紀7〉、〈五帝本紀8〉繼顓頊之位者，玄囂（黃帝長子？）之子帝嚳高辛。
7. 據〈五帝本紀10〉繼帝嚳之位者，其次（？）子帝摯代立。
8. 據〈五帝本紀10〉繼帝摯之位者，其兄（？）帝堯放勳。

---

41 《家語》「曰夏后」，〈夏本紀〉、《大戴》「曰文命」。
42 《家語》「為紀為綱」，〈夏本紀〉、《大戴》「為綱為紀」。
39 〈夏本紀2、3〉改寫〈舜典〉。
40 〈本紀〉堯、舜、禹，皆大量記載舜事，與〈舜典〉可互為比對。一帝舜之事蹟，分布三帝之記載，可謂絕無僅有。

9. 自黃帝至帝堯，共計5代6帝：黃帝（1代）→玄囂、昌意（2代）→顓頊、蟜極（3代）→帝嚳（高辛4代）→摯、放勳（堯）（5代）。
10. 除了上述之外，還有傳承世系的相問題，〈五帝本紀6〉以「帝顓頊高陽」為「黃帝之孫、昌意之子」，是黃帝傳孫不傳子。
11. 據〈晉語四35〉，「黃帝之子二十五人」，未知玄囂、昌意在其中否。
12. 黃帝有二十五子，竟無一得繼承黃帝。據〈五帝本紀6〉，最終由其孫，昌意之子顓頊，繼位為帝。[43]
13. 據〈五帝本紀8〉，繼顓頊者，為玄囂之孫帝嚳，與顓頊為堂叔侄關係。
14. 據〈五帝本紀10〉，「帝嚳崩，而摯代立」。細檢《史記》「代立」一詞，多為非順利狀況（弒、爭立、干擾）。
15. 以此檢視，摯之「代立」，絕非佳事，蓋有禍及人倫者。[44]
16. 上述帝位之傳，既非父死子繼，又非兄終弟及。若論制度，不知當為殷制？為周制？
17. 據〈五帝本紀2〉，黃帝「修德振兵天下有不順者黃帝從而征之平者去之披山通道未嘗寧居…遷徙往來無常處以師兵為營衛」，可見黃帝實為征伐好戰之人。阪泉勝炎帝、涿鹿殺蚩尤，蓋其中最關鍵性戰役。
18. 據《史記‧建元以來侯者年表‧3》，田千秋諫漢武帝：「子弄父兵，罪：『當笞』。父、子之怒，自古有之。蚩尤畔父，黃帝涉江。」[45]（頁392）

---

43 《詩經‧大雅‧思齊》：大姒嗣徽音，則百斯男。（〔漢〕毛亨傳，〔漢〕鄭玄箋，〔唐〕孔穎達正義：《詩經注疏》臺北：藝文印書館，2001年，據清嘉慶二十年江西南昌府學版影印，頁561）古帝王多子，不足為奇。文王之妻大姒，生「百斯男」；雖長子伯邑考未立，至少繼位者為次子武王，而非文王之孫成王。苟黃帝生子眾多，乃竟無一子得繼承，甚不尋常。
44 詳細論述，見資生偉倫〈論代立〉之篇。
45 蚩尤、戾太子，皆為「子弄父兵」失敗之案例；冒頓、李世民、楚商臣（穆王）之事，皆為「子弄父兵」成功之案例。數例之中，蚩尤、佹諸（晉獻公）、商臣（楚穆王）、戾太子、李世民，皆華夏中國系統，若詳言其事，未免有傷教化；惟蚩尤事出久遠，故易於遮掩，而戾太子、李世民之事，皆當時所見，故無從掩飾，多能淡化而已；晉獻公（見劉文強：〈再論晉獻公〉，《文與哲》第7期【2005年12月】，頁33~70）、楚穆王，乃無問罪者，可謂幸矣。至於冒頓，為匈奴夷狄，直書無妨，不害教化。比對之下，蚩尤最為不幸，既不能如冒頓弒父繼位、李世民偪父遜位；又不能如戾太子兵敗，猶有為之伸冤者。徒留惡名，流傳千年，唯有遺史佚文，稍見其功烈者。

19. 「子弄父兵」之說，又見《漢書‧田秋千傳‧11》、《漢書‧匈奴傳‧70》。[46]

20. 上引《史記》、《漢書》「子弄父兵」雖皆田千秋一人之辭，惟黃帝傳孫不傳子，且蚩尤為黃帝所殺。再比對〈晉語四35〉，黃帝有子二十五，竟無一子得繼位，而由其孫顓頊繼位。對比之下，則田千秋所言，似又非空穴來風，適以反證黃帝、蚩尤，果真父子也！

21. 中國傳統，上陣父子兵。黃帝征戰四方，蚩尤功不可沒；惟嫌隙間生，以至父子相殘。[47]儒家最重人倫，父子之爭，宜為忌諱，故《家語》、《大戴》，乃至《史記》，皆略而不書。

22. 戰國文獻或載蚩尤作兵，為「雍狐之戟芮戈」、[48]或載蚩尤「利其械」、[49]為「劍鎧矛戟」。[50]

23. 據上述，「蚩尤」善作兵，且「黃帝得蚩尤而明於天道」、「蚩尤明乎天道」。[51]「蚩尤」既善作兵，又明於天道，此所以能助黃帝征戰四方？[52]所

---

[46] 〔漢〕班固：《漢書》（臺北：宏業書局，1974年），頁729。《漢書‧匈奴傳上‧70》亦載使者言「子弄父兵」（同前註，頁952），時間在田千秋上書之後，當為引用，非使者自云。可異者，不知田千秋是自創之辭？還是從某文獻得知黃帝、蚩尤為父子？

[47] 《漢書‧王莽傳下‧58》且載黃帝之將殺蚩尤者：國將哀章謂莽，曰：「皇祖考黃帝之時，中黃直為將，破殺蚩尤。」（班固：〈王莽傳下‧58〉，《漢書》，頁1052）未知信否？

[48] 黎翔鳳：〈地數‧1〉，《管子校注》（北京：中華書局2009年），3刷，頁1355。

[49] 許維遹：〈孟秋紀‧蕩兵〉，《呂氏春秋集釋》（臺北：世界書局1975年），4版，頁293。

[50] 黎翔鳳：〈地數‧1〉，《管子校注》，頁1355。按：《電子書》本作「送尤」，黎翔鳳《管子校注》作「蚩尤」。

[51] 黎翔鳳：〈五行‧3〉，《管子校注》，同註44，頁865。

[52] 新式武器的出現，往往改變戰術、戰法，使用者得以享有壓倒性優勢；並且在相當時間內，所向披靡，無往不利。例如，《左傳‧莊公四年》：四年春王三月，楚武王荊尸，授師孑焉。（690B.C）自此種新式武器列裝，同時演發新戰術之後，楚國開疆闢土，可謂一帆風順；直到齊桓公召陵之會（僖四656B.C），稍稍抑制楚的聲勢，亦未能停止楚之擴張；直至晉既作爰田、作州兵、作三軍，於城濮之役（僖二八632B.C），大敗楚師，才算勉強遏止楚北進。前前後後，將近七十年。數楚國之所以快速擴張，正因新式武器製作，戰術陣勢又能創新。依此類推，黃帝所以能征戰四方，所向無敵，實以「蚩尤」既善作兵，能明天道，又創新戰陣，輕易掃除故步自封者，故無敵於天下。比對之下，其對手，如東方夷人，或擅弓矢，（最著名者，后羿，一稱夷羿（杜預集解，孔穎達正義：〈襄四〉，《春秋左傳注疏》，頁507））而不結陣；有個人之勇，無團隊之能。戎人亦然，〈隱九〉：北戎侵鄭，鄭伯禦之，患戎師，曰：「彼徒，我車，懼其侵軼我也！」公子突曰：「使勇而無剛者嘗寇，而速去之；君為三

以能與黃帝為敵？[53]

24. 整體而言，「蚩尤」若不在二十五兄弟之中，則黃帝不止二十五子；若在二十五兄弟中，則為「尤」傑出者。

25. 據《史記・高祖本紀・10》、《史記・封禪書・36》，漢高祖起兵，祭蚩尤。據《史記・酈生列傳・6》、《鹽鐵論・卷八・結和・5》、《鹽鐵論・卷九・險固・2》、《鹽鐵論・卷九・論功・6》，知蚩尤甚受漢人尊崇。

26. 據〈五帝本紀2〉，黃帝與蚩尤戰于涿鹿而殺之。涿鹿之戰，已見先秦文獻《莊子・盜跖》，[54]知此事非史公憑空虛構。[55]

27. 據上述，再檢視黃帝何以傳孫不傳子，則以蚩尤既敗，故不得立；事或牽聯諸子，故皆不得立。[56]

28. 據〈五帝本紀5〉，黃帝傳孫顓頊。據《說文》，「顓」，「頭顓顓謹皃」、「頊」，「頭頊頊謹皃」。[57]「顓」、「頊」二字皆以「頭謹」為特色，可想見顓頊之為人，及其所以得立。[58]

覆，以待之。戎，輕，而不整；貪，而無親。勝，不相讓；敗，不相救。先者見獲，必務進；進而遇覆，必速奔。後者不救，則無繼矣！」（杜預集解，孔穎達正義：〈隱九〉，《春秋左傳注疏》，頁76~77）戎人整體文明水平，落後周人，結陣非其所長，故為善用兵陣之鄭莊公所敗。此雖春秋時代之事，亦可通視所有類似之例。黃帝所長之五兵，必須團隊結陣，始能發揮所長；其對手（除蚩尤外），蓋皆戎人、東夷（如少皡氏）之類，崇尚個人之勇，故不能敵。於西方，羅馬方陣面對歐洲蠻族，亦無往不利也。

53 《大戴禮記・用兵・4》：公曰：「蚩尤作兵與？」子曰：「否！蚩尤，庶人之貪者也！及利，無義；不顧厥親，以喪厥身。蚩尤，『惛欲而無厭』者也，何器之能作？」（王聘珍：〈用兵・4〉，《大戴禮記解詁》，頁209~210）如此自以為是宣傳之辭，對比《呂氏・蕩兵》，《大戴》此條，所謂掩耳盜鈴，亦反映西漢儒家自矜自恃之時代觀念。

54 其他先秦文獻者：《尚書・呂刑》、《逸周書・嘗麥解》、《管子・地數》、《管子・五行》、《鶡冠子・世兵》、《六韜・軍用》、《韓非子・十過》、《呂氏春秋・季夏紀・明理》、《呂氏春秋・孟秋紀・蕩兵》。傳世文獻之外，出土文獻，如《馬王堆帛書》，亦載黃帝處置蚩尤事，堪稱殘酷。惟將上述文獻詳細比對，恐致漫衍離題，本人當於蚩尤之篇，再加詳論。

55 〔清〕郭慶藩：《莊子集釋》（臺北：河洛出版圖書公司1974年）臺一版，頁995。惟《莊子》此條雖書涿鹿之戰，而不言父子之爭，可見仍受儒家影響。言《莊子》與儒家關係者，或可思考此中涵義。

56 後世明太祖朱元璋亦傳孫不傳子，事雖不涉父子相殘，惟朱元璋所考慮事項，或與黃帝異曲同工。

57 同注20，頁419。

58 權力之爭，凡相持不下時，則出線者，必屬庸碌，以其既無能力，又無奧援，故能為各方勢

29. 總結上述，黃帝世系繼承如此曲折縈迴，完全無法對應〈五帝本紀〉所述諸帝之光明面。如是，〈五帝本紀〉之可信度，尚有待驗證。

30. 據《論語‧泰伯‧19》，孔子稱堯：「蕩蕩乎！民無能名焉。巍巍乎！其有成功也；煥乎！其有文章。」惟據上引《史記》、《左傳》，堯，於善不能舉，於惡不能除；凡所舉、除，皆舜之作為。〈本紀25〉且明言：「天下明德皆自虞帝始」，不以明德自堯始。堯之特色，蓋同顓頊之「謹、謹」。

31. 《左傳》、《史記》皆史學文獻，重視史實，重視經驗教訓；《論語》、《尚書》，所謂經學文獻，重視德性，往往虛擬寄託。《論語》、《尚書》高舉堯之為君，或以此故。

32. 《論語》、《孟子》標榜堯、舜、禹禪讓，《韓非子》則以為「舜偪堯、禹偪舜」。儒家重教化，法家重教訓，所重各異，非簡單一句「善、惡；對、錯」可盡明。

33. 繼帝堯之位者，帝舜。[59]自黃帝至帝舜，共計6帝，而《史記》有〈五帝本紀〉，而非〈六帝本紀〉。

34. 帝舜世系：重華父曰瞽叟，瞽叟父曰橋牛，橋牛父曰句望，句望父曰敬康，敬康父曰窮蟬，窮蟬父曰帝顓頊，顓頊父曰昌意，以至舜，七世。惟列其世系則為：昌意（1）→帝顓頊（高陽2）→窮蟬（3）→敬康（4）→句望（5）→橋牛（6）→瞽叟（7）→重華（舜8），共計8世；若加上黃帝1世，則為9世。捨黃帝、舜不計，則為7世。

力接受。例如晉文公作三軍，謀元帥，首任為郤縠，即為著例，詳見劉文強：〈論晉國早期中軍帥〉，「第一屆國際經學研討會」會議論文（臺北：國立臺灣大學，1999年5月）。

[59] 〈堯曰1〉：堯曰：「咨！爾舜！天之曆數在爾躬。允執其中，四海困窮，天祿永終。」（何晏注，邢昺疏：〈堯曰1〉，《論語注疏》，頁178）這是《論語》所載堯將禪位于舜的命辭，充滿期待與勉勵。反之，《韓非子‧外儲說右上‧165》載鯀與共工之見殺，皆因「諫堯將傳位於舜」之故。陳奇猷：〈外儲說右上‧165〉，《韓非子集釋》（臺北：平平出版社，1974年），頁741。又以堯、舜、禹之事為「舜偪堯、禹偪舜」（陳奇猷：〈說疑‧9〉，《韓非子集釋》，頁925）又以「禹將伐苗，而舜止之；修教三年，而苗服」（陳奇猷：〈五蠹4〉，《韓非子集釋》，頁1042）等等，立論與儒家文獻絕然不同。儒家重教化，不論父子相殘，還是君臣放弒，皆非所宜，故所呈現，皆祥和順睦之事，重表相，而非真相；法家重教訓，不論父子相殘，還是君臣放弒，皆據實以論，故所呈現，皆中冓不詳之事，重真相，而不重表相。客觀而言，於其事則一，於所重則別，非簡單一句「善、惡；對、錯」可盡明也。

35. 據〈昭八〉:「自幕,至于瞽瞍,無違命;舜,重之以明德」。
36. 若然,則〈昭八〉所載世系為:幕→?→?→瞽瞍→舜。
37. 〈昭八〉所載,惟瞽瞍、舜,與〈本紀〉合。至於幕,則不知當為〈本紀〉中何人。
38. 繼帝舜之位者,禹。不稱「帝禹」,而稱「夏禹」,與其他數帝皆得稱「某帝、帝某」不同,甚為特殊。
39. 據〈夏本紀〉世系:黃帝(1)→昌意(2)→帝顓頊(高陽3)→鯀(4)→文命(禹5)。
40. 自黃帝傳至舜,共計9世;自黃帝傳至禹,共計5世。
41. 舜、禹相傳,而世系竟相差過甚,且為多者傳少者,其中必有疑問。[60]
42. 推測原因,〈夏本紀〉與〈五帝本紀〉二篇,若非來源不同,便是作者蒐檢、比對不足。
43. 類似情況,尚有〈殷本紀〉與〈秦本紀〉。根據二者內容,可直言〈秦本紀〉逕抄襲〈殷本紀〉,而不在乎其世系懸絕。
44. 推測原因,秦為偏僻小國,本無史可述。逮至戰國晚期,已有併吞天下之勢,必須製造先祖,以為誇飾。惟既無祖可述,不得不取用現成,遂以〈殷本紀〉為藍圖,大量襲用,故矛盾重重。
45. 文本脈絡方面,與史事有關者,〈晉語四〉最早,《孔子家語·五帝德》次之,《大戴禮記·五帝德》、《大戴禮記·帝繫》次之。〈五帝本紀〉雖著成時代較晚,惟其所本,或與《孔子家語·五帝德》同源,故多有相同字句。其相異者,〈本紀〉重史事,多載諸帝光明面或事功;《家語》重教化,與教化無關者概不載。
46. 史事比對之外,另有與經典文獻脈絡有關者,如:〈五帝本紀〉多取〈堯

---

[60] 類似情形,尚可見〈殷本紀〉:殷契,母,曰「簡狄」,有娀氏之女,為帝嚳次妃。三人行浴,見玄鳥墮其卵,簡狄取吞之,因孕生契。契長而佐禹治水有功。(瀧川龜太郎:《史記會注考證》,頁54)與〈秦本紀〉:秦之先,帝顓頊之苗裔,孫,曰「女修」。女修織,玄鳥隕卵,女修吞之,生子大業。大業取少典之子,曰「女華」。女華生大費,與禹平水土。(瀧川龜太郎:《史記會注考證》,頁89)根據二者內容,可直言〈秦本紀〉逕抄襲〈殷本紀〉,而不在乎其世系懸絕,相互牴觸。

典〉、〈舜典〉，惟於「舜舉高陽氏八愷、高辛氏八元」之事，則取《左傳·文公十八年》所載，甚為特出。

47. 〈五帝本紀〉所載舜事，多見《孟子·萬章上1~5》，當為同一來源。惟《孟子》偶有偏頗之辭，如〈本紀〉載舜自外入，而《孟子》則以象自外入；雖富戲劇效果，乃與實情相悖。[61]且此例非一，見孟子雖重教化，而於史事，未免甚疏。

48. 上述〈本紀〉、《孟子》所載舜事，《孔子家語》、《大戴禮記》皆不載，值得再思。

49. 周武王立為天子，封虞、夏、商之後，以備三恪。唯獨堯之後，周武王非但無封；其後嗣唐國，且滅之以封武王子唐叔。周人對堯，可謂毫無敬意。〈本紀25〉亦曰：「天下明德皆自虞帝始」，不以明德自堯始。反之，《論語》、《尚書》等等文獻，則推尊堯如天若地。兩種態度，如此懸殊，不知何為正解。

50. 〈五帝本紀〉與《大戴禮記·五帝德》、《大戴禮記·帝繫》所載，最為相同；間有相異者，如「靜淵」、「洪淵」，「教化」、「教民」，「砥屬」、「砥礪」，「于」、「於」。另外，「乘龍」一詞，〈五帝本紀〉無，《大戴禮記·五帝德》有；「蚩尤」之事，惟〈五帝本紀〉有，[62]《孔子家語·五帝德》、《大戴禮記·五帝德》皆無，疑承自《莊子·盜跖》。

---

61 孟子於史事，不甚分明。除此條之外，對於中的人物、事跡，亦頗模糊，例如〈離婁下52〉：鄭人使子濯孺子侵衛，衛使庾公之斯追之。子濯孺子曰：『今日我疾作，不可以執弓。吾，死矣夫！』問其僕，曰：『追我者，誰也？』其僕曰：『庾公之斯也。』曰：『吾，生矣！』其僕曰：『庾公之斯，衛之善射者也！夫子曰「吾生」，何謂也？』曰：『庾公之斯學射於尹公之他，尹公之他學射於我。夫尹公之他，端人也；其取友，必端矣！』庾公之斯至，曰：『夫子何為不執弓？』曰：『今日我疾作，不可以執弓。』曰：『小人學射於尹公之他，尹公之他學射於夫子。我不忍以夫子之道反害夫子。雖然，今日之事，君事也！我，不敢廢。』抽矢扣輪，去其金，發乘矢而後反。」孟子此說蓋略取《左傳》之事，其原形則見《左傳·襄公十四年》：初，尹公，佗學射於庾公差，庾公差學射於公孫丁。二子追公，公孫丁御公，子魚曰：「射，為背師；不射，為戮。射，為禮乎？」射兩軥而還。尹公佗曰：「子，為師；我，則遠矣！」乃反之。公孫丁授公彎而射之，貫臂。孟子所言，所謂張冠李戴，依稀相似或有，於史事則疏甚，例同舜之與象，竟顛倒主客，一心為舜洗白也。孟子，儒家重要代表人物。儒家重教化，於史事則疏，於孟子，足以為證。

62 其他文獻，已如上述。凡此蚩尤之事，當於日後蚩尤之篇詳論。

51. 〈五帝本紀〉太史公自言：孔子所傳宰予問〈五帝德〉及〈帝系姓〉，儒者或不傳。……予觀《春秋》、《國語》，其發明〈五帝德〉、〈帝系〉姓，章矣！

52. 比對〈五帝本紀〉所引「《春秋》」之事，實為《左傳‧文公十八年》季文子之言。知太史公所言之「《春秋》」，即《左傳》也。

53. 〈五帝本紀〉上述內容，與《國語》或有些許關係，惟於「《春秋》」(《左傳》)，則未見任何發明「〈五帝德〉、〈帝系〉」之處。

54. 《孔子家語‧五帝德》、《大戴禮記‧五帝德》，二書皆儒家文獻，皆無黃帝伐蚩尤之事。

55. 《莊子‧盜跖》等先秦文獻、〈五帝本紀〉、〈殷本紀9〉，及上引《史》、《漢》等相關漢代文獻，皆載黃帝伐蚩尤，其中且有明言「子弄父兵」者，亦有不欲明言，乃曰「有狀」者，[63]可見此事非不能明，乃不欲明。前者為先秦道家文獻，《史》、《漢》為西漢史籍文獻，反映文獻性質，決定敘述內容，且與學派有關。儒家文獻不言兵事，尤不言父子之爭，當與事涉人倫，難言其隱之故。

56. 孟子於史事疏甚，或張冠李戴，如射者之事；或顛倒主客，如舜之與象誰入宮見誰。雖為儒家重要人物，惟其所長，不在史事。

57. 以上所舉，堪稱疏略，遺漏甚多；雖有若干註解，仍難詳盡。惟若比對詳論，則篇幅暴增，非一篇所宜。當於日後，再加詳論，以誌今日之未盡。

以上，為本篇引用材料，製表比對，分析論證，綜合判斷，而後所得論述。除此之外，另有在引用文獻材料時，所引發的其他省思，一併提出於下，以供參考。

---

63 〈殷本紀9〉：昔蚩尤與其大夫作亂百姓，帝乃弗予，有狀。(瀧川龜太郎：《史記會注考證》，頁57)「有狀」者，謂「有內情」。《史記‧朝鮮列傳》：左將軍心意樓船：「前，有失軍罪；今，與朝鮮私善而又不降」，疑其：「有反計」，未敢發。…左將軍曰：「朝鮮當下，久矣；不下者，有狀。」言：「樓船數期，不會」，具以素所意告遂，曰：「今如此，不取，恐為大害；非獨樓船，又且與朝鮮共滅吾軍。」(瀧川龜太郎：《史記會注考證》，頁1232) 以此條比對，知蚩尤之「有狀」，必有不能明言之內情或苦衷。

本人曾在上引〈論《論語》中的「仲尼」〉一文中，提出：

各種研究經典的著作，不論作者為誰，不論成就多高，都無法迴避其內在本質性的問題：在使用材料方面，除了最早出現少數的傳箋之外，其餘者，一旦面對經典原始文獻，皆不免為二手材料。

如今以為：

> 就算是典籍文獻一手材料，也應先比對分析，精準判斷；不宜遽信，以免為其所誤。

所以得此結論，則以上所引，雖皆典籍原文；惟其中自我矛盾，相互不同之處，往往可見。究其原因，蓋有數端，如：時代久遠、政治因素、學派立場、教化取向等等。由是可知，雖是典籍原文，在引用時，亦不得以為絕對可信，而是將其視為基準之一；所有典籍相關記載，當相互比對分析，以別異同；根據所有比對分析的結果，進行準精判斷；根據精準判斷，以期還原情境。若不加比對分析，遽引為證，則徒然為其所誤，而不自知；縱有結論，亦難免自相矛盾，終究徒勞無功而已。憶當年，在某學術討論會場，嘗親聞某學者擲地有聲之言：

> 司馬遷是不會騙我們的。

偉哉斯言！不過該學者或許不知一殘酷事實：

> 但是，有人會騙司馬遷。

簡而言之，司馬遷著《史記》，其功厥偉，但這並不等同其中所有內容，皆真實無誤。生於今日，不宜糾結於點線式觀念，即所謂某書、某人之說必然「正確」，而應採用系統性的思考與判斷，建立整體架構的觀念；必需善用工具，多方探討，進行精準判斷，以期還原情境。

且文獻的重點不只在所謂「真」、「偽」，更重要的是「有」、「無」。「有」者，所謂「明數據」，得據以分析判斷，自有其重要性；惟在特定情況下，

「無」者的重要性往往超過「有」者,所謂「暗數據」。大致而言,「有」者,通常只能反映有限現象;至於「無」者,則可能反映甚多,且更為重要的部分。例如黃帝傳孫顓頊,此為「有」之「明數據」;黃帝未傳子,此為「無」之「暗數據」。黃帝傳孫,固然可「有」說解云云;惟黃帝不傳子(「無」)而傳孫,則可說解者,多矣;且事情之重大,遠勝於黃帝之傳孫。

又如〈本記〉之「玄囂」,於《左傳》,作「玄枵」。〈襄二八〉:

> 二十八年春,無冰。梓慎曰:「今茲,宋、鄭其饑乎?歲,在星紀,而淫於玄枵,以有時菑。陰,不堪陽;蛇,乘龍。龍,宋、鄭之星也。宋、鄭,必饑。玄枵,虛中也;枵,秏名也!土虛而民秏,不饑,何為?」(頁650~651)

按:上引「顓頊之虛」、「少皞之虛」、「祝融之虛」、「大皞之虛」,是諸人(帝)皆各自有「虛」;其所以有「虛」,厥為諸人皆得立嗣位,有獨立定居之「虛」。比對之下,其中並無「玄枵(囂)之虛」,豈「玄枵」(「玄囂」)未得繼承,故無「玄枵(囂)之虛」?由是可知:諸人(帝)之「虛」,所謂「明數據」;而「玄枵(囂)之虛」無,即所謂「暗數據」。「玄枵(囂)」所以無「虛」,以其未能繼承帝位,故無「虛」可言,比對〈本記〉所載玄囂之事,正相符合,此「暗數據」。[64]據上述各條「暗數據」,或可隱約察覺:《左傳》雖未明載五帝世系,惟其中內容,似又有各自可比對者,如顓頊有「虛」,且其他古人亦各有「虛」,可對應顓頊非虛構之人,確實存在。顓頊有「不才子」檮杌,未能繼承,此「暗數據」,而可對應《史記》所以顓頊傳侄帝嚳,

---

[64] 黃帝之無「虛」,當以其「遷徙往來無常處,以師兵為營衛」之故,亦可視為「暗數據」之一。高辛無「虛」,豈繼承顓頊之「虛」?堯無「虛」,而堯後居唐,為周成王所滅,未知唐即為堯之「虛」否?《說文》「姚」字下曰:虞舜居姚虛,因以為姓。段《注》:《帝王世紀》云:「舜母名握登,生舜於姚虛,因姓姚氏也。」《世本》:「舜姓姚氏」。(同注20,頁612~613)按:《說文》、《帝王世紀》、《世本》,皆晚出之書,雖有「姚虛」之說,而難以盡信。總之,〈五帝本記〉亦不載舜有「虛」者,未知何故。另外,〈五帝本記〉載諸帝相承,而惟顓頊有「虛」,其他皆不載,難以想像其果為世代相傳者。

且特別強調「自玄囂與蟜極皆不得在位至高辛即帝位高辛於顓頊為族子」之「明數據」。帝嚳之父「玄囂」未得繼承，此所以無「玄枵（囂）之虛」，此「暗數據」。上引蔡墨曰「顓頊有子黎，為祝融」，見祝融已能獨立自存，故有「祝融之虛」，此「明數據」。由是反映顓頊雖未傳帝位於其子，其子亦能存活他處，此「暗數據」。顓頊諸子，除居鄭地「祝融之虛」者之外，猶有另一枝裔，〈昭十二〉：

（楚靈王曰）昔我皇祖伯父昆吾，舊許是宅。[65]（頁794）

楚靈王之「皇祖伯父昆吾」，亦嘗「舊許是宅」，是顓頊諸子，另有昆吾，[66] 此「明數據」，反映顓頊有子眾多，且流長久遠，此「暗數據」。除上述諸子之外，顓頊又另有立族之後嗣，〈昭八〉：

（史趙曰）陳，顓頊之族也。（頁770）

可見顓頊子孫開枝散葉，不止一族、一氏；所居，不止一地、一虛。若據〈鄭語〉所述楚人先祖：

（史趙曰）黎為高辛氏火正……命之曰祝融。（頁510）

此雖與《左傳》稍異，惟其謂祝融為楚人先祖，亦能得《左傳》為證。

---

65 按：「舊許」，在鄭西郊，〈襄十一〉：四月，諸侯伐鄭。己亥，齊太子光、宋向戌先至于鄭，門于東門；其莫，晉荀罃至于西郊，東侵舊許。（杜預集解，孔穎達正義：〈襄十一〉，《春秋左傳注疏》，頁545）鄭為祝融之虛，昆吾在鄭之西，同族之人，比鄰接壤，見顓頊之後枝葉分布。

66 上引〈哀十七〉有「昆吾之觀」、「昆吾之虛」，比照諸有「虛」者，則昆吾亦能自立者；後為商湯所滅，見《詩經‧商頌‧長發》（毛亨傳，鄭玄箋，孔穎達正義：《詩經注疏》，頁803）；其滅之日為乙卯，見〈昭十八〉（杜預集解，孔穎達正義：〈昭十八〉，《春秋左傳注疏》，頁840）。除上述，《左傳》尚有「高梁之虛」〈僖十五〉、「有莘之虛」〈僖二八〉、「大辰之虛」〈昭十七〉。「高梁之虛」，待考。「有莘」，國名。「大辰」，待考。

《左傳》季文子以顓頊有不才子檮杌,而《孟子》之《檮杌》,則楚之《春秋》也。[67]然則顓頊之子(檮杌?黎?祝融?)為楚之先祖,的確有跡可尋,詳見資生偉倫〈論楚先祖〉之篇。以上種種,皆顯示本篇所引《左傳》之古人,其與《史記》之五帝,確有千絲萬縷之關係。然則,《史記》所載,雖頗有後人加工痕跡,惟所述五帝及其事跡,未必盡屬虛構,確有與《左傳》、《國語》相互比對而可證者。惟《左傳》、《國語》、《史記》等文獻中所載,其為「明數據」者,固有可述可論;其為「暗數據」者,往往比對出更多令人異外的驚喜,其重要性,每每超過「明數據」者。且「暗數據」,並非無有,只是往往有賴比對,才會驚覺其真實存在;一如人類無法「看見」黑洞,惟黑洞並非不存在,此天文物理常識,料讀者知之詳矣。[68]猶有甚者,不論「明數據」或是「暗數據」,只要細心檢視,對比異同,皆可能時時觸發核裂變般地效應,引爆出更多的問題,導引學者面向更寬廣的面向或層次,進行更多元的思考與判斷,例如「代立」、舜後陳,為周「三恪」之一、堯後唐,非但不在周人之「恪」,其後乃為周人所滅,等等之類,一再引發的深層思考與討論。此十餘年所累積心得,願分享學界。

　　至於所謂「偽」的文獻,在相互比對的過程中,仍然會呈現「真」的成分;[69]反之,即使被認為「真」的文獻,如《左傳》、《論語》、《史記》,亦不

---

67 《孟子·離婁下·49》:晉之《乘》,楚之《檮杌》,魯之《春秋》,一也。(趙岐注,孫奭疏:〈離婁下·49〉,《孟子注疏》,頁146)。
68 再換另一種角度思考。以往的方法,不免粗枝大葉;或囿於偏私,先入為主。當比照考古模式,跨域整合,成為考古式文獻學(研究),凡墓室棺槨、一磚一瓦,皆仔細拭刷,鉅細靡遺。用微觀的態度,檢視出土文物;用宏觀的角度,判斷特色(時代、墓制、身份、陪葬品多寡、質地精粗…)。又如早骨文綴合,在一片片不起眼、不規則的碎片中,經過精細的判斷,竟能還原完整的一整片原版甲文。以此檢視文獻典籍,其中細節,與考古、甲文,無本質上之差異。若能比照處理,或更有助釐清真相,還其原境。雖然,考古學者一旦脫離考古專業,進入文獻系統,其失誤情況,並無二致。可見彼等對於文獻使用的觀念,猶待精進。要之,精準判斷,還原情境是應當奉行的圭臬,不分任何學門。
69 例如偽古董者,古董未必整體皆偽,必有真的成分,只是成色多少,價錢值否而已。若盡偽而欲索高價,焉能盡欺行家?例如:某大師嘗仿八大山人之跡。其所仿者,固可稱之為「偽」;惟必先有八大之「真」跡,為其所本。且縱謂大師「偽」作,亦只謂此幅非八大山人親為,而非八大山人未作此畫也。本篇以客觀態度面對所有文獻,不在乎其所謂「真」、「偽」,只考慮其有無記載、所以同異之故等等。在相互比對的過程中,呈現現象;針對現象,論其所以。庶幾不為所謂「真」者所誤,亦不棄所謂「偽」者可能具備之參考價值。

等同其所有內容皆「真」，仍需就其所述，相互比對，分析所以，見其異同。[70]若仍自囿於「司馬遷不會騙我們」云云，則除了祝福，尚何言哉？

基於上述，本篇不取傳統所謂「正確」的線性觀點，而是基於於整體觀照的系統性觀點，在分析比對的過程中，注意到其中隱微而重要的現象，進而精準判斷其原因所在，以期達到還原情境的目的。例如：黃帝傳孫顓頊，而不傳二十五子之一；黃帝另有子蚩尤，或在二十五子之外；黃帝之征戰，亦得力於蚩尤；蚩尤之死，「有狀」；「帝嚳崩，而摯代立」，「代立」非佳事，顯示其繼承過程，絕非平順。其他異同，已見上述；至於更多，限於篇幅，當另為文，茲不贅敘。

四、結論

本篇由兩個部分組成，（一）為分析判斷《左傳・文公十八年》所載古人、古史，（二）為分析比對《史記・五帝本紀》及相關文獻，呈現其中記載差異，略論其中是非異同。基於以上論述，可有如下結論：

（一）在討論《左傳・文公十八年》部分。基於上述討論，可有結論如下：

1. 「皋陶、庭堅」非連名帶字之稱謂。
2. 不論「庭堅」為「皋陶」子，或為「皋陶」之父、祖，此二說皆有互相牴觸之處，無法自圓其說。

---

[70] 例如：即使是司馬遷，在敘述其先祖事蹟時，是如何處理？〈楚語下10〉（觀射父曰）：及少昊之衰也，九黎亂德，民神雜糅，不可方物……顓頊受之，乃命南正重司天以屬神，命火正黎司地以屬民，使復舊常，無相侵瀆，是謂絕地天通。其後，三苗復九黎之德，堯復育重、黎之後，不忘舊者，使復典之，以至于夏、商。故重、黎氏世敘天地，而別其分主者也。其在周，程伯休父其後也；當宣王時，失其官守，而為司馬氏。寵神其祖，以取威于民，曰：『重實上天，黎實下地。』遭世之亂，而莫之能御也。」（左丘明：〈楚語下10〉《國語》，頁562~564）〈太史公自序1〉：昔在顓頊，命南正重以司天，北正黎以司地。唐、虞之際，紹重、黎之後，使復典之，至于夏商，故重、黎氏世序天地。其在周，程伯休甫其後也。當周宣王時，失其守而為司馬氏，司馬氏世典周史。惠、襄之閒，司馬氏去周適晉；晉中軍隨會奔秦，而司馬氏入少梁。（瀧川龜太郎：《史記會注考證》，頁1365）觀射父直言：當時為此說者有「寵神其祖，以取威于民」的嫌疑，司馬遷依然照抄不誤，是否同有此識？

3. 杜預以「庭堅」為「皋陶」字,矛盾最小;至少,彼有《史記‧五帝本紀》可證。
4. 綜而言之,「皋陶、庭堅」究竟如何,仍有待智者深論。

(二) 在討論《左傳‧文公十八年》部分,由於比對文獻內容甚多,擇要摘錄如下:

1. 黃帝與蚩尤當為父子關係,父子相爭為過程,蚩尤被殺為結局。
2. 不論黃帝有子多少,皆未能傳其位,而由其孫「頭謹謹」者顓頊繼位。
3. 顓頊亦未傳子,而傳位其侄帝嚳,其中必有難言之隱。
4. 帝嚳傳位次子摯,《史記》書曰「代立」,類同燭影之事。
5. 摯不善,由兄堯繼位,顯示其中必有「不可詳也」的過程。
6. 綜合上述,在堯之前,黃帝世系之傳,絕非一帆風順。
7. 黃帝所以傳孫不傳子,必因父子之間,有所嫌隙。
8. 先秦文獻載黃帝勝蚩尤,而未明言二人為父子關係。
9. 漢武帝時,田千秋上書,以蚩尤、黃帝之戰為「子弄父兵」,釋戾太子之事。
10. 比對上下諸說,黃帝、蚩尤,實為父、子。父、子相殘,故蚩尤不得立;事或牽聯諸子,故皆不得立。
11. 父子相爭,不可以訓,故儒家文獻不載;史書雖載,亦僅有隱諱之文「有狀」,且在〈殷本紀〉中,而非〈五帝本紀〉。可見此事非不能明,乃不欲明。
12. 總結上述,黃帝世系,既有傳孫者,又有傳侄者;父子之傳者,又先傳「代立」之次子,然後反傳長兄。總而言之,四傳之中,竟無一嫡長繼承之例,想見其中曲折波蕩。
13. 於《史記》、《左傳》,堯,於善不能舉,於惡不能除;凡所舉、除,皆舜之作為。堯之特色,蓋同顓頊之「謹謹」。〈本記〉曰:「天下明德皆自虞帝始」,《論語》則高舉堯之為君,二者觀點不同,必有可說。

14. 自黃帝至帝舜，共計6帝，乃《史記》標題〈五帝本紀〉，顯然有討論空間。

15. 自黃帝傳至舜，共計9世；自黃帝傳至禹，共計5世。舜傳禹，而世系竟相差過甚，其中必有疑問。

16. 文本脈絡方面，與史事有關者，〈晉語四〉為最早，《孔子家語·五帝德》次之，《大戴禮記·五帝德》、《大戴禮記·帝繫》次之。

17. 〈五帝本紀〉雖著成時代較晚，惟其所本，或與《孔子家語·五帝德》同源，故多有相同字句。其相異者，〈本紀〉重史事，多載諸帝事功；《家語》重教化，與教化無關者概不載。

18. 與經典文獻脈絡有關者，如：〈五帝本紀〉多取〈堯典〉、〈舜典〉，惟於舜舉高陽氏八愷、高辛氏八元，則取《左傳·文公十八年》所載，甚為特出。

19. 〈五帝本紀〉所引「《春秋》」之事，實為《左傳·文公十八年》季文子之言。知太史公所言之「《春秋》」，即《左傳》也。

20. 在文獻性質方面，《孔子家語·五帝德》、《大戴禮記·五帝德》，二書皆儒家文獻，皆無黃帝伐蚩尤之事。

21. 《莊子·盜跖》等先秦文獻、〈五帝本紀〉、〈殷本紀9〉，及上引《史》、《漢》等相關漢代文獻，皆載黃帝伐蚩尤，其中且有「子弄父兵」之言。前者被視為道家文獻，後二者及《史》、《漢》等，為史籍文獻。

22. 文獻性質，決定敘述內容，皆與學派有關，例如上述《史記》、《孟子》皆載舜之家事，《孔子家語》、《大戴禮記》似有志一同，一字皆無。《孔子家語》、《大戴禮記》皆儒家文獻，故不言兵事，尤不言父子之爭，當與事涉人倫之故；《史記》必載黃帝、蚩尤之事，以其史書，不得不爾。

23. 《大戴禮記·用兵·4》：以蚩尤為「惽欲而無厭者也何器之能作」，如此自以為是宣傳之辭，對比《呂氏·蕩兵》，《大戴》此條，所謂掩耳盜鈴，亦反映西漢儒家自矜自恃之時代觀念。

24. 〈文十八〉「顓頊」下若無「氏」字,而「顓頊」又有不才子「檮杌」,適足以反證〈本記〉此條顓頊何以傳姪不傳子。

25. 反應事實則為:檮杌被迫出走,不得繼其父顓頊之位;又不知何故,由其堂兄弟高辛繼承帝位。至於版本,雖為4:1,惟阮元《宋刊本》之精確,遠過其他四本,而其所書,則無「氏」字,是否反證原文果無「氏」字,正與〈本記〉顓頊傳姪相呼應。

26. 據〈鄭語〉,黎為楚人先祖,「為高辛氏火正」、「命之曰祝融」。此雖與〈昭二九〉「顓頊氏有子曰黎,為祝融」稍異,惟其謂祝融為楚人先祖,或亦有《左傳》「黎為祝融」為佐證。

27. 《左傳》季文子以顓頊有不才子檮杌,而《檮杌》,則楚之《春秋》,是顓頊之子(檮杌?黎?)為楚之先祖,的確有跡可尋。

28. 諸人各自有「虛」,如「顓頊之虛」、「少皞之虛」、「祝融之虛」、「大皞之虛」。「玄枵」(「玄囂」)未得繼承,無「虛」可言,是以無「玄枵(囂)之虛」。

29. 綜合上述所論,《左傳》雖未明載五帝之世系,惟其中內容,似又有可比對者,如顓頊有「虛」,且其他古人亦各有「虛」,可對應顓頊非虛構之人,確實存在。

30. 顓頊有「不才子」檮杌,未能繼承,可對應《史記》所以顓頊傳姪帝嚳,且特別強調「自玄囂與蟜極皆不得在位至高辛即帝位高辛於顓頊為族子」。帝嚳之父「玄囂」未得繼承,此所以無「玄枵(囂)之虛」(暗數據)。

31. 文獻,不只所謂「真」、「偽」有其意義,更要重視「有」、「無」。

32. 「有」者,所謂「明數據」,固有其重要性;「無」者,「暗數據」,可能的重要性或許更高。

33. 不論「明數據」或是「暗數據」,只要細心檢視,對比異同,皆可能時時觸發核裂變般地效應,引爆更多問題,強迫學者面對更寬廣的面向或層次,進行更多元的思考與判斷。

34. 本篇捨棄以往線性思考,不求所謂正確答案;改為著重系統性思考,

呈現問題架構使用精準判斷方法,達到還原情境目的,以期盡量還原文獻中古人、古史之全貌;藉由上述的工序,更進一步,期能還原典籍書寫的情境。

　　本篇雖已盡量,惟終有不足之處,其後續處理,當據各表以建立樹狀圖;利用樹狀圖,呈現平面流向關係;利用數位工具 Geogebra,建立三軸定位,呈現系統性的整體樣貌;預期不久的將來,還能使用 AI,呈現動態流變的影像。另外,鑑於本篇使用 Word 檔,致使資料繁多,不利蒐檢,對講評先進,深感歉意。日後當使用 Excel 檔,既精簡內容,又便於蒐檢。

　　最後,本篇的論述,旨在建立系統性的判斷基準;其工序為:先確定文獻範疇,而後比對分析,進行精準判斷,得到判斷基準;經由上述的工序,揭示更為重要成果:回歸文獻本身,不但要還原事件情境,更進一步,更要還原典籍,例如:《左傳》、《史記》等等,書寫的過程。其他相關原始文獻或相關討論文獻,則屬下一步工序,並非不重視,而是必須先加檢驗,然後再視情況引用,以免引發系統不兼容的困擾,甚至為其所誤導,特此說明。

徵引書目

《中國哲學書電子計劃》

＿＿＿＿＿：《孔子家語》，鄭州：中州古籍出版社，1991年10月。

杜預集解，孔穎達正義：《春秋左傳注疏》，臺北：藝文印書館，2001年，據清嘉慶二十年江西南昌府學版影印。

趙岐注，孫奭疏：《孟子注疏》，臺北：藝文印書館，2001年，據清嘉慶二十年江西南昌府學版影印。

孔安國傳，孔穎達正義：《尚書注疏》，臺北：藝文印書館，2001年，據清嘉慶二十年江西南昌府學版影印。

左丘明：《國語》，臺北：宏業書局，1980年9月。

毛亨傳，鄭玄箋，孔穎達正義：《詩經注疏》，臺北：藝文印書館，2001年，據清嘉慶二十年江西南昌府學版影印。

班　固：《漢書》，臺北：宏業書局，1974年11月。

何晏注，邢昺疏：《論語注疏》，臺北：藝文印書館，2001年，據清嘉慶二十年江西南昌府學版影印。

王聘珍：《大戴禮記解詁》，北京：中華書局，1989年3刷。

段玉裁：《說文解字注》，高雄：復文圖書出版社，1998年。

許維遹：《呂氏春秋集釋》，臺北：世界書局，1975年4版。

郭慶藩：《莊子集釋》，臺北：河洛出版圖書公司，1974年臺一版。

陳奇猷：《韓非子集釋》，臺北：平平出版社，1974年初版。

劉文強：〈《論語》中的「仲尼」〉，收入李威熊主編：《第十二屆中國經學國際學術研會論文選集》，臺北：萬卷樓圖書股份有限公司，2023年，頁497-520。

劉文強：〈再論晉獻公〉，《文與哲》第7期，2005年12月，頁33~70。

劉文強：〈論晉國早期中軍帥〉，「第一屆國際經學研討會」會議論文，臺北：國立台灣大學，1999年5月。

黎翔鳳：《管子校注》，北京：中華書局，2009年3刷。

瀧川龜太郎：《史記會注考證》，臺北：洪氏出版社，1977年5版。

哲學與語言學研究

〈《讀經示要‧第一講》外王學維度中的「物」論〉*

關啟匡

馬來西亞拉曼大學中華研究院助理教授

摘要

熊十力先生《讀經示要》寫於民國在校園廢止讀經的多年之後，提出「經為常道不可不讀」一說，構成理論性的異議。熊先生認為，儒家《六經》的義理核心揭示出人類「活生生的實存而有」所能開顯的終極真理，其中包涵人的「本性」即是「天道」，其內在具有修成聖賢，而其外在則具有成就現實事功的潛能。《讀經示要》中的《第一講》，熊先生在後半部分深入闡釋了《大學》與《儒行》，並點出這兩篇經典何以彰顯出儒家《六經》的核心義理。熊先生釋《大學》主要以陽明「良知學」作為貫穿諸義理概念的主軸，且融會朱子的「格物窮理」說為一體。他取朱子的「格物窮理」說，以明人類客觀學習外在知識的必要性，實是讓天道本心具有在現實中「開顯」諸事物價值的關聯性；然而，他亦取陽明的「心即理」說詮釋「正心」等義，以明人類的「本心」即於「天道」，以確保人類主體的必然性，具有發揮本性以免於化成「頑然一物」的能力。他對《大學》的詮釋，開展出「內聖」與「外王」的兩個領域。熊先生詮釋《儒行》，則展現出儒家具體落實「內聖」與「外王」的路徑。面

---

* 臺北：臺北市立大學出版中心，2024年12月，頁325-352。

按：首先，感謝兩位匿名審查老師的寶貴意見。同時，感謝研討會席上的講評老師吳肇嘉教授的指導，以及會後廖崇斐教授的私下指點，兩位前輩的專業意見，推動筆者盡力反省文章的不足之處。本文是筆者初探熊十力「物論」的作品，旨在參與研討會的討論，以文會友。由於時間的局限，選擇鎖定《讀經示要‧第一講》作為研究文本，明顯存在極大的限制，敬請讀者包涵。

對民國以降西方現代化思潮的衝擊,他主張儒家的經學本已具有客觀研究科學,以資人類文明發展的原理。所以,在其外王學的思想維度之中,其「物」論,如強調需落實「官天地府萬物」的王道境地之說法,誠是一種理論上的回應。就此,本文將其「物」論放置在《讀經示要‧第一講》的脈絡中加以考察,以初探其理論上的問題。

關鍵詞:物論、外王學、熊十力、《讀經示要》、活生生的實存而有

一、前言

　　熊十力先生《讀經示要》寫於民國已將經學教育排除在學校課程之外的時代，力主儒家經學不該廢止，中國青年應該學習經學。[1] 熊先生提出的核心論點是：「經」為「常道」不可不讀。[2] 所以，《讀經示要》強調「常道」的經學立場，儒家《六經》承載了引導人類通向終極真理的途徑，「經學」的核心即是「道學」。[3] 讀者通讀《讀經示要‧第一講》會發現，他在《新唯識論》所建構的「體用不二」的存有學，[4] 是其經學的理論基礎。換言之，他強調「經為常道」，是認為人類可以通過儒家《六經》的核心義理，以把握到通向終極真理的路徑。當《六經》的讀者能逐步證悟、走上「經學」所蘊含的真理之途，其內在將實踐「內聖」領域的修煉，而其外在則落實「外王」領域的事功。就此而言，當代學人亦有疑議，認為熊氏並未論證「經為常道」一說。[5] 若依據熊先生《讀經示要》的立場，他通過詮釋《六經》的內容，展現出其中所蘊含的存有學終極真理，以支持其「經為常道」之說。可以肯定的是，《讀經示要》是建立在熊氏的思想系統之上的，使其具有理論性的強度，亦構成了詮釋空間的限制。

1　晚近，對於這段學術史的綜合探討，請參考蕭敏如：〈熊十力《讀經示要》與1930年代的讀經論爭〉，《國史館館刊》第72期（2022年），頁59-98。另外，亦請參考林慶彰：〈熊十力論讀經應有之態度〉，收入簡逸光主編：《民國時期經學與經學家研究》（臺北：萬卷樓圖書股份有限公司，2020年），頁93-96。

2　熊十力：《新編讀經示要》（臺北：明文書局，1987年），頁1-21。

3　熊先生曰：「經學者，仁學也，其言治，仁術也，吾故曰常道也。常道者，天地以之始，生民以之生。無時可捨，無地可易也。而況經學之在中國也！真所謂日月經天，山河行地，其明訓大義，數千年來浸漬於吾國人者，至深且遠。凡所以治身心，立人紀，建化本，張國維者，何不一原於經？……。常道而可廢乎？……。夫常道之在人也，是人之所以立。易言之，即人所以成為人，不可須臾離也。可離，非常道也」。同前註，頁119-122。

4　同前註，頁24-27。熊先生以「體用不二」論，解說《大學篇》的「明明德」義，曾說：「總之，實體是一，而其成變化，即現為萬物，乃於一一物中，隨在皆為其宰」。同前註，頁129。

5　張汝倫：〈從「經學即理學」到「經學即哲學」——論經學與哲學的關係〉，《復旦學報（社會科學版）》第5期（2023年），頁20。

本文的立場,是要從熊先生《讀經示要》強度的思想系統展現討論,[6]就是釐清他想要表達的意思為主。所以,離開他通過《新唯識論》所建構的「現象學式的本體學」或「本體宇宙論」的思想脈絡,[7]是無法清楚揭示《讀經示要》的思想觀念與其義涵的。以經學學科立場研究熊先生《讀經示要》的,有林慶彰先生早年的專著,極有參考價值。[8]針對熊先生「哲學」與「經學」的

---

6 按:這點很明顯表現在熊先生「新唯識論」的提法,其內容與傳統唯識學已不太相干,卻堅持用「新唯識學」的稱法。對此,島田虔次先生曾指出「《緒言》中有句奇怪的話,『本書於佛家,元屬創作。』此話大概不是說,從佛教中離開,創造出別的新哲學。無論怎樣看,我認為,這是在佛教的範圍內提出了某種創見的意思。但讀了《新唯識論》後,決不是想像的那樣,只能說它提出了與佛教哲學相反的意見。人們似乎對熊氏將書名取為《新唯識論》,提出了不少疑問,熊在《破破新唯識論》和《新唯識論》語體文本中作了辯解。問者曰:『此書非佛家本旨也,而以《新唯識論》名之,何耶?』而他的回答很令人費解:『破門戶之私執,契玄同而無疑,此所以異舊義而立新名也。』這不是超脫佛教的辯解。問者又曰:『若是,則書名何必沿有宗唯識之稱,招佛門之議?』這實際上是某種非難,不知熊氏是否這樣想,恐怕情況確實如此。熊氏答曰:『甚哉,子之陋也。……從來哲學思想不外唯心、唯物兩途。……吾書之作,由不滿有宗之學而引發,不曰《新唯識論》,而將何名?』這也是一種模糊的解釋,使人聽了完全得不到要領」。見〔日〕島田虔次、徐水生譯著:《熊十力與新儒家哲學》(臺北:明文書局,1992年),頁43-44。雖然如此,卻無損熊先生著作哲學思想的價值,這就是本文強調就其思想的系統性展開詮釋的必要。本文審查委員的意見,非常敏銳的提出,熊氏引用《莊子》文中的「萬物與我為一」、「官天地、府萬物」,《列子·天瑞篇》張處度注的「夫萬物與化為體」,同時又引用《孟子》文中的「萬物皆備於我」、程顥《識仁篇》「渾然與物同體」;若對比牟宗三先生將儒家、道家分判為「形上學的道德學」和「道德的形上學」,應該如何看待的問題。若就熊先生「現象學式的本體學」而言,其哲思體系恐怕並未具有分判「形上學的道德學」和「道德的形上學」的理論結構。換言之,這是對比熊先生、牟先生的當代中國哲學特色,再進一步探討的問題,非本文所及。

7 林安梧先生認為「這裏我們隱約的可以看到熊十力所謂的『哲學』乃是一『實存主義式的本體學』,是一『現象學式的本體學』」,他析論說:「『實存主義式的本體學』與『現象學式的本體學』此二語意蘊頗豐富,筆者以為熊氏之學可以作這樣的概括,詳見後所解釋者。依牟先生之說『存有學』有內在的存有學,亦有超越的存有學,實存主義式的存有學或現象學式的存有學並未仔細的檢別出此兩者的不同,故易有所混淆,故筆者這裏不用實存主義式的存有學與現象學式的存有學,而用實存主義式的本體學與現象學式的本體學,蓋『本體』一詞以名其超越也。」;又說:「顯然的,熊氏是通過『本心』去究極真實,而不是由一向外的求索,先定立一形而上的『本體』,然後再導出本心與道德實踐,換言之,熊氏之學並不是一『宇宙論中心的哲學』,他是經由本心之為本體,而開顯的『本體宇宙論哲學』,或者我們可以說他是本體、現象不二、本體即顯現為現象的『現象學式的本體學』」。見林安梧:《存有·意識與實踐——熊十力體用哲學之詮釋與重建》(臺北:東大圖書公司,1993年),頁30、34。

8 詳見林慶彰:〈熊十力論讀經應有之態度〉、〈熊十力對清代考據學之批評〉、〈當代新儒家的《周禮》研究及其時代意義〉以及〈熊十力的《春秋》學及其時代意義〉等等,收入簡逸光

關係,廖崇斐先生已清楚釐清熊先生是由其「新哲學」來闡釋「經學」的價值,[9]進而形成對其經學全面性、系統性的研究著作。[10]實則,熊先生由彰顯其「體用不二」哲學系統的《新唯識論》,延伸到體現其經學思想的《讀經示要》,其所謂「哲學」與「經學」都有其獨特的「新」之意味。這需要把握到熊先生哲思最顯著的特質——「見體」之學,才能理解其「新」義所在。近三十多年來,研究熊十力的專著不少,就其生命史以把握其哲思者有郭齊勇先生的《熊十力及其哲學》,[11]以對比中國與日本思想史脈絡加以衡定者有島田虔次先生的《熊十力與新儒家哲學》,[12]將其哲思完全轉譯成現代漢語哲學者有林安梧先生的《存有‧意識與實踐——熊十力體用哲學之詮釋與重建》,[13]以細緻的思想史、學術史全面整理其哲思者有景海峰先生的《熊十力哲學研究》,[14]晚近依據前輩學人成果作綜合研究者有林世榮先生的《熊十力與「體用不二」論》,[15]其他相關的重要著作頗多,不及贅述。

筆者發現,採取林安梧先生轉譯熊十力哲學的成果,能夠清楚說明其「物論」的義涵。林先生指出,熊十力哲思體系是由「活生生的實存而有」所開顯的,[16]其內在包涵了「整個生活世界之一切」。[17]熊先生從一個「活生生的實存

主編:《民國時期經學與經學家研究》(臺北:萬卷樓圖書股份有限公司,2020年),頁93-179。

9 廖崇斐:〈熊十力論哲學與經學——以《讀經示要》及《十力語要》為例〉,《興大中文學報》第19期(2006年6月),頁35-54。
10 廖崇斐:《熊十力經學思想研究》(臺中:國立中興大學中國文學研究所博士論文,2010年)。
11 郭齊勇:《熊十力及其哲學》(北京:中國展望出版社出版,1985年),172頁。
12 島田虔次著、徐水生譯:《熊十力與新儒家哲學》,127頁。
13 林安梧:《存有‧意識與實踐——熊十力體用哲學之詮釋與重建》,376頁。
14 景海峰:《熊十力哲學研究》(北京:北京大學出版社,2010年),299頁。
15 林世榮:《熊十力與「體用不二」論》(臺北:萬卷樓圖書股份有限公司,2008年),548頁。
16 以綜合、融通各家成果見長的林世榮先生,在《熊十力與「體用不二」論》中,清楚的繼承了林安梧先生「活生生的實存而有」的觀點。同前註,頁271-274。林安梧先生對於「活生生的實存而有」概念的詮釋,有云:「本書指出熊十力體用哲學是以『活生生的實存而有』作為詮釋起點的,而『活生生的實存而有』一詞,一方面指的是人這個特殊性的存活者是一『活生生的』、是一『實存而有』,能以其明覺性與自由性而進到此生活世界。從而開顯此生活世界。再者,因為如此,所以我們說此世界乃是一活生生的實存而有的世界,換言之,活生生的實存而有除指人以外,更而指整個生活世界之一切。如此說來,活生生的實存而有所成的體用哲學所謂的『即體而言,用在體,即用而言,體在用』,即用顯體、稱體起用,其所指之

而有」出發,就涵著三種形態:「存有的根源──X」、「無執著性、未對象化的存有」以及「執著性、對象化的存有」。[18]林先生指出:「存有的根源──X」,「這是就其歸本於寂的『寂然不動』之體而說的,它具有無限可能性」;「無執著性、未對象化的存有」,「這是就其本體自如其如的開顯其自己而說的,它是一『感而遂通』所成的世界」;「執著性、對象化的存有」,「這是經由人心靈意識之執取作用所成的世界」。[19]我們將熊先生的「物」論放置在此一「活生生的實存而有」理論中加以梳理,可以說明其「物」論詭譎的表相。

另外,《讀經示要‧第一講》很清楚的開顯出「內聖」、「外王」的面向。從島田虔次《熊十力與新儒家哲學》,主要以五個章節析論《新唯識論》(文言文本)中熊十力早期哲思的內涵,[20]到了第十一章才開始討論熊先生的「內聖外王」之學。類似的章節排列方式,也出現在林世榮的《熊十力與「體用不二」論》,該書將〈《易》外王學〉排在第八章。島田先生指出,熊十力在《新唯識論》中「只是強調內聖的哲學」;至於「外王學」的部分,「《讀經示要》、《論六經》、《原儒》等書是這方面最好的說明」。[21]關鍵在於,熊先生在《讀經示要》之後的著作,才逐步系統性的寫出「內聖」、「外王」得以對舉的內容。不容忽視的是,由《新唯識論》所建構的「體用不二」哲學的思想模式,

---

體,既是道體,亦是心體,亦是物體,三者通而為一。道體是就存有的根源義上說,而心體則是就人這個活生生的實存而有之進到這個世界中的觸動點而說,物體則是就此道體之流行,經由心體之轉折與執定的定象性存有而說;其所指的用,則既是道用,亦是心用,亦是物用,道用是就存有的根源之流行說,而心用則是就人之作為一活生生的實存而有之道德實踐上說,物用則是此道德實踐之落實於事事物物的存有上說。概括言之,體用哲學乃一活生生的實存而有所成之生活世界的存有哲學(或說為實存哲學、存活哲學)也,是一實踐的進路所成之實踐的存有哲學也」。見林安梧:《存有‧意識與實踐──熊十力體用哲學之詮釋與重建》,頁23。

17 同前註,頁18-19。
18 同前註,頁20。
19 同前註,頁20。
20 島田虔次《熊十力與新儒家哲學》的目次,從第六章至第十章,分別是:〈第六章 熊十力的《新唯識論》〉、〈第七章 《新唯識論》之「明宗」〉、〈第八章 《新唯識論》之「唯識」〉、〈第九章《新唯識論》之「轉變」〉以及〈第十章 《新唯識論》之「功能」〉。見島田虔次著、徐水生譯:《熊十力與新儒家哲學》,頁「目次」。
21 同前註,頁82。

延伸到中後期著作，形構成「內聖外王」之學。在其所開展的「外王學」維度，觸碰到人類與外在事物的關聯性問題。這點，表現在他對於《大學篇》「格物」的詮釋，他採取朱子「格物補傳」的說法。另一方面，他又詮釋《儒行篇》，展示儒者落實外王事功道德實踐的內涵，[22]惟本文不會展開討論。

熊先生清楚意識到，「萬物」是外王事功得以成就的現實基礎，構成文本中對於「物」的各種討論。歷來對熊十力哲學的研究，主要以「心物不二論」的架構，對比著來談「心」與「物」，展現出其繼承《易》學傳統的宇宙論描述，其「翕闢成變說」是追溯陰陽二氣相磨相盪的「內在」動力源。[23]所以「心物不二」所顯示的「物」，側重於「心」、「物」二元的宇宙論描述，以及「物質」存有的內在根源性的探討。然而，對於熊十力現實世界的「物質觀」，在其著作話語中並不顯著，需要通過研究者的綜合推論才能觸及，很容易為研究者所忽視。[24]林安梧先生在其專著中，明確的論及熊先生「物」論的哲學義涵，指出其「活生生的實存而有」的存有學，得以統攝「道體」、「心體」與「物體」諸義涵，讓我們加以詮釋與把握。[25]關於中國哲學「物論」的討論，近年來偏向莊子哲學的研究，[26]在外王學的領域，吳肇嘉先生明確指出莊子是「即內聖即外王」的外王學型態，主張其「內聖」的工夫實踐，亦即是其「外王」的實踐。[27]順此，相比起莊子的「即內聖即外王」之學，作為中國

---

22 熊十力：《新編讀經示要》，頁205-236。
23 我們從林世榮先生綜合性的研究成果，很容易看出這點。林先生《熊十力與「體用不二」論》〈第七章　大用流行〉的「第四節」就是專門討論「心物不二」。見林世榮：《熊十力與「體用不二」論》，頁363-423。
24 按：易於為學者所忽視的理由，至少有二：其一，熊先生在中、後期的著作才顯著的展開其「內聖外王」之學，其早期由《新唯識論》所開創的「體用不二」論，以「內在」溯源的思維向度主導，乃至島田先生認為熊十力早期的哲思只有內聖學；其二，熊先生的「內聖外王」學，偏向探討原理原則，其具體的政治主張，不宜系統性的整理，很容易被其顯著的哲學思想理論所蓋過。
25 詳見林先生《存有・意識與實踐——熊十力體用哲學之詮釋與重建》〈第十一章　結論：熊十力體用哲學的釐定〉中的第二節「道體、心體、物體三者的關係」。見林安梧：《存有・意識與實踐——熊十力體用哲學之詮釋與重建》，頁326-336。
26 楊儒賓：〈莊子思想中作為他者之「物」——以工夫論為核心的思考〉，《清華學報》新54卷第2期（2024年6月），頁225-264。
27 請見吳肇嘉：〈《莊子・應帝王》中「即內聖即外王」的應世思想〉，《清華中文學報》第5期

現代哲學家的熊十力，其「現象學式的本體學」型態、從「活生生的實存而有」所開顯的外王學，是與現代以降中國乃至全球現實的歷史情境密切關聯的。當熊先生的關懷與現實的物質世界之「物」有所關聯，關注其「物論」顯得格外必要。

二、「萬物同源於道」與「官天地府萬物」

在《讀經示要》之中，熊先生的物論主要以「萬物」這個總名展開討論。其廣義上的「萬物」，即指總體義的「萬物」，指涉現象世界中的一切物質存有與事物的概念。依據熊先生的解釋，所謂「言萬物，而人與天地在其中也」，即指廣義、總體義的「萬物」。另外，其狹義上的「萬物」，則是指人類主體之外，其知性所對象化的所有物質存在與事物的概念。熊先生物論依據《易經》「生生義」強調「萬物」同源於道，他說：「夫道，生生也。【《易經》曰：「生生之謂易」此云易者，變易義。而變易之實體即道。故曰：「道，生生也」。】生天、生地、生人，只是此道」。[28]對此，他在闡釋《中庸篇》提出，若繼承陽明先生的說法，「天、命、性、道，只是一事」：

> 「無聲無臭曰天」以其為萬物之統體而言也，「流行曰命」從其賦物而言也，【流行即是體顯為用。即起變化，而成萬物也。自其成物言之，即此體，便分賦一一物。但分字不可誤會，非謂物物各得道體之一分也，卻是物物皆得道體之全。譬如一月，分印萬川。在萬川固各具月之全。】「民之秉彝曰性」，【天命流行，至善者也，至美者也。人皆秉此善美以成性。故曰秉彝。】依其在人而言也。「率性而無違失，全其所固有；日用無非本原呈露，斯曰道。」故道即性也，亦即命也，亦即天也。[29]

（2011年6月），頁205-230。又見吳肇嘉：〈論莊子「即內聖即外王」的實踐型態〉，《中正漢學研究》總第37期（2021年6月），頁193-216。

28 熊十力：《新編讀經示要》，頁33。
29 熊十力：《新編讀經示要》，頁27-28。

從同源於道來說，人類與外在的「他物」，在存有上具有一種自然而對等的獨立性與個體性；[30]在落實道德之下，他強調人類必須任由「萬物」表現其自然，而不允許人類以自我為中心來宰制「萬物」。[31]就此而言，諸物之間的自然並存，並不需要價值的論定，而外在他物之於人類是中性意義的，與道德與否不相關。天道生人類既然賦予了特殊的性格，則天道所生的諸事物，自然賦予了個別特殊的性格。「萬物」的特殊性格之於人類，其性格自然的內涵是「中性」的，其中自然科學研究「萬物」，所能得出的自然屬性，即是「物」外在的「中性義」。熊氏主張「萬物同源於道」，[32]則萬物就其存在而言，其所具備的自然屬性，是「中性」而無關於價值判斷的。儒家傳統的道德論，是貫穿熊氏思想的核心維度，故萬物自然的「中性義」，並非其物論的重點。熊氏是從「天地萬物通而為一」的真實存有之中開展其物論的。於是，他展現出了「物」的兩種表面對立卻又能連續的兩個面向，既：「官天地，府萬物」與「人化物／頑然一物」。[33]他所論及「物」的兩種面向，與物的自然屬性無關，而是把重點轉換成「本心」發用與否的問題。當人類的本心發用時，人以配天地之德的狀態參與到現實世界裏，而能夠發揮轉化「他物」，讓萬物都以最恰當的形態展現其自己，其最完滿的狀態即所謂「官天地，府萬物」。[34]反之，當人類的本心被其私慾所遮蔽，人會隨「他物」的牽引而轉化成物，乃至「頑然一物」。

---

30 請參考熊先生對「大海水／眾漚」之喻的析論，指出：「故可喻物物各具道體之全。朱子所謂一物各具一太極，即此意」。同前註，頁26。

31 同前註，頁34。

32 熊先生在闡釋《大戴禮・哀公問》「大道者，所以變化而凝成萬物者也」，提出變化不居的「本體」呈現出生化不已的現象世界，是「無為物成」的：「無為物成，是天道也。【無為者，非如上帝有作意故。物成者，神妙不測而有變化，物故以之成。】」。同前註，頁25。

33 依據島田先生對熊先生著作的檢視與征引，發現他在《新唯識論》（文言文本），已有「頹然一物」的提法，與「頑然一物」的語義一致。見島田虔次、徐水生譯著：《熊十力與新儒家哲學》，頁79。

34 「官天地，府萬物」語出《莊子・德充符》。見〔先秦〕莊子著，〔西晉〕郭象注：《莊子郭象注》（臺北：藝文印書館股份有限公司，2007年），頁112。由於熊先生「現象學式的本體學」型態、從「活生生的實存而有」所開顯的外王學，與莊子「即內聖即外王」型態不同，其所述「官天地，府萬物」已有所轉化，應該置於熊先生著作中的話語脈絡加以把握。

熊先生在《讀經示要・第一講》的思想主軸是立人極,既要在現實中落實內聖、外王的成就。作為外王領域的現實資源,外在的他物需要關聯著天、地、人,以構成一個實踐道德的場域來看待。所以,他認為經學不應該僅著重「清儒所從事者,多為治經之工具」的層次,而是讀經當以求聖學為的。[35]而聖學裏頭包含「《易》云開物成務,云吉凶與民同患,大哉聖言!所以為萬世開太平也」的道理。[36]熊氏接著又申言「本心」與「萬物」關聯在一起的道理:

> 辨名物者,此心與萬物相流通,【……。】不可杜聰塞明,廢此心之大用。《易》言智周萬物,義深遠矣。今若不務仰觀俯察,近取諸身,遠取諸物,以通神明。第束縛於書冊之中,搜考雖勤,亦不出紙上所已有者。……。豈云格物可廢哉?經生之所為,誠無與於格物耳。……。夫所貴乎通經者,在能明其道,擴其所未及發也。[37]

熊先生從「活生生的實存而有」出發,體認「本心」與「萬物」相通於大化流行之中。當人類的本心發揮功用以感通萬物,是跨過了書面上文義考究層次的學問,進而內在的體悟到萬物的德性,以引導萬物展現出恰如其分的特質,誠為支撐外王事業的物質資源。真正的「通經」,是要把握到大道的治理方法,讓存有的創造力得以展現出來。他認為「經學」具有的「常道」,承載著「古人成己成物」的要點。他通過闡釋《大學篇》的義理,對「本心」、「本性」與「萬物」的關聯性有所說明。[38]至於人的「本性」,是「秉天命而生」的,且「天命徧成萬物」,天命亦是萬物的「本性」。[39]對於「本心」,熊氏採取陽明「身之主宰是心」,再呼應孟子「萬物皆備於我」之說。他認為「明德」是「指目本心」,[40]與陽明先生的「良知」義和《新唯識論》所謂的「性智」義

---

35 熊十力:《新編讀經示要》,頁14。
36 同前註,頁15。
37 熊十力:《新編讀經示要》,頁15-16。
38 同前註,頁125-204。
39 同前註,頁29。
40 熊先生闡釋說:「朱《注》:『明,明之也』甚是。明字,便含有存養察識許多工夫在。明德者,《易・晉卦・象傳》曰:『君子以自照明德』。」同前註,頁126。

相通；[41]「明明德」則是本心發動「自知自證」、「反己自識」的工夫，是「本心」識其「本性」，以覺察「萬物一體」的本體處。[42]熊先生所闡釋的「明明德」，就是他列舉儒家《六經》治道的第一大義「仁以為體」[43]的工夫實踐義。

朱子指「明德」是「虛靈不昧」，熊先生認為這是對「本心」的形容；不過，「虛靈不昧」具有動相，只是對「本心」作用的形容，而認為朱子對「本心」義的把握不如陽明先生準確。[44]他認為陽明先生的詩，以「無聲無臭獨知時，此是乾坤萬有基」說明「本心」，比起朱子「虛靈不昧」所顯出動相，「無聲無臭獨知時」則是跨越動靜相，是更為本源的狀態。[45]同時，他指出人類個體的「本心」何以又是「乾坤萬有基」，是他體會了很久才明白過來的。他是在讀到《列子・天瑞篇》張處度的注所云「夫萬物與化為體，體隨化而遷，化不暫停，物豈守故？故向之形生，非今形生，俯仰之間，已涉萬變」，[46]而體悟到所有的存在物都源自一個本體：

> 喜曰：「吾向以天地萬物，為離於吾之身心而獨在也。而豈知天地與我並生，萬物與我為一耶？【悟化，則吾與天地萬物非異體。】向以緣慮紛馳，物化而不神者為心。而豈知兀然運化，無定在而靡不在，徧萬有而為之宰，周吾身而為之君者，此乃吾之本心耶！」[47]

熊先生釋「明明德」是「本心」覺察其本身，經此「反諸自心」，能在存有的本源處，就能體知「萬物與我為一」。[48]他認為人類在本體根源處，覺察到「萬物與我為一」，就是「萬物皆備於我」之義。由此，他從「萬物同源」進

---

41 熊十力：《新編讀經示要》，頁138。
42 熊先生有云：「反己自識，則萬化在我。萬物同體【道者，吾人稟之以有生，萬物稟之而成形，故人與萬物同體，無二本故也】，仁覆天下，而我無功名」。同前註，頁34。
43 同前註，頁41-42。
44 同前註，頁133。
45 同前註。
46 〔先秦〕列子著，楊伯峻集釋：《列子集釋》（北京：中華書局，2007年），頁30。
47 熊十力：《新編讀經示要》，頁128。
48 〔先秦〕莊子著、〔西晉〕郭象注：《莊子郭象注》，頁51。

而悟得人類的「本心」，即是遍及於「萬物」的「本心」；而「智周萬物」、「萬物皆備於我」、「乾坤萬有基」，以及「官天地，府萬物」才能立說。

熊先生將「明明德」詮釋為「本心」識其「本性」，[49]既是「仁以為體」的工夫。他明確指出，所採取的是陽明先生《大學問》「發明仁體」的義理。[50]他詮釋《中庸》「誠者，天之道也。誠之者，人之道也」，認為「誠」的工夫，就是要人類「合天」，要做到「超越小己，而會萬物為一體」。[51]他又說，「忠之為公以體物，皆誠也」，認為這在《春秋左傳》所述的「忠信義」多有印證之處，展現出「德體是一」之義。在解釋《左傳‧昭十年》「叔孫昭子曰：『忠為令德』」，指「令德」與《中庸篇》的「民之秉彝曰性」的「秉彝」相近，「令德」即指「性體」而言。他進而詮釋《左傳‧昭十二年》「子服惠伯曰：『外強內溫，忠也』」，認為「外強內溫，正顯仁體，即誠也」。[52]所以「反諸自心」就是要人體會「不見有小己，而萬物皆吾一體」，一旦人能夠體現「本性」，則能夠不受「小己」執著個體性的限制，而體現「無待」的境界。[53]此一「無待」境界，是以「無有一物在己性外」的體悟，來落實成己成物、己立立人、己達達人的理想。[54]他闡釋「忠」的義理指出：「忠者，以其公以體物，立事不偷言」，就是要人不受私欲的影響，而需要以「公益」的立場來安排所有外在的事物。[55]所謂「體物」，就是要把外在公共的事物都視為自己的事物，這是「通萬物為一體」在具體現實上的做法。[56]

熊先生提出儒家《六經》治道的第六大義「道政齊刑，歸於禮讓」，說明朱子以「天理之節文」、「人事之儀則」釋「禮」的義涵：「自一身及家國天下，乃至天地萬物，互相涉入，莫不有至當之儀則顯於其間」。[57]就此，他認

---

49 熊先生詮釋「本性」之義：「性者，生之本然，純粹至善者也，通天地萬物而一焉者也」。見熊十力：《新編讀經示要》，頁54。
50 同前註，頁43。
51 同前註，頁47-48。
52 同前註，頁51。
53 同前註，頁48。
54 同前註。
55 同前註，頁50。
56 同前註。
57 同前註，頁62。

為朱子對於「禮」的把握超過荀子。[58]「禮」的外顯形成了「人事之儀則」,而「人事」涉及到所有外在事物;至於「禮」內在於人心的部分,又能追溯到「天理」的根源處。[59]他從《論語・為政》「道之以德,齊之以禮,有恥且格」概括出「德禮」義,且點明其要在於:由本體所彰顯出的「仁」,既需要具體的愛人以及物。[60]這裏,他指出人與其他外物之間需要信守的倫理——禮讓。所謂「禮讓」,就是「蓋於己之外,而知有人,抑私以全公,即通物我為一體;所謂『稱性玄同』,物利,而我無不利者也」。[61]熊先生亦說:

> 《伊川易傳》釋「比卦」之義曰:「萬物莫不互相比助而生。叔子齊聖,發明斯義,功亦鉅哉!」夫有生不能不互相比助。而互助精神,只是一「讓」字。……。故曰:「天遂全體之生成,本乎禮讓也」。[62]

從萬物同源於道出發,所有萬物皆有其存有的獨立價值,而萬物之際又有一種密切的親緣性;致使人類不能自私的宰制萬物,而要以「禮讓」來發揮萬物之間該有的互助關係。[63]他亦提及「禮意」與「禮儀」之別,「禮意」是經常不變的,而「禮儀」卻是隨著時代而權變的。[64]由此,熊先生進而推論,對於存有世界的「利」益,必須要均平的賦予民眾與外在他物。[65]所謂「《春秋》之

---

58 熊十力:《新編讀經示要》,頁62。
59 同前註,頁62-63。
60 同前註,頁63。
61 熊十力:《新編讀經示要》,頁64。
62 同前註,頁64-65。
63 熊先生提出儒家《六經》治道的第七大義「始乎以人治人」時,有云:「聖人自修,而無宰物之心。物各暢其性,而興於善。所謂君子篤恭而天下平也。……自是以往,人倫日繁。於是由家而推之國與天下,以及天地萬物,一切酬酢處,無在不有至當之禮行乎其間。家庭有孝慈等禮意,固不待言。社會乃至萬物,無不由禮為之凝成。如《禮記・大學篇》曰:『與國人交,止於信』;《論語》曰:『汎愛眾,而親仁』。此親、愛、信乃是通行乎家庭社會,以至天地萬物而一貫之禮意。……《禮經》言祭天地山川等禮為最詳,非以其為神靈也,只是酬其覆載資生之恩。此意甚好,直引發人一體相親之意」。頁77-78。至於人類與外物之禮,他說:「至對動、植諸物,《禮經》所言,其禮頗詳,如方春不折之類皆是。夫禮者彌綸萬有,人常率由之,則通物我為一。而性命正,人道尊,天德於此顯矣」。見同前註,頁78-79。
64 同前註,頁78。
65 同前註,頁66-70。

義:『君子不盡利以遺民。【君子謂在位者。謂人君與百官不得自享其利,而遺人民之利也。】』」[66]他引用《荀子·大略篇》之語,指出「從士以上,皆羞利而不與民爭產」的道理;在上位者非但不能貪婪財貨以滿足私欲,而是盡可能的利用財貨以滿足天下萬民。除了消極性的「禮讓」,熊先生認為人類之於外在他物,還需要有積極性、創發性的推進,就是「盡己以體物」:「《論語》曰:『仁者己欲立而立人,己欲達而達人』。《中庸》云:『盡己性以盡物性。』夫己立己達,與盡己性,皆盡己之謂也。立人達人,及盡物性,則渾然與萬物同體之謂也。此人道之極則也。人道不至此,難言禮讓」。[67]亦是所謂「《大易》直從乾德剛健,顯示萬物各正性命」之義。[68]

熊先生的儒家治道第八大義「極於萬物各得其所」,有云:「……。可見禮治,期於萬物皆得其所。一物失所,便非善治。《中庸》云:『天地位,萬物育』。以是為治道之極則」。[69]對於人類社會所該達致的至善境界,他有一段總結性意義的說法:

> 夫大同之盛,至治之休,雖中土聖哲之理想。然為人類前途計,要當向此正鵠而努力。但至治,非全人類同履道德之途,則不可幾及。[70]

這裏,他所提及的「治道之極則」,是要全人類社會永恆的不斷追求,才能逐步趨近的理想狀態。至此,我們可以已大致掌握熊十力先生外王學的思路,貫穿於其間的是「活生生的實存而有」脈絡中的本體良知之顯發。[71]所以,《讀經示要·第一講》的思想主軸是源自孟子,發揚自陽明先生的良知之學。這

---

66 熊十力:《新編讀經示要》,頁66。
67 同前註,頁77。
68 同前註,頁36。
69 同前註,頁103-104。
70 同前註,頁104。
71 雖此,卻不能誤以為熊先生以本心主體為核心,而是其「活生生的實存而有」包含了本心主體發用的義理。就此林安梧先生已指出:「這麼一來,我們可以說熊先生的哲學擺脫了以意識為中心的主體性哲學,而開啟了一嶄新『活生生的實存而有』的存有學」。見林安梧:《存有·意識與實踐——熊十力體用哲學之詮釋與重建》,頁23-24。

點,表現在他對《大學篇》的詮釋,本體良知顯發的思路,一直貫穿在明明德、新民、至善,乃至修身、正心、誠意、致知諸概念之中。前已述及,他釋「明明德」為「本心」識其「本性」,為一「反諸自心」的向度,邁入體悟「萬物與我為一」的歷程;[72] 他繼承朱子之說,主張「新民」而非「親民」,「新民」者意指全人類都需要貫徹、落實「明明德」;[73]「止於至善」意指「明明德」至極,良知通體呈現[74]。「修身」先「正心」,他釋「正」為「正位」,而「心」為「本心」;故「正心」為「正其本心之位」。[75]「正心」先「誠意」,他認為「意者,心之所發,心無不正,意亦無不正」,不正的是「與意俱起的私欲」;而「誠意」之「誠」,是「必用力真切」、「毋從欲以自欺其初意」的「慎獨」工夫。[76]「誠意」先「致知」,「致知」就是「致良知」,乃至孟子與陽明先生「良知」學說亦由此發掘而出;所謂「致良知」就是「本心」由識得其本性、本體,進而將一點良知推擴以充塞流行。[77] 於是經過熊先生對《大學篇》諸義理概念的疏通,他以本體良知的存養工夫,作為貫穿於明明德、新民、至善、修身、正心、誠意、致知的主線。於是,上述所有的概念,都是內在的人類道德實踐領域中之事,只剩下「格物」是涉及對外「以主攝客」的非道德實踐領域中之事。

　　熊先生詮釋「格物」義,顯得有些曲折。他對比朱子與陽明先生,認為朱子「格物窮理」之說,「雖不明言物是離心外在,而似有物屬外在之意」;而陽明力主「物非離心而獨在」義,得以完成嚴謹的本心論體系。[78] 倘若顧及本體良知顯發的貫通性,他其實偏向肯定陽明心學的解法。[79] 他直指「朱子以致知

72　熊十力:《新編讀經示要》,頁126-143。
73　同前註,頁143-153。
74　同前註,頁153-158。
75　同前註,頁162-163。
76　熊先生文中解釋:「何可於此而致誠意之力哉?且下文皆言慎獨,正申明毋自欺下手處。慎獨者,敬慎於幽獨之地也。幽獨之地,真意存焉,意本無不善,其不善者,則私欲也」。同前註,頁163-171。
77　同前註,頁172-187。
78　同前註,頁187-188。
79　審查委員指出,應該明確指出此一判斷的來源,為了保持正文的順暢,請參考熊先生的辨析:「朱子以知為知識之知,而謂天下之物,莫不有理。格,至也,轉訓為窮,以即物而窮其

之知為知識,雖不合《大學》本義,卻極重視知識。……。且下啟近世注重科學知識之風」;又說「程朱說理在物,故不能不向外尋理。由其道,將有產生科學方法之可能」。[80]對於陽明主「心外無物」之說,他認為有「不承有物,即不為科學留地位」的弊端。[81]於是,他主張應該以陽明「致良知」為主軸,再將朱子「格物窮理」說融通成「心顯而物與俱顯」的存有學;當然,他並未顧及由朱子發展到陽明的格物說,已經歷由「本體的認識之路」轉向「本體的實踐之路」的發展。[82]在他看來,本心有「了別」的作用,所以良知除了「反諸自心」以體悟其本體境界,同時俱有認知外在事物的功能。依循上述的思路,他同意朱子的「格物補傳」,認為:「愚謂物者事物。格物者,即物窮理。朱子《補傳》之作,實因經文有缺失而後為之,非以私意妄增也」。[83]他對朱子以「即物窮理」解「格物」雖有所微言,認為應該以「量度」釋「格」義;「然即物窮理,猶守大義」。[84]對於會通陽明與朱子二說,有以下所得:

理為格物。其《補傳》曰:『《大學》始教,必使學者即凡天下之物,莫不因其已知之理,而益窮之,以求至乎其極。至於用力之久,而一旦豁然貫通焉,則眾物之表裏精粗無不到,而吾心之全體大用無不明矣。此謂物格。此謂知之至也。』後來陽明之說,與朱子根本迥異者。一,致知之知,陽明說為心;易言之,即說為本體,而非知識之知。二,陽明說理即心,與朱子說理在物,又絕不同。三,朱子之說,雖不明言物是離心外在,而似有物屬外在之意;陽明說心之所發為意,意之所在為物【在字,陽明有時用著字,謂意之所著處即是物,與在字義亦近。】,則物非離心而獨在,與朱子又大異。【陽明《語錄》中,明「天下無心外之物」,其語屢見不一見。蓋完成唯心論之體系,宏廓而謹嚴,實有過於朱子。世俗或以簡單議陽明。所謂鶤鵬已翔於玄冥,弋者猶視夫藪澤也。】如上三義,皆陽明與朱子根本迥異處」。同前註。

80 熊十力:《新編讀經示要》,頁189。
81 同前註,頁190-191。
82 對於朱子與陽明「格物」義的哲學差異,請參考林安梧先生精簡的釐清:「朱子的『本體的認識之路』是經由認識的途徑而及於本體,並因之而隱含了實踐的成份,此是由認識而及於本體,而及於實踐。陽明的『本體的實踐之路』是經由實踐的途徑而及於本體,其及於本體亦隱含了對於本體的認識,此是由實踐而及於本體,而及於認識,實則背後陽明預先認定了實踐、本體、認識的一體不分,此一體不分正是『心即理』的義理規模,是承於孟子、象山而來的」。林安梧:《中國宗教與意義治療》(臺北:文海學術思想研究發展文教基金會,2001年),頁83。
83 熊十力:《新編讀經示要》,頁192。
84 同前註,頁193。

若就釋本經格物而論，則致知之釋，不從朱注，而融會其說格物處，自無支離之失。【……。】如不能致良知，而言即物窮理，則是徒事知識，而失卻頭腦，謂之支離可也。今已識得良知本體，【……。】而有致之之功，則頭腦已得。於是而依本體之明【即良知】，去量度事物，悉得其理。[85]

如此，形構成「以致知立本【……。】，而從事格物，則一切知識，莫非良知之妙用」[86]的思路。於是，我們就能更好的理解熊先生「物論」的正面說法——「官天地，府萬物」之說：

官天地，府萬物。【人者，道生之。天地萬物，亦皆道之所成。本非與吾人異體。但人如不能體道，則自私用智，而斥天地萬物為外。人能體道，則徹悟天地為自性所現，是官天地也。萬物皆備於我，是府萬物也。】[87]

可見，道體開顯出三才（天、地、人）與所有事物，人類惟有展現其仁體本性，才能參贊天地之化育，這是「官天地」。[88]同理，惟有當人類貫徹「明明德」之體悟，邁向「止於至善」的向度，得以在量度外物時不起執著，良知得以圓滿展現，以勿自欺、慎獨工夫確保正念不為「私欲」遮蔽，即是「良知」具體本位，總體上確立了個體本性修養保存的成功；由於本體良知的飽滿開顯，其「智周萬物」是沒有窒礙的展現出來，[89]不執著於外在所識的諸事物，

---

85 林安梧：《存有・意識與實踐——熊十力體用哲學之詮釋與重建》，頁193-194。
86 同前註，頁194-195。
87 同前註，頁39-40。
88 熊先生曾提及儒者是「知性、盡性，正其本，萬事理」，如此才能呼應「聖人參贊位育、裁成輔相之道」。同前註，頁37。
89 熊先生說：「吾《易》已知此，而以制器尚象，則物用不匱，而群生亦得有開通神智之餘裕。《易》之言大有者，崇神而備物。物備，則眾人之神得伸。故備物所以全神也，惜後儒未能衍其緒耳」。熊十力：《新編讀經示要》，頁38。

而在消極上做到禮讓、不宰制勉強，積極上就其天性加以安頓，這是「府萬物」。

我們發現上述熊先生「萬物同源於道」以及「官天地府萬物」的義理，與其從「活生生的實存而有」所開顯的哲思是一致密合的。「萬物同源於道」並不強調人類與諸事物於外在物質世界的同源，而是「內在」的同源於道。所以，他的「翕闢成變」說，是溯源存有物「內在」具有生生不已的動力，以「假說」現象世界。[90]人類與諸事物就其存有上的聯繫性，在於其內在皆同源於道，「萬物同源於道」即是「同源」自「存有的根源——X」之處。「活生生的實存而有」必然有其「存有的開顯」，人類的意識展現於其中，一方面體知其「內在」的「本性」以展現其自然的「本心」，一方面又「以主攝客」的把握「外在」現實世界的知識。熊先生並不以「本心」為核心，而是強調但凡人做聖賢的工夫，即是通過「本心」識其「本性」以體悟「天道」的修養途徑，就此而悟得「萬物同源於道」，這是熊先生所謂「官天地」。這個修養途徑使工夫實踐者得以解消其意識中的「權體性」、「染執性」，以透顯出「意識」本源處的「透明性」和「空無性」。[91]所以人類具有實踐聖賢工夫的本能，其落實聖賢工夫的途徑，即是由「存有的開顯」透入「存有的根源——X」，其所透顯「透明性」和「空無性」，對於外在的現實世界，就蘊含著意識的「明覺性」和「自由性」，亦是具體實踐的革新力、創造力，在恰當掌握外在事物的知識作為基礎下，以完成「開物成務」、「曲成萬物而不遺」的王道大業，就此

---

[90] 林世榮：《熊十力與「體用不二」論》，頁383-402。

[91] 請參考林安梧先生對於「存有的開顯」、「存有的執定」與「存有的根源」的義理詮釋：「在熊先生對於空有二宗的批評與改造中，我們可以發現熊先生一方面疏決了佛家有宗的概念機能總體，認為彼（按：指處在「存有的執定」與「存有的開顯」）仍只是一依因待緣而起的暫時之體（或說為權體），這樣的權體之體是有其染執性的，它不足以作為存有之根底。或者，我們可以說熊先生瓦解了意識的權體性與染執性，終而見到了意識的透明性與空無性（按：指處在「存有的根源」），並以此透明性與空無性為意識之本然狀態。熊先生之能見及此透明性與空無性可以說是得力於佛家空宗的般若法門。但是，值得我們進一步去注意的是，熊先生並不以一平鋪式的理解方式來瞭解此透明性與空無性，他更而指出此透明性與空無性所隱含的明覺性與自由性，以其為明覺的、自由的，故可以為一切開顯之根源也，而道德實踐亦由是成為一具有根源性的實踐動力也」見林安梧：《存有‧意識與實踐——熊十力體用哲學之詮釋與重建》，頁21-22。

萬物皆得以恰當安頓，這是熊先生所謂「府萬物」。所以，他所謂的「官天地府萬物」，可以視為聖賢或聖王落實內聖修養工夫，而促成的外王境地。而此一王道落實後的理想境地，其諸事物的至善狀態，絕非處在當下現實世界的我們所曾經歷的。

三、「頑然一物」與「人化物」

關聯著人類的本體良知與所有事物，《讀經示要·第一講》還展現出「物」的負面說法——「頑然一物」或「人化物」。「物」的負面性，非源自「物」本身，而是指涉當人類無法開顯本體良知的表相。就此，他說：「人之生也，道生之。已生，則或拘於形，而喪其所以生。……。失道，則不成乎人」。[92]又謂：「但人如不能體道，則自私用智，而斥天地萬物為外」，一旦人無法體認「萬物與我通而為一」的本性，則會掉入「為物役」的陷阱。[93]熊先生以孟子的「率性工夫」來闡釋「操存義」，提出「人不率性，則將如陽明所云順軀殼起念，而成頑然一物，乃是其本性矣」。[94]他又說：「今一意向外馳求，……，則神明恆與物對，而不獲伸，則失其卓爾無倚之獨體。是則馳外之所獲者雖多【如自然界之所發見，及一切創造。】，而神明畢竟物化。【神明已成為一物也。】」這裏，所謂的「神明」是指人類的本心、良知的呈現，一旦精神層次已無法飽滿的伸展開來，而受到桎梏，無法再識得人的本性，而成為「頑然一物」。除此，他亦論及《孟子》的「物交物則引」說以及《禮記》「人化物」說。[95]「人」何以化成「物」呢？熊先生解釋說：「心隨物轉，即心成為頑物。以此與其所追求之物相交，則為物所引，而全失其固有虛明之本體，人生乃成為機械的」。[96]據此，所謂「人化物」是指某人「心識」的認知作用，被其所對象化、執取的外在事物所牽引，喪失了其擴充力與穿透力的情

---

92 熊十力：《新編讀經示要》，頁39。
93 同前註，頁39-40。
94 同前註，頁30。
95 同前註，頁128。
96 同前註，頁128。

況。換言之,當某人執著於外在事物,就會造成人類物化的結果。就「本心」而言,當某人放棄對「本心」的「存養」而隨順「私意」的主導,其行為都成了「自欺」。[97]另一方面,人類的亦會為事物的名相所遮蔽:「聽淫者,不能反之謂也。不反,即聽乃不止乎名,而直令內心緣名起妄。即其聽時,便以名役心,將使心失其正名之用,而為名之奴役」。[98]他描繪「小人」為不善的內在狀態:「其平日為不善,則拘於形,以殉沒於物欲之中,而違其性也」。[99]那麼,「物欲」又如何引起人「違其性」呢?熊先生在對比「性」、「情」時,述及「欲」的概念:

> 《論語》言「從心所欲不踰矩」,《中庸》言「中節」皆是也。【「節」便是「性」。「中節」者,則「情」也。「矩」是「性」,「不踰」者情也。戴震反對程朱言「天理」,而曰「欲」當即為「理」。卻不思欲如何而得當耶?若非自性固有天理,則無矩無節,「欲」可當乎?】[100]

需要指出,熊十力並不主張絕欲,此處所稱的「欲」是指「私欲」,而非生理正當的欲求。上文,他指出「私欲」是需要經由調節工夫加以對治的。那麼人類的私欲和習氣又是如何形成的呢?他提出一種解說:

> 但「本心」之發用,即所謂「虛靈不昧」者,其流行於官體感物之際,而官體則假之以自用,即成為官體之「靈明」,用以追逐外物。如此,則「虛靈不昧」者,乃失其本,而亦成為物矣。吾謂之物化而不神者以此。《孟子》所謂「物交物」。上「物」字,即謂虛靈不昧者,已失其本,而物化也。以此物,與外物交感,謂之物交物。至此,復有「習氣」生。「習氣」者,「物交物」之餘勢也,則亦成為潛能,而與官體相

---

[97] 所謂:「若順私意滾去,久之,且任私意自為詭辯,而以非為是,此謂自欺」。熊十力:《新編讀經示要》,頁131。
[98] 同前註,頁82。
[99] 同前註,頁75。
[100] 同前註。

順應。……。「習氣」不可遮,即本能不能否認也。夫「虛靈不昧」者,既為官體所役,而至物化,則不得謂之「本心」;「習氣」又「物交物」之餘勢,明明非「本心」。[101]

此處,將「靈明」即「道心」(即「本心」)的作用,與「習氣」即「人心」的作用,兩者對舉來說。熊先生在闡釋《大學》的「正心」與「誠意」時,則深入的敘述了「私欲」生發乃至橫流的狀態:

愚謂「意」者,「心」之所發,「心」無不正,「意」亦無不正。然而「意」發時,畢竟有不正者。則此不正,非是「意」,乃與「意」俱起之「私欲」也。「私欲」亦名「人心」。「意」乍動時,「私欲」亦隨起,曰「俱起」。常途云「理欲交戰」,亦有以也。……。惟「私欲」與「意」雜處,故吾人每易從「私欲」,而陷於「自欺」。「自欺」者,「私欲」之動,將奪「意」以自逞;而「意」固未嘗不在,必不以欲之奪己為然也。【己者,設為意之自謂。】而吾人則恆從「欲」,而自作種種詭辯,若所「欲」之無甚害於本「意」,而不妨一遂其「欲」者。此之謂「自欺」。初念「自欺」,或猶知為「自欺」也;習之既久,則「人欲橫流」,真「意」泯沒。於是不復知為「自欺」,直以「人欲」為「天理」;而多行不義者且自居功德矣。人生至此,則人理已滅。[102]

從上可知,熊先生一方面區分「本心」與「私欲」,凡由「本心」所顯發的「靈明」、「意」,都有天道本體作為必然的根源,而「私欲」是人類在後天經驗中所衍生。在人類意識流行的當下,不一定能直覺「私欲」有別於整個意念,所謂「私欲與意雜處」。所以,他指出這是一般人習以為常的錯覺。人類經驗中「私欲」無所不在,是因為人類精神意識運作的機制裡,當「本心」發用開顯出「意」之時,「私欲」會自然伴隨而起。然而,後天經驗所衍生的

---

101 熊十力:《新編讀經示要》,頁134-135。
102 熊十力:《新編讀經示要》,頁164-165。

「私欲」卻會阻礙人類本來的意念,讓人執著於心所對象化的外在事物,造成「本心」意念無法再展示出來,這就是人類「物交物」、「物化」的表現;而後天一切的壞事與罪惡,都由此而起。經由熊先生的解釋,讓我們能體會到,一般人類普遍的後天經驗,都是處在「物化」的狀態之中。他亦提及,許多的「私欲」並不與本意相違背的,而人們一般會滿足這類「私欲」,卻由此養成了放心於滿足「私欲」的習慣。如此,人類是很容易陷入「物化」的陷阱的。在具體的實踐上,「本心」的作用與「私欲」是完全對立起來的。熊先生很清楚的將「私欲」區隔於整個「本心」顯發作用之外,是強調保任本性、修身工夫的必然性與必要性。「私欲」雖然無所不在而影響力極為強大,只要人們做「正心」、「誠意」、「致知」的保任本性工夫,就能免除「物化」之弊。而在一個人類不斷實踐保任工夫的歷程中,就是不斷活在「理欲交戰」的歷程中。

從「活生生的實存而有」而言,熊先生嚴厲對治「私欲」,展現出他自身工夫實踐的深刻體會。在他看來,當人類順從外在事物的吸引,讓「私欲」獲得滿足,就是陷溺在「存有的執定」現象世界的層面,無法歸復「存有的開顯」再上遂到「存有的根源──X」。如此,人類已毫無內聖工夫的實踐,人的生命僅停留在外顯的「物質化」的身軀。

四、落實王道有待聖賢領導

在熊先生整體性存有觀的系統中,其「物」論是在「活生生的實存而有」中展開的。對於人類而言,所有的外在事物,都是關聯著其心體意識對象化的活動的。於是,在人類與外在事物聯繫為一的時候,其心體意識的作用,就會展現出「物」的兩種潛在的面向:其一,當人類能夠落實保任本性的內聖工夫(成為聖賢或聖王),達到消極上不宰制,積極上促成諸事物的生存價值,以達到「官天地,府萬物」的狀態,這是「物」正面意義的呈現。其二,當人類無法實踐保任本性的內聖工夫,其行為順從「私欲」而行,致使其生命「物化」乃至「宛然一物」的狀態,這是「物」負面意義的呈現。「物」的客觀內涵,本身並不構成正面或負面意義,故而我們必須承認其本然的「中性」義;

而「物」至於人類會呈現出正、負兩面，全繫於人類的修身工夫而定。原則上，在現實的世界裏，外在事物對於處在同一時空的每一個人，可能存在著相對的意義。對於具有聖賢德行者，外在事物將展現出本身存在最恰當的價值（「府萬物」）；但對於「私欲」作祟的一般人，外在事物成為了他們所陷溺於執取的物質對象。

從熊先生《讀經示要・第一講》的外王學維度，外在事物之於人類的價值，並不僅作為自然科學的對象。他很清楚物質對於中國邁向現代化是最重要的基礎資源，曾說：「若夫資生之具，人生不可或無，則備物致用尚焉。求豐於神，而不惜絕物，少數人以是孤修則可；率群眾為之，則貧於物者，將累其神。吾《易》已知此，而以制器尚象，則物用不匱，而群生亦得有開通神智之餘裕。《易》之言『大有』者，崇神而備物。物備，則眾人之神得伸，故備物所以全神也」。[103]在國家社會中，需要充足的物質基礎才能養活大量的群眾，人類缺乏財物不可能維持精神層面的德性生活。[104]另一方面，他承認現實中的人類，存在著氣質上的差異性，所謂「智愚、強弱、眾寡、勇怯，終古千差萬別，無可言齊」。[105]所以，人類一方面非接觸、運用種種外物不可；另一方面，人類氣性的必然差異，卻不能確保人類普遍落實保任本性以對治「私欲」。如此一來，整個社會就很難往「官天地府萬物」的理想境地發展，只能不斷陷溺於「物化」的窒礙之中。就此，他說：「庸眾之道德，發於自覺者少，依於習成者多」。[106]為了要引領一般大眾走向修身的道路，他亦提出了需要有「聖人」、「大力者」或「大聖者」這類先覺者，[107]以推動所有後覺者。雖然，熊先生所構想「官天地府萬物」是要全公滅私的，但他不能否認人類在歷

---

[103] 熊十力：《新編讀經示要》，頁38。
[104] 熊先生亦說：「人生不能離萬物而生活。申言之，人生有實際生活，即不能不設定有外界。而對於外界之了解，與改造之希求，自為所不容已者」。同前註，頁39。
[105] 同前註，頁112-113。
[106] 同前註，頁113。
[107] 熊先生曰：「《春秋》、《中庸》托文王，《尚書》始堯舜，皆以為有聖人興，方可為世界人類作領導。……。一國之內，往往有一大力者出，足以振動世界，則欲全人類躋於大同，亦必有大聖者出，方可轉移一世。人群賴有領導，固歷史所明示也。……《易》乾之《象》曰：『首出庶物，萬國咸寧。』蓋言聖人領導群倫，而萬國和同」。同前註，頁111。

史的初期,需要建立於一個保全私家的政治體制。[108]在討論「仁民愛物」的社會實踐時,他甚至同意保留小家庭制的部分私有權。[109]

這裏確實需要一種合理的詮釋。熊先生「活生生的實存而有」所開展的內聖工夫,是人類普遍皆能實踐的,但卻不可能確保現實中每個活著的人在都能實踐。那麼,外在「官天地府萬物」的王道境地,就成為永遠無法實現的理想「烏托邦」?不然。所以他提出在現實中需要有「聖人」、「大力者」或「大聖者」,通過內聖工夫的落實,才能逐步開顯出落實邁向王道境地的現實途徑,以鼓勵、推動中等與以下氣質的絕大部分人類逐步落實王道境地的內、外修為。由此可見,熊先生所討論的內聖工夫,與其自我修行的經驗,有密切的關聯性,他要自己踐行希聖希賢的內聖工夫,其志向之堅定,表現在其強調對治「私欲」的嚴厲態度之上。依此,在聖賢、聖王缺席的時代,人類將普遍陷入「頑然一物」或「人化物」的境地,這也是「物欲橫流」的結果。

在面向現實世界,「官天地府萬物」似乎成為了永遠的理想目標,而熊先生則提出了「願欲」之說:「夫人類元有智愚、強弱、眾寡、勇怯,種種不齊,而道德又不能日新無已,勢將發生禍變,則謂大同之世,人各自由,人皆平等,無待立政府,無須有執政者。此固人生最高願欲,所當懸的以趣,不容自餒者也」。據熊先生文中義理思想的設定,人類要完成「人生最高願欲」,就是以王道的境地為其不斷精進的目標,且以實踐免於「物化」的保存本性工夫作為基礎。

五、結論

本文初步檢視《讀經示要·第一講》的內容,發現熊十力先生延續了其在

---

108 熊先生說:「社會組織,與習俗等等之形成,政治上度制與權威等等之建立,其初容有不得不然」。熊十力:《新編讀經示要》,頁42-43。
109 熊先生說:「儒家言道德,必由親親而擴充之為仁民愛物。此其根本大義,不容變革者也。【……。】……。故小家庭制,未可全廢。小家庭既許存在,則極小限度之私有財力制,亦當予以並有。為維持其小家庭生活之便利,則保留相當之私有權,乃事勢之必然也。且人類若絕無私有觀念,亦不易競奮於事業。此又不可忽者」。同前註,頁110。

《新唯識論》所開創的「活生生的實存而有」的哲學體系，開啟一種儒家經典話語中的內聖、外王學的討論。《讀經示要・第一講》的外王學維度的展開是清晰可見的。本文嘗試探討其「物」論，除了知識論的重要性，更需要關注其外王學，如何與外在現實世界的物質關聯在一起。熊先生吸收了傳統儒學的內聖、外王學的理論，在「活生生的實存而有」展開了人類必須由「存有的執定」歸復「存有的開顯」，再上遂於「存有的根源──X」的內聖途徑，才能重新在「存有的執定」層，落實「官天地府萬物」的王道境地。誠然，人類要在「存有的執定」所確立的外在世界開展外王學的理想，不能缺乏對於外在知識的把握。這是熊先生在文中會通朱、王的理論需求性，他在闡釋明明德、新民、至善、修身、正心、誠意、致知時，突顯了「本體良知顯發」的義涵；同時，接受朱子以「即物窮理」釋「格物」義，表現吸收外在世界知識的必要性。在「活生生的實存而有」之中，「本體良知」就其內聖工夫的途徑上有其優位性，不過「以主攝客」的吸收外在知識，只要不妨礙到內在的道德實踐，在他看來是沒有問題的。

　　本文通過熊先生由「活生生的實存而有」出發的哲思，能夠解釋其「物」論中正、反兩面的描述：「官天地府萬物」和「頑然一物／人化物」。在熊先生的存有學裏，人類所聯繫的整個現象世界，是「存有的執定」，一直歸復到「存有的開顯」，其意識是染執的權體；通過本心體知本性的內聖工夫途徑，得以上溯到「存有的根源──X」（即「天道」），體悟「透明性」和「空無性」，且轉出重新面向、調節「存有的執定」層的「明覺性」和「自由性」，在現實世界具體展現出來，得以形構「官天地府萬物」的王道境地。另一方面，對於內聖工夫的實踐，熊先生深有體悟且懷著極大的志向。他認為當人類無法實踐內聖工夫，即無法上溯於「存有的根源──X」，其本身缺乏本心顯發的作用，就是「物化」，稱作「頑然一物／人化物」。所以，「官天地府萬物」和「頑然一物／人化物」表面上是正、反兩面的概念，實際上在「活生生的實存而有」中可以連續在一起。

　　在《讀經示要・第一講》之中，熊先生的「物」論是在其存有學的脈絡中所開顯的，表現出其哲思強大的系統性。由其「活生生的實存而有」所開顯的

生活世界，人類經驗中的意識必然是染污的，故而必定要做內聖工夫，其內聖工夫確保了智慧的開顯，也確保了建構王道世界的創造性動力。他主張「萬物同源於道」，讓人類與諸事物共享了存有的根源性，共同保有其存有的獨立性與個體性的價值。由此，筆者提出人類以外的諸事物，就其自然的存有上具有「中性義」，就是其內在本然的價值，不必由人類的道德話語判斷所認定。強調這點，是要避免讀者誤會熊先生「物」論的正、負面描述，是在指涉諸事物本身的價值判斷。換言之，人類以外諸事物本身創造性的動力，並不在熊先生系統的考慮之中。他只能考慮人類的「活生生的實存而有」之開展，而且是從他自身生命實踐的志向、期許與經驗，逐步的開展出去。所以，熊十力著作中嚴厲對治私欲，以「頑然一物/人化物」的陷溺加以勸誡的，固然有普遍性。但他的出發點並非要嚴厲的責難他人，更多的是對於自身曾經陷溺私欲深淵的懊悔與深切反省。熊先生承認，現實中國家社會的物質條件是內聖、外王得以落實的重要外因。我們大致能確認，至少在《讀經示要・第一講》之中，熊先生並未描述當落實「官天地府萬物」的王道境地，物質的價值內涵。再者，他的整套內聖外王的理想得以落實下來，難免於需要有聖賢、聖王提供創造性動力。我們唯一可以肯定的是，近兩百年來全球化資本主義的市場經濟，絕對不是熊先生所期待的王道境地，而其內聖外王學以及物論的義理，對當代「物欲橫流」的現實，充滿強大的批判性。

徵引書目

列子著，楊伯峻集釋：《列子集釋》，北京：中華書局，2007年。

吳肇嘉：〈《莊子・應帝王》中「即內聖即外王」的應世思想〉，《清華中文學報》第5期（2011年6月），頁205-230。

吳肇嘉：〈論莊子「即內聖即外王」的實踐型態〉，《中正漢學研究》總第37期（2021年6月），頁193-216。

林世榮：《熊十力與「體用不二」論》，臺北：萬卷樓圖書股份有限公司，2008年。

林安梧：《中國宗教與意義治療》，臺北：文海學術思想研究發展文教基金會，2001年7月。

林安梧：《存有・意識與實踐——熊十力體用哲學之詮釋與重建》，臺北：東大圖書公司，1993年。

張汝倫：〈從「經學即理學」到「經學即哲學」——論經學與哲學的關係〉，《復旦學報（社會科學版）》第5期，2023年，頁13-23。

莊子著，郭象注：《莊子郭象注》，臺北：藝文印書館股份有限公司，2007年。

郭齊勇：《熊十力及其哲學》，北京：中國展望出版社出版，1985年。

景海峰：《熊十力哲學研究》，北京：北京大學出版社，2010年。

楊儒賓：〈莊子思想中作為他者之「物」——以工夫論為核心的思考〉，《清華學報》新54卷第2期，2024年6月，頁225-264。

廖崇斐：〈熊十力論哲學與經學——以《讀經示要》及《十力語要》為例〉，《興大中文學報》第19期，2006年6月，頁35-54。

廖崇斐：《熊十力經學思想研究》，臺中：國立中興大學中國文學研究所博士論文，2010年。

熊十力：《新編讀經示要》，臺北：明文書局，1987年。

蕭敏如：〈熊十力《讀經示要》與1930年代的讀經論爭〉，《國史館館刊》第72期，2022年，頁59-98。

簡逸光主編、林慶彰著作:《民國時期經學與經學家研究》,臺北:萬卷樓圖書
　　　股份有限公司,2020年。
島田虔次著,徐水生譯:《熊十力與新儒家哲學》,臺北:明文書局,1992年3
　　　月。

試探「伐」字雙音化現象：
以殷周春秋戰國語料為主的考察

許懿昀

國立臺灣大學中國文學系碩士生

摘要

　　雙音化理論今多談論《詩經》以降的先秦傳世文獻語料，較少提及出土文獻材料。本文擬以當今語言學家對雙音詞之定義，先綜合一套判定雙音詞的標準，再依序考察甲骨文、金文與先秦傳世文獻語料，以先秦文獻中較常出現的「伐」字相關詞作為標準，探討「伐」字相關詞的雙音化演變進程，與現今雙音化理論有何異同，是否有可互相參照補充之處，並旁及漢語雙音化演變的原因。透過對「伐」字雙音詞的分析，甲骨文、金文中的「伐」字分析結果與部分理論有較大出入，但先秦傳世文獻中的「伐」字分析結果，大致演變方向則與當今理論相近。關於漢語雙音化緣由，本文認為在甲骨文中當已出現雙音詞，且雙音詞出現的動力為「精確表義」之需求。甲骨文中的雙音節結構透過「組塊」的心理過程，滲透進其他詞類，為周人所接納後，逐漸開始誕生大量雙音詞，此乃出於「精確表義」而無形中使漢語語言系統產生變化的過程，直至進入春秋戰國時期，因韻尾、聲調的變化，方進入雙音詞高速發展之階段，到漢代時雙音詞便成為主流構詞手法，漢語至此轉型為雙音節音步語言。

關鍵詞：伐、雙音化、雙音詞、精確表義、組塊

---

* 臺北：臺北市立大學出版中心，2024年12月，頁353-403。

一、前言

　　雙音化是現代漢語中十分突出的現象，與文言文單音成詞的情況有明顯區別，學者對此也多有討論。馮勝利以韻律句法的角度，在〈韻律促發的句法運作〉一文中，提到在秦漢時期，雙音節短語滲透到動詞領域，並產生了大量雙音節動詞。[1]故本文欲從動詞下手，以從甲骨文到春秋戰國傳世文獻中都十分常見的「伐」字作為研究對象，透過研究「伐」字作為單音詞與雙音詞的演變情況，結合其他學者提出的雙音化理論，試圖推演出先秦時期動詞雙音化演變的進程。

二、研究方法

　　本文的研究語料多來自於網路資料庫，如小學堂、[2]漢達文庫、[3]殷周金文暨青銅器資料庫、[4]中央研究院上古漢語標記語料庫，[5]以及傳世典籍、近代學者的研究論著，並經由統合多位學者的意見後，將判定雙音詞的方法界定為下列四項：

（一）彼此原義融合成一個新義

　　此項包括原有詞義失落；在兩詞原義上新增義項；從原義引申出新義；或是兩個同義或近義詞結合，形成更概括的意義等四種細項。[6]

　　原有詞義失落者，例如「窗戶」一詞，現今使用上多專指窗，門的意義已

---

[1] 馮勝利：《漢語韻律句法學》（增訂本）（北京：商務印書館，2013年），頁237。
[2] 小學堂：https://xiaoxue.iis.sinica.edu.tw/
[3] 漢達文庫：https://www.chant.org/search/Major
[4] 中央研究院歷史語言研究所金文工作室：「殷周金文暨青銅器資料庫」，https://www.ihp.sinica.edu.tw/~bronze/
[5] 中央研究院上古漢語標記語料庫：http://lingcorpus.iis.sinica.edu.tw/ancient/
[6] 馬真：〈先秦複音詞初探〉，《北京大學學報》第5期（1980年），頁54-58。

失落。[7]「左右」一詞,不單指左方與右方,而能指「近側」、「近旁」,此為新增的詞義;而其「近臣」、「輔佐」義,則為引申出來的新義項。[8]「道路」的「道」與「路」雖是近義詞,原先詞義亦有細微差別,[9]二者結合後統指「道與路」,形成更概括的概念。[10]

因先秦傾向使用單音詞,故習言「道」與「路」,若文獻中常見使用「道路」一詞,則可知文獻作成的時代應已是雙音化現象較成熟的年代。

(二) 組合成分不可分離

以下舉反例來說明。

雙音詞中間不可插入其他成分,若可拆開使用,也不算詞,而是詞組。如:

(1) 公子鮑美而艷。(《左傳·文公十六年》)[11]

「美」與「艷」中插入了連接詞「而」,可知「美艷」在此並非雙音詞。

(2) 故定理有存亡,有死生,有盛衰。夫物之一存一亡,乍死乍生,初盛而後衰者,不可謂常。(《韓非子·解老》)[12]

(2) 例中的「存亡」、「死生」、「盛衰」在同一語言環境中,有連用也有分用,故此處這三個詞應分析為詞組。[13]

---

7 董秀芳:《詞彙化:漢語雙音詞的衍生和發展》(成都:四川民族出版社,2002年),頁51。
8 唐鈺明:《著名中年語言學家自選集:唐鈺明卷》(合肥:安徽教育出版社,2002年),頁118。
9 《周禮·地官·遂人》:「千夫有澮,澮上有道;萬夫有川,川上有路,以達于畿。」鄭注:「涂容乘車一軌,道容二軌,路容三軌。」參〔東漢〕鄭玄注、〔唐〕陸德明釋文:《周禮》(北京:北京大學出版社,2021年,日本足利學校藏國寶及珍稀漢籍十四種),冊二四,頁132。
10 馬真:〈先秦複音詞初探〉,頁55。
11 楊伯峻:《春秋左傳注》(高雄:復文圖書出版社,1990年),頁620。
12 陳奇猷:《韓非子集釋》(上海:上海人民出版社,1974年),頁369。
13 程湘清:《先秦漢語研究》(濟南:山東教育出版社,1994年),頁64-66。

（三）存在附加成分

(3) 子路<u>率爾</u>而對曰（《論語・先進》）[14]

(4) 豺虎不食，投<u>畀有北</u>；<u>有北</u>不受，投<u>畀有昊</u>。（《詩經・小雅・巷伯》）[15]

不論作為前綴還是後綴，只要有附加成分，如例（3）、（4）中的「爾」與「有」，便應將該詞析為雙音詞。[16]

（四）使用頻率夠高[17]

　　受限於語料性質，從文獻中不一定能觀察到一個詞完整的使用情況。甲骨文多記載祭祀、戰爭、田獵等占卜紀錄，或是其他記事刻辭，但在商代已有青銅器的情況下，屢見祭祀卜辭的甲骨文中卻不見「金」字，[18]而金文則因常記載君王賞賜銅料或作器理由而多見「金」字；另外，此次研究的「伐」字，以及義近的「攻」字也完全沒有出現在《儀禮》中，顯示出不同文本強烈的記錄傾向。

　　即便如此，還是可以嘗試尋找雙音詞的使用頻率作為參考。程湘清透過對《孟子》雙音節詞彙的考察，認為基本上出現三次以上的詞語就可以算是雙音詞。有少數詞語可能與文獻的文體、內容，或是雙音詞產生形式有關，僅出現一兩次，但若符合上述其他區分規則來看，也可算是雙音詞，故出現頻率較低者不一定非雙音詞，須審慎判別詞義。[19]

---

14 程樹德：《論語集釋》（北京：國立華北編譯館，1943年），頁692。
15 裴普賢：《詩經評註讀本》（臺北：三民書局，2008年），頁518。
16 馬真：〈先秦複音詞初探〉，頁57。
17 唐鈺明：《著名中年語言學家自選集：唐鈺明卷》，頁118、頁119。
18 伍宗文：《先秦漢語複音詞研究》（成都：巴蜀書社，2001年），頁322。
19 程湘清：《先秦漢語研究》，頁79。

三、「伐」字分析

以下按照時代順序，以甲骨文、金文、先秦傳世文獻的次序分析「伐」的使用情形。

（一）甲骨文

甲骨文中的「伐」字从人从戈，象戈砍人頭（圖一），本義即「砍擊人頭」，引申為「殺伐」、「征伐」，以及祭祀動詞，即「砍人頭以祭」；後來「伐人頭」義使用範圍擴大，旁及「伐物牲頭顱」。[20] 又由祭祀動詞引申出「伐祭」、「用作伐祭的人牲」，也可作為人牲的單位，以及人名、殷先公名。[21]

圖一　伐字甲骨文寫法（《合》6203）[22]

伐原為動詞，後引申出名詞義，在甲骨文中屬兼類詞。[23]

在甲骨文中，「伐」的使用情況，除去單個詞使用的，大約有如下幾種用法：〔伐＋某方〕、〔伐＋數詞＋犧牲〕、〔數詞＋伐〕、〔伐＋于＋犧牲〕、乎伐、及伐、以伐、[24] 㞢伐、[25] 彳伐、㞢彳伐、酒彳伐、酒伐、刉伐、酒彳歲伐、歲伐、宜伐、酒宜伐、酉伐、卯伐、伐卯、帝伐、用伐、改伐、舌伐、御伐、

---

20 程湘清：《先秦漢語研究》，頁65。
21 徐中舒：《甲骨文字典》（成都：四川辭書出版社，1993年），頁894、895。
22 圖源：小學堂（https://xiaoxue.iis.sinica.edu.tw/）。
23 張玉金：《甲骨文語法學》（上海：學林出版社，2002年），頁12。
24 姚孝遂：《殷墟甲骨刻辭類纂》（北京：中華書局，1989年），頁888-894。
25 祭祀動詞「㞢」、「又」為同一詞在不同時期的不同寫法，現今隸定又多寫為「有」或「侑」，作為祭祀動詞使用時，「㞢」、「又」、「有」、「侑」實為同一詞。此處為避免冗贅，不分別寫出不同字形，只以「㞢」指代所有字形。

皿……伐、屮卯于祖先伐、賓伐、〔賓祖先伐＋數詞＋犧牲〕、取……伐。[26]

這些用例大致可分為以下幾類：

1. 伐＋賓語／介詞組

包括〔伐＋某方〕、〔伐＋犧牲〕、〔伐＋介詞＋祖先名〕。此類「伐」單用，後面直接帶賓語，或是帶介詞短語。

（5）貞：王勿令畢以眾伐舌方。(《合》28，典賓)

（6）大乙伐十羌。(《屯》2293，歷二 C2)

（7）□亥卜：帝伐自上甲。用。(《合》34050，歷二 A1)

（5）的賓語是方國名，（6）的賓語是犧牲，（7）後面接了「自」作為介詞，以介詞短語作為對象補語。[27]

2. 征伐動詞連用

包括「及伐」、「以伐」、「乎伐」等。

其中只有「及伐」目前的用例都是連用，而「以伐」、「乎伐」中間都可插入其他成分，「以伐」中可插入「王」(《合》880正)；「乎伐」則常常插入王所指派的將領，意為「王使某人征伐某地」，如「……勿乎廩伐……」(《合》7596)。[28]

「及」的本義為「追及」，在甲骨文中有名詞與動詞的用法，其並列連詞用法是直到周代金文才出現的。「及伐」應為「追及並討伐」之意，[29]此處的「及」與「伐」有時間先後的順序，因為要先追上才能討伐，若解釋為「追上

---

[26] 劉海琴：《殷墟甲骨祭祀卜辭中「伐」之詞性考》(上海：華東師範大學中國語言文學系博士論文，詹鄞鑫教授指導，2006年)，頁10。「皿……伐」在原文中釋為「敦……伐」，今據裘錫圭〈釋殷虛卜辭中的「󰀀」「󰀁」等字〉一文改釋為「皿……伐」。

[27] 鄭繼娥：《甲骨文祭祀卜辭語言研究》(成都：巴蜀書社，2007年)，頁57、68。

[28] 姚孝遂：《殷墟甲骨刻辭類纂》，頁893、894。

[29] 張學瀾：〈甲骨文「及」字用法考察〉，《殷都學刊》(2019年)，頁38、40。

後討伐對方」，則兩個詞的意義顯已融合成一個新的概念，但連動結構中，兩個詞本來就有時間先後的順序，若是新義只有連動結構所賦予的先後順序義，則不一定能當作判定為雙音詞的基準。

3. 動賓結構

此類中「伐」用作名詞，意指用於祭祀的犧牲或犧牲單位。

屬於此類的有：屮伐、屮彳伐、酒彳伐、酒伐、刉伐、酒彳歲伐、宜伐、酒宜伐、㬅伐、卯伐、帝伐、飲伐、舌伐、御伐、皿……伐、又卯于祖先伐、〔賓祖先伐＋犧牲〕、取伐。[30]

這種用法大部分都可在中間加犧牲的數量詞或是祭祀的祖先名，並非必須連用而不可拆分，有時祭祀動詞前面還會加上其他祭祀動詞，形成兩到三個祭祀動詞連用，再加上犧牲名詞的用法，如「<u>屮彳伐十五歲</u>十牢上甲」(《合》32200)，其中「屮彳」與「歲」為祭祀動詞。[31]可知祭祀動詞與作為犧牲的伐關係鬆散，故這些詞語只是動賓詞組，並非雙音詞。

4. 祭祀動詞組

此類包括：彳伐、屮彳伐、歲伐、賓伐。[32]

「屮彳伐」有第三類的用法，同時也有第四類，將「伐」作為動詞的用法。此類中「屮」、「彳」、「歲」、「賓」與「伐」皆為祭祀動詞，為兩個或三個祭祀動詞連用的情況。前文提到祭祀動詞間的關係並不十分緊密，故「彳伐」、「屮彳伐」、「歲伐」與「賓伐」也應非已固化的詞，而只是詞組。

此類中的祭祀動詞組也常作〔祭祀動詞組＋犧牲〕的形式，與第三類的區別在於第四類中的「伐」是作為動詞使用。

值得注意的是，第四類的祭祀動詞組，都不約而同將伐字放在後面，這

---

[30] 劉海琴：《殷墟甲骨祭祀卜辭中「伐」之詞性考》，頁155、179、198、204、207、208、215-219、221、222。

[31] 同上註，頁144。

[32] 同上註，頁129、152、200、221。原文中將「賓」釋為一般動詞，為「往」之意，此處從舊說，釋為祭祀動詞。

種情況可能與個別動詞的語法沒有太大關係，因為在鄭繼娥的分類中，「歲」與「伐」同屬於乙類祭祀動詞，用法是接近的，且前文已提及，相較於「歲」，「伐」後面直接帶對象賓語的情況更稀少，而「歲」卻可以直接帶對象賓語。[33]

（8）己丑卜：歲父丁戊㞢。（《合》22073）

在〔動詞＋犧牲賓語〕的結構中，將後面多接介詞短語的詞放在祭祀動詞組的最後，有些不太合理。推測可能是因為「彳」、「歲」、「賓」、「伐」四個詞中，只有「伐」是兼類詞，同時具有動詞與名詞屬性，而「彳」、「歲」、「賓」皆只能作動詞，故在〔動詞＋犧牲賓語〕的動賓結構中，將具有部分名詞屬性的「伐」放在後面，將只有動詞屬性的詞集中於前面。

　　至於「㞢」在「伐」前面可能有另一層原因。劉源推測「㞢」由具體的「進獻牛首」之意，擴大為抽象的「進獻一切祭品」，且不侷限於動物犧牲，故除了〔㞢＋犧牲〕外，也有「㞢鬯」（《合》15616、《合》15617）這種後面接祭祀動詞的用法，在甲骨文中的位置較為靈活。因「㞢」用法變得寬泛，[34]因此與祭祀動詞連用時，通常位於前面的位置。

5. 其他

　　其餘因數量太少難以自成一類的有〔數詞＋伐〕、伐卯與用伐。

　　〔數詞＋伐〕結構中，「伐」作為犧牲的單位，人牲一人稱一伐，如「五伐五牢」（《合》925）。雖然第三類中的詞如果中間插入數詞，也會形成〔祭祀動詞＋數詞＋犧牲單位〕的結構，但由於〔數詞＋伐〕結構中並沒有動詞，且有「五伐五牢」（《合》925）[35]這種完全沒用到動詞的文例，故不將〔數詞＋伐〕的用法放入第三類。

---

33 鄭繼娥：《甲骨文祭祀卜辭語言研究》，頁56。
34 劉源：《商周祭祖禮研究》（北京：商務印書館，2004年），頁28。
35 徐中舒：《甲骨文字典》，頁894。

「用伐」也是與祭祀相關的動賓結構，但「用」可能不是描述如何祭祀的祭祀動詞，而是指「在祭祀時占卜犧牲的種類和數量」，為一種特殊用法。

而「伐卯」是省略犧牲，將兩個作為殺牲法的祭祀動詞連用，是〔伐＋犧牲，卯＋犧牲〕的省略用法，故表面上看似是祭祀動詞組，實則不然。[36]

6. 小結

綜觀甲骨文中「伐」一詞的用法，與其他詞連用時，皆只是將本義堆疊起來，並沒有融合成一個完整的意義，不見任何雙音詞，無論是用作動詞還是名詞皆然。

（二）金文

金文「伐」同樣从人从戈，象戈伐人頭，與甲骨文「伐」意思相去不遠，但不見「伐」用作與祭祀相關的用法，皆為「征伐」義。

圖二　兮甲盤，西周晚期，《集成》10174[37]　　圖三　伐甗戈，商代晚期，《集成》10873[38]

金文中「伐」作為動詞時，單用的次數為37次，與其他詞同用的次數為13次。同用的情形有：戠（翦）伐、束伐、❀伐、令伐、搏伐、各（格）伐、臺（敦）伐、來伐、于伐／于征伐、內伐、❀（懲）伐、廣伐、敢伐。[39]

按結構可進行以下分類：

---

[36] 劉海琴：《殷墟甲骨祭祀卜辭中「伐」之詞性考》，頁214。
[37] 圖源：小學堂（https://xiaoxue.iis.sinica.edu.tw/）。
[38] 同上註。
[39] 莊惠茹：〈金文「某伐」詞組研究〉，《古文字研究》（第二十七輯）（北京：中華書局，2008年），頁239-243。本來文中尚有分出「元伐」一詞，但因該器殘泐，無法確定該字是否為「元」，故此處刪去不討論。

1. 動詞連用

此類包括：戲（翦）伐、束伐、𢦏伐、令伐、搏伐、各（格）伐、臺（敦）伐。

A. 戲（翦）伐

共出現八次。其中「戲伐」六次，「翩伐」兩次。

（9）我□命戲伐南夷（《應侯見工鼎》，西周中期，《新收》1456）

（10）王敦伐其至，戲伐厥都（《宗周鐘》，西周晚期，《集成》00260）

（11）戲伐鄂侯馭方，勿遺壽幼。（《禹鼎》，西周晚期，《集成》02833）

（12）戲伐鄂侯馭方，勿遺壽幼。（《禹鼎》，西周晚期，《集成》02834）

（13）敢不用命，則即刑厂戲伐（《兮甲盤》，西周晚期，《集成》10174）

（14）盜政四方，戲伐楚荊（《逨盤》，西周晚期，《新收》757）

（15）專受天命，翩伐夏后（《叔夷鐘》，春秋晚期，《集成》00276）

（16）專受天命，翩伐夏后（《叔夷鎛》，春秋晚期，《集成》00285）

劉釗以郭店、包山楚簡的字形進行分析，認為「戲伐」應讀為「踐伐」，「踐」通「翦」，故「戲伐」即「翦伐」。[40]

而「翩伐」一詞只出現兩次，且為同文用例。

劉洪濤表示，叔夷鐘、叔夷鎛二器的銘文皆為《博古圖》摹本，因此有摹錯可能，而根據他的分析，劉洪濤認為「翩」與「戲」應為一字異體，「翩」

---

40 劉釗：〈利用郭店楚簡字形考釋金文一例〉，《古文字研究》第24輯（北京：中華書局，2002年），頁277-281。

應為「戮」的訛字或誤摹，[41]王寧從其說，[42]故將「刷伐」歸進「戮（翦）伐」一類。

「翦」有「殺」義，而「翦伐」有「斬盡殺絕」的意思，[43]「翦」、「伐」二字合成後凝結出新義。「戮（翦）伐」一詞見於西周中晚期與春秋晚期的銅器銘文中，集中出現在西周晚期，且在金文中，並無在同一語言環境中，將「翦」、「伐」拆開使用的情形。雖在同為西周作品的《詩經‧召南‧甘棠》中，有二字分開使用的情形：「蔽芾甘棠，勿翦勿伐。」[44]但此處的「翦伐」為修剪枝葉、條榦之意，並非戰爭動詞，加上排除同文例，「戮（翦）伐」的用例多達六例，因此按照本文判定雙音詞的標準，將「戮（翦）伐」視為並列雙音詞。

B. 束伐

僅出現一次。

（17）王束伐商邑（《沬司徒疑簋》，西周早期，《集成》4059）

陳夢家將「束」讀為「刺」，《爾雅詁林》：「刺，殺也。」[45]《廣雅疏證》：「伐，殺也。」[46]「刺」、「伐」同義，「束伐」為「攻擊」的意思。[47]根據前文界定雙音詞的第一條規則：「兩個同義或近義詞結合，形成更概括的意義」，便可界定為雙音詞，但由於「束伐」僅有一例，不能排除此處為同義動詞連用的

---

41 劉洪濤：〈叔弓鐘及鎛銘文「劃」字考釋〉，復旦大學出土文獻與古文字研究中心，http://www.fdgwz.org.cn/Web/Show/1164#_edn8，2010年5月29日。
42 王寧：〈叔夷鐘鎛銘釋文補釋〉，復旦大學出土文獻與古文字研究中心，http://www.fdgwz.org.cn/Web/Show/1921#_edn20，2012年9月3日。
43 于秀玲：《金文文字考釋匯纂》（長春：吉林大學古籍研究所碩士學位論文，何景成教授指導，2016年），頁363、364。
44 裴普賢：《詩經評註讀本》，頁37。
45 朱祖延：《爾雅詁林》（武漢：湖北教育出版社，1998年），頁300。
46 〔清〕王念孫：《廣雅疏證》（北京：中華書局，1983年），頁40。
47 莊惠茹：〈金文「某伐」詞組研究〉，頁240。

情形,故暫不將「束伐」視為雙音詞。

C. 叕伐

出現兩次,但屬於同文例,因此準確來說只出現於一種語境中。

（18）以師氏眾有司後國叕伐貊（《䚄鼎》,西周早期,《集成》2740）
（19）以師氏眾有司後國叕伐貊（《䚄鼎》,西周早期,《集成》2741）

「叕」字今多視為「捷」之古文,但有一說根據連動結構的動詞有時間先後的特性,加上䚄鼎的例子為命令句,認為「捷伐」作為後驗性的詞語,不符合語境,故改釋為「制伐」。[48]《廣雅疏證》:「裁、宰,制也。」[49]是「為制服、宰制敵人而征伐」。與「束伐」相同,因例證太少,不足三個,無法排除作為一般動詞連用的情況,故「叕伐」並非雙音詞。

D. 令伐

連用的「令伐」僅出現一次。

（20）唯妣令伐夷方（《文父丁簋》,商代晚期,《集成》4138）

金文的「令伐」與上文甲骨文的「乎伐」義近,皆為王命令某人去征伐、討伐,中間都有省略人名,「令伐」是「令某伐」的省略形。[50]

（21）唯王令明公遣三族伐東國（《明公簋》,西周早期,《集成》4029）

故「令伐」並非雙音詞。

---

48 莊惠茹:〈金文「某伐」詞組研究〉,頁240。
49 〔清〕王念孫:《廣雅疏證》（北京:中華書局,1983年）,頁142。
50 莊惠茹:〈金文「某伐」詞組研究〉,頁240。

E. 搏伐

「搏伐」可寫作「𤼲伐」、「博伐」，其中「𤼲伐」出現一次，「博伐」出現兩次，總共三次。

（22）𤼲伐玁狁（《虢季子白盤》，西周晚期，《集成》10173）
（23）博伐楚荊（《子犯鐘》，春秋早期，《新收》1009）
（24）博伐楚荊（《子犯鐘》，春秋早期，《新收》1021）

金文中從「尃」的有五個字，分別為：搏、𤼲、戟、厚、博，皆有「搏擊」、「搏鬥」義。在原句中「𤼲伐」的賓語是玁狁、楚荊，既如此，「𤼲伐」意思應為「搏擊並征伐」。子犯鐘的兩個例子屬於同文例，嚴格來說，子犯鐘的例子可能只能算作一種用法，用例不多，加上此處的「搏伐」一詞，又與連動用法中，兩個動詞按時間順序排列的情形不相違，故本文並不將「搏伐」視為雙音詞。

F. 各（格）伐

「各伐」共出現五次，其中兩次為同文例。

（25）王初各伐玁狁于罶𩵋（《兮甲盤》，西周晚期，《集成》10174）
（26）汝以我車宕伐玁狁于高陶（《不其簋》，西周晚期，《集成》4328）
（27）汝以我車宕伐玁狁于高陶（《不其簋蓋》，西周晚期，《集成》4329）
（28）乃即宕伐于弓谷（《四十二年逨鼎（乙）》，西周晚期，《新收》745）
（29）乃即宕伐于弓谷（《四十二年逨鼎（甲）》，西周晚期，《新收》746）

「各伐」之「各」舊說視為「略」,「略」有「奪取」、「掠奪」義,此處的「略伐」為「攻取」之意。[51]後來又有新說認為「各伐」應為「格伐」,「格」即「格鬥」之「格」,表「格擊」義,或是將其讀為「格殺」之「格」。寫為「各伐」的例子僅出現一例,寫作「宕伐」的則出現四次,但有兩次屬於同文例。

沈培分析古文字材料中从「石」的字,發現其通假有一定規律,即从「石」得聲的字基本只與魚、鐸二部字通假,而不與陽部字相通,故反駁一般將「宕」與「蕩」通假的說法。其又根據从「石」、从「各」的字可以相通,得出「石」、「各」古時聲音相通,故「宕伐」可釋為「各伐」,即「格伐」。沈培同時提到「宕伐」出現的語境都是在作戰中追擊敵人,故「各伐」之意可理解為「追擊之後進行格殺」。但觀兮甲盤「王初各伐玁狁于䧅䖒」,則與「追擊」義相違,沈培對此沒有多加解釋,但提出兮甲盤的「各」可能有「來到」之意。[52]

若從沈培之說,則金文中「宕伐」將被釋為「各伐」、「格伐」,而原先的「各伐」則被釋為「來伐」。既然「宕伐」即「各伐」,又為何「宕伐」與原先的「各伐」不同義,甚至要再找其他詞義,使原先「各伐」的「各」不再是戰爭動詞?這個解法略顯曲折,加上「宕伐」嚴格來說,目前只見兩種用法,難以直接歸納其有「追擊」義。因此此處對於「宕伐」的「追擊」義持保留意見,並認為「宕伐」、「各伐」均為「格伐」,「宕」、「各」皆為戰爭動詞,表「格擊」義。

與上文的「搏伐」相類,因用例不多,且用連動用法解釋也可通,故本文並不將「各(格)伐」視為雙音詞。

G. 敦(敦)伐

出現四次,其中兩次為同文例。

---

51 張世超、孫凌安、金國泰、馬如森:《金文形義通解》(京都:中文出版社,1996年),頁200。
52 沈培:〈西周金文「宕」字釋義重探〉,《中央研究院第四屆國際漢學會議論文集:出土材料與新視野》(臺北:中央研究院,2013年),頁390-393、409-412。

（30）王<u>敦伐</u>其至（《宗周鐘》，西周晚期，《集成》00260）

（31）<u>敦伐</u>鄂，休獲厥君馭方（《禹鼎》，西周晚期，《集成》02833）

（32）<u>敦伐</u>〔鄂，休獲厥君馭〕方（《禹鼎》，西周晚期，《集成》02834）

（33）自西北隅<u>敦伐</u>鄇城（《晉侯蘇鐘》，西周晚期，《新收》873）

甲骨文中常見「敦」字，「敦」多表示「攻伐」、「敦伐」，但「敦」在甲骨文中只有單用，並無「敦伐」連用的用法。

（34）庚午貞：辛未<u>敦</u>召方，昜日。允昜日，弗及召方。（《合》33028，歷二B1）

（35）壬戌卜，貞：王生月<u>敦</u>，昔翦，不▨…（《合》34120，師歷間）

「敦伐」在金文中共出現四次，分布在西周晚期，相較商代甲骨文單用的情況，可知從商晚期到西周晚期，「敦」與「伐」的關係漸趨緊密。「敦」、「伐」詞義相近，組合成概念更加籠統的「敦伐」一詞，出現次數超過三次，加上與甲骨文用法的對比，故本文將「臺（敦）伐」視為並列雙音詞。[53]

2. 趨向性動詞＋伐

此類包括：來伐、于伐／于征伐、內伐。

A. 來伐

僅一例。

（36）唯公太保<u>來伐</u>反夷（《旅鼎》，西周早期，《集成》2728）

「來」為趨向動詞，作「前來」、「前往」解，[54]與甲骨文中「及伐」有些相

---

53 莊惠茹：〈金文「某伐」詞組研究〉，頁241。

54 同上註。

似，都有明顯的時間順序，因為要先前往至當地才可進行討伐。「來伐」為「前來征伐」，沒有生出新義，字詞間的聯繫也不緊密，故與「及伐」一般，視為詞組。

B. 于伐／于征伐

「于伐」有兩例，但屬同文例，「于征伐」僅有一例。

（37）唯王<u>于伐</u>楚伯（《作冊矢令簋》，西周早期，《集成》4300）

（38）唯王<u>于伐</u>楚伯（《作冊矢令簋》，西周早期，《集成》4301）

（39）唯周公<u>于征伐</u>東夷（《䚄鼎》，西周早期，《集成》2739）

毛《傳》：「于，往也。」「于」也是趨向動詞，「于伐」即「往伐」，與「來伐」同義。

「征伐」為同義並列雙音詞，但僅有一例，且結構為「于征伐」，故置於此類。有一說將「于征伐」視為「征伐」一詞的繁形。[55]

姑且不論「于征伐」是否為「征伐」的繁形，「于征伐」一詞顯示「于伐」中間可以再插入其他詞，故「于伐」不可能為雙音詞，與「于伐」同義同構的「來伐」也應不是雙音詞。

C. 內伐

有三例，但其中二例為同文例。

（40）<u>內伐</u>溟、昂、參泉、裕敏、陰陽洛（《敔簋》，西周晚期，《集成》4323）

（41）齊將錢孔、陳璋<u>內伐</u>燕亳邦之獲（《陳璋䥶》，戰國中期，《集成》9975）

---

55 莊惠茹：〈金文「某伐」詞組研究〉，頁241。

（42）齊將錢孔、陳璋<u>內伐</u>燕亳邦之獲（《陳璋壺》，戰國中期，《集成》9703）

「內」為趨向動詞，意為「往內」。在文例中的意思為「往內地出兵」或「往內討伐」。[56]

「內伐」的意思不似「來伐」、「于伐」單純，且雖出現了三次，但其中兩次為同文，由於同構的「來伐」與「于伐」皆析為詞組，而後文又將義近的〔方位詞＋征〕分析為晚出的雙音詞，故此處將「內伐」當作一般詞組。

3. 副詞＋動詞

此類包括堂（懲）伐、廣伐。

A. 堂（懲）伐

僅一例。

（43）<u>堂</u>伐夷童（《史牆盤》，西周中期，《集成》10175）

史牆盤中的「堂」字（⿱）有人釋為「兇」、「懲」、「髟」、「長」等，[57]也有人釋為「刀」。

裘錫圭表示該字字形與「兇」、「長」皆不同，其從劉楚堂將「堂伐」釋為「懲伐」的說法，認為「⿱」字應為「堂」，「徵」可能為「堂」的後起繁體字，或是由「堂」得聲，「堂」與「徵」可通。

在甲骨文中「堂」多用為國族名，但裘錫圭認為史牆盤的「堂伐」應為「懲伐」，即《詩經‧魯頌‧閟宮》「荊舒是懲」[58]的「懲」，[59]鄭箋：「懲，艾

---

56 莊惠茹：〈金文「某伐」詞組研究〉，頁241。
57 姜欣然：《史牆盤銘文集釋（2001-2022）》（青島：青島大學中國古典文獻學碩士學位論文，張軼西教授指導，2023年），頁35、36。
58 裴普賢：《詩經評註讀本》，頁803。

也。」意為「懲創」、「創艾」，[60]「懲艾」即「為懲創而攻打」。

「𢦏（懲）伐」雖有結合不同詞義凝結出新義，但考量到僅有一例，故先視為動詞連用。

B. 廣伐

可見六例，其中兩例為同文例。

（44）廣伐南國、東國（《禹鼎》，西周晚期，《集成》02833）

（45）廣〔伐〕南國、東國（《禹鼎》，西周晚期，《集成》02834）

（46）廣伐京師（《多友鼎》，西周晚期，《集成》02835）

（47）馭方獫狁廣伐西俞（《不其簋》，西周晚期，《集成》4328）

（48）馭方獫狁廣伐西俞（《不其簋蓋》，西周晚期，《集成》4329）

（49）廣伐東國（《史密簋》，西周中期，《新收》636）

「廣」有「大」義，故「廣伐」為「大規模、大範圍地進攻」，[61]黃盛璋則將「廣」釋為「蠻橫」、「兇橫」的「橫」，認為「廣伐」為「蠻橫地征伐」，是貶義詞。[62]

不論「廣」究竟為「廣大地」還是「蠻橫地」，其皆作為「伐」的修飾語，與「伐」結合成了新的詞義，且出現次數超過三次，故應為偏正雙音詞。

4. 助動詞＋動詞

此類僅有「敢伐」。

---

59 裘錫圭：〈古文字釋讀三則〉，《裘錫圭學術文集》（第三卷）（上海：復旦大學出版社，2012年），頁429-433。
60 李圃：《古文字詁林》（上海：上海教育出版社，2004年），頁1067。
61 張世超、孫凌安、金國泰、馬如森：《金文形義通解》，頁2314。
62 于秀玲：《金文文字考釋匯纂》，頁114、115。

A. 敢伐

有三例，但皆為同文例，且其中兩例見於同一器物上。

(50) 淮夷<u>敢伐</u>內國（《彔尊》，西周中期，《集成》5419）
(51) 淮夷<u>敢伐</u>內國（《彔卣》，西周中期，《集成》5420）
(52) 淮夷<u>敢伐</u>內國（《彔卣》，西周中期，《集成》5420）

「敢」為意願類助動詞，意為「膽敢」、「敢于」，故「敢伐」為「膽敢來伐」。[63]
「敢」僅是助動詞，並非附加成分，且「敢伐」之意也只是兩個詞的意義疊合而成，故「敢伐」非雙音詞。

（三）先秦傳世文獻

此節包含《尚書》、《詩經》、《周易》、《儀禮》、《左傳》、《國語》、《論語》、《孟子》、《墨子》、《老子》、《莊子》、《荀子》、《韓非子》等傳世文獻中「某伐」或「伐某」的探討。

有「伐」字的詞包括：蒙伐、薄伐、征伐、斬伐、燮伐、侵伐、攻伐、功伐、軍伐、殘伐、殺伐、壞伐、積伐、攘伐、伐除、伐取。

以下將這些詞以並列、偏正與派生結構分類。

1. 並列結構

此類包含征伐、斬伐、燮伐、侵伐、攻伐、功伐、殘伐、殺伐、壞伐、積伐、攘伐、伐除、伐取。

A. 同義並列結構

包括斬伐、侵伐、攻伐、功伐、殘伐、殺伐、壞伐。

「伐」字本義前已有論述，為「以戈擊刺人頭」，並引申出「殺伐」、「征

---

[63] 莊惠茹：〈金文「某伐」詞組研究〉，頁242、243。

伐」義，在甲骨文與金文中皆主要使用「征伐」義構詞，尤其是金文。但到了春秋戰國時期，「伐」又多了其他的意義，茲將「伐」在春秋戰國時擁有的義項條列如下：

I. 殺

因具有「殺」義而與「伐」組成同義並列雙音詞的有「殺伐」與「殘伐」。

「殺伐」在先秦文獻中有兩例：

（53）孟子曰：「……太誓曰：『我武惟揚，侵于之疆，則取于殘，<u>殺伐</u>用張，于湯有光。』」（《孟子‧滕文公》）[64]

（54）今周見殷之亂而遽為政，上謀而下行貨，阻兵而保威，割牲而盟以為信，揚行以說眾，<u>殺伐</u>以要利，是推亂以易暴也。（《莊子‧讓王》）[65]

（54）例中「阻兵而保威」、「揚行以說眾」、「殺伐以要利」、「推亂以易暴」等句，大多以〔2＋1＋2〕的音節組成，可以看出作者是刻意在連接詞前後湊雙音節詞。

「殘伐」在先秦文獻中僅一例：

（55）今君王不察，盛怒屬兵，將<u>殘伐</u>越國。（《國語‧吳語》）[66]

「殘」一詞的「殺」義可見下例：

（56）放弒其君，則<u>殘</u>之。（《周禮‧夏官‧大司馬》）[67]

---

64 〔清〕焦循：《孟子正義》（石家莊：河北人民出版社，1986年），頁257。
65 〔清〕郭慶藩：《莊子集釋》（臺北：萬卷樓出版社，2007），頁1082。
66 徐元誥：《國語集解》（北京：中華書局，2002年），頁538。
67 〔東漢〕鄭玄注、〔唐〕陸德明釋文：《周禮》，頁257。

鄭玄注此處的「殘」即「殺」義。[68]

「殘」、「戕」同源,皆為從母字,陽元通轉。《說文》:「他國臣來弒君曰戕。」《小爾雅・廣言》:「戕,殘也。」《尚書・盤庚中》:「汝有戕。」《傳》:「戕,殘也。」[69]可知「殘」在先秦時早就被普遍用作「殺」義。

II. 傷害

「斬伐」在先秦有三例,見於《詩經》與《荀子》,《詩經》一例而《荀子》兩例,但只有《詩經》的例子是用作「傷害」義:

（57）降喪饑饉,<u>斬伐</u>四國。(《詩經・小雅・雨無正》)[70]

此處指飢荒殘害天下四方。

《爾雅詁林》:「劉、獮、斬、刺,殺也。」[71]「斬」有「殺」義,但此處與「伐」結合後,「殺」義減弱,而成「傷害」義。

III. 征戰

因具「征戰」義而與「伐」組成同義並列雙音詞的是「征伐」、「侵伐」與「攻伐」。

「征伐」見於《詩經》、《左傳》、《國語》、《論語》、《韓非子》,共有六例,其中《論語》有兩例。

（58）顯允方叔,<u>征伐</u>玁狁,蠻荊來威。(《詩經・小雅・采芑》)[72]
（59）故會以訓上下之則,制財用之節;朝以正班爵之義,帥長幼之

---

68 宗福邦、陳世鐃、蕭海波等:《故訓匯纂》(上海:商務印書館,2003年),頁1192。
69 轉引自王力:《同源字典》(北京:中華書局,2014年,王力全集),第13卷,頁387。
70 裴普賢:《詩經評註讀本》,頁486。
71 朱祖延:《爾雅詁林》,頁300。
72 裴普賢:《詩經評註讀本》,頁429。

序；<u>征伐</u>以討其不然。(《左傳·莊公二十三年》)[73]

(60) 遂南<u>征伐</u>楚，濟汝，踰方城，望汶山，使貢絲於周而反。(《國語·齊語》)[74]

(61) 孔子曰：「天下有道，則禮樂<u>征伐</u>自天子出；天下無道，則禮樂<u>征伐</u>自諸侯出。……」(《論語·季氏上》)[75]

(62) 近古之世，桀、紂暴亂，而湯武<u>征伐</u>。(《韓非子·五蠹》)[76]

「征」與「伐」在先秦單用的情況更多。

《孟子·盡心下》有言：「征者，上伐下也。」[77]《孟子·告子下》：「是故天子討而不伐，諸侯伐而不討。」焦循《孟子正義》：「討者，上討下也。伐者，敵國相征伐也。」[78]從《墨子·非攻下》中「昔者禹征有苗，湯伐桀，武王伐紂。」[79]也能看出「征」與「伐」用法的分立，有苗被古人認為是蠻夷，故用「征」，而桀與紂是君王，不可用上討下的「征」，故用「伐」。可知在戰國時期，「征」的詞義較「伐」狹窄而精確。

(61) 例中「禮樂征伐自天子出」一句，「禮樂」一詞明顯不僅指禮節和音樂，而是指整套道德禮儀的規範，與其並提的「征伐」自然也不會只是「征」與「伐」，而是彼此詞義已融合，形成更廣泛意義的雙音詞，此處「征伐」的「征」丟失了「上對下」的意義，「征伐」一詞表示一般的征戰，已沒有上下之分。

而《國語》中「南征伐楚」一例，受到雙音節音步與四字格現象的影響，四字句常常會被讀為〔2+2〕的節奏，[80]形成〔南征＋伐楚〕的結構，且「南

---

73 楊伯峻：《春秋左傳注》，頁226。
74 徐元誥：《國語集解》，頁233。
75 程樹德：《論語集釋》，頁990。
76 陳奇猷：《韓非子集釋》，頁1040。
77 〔清〕焦循：《孟子正義》，頁562。
78 同上註，頁496。
79 〔清〕孫詒讓：《墨子閒詁》(上海：上海書店，1992年)，頁92。
80 莊會彬、趙璞嵩、馮勝利：《漢語的雙音化》(北京：北京語言大學出版社，2018年)，頁194、195。

征」一詞在現代也已成詞,因此並不矛盾。但此處並非〔南征＋伐楚〕,而是「南」作狀語,「征伐」為動詞,「楚」為賓語,「南」修飾「征伐」,表示向南征伐。

先秦與後世多有〔方位詞＋征〕的用法,根據中研院語料庫,先秦與漢代以後的用例如:

(63)「肆朕誕以爾東征」(《尚書‧大誥》)[81]

(64)「故周公南征而北國怨,曰:『何獨不來也!』東征而西國怨,曰:『何獨後我也!』」(《荀子‧王制》)[82]

(65)「司馬景王東征,取上黨李喜,以為從事中郎。」(《世說新語‧言語第二》)[83]

(66)「吾東征呂布,倘若還朝,交你正受也。」(《三國志平話》)[84]

值得一提的是,在上古及中古文獻中,〔方位詞＋征〕的用法多為實指「向該方位征伐」,到了近代才出現「南征北討」、「東征西討」、「東征西逐」的用法,其中方位詞並非實指方位,而是互文修辭法,表示四處作戰。

《朱子語類‧論語二十九》:「湯東征西怨,南征北怨」可與上文《荀子‧王制》的「周公南征而北國怨」、「東征而西國怨」作對比,雖《荀子》的用法中方位詞也非實指,但因《荀子》中還是提了「北國」、「西國」,與《朱子語類》中連「國」都省略的用法相比,方位詞虛化程度並不如《朱子語類》,可能尚無法完全捨棄方位詞實指的用法。故可知〔方位詞＋征〕至少在宋代已凝固成詞,而宋代以前的〔方位詞＋征〕雖使用頻率高,但應非雙音詞,頂多只能說正在往凝固化的方向走,因此《國語》的「南征伐楚」應為〔南＋征伐

---

81 屈萬里:《尚書集釋》(臺北:聯經出版社,2013年),頁141。
82 〔清〕王先謙:《荀子集解》(成都:四川人民出版社,1998年,中華諸子寶藏諸子集成),新編四,頁43。
83 余嘉錫:《世說新語箋疏》(臺北:華正書局,1984年),頁77。
84 《三國志平話》(上海:中華書局,1959年,元人平話五種之五),頁41。

〔+楚〕，而非〔南征＋伐楚〕，前文「來伐」、「于伐」、「內伐」也是據此分析成短語。

「侵伐」可見四例，有動詞也有名詞用法：

（67）六五：不富以其鄰，利用侵伐，无不利。（《周易‧謙》）[85]
（68）象曰：「利用侵伐」，征不服也。（《周易‧謙》）[86]
（69）楚人使頓間陳而侵伐之，故陳人圍頓。（《左傳‧襄公四年》）[87]
（70）齊人以衛師助之，故不稱侵伐。（《左傳‧桓公十年》）[88]

（67）到（69）例都是動詞，而（70）例則為名詞。

其中（68）是用以解釋（67）的，所以嚴格來說只有三例。

「侵」的本義是「迫」，在先秦有「侵犯」義，如《左傳‧莊公二十九年》：「夏，鄭人侵許。」李陵也道：「《易‧謙》：『利用侵伐。』這幾句，『侵伐』與『攻城』……都是意思上有關聯的話。」[89]

「侵」、「伐」在《左傳》中分別有不同的使用方法，《左傳‧莊公二十九年》：「凡師，有鐘鼓曰伐，無曰侵，輕曰襲。」[90]不過也有前人不認同以鐘鼓之有無作為區分，並提出《左傳》中的反例，故陳溫菊提出「伐」可能指行軍或作戰前，敲擊鐘鼓以宣對方之罪，同時表明己方進攻的合理性；[91]「侵」則應為不以鐘鼓聲罪，且軍事行為有侵入他人領地言之。[92]雖「侵伐」如今已成為一籠統概括義的雙音詞，但（70）例的「侵伐」應為有所區分的「侵」與「伐」，故不屬於雙音詞。至於（69）例的「侵伐」，可能是雙音詞，也可能可

---

85 〔魏〕王弼、〔晉〕韓康伯、〔宋〕朱熹：《周易二種》（臺北：國立臺灣大學出版中心，2016年），頁51。
86 同上註。
87 楊伯峻：《春秋左傳注》，頁935。
88 同上註，頁128。
89 李圃：《古文字詁林》（第七冊），頁354。
90 楊伯峻：《春秋左傳注》，頁244。
91 陳溫菊：〈《左傳》「伐侵襲」例辨〉，《輔仁國文學報》第34期（2012年），頁5、6。
92 同上註，頁11-13。

以句讀成「楚人使頓間陳而侵，伐之」。由於（67）、（68）可看作一例，（70）不是雙音詞，（69）又有解釋空間，「侵伐」在先秦傳世文獻中用例太少，故不視為雙音詞。

「攻伐」有25例，同時具有名詞與動詞用法，見於《國語》、《墨子》、《荀子》與《韓非子》，其中《墨子》佔大宗，有20例。因數量較多，僅挑選幾例列舉。

（71）且大人唯毋興師以攻伐鄰國（《墨子・節用上》）[93]
（72）甚者諸侯侵削之，攻伐之。（《荀子・正論》）[94]
（73）夫攻伐而使從者閒焉，不可悔也。（《韓非子・存韓》）[95]
（74）有攻伐之兵，有征討之備（《國語・周語上》）[96]
（75）以攻伐之為不義，非利物與？（《墨子・非攻下》）[97]

（71）到（73）例為動詞用法，（74）、（75）例為名詞用法。

「攻伐」一詞中，不論是「攻」還是「伐」，都較常用作動詞，但「攻伐」卻常常用作名詞，此二十五例中，只有八例是動詞，其他都是名詞，是很特別的現象。

但「攻伐」的名詞用法，大多是後面加上「之」變成定語，修飾後面的名詞，如：「攻伐之兵」、「攻伐之器」，而「好攻伐之君」、「好攻伐之國」雖先在「攻伐」前加了「好」修飾，但後面依舊再加「之」成為定語。可知其大量的名詞用法其實是為了修飾其他名詞而生，對組成〔N之N〕結構有強烈的傾向。

這種動、名同用的情況在甲骨文就可見到，如「伐」、「雨」、「㲋」、「田」等，兼動、形的反而是少數，如「及」。[98]這可能反映即使動詞與形容詞同屬

---

93 〔清〕孫詒讓：《墨子閒詁》，頁101。
94 〔清〕王先謙：《荀子集解》，頁149。
95 陳奇猷：《韓非子集釋》，頁30。
96 徐元誥：《國語集解》，頁8。
97 〔清〕孫詒讓：《墨子閒詁》，頁92。
98 張玉金：《甲骨文語法學》，頁11-13。

謂詞性成分，但漢語中動詞跟名詞還是更緊密的。沈家煊觀察各詞性的使用情況，區分名動形界線時，也是將名詞、動詞劃分為一類，並與形容詞分開。[99]

另外，語料庫中對「攻伐」詞性的判斷也有些矛盾。

（74）有<u>攻伐</u>之兵，有<u>征討</u>之備（《國語・周語上》）[100]
（76）君有<u>攻伐</u>之器，小國諸侯有<u>守禦</u>之備（《國語・齊語》）[101]

語料庫中將（74）的「攻伐」標記為名詞並列結構，將（76）析為動詞並列結構。

（74）分析為名詞是可行的，因「攻伐之兵」與「征討之備」都是名詞，是定中結構，「攻伐」與「征討」修飾後面的「兵」與「備」。（76）例行文格式與（74）接近，其中「攻伐之器」與「守禦之備」同為定中結構的名詞，則「攻伐」與「守禦」當如（74）分析成作為定語的名詞。

IV. 砍伐

具「砍伐」義而與「伐」組成同義並列雙音詞的僅有「斬伐」一例。
「斬伐」同時具有「殘害」義與「砍伐」義。作為「砍伐」義者如下：

（77）<u>斬伐</u>養長不失其時，故山林不童，而百姓有餘材也。（《荀子・王制》）[102]
（78）百工將時<u>斬伐</u>，佻其期日，而利其巧任（《荀子・王霸》）[103]

《荀子》這兩條皆講述按時節砍伐樹木，不濫伐，讓植物能休養生息的重要性。

---

99 沈家煊：《名詞和動詞》（北京：商務印書館，2018年），頁111。
100 徐元誥：《國語集解》，頁8。
101 同上註，頁224。
102 〔清〕王先謙：《荀子集解》，頁38。
103 同上註，頁83。

（79）庸次比耦以艾殺此地，<u>斬</u>之蓬、蒿、藜、藿，而共處之；……<u>斬</u>其木，不雨。(《左傳・昭公十六年》)[104]

（80）坎坎<u>伐</u>檀兮(《詩經・魏風・伐檀》)[105]

（36）的「斬」用作「割」、「砍」義，可割草，可砍木。而「伐」在甲骨文中本為專指砍殺人頭，後擴及砍殺動物頭顱，但（37）例的「伐」又擴大詞義，將「砍」義擴及植物。「斬」與「伐」具「砍伐植物」意義的年代俱早於《荀子》，故可知「斬伐」在《荀子》中為同義並列雙音詞。

V. 功勞

此類中同樣只有一例「功伐」。

「功伐」出現了八次，全用為名詞，僅見於《荀子》、《韓非子》，下面列舉幾例。

（81）<u>功伐</u>足以成國之大利(《荀子・臣道》)[106]

（82）不以<u>功伐</u>決智行，不以參伍審罪過(《韓非子・孤憤》)[107]

（83）則<u>功伐</u>可立而爵祿可致(《韓非子・六反》)[108]

有「功勞」義的「伐」最早見於左傳：

（84）且旌君<u>伐</u>(《左傳・莊公二十八年》)[109]

用於《荀子》、《韓非子》的「伐」早已有「功勞」義，故「功伐」為同義並列雙音詞。

---

104 楊伯峻：《春秋左傳注》，頁1379、1380。
105 裴普賢：《詩經評註讀本》，頁254。
106 〔清〕王先謙：《荀子集解》，頁99。
107 陳奇猷：《韓非子集釋》，頁208。
108 同上註，頁949。
109 楊伯峻：《春秋左傳注》，頁240。

B. 並列結構，與「伐」不同義

此類中包括：燮伐、攘伐、壞伐、積伐、伐除、伐取。

由於這些詞與「伐」意義不同，彼此間意思差異也大，故不以詞義作為分類，而是將有關聯的詞歸於一類一併討論。

I. 燮伐

「燮伐」只出現過一次。

（85）<u>燮伐</u>大商（《詩經・大雅・大明》）[110]

「燮伐」的意義一直以來有諸多討論，「燮」字故訓皆為「和」，學者多解為「協和伐商」或「天人會合伐殷」，但討伐商的行為，以「和」來訓解句義不通。故馬瑞辰將「燮」讀為「襲」，認為「燮」可假借為「襲」，今學者多從之。

金文中的「𢩧」字是一個軍事行為動詞，與「襲」同為邪母緝部，故可與「襲」通。而「𢩧」與「淫」聲符相同，彼此可通，「燮」又與「淫」通，故「燮」可與「𢩧」通，也可與「襲」通。通假關係大約如下：

燮－淫－𢩧－襲

文獻中也有將「襲」用作「和」義的，《淮南子》中「而天地襲矣」之「襲」便被訓為「襲，和也」，可知「燮」、「襲」音義上皆有關聯。

「燮」在金文中同時具有「擊打」與「和」義。

（86）子犯佑晉公左右，<u>燮</u>諸侯，俾朝。（《子犯鐘》，春秋中期，《集成》NA1010）

（87）䩺䩺文武，鎮靜不廷，柔<u>燮</u>百邦（《秦公鎛》，春秋中期，《集成》270）

---

[110] 裴普賢：《詩經評註讀本》，頁625。

（86）為「擊打」義，（87）為「和」義。故即使「燮」到後期只留下「和」義，透過出土文獻以及與「襲」通假的情況，可知其在上古具有「攻擊」的意思。

前文不將「燮伐」置於同義並列雙音詞的「征戰」一類，是因為認為此處的「燮」不完全與有「侵襲」義的「襲」同義，而是於「攻擊」中帶了「和」義，指「打擊敵人使之和順」，此義並非與「伐」結合後誕生的新義，而是「燮」本身具有的詞義。[111]而「燮」與「伐」的組合則為義近並列雙音詞，「燮伐」義同「燮」，「燮伐」的「伐」的詞義範圍縮小了。

而《風俗通義‧皇霸》引〈大明〉「肆伐大商」一句，作「襲伐大商」，表示「襲」、「肆」也可通，[112]「襲」、「肆」相通也多為今學者所接受。另外，「侵」又與「襲」同源，[113]故「襲伐」、「侵伐」應為同義詞。「襲伐」僅見於漢代之後，《逸周書》雖有一例，只是《逸周書》多經後人增補，因此不算進先秦「伐」字雙音詞中，但「襲伐」應也算是一同義並列雙音詞。

故上文各詞通假的關係增為：

燮－淫－隰－襲－肆、侵

既然「燮伐」可與「襲伐」、「肆伐」相通，則「肆伐」是否也可算作雙音詞？

雖「肆伐」看起來像雙音詞，但在〈大雅‧皇矣〉中有「是伐是肆」的用例，將「肆」與「伐」拆開來使用，按照前文判斷雙音詞的規則：「雙音詞組合成分不可分離」，故在先秦時期，「肆伐」並非雙音詞。而「肆伐」不作雙音詞並不會影響「燮伐」是否為雙音詞，因「燮伐」、「肆伐」在《詩經》中皆僅出現過一次，都位於〈大雅‧大明〉，只是在不同章中。既出現於同一篇作品，又用不同字，可知即便「燮」、「肆」可通，但「燮伐」、「肆伐」仍有所區別，只能說是近義詞。

---

[111] 吳雪飛：〈《詩經‧大雅‧大明》「燮伐大商」句新證〉，《史學史研究》（2013年），頁120-122。
[112] 蘇建洲：《《上博楚竹書》文字及相關問題研究》（臺北：萬卷樓出版社，2008年），頁168。
[113] 王力：《同源字典》第13卷，頁654。

II. 壞伐、伐除

「壞伐」與「伐除」不論在先秦還是漢代以後皆僅有一例。

由於兩詞原句行文格式十分相像,故將兩句,以及「伐除」句的下一句放在一起參照:

> (88) 除城場外,去池百步,牆垣樹木小大俱<u>壞伐</u>,除去之。(《墨子・備城門》)[114]
> (89) 去郭百步,牆垣、樹木小大盡<u>伐除</u>之。(《墨子・號令》)[115]
> (90) 外空窒盡發之,木盡<u>伐</u>之。(《墨子・號令》)[116]

三句皆在表「砍伐」義的動詞前加上副詞「俱」、「盡」,代詞賓語「之」指主語「牆垣」或「樹木」。

由於《墨子》中行文格式相像的句子很多,故將(88)、(89)比對,應可將「伐除」視為「壞伐」與「除去」兩詞的結合。首先,「壞伐」與「除去」不會是同義詞,因先秦傾向使用單音詞,而前文判定雙音詞的規則:「兩個同義或近義詞結合,形成更概括的意義」,表明在先秦,兩個同義或義近的音節組成成詞,音節就已經很長,也足夠表意了。若「壞伐」與「除去」同義,則此處用四個音節表達一個意義,實在過於冗贅。由於「壞伐」不具「除去」義,而作者可能既想表達「毀」與「砍伐」,又想強調「除盡」,考量到四個音節太長,故將兩詞相加而成「伐除」。

「壞」多用為「毀」義,而「伐」此處為「砍」義,則「伐除」便同時擁有「毀+砍+除」的意思,而非僅是字面上的「砍+除」,似乎應視為並列雙音詞。但在(90)言「木盡<u>伐</u>之」,卻只言「伐」而不言「除」。這是因為「壞」與「伐」分別對應不同對象。「壞伐」與「伐除」的「伐」對應「樹

---

114 〔清〕孫詒讓:《墨子閒詁》,頁315。
115 〔清〕孫詒讓:《墨子閒詁》,頁363。
116 同上註。

木」,「除去」與「伐除」的「除」對應「城垣」,而(88)、(89)因同時具有「城垣」與「樹木」,故「壞伐」與「除去」並提,但(90)例只有「木」,故只用「伐」一詞。

從(88)、(89)與(90)的對應中,可知「伐除」的「伐」與「除」聯繫並不緊密,根據雙音詞判定規則:「雙音詞中間不可插入其他成分,若可拆開使用,也不算詞」,在同一語言環境中,「伐」與「除」分別對應「樹木」與「城垣」的情形,就如同這條規則的例子一樣:

(2) 故定理有<u>存亡</u>,有<u>死生</u>,有<u>盛衰</u>。夫物之一<u>存</u>一<u>亡</u>,乍<u>死</u>乍<u>生</u>,初<u>盛</u>而後<u>衰</u>者,不可謂常。(《韓非子‧解老》)[117]

雖然(90)只有單用「伐」,而不似(2)般兩個詞單用的情況都有,但因「伐」、「除」分別對應主語的情況很明顯,且用例也只有此例,故「伐除」暫不析為雙音詞。而「壞伐」是「為毀壞而砍伐」,為非同義並列雙音詞。

III. 攘伐、伐取

「攘伐」在先秦僅有一例:

(91) 諸侯暴亂,擅相<u>攘伐</u>。(《莊子‧漁父》)[118]

「攘」多用作「卻」、「除」義,也有相反的「取」義。

(92) 而大<u>攘</u>諸夏(《國語‧魯語下》)[119]
(93) <u>攘</u>之剔之(《詩經‧大雅‧皇矣》)[120]

---

117 陳奇猷:《韓非子集釋》,頁369。
118 〔清〕郭慶藩:《莊子集釋》,頁1126。
119 徐元誥:《國語集解》,頁185。
120 裴普賢:《詩經評註讀本》,頁641。

（94）攘其左右（《詩經‧小雅‧甫田》）[121]

（92）、（93）、（94）分別對應「卻」、「除」、「取」義。要「卻」、「除」敵人，就必須進攻，「攘」的「取」義，也引申出「盜取」、「奪取」義，故漢以後發展出「相侵奪」、「侵取」的意思：

（95）南夷相攘（《漢書‧嚴助傳》）[122]
（96）然不能西攘尺寸之地（《漢書‧徐樂傳》）[123]

由於「侵取」是漢代以後才發展出的意義，故「攘」與「伐」不能算作同義並列雙音詞，而只是義近並列雙音詞，「攘伐」為「為奪取而征伐」之意。

「攘」與「征」相似，都有上對下的意味，故後面通常加地位比自己低的對象或是蠻夷，如（92）的「諸夏」，或《國語‧齊語》：「西征攘白狄之地」，此處「征攘」為同義並列雙音詞，即「攻伐比自己地位低的對象」，這條例子也與前舉〔方位詞＋征〕的討論內容一樣，應為〔西＋征攘＋白狄之地〕的結構。

而「伐」的用法如前所言，並不區分地位上下，「攘伐」同「征伐」一般，丟失了上對下的意味，（91）的「諸侯暴亂，擅相攘伐」便是其證。

「伐取」有兩例：

（97）鄭伯伐取之。（《左傳‧隱公十年》）[124]
（98）昔欒氏之亂，齊人聞晉之禍，伐取朝歌。（《國語‧魯語下》）[125]

「伐取」一詞乍看之下很像述補結構，但「取」在此處應為動詞。「取」先秦

---

121 裴普賢：《詩經評註讀本》，頁558。
122 〔漢〕班固：《漢書》（上海：上海古籍出版社，2003年），頁1965。
123 同上註，頁1980。注115、116可參宗福邦、陳世鐃、蕭海波等：《故訓匯纂》，頁947。
124 楊伯峻：《春秋左傳注》，頁67。
125 徐元誥：《國語集解》，頁189。

時多用為「收」、「獲」義,但「伐取」一詞,還有「佔領」義,故「伐取」是意義不同的兩個詞,結合後生出新義的並列雙音詞。

雖「伐取」在先秦只有兩例,但漢代以後尚有許多用例,而東漢末年,阮瑀〈為曹公作書與孫權〉一文中「內取呂布」一句,將「取」用為「殺」義,[126]可能就是由於「伐取」已成詞,「取」受到「伐」的「殺」義影響而生的新義。

IV. 積伐

「積伐」僅有一例。

(99) <u>積伐</u>而美者以犯之,幾矣。(《莊子‧人間世》)[127]

「積伐」指「蘊蓄才能並自我誇耀」,詞義並非純粹「累積」與「誇耀」義的疊加,可看出已結合出新義,故為非同義並列雙音詞。

2. 偏正結構

此類包含:蒙伐、軍伐。

I. 蒙伐

僅有一例。

(100) <u>蒙伐</u>有苑,虎韔鏤膺。(《詩經‧秦風‧小戎》)[128]

毛《傳》釋「蒙」為「討羽」,「苑」為「文貌」。鄭箋云「討」有「雜」義。孔穎達釋「蒙伐有苑」為「繪畫雜羽所飾之盾,其文章有苑然而美矣。」[129]

---

126 徐元誥:《國語集解》,頁306。
127 〔清〕郭慶藩:《莊子集釋》,頁184。
128 裴普賢:《詩經評註讀本》,頁291。
129 《毛詩正義》(臺北:新文豐出版公司,2001年,中華叢書十三經注疏)(三),頁660、661。

此處「蒙」為形容詞,「伐」為名詞,為定中結構。「蒙」原僅有「雜亂」義,故若只將「蒙」與「伐」結合,「蒙伐有苑」應為「以雜亂花紋為飾之盾」,且此義也並非「蒙伐」,而是「蒙伐」加上「苑」才得出的。孔穎達訓「畫雜鳥之羽以為盾飾也」已遠超出「蒙」與「伐」各自的意義。

「蒙」在先秦文獻中用為「討羽」者僅此一例,先秦與漢代以後「蒙伐」一詞也僅此一見,故難以知曉其確切的意義。毛《傳》、孔穎達釋「蒙」為「討羽」,可能是由於緊鄰的下句「虎韔鏤膺」提到虎皮,故認為這句的裝飾也應與動物有關,才如此訓解。

這個詞的特殊處在於其意義實質上是透過三個詞合成,而這三個詞中間又用了「有」連接,並非三詞連用,故要訓解「蒙伐」一詞時,一定要解釋「蒙伐有苑」整句,而不能只解釋「蒙」與「伐」義,道「雜亂的盾牌」,因雜亂的是「苑」而非「伐」,如此文意不通。除非要解釋成「雜亂的盾牌上有花紋」,但與下句結構又難以對應。「虎韔鏤膺」為「用虎皮做的弓囊,有雕鏤花紋的弓」,[130]則「蒙伐」也應是用來形容一個兵器的材質或外觀,而非狀態,故「雜亂的盾牌上有花紋」解釋不通。

但不論解為「以雜亂花紋為飾之盾」還是「飾有雜亂鳥羽紋理之盾」,皆無法避開「苑」一詞的加入,單獨解釋「蒙伐」的意義,故此處將「蒙伐有苑」看作特殊的文學創作寫法,將一個名詞以三個單音詞,以及四音節的句子表示。另一方面,此處的「伐」實為「瞂」、「瞂」的假借字,[131]本義並無「盾牌」義,故本文並不將其析為雙音詞。

II. 軍伐

僅有一例。

(101)軍伐有賞,善君有賞,能其官有賞。(《國語・晉語四》)[132]

---

130 裴普賢:《詩經評註讀本》,頁291。
131 李圃:《古文字詁林》(四),頁15。
132 徐元誥:《國語集解》,頁358。

「軍伐」的「伐」與「功伐」之「伐」一樣，作為「功勞」義，為名詞。「軍」為「軍隊」的意思，「軍伐」為「在軍隊中獲得的功勞」，已產生新義，故為偏正雙音詞。

附帶一提，語料庫中的資料顯示，「功伐」大約只用到南北朝，而「軍伐」之所以只有這一例是因為漢代以後改用「軍功」一詞，而非「軍伐」，「功」取代了「伐」的位置。但「伐」仍舊被當作「功勞」使用，唐宋都還可見「勳伐」，「勳」與「伐」皆為「功勞」，「勳伐」是同義並列雙音詞。

3. 派生結構

此類只有「薄伐」一例。

「薄伐」在先秦三見：

(102) 赫赫南仲，<u>薄伐</u>西戎。(《詩經·小雅·出車》)[133]
(103) <u>薄伐</u>玁狁，以奏膚公。(《詩經·小雅·六月》)[134]
(104) <u>薄伐</u>玁狁，至于大原。(《詩經·小雅·六月》)[135]

《詩經》中的「薄」、「言」、「維」等多被訓為無義的前綴，但劉釗另有一說，認為《詩經》中的「薄伐」即金文中的「博伐」，而其又將「博伐」訓為「翦伐」。[136]

「翦伐蠻夷」看似語意可通，但劉釗又言：「『翦伐』不是一般的擊伐，而帶有斬盡殺絕的意味。」[137]若將「薄伐」代換為「翦伐」，(102)、(103) 例文意可通，表示「神武的大將南仲，將西戎殲滅」，以及「殲滅玁狁，以成大功」，但於 (104) 卻不太符合。(104) 例那章如下：

---

133 裴普賢：《詩經評註讀本》，頁399。
134 同上註，頁423。
135 同上註，頁424。
136 于秀玲：《金文文字考釋匯纂》，頁363。
137 同上註，頁364。

> 戎車既安，如輊如軒。四牡既佶，既佶且閑。薄伐玁狁，至于大原。文武吉甫，萬邦為憲。(《詩經・小雅・六月》)[138]

整章氛圍從容安閑，若插入一句「殲滅玁狁」，與整章基調不符。且故訓解「薄伐玁狁，至於大原」兩句，皆道：「逐出玁狁至于大原而已」、「今則薄伐之，追至大原而已」、「窮寇毋追，深得禦邊之法」，[139]似乎將「薄」訓為「輕微」義，作「伐」的副詞，且一致認為並沒有對玁狁「斬盡殺絕」。

故此處從舊說，不將「薄伐」當作金文的「博伐」，而是從今學者釋為無義的前綴。至於此處的「薄伐」與金文的「博伐」，可能只是同形詞的關係。

周法高認為《詩經》中的「薄」可能是動詞的前附語，[140]而根據雙音詞判定規則第四條：「一個詞中，其中一個成分是附加成分，也算作雙音詞」，將「薄伐」也分析為雙音詞。

四、雙音化演變路徑

(一)「伐」字雙音詞演變

歸納上一節對「伐」字雙音詞的探討，整理如下：

1. 甲骨文

「伐」有動詞也有名詞用法，多用為動詞，且多單用。

按結構可分為：〔伐＋賓語〕、連動用法、〔祭祀動詞＋犧牲（伐）〕、祭祀動詞組與其他。

不過甲骨文中與「伐」連用的詞，經考察可知兩詞之間關係並不緊密，故並無分析為雙音詞的對象。

---

138 裴普賢：《詩經評註讀本》，頁424。
139 同上註，頁425。
140 周法高：《中國古代語法構詞編》(臺北：中央研究院歷史語言研究所，1961年)，頁252。

2. 金文

「伐」在金文中，除了族徽外，只用作動詞。

按結構可分為：連動用法、〔趨向性動詞＋伐〕、〔副詞＋伐〕，及〔助動詞＋伐〕，大多為並列結構，少數為偏正結構。

〔趨向性動詞＋伐〕與〔助動詞＋伐〕這兩類皆不算雙音詞；〔副詞＋伐〕只有一例雙音詞「廣伐」；而數量最多的連動用法中，除了「翦伐」與「敦伐」，其餘皆為一般動詞連用。

表一　金文「伐」字雙音詞關係

	詞語	出現次數	是否同義	結構1	結構2	詞性	伐以外的詞義	語義範圍	是否為雙音詞
1	翦伐	8	非同義	連動	並列	動	斬盡殺絕	擴大	O
2	束伐	1	同義	連動	並列	動	／	／	X
3	㞷伐	2	非同義	連動	並列	動	／	／	X
4	令伐	1	非同義	連動	並列	動	／	／	X
5	搏伐	3	非同義	連動	並列	動	／	／	X
6	各伐	5	同義	連動	並列	動	／	／	X
7	敦伐	4	同義	連動	並列	動	殺	概括	O
8	來伐	1	非同義	趨向性動詞＋伐	並列	動	／	／	X
9a	于伐	2	非同義	趨向性動詞＋伐	並列	動	／	／	X
9b	于征伐	1	非同義	趨向性動詞＋伐	並列	動	／	／	X
10	內伐	3	非同義	副詞＋伐	並列	動	／	／	X
11	懲伐	1	非同義	副詞＋伐	偏正	動	／	／	X
12	廣伐	6	非同義	副詞＋伐	偏正	動	廣大地／蠻橫地	擴大	O
13	敢伐	3	非同義	助動詞＋伐	／	動	／	／	X

3. 先秦傳世文獻

「伐」的雙音詞大量增加，絕大部分為「攻伐」，且多為名詞。但名詞的用法則較單一，大多是後面加上「之」，用作另一個名詞的定語；而其他動詞雙音詞雖用例不多，但組合變化較豐富。

按結構可分為同義並列雙音詞、非同義並列雙音詞、偏正雙音詞，與派生雙音詞，且先秦文獻中的這十六個詞中，只有約一成左右的用例不是雙音詞，其他都已成詞。

表二　先秦傳世文獻「伐」字雙音詞關係

	詞語	出現次數	同義／不同義	結構	詞性	伐以外的詞義	語義範圍	是否為雙音詞	備註
1a	斬伐	1	同義	並列	動	殺	概括	O	
2	殺伐	2	同義	並列	動	殺	概括	O	
3	殘伐	1	同義	並列	動	殺	概括	O	
4	征伐	6	同義	並列	動／名	征戰	縮小	O	名2
5	侵伐	4	同義	並列	動／名	征戰	概括	O	名1
6	攻伐	25	同義	並列	動／名	征戰	概括	O	名17
1b	斬伐	2	同義	並列	動	砍伐	概括	O	
7	功伐	8	同義	並列	名	功勞	概括	O	
8	燮伐	1	非同義	並列	動	打擊敵人使之和順	增加	O	
9	壞伐	1	非同義	並列	動	毀	增加	O	
10	伐除	1	／	並列	動	除去	／	X	
11	攘伐	1	非同義	並列	動	奪取	有增有減	O	
12	伐取	2	非同義	並列	動	取得＋佔領	增加	O	
13	積伐	1	非同義	並列	動	積蓄才能	增加	O	
14	蒙伐	1	／	偏正	名	／	／	X	

	詞語	出現次數	同義／不同義	結構	詞性	伐以外的詞義	語義範圍	是否為雙音詞	備註
15	軍伐	1	非同義	偏正	名	從軍隊獲得的	增加	O	
16	薄伐	3	非同義	派生	動	無義	／	O	

4. 綜合比較

甲骨文一節中，與「伐」連用的用例舉得最多，但沒有任何雙音詞；金文與先秦傳世文獻中與「伐」連用的詞種類數量差不多，但若算上各類用法內的數量，金文用例總共為41例，而先秦傳世文獻有61例，數量約為金文的1.5倍。但金文只有四成為雙音詞，先秦傳世文獻中則約九成都已成詞，顯示出雙音化現象逐漸成熟。

大部分「伐」字雙音詞都是作為連動用法的並列結構，不論金文或是先秦傳世文獻皆然。但金文中「伐」與其他詞合成雙音詞後，大多有詞義擴大的現象，先秦傳世文獻則「形成更大概括概念」與「詞義擴大」約各佔一半，還有極少數有縮小詞義的現象，不過即使先秦傳世文獻中有許多同義雙音詞，同義的義項也不一樣。這可能反映先秦時期一個動詞要形成雙音詞時，可能會先與不同詞義的詞進行組合，在趨向穩定後則逐漸傾向建造並列雙音詞。

而「伐」字的使用，從甲骨文中動、名同用，到金文中只有動詞，再到先秦傳世文獻中多為名詞，名詞又多作定語的現象，反映出不同政治社會對一個詞的使用差異，以及不同文獻在篇章、文體的性質差異上的區別。

甲骨文中「伐」作為名詞時，除人名外，皆是用作與伐祭相關的意思，如「伐祭」、「犧牲」、「犧牲單位」等，但進入周代後，周人不行伐祭，金文中也只記戰爭、史事、歌功頌德等內容，與主要記錄占卜內容的甲骨文相比，內容差異巨大，故金文中不見「伐」的名詞用法。春秋戰國時期，由於諸侯國間爭戰不休，故史書或是思想家們多言戰爭相關的內容，尤其戰國後期的《墨子》與《韓非子》多可見「伐」字雙音詞，《詩經》、《國語》、《左傳》則次之。

表三　「伐」字雙音詞在先秦傳世文獻中的數量

	尚書	詩經	周易	儀禮	左傳	國語	論語	孟子	墨子	老子	莊子	荀子	韓非子
雙音詞	0	7	2	0	4	6	2	1	22	0	3	4	10

（二）先秦雙音詞與「伐」字雙音詞演變異同

1. 甲骨文

A. 整體趨勢

甲骨文中是否有雙音詞是目前學者多有爭論的部分。大部分學者認為雙音詞始於周代，分析時僅上溯到《詩經》，少有討論甲骨文與金文雙音詞的學者。郭錫良便不認為甲骨文中有雙音詞，但卻認同金文中有雙音詞：

> ……語言的詞彙系統起了很大變化。在甲骨卜辭中，除了這些複音結構外，沒有別的複音詞，它們是處在單音節的詞彙系統中，因而是詞組的性質。在西周銘文中，已有大量其他的複音詞，加以這種結構形式經過了幾百年，凝固的程度也提高了一些，因而可以認定是詞。[141]

首先肯定甲骨文與金文有雙音詞的學者為唐鈺明，其後程湘清、伍宗文也支持這個論點。

學者們不認同甲骨文中有雙音詞，其原因在於甲骨文中的雙音詞多為專名，如人名、地名、方國名、神名、官名、時稱等，[142]而專名並不被認為有意義。伍宗文引用了人類學理論，表明專名是一種分類體系，反映了人們對世界

---

[141] 伍宗文：《先秦漢語複音詞研究》，頁321。
[142] 唐鈺明：《著名中年語言學家自選集：唐鈺明卷》，頁121。

的認知，專名有所指，也有意義，如「北京」一詞便具有該城市歷史與現實特徵的各種概括。當一個詞語組合成為專名後，該組合就會變得緊密，而專名將世界萬物用詞的形式固定下來，其所指的人和事轉變為符號，擴大了人們對此的想像空間，大大方便了社會交際，並提出「複音專名應是漢語最古老的那批複詞之一」。[143]

專名確實具有意義，因人類是根據自己對該事物的印象來取名的，不論該名稱表達的是個複雜的文化現象，還是描摹聲音的狀聲詞，都是一種對該事物的詮釋與概念認知。

本文認為甲骨文中的專名，如「中日」、「作冊」、「上帝」等便可視為雙音詞。「中」與「日」結合，不是純粹表達「中間」與「一天」義，而是專指「一天中正午的那一段時間」，兩詞連結較緊密，也有新增詞義。「作冊」原為「製作典冊」之意，當職官名稱時是詞義引申，由動作引申為做該動作的人，即史官。「上帝」不只表達「天上的帝」，「上」還具有崇高的意味，故這些詞，及與其相類的詞皆應視為雙音詞。

唐鈺明在判定金文雙音詞時，會觀察該詞是否有合文形式。他表示當專名具有大量的合文形式，表示該詞在人們心中已算是一體，可視為雙音詞。[144]但合文形式可能只是對於需要常書寫的詞，為了減省力氣而造的一個形構，例如甲骨文中除了人名、稱謂的合文外，尚有「一牛」、「五十」等合文，而這些詞明顯並不符合雙音詞的定義，故合文與雙音詞應還是有段距離。

總之，甲骨文雖兩個字連用的詞多為專名，且都是名詞，但其中部分詞可析作雙音詞，這代表漢語中的雙音詞起源於名詞，且是專名。

部分甲骨文雙音詞直接為金文所承接，如：小臣、作冊、小子、上帝、上下等，這些詞明顯比「祖乙」這類詞結構更緊密，也有結合出新的概念。直接進入金文的這批詞，可能才是真正的雙音詞，因已為人們所接受，故周代仍直接使用。判定甲骨文與金文的詞是否為雙音詞時，改成觀察該詞是否直接被周人使用，可能是比考察有無合文更妥當的辦法。

---

[143] 伍宗文：《先秦漢語複音詞研究》，頁309-313。
[144] 唐鈺明：《著名中年語言學家自選集：唐鈺明卷》，頁122、123。

B. 異同情況

雖然程湘清與伍宗文皆將甲骨文中包含人名與地名的大部分專名視為雙音詞，但此處先保守地以刪去人名與地名的統計數據為準，故甲骨文中的雙音詞僅有35個，且皆為名詞；[145]而據本文考察，「伐」字不論作為動詞或名詞，皆無雙音詞用法。由於甲骨文中雙音詞數量本就稀缺，故「伐」字沒有雙音詞也屬正常。

2. 金文

A. 整體趨勢

若排除人名與地名，金文雙音詞有237個，金文雙音詞的詞類與結構相較甲骨文更加豐富。其中偏正結構數量最多，有125個，且幾乎都是名詞；其次是並列結構，雙音詞有61個，約有一半是動詞，名詞佔1/3。唐鈺明根據這個統計結果提出漢語雙音詞始於偏正結構。

不過唐鈺明也提到，金文雙音詞發展得尚不穩定，故詞素結合得較鬆散，且還帶有詞組的印記，[146]在這種情況下，要用本文的規則來判定金文中的詞是否成詞可能會有些困難。雖然唐鈺明並沒在文章中列出所有的雙音詞，但上文中認為是雙音詞的甲骨文詞彙，的確也多是偏正結構，甲骨文專名也常以偏正結構造詞，加上金文又承接了多為偏正結構的甲骨文名詞，因此，整體來看，金文中偏正結構雙音詞應會佔據大多數。

B. 異同情況

金文雖發展出許多雙音詞與詞類，但在「伐」字雙音詞的考察中，僅見並列結構與偏正結構，詞類只有動詞。前文已提及由於甲骨文中「伐」作名詞的用法較特殊，故金文中不見「伐」的名詞用法是正常的。

「伐」在金文中皆用作「征伐」義，且並非所有與「伐」連用者皆為雙音

---

[145] 唐鈺明：《著名中年語言學家自選集：唐鈺明卷》，頁123。
[146] 同上註，頁124-130、133。

詞，反映出「伐」在此時可能尚未發展出似春秋戰國般多義的情況，因若「伐」已有「功勞」義，則當銘文提及賞賜或是君王與祖先的事蹟時，應會有相關用法出現，而金文不見「伐」的此種用法，代表極有可能「功勞」義此時尚未出現，或是用得不多。

與「伐」連用的詞多為並列結構，可能是因為並列結構相較原先的單音詞，只是將中間的連詞省去，使詞彙間連結更加緊密，造詞相對簡單。雖然並非所有並列結構都已成詞，但這可能代表在漢語動詞中，已有用並列結構造詞的傾向，只是未臻成熟。而「伐」字雙音詞不會是偏正結構或是述賓結構的原因也在於「伐」在組合中通常位於後面，而「伐」在金文中又只用作動詞，由於偏正結構多造名詞，賓語又多為名詞，「伐」字詞語在金文中較少出現於並列結構以外。

3. 先秦傳世文獻

A. 整體趨勢

程湘清分別對《論語》與《孟子》的雙音詞做了統計，以觀測春秋時期與戰國時期雙音詞的特徵與使用情況，其表示構詞手法是由語音造詞過度到語法造詞的，尤其進入春秋戰國時期後，語法造詞中運用詞序造詞的雙音詞明顯佔優勢。

表三　春秋戰國時期語音造詞與語法造詞現象[147]

項目　書名	總（一般雙音）詞數	語音造詞				過渡詞				語法造詞				
		重疊單純詞	他單純詞部分重疊及其	合計	語音造詞百分比占總	重疊合成詞	部分重疊合成詞	合計	過渡詞百分比占總	運用虛詞方式	運用造詞方式	造詞詞序方式	合計	語法造詞百分比占總	占總詞數百分比運用詞序方式造詞
《論語》	180	23	1	24	13.3%	6	12	18	10%	20	118	138	76.7%	65.6%
《孟子》	333	32	12	44	13.2%	9	31	40	12%	23	226	249	74.8%	67.9%

147　程湘清：《先秦漢語研究》，頁111。

從表中可以看出語音造詞在《論語》與《孟子》中僅佔不到15%，但語法造詞卻佔了75%左右。

詞序造詞範疇中出現最早，能產量又最高的便是並列與偏正結構。偏正結構主要構成名詞，而並列結構可構成名詞、動詞與形容詞。雖然並列結構可造的詞類比較多，但偏正結構造出名詞的方式反而較多樣，並列結構則較單純，多為同類聯合。而進入戰國時期以後，並列結構的詞產生數量反而明顯提升。

表四　春秋戰國時期並列雙音詞與偏正雙音詞的情形[148]

項目 書名	總（一般雙音）詞數	聯合式					偏正式				
		名詞 名·名 形·形	動詞 動·動	形容詞 形·形	小計	合計	占總詞數百分比	名詞 名·名 形·名 數·名 動·名 動·動 形·動 數·動 小計	動詞 名·動 動·動	代詞 代·名	合計	占總詞數百分比
《論語》	180	29 2	0		31 12 5	48	26.7%	35 17 5 7 0 0 1 65	2	0	67	37.2%
《孟子》	333	44 5	1		50 41 24	115	34.5%	52 34 4 7 1 1 0 99	0	1	100	30%

並列雙音詞在《論語》中有48個，在《孟子》中有115個，增幅一倍有餘；而偏正雙音詞在《論語》中有67個，在《孟子》中有100個，僅增幅大約1／2，且《孟子》中並列雙音詞的總數也超過了偏正雙音詞的總數，顯示戰國時期並列結構開始被大量用來造詞。

B. 異同情況

「伐」字雙音詞構詞手法為語法造詞，而其成詞情況在先秦傳世文獻中的統計中，比之金文有明顯提高，大部分「伐」字雙音詞也落在春秋戰國的傳世文獻中，與程湘清研究中，春秋戰國時期透過語法造詞的雙音詞數量佔優勢可對應。

---

148 程湘清：《先秦漢語研究》，頁112。

「伐」字雙音詞多為並列結構，且大多來自於戰國時期的文獻，這也呼應了統計數據中，在戰國時期並列結構雙音詞數量趕超偏正結構的結論。

五、雙音化演變原因

前文提及雙音詞萌發於甲骨文，成長於金文，並在先秦傳世文獻中得到了長足的發展，而「伐」字雙音詞的演變情形也與上古漢語雙音詞的發展大致相符。

現代漢語雙音化現象受到韻律影響深遠，馮勝利的韻律構詞說便是基於語音簡化說所展開。馮勝利表示由於上古漢語多有輔音韻尾，根據音步二分枝原則，上古漢語只要一個音節就可以構成一個音步，因此屬於雙韻素音步語言。然而經過語音簡化，韻尾輔音脫落，只剩下一個元音作為韻素，無法滿足音步二分枝原則，只好與其他韻尾脫落的詞構成一個最小詞；再加上聲調的出現，阻止了尚有輔音韻尾的詞在內部建構韻素音步，漢語便逐步發展成了雙音節音步語言。而這個音步轉型的時期，由春秋戰國開始，直至漢代後期才趨於結束。[149]

馮勝利如此分析是因為其認為雙音節組合形式產生於《尚書》、《詩經》，而雙音詞在春秋戰國時期開始發展，在漢代以後數量得到大量提升。[150]然而，綜合前文分析，本文認為雙音詞始於甲骨文，故若認同韻律構詞說，則須找出商代就已經開始簡化語音的證據，但甲骨文詞彙多單用，加上並無韻書記錄商代的語音，商代語音簡化的猜測不僅難以成立，也苦無相關材料，因此只能另尋一說。

甲骨文雙音詞多為偏正結構的名詞，如此看來，似乎符合精確表義說，此說最先由胡以魯提出。[151]唐鈺明表示漢語透過雙音化以避免同音詞間表義不清的情況，不論是同義並列雙音詞的存在，還是現代漢語多出越來越多超出雙音

---

[149] 莊會彬、趙璞嵩、馮勝利：《漢語的雙音化》，頁63-67。
[150] 同上註，頁69、70。
[151] 董秀芳：《詞彙化：漢語雙音詞的衍生和發展》，頁40、41。

節的詞，在在顯示漢語對精確表義的需求。[152]程湘清則認為人名、地名等用雙音節形式，便於記憶與區別，有利於交際。[153]兩者皆從交際方面著手，而為了交際順利採取雙音節形式，是人為主動改變構詞法的理論。

但董秀芳提到語言應是在不經意中產生改變的，雖然詞彙的創新並不會引起系統的改變，但從單音詞到雙音詞的演變，明顯會影響到韻律、構詞法與句法的問題，從而造成語言系統的轉變。Bybee 早在1985便提出交際並非導致語法化的原因，Hopper 與 Traugott 也以重新分析的理論，支持 Bybee 的主張。[154]且若加上語境的限制，則因同音詞產生歧義的現象也會大大降低，[155]例如「千里之〔xing24〕，始於足下」一句，〔xing24〕不會被誤認為「形」或「刑」；韓文中「螃蟹」與「狗」發音相近，今已不分，但若跟朋友說：「我吃了螃蟹。」不會有人誤以為是「我吃了狗。」

甲骨文主要是記錄占卜內容的文獻，有些甲骨上的字跡十分精美，內容完整，有些則潦草凌亂，字詞稀缺殘斷似隨手筆記，而那種精美的甲骨文記錄也僅是少數。若將甲骨文作為與口語有分別的書面語，書寫的內容大部分時候只要自己能讀懂就好，那甲骨文中所呈現的詞彙甚至是語序，可能都會與現實口語用法，甚至是語言系統發展情況相異。

由於甲骨文常用的「伐」字並無雙音化，最多的雙音節詞組反而為專名，故雙音詞在甲骨文中應就是由專名萌發，而非一般詞類，這體現了商人可能對專名有強烈的辨別需求。最開始出現的甲骨文雙音詞組應為「祖乙」、「婦好」等人名稱謂，因商人對於已故的祖先，不論直系或旁系，或是否繼承過王位，皆只會用天干來稱呼。然而天干只有十個，對於龐雜的族譜，難以區別所指稱的對象，只好加上稱謂，如「祖乙」、「父丁」、「妣己」等，而「婦好」可能是為了區別可能的同名人。

由於卜問對象是神祇或已故祖先，故需要在甲骨文的記錄上做出區別，但

---

152 唐鈺明：《著名中年語言學家自選集：唐鈺明卷》，頁133-135。
153 程湘清：《先秦漢語研究》，頁110。
154 董秀芳：《詞彙化：漢語雙音詞的衍生和發展》，頁41-43。
155 楊琳：《漢語詞彙與華夏文化》（北京：語文出版社，1996年），頁179。

這並不代表商人口語中也會如此運用，因主持祭祀的人們自然知曉當下他們所指稱的是誰，但祖先、神明，或需要看族譜的後代子孫可能不知道，才額外加上稱謂。而這種用法用久了，可能人們便逐漸習慣在一個名詞前加上一個定語，以精確表義的用法了，故之後雙音節專名的範圍再擴大，旁及其他詞彙。

雙音詞衍生機制有一個被稱作「組塊」的心理過程。由於心理實驗表明，人們對於越熟悉的事物，對其細節忽略得越多，故「組塊」的心理過程可令人將兩個常放在一起的單音詞分析成一個詞，從句法層面轉變到詞彙層面。同時也可以將短語分析成詞，或將一個複合詞分析成一個單純詞。[156]雙音節甲骨文專名使用得越多，可能也會發生類似「組塊」的心理過程，這可能是甲骨文雙音節詞組凝固成雙音詞的原因。

綜觀雙音詞產生的原因，可能如下：由於商人接受使用雙音節描述一個人或物的方式，故產生大量的偏正雙音名詞，且大多為專名。前文雖表示書面語與口語會有所差異，但在甲骨文已發展出幾百例雙音節專名的蓬勃狀態下，[157]雙音節形式極有可能透過「組塊」的心理過程，滲透到其他詞類，使人們在具有精確表義需求的狀態下，無意識使語言系統發生變動。

在周克商之前，周本就與商多有接觸，克商後，商人遺民也依舊被周人統管，而大邑商相較小邦周又屬強勢文化，故此種詞語形式被保留到金文，並持續發展。這些直接被金文所繼承的甲骨文雙音節詞彙可能早已成詞，才會繼續被周人使用。

雙音詞在甲骨文與金文中皆只佔了一小類，真正開始快速發展，應是在春秋戰國之後，這也同步反映在「伐」字雙音詞的演變上。根據馮勝利的韻律構詞說，因漢語當時正進行音步轉化，而兩漢後由於雙音節音步的形式基本確立了，雙音詞便以比春秋戰國時期更快的速度高速發展了。

---

156 董秀芳：《詞彙化：漢語雙音詞的衍生和發展》，頁44-46。
157 根據伍宗文於《先秦漢語複音詞研究》5-1章所提，甲骨文中有60個以上的「婦某」，80個以上的「子某」，308頁又列舉了人名、地名與方國名共52個。除了前述分類並未舉完，尚有其他專名未算進去，可知甲骨文雙音節專名必超過200個以上，故以「幾百個」來表示並不為過。

六、總結

　　雙音詞最開始應是由於商人祭祀時，為了對祖先與神明區別名字不夠有辨識性的人，故產生雙音節稱謂，而雙音節形式透過「組塊」的心理過程，在專名類中擴散得差不多後，再滲透到其他詞類，並產生不同構詞法，使人們基於精確表義的需求，無形中使語言系統開始轉變。到了春秋戰國時期，又因韻尾輔音失落，以及聲調的出現，而加快漢語雙音詞的演進路程，至漢代以後成為構詞主流形式。

七、書名簡稱

合	《甲骨文合集》
屯	《小屯南地甲骨》
集成	《殷周金文集成》
新收	《新收殷周青銅器銘文暨器影彙編》

徵引書目

《三國志平話》（上海：中華書局，1959年，元人平話五種之五）。

《毛詩正義》（臺北：新文豐出版公司，2001年，中華叢書十三經注疏）。

于秀玲：《金文文字考釋匯纂》（長春：吉林大學古籍研究所碩士學位論文，何景成教授指導，2016年）。

小學堂：https://xiaoxue.iis.sinica.edu.tw/

中央研究院上古漢語標記語料庫：http://lingcorpus.iis.sinica.edu.tw/ancient/

王　力：《同源字典》（北京：中華書局，2014年，王力全集），第13卷。

王先謙：《荀子集解》（成都：四川人民出版社，1998年，中華諸子寶藏諸子集成），新編四。

王念孫：《廣雅疏證》（北京：中華書局，1983年）。

王　弼、韓康伯、朱熹：《周易二種》（臺北：國立臺灣大學出版中心，2016年）

王　寧：〈叔夷鐘鎛銘釋文補釋〉，復旦大學出土文獻與古文字研究中心，http://www.fdgwz.org.cn/Web/Show/1921#_edn20（2012年）。

伍宗文：《先秦漢語複音詞研究》（成都：巴蜀書社，2001年）。

朱祖延：《爾雅詁林》（武漢：湖北教育出版社，1998年）。

朱駿聲：《說文通訓定聲》（臺北：臺灣商務印書館，1968年）。

余嘉錫：《世說新語箋疏》（臺北：華正書局，1984年）。

吳雪飛：〈《詩經・大雅・大明》「燮伐大商」句新證〉，《史學史研究》（2013年），頁120-123。

李　圃：《古文字詁林》（上海：上海教育出版社，2004年）。

沈家煊：《名詞和動詞》（北京：商務印書館，2018年）。

沈　培：〈西周金文「宕」字釋義重探〉，《中央研究院第四屆國際漢學會議論文集：出土材料與新視野》（臺北：中央研究院，2013年），頁381-418。

周法高：《中國古代語法構詞編》（臺北：中央研究院歷史語言研究所，1961年）。

宗福邦、陳世鐃、蕭海波等：《故訓匯纂》（上海：商務印書館，2003年）。

屈萬里：《尚書集釋》（臺北：聯經出版社，2013年）。

姚孝遂：《殷墟甲骨刻辭類纂》（北京：中華書局，1989年）。

姜欣然：《史牆盤銘文集釋（2001-2022）》（青島：青島大學中國古典文獻學碩士學位論文，張軼西教授指導，2023年）。

唐鈺明：《著名中年語言學家自選集：唐鈺明卷》（合肥：安徽教育出版社，2002年4月）。

孫詒讓：《墨子閒詁》（上海：上海書店，1992年）。

徐中舒：《甲骨文字典》（成都：四川辭書出版社，1993年）。

徐元誥：《國語集解》（北京：中華書局，2002年）。

殷周金文暨青銅器資料庫：https://www.ihp.sinica.edu.tw/~bronze/

班　固：《漢書》（上海：上海古籍出版社，2003年）。

馬　真：〈先秦複音詞初探〉，《北京大學學報》（1980年），頁54-63。

張世超、孫凌安、金國泰、馬如森：《金文形義通解》（京都：中文出版社，1996年）。

張玉金：《甲骨文語法學》（上海：學林出版社，2002年）。

張學瀾：〈甲骨文「及」字用法考察〉，《殷都學刊》（2019年），頁36-40、52。

莊惠茹：〈金文「某伐」詞組研究〉，《古文字研究》（第二十七輯）（北京：中華書局，2008年），頁239-244。

莊會彬、趙璞嵩、馮勝利：《漢語的雙音化》（北京：北京語言大學出版社，2018年）。

郭慶藩《莊子集釋》（臺北：萬卷樓出版社，2007）。

陳年福：《甲骨文動詞詞匯研究》（成都：巴蜀書社，2001年）。

陳奇猷：《韓非子集釋》（上海：上海人民出版社，1974年）。

陳溫菊：〈《左傳》「伐侵襲」例辨〉，《輔仁國文學報》第34期（2012年），頁1-26。

焦　循：《孟子正義》（石家莊：河北人民出版社，1986年）。

程湘清：《先秦漢語研究》（濟南：山東教育出版社，1994年）。

程樹德：《論語集釋》（北京：國立華北編譯館，1943年）。

馮勝利：《漢語語體語法概論》（北京：北京語言大學出版社，2018年）。

馮勝利：《漢語韻律句法學》（增訂本）（北京：商務印書館，2013年）。

楊伯峻：《春秋左傳注》（高雄：復文圖書出版社，1990年）。

楊　琳：《漢語詞彙與華夏文化》（北京：語文出版社，1996年）。

董秀芳：《詞彙化：漢語雙音詞的衍生和發展》（成都：四川民族出版社，2002年7月）。

裘錫圭：〈古文字釋讀三則〉，《裘錫圭學術文集》（第三卷）（上海：復旦大學出版社，2012年）。

漢達文庫：https://www.chant.org/search/Major

漢語多功能字庫：https://humanum.arts.cuhk.edu.hk/Lexis/lexi-mf/

裴普賢：《詩經評註讀本》（臺北：三民書局，2008年）。

劉洪濤：〈叔弓鐘及鎛銘文「劃」字考釋〉，復旦大學出土文獻與古文字研究中心，http://www.fdgwz.org.cn/Web/Show/1164#_edn8（2010年）。

劉海琴：《殷墟甲骨祭祀卜辭中「伐」之詞性考》（上海：華東師範大學中國語言文學系博士論文，詹鄞鑫教授指導，2006年）。

劉　釗：〈利用郭店楚簡字形考釋金文一例〉，《古文字研究》第24輯（北京：中華書局，2002年），頁277-281。

劉　源：《商周祭祖禮研究》（北京:商務印書館，2004年）。

鄭玄注、〔唐〕陸德明釋文：《周禮》（北京：北京大學出版社，2021年，日本足利學校藏國寶及珍稀漢籍十四種），冊二四。

鄭繼娥：《甲骨文祭祀卜辭語言研究》（成都：巴蜀書社，2007年）。

蘇建洲：《《上博楚竹書》文字及相關問題研究》（臺北：萬卷樓出版社，2008年）。

宗教與民俗研究

關夫子與《春秋》：
儒士詮釋下的關聖信仰*

謝政修

國立政治大學宗教研究所博士後研究員

摘要

在過往關公信仰的研究上，大多預設歷史人物「關羽」，以及信仰意義上的「關公」有種先後的內在關係。本文嘗試將「關羽」與「關公」進行一定程度的「分離」，並以關「聖」之「聖」為討論主軸，論述歷代儒士如何從「關羽」著手，透過詮釋歷史，甚至是聖化歷史，讓關羽逐漸成與孔子比肩的聖人，建構出符合儒家價值的關「聖」內涵。若從整體關公信仰發展的意義而論，儒士的建構可視為一種對於信仰本質不斷的探索；而詮釋出的內涵，則是信仰向「理性化」與「道德化」發展的一種過程（魯道夫・奧托（Rudolf Otto）之語）。面對信仰中超乎理性的神異部分，儒士也提出合理的解釋，從氣化的角度發展出一種具有邏輯理性的感應論，說明儒士詮釋的關「聖」並非僅是一種純粹的精神象徵，也具有實質信仰的意義。

關鍵詞：關公、關羽、關聖帝君、關夫子、神聖

---

* 臺北：臺北市立大學出版中心，2024年12月，頁407-443。
  感謝研討會與談者林盈翔教授，以及兩位審查老師的指正，惠賜建議，在此一併致謝。

一、前言

　　本文研究，主要是以收錄於歷代關帝文獻集中的文人碑刻、筆記、議論，闡述從元朝開始，儒士對於關「聖」內涵的建構與詮釋。在歷來文士的詮釋下，關羽從一位敗亡的武將，逐漸成為德性完美，踐行孔孟之道的聖者，被文士稱為關夫子、武聖，也由此並發展出一種「聖化」的歷史。

　　關羽成神後最重要的一次官方敕封是在萬曆四十二年（1614），由明神宗封為「三界伏魔大帝神威遠震天尊關聖帝君」。歷來研究大多強調這是關公晉升為帝級之神的依據，而「關聖帝君」之名也流傳至今。然過去論述較忽略的是，這也是關公首次封「聖」。「帝君」之名固然有著突破性意義，但「關聖」之「聖」，實也涉及重要的信仰內涵。

　　若從西方宗教學的論述，「聖」是一種與世俗相對、對峙之概念，具有超乎日常，難以被理性概念所掌握的特質。如魯道夫・奧托（Rudolf Otto）認為宗教的「神聖」包含了「理性」（道德）與「非理性」（道德之外）兩大層面，其中「非理性」的部分，是宗教之所以為宗教之核心。[1]就奧托之定義，「理性」是指那些可以由我們構思能力清晰把握的，能進能入到我們熟悉可定義的領域之中；「非理性」則指在此清晰明朗的領域下，所存在的一種深層領域，是我們概念性思維無法接近的。[2]據此，奧托以「全然的他者」指稱那超乎了日常可理解、熟悉的領域。[3]伊利亞德（Mircea Eliade）則是直接以「與凡俗作為對立」來的定義神聖，認為人之所以認知神聖，是因「神聖」完全以不同於凡俗世界的方式呈現自身，即「聖顯」（hierophany）。[4]杜普瑞（Louis Dupré）也說明，宗教上的「絕對」，同時具有「象徵性」與「辯證性」，「辯證」就是

---

[1] 〔德〕魯道夫・奧托（Rudolf Otto）：《神聖者的觀念》（北京：中國社會科學出版社，2009年），頁8。下文引述不再詳列出處。
[2] 〔德〕魯道夫・奧托（Rudolf Otto）：《神聖者的觀念》，頁84。
[3] 〔德〕魯道夫・奧托（Rudolf Otto）：《神聖者的觀念》，頁37。
[4] 〔美〕米爾恰・伊利亞德（Mircea Eliade）著，楊素娥譯：《聖與俗——宗教的本質》（臺北：桂冠圖書，2006年），頁27-28。

一種「聖」與「俗」的對峙,「聖界」只有在與「凡界」對峙之時,才曾維持聖界色彩。[5]

若從明神宗敕封關公時所寫下的建醮詞,可發現關「聖」之「聖」,絕對存在此種超乎世俗、不可思議之神力。明神宗稱關公之「聖德神功」,是因關公能夠「除邪輔正」、「保劫康民,福幽利顯,既贊乾元之化」。[6] 可見在明神宗對關公神性之詮釋下,關公之「聖」,在其靈顯的神力,能夠庇護陰陽,救劫護民。根據相關記載,至少從唐代開始關公顯聖事蹟便於民間頻頻流傳,「靈驗」與否,自然是信仰發展與推進的因素。此種超乎世間的神聖,是民間信仰神祇之共相。然而,關公信仰在發展的過程中,另有一種關於「聖」的詮釋向度,它來自於歷來文士的投射與詮釋,透過完美「關羽」之形象發展而成,偏向儒家式的聖賢思想。

這兩種向度之「聖」,其實能夠反映研究關公信仰時的一種論述框架與立場:歷史上蜀漢大將之「關羽」,與成神後為人隨崇敬之「關公」二者間關係的辯證。歷來學界在關公信仰研究上,對於「關羽」與「關公」討論的預設,可歸納以下三種類型:[7]

其一,線性的歷史視野。學界早期關公信仰的研究大多是此種研究視角。此類研究大多以時代為架構,討論蜀漢關羽生前相關事蹟與記載,及其歿後成神之歷代敕封與神格發展。這類論述大多以歷史學為基調,以相關史料建構出關羽由人而神的發展。在討論上,著重在「人」與「神」二者間的先後關係,也預設了關羽「人性」與關公「神性」某種內在連結。代表著作如黃華節《關公的人格與神格》、蔡東州,文廷海《關羽崇拜研究》、顏清洋《關聖帝君全傳》

---

[5] 〔美〕杜普瑞(Louis Dupré)著,傅佩榮譯:《人的宗教向度》(新北:立緒文化,2006年),頁4。

[6] 「恭維關聖帝君,生前忠義振萬古之綱常;身後威靈保歷朝之泰運。除邪輔正,聖德神功,保劫康民,福幽利顯,既贊乾元之化,宜宣帝號之封。」收於〔清〕張鎮:《解梁關帝志》,何建明,王見川,高萬桑(Vincent Goossaert)主編:《道藏集成第五輯‧關帝卷》(北京:全國新華書店,2020年,清乾隆二十一年【1756】刻本),第5冊,頁97。以下引文不再詳列出處。

[7] 關公信仰研究成果眾多,此處僅著重在反思「關羽」與「關公」在以往專論中呈現的方式,及其背後涉及的研究方法與文本討論,其餘相關研究成果,在此不一一贅述。

等。這些專著大多循著一種論述範式:釐清歷史上的關羽,再論歷代關公信仰發展,建構「人的歷史」與「神的崇拜史」是早期關公研究主要的重點。[8]

其二,廣泛性的文化視野。隨著研究材料的拓展,除了史料與文人小說筆記外,民間傳說、碑記、善書、扶鸞文獻……等,都成為了關公信仰研究的重要材料。這類研究的貢獻,乃是呈現不同類型、性質文本下所呈現的關公記載,並論述其文化內涵。代表著作如洪淑苓《關公民間造型之研究:以關公傳說為重心的考察》、劉海燕《從民間到經典——關羽形象與關羽崇拜的生成史論》。洪淑苓以民間傳說為研究視角,以史傳、戲曲、傳說與顯聖事蹟為主要討論文本,論述關公形象在民間不斷形塑的文化意義;[9]劉海燕則將討論文本分為史傳、文學、泛文學三大項目進行考察,爬梳不同性質的材料中關公形象的演變。[10]上述研究的方式拓展了關公信仰論述的廣度,洪淑苓便曾以「關公文化現象」論之,[11]胡小偉也曾提出相似的看法,爾後「關公文化學」甚至作為一種研究的新視角。[12]此種以文本為主的論述架構,歷史軸線較為隱沒,論述上較不刻意區分「關羽」與「關公」,大多是將之視為一體,論其整體文化現象。

其三,「關羽」與「關公」雙軸的論述。洪淑苓另一專文:〈文人視野下的關公信仰——以清代張鎮《關帝志》為例〉,已觀察到一種屬於文人詮釋的下的關公信仰。文中以《關帝志》為例,指出文人在關公信仰徵實考證的態度,詳述歷代敕封廟制,略於古蹟傳說,並凸顯聖人、英雄之形象。[13]這樣的觀察

---

[8] 黃華節注重關公「人」與「神」兩種身份,並考據史事,點出文學作品中渲染之處,也扼要梳理了關公成神之後流傳於民間的顯靈事蹟,並認為「軍旅」、「平亂」始終是關公信仰的核心,與其生前為武將的身份有著緊密的關係,見黃華節:《關公的人格與神格》(臺北:人人文庫,1967年)。爾後研究。如顏清洋:《關聖帝君全傳》(臺北:學生書局,2002年)、蔡東州,文廷海:《關羽崇拜研究》(成都:巴蜀書社,2001年)。

[9] 洪淑苓:《關公民間造型之研究:以關公傳說為重心的考察》(臺北:國立臺灣大學出版中心,1995年)。以下引文不再詳列出處。

[10] 劉海燕:《從民間到經典——關羽形象與關羽崇拜的生成史論》(上海:三聯書店,2004年)。以下引文不再詳列出處。

[11] 洪淑苓:《關公民間造型之研究:以關公傳說為重心的考察》,頁549。

[12] 胡小偉:《關公崇拜溯源》(太原:北嶽文藝出版社,2002年),上冊,頁9。王志遠,康寧:《關公文化學》(北京:中國社會科學出版社,2015年),頁14。

[13] 洪淑苓:〈文人視野下的關公信仰——以清代張鎮《關帝志》為例〉,《漢學研究集刊》第5期(2007年12月),頁163。

極具啟發。筆者亦曾以清代四種版本的關聖帝君「全書」進行分析比較，發現由四川儒士集團甘雨施等人編纂的《關聖大帝聖蹟全書》即是一種儒化、彰顯孔教的詮釋視野。[14]田海（Barend J. ter Haar）最新的關公研究著作中，在論述中有更近一步分離「關羽」與「關公」的意圖，這主要來自於一種質疑：過往關公信仰研究中，可能無意中放大了史傳與文學對於信仰的形塑與影響力。田海想要證明的，乃是文人作品與歷史文獻下的「關羽」，在關公信仰發展的內涵上並未起到關鍵的影響作用。田海以文人筆記、碑記、顯靈事蹟作為一種信仰者的紀錄，書中稱之為「宗教證據」，試著建構出民間發展的信仰軌跡。[15]上述研究中，其實已觸及到本文所欲進一步論述的主軸：在關公信仰發展的過程中，「關羽」的形象也在不斷更變，獨立發展。

據此，本文嘗試將「關羽」、「關公」適度剝離，並集中討論文士視野下對於關「聖」信仰的建構。以往學者已指出清代關公信仰有明顯的「儒化」傾向，[16]及其對於關公神性的影響。但此一「儒化」並不是單方面官方力量介入的結果，背後其實有一發展的脈絡。在此脈絡中會發現《春秋》是文士理解、建構關公信仰的樞紐，是關羽得以成為武聖的關鍵。[17]此外，儒士所詮釋的關「聖」不僅僅是一種表面的攀附，更試著詮釋信仰中那些神異性之部分。[18]

綜上所述，本文將分為三個部分。第一部分梳理歷代儒士對於關羽的評論，呈現關羽由一武者到聖者形象的建立，與轉變的原因。第二部分則是論述

---

[14] 謝政修：《聖傳、聖訓與聖蹟：清代關聖帝君「全書」刊行之意義與信仰內涵》（臺北：國立臺灣大學中文所博士論文，2021年），頁45-48。

[15] 〔荷〕田海（Barend J. ter Haar）著，王健、尹薇、閻愛萍、屈嘯宇譯：《關羽：由凡入神的歷史與想像》（北京：新星出版社，2022年），頁13、21。以下以文不再詳列出處。

[16] 王見川：〈清代皇帝與關帝信仰的「儒家化」：兼談「文衡聖帝」的由來〉，《漢人宗教、民間信仰與預言書的探索》（臺北：博揚文化，2008年），頁55-76。文中關注清代皇王一系列使關公「儒化」的政策，與關公衍伸出的新神格：「文衡聖帝」間的關係。

[17] 關羽與《春秋》的連結，史傳上最初的線索乃是，《三國志》裴注引《江表傳》：「讀《左傳》略皆上口」此一條記載。此外，文士篇章最早提及者，乃是金代田德秀〈重修關帝廟偈〉：「昔好《春秋左氏傳》」。見林盈翔：〈華夷與正統——關帝信仰與《春秋》學〉，2023中央研究院明清研究國際學術研討會論文。

[18] 清代之後，民間有大量扶鸞的經卷文獻皆是透過文士之手而出。然本文所欲探討的是歷代文士中對於塑造「關羽」成聖的論述，主要以關帝文獻集中所收錄的歷代文人議論、碑文與筆記為依據。因此，闡揚關公救劫教化的扶鸞文獻，並非本文討論的主軸。

關羽成為武聖後,儒士如何從各方面建構出符合此「聖」之形象的歷史。最後,說明在儒士「理性化」、「道德化」的視野下,如何理解、解釋信仰中那些超乎理性的神異性,及此呈現出的關公信仰內涵。

二、從武者到聖人:關羽聖化的詮釋脈絡

在中國思想的脈絡中,「聖人」的定義是一龐大的論述,即便同屬一家思想,不同時期所呈現的內涵也不盡相同。以先秦儒家為例,孔子所言之聖人,是能夠實踐「仁」之人,具體而言,即是「己欲立而立人;己欲達而達人」,此乃道德修養至高之境界,[19]而擁有此至德之人,多為古代聖王。[20]孟子則明言,聖人乃是「人倫之至」者,[21]其中又可開展出「聖王」、「聖賢」兩種系統。[22]扼要言之,「聖」可以代表某種理想境界的人格,若為聖王,則能開展事功;若為聖賢,則指修養至高境界。[23]在清代關公文獻集之中,儒士常稱關羽為「關夫子」,亦以「人倫之至」稱譽,而咸豐帝更御書「萬世人極」之匾額,[24]可見儒士與清代官方對於關「聖」之詮解,更偏向德性完美之「聖賢」。

然而,若回歸史傳的記載與評論,可知關羽雖為一代豪傑,力扶漢室,然

---

19 《論語・雍也》:「子貢曰:『如有博施於民而能濟眾,何如?可謂仁乎?』子曰:『何事於仁,必也聖乎!堯舜其猶病諸。夫仁者,己欲立而立人,己欲達而達人。能近取譬,可謂仁之方也已。』」見〔魏〕何晏注,〔宋〕邢昺疏:《論語注疏》(臺北:新文豐,2001年),卷6,頁147。以下引不再詳列出處。

20 《論語・泰伯》:「子曰:『泰伯,其可謂至德也已矣!三以天下讓,民無得而稱焉。』」、《論語・泰伯》:「周之德,其可謂至德也已矣。」〔魏〕何晏注,〔宋〕邢昺疏:《論語注疏》,卷8,頁175、186。

21 《孟子・離婁上》:「規矩,方員之至也;聖人,人倫之至也。欲為君盡君道,欲為臣盡臣道,二者皆法堯舜而已矣。」見〔漢〕趙歧注,〔宋〕孫奭疏:《孟子注疏》(臺北:新文豐,2001年),卷7,頁307。以下引不不再詳列出處。

22 姜龍翔:〈論孟子的聖人觀〉,《東華漢學》第9期(2009年6月),頁132-140。

23 〔清〕張鎮:《解梁關帝志》,頁115。

24 〔清〕趙爾巽等撰,楊加駱校:《清史稿》(臺北:鼎文出版社,1981年),頁2541。下文引述不再詳列出處。

性格上亦有所瑕疵。[25]此外，關羽最初為人所歌頌乃因其過人的武勇，常與張飛並稱，[26]而非其高貴的德性。據此，關羽成為人人歌詠的聖賢，其實有一發展的脈絡，以下以時代為劃分，從文士議論的相關內容說明此一轉變的過程。

（一）唐宋時期：武勇的歌詠與忠義的強調

在唐宋時期的廟記與碑文中，文士稱許的乃是關羽忠義之性及過人的武勇，如唐代董梴（生卒年不詳）：「惟將軍當三國之時，負萬人之敵，孟德且避其銳，孔明謂之絕倫，其於狥義，感恩死生一致，斬良擒禁，此其孝也。」[27]雖然「武勇」是關羽作為武將重要的特質，然在宋代幾次關廟重修的廟記中，漸漸發現儒士更為讚許的是關羽不為所動的忠義，如北宋鄭咸（生卒年不詳）稱頌：「然皆謂侯英武善戰，為萬人敵耳，此不足以知侯也……秋霜之嚴，見昵則消；南金之堅，遇剛則折，而侯之忠義凜然，雖富貴在前，死亡居後，不可奪也。」[28]南宋南濤（生卒年不詳）則言：「雖蒙孟德厚恩，王終無久留之志。比其去也，盡封寶貨，懸印綬拜而告辭，此忠義大節又非戰勇可方。」[29]可知鄭咸、南濤雖皆提及關羽過人的武勇，但若僅是以此評價，便未能真正體會關羽令人感服的原因。關羽在南宋時被加封為「英濟王」，蕭軫（生卒年不詳）稱言：「玉泉寺住山比丘來請記，於軫且以彰王之德移朝廷之命；於王既慕古人觀書之祭。辨奸諛於既歿，表忠義於已往。」[30]更可明確理解關羽之忠義，是能以古鑑今，以起效尤之德性。

---

[25] 《三國志》中，陳壽於張飛傳末評關羽：「羽善待卒伍而驕於士大夫」，於趙雲傳末則言：「關羽、張飛皆稱萬人之敵，為世虎臣。羽報效曹公，飛義釋嚴顏，並有國士之風。然羽剛而自矜，飛暴而無恩，以短取敗，理數之常也。」見〔晉〕陳壽撰，〔南朝〕裴松之注：《三國志・蜀書六・張飛傳》、《三國志・蜀書六・趙雲傳》（臺北：鼎文出版社，1980年），頁944、951。以下引文不再詳列出處。

[26] 劉海燕：《從民間到經典──關羽形象與關羽崇拜的生成史論》，頁17-18。

[27] 〔唐〕董梴：〈唐貞元十八年重建關將軍廟記〉，〔明〕呂柟：《義勇武安王集》（哈佛大學燕京圖書館藏），卷3，頁16右-頁16左。以下引文不再詳列出處。

[28] 〔宋〕鄭咸：〈元祐重修廟記〉，〔明〕呂柟，《義勇武安王集》，卷4，頁1右-頁2右。

[29] 〔宋〕南濤：〈紹興重修廟記〉，〔明〕呂柟，《義勇武安王集》，卷4，頁2左。

[30] 〔宋〕蕭軫：〈淳熙十六年建加封英濟王碑記〉，卷3，頁17左。

（二）元明時期：大義建立與《春秋》精神的實踐

若說唐宋時期是關羽成聖的醞釀期，那麼明代就是論述轉變的關鍵期，而轉變的主因，在於「大義」的樹立。此一大義，是建立在「蜀漢正統」的歷史觀之上。當劉備被視作漢室正統，關羽之「義」便深化了內涵。蜀漢正統之觀念，其實亦有其發展之脈絡，見《四庫全書總目提要》：

> 晉陳壽撰，宋裴松之注。壽事蹟具晉書本傳。松之事蹟具宋書本傳。凡魏志三十卷、蜀志十五卷、吳志二十卷。其書以魏為正統，至習鑿齒作漢晉春秋，始立異議。自朱子以來，無不是鑿齒而非壽。然以理而論，壽之謬萬萬無辭。……以勢而論，則鑿齒帝漢順而易，壽欲帝漢逆而難。蓋鑿齒時晉已南渡，其事有類乎蜀，為偏安者爭正統，此孚於當代之論者也。壽則身為晉武之臣，而晉武承魏之統，偽魏是偽晉矣，其能行於當代哉？此猶宋太祖篡立近於魏，而北漢、南唐跡近於蜀，故北宋諸儒皆有所避而不偽魏。高宗以後偏安江左近於蜀，而中原魏地全入於金，故南宋諸儒乃紛紛起而帝蜀。此皆當論其世，未可以一格繩也。[31]

由此可見，早在習鑿齒（？-383）之《漢晉春秋》，對於陳壽《三國志》以魏為正統便有所異議，時代下政局的變動也都影響著士人對於史觀的詮釋，例如北宋之時多以曹魏為正統，而南宋諸儒則紛紛帝蜀，因此不能一概而論。但在明清相關文士的議論之中，可發現明清時期蜀漢正統觀念已深植文士心中。

在明清時期關聖帝君文獻集的記載中，發現《資治通鑑綱目》一書也起到了重要作用。《資治通鑑綱目》據傳為北宋理學大儒朱熹（1130-1200）撰寫，然現今見之內容應多為其門生趙師淵（1150-1210）等人編纂而成。此書在行文採用了「春秋筆法」，蘊含了強烈微言大義。《資治通鑑綱目》也否認了曹魏正統的地位，並承認蜀漢為正統。明清兩代的帝王對於此書甚為推崇，如明憲

---

31 〔清〕永瑢等編撰：《四庫全書總目提要》（上海：商務出版社，1933年），史部，卷45，頁986-967。

宗便曾下令考定並傳刻此書,並親自題序,[32]在帝王的提倡之下,也可發現儒士相關論述上的呼應,胡應麟(1551-1602)便言:「讀侯生平始終大節,陳壽寥寥數簡,缺略未詳。且筆削之正,創始紫陽。自朱氏以前,即名世鉅儒猶繫統於曹魏,則侯效命於先主,譚者率以為盡心所事而已,其於翊衛炎精,恢復漢室之誼,槩乎未之有明也。」[33]可知,《資治通鑑綱目》一書加深了「蜀漢正統」的史觀。總之,蜀漢正統的史觀之下,關羽輔佐劉備便不僅是忠義,更有翊衛漢事室之大義,大大提高了格局。

時至清代,康熙亦曾親筆批註此書刊行,乾隆亦下令續修。[34]據此,不少清代的關公文獻集都紛紛揚棄、駁斥陳壽《三國志》的論述,皆奉《資治通鑑綱目》為圭臬,重新撰寫關公傳記。[35]可見此書對於關羽形象塑造起了深遠的影響。由於《資治通鑑綱目》的影響,圍繞著「漢室正統」與「大義」,儒士著作了大量的議論文,企圖為過往的歷史翻案,體會出更深刻的內涵,而關羽之「忠義」,也與儒家所論之「義」連結,這些討論,都讓關羽形象更趨完美,邁向了成聖之道路,以下分為兩點說明。

1. 荊州敗亡:歷史評價的修正

荊州的敗亡,是影響後世對於關羽評價最為關鍵的事件。然而,當蜀漢正統的觀念漸漸深植,也開啟了儒士對於這段歷史不同的解讀,如元胡琦,在其所編纂之《關王事蹟》撰寫多篇議論文認為不當以成敗論英雄:

---

[32] 見《明實錄》(臺北:中央研究院歷史語言所,1966年),卷113,頁2195:「上命刻梓以傳,親制序於卷首,曰:『朕惟朱子《通鑑綱目》,實備《春秋》經傳之體,明天理、正人倫,褒善貶惡,詞嚴而義精,其有功於天下後世大矣。』」。

[33] 〔明〕胡應麟:〈謁漢壽亭侯廟歌〉,〔明〕趙欽湯撰、焦竑增補:《漢前將軍關公祠志》(國家圖書館藏,明萬曆三十一【1603】重刊本),卷9,頁13左。以下引文不再詳列出處。

[34] 「皇祖御批之《資治通鑑綱目》,蓋是書集三編為一部。自三皇以至元末明初,振綱挈目,謹予嚴奪,足以昭萬世法戒。為人君者,不可不日手其帙而心其義也。……書中批論,一依皇祖之例,自述所見。據事以書者十之三儒,臣擬批者十之七。」見《清實錄》:《高宗純皇帝實錄》(北京:中華書局,1986年),卷820,頁820-1。

[35] 如〔清〕黃啟曙《關帝全書》:「本傳史載陳壽所傳。乾隆四十一年,上諭改刊,今遵《資治通鑑綱目》,別撰一傳,以仰承不可相沿陋習之訓云。」魯愚主編:《關帝文獻彙編》(北京:國際文化,1995年),第5冊,頁11。下文引述不再詳列出處。

> 論者謂雲長處置垂方，以短取敗，愚謂不然。看雲長須看與先主孔明以興復漢室為己任，一片忠忱，對越天地。即是夏少康以一旅祀夏配天之本心也。雖古義烈無以加焉，後之君子，當諒其心，不當以成敗利鈍言也。[36]

雖然關羽最後壯志未酬，但此中真正可貴的，乃是以復興漢室正統為己任的一片赤誠，文中「以短取敗」一語乃是陳壽所評。[37]胡琦雖認為不能以「成敗」一概而論，但依然指出關羽確有其缺失，但失荊州的歷史責任，並不能單單由其概括承受：

> 胡氏讀史管見曰：劉備失荊州，非獨關羽之罪也，王相皆有責焉。雲長義勇雄槩，萬夫敵也，而短其謀。雖撫恤卒伍得眾心矣，而不禮士大夫。……申固情義乃不許其婚，以辱罵其使，自求敗也。[38]

雖然荊州之失不應僅追究關羽一人的失誤，但仍點出關羽未能禮遇士夫、怒罵吳國求婚使者等事，為自己種下往後之敗因，此皆史有所載。[39]然而，相同的歷史事件於明代又有了不同的看法。

明呂柟（1489-1542）所編之《義勇武安王文集》，在胡琦的議論下加上新的評論：「絕婚之事，非胡氏所能知；雖糜芳、士仁之內叛，勢亦不能振，蓋漢室自絕於天矣。」[40]呂柟認為罵婚使者等事，並非後代儒士所能知，不應妄自評論，可見這類較負面的事件，儒士開始秉持著懷疑的態度。據此，在清代流通的關羽傳記中，此事的確被刪除或潤飾。[41]此外，呂柟認為糜芳、傅士

---

36 〔明〕呂柟：《義勇武安王集》，卷3，頁2右。
37 見前頁，註25。
38 〔明〕呂柟：《義勇武安王集》，卷3，頁1右-頁1左。
39 「先是，權遣使為子索羽女，羽罵辱其使，不許婚，權大怒。」〔晉〕陳壽撰，〔南朝〕裴松之注：《三國志》，頁941。
40 〔明〕呂柟：《義勇武安王集》，卷3，頁1左。
41 謝政修：《聖傳、聖訓與聖蹟：清代關聖帝君「全書」刊行之意義與信仰內涵》，頁94-96

仁叛變與否，其實無法影響蜀漢逐漸凋亡的大勢，乃天命所趨。此種看法，無疑也是在削減以往論者對於關羽的諸多檢討。

關於荊州之敗，更有認為非關羽之過，而是劉備之失。王世貞（1526-1590）便認為作為主君的劉備應當擔負全責：

> 關羽之失荊州，以為羽之失，余以為非羽之失，而昭烈之失也。昭烈之失在委羽以與操角而不為之後繼也，其不備吳，則次之。……羽雖勝，獲于禁七軍，能保操之不自至乎？操至，羽保其能勝乎？即能勝，孤軍乘而深入乎？不勝，何以退乎？[42]

王世貞認為，荊州的戰敗在於劉備不能審視大局，委任關羽鎮守荊州與曹操對峙，後續卻不增派援軍襄助，同時不能提早防備東吳，才鑄成大錯。荊州的失敗一直是影響關羽歷史評價的重要事件，是成聖的路上必須跨越的溝坎。儒士透過大量議論進行不同程度的平反，關羽也漸漸從歷史的責難中鬆綁。

2. 《春秋》精神：儒家價值的連結

蜀漢為正統觀提高了關羽的格局，儒士更加從儒家精神詮釋來關羽的忠義，企圖建構起更深層的價值連結，這些論述使得關羽逐漸走向儒家之聖賢。[43]如元代李鑑便言：「神之心則雖百死而不忍背漢也。……嗟乎，此豈不知義者之所能為乎。孟子曰：是集義所生者，非義襲而取之也。」[44]李鑑引《孟子》論「義」之篇章來說明關羽捍衛漢之正統，這樣的連結明確地將關羽視為能夠

---

42 王世貞：〈王世貞史論〉，〔明〕趙欽湯撰、焦竑增補，《漢前將軍關公祠志》卷7，頁19左。
43 此處必須說明的是，即便在以曹魏為正統的時期，民間其實已有以儒家仁義精神看待蜀漢人物了，例如北宋時期《東坡志林》：「塗巷中小兒薄劣，其家所厭苦，輒與錢，令聚坐聽說古話。至說三國事，聞劉玄德敗，顰蹙有出涕者；聞曹操敗，即喜唱快。以是知君子小人之澤，百世不斬。」然而，在「蜀漢正統觀」深植人心後，可以發現文士企圖從關羽生前行誼發掘更深刻的，與儒家精神價值的連結與評述。蘇軾：《東坡志林》（北京：中華書局，1981年），頁7。此處感謝審查老師的提醒與補充。
44 〔元〕李鑑：〈題刻胡氏《新編關王事蹟》序〉，收於〔清〕彭紹升：《關聖帝君全書》（北京國家圖館藏），卷5，頁3右-頁3左。下文引述不再詳列出處。

實踐儒家精神價值之人。

明代文士也從各種角度,肯定關羽實踐孔孟之道。呂柟認為關羽一生忠義正直,可視作儒家所論之「仁」者:「夫而人而直,雖死猶生;人而不直,雖生猶死。人而仁,雖屈實榮;人而不仁,雖生實辱,王可當孔孟論直仁者乎。」[45]焦竑則認為,關羽明知漢室運途傾頹卻仍然矢志不移,力破強敵,最後犧牲殞命,此一情操,符合孔子所謂「殺身成仁」的志士仁人:「及艱危之際,矢死不回,以畢其所志,此其人與孔子所稱殺身成仁者,豈有異也?」[46]

類似議論文大量出現,關羽被儒士拿來與孔子相提並論其實是可以預期的一種結果,此中關鍵,在於透過《春秋》的連結。如王忬(1507-1560):「此固忠義智勇得之天賦,而亦未必無所因也。……孔子作《春秋》而亂臣賊子懼,王雅好《春秋》誦說,而有得焉其於正名逆分之間,有深辨矣。」[47]王忬認為,關羽之忠義智勇固然有其天性使然的部分,但是好誦《春秋》而得孔子之精神,進而明辨正逆,或許才是關鍵的原因。此外,明代祭祀關公的廟宇已遍及天下,不少論者也將其盛況與孔子作比:

> 昔韓昌黎推尊孔子,以為祀而遍天下者,惟社稷與孔子焉。然按史,王薨於建安二十四年,至於今千百歲矣,其襃贈之典,代以益崇,而廟寺亦遍天下,與孔子等,何其盛也。[48]

若依據上文推導而出的發展脈絡,徐階(1503-1583)將關羽比於孔子,當然不僅是皆為天下人所崇祀,更是有聖人精神上的連結,此又可從魏養蒙(1560-?)之文理解:

> 昔者以匹夫榮其親,令後世建祠豐享,惟尼山一族;王在漢末以赤衷扶

---

45 〔明〕呂柟:《義勇武安王集》,卷1,序文。
46 〔明〕焦竑:〈正陽門漢前將軍關侯廟碑記〉,收於〔清〕彭紹升:《關聖帝君全書》,卷5,頁25右。
47 〔明〕王忬:〈嘉靖重修武安王廟記〉,〔清〕張鎮:《解梁關帝志》,卷3,頁422。
48 〔明〕徐階:〈重修當陽廟碑記〉,〔清〕張鎮:《解梁關帝志》,卷3,頁435。

弱主，捐驅成仁，於王父母稱光顯矣。後世崇王，因追崇王父母，亦建祠豐享，則尼山之後，一人而已。[49]

關羽因其功業為天下景仰，父母也因此受到被追崇，這就如同孔家一脈為人尊崇一般，而之所以能受豐享，自然是因為其捐驅成仁之大義。以往討論關公的儒化，好讀《春秋》是一個關鍵，但透過上文梳理，可知「春秋」僅是一種表面的符號，儒士在背後所賦予的精神連結與詮釋，才是真正讓關羽得以進入儒家脈絡的內在原因。

透過上述可知，在明儒的努力下關羽形象有一大幅度的跨越。關羽之「義」除了是對於君主盡忠外，更有力扶漢室的大義，如此，其功敗垂成的遺憾，便更令後世惋惜與景仰。

（三）清代時期：完美聖性的彰顯

在清代儒士的論述中，關羽與孔子並稱已十分常見，如張鎮：「我朝典禮之隆，有加靡已，封先蔭後，實為前代所未有哉，與尼山爭烈矣。」[50]，馮佑：「帝之卓越今古，由鍾中條之森，與儲靈於岱宗尼山者，無以異焉」[51]。與明代不同之處，在於清代儒士已直接稱關羽為「聖者」，並且不斷彰顯其聖性，如盧湛所言：

> 昔孟子曰：聖人，人倫之至也。人倫莫大乎尊君，尊君莫大乎扶正統，艱難險阻，百折不磨，忠精義粹，厥為關聖帝哉。關聖帝可謂聖人，人倫之至也。……聖帝稟乾坤正氣，宗春秋微旨，伸大義於天下。[52]

---

49 〔明〕魏養蒙：〈重修常平廟記〉，〔清〕張鎮：《解梁關帝志》，卷3，頁489-490。
50 〔清〕張鎮：〈關帝志序〉，《解梁關帝志》，頁5。
51 馮佑：〈關聖帝君聖蹟圖誌序〉，〔清〕盧湛：《關聖帝君聖蹟圖誌》，何建明，王見川，高萬桑（Vincent Goossaert）主編：《道藏集成第五輯·關帝卷》（北京：全國新華書店，2020年，清康熙三十二年【1693】刻本），第1冊，頁80。以下引文不再詳列出處。
52 〔清〕盧湛：〈關聖帝君聖蹟圖誌序〉，〔清〕盧湛：《關聖帝君聖蹟圖誌》，頁85。

盧湛認為關羽能稱之為「聖」，是因其明大義，扶持正統，此心百折不撓，可謂人倫之極致，此種看法可視作清代尊崇關公的儒士之普遍論調。又如道光年間，重慶知府文綸（1779-？）所撰寫之文：

> 至後漢之季，而天地精英之奇遂特鍾之，若漢壽亭侯關夫子為極聖也。夫子當漢僭亂之時，獨精心於左氏春之學，一言一動，隱符尼山之心。……即至崎嶇艱險時，一心故主，力扶炎鼎，高爵厚祿不能移，生死患難不能易，義粹忠精，優入聖域。孟子曰：聖人，人倫之至，不誠然乎是。[53]

簡而言之，關羽稟天地精英而生，可紹繼古時聖王之聖德；其鍾於《春秋》，言行契印孔夫子之心，一生不離故主，力扶正統，即便崎嶇艱險，生死威脅皆不改其人志，此一精神實而為聖。在文綸之筆下，精心《春秋》之學而得孔子精神依然是十分重要的論述。

在眾多論述關羽為聖的文章中，卜枚先（生卒年不詳）提出了重要內涵：

> 迨其後五百餘歲，姦回亂正，弄竊相尋，君臣、父子之倫倒置莫挽，天於是萃五百年之英氣，龍見呈祥，篤生關帝以將聖，而無事師聖焉。然師聖固不易，而將聖為尤難當。夫群雄割據，猛士如雲，逆豎擅權，謀臣如雨……倘一事偶為片言或失，大則滅君戮族，小則拜節損威……而關帝則遠宗尼山之制作，近尊家學之淵源，幼學壯行，獨能以浩氣勝天下，折服奸雄之心……故謂非尼山至聖後，將聖之一人哉。[54]

從上文可知，卜枚先認為「關聖」乃是應世而生，《孟子》所謂「五百年必有王者興，其間必有名世者」，關羽正是逢亂世而生之王者，是尼山至聖之後將

---

[53]〔清〕甘雨施：《關聖大帝聖蹟全書》（北京國家圖館藏），序，頁1左-頁1右。以下引文不再詳列出處。
[54] 馮佑：〈關聖帝君聖蹟圖誌序〉，〔清〕盧湛：《關聖帝君聖蹟圖誌》，頁59-65。

聖之一人。

「將聖」出自《論語‧子罕》，子貢認為孔子之所以多才多能，乃是天縱之故：「固天縱之將聖，又多能也。」[55]此似乎暗指能成大聖者，有幾分天意之味道。卜枚先認為「將聖」比起「師聖」更為不易，因「天將大任於斯人」，必定歷盡磨難與挑戰，如孔子周遊列國之慨然，又如關帝生逢亂世之危難。不論此種比附適切與否，可以發現儒士不斷試圖從論述之中，找到關羽與孔子一種深層的精神連結，也讓關羽完整了聖賢的形象。

透過本節的討論，可知文士詮釋脈絡下之「關聖」之形成，是歷經數百年來不斷重新詮釋的結果。在關聖建構的過程中，可以發現文士在處理一些敏感議題上其立場的轉變。例如讓關羽受到責難的荊州之失，反而成為是一種對於聖性的磨難與彰顯。關羽的失敗，成為一種「知其不可為而為之」的仁義，更是生死不能動搖，對於漢室忠誠之大義，這是儒士認為關羽之所以能夠稱聖的原因。

文士不僅詮釋出關羽的聖性，更為其找到能夠實踐、堅持的內在原因，關鍵就在於《春秋》。因為精通《春秋》，所以得以契入孔子精神，讓言行都符合儒家價值。有些文士更從「天賦」的角度加以說明，認為關羽因感山川靈氣而生，所以生來便具有一種得以成聖的內在動力。在清代，以正氣之化生解釋關羽出世是一種常見的論述，它的影響不僅強化、彰顯了關羽之聖性，文士還以此論述、解釋關公之神性，此部分將在下文詳述。

三、聖化的歷史

當關羽逐漸成為儒士眼中理想的儒家聖賢，「合理性」也成為了儒士們努力的方向。關羽於史傳中所留下的訊息並不多，這些內容難以支撐起儒士眼中關羽的聖者形象。因此，可以發現關羽的歷史隨著其形象的完美化，也不斷的增長改變，以體現聖者的不凡。本節將會從兩個主題論述，分別是關羽的後裔與先祖與關羽的聖像。

---

55 〔魏〕何晏注，〔宋〕邢昺疏：《論語注疏》，卷6，頁197。

(一）譜系的建立：後裔與先祖

1. 關羽的後裔

關羽的後人，較有明確記載的乃是其子關平（？-220）、關興（生卒年不詳），及其孫關統（生卒年不詳）、關彝（生卒年不詳）：

> 追諡羽曰壯繆侯，子興嗣，興字安國，少有令問，丞相諸葛亮深器異之。弱冠為侍中、中監軍，數歲卒。子統嗣，尚公主，官至虎賁中郎將。卒，無子，以興庶子彝續封。[56]

關羽的後代，裴松之曾在註解《三國志》時引述《蜀記》之內容提及關氏一族被盡滅，然而未見其於史傳有相關的討論與記載。因此，僅憑《蜀記》之語，似乎也難讓信服。[57] 據此，這樣的記載，自然為後代編纂關帝文獻集之文士非議，如胡琦在《關王事蹟》所言：

> 《蜀記》謂魏將軍龐德之子會從將軍鍾會、鄧艾入蜀盡滅其家，然今關氏譜曰：前將軍漢壽亭侯羽，生統彝，其後居信都，裔孫播，唐德（宗）時為宰相。以此考之，蜀記容有逸事矣。予以謂，關氏懷忠蹈義，天豈絕其嗣乎？[58]

《蜀記》雖言關家後代盡滅，然胡琦根據「關氏譜」之內容，說明關家並未滅族，後代居於信都，甚至關羽之後關播（710-797），於唐德宗時還出任過宰相。胡琦所言的「關氏譜」很可能是胡琦編寫《關王事蹟》時探訪民間所得。

---

56 〔晉〕陳壽撰，〔南朝〕裴松之注：《三國志》，頁941。
57 王隱《蜀記》，在文人的傳統中，可信度本就不高，如《晉書・王隱傳》便稱：「隱雖好著述，而文辭鄙拙，蕪舛不倫。其書次第可觀者，皆其父所撰；文體混漫義不可解者，隱之作也。」〔唐〕房玄齡等撰：《晉書》（臺北：鼎文書局，1980年），頁2143。感謝審查老師的提點與補充。
58 〔明〕呂柟：《義勇武安王集》，卷1，頁2左。

關播生平事蹟可見於正史之中,[59]胡琦應是依據其所見之「關氏譜」,將關播視為關羽後裔。與胡琦的調查一樣重要的,是其對於此事的解讀。胡琦認為關氏一脈乃是「懷忠蹈義」,上天必不會絕其後。這樣的評論反映了一個重要的立場,即便《蜀記》記載本就有可議之處,但文士並不能接受關羽未有後人尚存於世,而這樣情感當然是伴隨著關羽受到尊崇而來。

明代開始,關羽後裔的譜系明顯的增加,呂柟在《義勇武安王集》也提出了自己的看法:

> 史云鄧艾入蜀盡滅關氏之家。夫隨雲長居蜀者,或止二三子,而關氏宗族在解者,未必盡隨。況後傳統、彝,凡三世則已在艾入蜀之後,時不相值。而後魏關朗、唐關播,史志及關氏家譜及解人世傳,又皆曰雲長之後裔,此又何以辨也。無亦魏晉間,篡竊相踵,姦邪摩肩,深妒忠義,有是言乎?[60]

呂柟以理推敲自有其見地,從地域、時間而論,說關氏家族被盡滅確實令人疑竇。此外,呂柟也提到了「關氏家譜」,說是「解人世傳」,可知呂柟必定也到解州做了相關的考察。不過此時,關家後裔又多了一位人物:關朗。關朗(生卒年不詳),《全唐文》中有其傳,[61]約在北魏孝文帝期間,撰有《易傳》一卷、《洞極元經傳》五卷傳世。[62]到了明代中後期,趙欽湯、焦竑所編纂《關公祠志》又增補了關朗之後人關康之(415-477)

---

59 「關播字務元,衛州汲人。及進士第。鄧景山節度青齊、淮南,再署幕府。遷右補闕。與神策軍使王駕鶴為姻家,元載惡之,出為河南兵曹參軍事,數試屬縣,政異等。」〔宋〕歐陽修,宋祁撰:《新唐書》(臺北:鼎文書局,北宋嘉祐十四行本,1981年),卷151,頁4817。
60 〔明〕呂柟:《義勇武安王集》,卷1,頁2左。
61 「府君曰:先生說卦,皆持二端。朗曰:何謂也?府君曰:先生每及興亡之際,必曰用之以道。……」〔清〕董誥等編:《全唐文》(北京:中華書局,1987年)頁1572-2,1573-1。
62 見〔元〕脫脫:《宋史》,卷202、205(臺北:鼎文書局,元至正本配補明成化本,1980年),頁5034、5072。按胡琦世系考之內容,關家後裔僅提到關播,推測關朗乃是呂柟編纂《義勇武安王文集》時所增。」

> 關朗之後，為南北朝關康之，字伯愉，河東人，徵辟一無就，素善《左氏春秋》，高帝絕愛，賞之。[63]

關康之為南北朝時期隱逸名士，甚有才學，[64]在相關記載中關康之精通《易經》，又善《毛詩》。不過，在趙欽湯敘述中，關康之所精研乃是《左氏春秋》，此顯然是要建立起與關羽的連結。關朗、關康之、關播等人，在清代張鎮《關帝志》中直接增列「子孫傳」予以說明。[65]

趙欽湯、焦竑之《關公祠志》針對關家後裔其實尚提及另外兩人，但在清代的關公文獻集中較少提及，可知這個說法較不為清代儒士接受，此二人分別為關玉（生卒年不詳）及關珍（生卒年不詳）：

> 胡琦稱彞居信都，信都今真定冀州地，而玉產元季，字子玉，行唐人。珍亦元產定州人。行唐、定州去冀僅各數舍，其為信都流派，不問可知。玉仕曲陽、藁二邑令，有異政；珍仕提領益博極群書，為一時儒者所重焉。[66]

關玉、關珍二人皆為元朝人，正史未見，相關事蹟載於明凌迪知（1532-1601）《萬姓統譜》中。根據記載，關玉為縣令，勤政為民而為人所愛戴；關珍曾任提舉，為人見義勇為且博覽群書，為士人所敬重。[67]透過上文，可知趙欽湯主要是依據胡琦：「彞（關彞）後居於信都」之說法，再加上行唐、定州距離信都（冀州）不遠，因而認為此二人為關羽後人。「信都流派」意義不明，但從

---

63 〔明〕趙欽湯撰、焦竑增補：《漢前將軍關公祠志》，卷4，頁21左。
64 「關康之字伯愉，河東楊人也。世居京口，寓屬南平昌。少而篤學，姿狀豐偉。」〔唐〕李延壽：《南史》（臺北：鼎文書局，元大德本，1981年），卷75，頁1817。
65 〔清〕張鎮：《解梁關帝志》，頁88-89。
66 〔明〕趙欽湯撰、焦竑增補：《漢前將軍關公祠志》，卷4，頁21左。
67 「玉，字子玉，行唐人。中統三年，調曲陽令，興利革弊。尋改高陽令，治聲益振。至元中，改藁城，以疾卒。兩邑吏民咸哀慕之。」「珍，定州人。資性溫淑，見義勇為。子政仕至提領。性益純直，好學不倦，由是博極群書，為一時儒者所重。」〔明〕凌迪知：《萬姓統譜》，卷26，《中華漢語工具書書庫》，第76冊（合肥：安徽教育出版社，2002年），頁443。

相關記載可知關玉、關珍為當地知名人物。當然，趙欽湯的認定並沒有確切的證據，多半是一種「感性式」的判斷，但此種論述與推測反而更能凸顯出歷代儒士是如何烘托關羽的成聖之路。

　　清代關公文獻集中，關家後裔有了更完整的發展。周廣業、崔應榴編纂之《關聖帝君事蹟徵信篇》中（下簡稱《徵信篇》）新增二人，分別為明代關永傑（？-1642）、清代關以華（生卒年不詳）。關永傑見於正史之中，相貌奇偉，為人忠義，明末李自成叛亂不為招降，後於戰中身亡。[68]《徵信篇》將關永傑視為關羽之後的依據，是吳偉業（1609-1672）《鹿樵紀聞》與查繼佐（1601-1676）《國壽錄》兩本書之記載。[69] 關以華則載於乾隆時期《荊州府志》，文中稱其為關羽五十代孫，為人至孝，順治時期進士，曾任知縣有良政。[70]

　　前文曾提及，雍正曾針對洛陽、解州與江陵三處關家後人設立五經博士，三處的關家博士《徵信篇》也詳細的記載。洛陽博士列有：關霦、關顯宗（關霦之子）、關續宗（霦次子）、關德印（顯宗子）；解州博士列有：關居斌、關運隆、關金鐘；江陵博士列有：關朝泰、關楫。[71]《徵信篇》建構關家後人的資料主要來自地方志及民間自傳的宗譜，如洛陽地區即有「洛陽關氏宗譜」流傳。[72] 再參考清甘雨施（生卒年不詳）《關聖大帝聖蹟全書》所言：「世傳勿替。迄今，解梁、荊、洛關氏博士之家，譜系相承，人文鼎盛，知忠義之發祥遠矣。」[73] 推測清代之時，解州、江陵、洛陽已有各自的關家族譜相承，而五經博士之設立，這些關家族譜便為官方所認證，並延續至今。

68　「關永傑，字人孟，鞏昌衛人。世官百戶。永傑好讀書，每遇忠義事，輒書之壁。狀貌奇偉，類世人所繪壯繆侯像。」〔清〕張廷玉：《明史》（臺北，鼎文書局，清武英殿本，1980年），卷293，頁7512。
69　吳偉業《鹿樵紀聞》：「永傑面赤，類民間所畫漢關侯像，自言實侯之後」。查繼佐《國壽錄》：「關永傑，山西蒲州人，漢壽侯之苗裔也。」〔清〕周廣業、崔應榴：《關聖帝君事蹟徵信篇》，何建明，王見川，高萬桑（Vincent Goossaert）主編：《道藏集成第五輯・關帝卷》（清光緒八年【1882】刻本），冊11，頁36。以下引文不再詳列出處。
70　〔清〕施廷樞、葉仰高：《荊州府志》，39（哈佛大學燕京圖書館藏），頁26左-26右。
71　〔清〕周廣業、崔應榴：《關聖帝君事蹟徵信篇》，頁40-48。
72　〔清〕周廣業、崔應榴：《關聖帝君事蹟徵信篇》，頁44。
73　〔清〕甘雨施：《關聖大帝聖蹟全書》，卷2，頁18右。

綜上所述，關羽後裔在《蜀書》中有記載者，僅關平、關興、關統及關彝四人。然隨著時代發展，透過儒士的走訪調查，發現民間有關氏家譜流傳，家譜中的記載或有根據，或為推測，這反映出在民間的流傳中，關羽血脈從未斷絕，歷代儒士則對此表達出「情感上」的認同，強化這些說法。事實真相實難分辨，然胡琦「關氏懷忠蹈義，天豈絕其嗣乎？」的激問，或許是看待此現象一種很好的理解方式，也是關公信仰發展下的必然的結果。同樣的現象，也表現在對於關羽先祖的追溯。

2. 關羽的先祖

關羽的生世，在史傳當中並未有詳細的記載，這也成為民間傳說大力渲染之處。若不論民間口耳相傳的軼事，在儒士所編輯的關公文獻中，胡琦在《關王事蹟》率先將關龍逢、關尹喜視為關羽之先祖：「琦云：關氏之先，出夏大夫關龍逢、（關）令尹喜之後也。」[74]關龍逢為夏朝之臣，以忠心著稱，而關令尹喜相傳為老子西去時，《道德經》所託付之人。關龍逢被視為關羽先祖之說法，為後代儒士普遍接受。胡琦立先祖之舉當然有其深意，「忠臣之後」的形象也由此樹立。

對於先祖的追溯，直到清代才有第二次巨大的變動，清康熙時期王朱旦〈漢前將軍關壯繆侯祖墓碑銘〉（下簡稱〈墓碑銘〉）一文，明確指出了關羽祖考，即祖父關審，及父親關毅。〈墓碑銘〉的出現近似神話，來自於是出於關公夢授：

> 康熙十七年戊午，常平士于昌肆業塔廟，即道遠公之舊居也。昌醇篤，晝夢帝呼授「易碑」二大字，督視殿西物，急白郡，寐而就焉。有濬井者得巨磚，字頗斷裂，昌急合讀，即帝考奉祀厥考之主，中紀生死甲子，併兩世字諱大略，因循山求墓道合券，奔告郡守。[75]

---

74 〔明〕呂柟：《義勇武安王集》，卷1，頁2右。
75 〔清〕彭紹升：《關聖帝君全書》，卷1，頁18左-頁18右。

事情的經過，緣起於士子于昌拜謁關公先祖塔廟而得託夢，後而井中得一破裂的巨磚，相合後發現記有關羽祖父、父親之名諱與生平概略。此事被輾轉稟告解州郡守王朱旦，才寫成了〈墓碑銘〉一文。

若從關羽祭祀的發展歷史，可發現〈墓碑銘〉的出現有著時代之需要。關羽死後，廟宇逐漸遍佈天下，然有三處重要的祭祀中心，分別為當陽玉泉之顯烈廟、解州英烈廟（宋時之崇寧宮），以及常平塚廟，此三處祭祀地點各有不同的意義。當陽玉泉為關羽戰敗後入土之處，因此顯烈廟為較早祭拜關羽之廟宇；解州為關羽故鄉，因此解州關帝廟有著本廟之意味，宋以後時常修建；常平為關羽故里，世傳關羽為常平下馮村人，因此常平廟塚則被視作關羽祖塋，即家廟。

根據胡琦《關王事蹟》記載，關羽祖塔（家廟）曾於金大定十七年重建，張開（生卒年不詳）曾作記言：「義勇武安王當時志氣，曾分主上之憂，今日威靈尤賜生民之福。今者本庄社人王興，將王一千五十五年祖塔重加完葺，伏願神靈降佑，一境清寧。」[76]此次祖塔的修建是因為希求關公之庇佑，也反映出民間對於關羽祖塔的祭拜可能在更早之前。

祖塔重建之後在明代歷經了多次重修，其中嘉靖四十三年的修建伴隨著一個重要的更動，即是確立了祭拜關羽祖廟的祭儀，並納入了官府祀典之內。[77]祭祀時間是每年清明節，以供關羽之香稅供其先祖。[78]據此，隨著關羽家廟祭祀的發展，先祖之地位亦趨重要，因此〈墓碑銘〉出現，可以視作常平士子與地方官進一步為關羽的祖考定名，這大抵仍是為了將關羽與孔子並列，因為孔子祖上三代的名諱早載於《史記》而流傳於世。[79]

---

76 〔明〕呂柟：《義勇武安王集》，卷1，頁7左。
77 黃壯釗：〈關羽的祖先與後裔：以山西常平關帝祖祠為中心〉，《中國文化研究學報》第61期（2015年7月），頁198。下文引述不再詳列出處。
78 「明嘉靖四十三年，祠墓因地震損壞，鄉老衛有智等，陳於有司，修復建造，議舉廢祠。以王之香緡，供王之父母。每歲清明節，先期量動庫貯香錢銀拾兩，領於本村鄉老，備豬二口、羊二腔、油果六卓、時果八盤、饅頭兩卓，香火燈燭俱全，分為二祭，至期，州官親詣禮。」〔明〕趙欽湯撰、焦竑補：《漢前將軍關公祠志》，卷2，頁8左-頁9右。
79 黃壯釗：〈關羽的祖先與後裔：以山西常平關帝祖祠為中心〉，頁200。

在〈祖墓碑〉中，說明關羽之祖父名關審，號石磐公，並對於《春秋》、《易傳》有所研究；父親名為關毅，生性至孝：

> 帝祖石磐公，諱審，字問之。以漢和帝永元二年庚寅生，居解梁常平村寶池里五甲。公冲穆好道，研究《易傳》、《春秋》。見漢政蠱，戚畹長愁，互竊枋柄，隤戎索，火德灰寒，外枯中竭，絕意進取。去所居之五里許，得芬塲一片淨土，誅茅絃誦，以《春秋》、《易》訓子。……子諱毅，字道遠，篤孝有至性。[80]

此內容十分可能為于昌所建構，將祖父關審塑造為精通《易傳》、《春秋》之人，其實蘊藏巧思。《春秋》自不用談，在上文關羽後裔的討論中，北魏易學大師關朗也為關家後人，據此，關審精通《易傳》，在整個系譜建構上表現出更連貫的邏輯性。〈墓碑銘〉傳世，對於清代關公文獻集也有十分深刻的影響，盧湛《關聖帝君聖蹟圖誌》就是因此文傳世而編。盧湛認為：「水必源潔而流清，木必根深而枝茂，德必累世而後昌」[81]可見以盧湛為例，當時應有不少儒士對〈墓碑銘〉的內容是相信與支持的。當然，此文由來過於神異，因此也有不少爭議與反對的聲浪，如官方便持反對立場：

> 雍正三年，勅封關帝三代公爵，定春秋祭禮，置五經博士以奉祀事給。事中李蘭奏請追封關帝祖父爵號，下禮部議行，禮臣議蘭原奏所稱《聖蹟圖誌》乃近時盧湛所撰，與正史不合，尊崇正神，理宜詳慎。亞聖孟子之父未詳名諱，止稱先賢，孟孫氏所以關疑也，應照此例追封關帝三代，俱為公爵牌位，止書追封爵號，不著名氏，於京師白馬關帝廟後殿供奉，遣官告祭。[82]

---

80 〔清〕彭紹升：《關聖帝君全書》，卷1，頁14左-頁15右。
81 〔清〕盧湛：《關聖帝君聖蹟圖誌》，頁109。
82 〔清〕張廷玉等撰：《續文獻通考》，卷105，頁339-340。

禮部官員認為〈墓碑銘〉的內容與正史不合，正神之祭祀必須謹慎，因此官方以亞聖孟子的方式辦理，對於關羽祖考設立牌位，但僅寫封號，不載姓名。雖然官方並不採信〈墓碑銘〉內容，但並未削減此文的影響力，考察清代所通行的關公文獻集，幾乎都收錄了此文，[83]民間之立場可見一斑。

（二）關羽的聖像

史傳對於關羽容貌的論述僅「羽美鬚髯」，此亦成為歷代關羽像最重要的特徵。若以歷代關公文獻集為線索，有明確來源關羽像有四張，分別為胡琦《關王事蹟》圖、孫尚書圖、穆大展圖與果親王圖。

胡琦《關王事蹟》中所附錄的關羽聖像為文士形象，頭戴官帽，鬚髯如戟（見圖一）。胡琦並未說明此圖來源，但留下了重要評論：「侯為人長，大美鬚髯，雄壯威猛，號萬人敵。世本所傳寫影，有坐像，有立像，有騎馬提刀像，不過得其形狀而已。若夫為世虎臣，有國士之風者，則非傳神所能描畫也。」[84]其中「為世虎臣，有國士之風」乃陳壽評價，胡琦認為世傳關羽圖像眾多，但皆難描摹「虎臣」、「國士之風」之神韻。明代關公文獻集的關羽像多是轉錄胡琦圖，如呂柟《義勇武安王集》、呂文南《重編義勇武安王集》，以及趙欽湯、

圖一　胡琦《關王事蹟》圖　　　　圖二　孫尚書圖

---

83 謝政修：《聖傳、聖訓與聖蹟：清代關聖帝君「全書」刊行之意義與信仰內涵》，頁256。
84 〔明〕呂柟：《義勇武安王集》，卷1，頁1左。

焦竑《關公祠志》皆有收錄，呂柟亦在此圖評：「忠義之志，英烈之略，亦可於容貌間想見」，[85]趙欽湯亦言此圖能「概其風神」，[86]可見忠義英烈之氣才是關羽聖像的核心。

明嘉靖後有另一關羽像被收入文集之中，稱為孫尚書圖（圖二）。孫尚書是指嘉靖年間的禮部尚書孫承恩（1482-1561）。此圖由來，是孫承恩請劉司直（1461-？）仿古聖賢像所作：「姑蘇劉生司直，素善繪事，迺令仿古聖賢像。原帙縮而小之，不越指掌，而古人都無須聞名，而可識其為某某矣。」[87]此圖特點，見趙欽湯之評述：「第二圖則摹雲間孫尚書先賢像贊圖，一則公幞端嚴，鬚磔磔如當年；一則燕居斤幘，莊雅雄秀，令人想見絕倫逸群之大全也。」[88]可知該圖是描摹關羽素日燕居之像，因此頭著斤幘而非官帽，以聖賢像呈現，伊藤晉太郎認為可能與《論語》中敘述孔子燕居時的形象有關。[89]

清康熙三十二年（1693）盧湛編纂的《關聖帝君聖蹟圖誌》，其所收錄的關羽聖像是蘇州著名刻工穆大展的作品，圖中關羽為立像，頭戴斤幘，衣袍印有龍紋，面上有明顯的黑痣（見圖三）。面有黑痣，是清代關羽聖像的特殊之處，果親王圖也呈現了此一特點。果親王圖是由果親王允禮（1697-1738）所畫，張鎮《關帝志》、甘雨施《關聖大帝聖蹟全書》等文集皆有收錄（見圖四）。

張鎮考察，果親王圖有一重要的來源：「鎮按，像，所以傳神也。世傳關夫子像甚多，今閱解廟石刻為五十三歲真容，與果親王所繪大略相仿。雄偉莊雅，批閱之間竦然生敬焉。」依張鎮所言，民間流傳的關羽像有非常多版本，而果親王圖的珍貴在於與解州關廟石刻的真容相仿。今查，1998年由山西太原出版的《關公故里》便收有此一石刻圖，其像確實與果親王所畫相似（見圖五），[90]關羽容顏亦有明顯黑痣，可惜未能知曉解州關廟之石刻圖像確切完成

---

85 〔明〕呂柟：《義勇武安王集》，卷1，頁1左。
86 〔明〕趙欽湯撰、焦竑補：《漢前將軍關公祠志》，卷2，頁8左-頁9右。
87 〔明〕趙欽湯撰、焦竑補：《漢前將軍關公祠志》，卷5，頁24右。
88 同上註。
89 〔日〕伊藤晉太郎：《「関帝文獻」の研究》（東京：汲古書院，2018年），頁142。以下引文不再詳列出處。
90 張成德，黃有泉，宋富盛主編：《關公故里》（太原：山西出版社，1998年），頁340。伊藤晉太郎：《「関帝文獻」の研究》，頁145。

的年代資訊。

在張鎮《關帝志》中記有一段話:「都城舊有帝像言,先朝從大內出者,其面色正赤,面有七痣,鼻準二痣尤大,鬚髯則稀疏而滿頤,非五縷,未知真否。」[91]此段文字不見於明代文集,因此「先朝」應指明朝。然而根據上文考察,明代幾套重要的關公文獻集中的關羽像皆未出現「黑痣」特徵,加以「未知真否」一語,此段話很有可能是清代才開始有的一種傳聞,是對於有痣關羽聖像流傳的一種建構。

面有七痣的含義,洪淑苓認為與受到戲曲人物造型影響,李福清則認為與《史記》中稱漢高祖「左股有七十二黑子」意義相似,暗指非凡的相貌與神聖性,[92]這種現象並未只發生在關羽像上,如清代吳慶坻(1848-1924)的《蕉廊脞錄》中也記載民間流傳著臉有七痣的王守仁燕居像,讓人「望之竦畏」。[93]可見,在一些民間流傳的聖賢像中,面上黑痣的確具有某種神聖的象徵意義。清代通行的關聖帝君「全書」也收有不同以往文獻集的關公圖像,如彭紹升《關聖帝君全書》、黃啟曙《關帝全書》(見圖六、圖七)

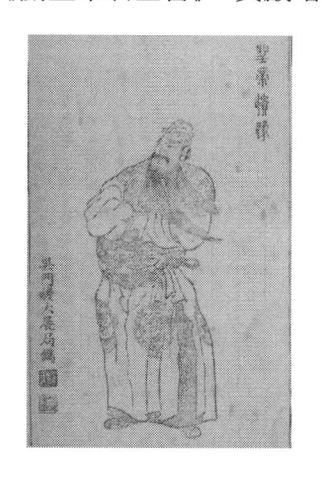

圖三　穆大展圖 　　　圖四　果親王圖 　　　圖五　解州石碑

91　〔清〕張鎮:《解梁關帝志》,頁22。
92　洪淑苓:〈文人視野下的關公信仰——以清代張鎮《關帝志》為例〉,頁145。
93　「文成公像,越中舊家多有傳者,皆袞冕大幅。里中西光坊、東光坊之間有公祠,相傳其塑像出公家。經面虬髯,上有七痣,氣象凜凜,望之竦畏。張陶庵逸民所輯《有明三不朽圖像》,亦相同。」〔清〕吳慶坻(1848-1924):《蕉廊脞錄》(北京:中華書局,1990年),卷7,頁200。

圖六　彭紹升《關聖帝君全書》　　　　圖七　黃啟曙《關帝全書》

綜上所述，從元代以降關公文獻集所收的關羽聖像，可以發現關羽圖像的一些變化。從最初史傳所提及的國士英烈，到仿孔子燕居的聖賢氣象，或是以黑痣象徵神聖性，可發現關羽像也有一聖化的過程。

四、「理性化」的神異論：氣化與感應

在上文的論述中，可以歸納儒士對於關公信仰的努力，是致力於在「關羽」形象的完美化，最終成為儒家的聖者，而配合這樣的形象，關羽相關的歷史也必須有一定程度的「修正」，這歷經了漫長的發展過程。

根據魯道夫‧奧托（Rudolf Otto）對於信仰的論述，人們原始的宗教意識是起源一種對於「魔鬼的畏懼」，在最初，此種情感並不是某種理性、道德的東西，而是具有某種獨特、非理性的本質。當信仰者的心靈感受到這種獨特的感受，並做出特別的反應（類比與聯想），這種試著界定、理解的過程，奧托稱之為「理性化」與「道德化」。因此，最初的恐懼逐漸開展出一種更嚴肅、崇高的東西，即敬畏、崇拜，再依附此種神秘的感受得到至福。

儒士的詮釋可視為肩負了關公信仰發展的過程中，一種「道德化」、「理性化」的任務。透過「道德化」與「理性化」，關公信仰建構出不一樣的內涵與

意義。然而，在信仰最初，那些「非理性」的因素在關公信仰中從未消退。奧托也說明，宗教畏懼或景仰的對象，不能完全被「概念地界定」，那些超出概念之外，非理性，使人畏懼、敬畏的神異現象，是更早出現在信仰發展之中，也是信仰得以為信仰的主要原因。

本節將闡述，若歷代儒士對於關羽的聖化，是為了在關公信仰之中樹立一種理性、人文精神上的信仰意義，那麼他們要如何理解，在些蘊含在信仰之中，超乎理性與概念之外的元素。透夠下文的討論，將會發現儒士在關羽聖化的論述之中，對於宗教中那些無法被界定的神異現象也提出了相對應的解釋，這樣的解釋，轉化了關羽為民間鬼神信仰的痕跡。

在關公文獻集中，紀錄神異現象的文本，即是那些散落在民間的關公顯靈傳聞，這些內容被田海歸類為「宗教證據」。由於顯靈事蹟的內容、分類已有學者做過詳細的討論，本節的重點，在於歷代文人如何看待這些「宗教證據」，並從中此建構起一種詮釋角度，並說明其中意義。

（一）生氣與正氣

所謂的「生氣」，其實就是一種未耗盡的生命力。田海認為，關羽最初的信仰模樣，是地方（當陽）的鬼神信仰。生前為征戰沙場之武將，然於戰爭中橫死，因此具有「生氣」，這與其非正常的死亡習習相關。[94]

在早期志怪小說中，也可發現對於精怪、亡魂的描述即是一種「氣」的異常而產生的結果，如《搜神記》：「妖怪者，蓋精氣之依物者也。氣亂於中，物變於外，形神氣質，表裡之用也。」[95]道教的早期經典：《女青鬼律》、《洞淵神呪經》，也提及「敗軍死將」凶死之後被民間視為瘟神，並統率疫鬼而「行瘟」。[96]「行」顯示非正常的死亡特多戾氣、不正之氣，被象徵化為疫鬼而到

---

94 〔荷〕田海（Barend J. ter Haar）：《關羽：由凡入神的歷史與想像》，頁31。
95 〔晉〕干寶：《搜神記》（北京：中華書局，1979年），卷6，頁67。
96 《女青鬼律》中有所謂「五方鬼主」：分別為劉元達、張元伯、趙公明、鍾士季、史文業五位將軍，在五方施行不同的瘟疫，即後來五瘟神信仰。李豐楙認為，死將統領瘟疫的說法是早期素樸疾疫說鬼神化後的說法，也反映道教基於對冤魂、怨靈的怖懼，形成鬼界惡鬼、屬鬼之概念。李豐楙：〈《道藏》所收早期道書的瘟疫觀──以《女青鬼律》及《洞淵神呪經》系為主〉，《中國文哲研究集刊》第3期（1993年3月），頁430。

處施行疫氣。[97]據此,《北夢瑣言》中曾記有能施行鬼兵、降下病害與之「關三郎」,[98]田海認為這很有可能是早期民間對於關公信仰的描述,[99]近似一種對於凶死將軍的恐懼。

關公最初為地方靈驗鬼神的形象,與其戰亡橫死有密切的關聯,田海也認為這也是關公信仰的一種印記。即便關公在往後各朝代開展出不同面貌,其所顯現的神蹟中始終具有一種「暴」的特性,如驅逐惡魔、抵禦戰爭、降下懲罰等方面。[100]在早期文人之紀聞中,的確可以見到此種特性,如關南宋時期司馬知白〈淳熙五年建壽亭侯印記〉:

> 關公忠勇捐身國事,英濟廟食當陽之玉泉,逮今千載之下,凜凜若生。四方依饗,廟祀不絕,曰雨曰暘,其應如響。每歲中必以大籠餅以祭,極其方曝麥于庭,鼠雀不敢進,有犯輒自沒,以此人咸敬畏之。[101]

文中記錄了宋代當陽關廟之興旺與靈驗。居民每年皆會製作籠餅祭拜,而曝曬製餅的稻麥時,鼠雀皆不敢冒進,若有違犯,往往會因此死亡,這也更加重了人民敬畏之心。

作為橫死而亡之將軍,早期民間祭祀關公的心情近似奧托所言,是一種對於「魔鬼的畏懼」,而靈驗事蹟頻傳,「畏懼」轉為一種深深的敬畏。然而,民間與道教信仰中,因非常死亡後所留下的某種「生氣」、「戾氣」,在進入了儒士詮釋的脈絡之後,也被「道德化」與「理性化」。此中關鍵,當然是關羽形象漸與儒家聖者靠近,元代李鑑在《關王事蹟》之序文中便言:

---

97 劉苑如:〈形見與冥報:六朝志怪中鬼怪敘述的諷喻——一個「導異為常」模式的考察〉,《中國文哲研究集刊》第29期(2006年9月),頁10。
98 「唐咸通亂離後,坊巷訛言關三郎鬼兵入城,家家恐悚。罹其患者,令人寒熱戰慄,亦無大苦。」〔唐〕李光憲,《北夢瑣言》(北京:中華書局,1985年),11,頁96。
99 〔荷〕田海(Barend J. ter Haar):《關羽:由凡入神的歷史與想像》,頁33。
100 〔荷〕田海(Barend J. ter Haar):《關羽:由凡入神的歷史與想像》,頁301。
101 〔明〕呂柟:《義勇武安王集》,卷3,頁17右。

> 神之義勇充塞宇宙，至今猶有生氣。遂使鯨浸之南，龍朔之北，旄卉之俗咸知敬事。雲旂天馬，恍惚見之，此區區福禍聳動，而能若是耶？[102]

在李鑑的理解下，關公具有「生氣」，是因其義勇充塞於天地宇宙，因此才能感服天下，此並非區區福善禍淫的內涵可以概括。可見，李鑑的理解與一般民間信仰思維有所區別。此外，從「充塞」一語，也讓人很直觀的感受到，儒士對於關羽長存於世的精神，具有某種「氣化」的性質，這樣的論述於明清時期更為明顯。此外，儒士改以「正氣」論之，關公成為了稟受天地正氣而生者。

如王忬（1507-1560）認為，關公之義勇之性即是由天地正氣而來：「惟天地以正氣鍾人，人得之為浩然，出以剛正之謂義，出以果敢之謂勇。夫孰無是氣也。」[103]劉邦殿也以氣化流動的思維解釋忠孝：「域中有二大倫焉，曰忠、曰孝，如日月之麗於天，如江河之施於地，如五行二氣之周流，充塞宇宙之間，未有不互資為用，相輔而行。」[104]據此，在此龐大的氣化思想與架構之中，關公得天地正氣，因此為一代賢聖，才能萬古不朽：

> 天地有正氣，下則為河嶽，上則為星辰，中則為聖、為忠臣、為忠孝廉節，莫非是氣之沖塞流行、萬古不朽也。然自古以來，忠臣義士，以一身繫國家之安危，關氣運之盛衰，生而為人，歿而為神，史冊所載，何求無之。求其英風凜冽，歷世而如生，浩氣磅礴，亙千秋而不泯，普天崇祀，率土瞻依，譬如日月之麗乎於天，容光必照；江河之流於地，觸處皆通者，惟漢壽亭侯關夫子一人而已。[105]

綜上所述，從民間信仰思維下的「生氣」、「戾氣」，過度到儒士詮釋脈絡下的「正氣」，其意義完全被轉化。橫死而亡的關羽，其「生氣」、「戾氣」已被全

---

102 〔清〕彭紹升：《關聖帝君全書》，卷3，頁3右。
103 〔明〕丁鑛：《關志》（國家圖書館藏，明末武水丁氏原刊本），卷8，頁23左。
104 〔清〕盧湛：《關聖帝君聖蹟圖誌》，頁47。
105 〔清〕盧湛：《關聖帝君聖蹟圖誌》，頁3-9。

然轉化，被具有道德、理性，能夠與天地呼應的「正氣」所取代。當然，這樣的改變，與隨著關羽成為人倫之至的聖者息息相關，這背後也反映出明清儒士的一種生死觀念。[106]

（二）氣化與靈應

承上所述，關公信仰在民間信仰中，最初的形象是地方靈驗的鬼神，其靈驗在於其橫死而亡後，仍具有未消散之生氣，因此有所靈應。被闡述的靈驗，一直是信仰當中的關鍵，若以關公信仰而論，唐代開始已有相關顯靈的傳說傳世，遠在首本文獻集的編纂之前，據此，儒士勢必不能忽視這些內容。

據此，不同於民間非常死亡而有生氣、力氣的說法，儒士提出了另一種解釋說明關羽何以有神力能夠護國佑民，而這個解釋依然建立在「氣化」論的基礎上。在下文儒士的論述中，將會知曉關羽之「正氣」並不僅僅是一種人文精神上的意義，同時也是其靈應的根源。

最早的文獻集《關王事蹟》中收有關公的靈驗事件數則，胡琦並未針對這些內容提出自己的看法。然而，呂柟在《義勇武安王集》中，為這些靈驗之事都加了相關的批注。例如，關公北宋鹽池斬蚩尤的傳聞，呂柟批曰：「禱神斬妖，得其陰助，此神之忠烈不泯也。若天師詔語，陰兵之說，未必如記所云。」呂柟認為關公忠烈不泯是其靈驗的原因，並駁斥了道教人士率領陰兵的神異說法。據此，「忠烈」為何能觸發靈驗，呂柟並沒有進一步說明。針對這個部分，可以參考旅柟另一個批註。在「金氏化狗」的靈驗故事中，不孝的媳婦最後變化為狗，呂柟則言：「金氏生即狗彘不如，豈待化乎哉？」[107]呂柟的評論透顯出一種理性精神，但對於關公何以能將金氏化為狗避而不論。可以知曉，呂柟有意區別一般宗教神異的論述，卻未能有一合理的論述。然而，這種

---

106 呂妙芬：《成聖與家庭人倫：宗教對話下的明清之際儒學》（臺北：聯經出版社，2017年），頁54-55。：「明清儒者普遍反對程朱等『死後氣散無知』之說。雖然看法不盡相同，但明清儒士大抵反對賢愚善惡同歸於盡，強調個人道德修養具有決定死後神魂歸趨的作用，以及試圖賦予個人道德成就超越死亡而具有不朽的價值。」
107 〔明〕呂柟：《義勇武安王集》，卷3，頁8左。

窘況，在關羽稟受正氣的論調出現之後，儒士找尋到一種邏輯性的論述，也為關公何以靈應提供了解釋。

在明代流傳的靈異事蹟中紀有一則內容。在發生了大地震之後，地方的關廟雖然損壞，但是神像卻完好如初。據此，侯居震（生卒年不詳）特地撰寫了一篇〈地震存象論〉，解釋了這樣神異的現象：

> 王秉天地忠義之氣，其心一天地之心，生而不敢背君，沒而不敢違天數至，而以順承廟之毀，宜矣。若夫眷德福善，維持保護於默然者，天道也，像存或職此歟？……王之忠義與日月爭光，與山嶽並重……。廟毀矣，貞風凜凜於有廟之先者，不與之俱毀。正氣赫赫，於無象之際者，不待存而自存焉。[108]

侯居震認為地震乃屬天數，然關公因為是忠義之人，因此在生之時不背叛主君，自然死後也不會違背天道，因此廟毀即是順應之結果，同時也是關羽忠義的一種彰顯。至於神像能夠毫髮無傷，侯居震認為是天道默默有一股守護的力量，眷守著有德之善人。這樣的論述其實未具有深刻之新意，福善禍淫是一般民間思維，因此，相較為何「廟毀」，「象存」的理由十分籠統模糊。然而，侯居震的論述真正重要的，是對於關羽忠義之氣在性質上的論述。忠義之氣是來自於天地，那麼此種至正的正氣自然是與天地長存，並不侷限在有形的物質之中，因此存毀與否，皆無所窒礙。

據此，我們可以歸納出背後的邏輯。正氣充塞於宇宙之間，無所窒礙與損朽，而關公稟受正氣而生，因而具有忠義之性，而此「忠義」並不會因其殞落而消失，據此，呂柟所言的「忠義不泯」，在往後儒士的詮釋之中，那「不泯」的即是通於天地的正氣。竟然正氣是充塞宇宙，那麼關公之所以能夠引發各種神異感應，不過也是此氣之作用，如姜洪（？-1512）所言：

---

108 〔清〕張鎮：《解梁關帝志》，頁174-175。

> 匹夫匹婦，老病尪屠而死者，理氣即散，不復能憑依於人。若有用物宏，取精多，不伏其死者，則魂魄強有精爽，至於神明。達理者為之立廟以撫之，則有所歸，人能竭誠以事之則精神感通。民之水旱、蟲孽、疾癘禱之亦咸若，有達者皆理氣所有。[109]

姜洪認為，一般匹夫匹婦死後理氣即散，但像關公此種魂魄強者，其精爽能成神明。人若能竭誠禮敬，便能與其感通，各種祝禱也能隨之靈驗，因皆為天地萬物皆不出理氣運行之道理，為理氣所有。

清代之後相關的論述十分常見，但大抵都建立在此一論述的架構上而延伸，如喬光烈（？-1765）強調關公之靈應在於「誠」：

> 以大而聖，以聖而神，神則昭乎古今，尊於天下，要其道，一本諸誠。《易》稱聖人齋戒神明，其德誠之謂也。……聖賢之學，存其心者無私，養其氣者以直，是以至大至剛，而配道義。夫無私而直誠之謂也。天地以誠而四時不忒，日月以誠而貞明久照……聖賢去私而存誠，故能與日月齊光，山海同其量。予觀公生平，其浩然剛大，而常伸於宇宙者，非聖賢而能若是乎？……人之心，私則偽，偽則無以動天地，感鬼神。[110]

聖賢心無私，無私則直誠，以直誠養氣，才能至大至剛以配道義，而天地運行的道理，也是秉持直誠之道，因此聖賢之誠，能與天地互通，與日月齊光、山海同量，進而感通鬼神。據此，關羽一生即是直誠之道的彰顯，因此其氣浩然剛大，能與宇宙交感。

綜上所述，明清儒士對於關公何以能引發靈應，在實際論述上雖然有各自的差異之處，但整體的敘述架構是十分一致的，皆是氣化之思想的延伸。因為關公得天地正氣（或言理氣、忠義之氣）而生，或是能依循聖賢之道養其氣，此氣不隨形滅，與天地長存，充塞宇宙，因此能夠作用於各種事物之上。若祈

---

109 〔清〕張鎮：《解梁關帝志》，頁392-393。
110 〔清〕張鎮：《解梁關帝志》，頁9-11。

禱者能心存誠敬，便能與此氣感通。據此，盧湛於《關聖帝君聖蹟圖誌》中論「靈感」亦言：「生為忠良，歿為靈神。寂然不動，感而遂通，此靈感之所由來也。」[111]由此可知，儒士對於信仰中相關靈驗的傳說與記載，仍然提出一種道德化與理性化的解釋。

五、結語

本文試著將「關羽」與「關公」視為「關公信仰」（整體上的意義）兩種不同的元素，並著重在以往學界較為疏忽的部分，即「關羽」的內涵，隨著關公信仰的發展其實也在不斷的更新與成長，它來自於歷代儒士們不斷的建構與反覆的思索、重述。

據此，我們必須理解，歷代儒士為何緊扣「關羽」而論「關公信仰」，這反映出信仰探討中的一個本質問題：「為何而信」。在關公信仰不斷拓展、變化，儒士所關切的並不是擴散而出的那個面向，而是反覆思考信仰的本質，因此必須不斷不斷地回歸到「關羽」身上尋找答案。因此，我們可以將歷代儒士的議論與詮釋視為一種漫長思索的經過，而「關羽」也在這個過程中不斷的完美，最終成為「人倫之至」的關聖。在這個角度上，儒士對於關聖的詮釋，同時也是對於自身信仰意義的回答。

此外，「為何而信」本身就是一種「理性思考」，本文也借助奧托的論述，將儒士的詮釋視為一種「理性化」、「道德化」的過程。奧托認為，宗教的理性化、道德化並非是對於神秘本質（非理性）部分的鎮壓，而是接受了神秘，道德化才得以完成。儒士對於關聖的建構其實也呼應了這個說法。對於信仰中神異的部分，儒士不僅接受，甚至還進一步解釋，提出一種符合自身信仰與邏輯的論述架構。據此，儒士所詮釋之關「聖」，此聖之意義不僅僅是一種精神的象徵，實際上它也解釋了信仰中神異變化的一面，而儒士所提出的看法，顯然也有區別一般民間與其他宗教之意圖。

---

111 〔清〕盧湛：《關聖帝君聖蹟圖誌》，頁114。

最後，回歸到關公信仰整體發展的圖像上，掌握知識的儒士對於整體關公信仰的塑造與影響力或許不如想像中般關鍵，但卻十分重要。儒士從儒家價值的角度詮釋關「聖」之聖，「關公」對於部分信仰者而言便不再僅是護國佑民的靈驗神祇，更兼具一種人文精神與道德實踐的價值與意義。

徵引書目

《太上大聖朗靈上將護國妙經》,《正統道藏》,臺北:文物出版社,臺北:上海書店,天津:天津古籍出版社聯合出版,1988年。

《明實錄》,臺北:中央研究院歷史語言所,1966年。

《清實錄》,北京:中華書局,1986年。

丁　鑛:《關志》,國家圖書館藏,明末武水丁氏原刊本。

干　寶:《搜神記》,北京:中華書局,1979年。

王志遠:康寧,《關公文化學》,北京:中國社會科學出版社,2015年。

王見川:〈清代皇帝與關帝信仰的「儒家化」:兼談「文衡聖帝」的由來〉,《漢人宗教、民間信仰與預言書的探索》,臺北:博揚文化,2008年。

王　涇:《大唐郊祀錄》,揚州:廣陵書社,2004年。

永瑢等編撰:《四庫全書總目提要》,上海:商務出版社,1933年。

甘雨施:《關聖大帝聖蹟全書》,北京國家圖書館藏。

何晏注,邢昺疏:《論語注疏》,臺北:新文豐,2001年。

吳慶坻:《蕉廊脞錄》,北京:中華書局,1990年。

呂文南:《重編義勇武安王文集》,國家圖書館藏。

呂妙芬:《成聖與家庭人倫:宗教對話下的明清之際儒學》,臺北:聯經出版社,2017年。

呂　柟:《義勇武安王集》,哈佛大學燕京圖書館藏。

李光憲:《北夢瑣言》,北京:中華書局,1985年。

李延壽:《南史》,臺北:鼎文書局,1981年。

李豐楙:〈《道藏》所收早期道書的瘟疫觀——以《女青鬼律》及《洞淵神呪經》系為主〉,《中國文哲研究集刊》第3期,1993年3月,頁417-454。

林盈翔:〈華夷與正統——關帝信仰與《春秋》學〉,2023中央研究院明清研究國際學術研討會論文。

姜龍翔:〈論孟子的聖人觀〉,《東華漢學》第9期,2009年6月,頁127-156。

施廷樞、葉仰高：《荊州府志》，哈佛大學燕京圖書館藏。

洪淑苓：〈文人視野下的關公信仰──以清代張鎮《關帝志》為例〉，《漢學研究集刊》第5期，2007年12月，頁139-166。

洪淑苓：《關公民間造型之研究：以關公傳說為重心的考察》，臺北：國立臺灣大學出版中心，1995年。

胡小偉：《關公崇拜溯源》上冊，太原：北嶽文藝出版社，2002年。

凌迪知：《萬姓統譜》，《中華漢語工具書書庫》，合肥：安徽教育出版社，2002年。

孫奇逢：《孫徵君日譜錄存》，《中華歷史人物別傳集》，北京，線裝書局，2003年。

張成德、黃有泉、宋富盛主編，《關公故里》，太原：山西出版社，1998年。

張廷玉：《明史》，臺北，鼎文書局，1980年。

張廷玉等奉敕撰：《續文獻通考》，臺北：商務印書館，1987年。

張　鎮：《解梁關帝志》，何建明，王見川，高萬桑主編：《道藏集成第五輯‧關帝卷》第5冊，北京：全國新華書店，2020年。

脫　脫：《宋史》，臺北：鼎文書局。

郭良翰：《皇明謚紀彙編》，中研院歷史語言所藏。

陳鼓應：〈《管子》〈形勢〉〈宙合〉〈樞言〉〈水地〉諸篇的黃老思想〉，《漢學研究》第20卷第1期，頁1-26。

陳壽撰，裴松之註：《三國志》，臺北：鼎文出版社，1980年。

嵇　璜、劉墉等奉敕撰：《清朝通志》，臺北：商務印書館，1987年。

彭紹升：《關聖帝君全書》，北京國家圖書館藏。

黃啟曙：《關帝全書》，魯愚主編：《關帝文獻彙編》，北京：國際文化，1995年。

黃華節：《關公的人格與神格》，臺北：人人文庫，1967年。

董誥等編：《全唐文》，北京：中華書局，1987年。

趙歧注，孫奭疏：《孟子注疏》，臺北：新文豐，2001年。

趙欽湯撰、焦竑增補：《漢前將軍關公祠志》，國家圖書館藏。

趙爾巽等撰，楊加駱校：《清史稿》，臺北：鼎文出版社，1981年。

劉苑如：〈形見與冥報：六朝志怪中鬼怪敘述的諷喻——一個「導異為常」模式的考察〉，《中國文哲研究集刊》第29期，2006年9月，頁1-45。

劉海燕：《從民間到經典——關羽形象與關羽崇拜的生成史論》，上海：三聯書店，2004年。

歐陽修、宋祁撰：《新唐書》，臺北：鼎文書局，1981年。

蔡東洲、文廷海：《關羽崇拜研究》，成都：巴蜀書社，2001年。

蔣　溥：《盤山志》，上海：上海古籍出版社。

謝政修：《聖傳、聖訓與聖蹟：清代關聖帝君「全書」刊行之意義與信仰內涵》，臺北：國立臺灣大學中文所博士論文，2021年。

顏清洋：《關聖帝君全傳》，臺北：學生書局，2002年。

蘇　軾：《東坡志林》，北京：中華書局，1981年。

伊藤晉太郎：〈關於「關羽文獻」中的關羽書信〉，《明清小說》第99期，2011年。

伊藤晉太郎：《「関帝文獻」の研究》，東京：汲古書院，2018年。

田　海（Barend J. ter Haar）著，王健、尹薇、閻愛萍、屈嘯宇譯：《關羽：由凡入神的歷史與想像》，北京：新星出版社，2022年。

杜普瑞（Louis Dupré）著，傅佩榮譯：《人的宗教向度》，新北：立緒文化，2006年。

米爾恰·伊利亞德（Mircea Eliade）著，楊素娥譯：《聖與俗——宗教的本質》，臺北：桂冠圖書，2006年。

魯道夫·奧托（Rudolf Otto）：《神聖者的觀念》，北京：中國社會科學出版社，2009年。

從關公對春秋的踐履形象初探傳世與當代關聖文化建構發揚之影響

蔡翔宇

龍華科技大學、致理科技大學通識教育中心兼任助理教授

摘要

身處春秋亂世時期的孔子，因看到社會亂象，人道敗壞，綱常蕩然無存，在憂心忡忡之際，遂作《春秋》欲警惕世人。即孟子所云：「世衰道微，邪說暴行有作。臣弒其君者有之，子弒其父者有之。孔子懼，作春秋」。相隔六百餘年後，關公降世。為匡正漢室，履踐五常之德；以忠義無雙，仁勇蓋世之德行，獲後人尊之為武聖。《春秋》一經，成就文武二聖，故云：「山東夫子作春秋；山西夫子履春秋」。本文希冀透過儒家思想的闡述，印證關公讀《春秋》並且實踐《春秋》大義之精神，同時以歷代傳世至今的關聖文化為例加以說明，希望藉此以喚醒世人明白道理，然後趨向善途，終至社會國家臻於安和樂利之大同盛世。

關鍵詞：春秋左傳、孔子、關公、儒家思想、關聖文化

---

* 臺北：臺北市立大學出版中心，2024年12月，頁445-478。

一、前言

　　孔子是我國歷史上一位偉大的思想家和教育家，其締造的儒學，自春秋起就開始書寫其源遠流長的歷史。隨著社會的發展與歷史的演進，儒家學說從內容到形式都得到了不斷地豐富與發展，其社會功能也在與時俱進，並逐步形成了自己別具一格的文化內涵。作為儒家文化的創始人，孔子首先提出了「仁」的思想，並以此作為治國使民的基本原則。儒家的思想文化，不僅是道德的哲學，教育的哲學，生活的哲學，也是政治的哲學。儒家理想中的社會至少是一個和諧、團結、和平的社會，這與時下民生和諧社會很有相似之處。以「仁」為核心的儒家政治思想，閃爍著民主、民生的光芒，在歷史的變遷中融入了中華民族的血液之中，影響著中國歷朝歷代的政治活動，儘管有其歷史的局限性，但其「德治」主張和「禮治」的秩序思想，都對當今社會有著重要的借鑒意義。

　　依照孔子儒家思想從事軍事活動的將領及戰士，謂之儒將。軍事將領及戰士手中掌握著殺人武器，若不以一定的道德原則作為行為之標準，濫用武力，或以武力自恃，謀求一己之私，則對社會之危害非同小可。中國儒將之典範當以關公為首，由於關公符合中國人民心目中的道德理想，人們懷著崇敬之情，將關公推崇為與「文聖」孔子相應的「武聖」。然而關公之所以受到歷朝歷代的景仰與崇拜，能夠與孔子並列為文武雙聖，不在於其立下多少汗馬功勞，也不在於其留下多少宏言讜論。孔子在春秋時期那種篡弒、僭越頻繁發生的年代，透過《春秋》經的闡述，對亂臣賊子進行了口誅筆伐。西漢武帝獨尊儒術後，五經博士的設立到東漢鄭玄集今文經、古文經為一家之大全；可說儒家思想已深入人心，正如諸葛亮〈出師表〉以及李密〈陳情表〉所表現出的儒家中心行徑，可以稱為自漢代以後，中國士大夫所具備的代表思想。

　　關公雖然是一名武將，沒有學術著作，但是「夜讀春秋」早已成為關公信奉儒家思想的典範標準。而且關公生平做人處世可說完全實踐了《春秋》微言大義中的儒家學說，在東漢末年漢室衰微的軍閥割據局面中。關公選擇同屬皇

室宗親的劉備為君主，希望在類似春秋戰國的亂世中，再一次成為中興漢室、統一山河的光武帝。因此諸如曹操侵奪北方、孫權佔據江東，這種劃地稱王的僭越行為，是不盡臣節的表現；關公從基本行徑上徹底與這些諸侯劃清界線，而且鄙視這樣子的人。所以當曹操想要以名利籠絡關公、孫權想用兒女聯姻討好關公時，都被關公斷然拒絕了；這種行為表現，實際上就是對傳統儒家思想的實踐。關公用自己傑出的行為履行了儒教教義，所以能夠被尊為武聖關夫子。與孔子周遊列國傳達儒家思想的行為相對照，作《春秋》的文聖孔夫子希望藉由親自遊說的方式，改變當時禮樂衰敗的混沌時局；武聖關夫子則是以自身實踐的方式，希望力挽狂瀾動盪不安的漢朝末世。雖然就當時的結果論，兩位夫子都沒有完成他們所立下的宏願；但是無論是孔子或是關公，卻都能成功地將其精神傳承延續到後世，並且影響歷朝歷代的文人武將，將他們視之為崇高的楷模典範而效法，因此我們將在後面的章節中，分別就兩位夫子的成就進行分析與探討。

二、孔孟儒家學說的概要以及其思想對現代的啟示

中華文化源遠流長，在數千年的歷史進程之中，雖歷經專制肆虐，人禍荼毒，但終能綿延發展，百折不撓，充滿強韌的生命力。中華文化強韌的生命力，淵源不一，有其上層及下層結構之基礎，在歷史演進中雖有其時代及地域的差異，但少見全盤性之革命。在造就中華文化的這項特質的諸多因素之中，教育傳統的綿延不絕，是一項極具關鍵性的因素，其中尤以儒家貢獻最大。儒家思想也稱儒學或儒教，提倡人治和德治，是由孔子創立的，也是中國古代社會長期以來的正統思想。對中國古代社會產生過極其深遠的影響。儒家的學說是中國影響最大的流派，也是中國古代的主流意識。

由於儒家思想長期居於統治地位，它成為中國傳統文化中的主流，整個中國文化都滲透著儒家思想，體現著儒家精神，影響著整個中華民族的心理結構和思維方式。在中國文化中，起支配作用的是儒道兩家；而在中國政治生活中，起支配作用的是儒法兩家，中國的儒學有兩千五百多年的歷史，對中國文

化、人民思想的影響非常大。傳統的責任感思想、節制思想、和忠孝思想，都是儒家和封建社會統治結合的結果。因此，儒家思想是連同我們當代在內的主流思想。

（一）儒家思想的簡介

儒家思想的內容大概可以概括為以下五個方面：

1. 人道主義和民本主義傳統

孔子提出了一個以「仁」為核心的人道主義思想體系。孔子說：「仁者愛人」，[1]主張人與人之間建立一種互親互愛的關係。孔子還提出了「己所不欲，勿施於人」[2]和「己欲立而立人，己欲達而達人」[3]的原則，作為人們行動的指導，其核心是承認除自己之外還有他人的存在，把他人也當成朋友夥伴來對待，尊重他人，承認他人的價值。儒家文化一貫重視人的價值，孔子說：「天地之性人為貴」；[4]荀子說：人「最為天下貴」。[5]對人的價值的重視，是民本主義思想的基礎。所謂民本就是主張國家以民為本。「民惟邦本，本固邦寧」，[6]「王者以民為天」。也就是孟子所謂：「民為貴，社稷次之，君為輕」。[7]

2. 義重於利的價值觀

儒家學派討論的重要問題是如何正確對待義與利的關係，其思想既不反對利，也並不輕視或忽視利在國家和人民生活中的重要性，主張治國首先要富民。「因民之所利而利之」它強調利對國家、社會和人的生存和發展都是必須的。孔子主張富裕之後要進行教育，通過教化使人們瞭解義。以義來調節利，

1　參考〔宋〕朱熹：《四書章句集注》（臺北：大安書局，1994年），頁155。
2　參考〔宋〕朱熹：《四書章句集注》，頁167。
3　參考〔宋〕朱熹：《四書章句集注》，頁189。
4　參考〔宋〕朱熹：《四書章句集注》，頁201。
5　參考李滌生：《荀子集釋》（臺北：學生書局，2014年），頁350。
6　參考《尚書‧五子之歌》。
7　參考〔宋〕朱熹：《四書章句集注》，頁358。

要「見利思義」,這是儒家義利觀的第一層含義;第二層含義,「義以為上」,即當富貴與義發生矛盾時,義的價值高於富貴。儒家講氣節,正如孟子所說:「富貴不能淫,貧賤不能移,威武不能屈,此之謂大丈夫」。[8]

3. 重視和諧的傳統

重視和諧是中國儒家思想的重要特色,它認為和諧是最高境界。其和諧思想中,一是指人際關係的和諧,主張「和為貴」。二是指人與自然的和諧,提出了保護自然環境維持生態平衡的學說。孟子提出「仁民而愛物」,[9]荀子更提出「取物有節」[10]的觀念,北宋張載提出「民胞物與」的思想,使人際關係的和諧和人與自然的和諧統一起來。張載認為,宇宙間的一切事物,都是由「氣」所構成,天地人物有共同的本性,人人都是天地之子,人與人是同胞手足的關係,而人與萬物則是一種朋友與夥伴的關係。

4. 宣導憂國憂民的憂患意識

憂患意識是儒家思想的重要內容,也是中華民族傳統意識之一。孟子說:「生於憂患,死於安樂」。[11]「憂民之憂者,民亦憂其憂。樂以天下,憂以天下」。[12]這是對國家興亡的深切憂患和警惕。范仲淹也提出:「先天下之憂而憂,後天下之樂而樂」。[13]同時儒家還將國家民族利益置於首位,要求人們為民族生存與國家振興而奮鬥和獻身。這種強烈的愛國之情和獻身精神體現出一種高昂的民族氣節和愛國主義精神,是中華民族之無限生命力的源泉。

5. 提倡教育思想

孔子興辦私學,推動平民教育的發展,「有教無類」的思想可以說是最早

---

8 參考〔宋〕朱熹:《四書章句集注》,頁377。
9 參考〔宋〕朱熹:《四書章句集注》,頁311。
10 參考李滌生:《荀子集釋》,頁258。
11 參考〔宋〕朱熹:《四書章句集注》,頁335。
12 參考〔宋〕朱熹:《四書章句集注》,頁326。
13 參考〔宋〕范仲淹〈岳陽樓記〉。

的平等教育主張。再加上「學而時習之」、「知之為知之，不知為不知」等思想已經影響了無數教育活動的參與者。孔子的教育思想還具有很大的終身性，即提倡「學不可以已」。其後，宋明理學將儒學的教育思想繼承發展，不僅強調了學習的重要性和終身性，更提出了知行合一的觀點，這種思想對於解決今天學校教育與社會需求脫節的問題應當有借鑒意義。

在儒家傳統中，教育不僅是為了求取知識而已，教育更是為了社會政治的改革。孔子棲棲遑遑，席不暇暖，遊說各國，有心欲以其學說兼善天下，但屢遭挫敗之後，退而著述講學，設帳授徒。孔門教學的目的不僅為了解釋這個世界，更是為了改變這個世界。

（二）儒家思想對現代的啟示

在儒家思想中，能夠彌補和克服現代精神的不足和盲點的有以下幾個方面：對應於理性主義的對待主義，對應於個人主義的道德主義，對應於科學主義的生命主義。因此儒家思想對現代的啟示，概略可分為以下數點：

1. 身心和諧以調節現代人心志的啟示意義

「和」是儒家哲學中的重要思想範疇之一。孔子曰：「君子和而不同，小人同而不和」。這充分說明了人與人之間，人與事物之間，思想觀點具有差異性，不能完全求得一致，但仍然可以在和諧的前提下，攜手並進，團結起來一起做事。社會祥和、世界大同是中國人民幾千年不懈追求的價值取向，是宣導中華民族精神的主旋律，「和諧」是我們社會發展所要達到的一種理想狀態。儒家的天人合一，人與人、人與自然和諧的思想，不僅為中國古代社會的生存和發展做出了貢獻，面對著生態環境日益惡化的當今世界，更有其現實意義，這也是儒家文化日益受到世界各國重視的原因。因此儒家倫理思想通過道德修養實現人身心和諧的追求，是與和諧社會對人的素質期待、要求相一致的，這對於當代和諧社會乃至和諧世界的建設都具有重要的意義。

2. 對經濟價值觀的啟示意義

在市場中，一方是生產、經營者，即商家；一方是消費者，即公眾群體。兩者是以相互利益為紐帶結為一體的，而商家的利益是在關注和滿足公眾需求利益之基礎上獲得的。因此明智的商家，必定是做到先「利人」，以求實現「利己」達到雙贏。這就是儒家「以義統利」的價值觀在市場中的價值。同時義利觀對構建和諧社會也有啟示意義。要構建滿意和理想的和諧社會，就要貫徹以人為本的科學發展觀，加大經濟發展的力度，做好經濟的轉型和結構的調整，滿足社會求富的基本願望，使人民得實惠，促使國家富強起來。

3. 「生於憂患，死於安樂」的防衛意識啟示意義

雖然我們現在處在一個和平的環境中，但絕對不能對外界掉以輕心，戰爭隨時會發生，我們應該加強防範意識。領導者也要有憂民意識，水能載舟，亦能覆舟。領導者要時刻關注人民的生活，把人民放到第一位。在環境方面，如今由於人們的肆意索取，自然已經遭到了嚴重的破壞，物極必反，人類開始遭到了自然的報復，這就要求人們增強環境方面的憂患意識，不能只顧眼前利益，要尊重自然，與自然和諧相處。

4. 教育思想對當代社會的啟示意義。

孔子「有教無類」的思想就是主張平等教育，這不但首次打破了中國古代官辦教學或是只能有錢人家的孩子才允許進學堂的慣例，孔子辦私學的模式更是帶動了中國古代社會廣大的平民階級希望提高自己孩子科學文化水準的需求。我們不但要將「有教無類」的思想滲透到從小學就開始的基礎教育當中，在發展高等教育的同時，也應該持續穩固基礎教育，除了大量的投資之外，並且也必須要保證其品質。當然這個過程中，也要求教師不僅僅表現在能力方面，還要求其具備多方面的素質和一定的人文情懷。

儒家也非常重視個人的自由，但他們所追求的自由並不是與共同體對立中爭取的政治自由，而是通過與共同體的真正合一而獲得的道德自由。儒家並沒

有把個人之間互不干涉的狀態當成社會理想，倒把倫理共同體之內客觀存在著的道德規範與自身內在的道德意識的統一當成每一個人追求的理想。就儒家思想而言，理想的人是指能夠做到「克己復禮」的人。禮乃是調和人與人之間社會關係的合理的方式。儒家關於禮的理論是以天人合一的形而上學為前提，而這一形而上學所彰顯的是生命以及創造性生活充滿活力的秩序」。[14]因而儒家所謂的自我，乃是各盡其社會責任和作用，而造就所謂社會性的「大我」，[15]是基於人類本質的生命力，創造性地參與天地之運行，來力圖成就自我，[16]這種屬於宇宙的「大我」。實際上，人性之生命力也即仁、義、禮、智之德，這也就是道德的本性。當人領悟道德的這一本性而盡心養性時，就能成為道德主體。在儒家看來，人的真正的自由和解放就在於克服利己的本性實現道德本性；而人的價值和尊嚴就在於實現這種道德主體性。另外，儒家的理性具有生命主義的特點。西方現代的理性信奉科學主義，因而導致了人與自然、人與人關係的抽象化、形式化、機械化的結果。而儒家的理性則依賴於充滿活力的道德主體。譬如說，儒家的禮是一種比西方的法更具有活力的規範，如孔子所云「道之以政，齊之以刑，民免而無恥；道之以德，齊之以禮，有恥且格」。[17]孔子的意思是說，對人而言，法是形式的和機械的，所以帶來的只是對應的行為；而禮是生動的和內在的（恥），所以它幫助人們提高內在的道德修養。禮作為儒家最合理的行為規範是以儒家理性的生命力為前提。

儒家理性的生命力還充分體現在「權道」和「時中」這兩個概念中。儒家的理性依據，是現實的狀況而不是在抽象的理論；評價一種特定的行為是否合理，不是靠某種絕對的標準，而是靠那些具有各種現實解釋力的相對範疇。「時中」一詞中的「中」是指人性。《中庸》曰「喜怒哀樂之未發，謂之中」。[18]朱

---

[14] 參考成仲英：「試探建立禮的概論－作為生命力的展現方式以及全體理性之理念的禮」，《新的21世紀與儒家的禮》，國際學術大會，韓譯版，頁4。

[15] 參考本杰明‧史華茲著：《中國古代思想的世界》（南京市：江蘇人民出版社，2004年），頁112。

[16] 參考成仲英：同注15，頁15。

[17] 參考〔宋〕朱熹：《四書章句集注》，頁364。

[18] 參考〔宋〕朱熹：《四書章句集注》，頁461。

熹對此注曰:「喜怒哀樂,情也。其未發,則性也。無所偏倚,故謂之中」。[19]如此看來,「時中」的行為既是合乎人性的道德行為,又是合乎情節的社會行為。儒家講道理往往使用「情景語言」,而不是抽象化、形式化、本質化了的「概念語言」。因而他們所講的道理,必須要根據現實的實際情況進行「再解釋」。[20]所謂的時中的行是指,既能夠體現普遍的人性,又根據當時情況能夠協調好社會人際關係的行為。由於現代社會日趨複雜、多樣,固定的行為規範也日益背離具體的現實。在這種無規範的現代社會狀態下,也許時中的合理性能夠提供個體和社會的協調而中正的統一。儒家的中道或時中的思想體現了充滿活力的儒家理性,而這一理性能夠克服西方抽象化的和形式化的理性忽略現實生活世界的問題,使思想更具有現實的生命力。

只是隨著現代社會的合理化、資本主義化、產業化的深入,出現了過分的競爭、道德的分裂、個性的埋沒、異化等問題。西方的現代政治是以承諾平等的個人權力和自由為前提的。雖然儒家也主張個人的平等,但他們的平等不是來自於造物主的那種支配世界的權力上的平等,而是來自於自身修養的道德和人格上的平等。儒家的政治原理立足於道德個人主義。基於道德個人主義的政治之道是「修己治人」,「內聖外王」,也就是通過自身的道德修養來治理天下的德治主義。德治主義是以弘揚道德為其政治原理,如《大學》中所說的「修身、齊家、治國、平天下」,正是弘揚道德於天下的政治模式,而在其中的政治共同體具有道德共同體的性格。在這因過分的競爭、對立、利害衝突陷入困境的現代社會裡,儒家政治的那種基於道德個人主義來實現道德共同體的理想,為我們回復道德的統一性和政治的道德性給予很多啟示。

綜上所述,我們對儒家思想有了初步而且概念的認識,但是關公與儒家思想的關聯性究竟為何呢?關公除了讀春秋、履春秋之外還有哪些地方與儒家思想有共通之處?其實儒家思想本如《論語》所說「子不語怪力亂神」,僅透過戲劇、小說的渲染,將關公視為聖哲偉人英雄,早先並未將其變為神格化。但也正是因為儒家的介入,關公崇拜才最終確立了在中華民族當中的崇高地位。

---

[19] 參考〔宋〕朱熹:《四書章句集注》,頁389。
[20] 參考樸東煥:《東方的邏輯何在》,韓譯版,第131頁。

從宋朝以後儒生們以儒家學說為標準，介入了關公形象的重塑，並且把關公渲染成儒家的理想人格。這種歷史現象的出現，主要有兩個原因：

第一，儒家內在理路變遷，其正統觀念轉變並逐漸深入人心。
第二，對儒生而言，關公偶像具有極強的可塑性。

宋儒由此將其忠義神勇同尊王誅賊的春秋大義聯繫在一起，再造出了一代儒將的形象。因此自明清之後，關公崇拜達到了頂峰，儒生更是將關公和孔子相提並論。所以從《三國演義》一書中所表現出來的，正是不折不扣的儒家正統思想，以及富含道德判斷的價值觀、倫理觀念。曹操被視為「奸雄」、「梟雄」，而關公則是「英雄」以及忠義的代表化身；這也是《春秋》闡明孔子「微言大義」的典型象徵，所謂「孔子作春秋，而亂臣賊子懼」。[21]「一字之褒，榮於華袞；一字之貶，嚴於斧鉞」。[22]其實這正足以代表中國人的歷史感和歷史觀，也是「演義」之所謂推演其「義」的由來。再加上「忠義」是儒家學說最重要的觀點之一，也是戰國以後評品人物優劣的重要準則，這些都是傳統文化、傳統道德觀的命脈。之所以會如此，和中國歷來的政治制度，人文思想，民眾心理有著密切的聯繫。中國的人文思想深受儒家思想的影響，每個炎黃子孫的身上都流著儒家思想的血液，儒家精神已經在人們心中佔據了一定的地位，而忠義都是儒家所提倡的，也就是因為這些土壤才得以培養出這種三國特色的忠義文化。忠、義都是最受崇迎的品德與精神，關公的德行和他做人的準則成了世人模仿榜樣。這便是關公的魅力所在，也是關公精神之所以能夠和儒家思想相結合的重要關係，下面我們將就關公對儒家思想中的實踐內容，依照儒家學說的定義按照條目分別加以敘述。

---

21 參考〔宋〕朱熹：《四書章句集注》，頁423。
22 參考〔宋〕朱熹：《四書章句集注》，頁425。

三、從關公對春秋的體認，印證對儒學的實踐

關公幼讀《論語》、《孟子》、《易經》、《春秋》，從小受到儒學薰陶，內心時刻充滿仁、義、孝、弟、忠、信的強烈道德觀。史書《三國志關羽傳》裴松之注本記載稱：「（關公）好《左氏傳》，諷誦略皆上口」，《三國志魯肅傳》注引《江表傳》記載稱：「斯人（關公）長而好學，讀《左傳》略皆上口」。錢鍾書也曾經說過：「古之名將而精通《左氏傳》者，梁章鉅《退庵隨筆》卷一三曾標舉之，關羽、渾瑊、狄青等與焉」。關公熟讀《左傳》，《左傳》是《春秋》的註解，關公自然也是深明《春秋》。所以後世人將關公視為熟讀《春秋》的典範加以推崇和膜拜。另外清代輯佚大家黃奭說，有墓誌言關公祖父石磐公，父親道遠公，三世皆習《春秋》。此說見於碑刻，當有所據。因關公家世傳《春秋》學，關公年少習之，故年長猶能背誦，也足見其對《春秋》研讀諳熟。

儒家在根本上是生命的學問，只有回到其「生命」原點才能真正領悟儒學的精髓和要義；孔子「志於道，據於德，依於仁，游於藝」，是儒家「生命的學問」的總綱，也是儒學生命教育的基本依據。關公透過儒學的薰染，以一生的實踐完成了生命教育當中的「四我」：「我－我、人－我、物－我、天－我」，正如同傳世的那四句名言「讀好書、說好話、行好事、做好人」，流傳至今，仍為世人修身行善、培德造福之寶貴明訓。關公一生立志效法聖賢，實踐聖人之道，最終具備五常之德，成就了亙古一人之中國武聖，其一生行誼略舉如下：

（一）仁者無敵

春秋時期，人們普遍把尊親敬長、愛及民眾，忠於君主和儀文美德都稱之為仁。孔子繼承了前人的觀念，並且把「仁」發展成為系統的仁理學說。孔子思想的「仁」，涵義甚廣；如《論語》中所云「富與貴，是人之所欲也，不以其道得之，不處也。貧與賤，是人之所惡也，不以其道得之，不去也。君子去

仁，惡乎成名？君子無終食之間違仁；造次必於是，顛沛必於是」。[23]又《論語》〈衛靈公〉：「志士仁人，無求生以害仁，有殺身以成仁」。[24]這些都是明確定義仁理學說的條目。

從人之本性的角度來看，「仁」是人的本然之善心，是人本來就具有的善良意志，是人的本質之所在。如關公自幼看到天下無道，貪官猖獗，民不聊生，便立志要報國救民。當遇弱勢者韓守義被惡霸欺凌，即不顧個人安危及後果，立刻將惡人斬除。這正是關公本性至仁的氣質。

及至關公在離開曹營必須經過關隘時，因身負保護皇嫂千里尋兄之責，不得已而殺六將，事後非常無奈的於馬上自嘆：「吾非欲沿途殺人，奈事不得已，曹公知之，必以我為負恩之人矣」。[25]其實關公經過五關，過關斬將，乃因其主將不是故意刁難，就是刻意阻擋；甚而有言語挑釁以及惡意逞兇等不忠不義之行徑。關公為了保護二位皇嫂和整個車隊的安全著想，不得不將帶頭作惡者斬除，至於其他人等則一概不為難他們，關公的仁心與氣概足可撼動天地，這也就是關公仁義精神的展現。

關公麥城失利，被孫權擒獲時，孫權欲以高爵厚祿誘降，關公寧死不屈，最後就義成仁，此乃仁最極致的表現。也正如儒家所說的「志士仁人，無求生以害人，有殺身以成仁」。

（二）義氣參天

義，一般指公正合宜的道德、道理或行為。從《論語》中我們可以看出，首先孔子論及最多的是君子和義的關係。君子在《論語》中有兩個基本義項，指有道德的人或居於高位的人。如《論語》〈里仁篇〉「君子喻於義，小人喻於利」。[26]君子道德修養的主要內容和標準就是義，孔子主要把義範疇作為個人道德修養的主要內容。

---

23 參考〔宋〕朱熹：《四書章句集注》，頁330。
24 參考〔宋〕朱熹：《四書章句集注》，頁338。
25 參考〔明〕羅貫中：《三國演義》（臺北：文化圖書公司，1977年），頁141。
26 參考〔宋〕朱熹：《四書章句集注》，頁293。

關公廿四歲離家報效國家，在投宿客店時發現地方惡霸魚肉鄉民之惡行，於是見義勇為，殺惡霸呂熊，救韓守義，雖為犯法逃罪，但犧牲一己換得地方之安寧，實為俠義之舉。後為保二位皇嫂，千里尋兄之義，從由許昌到河北的路程不下千里之遠，便可看出關公對桃園結義之約的重視。正如劉備從河北寫信給關公：「備與足下自桃園締盟，誓以同死，今何中道相違，割恩斷義？君必欲取功名，圖富貴，願獻備首級以成全功，書不盡言，死待來命」。[27]

　　關公隨即回信表示忠義之心：「竊聞義不負心，忠不顧死。羽自幼讀書，粗知禮義，觀羊角哀，左伯桃之事，[28]未嘗不三嘆而流涕也。前守下邳，內無積粟，外無援兵，欲即效死，奈有二嫂之重，未敢斷首捐軀，致負所託。故爾暫且羈身，冀圖後會。近至汝南，方知兄信，即當面辭曹操，奉二嫂歸。羽但懷異心，神人共戮，披肝瀝膽，筆楮難窮。瞻拜有期，伏惟照鑒」。[29]關公引用春秋時期羊角哀、左伯桃的典故，徹底展現出義的真諦。如詩云：「掛印封金辭漢相，尋兄遙望遠途還。馬騎赤兔行千里，刀偃青龍出五關。忠義慨然沖宇宙，英雄從此震江山，獨行斬將應無敵，今古留題翰墨間」。[30]

　　再者關公在華容道義釋曹操一事，當時曹操對關公曰：「五關斬將之時，還能記否？大丈夫以信義為重。將軍深明春秋，豈不知庾公之斯追子濯孺子之事乎？」[31]據《孟子》載：

> 鄭人使子濯孺子侵衛，衛使庾公之斯追之。子濯孺子曰：「今日我疾作，不可以執弓。吾死矣夫！」問其僕曰：「追我者誰也！」其僕曰：

---

27 參考〔明〕羅貫中：《三國演義》，頁135。
28 《烈士傳》曰：「羊角哀左伯桃，二人為死友。欲仕於楚，道阻遇雨雪不得行，飢寒自度不俱生。伯桃謂角哀曰：『俱死之後骸骨莫收，內手捫心知不如子，生恐無益。而棄子之能，我樂在樹中。』角哀聽之，伯桃入樹中而死，楚平王愛角哀之賢，以上卿禮葬伯桃。哀夢伯桃曰：『蒙子之恩而獲厚葬，正苦荊將軍塚相近，今月十五日當大戰以決勝負。』角哀至期日，陳兵馬詣其塚，作三桐人自殺下而從之。此殘身不負然諾之信也。」參考黃國彰，《忠義春秋》（臺灣，中華桃園明聖經推廣學會，2004年），頁45。
29 參考〔明〕羅貫中：《三國演義》，頁135。
30 參考〔明〕羅貫中：《三國演義》，頁141。
31 參考〔明〕羅貫中：《三國演義》，頁256。

「庾公之斯也。」曰:「吾生矣!」其僕曰:「庾公之斯,衛之善射者也!夫子曰『吾生』,何謂也?」曰:「庾公之斯學射於尹公之他,尹公之他學射於我。尹公之他,端人也;其取友必端矣。」庾公之斯至,曰:「夫子何為不執弓?」曰:「今日我疾作,不可以執弓。」曰:「小人學射於尹公之他,尹公之他學射於夫子,我不忍以夫子之道,反害夫子。雖然,今日之事,君事也,我不敢廢。」抽矢扣輪,去其金,發乘矢,而後反。[32]（乘矢:四箭）

關公在出兵前已與孔明立下軍令狀,沒達成任務願受軍法處置。但是為了仁義最後還是選擇要犧牲自己放走曹操,這正是關公以為義高於一切的核心價值。

（三）克己復禮

禮樂教化,是孔子政治思想的基本原則。簡言之,禮是行為儀式或規範。在古代語言中,禮有廣狹二義。廣義的禮是國家典章制度（官制、刑法、律曆等）、倫理規範（如三綱五常等）與行為儀式（朝聘燕亭、婚喪嫁娶等）的總稱。狹義的禮則指人類日常生活中所奉行踐履的行為儀式與規範,是一個倫理學的概念。如《論語》所云「恭而無禮則勞,慎而無禮則葸,勇而無禮則亂,直而無禮則絞。君子篤於親,則民興於仁;故舊不遺,則民不偷」。[33]又〈顏淵篇〉稱「克己復禮為仁。一日克己復禮,天下歸仁焉。為仁由己,而由人乎哉?」[34]顏淵曰:「請問其目?」子曰:「非禮勿視,非禮勿聽,非禮勿言,非禮勿動」。[35]

關公在土山與曹操約定三事後,護送二位皇嫂進入曹營。但是在從下邳往許昌途中客住旅館時,張遼故意給燭不足,欲讓關公與兩位皇嫂同處暗室,以方便造謠同時離間關公與劉備的兄弟之情。但關公獨站戶外秉燭達旦不顯疲

---

32 參考效聖:《孟子淺說》（玉珍書易出版社,1983年）,頁201-202。
33 參考〔宋〕朱熹:《四書章句集注》,頁281。
34 參考〔宋〕朱熹:《四書章句集注》,頁286。
35 參考〔宋〕朱熹:《四書章句集注》,頁289。

態，充分表現出儒家禮法之大節。

關公在曹營時，對二位皇嫂備盡上下之禮。儘管曹操欲讓關公亂君臣之禮，但關公與二嫂同屋時，分內外院居住。並且每日於問安亭向二位夫人請安問好，再由侍女轉達，此舉不但合禮且不失禮，由關公夜讀春秋更顯見他對禮的徹底實踐。

（四）智者不惑

孔子認為智（知）是一個道德範疇，是一種人的行為規範知識。智者，知也，無所不知也。明白是非、曲直、邪正、真妄，即人發為是非之心，文理密察，是為智也。在《論語》中「智」是用「知」字出現的；智，是《論語》的重要內容，都是指聰明、智慧而言。知與智通用，如「知者樂水、知者動、知者樂、知者不惑」等。

對關公而言，世人皆以關公水淹七軍威震華夏，為其智之最高表現。當然為將者需知天文地理，方能知己知彼百戰百勝，正如攻拔襄陽郡，時值八月秋天，驟雨數日。關公令人預備船筏，收拾水具。並稱「于禁七軍不屯於廣易之地，而聚於罾口川險隘之處；方今秋雨連綿，襄江之水，必然泛漲；吾已差人堰住各處水口，待水發時，乘高就船放水一淹，樊城、罾口川之兵，皆為魚鱉矣」。[36]果然如關公所料，于禁所領七軍，皆死於水中。其會水者料無去路，亦俱投降。後人有詩讚曰：「夜半征鼙響震天，襄樊平地作深淵。關公神算誰能及？華夏威名萬古傳！」[37]

在東漢末年政治動盪之際，各地諸侯起兵割據，關公拒絕其他強豪勢力的邀請，選擇追隨劉備義兄開創蜀漢基業。在亂世，君擇臣，臣亦擇君，依附強主是很多人士的選擇，因而許多人有過多次易主的經歷，但關公自始自終只追隨劉備，盡忠盡義。因為劉備是漢室宗親，中山靖王劉勝之後，漢景帝的玄孫，他的理念主要是匡扶漢室，救國救民。這種仁君典範相較於東漢末年曹操、袁紹等諸侯之野心與企圖，最難得的是王佐風範的仁德之美。正如《三國

---

36 參考〔明〕羅貫中：《三國演義》，頁383。
37 參考〔明〕羅貫中：《三國演義》，頁384。

志》‧〈蜀志‧先主傳〉中所評:「先主之弘毅寬厚,知人待士,蓋有高祖之風,英雄之器。」「託孤時,心神一志,毫無貳意,實顯君臣至公無私之心,為古今最高軌範。」「機警幹略,不逮魏武(曹操)。」[38]

以上種種仁主作為,均是引導關公忠心義膽,誓死追隨劉備實踐匡復漢室之根由。所謂良禽擇木而棲,智者擇主而事;而關公投明主開創萬世聖業,以及遵行五常八德,這個才是真正最高智慧的表現。[39]

(五)誠信不爽

孔子將「信」作為「仁」的重要體現,是賢者必備的品德,指待人處事的誠實不欺,言行一致的態度,為儒家的五常之一。凡在言論和行為上做到真實無妄,便能取得他人的信任。對於孔子的整個道德體系而言,信雖然不像仁那樣處在德的核心地位上,但是在孔子看來,信是言不虛妄、行必求果的倫理常規,離開了信也就無所謂德,自然也就談不上仁了。如《論語‧為政》所云「人而無信,不知其可也。大車無輗,小車無軏,其何以行之哉?」[40]這足以說明,「信」是德性修養水準的表現形態和重要標誌之一,如果一個人不講信用,他就在社會生存中喪失了立仁和顯仁的必備資格。

東吳都督魯肅邀關公過江赴宴,關公明知魯肅此舉實為索取荊州之事,而且一旦談判破裂隨時都有開戰的可能性。但是關公認為既然之前已經答應,即使赴宴有再大的危險,為了遵守信義,仍慨然單刀赴會。又關公為了信守桃園結義之誓約:「念劉備、關羽、張飛,雖然異姓,既結為兄弟,則同心協力,救困扶危;上報國家,下安黎庶;不求同年同月同日生,但願同年同月同日死。皇天后土,實鑒此心。背義忘恩,天人共戮。」爾後無論是對曹魏或是孫吳的威脅利誘,始終堅持著對舊主不離不棄的忠貞態度。因為關公已將信約視為己命,所以在徐州戰敗陷入曹營,關公仍然意志堅定,突破千辛萬難的保護著二位皇嫂,回到當時尚無立身之地的劉備身邊。即便是最後失去荊州,麥城

---

38 參考〔晉〕陳壽:《三國志‧蜀書》(臺北:臺灣商務印書館,2000年),頁444。
39 參考黃國彰:《明聖妙譚》(臺北:社團法人中華桃園明聖經推廣學會,2014年),頁109。
40 參考〔宋〕朱熹:《四書章句集注》,頁246。

失利，關公仍然不改其志的坦然就義，以堅守桃園結義的誓約。

（六）至孝顯親

孔子曰：「夫孝，德之本也，教之所由生也，身體髮膚，受之父母，不敢毀傷，孝之始也。立身行道，揚名於後世，以顯父母，孝之終也」。[41]又曰：「夫孝，始於事親，中於事君，終於立身」。[42]認為孝悌是仁的基礎，孝不僅限於對父母的贍養，而應著重對父母和長輩的尊重，並且還要實踐於對上位君主的盡忠，乃至於將自己的成就發揚光大，達到大孝顯親的目的。

關公自幼孝順雙親，已做到小孝事親的標準；後因看到當時朝綱衰敗，盜匪猖獗，不忍黎民百姓處於火熱深淵，遂於十八歲成親生子關平之後，移小孝為大孝，離家報國救民。關公一生屢建奇功，威震華夏，忠義足為世人典範。逝世後被歷代帝王封諡為大帝、天尊、武聖、古佛等天爵，馨香足傳千秋，父母祖先同饗榮耀，此乃大孝的最佳表現，也即是了孔子所云「立身行道，揚名於後世，以顯父母，孝之終也」的典範。

百善孝為先，由於關公能做到「小孝事親，大孝顯親」的至德，無怪乎千百年來經歷代帝王不斷的封諡，終能與孔子並稱文武二聖，這正是實行孝道最好的證明。

（七）兄友弟恭

在《論語》中，專文談悌的篇章並不多見，一般均以孝悌並稱，悌主要指尊敬兄長，弟兄相親，也包括了和朋友之間的友愛。孝悌不是教條，是相對的，不只是單方面的順從、尊敬，是培養人性光輝的愛，是中國文化的精神。孝與悌相聯繫，如《論語》〈學而篇〉所云：「有子曰：『其為人也孝弟，而好犯上者，鮮矣；不好犯上，而好作亂者，未之有也。君子務本，本立而道生。孝弟也者，其為仁之本與！』」[43]

---

41 參考〔宋〕朱熹：《四書章句集注》，頁256。
42 參考〔宋〕朱熹：《四書章句集注》，頁259。
43 參考〔宋〕朱熹：《四書章句集注》，頁276。

關公下邳戰敗後，不得已投在曹營，於此期間，袁紹派大將顏良圍攻白馬坡，曹操令大將迎戰，但顏良連續殺徐晃等曹營大將後，曹操不得已只好請出關公迎敵，關公策馬快速斬殺顏良於麾蓋下。曹操讚曰：「將軍真神人也」。關公為提攜義弟曰：「三弟翼德更加勇猛，能在百萬軍中斬上將首級，如探囊取物耳。」曹操聽後，內心感到恐懼，於是立即下令將張飛名字寫於衣袍，並叮嚀眾將爾後遇上，特別小心。因為有關公這一席話，當曹操在長坂坡與張飛會戰時，致夏侯傑驚得肝膽破裂，倒撞於馬下。眾軍互相踐踏，曹操也嚇得冠簪盡落，披髮奔逃，遇張遼、許褚方止。最終使張飛能未戰而勝，嚇退曹操百萬軍隊。如詩云：「長坂橋頭殺氣生，橫槍立馬眼圓睜。一聲好似轟雷震，獨退曹家百萬兵」。[44]其實關公武功更勝張飛一籌，但是為了要提升義弟的氣勢與聲望，因此稱讚張飛更加威猛。終在長坂橋一戰中，讓張飛能夠未戰而先屈人之兵。所以說此役之成果，全要歸功於關公疼愛小弟之兄弟情誼。[45]

（八）忠貫日月

「忠」原指為人誠懇厚道、盡心盡力，盡力做好本分的事。有忠誠無私、忠於他人、忠於國家及君主等多種含義。孔子認為忠乃表現於與人交往中的忠誠老實，而忠的特點是一個「盡」字，辦事盡力，死而後已，如《論語》所稱「盡己之謂忠」。然而《論語》所提到的忠，是泛指對一切人，並非專指君主，就是指對包括君主在內的所有人，都盡力幫助。因此，「忠」不只用於君臣關係，還包括對君主的忠誠和對朋友的義氣。如《論語‧八佾》所云：「君使臣以禮，臣事君以忠」。[46]而最重要乃須忠於自己的良知。

關公對蜀漢陣營的忠心耿耿，對義兄弟劉備、張飛，乃至於後來的趙雲等人，在在都表現出忠誠與義氣，就如與張飛共同做榜樣讓馬超效法一事，雖不見於正史記載，但可以想見關公對「忠」的履行，絕對超越一般人所能做到的程度，所以能夠成為後世景仰的神聖對象。

---

44 參考〔明〕羅貫中：《三國演義》，頁132。
45 參考黃國彰：《明聖妙譚》，頁103。
46 參考〔宋〕朱熹：《四書章句集注》，頁346。

關公在家鄉殺除惡霸後，逃至外地，在五、六年的逃難當中，雖生活困頓，但他寧可安份守己的做小生意賣豆為生，也始終堅持忠於自己的良知，決不做有違天理的事。關公身陷曹營期間，曹操為籠絡他的心，無所不用其極，以高官厚祿，送金玉美女，三日一小宴，五日一大宴，上馬金下馬銀，送袍贈馬，皆不能改變關公的心志。最後被孫權擒獲，孫權也以高官誘降，關公志堅如鐵，絲毫不能撼動他對蜀劉的忠心。關公一生所表現出來的忠，即是最純潔的忠，正可以比美日月的精忠。

（九）節堅似鐵

節可以指氣節和節操，在社會上指一個人在政治上、道德上的堅定性對內，氣節表示對一定的政治制度、政治理想和道德理想的堅定信仰。對外，氣節則指在國家和民族遭到外敵侵犯時，能挺身而出，以國家民族利益為重，堅持不懈，乃至獻出個人生命。

關公忠貞不二的節操，在曹操以高官厚祿拉攏時，便充分表現出富貴於我如浮雲的決心。正如俗云：「賄賂不動其心，爵祿不移其志，寧死不降之節」。即便在被呂蒙偷襲荊州，敗走麥城時受到諸葛瑾的說降，關公仍正氣凜然的回絕：「玉可碎而不可改其白，竹可焚而不可毀其節，身雖殞，名可垂於竹帛也」[47]。無怪後人對關公大節不移之表現讚曰：「金銀美女不足以移之，漢壽亭侯封印不足以動之，分庭抗禮，杯酒交歡不足以奪之。其心光明，足以與日月爭光」。

孔子曰：「志士仁人，無求生以害人，有殺身以成仁。」「君子喻於義，小人喻於利。」及「克己復禮為仁。一日克己復禮，天下歸仁焉。」與「知仁勇三者，天下之達德也。知此三者，則知所以修身；知所以修身，則知所以治人；知所以治人，則知所以治天下國家矣。」和「人而無信；不知其可也。」又「其為人也孝弟，而好犯上者，鮮矣；不好犯上，而好作亂者，未之有也。君子務本，本立而道生。孝弟也者，其為仁之本與！」等儒家道理，[48]在關公

---

47 參考〔明〕羅貫中：《三國演義》，頁393。
48 參考〔宋〕朱熹：《四書章句集注》，頁235。

行誼裏幾乎圓滿達到，所以他能與宣聖並立，絕非偶然。

綜上所述，關公作為與文聖相提並論的一個英雄形象，就是因為在關公身上閃爍著許多與眾不同的英雄氣度，如：忠貞不二、義重如山、智勇雙全、武力超人等等。而在種種英雄氣度中，關公之「義」是居於首要地位的，它具有最為豐富的內涵。關公之「義」源於傳統的儒家思想，但受當時特殊的時代背景的影響，它又具有與傳統儒家思想不同的新內涵。儒學是生命的學問。儒家對生命的理解是貫注著天道性命的，是一種視大如小、視小如大的宇宙生命與個體生命合一的「天德流行」的生命。再加上儒家歷來強調教育的重要性，這種教育本質上就是個體生命與宇宙生命打通為一的生命教育，關公以其耳濡目染的道德教育觀，搭配上自身的重義性格，以他的一生完成了儒家所欲成就的生命教化。《三國演義》所宣揚以「忠義」為核心的道德觀念，主要是通過關公這一典型人物表現出來的；因此我們可以說關公身上所具有的道德品質，就是《三國演義》所要表達文化精神的一個最好縮影。儘管《三國演義》所宣揚的道德觀念受階級和時代的影響，具有不少的侷限性；如今時代不同了，許多當時傳統的道德觀念都已經顯得和現代社會格格不入了，「忠」與「義」的內涵也發生了極大的轉變。但是在這些道德觀念中仍然有一些美好的東西值得我們借鑒和學習，它們對當今社會依然具有不小的現實意義。

四、關公踐履春秋形象對其信仰塑造與文化發揚對現代社會的影響

一千多年以來，作為人們心目中的神，關公的參天大義、貫日精忠及護佑生民的傳說故事盛傳不衰，影響了華夏，也影響到世界。關公精神、關聖文化，以及當代人們加上的誠信；以忠義仁勇誠信等要素組合而成的關聖文化，作為一種特殊的文化現象，具有豐富的內涵和包容性極廣的外延。包括政治文化、道德倫理文化、宗教文化、儒家文化、軍事文化、商業文化、民俗文化、幫會文化、建築文化、藝術文化等等。我國的傳統文化對社會的影響力一直非常巨大，這是因為幾百乃至數千年的傳承會長期對人們的精神和思想予以滲

透。因此在和諧社會的構建工作中,必須要考慮到傳統文化的這種影響力。儒家不同於所謂儒教的信仰層面,就在於儒家思想是以生命的學問從事生命的教化,以此為事業的一種定位。關公以其讀春秋、履春秋之形象,讓儒家生命教育的形象更為具體化。也因此在諸多傳統文化中,關聖文化成為傳承相當久遠,普及度也非常高的一種不同於其他神祇信仰的特殊文化表徵。因此如果加以分析其對社會的影響力和影響方式,並設法在和諧社會的構建工作中加以利用,會是一種相當有效的工作手段。

所謂文化,可分為有形和無形,也可分為動態與靜態。無形的係指精神、道德、思想;有形的乃形相與活動等。而本文所談的關聖文化,是指關公的思想觀念、道德品質、精神氣質及其對社會精神生活的影響。關聖文化作為一種精神現象,它對社會生活最直接的意義是在精神方面,主要是在倫理道德方面。關聖文化精神價值的核心在於道德價值,中國是倫理本位的社會,中國傳統文化是倫理型文化。關聖文化作為中國傳統文化,既是儒、釋、道諸家文化的組成部分,又是中國人倫理、道德的核心內容之一。千百年來,人們崇拜關公,本質上是崇拜被神話的關公的高尚的道德人格。

關聖文化具有強大的親和力和向心力的民族凝聚功能,具有教育和陶冶人們思想、情操的教化功能;對各種文化藝術形式的繁衍和發展有著承載功能。同時,關聖文化在歷史中創造並隨著歷史發展,歷久而不衰,有著很強的存續功能。關聖文化的積極方面體現在對社會發展有促進作用,特別是關聖文化的仁、義、信、智、忠、孝、勇、禮、節等,對當今建構社會的安和樂利,促進科學的突飛猛進,以及加強精神文明建設等各方面都有積極作用。分別說明如下:

(一)關聖文化與建設安定國家社會的共同特性

1. 關聖文化的正義法制

關公以忠於漢室、節操高尚著稱,這種精神正符合建設富強社會中的正義精神與法制特徵。在現代社會中,忠不再是傳統意義上的忠於統治者,而是忠

於國家、忠於公司、忠於人民、忠於法律、忠於社會，忠於自己的良知。因此忠是和諧社會與法制立國的思想基礎之一，而高尚的節操則是現代社會貫徹正義精神的思想保障，如果一個人沒有節操，正義精神的基礎都將不復存在，和諧社會的正義特徵自然也就無從談起。

2. 關聖文化的團結友愛

在關公的形象傳承中，對別人的仁和對兄弟的義都是極其重要的組成部分，而這兩種精神在和諧社會中會以團結友愛的特徵體現出來。現代社會的高速化和資訊化令人與人的關係有向冷漠化發展的趨勢，這對和諧社會的建設是非常不利的，因為和諧社會在本質上需要強調不同人之間團結友愛的關係。關聖文化中的仁是一種對全體社會大眾的仁愛精神，關聖文化中的義是一種對自身所有關係者的友愛精神，這兩種精神構成了和諧社會中團結友愛的精神核心。

3. 關聖文化的公平誠信

關公的誠實守信與待人以禮在關聖文化的傳承裡一直是刻畫重點，而誠信守禮則是現代經濟社會長期呼籲的社會文化潮流，這種特徵的重疊構成了一種文化的融合。事實上，關公因自身的誠信特徵在關聖文化中被奉為財神，這種精神文化本身在現代這個物質社會中具有極高的價值。社會對關聖文化中誠信精神的推崇體現出了穩定社會的誠信需求，而社會對守禮的推崇則是現代人追求素質、修養的最佳體現。以過往黑心油連環爆，而且如滾雪球般愈滾愈大的社會食安議題來說，就連橫跨兩岸、過去值得消費者信賴的知名食品企業也涉及其中，誠信經營這項可說是企業最基本的社會責任，幾乎已消失殆盡在企業永續經營之道上。因此如何令關聖文化中的信與禮，在社會需求與文化精神所追求的一致性上，展現出符合現代意義與價值，便是我們必須要努力的目標。

4. 關聖文化的活力進步

關公水淹七軍、運籌帷幄是為智；對陣兩軍、陷陣殺敵是為勇，關聖文化

中的這兩種精神在現代和平社會中看似無用,實則不然。雖然建設和平社會不需要領軍殺敵,但智與勇是在應用領域上極為廣泛的兩種精神,智慧令社會的發展進步更具高效性和靈活性,勇敢則能讓人們保持和諧社會建設的活力,不至於害怕困難和艱險。因此智與勇的精神是和諧社會的發展進步所不可或缺的,或者說智與勇正與和諧社會的進步和探索精神相一致。

(二)關聖文化對當代現世變遷的正面影響

經過近二千年歷史所形成的關聖文化,不只是一個地域性文化,而是一個全國性文化。不是普遍的名人崇拜、英雄崇拜,而是多少年來上至皇家、下至平民百姓推崇的「神」和「聖」的信仰文化;不是只具有歷史文化資源價值的單純的文化,而是不斷豐富和發展,正在融入當代社會,至今仍具有活力的文化。關聖文化的現代價值,表現在安定社會的積極影響上,可以分成下列幾點概述:

1. 關聖文化能有效促進社會的法制化

欲促進社會和平的法制化大體來說分為兩方面,一方面是法律的制訂,另一方面是法律的遵守和落實,關聖文化能對後一方面的工作起到良好的促進作用。通過普及和弘揚關聖文化,能融合當今的社會形勢和社會特點,重新詮釋關聖文化的精神,並且對人們起到潛移默化的作用,讓人們在心理上養成遵守法律、保持節操的意識。這種以關聖文化為媒介進行的思想普及和精神培養比單純的法制教育更有效,能將法制本身打造成一種社會文化,加快和諧社會的建設速度。

2. 關聖文化能有效增強社會的凝聚力

建設和諧的社會是一項規模龐大的工作,並非一兩個人的努力就能達成的,需要社會民眾全體同心同力才行,這就需要保證足夠的凝聚力。關聖文化在凝聚力的增強上可以起到兩方面的作用,第一方面是透過關公弘揚仁義的精神,藉以大幅消除現代社會人際關係的冷漠,令人們放下不信任,培養團結友

愛的良好氛圍。第二方面是關聖文化的歷史特徵，作為傳承已久的中國傳統文化之一，關聖文化能喚起人們的民族意識與歸屬感，增強民族凝聚力。

3. 關聖文化能有效提升商業的經濟信譽

在市場經濟的趨勢下，社會上許多人忽視了互利互惠的誠信社會理想，而這種情況也制約了國家社會的進步與發展。如食品安全詐欺事件層出不窮，從塑化劑、問題醬油、毒澱粉、假麵包、劣質混充米，再到前些日子的炒粿條、越式法國麵包，乃至最近的小米粽事件接二連三引爆，其所釀成的社會損失，以及對消費者信心及經濟的長期負面衝擊，實不可等閒視之。台灣正處於一個多元開放的民主社會，更需要道德重整來維繫。因此建立企業的誠信經營環境及誠信文化，實刻不容緩。而加強對關聖文化的重視，則能極大程度地改善不良社會風氣，畢竟倫理道德數千年的傳承，實具有喚醒人們潛意識的認識形態和良知的效果，並且可以令人們將傳承的誠信精神和當下的誠信行為結合在一起，從根源上提升社會整體的誠信度。這種積極影響具有長期性，雖然在短時間內難以發揮效果，但長期持續的話，對重拾社會正面風氣的作用，相信還是達到移風易俗的良善效果。

4. 關聖文化能有效加強社會的科學觀

在建設社會康樂的富強目標上，科學技術永遠是第一生產力，但科學的發展不會是一帆風順，其中必定有眾多難以攻克的困難和難題。這時就要充分發揮如關公總督荊州時「北拒曹操、東和孫權」那種不怕困難，勇於挑戰；並且最大限度地活用智慧，靈活多變解決問題的精神，使和諧社會的建設工作能以最高的效率進行下去。我們可以這麼說，關聖文化能以一種文化的形式，為人們傳達出在國家社會的科學發展理念和科學創新精神，以更易於理解的方式給予人們在創新與建設上所增加的活力與積極態度。

從宗教信仰和文化傳承的基礎上來看，「縣縣有文廟，村村有武廟」，這是在中國古代傳統社會後期中，社會各界普遍祭拜孔子和關公的真實反映。這項風氣習俗傳承至今，包括海內外華人不僅崇拜關公，而且希望將關公的精神進

一步地發揚光大，同時在華人社團中和社會中落實和堅守。關聖文化的發展，是希望以其清新簡樸的形象，在宗教、文化、教育、醫療、慈善等事業中，來服務社會，並且能夠成為華人秉持不變的社會責任。然而要想構建和諧社會，使社會祥和、人心得到教化，僅僅由政府來負責是不夠的；有時由民間的宗教力量，以及社會團體的各項活動來進行推動，反而更能潛移默化，並且容易達到目標。近年來兩岸三地的有志之士紛紛透過基金會以及社團機構的成立，透過各項活動進行關公學術教育的宣導與推廣。而以關公為主神供奉祭祀的宮殿廟宇，也藉由各種串聯與組合的方式，將關公信仰文化持續傳承與發揚。以大陸而言，由於相關古蹟以及祖廟等發源地所存在的地利之便，關公戲、關公書院、關公武術學校、關公廟會、關公盃文藝匯演、關公盃歌手大賽、乃至於關公文化旅遊節等，涵蓋文藝與商業各方面的活動，幾乎已經形成一個固定的官商合作產業結構鍊，這對於提振經濟和社會發展自然有相當的影響。然而相較於對岸的發展模式，台灣則是在各宮廟分進合擊的信仰祭祀慶典遶境，以及社會團體所推行的學術文化活動，一步一腳印地將關聖文化深植於人心之中。例如「關公文化節・人文藝術教育展」、「忠義文學獎・海內外徵文活動」、「忠義人才培育學院」、「忠義精神宣講團」、「講說三國暨三國忠義故事師資培訓班」等等各種大型活動的舉辦，目的都是希望結合儒家思想以及關公精神，達到「風行草偃」、「知行合一」的效果。同時再加上關公的教化以及靈驗事蹟一再被民間強調，不管是佛教、道教甚至是儒教都能夠予以接受，所以關公崇拜在當今這樣一個動盪不安、充滿不確定因素和危機的國際關係和環境中，特別是在海外華人以及港、澳、臺、東南亞一帶的社會，都表現出相當盛行的狀況。

（三）從當代關聖文化看未來永續傳承的普世價值

作為一種在歷史上產生過很大影響的一種文化現象，本身具有歷史的厚度和傳統文化的濃度，有其不容置疑的歷史價值和文化價值。中國的關公與儒家文化相互融合形成中國優勢的傳統文化資源，隨著儒家文化影響遍布全球的祭祀習俗以及對儒家思想的重視，與儒家文化具有同樣影響的關聖文化必將肩負起時代的重任。故而我們應當給關聖文化賦予時代的內涵，探討其現實的價

值，使之順應時代的要求傳承於當今，成為有益於我們現代化建設事業的精神財富。畢竟文化的傳承作用，就在於發掘其在前進的時代中，可為現實乃至於對未來服務的價值。關聖文化在當今時代的價值，主要可概括為以下方面：

1. 凝聚民族融合力的價值

崇尚忠義武勇，是我們民族的文化傳統。關聖文化植根於我們民族文化的土壤，有著鮮明的民族性，反映了我們中華文化的民族特色，反映了我們民族文化中固有的凝聚力和融合力。弘揚中華文化，振奮民族精神，以增強我們民族的凝聚力，激勵海內外同胞心繫中華傳統，建設中華民族，無論是世界大同抑或是中國夢，相信透過關聖文化的融合，都能成為在當今最具時代意義的價值。

2. 關聖文化的道德精神和人格力量，是關聖文化的精髓所在

在前文中所討論到蘊含於關聖文化中的道德品格和為人本質，歷來為社會所認同、為世人所稱道。而那種背信棄義、見利忘義、忘恩負義、賣友求榮等不道德行為，都是為社會所不齒的。當今世道之紊亂，各國之間因利勢導之行徑，實不亞於春秋戰國或是漢末天下大亂之態勢；因此如何將關公讀春秋、屢春秋的精神與道德力量，弘揚到各階層讓更多人效法，正是如何推廣關聖文化的精髓所在。

3. 關聖文化具有鮮明的民族特色，可以凝聚中華民族在海外的力量

關聖文化在僑胞和華人後裔中，一直有著廣泛的影響。海外華人雖然寄生異國與異文的文化圈，然而海外人聚居的社區，大多建有關廟，並還在繼續興建。人們把興建關廟、敬崇關公，作為凝聚民族合力、弘揚中華文化的一種約定俗成的方式。誠如海外僑胞所嘗云「因為關公在華人心目中的崇高地位，可以說是中華文化的代表」。而一些華人社區的關廟籌建委員會，把弘揚關公為表率的、儒釋道三教融合的中華文化，增強民族情結，淨化人的心靈，作為建廟的基本宗旨，並圍繞建廟，開展同鄉同宗結社等活動，增進華人之間的情誼。

進入廿一世紀以來的現代社會，從地震、颶風、洪水、旱澇到疫病、事故、群體事件、社會治安、公共安全等等，政府和相關公共機構承擔著高度日常化的危機管理工作。科學有效的危機管理是國家、社會和各行各業安定、和諧、可持續發展的重要保障。只是在日益常態化的危機應對實踐中，社會心理危機包括信仰危機、社會焦慮感、壓力感、無助感、價值失衡、行為規範紊亂、自閉症、偏執行為、社會恐慌等等，卻逐漸演變成非科學可有效進行的危機管理。因為心理危機原是個人層面上的危機，具有某種心理危機傾向的個人明顯增加，就會演化為社會心理危機。從社會變革史的角度而言，社會心理危機往往出現於社會轉型期。在人們習慣的社會結構當中，人的心態是穩定的，一般不會產生心理恐慌；但在變化激烈的社會環境中，一旦不適應的新的變化，就會淪落為社會弱勢群體，相應地就會發生心理失衡。在社會轉型時國人承受的各種壓力，如果得不到適當的釋放，也會演化為普遍的社會心理恐慌、甚至引發各階層之間的衝突和對立。若想解決這個問題，一是靠國家制定合理的政策，二是個人在心理上儘快調節自己，提高自己適應市場經濟的能力。三是要靠宗教信仰的力量來穩定。而關聖文化正是適應了這種不斷變化的世界。在淨化人心，使社會祥和，人心古樸，關聖文化有無可比擬的力量。通過社會教化、公益關懷釋放人們對現實生活的焦慮與不安，創造一個寬廣和諧的人際關係環境，實是我們構建和諧社會必不可少的條件之一。

所以從傳統文化中吸取力量，加強社會道德建設，伸張社會正義，反對一切違背人的良知的行為，更有其現實的意義。以關聖文化融合著儒、釋、道文明，所體現的「忠、勇、仁、義、禮、智、信」等價值觀，形成中華傳統文化價值觀的科學精髓，以及凝聚真理的程度，與現代國家在經濟、政治、文化改革、發展大業的全域息息相關，是一個事關「天下興亡，匹夫有責」的嚴肅人類重大道德價值觀的選擇問題。關聖文化在我國的傳承已有近二千年的歷史，在這期間，其文化特徵和文化內涵都不是一成不變的，時代的變化和社會的特徵會為關聖文化染上自己的色彩，為其增添更鮮明的特徵和更豐富的內涵。因此我們在推廣和普及關聖文化時，也應與當前的時代特徵相結合，並利用關聖文化促進和諧社會發展的同時，以和諧社會的思想豐富關聖文化的底蘊，增強

其文化價值，令關聖文化可以更廣泛、長久地流傳下去。

五、結論

　　文武二聖，一人作春秋，一人履春秋，兩者的精神其實一致。《春秋》「微言大義」，「上明三王之道，下辨人事之紀，別嫌疑，明是非，定猶豫，善善惡惡，賢賢賤不肖，存亡國，繼絕世，補敝起廢，王道之大者也」。這便是孔子作《春秋》，以寄寓善惡褒貶之義的思想宗旨。這也是關公踐行《春秋》，揚善止惡、大義參天的根本內涵。所以春秋思想若能透過關聖文化來實踐，又方法確實能深植人心，其效果必然是可觀的。

（一）文武二聖同受後人所尊崇

　　孔子逝世後，獲歷代帝王不斷的隆崇封諡，至清順治二年已被封為「大成至聖文宣先師」，到民國被尊之「大成至聖先師」。其儒學自漢代興起後，即被廣為推行，在中國社會裏，人民日常生活當中無一事不受影響，其源遠流長，至今已傳播至全世界。

　　而關公與文聖同林，自成仁後，由宋代開始，也屢屢受到歷代帝王的封諡。由侯而公，由公而王，由王而帝，然後由帝稱聖。其聖號有關公帝君、文衡聖帝、關夫子、協天大帝、三界伏魔大帝、昭明翊漢大天尊、忠義古佛、仁義古佛、蓋天古佛、中天至聖、玉皇大天尊玄靈高上帝、玉皇大帝、中天主宰等等。其尊崇即如一對聯曰：「漢封侯宋封王明封大帝，儒稱聖釋稱佛道稱天尊」。

　　關帝的信仰，可謂不分行業，不分朝野、不分貴賤、不分宗教，所以被尊稱萬靈之神。如政府奉為武聖帝君，警察尊為正義之神，軍人敬為戰神，商人拜為財神，讀書人禮敬為文昌帝君、關公夫子，社團崇為忠義化身、百姓稱為恩主公。三教共尊，儒家奉為聖人，道教敬為天尊，釋教崇為菩薩、古佛，道士尊為伏魔大帝，其信仰流遠廣闊，全球一百八十個國家有其廟宇，可說不分地域，不分人種，只要有華人的地方，就有其廟宇，如此被尊崇，是中國人獨一無二的古聖先賢。

（二）關公文化經典與儒學的互映

關聖文化，涵蓋範圍極為廣泛，有無形與有形的，有動態與靜態的。有宗教信仰、科儀、祭祀、遶境，有雕畫像、藝術、建築，以及扶鸞、經典等等。其中經典部分，係在指引世人走向一條正確的人生道路，唯有透過經中真理的教化導引，人才不會偏離正道，才不會走向迷信。所以，關帝經典在關聖文化當中就佔居非常重要的地位。

今關帝經典坊間流行者至少有二十餘種經本，如《桃園明聖經》、《覺世真經》、《大解冤經》、《忠義經》、《戒淫經》、《玉皇普渡尊經》、《玉皇普渡聖經》、《玉皇心印妙經》、《玉皇指迷篇》、《伏魔寶卷》、《玄靈玉皇寶經》、《三期普渡龍華經》等等，而以《桃園明聖經》、《覺世真經》兩部最為普行。尤其《覺世真經》在前清時期就已被列為中國三大善書之一。今全球持誦關帝經者，起碼數百萬民眾，而信眾在全球至少有數千萬人。若能以此為基礎，進而廣為發揚，其對社會及後世的影響不可不謂之鉅大。且其經文內涵又皆以儒家精神為根源，以下略舉幾則《桃園明聖經》以及《覺世真經》之經文，與儒學經文對照參考：

1. 《桃園明聖經》〈原始第二〉：「大丈夫以四海為家，何患乎吾無兄弟。」

即如《孟子》〈滕文公下〉：

> 景春曰：「公孫衍、張儀，豈不誠大丈夫哉？一怒而諸侯懼，安居而天下熄。」孟子曰：「是焉得為大丈夫乎？子未學禮乎？丈夫之冠也，父命之；女子之嫁也，母命之，往送之門，戒之曰：『往之女家，必敬必戒，無違夫子。』以順為正者，妾婦之道也。居天下之廣居，立天下之正位，行天下之正道；得志與民由之，不得志獨行其道；富貴不能淫，貧賤不能移，威武不能屈；此之謂大丈夫！」[49]

---

[49] 《孟子·滕文公下》，《四書章句集注》，頁371。

2. 《桃園明聖經》:「四海為家,何患乎吾無兄弟。」

   如《論語》司馬牛憂曰:

   「人皆有兄弟,我獨亡?」子夏曰:「商聞之矣!『死生有命,富貴在天。』君子敬而無失,與人恭而有禮;四海之內,皆兄弟也。君子何患乎無兄弟也。」[50]

3. 《桃園明聖經》:「勿謂善小而不作,勿謂惡小而可行。」

   如《易》〈繫辭傳〉:

   「善不積不足以成名,惡不積不足以滅身。小人以小善為無益,而弗為也。以小惡為無傷,而弗去也。故惡積而不可掩,罪大而不可解。《易》曰:何校滅耳,凶。」[51]

4. 《桃園明聖經》曰:「敬神如在須誠敬,不可狂言褻聖明。」

   如《中庸》:

   子曰:「鬼神之為德,其盛矣乎!視之而弗見,聽之而弗聞,體物而不可遺。使天下之人,齋明盛服,以承祭祀,洋洋乎,如其上,如在其左右。」至誠之道,可以前知,國家將興,必有禎祥;國家將亡,必有妖孽,見乎蓍龜,動乎四體。禍福將至,善,必先知之;不善,必先知之,故至誠如神。[52]

---

50 《論語‧顏淵》〈司馬牛憂曰〉,《四書章句集注》,頁184。
51 《周易‧繫辭下》引用中國哲學書電子化計畫,網址:https://ctext.org/text.pl?node=46966&if=gb&show=parallel。
52 《四書章句集注‧中庸》,《四書章句集注》,頁33、44。

5. 《覺世真經》:「凡人心即神,神即心,無愧心,無愧神,若是欺心,便是欺神,故君子三畏四知,以慎其獨。勿謂暗室可欺,屋漏可愧;一靜一動,神明鑒察;十目十手,理所必至。」

如《論語》所云:

「君子有三畏,畏天命,畏大人,畏聖人之言。」[53]

和《大學》:

小人閒居為不善,無所不至;見君子而後厭然,揜其不善,而著其善;人之視己,如見其肺肝然,則何益矣?此之謂自慊;故君子必慎其獨也。曾子曰:「十目所視,十手所指,其嚴乎!」富潤屋,德潤身,心廣體胖。此謂誠於中形於外;故君子必誠其意。

及《中庸》:

天命之謂性,率性之謂道,修道之謂教。道也者,不可須臾離也;可離,非道也。是故,君子戒慎乎其所不睹,恐懼乎其所不聞。莫見乎隱,莫顯乎微,故君子慎其獨也。[54]

從上述數段關帝經典與儒家學說相互對照,即可明顯看出,關帝經典內涵與儒家思想是一致的,而且是可以互補的。再加上從儒家對生命教育的四我面向分析:「我－我」是反躬慎獨與自省覺醒,與《大學》之道之誠意、正心、修身旨趣相通,是一種「知」的能力及修持。「人－我」是忠恕之道及民吾同胞,是一種「情」的感知及情懷。「物－我」是萬物育焉及物吾與也,是一種

---

53 《論語‧季氏》,《四書章句集注》,頁241。
54 《大學》,《四書章句集注》,頁10、22。

「情」的同理及關懷。「天－我」是知見正念及道德價值，是一種「意」的堅持及熱情。以上「四我」精神及內涵在儒家思想及關公的行止獲得完美的體現，正如同孔子所說：「志士仁人，無求生以害人，有殺身以成仁」。[55]志士當是志於道，仁人當是依於仁，道由人而開出，可以殺身以成就仁，也就是朝聞道夕死可矣；這或許可跟關公「大義」失荊州的事蹟加以論證。當然為了聞道成仁，不一定要付出夕死或是殺身的代價；但是關公以他的生命價值徹底貫徹了儒家的理想目標，作為當今時代的啟發與訓示。藉由關公的人生歷程，可以讓我們更加體悟到：人生在世，總要有理想、有擔當，才能挺立生命存在的價值，決不可為了功名利祿，苟且求生，而放棄了人生的操守原則。

（三）徹底透過關聖文化進行正道實踐

歷代聖賢留下經書，就是要後人去效法實踐，也唯有透過實踐功夫，才會有成效，否則都只是紙上談兵，不會有結果。經典人人都會讀，話語人人都能說，而且一個比一個會說，可是真正做到的卻少之又少。最後都只流於形式，不能落實。如歷代武將讀聖賢書者，可謂千千萬萬人，而為何獨有關公能成就武聖？因為關公確確實實的做到了經文中的義理，加上《春秋》是儒家最根本和最重要的典籍，它的要義就是八個字：「君臣父子，尊王攘夷」。正如前人所言，「《春秋》之義，大一統也」。關公喜讀《春秋》，並以《春秋》大義來指導自己的人生，因此也和儒家的聯繫更加緊密。關公是《春秋》真正的實行者，所以本文欲以關聖文化來引領社會邁向正道。其施行方法略舉如下：

1. 發行「關公忠義系列叢書」，俾使讀者具有正確的思想觀念。
2. 到各機關學校、企業社團、宮廟監獄宣講「歷史忠義故事」，建立正義信心。
3. 舉辦「忠義文學獎徵文比賽」，促使更多學者志士，多寫好文章，讀好書。
4. 推廣「關公文化藝術展」活動，以利達到全民教育。

---

[55] 參考《論語・衛靈公》，《四書章句集注》，頁228。

5. 開辦「關聖文化學術論壇」，以提升關帝信仰水平，並讓關聖文化進入校園，也使學者教授共同參與。
6. 在大學成立「忠義人才培育學院」，以利培養更多忠義志士，做好人才種子。
7. 為全國關帝廟進行「講說關公暨三國忠義故事師資培訓」工作。俾便為各關帝廟培育種子師資，以落實關帝廟教化功能。
8. 推動「全球讀誦講說關帝經典」，以培養全民發揮忠義精神，凝聚浩然善氣。

　　《春秋》一書，乃文聖人所著，武聖人所行，所以正君臣之分，作忠義之氣，明是非善惡，識忠奸褒貶，助人找到價值取向，提升個人道德修養，增進道德自律、德法並舉，實現太平治世的社會功效。民間有副對聯云：「孔夫子，關夫子，萬世兩夫子；修春秋，讀春秋，千古一春秋。」關公所在的東漢末年，世道衰弱，綱常不振，和西周末年的社會特點極其相似，仁人志士傷時憂世，希望從「春秋思想」中找到興利除弊、志興漢室的途徑，找到撥亂反正的方法。

　　關公熟讀春秋，並將春秋思想落實貫徹於日常生活、學習、工作、為人處世的各方各面。使得關公成為儒家道德思想的完美踐行者及「春秋大義精神」的形象代言人，為關公在儒家武聖人的最終定位，奠定了堅實的基礎。真理貴在實踐，上列所提事項，若能落實施行，其成果是可以拭目以待的。而對社會的正面影響，也必然可以樂觀預期的。

徵引書目

本杰明・史華茲著：《中國古代思想的世界》，南京市：江蘇人民出版社，2004年。

陳　壽：《三國志・蜀書》，臺北市：臺灣商務印書館，2000年再版。

朱　熹，《四書章句集注》，臺北市：大安書局，1994年11月15日再版。

羅貫中：《三國演義》，臺北市：文化圖書公司，1977年再版。

李滌生：《荀子集釋》，臺北市：臺灣學生書局，2014年9月1日再版。

效　聖：《孟子淺說》，玉珍書易出版社，1983年。

黃國彰：《忠義春秋》，臺北市：中華桃園明聖經推廣學會，2004年。

黃國彰：《明聖妙譚》，臺北市：社團法人中華桃園明聖經推廣學會，2014年出版。

《尚書・五子之歌》，引用中國哲學書電子化計劃，網址：https://ctext.org/shang-shu/songs-of-the-five-sons/zh。

范仲淹：〈岳陽樓記〉引用讀古詩詞網，網址：https://fanti.dugushici.com/ancient_proses/47517#google_vignette。

樸東煥：《東方的邏輯何在》，韓譯版。

成仲英：「試探建立禮的概論——作為生命力的展現方式以及全體理性之理念的禮」，《新的21世紀與儒家的禮》，國際學術大會，韓譯版。

教學媒材與新媒介

〈城濮之戰〉的文化聯想
——在網路傳媒與傳統學術研究之間*

李康範

韓國中央大學名譽教授

一、緒論

到20世紀為止,知識的傳播大部分依賴於著作(書籍、雜誌、畫報、論文等)和演講等傳播方式,但是進入21世紀後,情況發生了劇變。所有的基本知識與信息等都不僅可以在幾分鐘甚至幾秒之內掌握,而且還實現了單方向或雙向的溝通。在這裏,讀書人遇到前所未有的困惑。即,在輕鬆便利獲取新信息的同時,自己的創新和長期研發成果也可以瞬間落入他人手中。因此,雖然在上世紀很長時間裏讀書人可以比較安心地守護自己的知識產權,但是在今世紀文章發表的那一瞬間,眾多人都可以參考學習或模倣,甚至奪為己有。另外,最重要的變化是:讀書人作為知識或思想生產者的影響力在明顯下降,而知識和信息的傳播者,即網絡傳播媒介,大幅拿走了其權力。在中國,百度、嗶哩嗶哩等網路傳播是代表性的案例。

其中,百度無疑是搜索基本知識時最有用、最快的網路傳播。特別是在中國相關資料的檢索方面,其龐大和便利性遠遠超越了世界性的維基、谷歌等所有網絡傳播。因此,百度不僅為學生等初學者,也為專業研究人員提供了非常有用的基本信息。從基本常識到專業研究,百度不失為一種非常有用的工具。

筆者在瞭解城濮之戰時,亦先在百度上搜索了相關的基本資料。這一過程對瞭解其戰爭本末起到了很大的幫助。但在最後的結論部分,百度上說:城濮之戰是晉文公成為春秋五霸的決定性轉折點,而引領城濮之戰勝利並建立霸業

---

* 臺北:臺北市立大學出版中心,2024年12月,頁481-505。

的原因之一就是發揮文化軟實力,此『文化軟實力』一詞頗引起我的注意。對此,百度的結論如下:

戰爭結論:
1、研究城濮之戰的歷史教訓,有利於我們從歷史經驗中正確看待當下國際競爭特別是中國『和平崛起』過程中『軟實力』的問題。
2、城濮之戰前晉楚兩國的對峙,實質上是兩種不同文化擴張摩擦融合的必然產物。
3、晉國『一戰而霸』。其關鍵就是把重點放在了自身實力特別是『軟實力』的發展上。晉文公繼位後不僅重視經濟、軍事的發展,而且特別注重『文之教也』,教導人民知義、知信、知禮。在物質上、精神上、制度上都做好了稱霸的準備。所以,正是晉文公的『韜光養晦,有所作為』才奠定了『政平民阜』的稱霸基礎。[1]盡管當前中國的綜合國力已經大有提高,但中國還將長期堅持鄧小平同志制定的『韜光養晦,有所作為』的方針。中國要成為一個真正的大國必須首先做好自己的事情,而這個事情之中的重中之重。用鄧小平的話來說,就是『埋頭實幹,做好一件事,我們自己的事』。當前不僅要繼續穩步增加『硬實力』,『軟實力』的建設也需要『韜光養晦、有所作為』。
4、春秋時代大部分時間所謂霸權均賴晉國維持。梁惠王向孟子所云,「晉國天下莫強焉」,因為這一超級強國的存在,遂能北面阻止狄人南侵,南面阻止楚人北上,西面阻止秦人東進。隨著當時中原華族與周邊少數民族的融合,以地理位置、文化程度、血緣關係三要素為區分標準的『華夷觀』逐漸被以文化為區分標準的『夷夏觀』取代。每當強大諸侯崛起,他們都力求擺脫自己的夷狄身份獲得諸夏認同(如:秦楚吳越)或者向夷狄開戰以服人心(如:齊晉),

---

[1] 此一論述,似是而非,應該據實反駁。可參看《左傳》僖公二十三年「晉公子重耳之亡」,即知其敘述之錯誤。

　　　　　體現出當時的共同的『文化認同』。可見晉文公能贏得了周王室和其它中原諸國的支持，就是利用了文化的凝聚力、吸引力和感染力，晉國的勝利本質上是文化的勝利。
　　中華民族在五千年的發展歷程中，以其博大精深的文化深深地吸引著世界其他國家和民族，並對這些國家和民族的文化發展產生了積極的影響，為世界文化的繁榮作出了重要的貢獻。努力提升國家『軟實力』，增強中華民族文化的吸引力，讓世界瞭解中華文化，認同中華文化，這是構建良好國際環境，讓中國『和平崛起』的需要。就像有學者描繪的那樣：「幾十萬美國、歐盟、日本、澳大利亞、南非和其他國家的留學生在中國的高等學府求學，世界頂尖學者競相申請到北京、上海、香港、臺北進行學術交流、開辦講座，各國政界、工商界領袖以獲得中國大學授予的名譽學位為莫大榮幸，……21世紀中國真正強盛的標誌不是航空母艦在四大洋遊弋，耀武揚威，而是孔子所說的『近者說（悅），遠者來』。」這纔是中國真正崛起時的寫照。

　　特別是戰爭結論（4）項的最後幾行描述了21世紀中國軟實力發展的盛照，已經與城濮之戰的內容無關了，說這才是中國真正崛起時的寫照。而究其根源，其內容幾乎都引用了中國學者王冠一的文章。[2]

　　我對『文化軟實力』這個詞很感興趣，首先這個詞是很容易被學生接受的概念。並且，這個詞同樣是理解作為中國歷來輸入外來文化中表現出格義方式解釋的例子。但是，緊接著又面臨著晉文公和『文化軟實力』這一陌生術語的連係是否妥當的問題。特別是「讓中國『和平崛起』的需要」云云，皆是憑空發論，毫無史實根據。就城濮之戰晉勝楚敗，過度詮釋解讀如此，實乃政治語言，良非學術語言。當據史實辯駁，以正視聽。

　　因此，不能不將簡略地瞭解下21世紀『文化軟實力』的含義，看看這與晉文公相聯繫的文化柔實力是否妥當。

2　王冠一：〈從城濮之戰的歷史教訓看大國崛起中的軟實力〉，《平頂山學院學報》第三期（2007年），頁27-35。之外又引用鈕先鍾，《歷史與戰略：中西軍事史新論》的一行。

所謂硬實力（Hard Power）是以軍事力量、經濟力量、天然資源等手段威脅對方而強制採取利益的能力。軟實力（Soft power）則是指讓對方自身也想要願意這麼做的一種力量。第一個使用這個詞的是哈佛大學肯尼迪學院教授約瑟夫・奈（Joseph S. Nye）。2004年奈教授發表《軟實力：世界政治中的成功，Soft Power: The Means to Success in World Politics》一書後，這個術語開始在外交現場和媒體上經常使用。在國際關係中，奈的軟實力概念與某個國家的文化層面、價值觀（民主、人權、宗教、社會規範等）以及政治目標等方面表現出的『魅力』不斷構成互相關係。即，不是強制力等物理力量，而是引導自發行動的魅力。

接著奈教授認為軟實力不是抽象的，並將軟實力歸類為三種形式的『資源』。

①精神價值：社會成員在個人精神中學習的道德、社會規範、倫理、民主主義等價值觀。
②文化：社會成員實際在生活中的行為方式。
③外交政策：國家層面的外交政策。

2013年，該術語出現在新版外交政策概念中，並被定義為「一個綜合工具包，用於在民間社會潛力、信息、文化和其他方法、技術的基礎上替代傳統外交而實現外交政策目標。」（a comprehensive toolkit for achieving foreign policy objectives building on civil society potential，information, cultural and other methods and technologies alternative to traditional diplomacy.）

但是，約瑟夫・奈畢竟是政治學家，他的文化軟實力主要集中在外交方面。另外與約瑟夫・奈不同，主張霸權穩定論的某些學者則是從經濟實力方面理解文化軟實力。但大眾所普遍直觀理解的軟實力當然主要是以第②項文化力量為代表。這種文化薰陶的例子有很多。在中國歷史上，這種被文化感染的例子可以舉出異族國家自己所推行的漢華政策。並且，軟實力還包括了教育、學術、語言、藝術、科學、技術等理性、感性和創造性領域。

最近全世界都在談論軟實力，韓國當然也不例外。對此，韓國最常被提及和引用的話是20世紀初日據時期抗日領袖金九（1876-1949）所說的：「我希望我們的國家成為世界上最『美麗的國家』，而不希望成為最『強大的國家』。我為別人的侵略感到痛心，我不希望我的國家侵略別人。我們的富力足以豐富我們的生活，我們的強力足以阻止別人的侵略就夠了。無限想要的只有更高的文化力量。因為文化的力量能讓我們自己幸福，進而給別人帶來很大的幸福。」[3]

在這裏，金九所說的文化是比較狹義的概念，今天我們文化軟實力的範疇也大體停留在這裏。

那麼，不能不再回到晉文公『文之教也』的內容和作為批評晉文公起點的孔子的四字批語，來看一看歷代的批評，進而探討一下是否合適與文化軟實力聯繫在一起。

二、歷代對孔子批評晉文公的評估

（一）晉文公的時代與其人

晉文公的一生充滿傳奇色彩，隨之產生的成語亦多。晉文公之父晉獻公曾經借道虞國，虞國的宮之奇極力諫阻曰：「虞之與虢，脣之與齒，脣亡則齒寒。」結果假途滅虢，還，襲滅虞。荀息牽曩所遺虞屈產之乘馬，奉之獻公，獻公笑曰：「馬則吾馬，齒亦老矣！」

公元前666年，驪姬生奚齊，獻公欲立他寵幸的驪姬所生幼子奚齊為儲君世子。為了掃除障礙，於是有了迫害世子申生以及公子重耳和夷吾的悖謬行為。公元前657年，申生最終被迫自盡；公元前656年，重耳則不得已去外國逃亡避禍。重耳流亡在外十九年，艱辛備嘗，最終得以復國。果然是「重耳在外而安，申生在內而亡」。

復國以後，晉文公慢慢露出了真面目。對內，「文公修政，施惠百姓」；對外，『尊王攘夷』，在與楚國的城濮之戰中踐行當初的諾言『退避三舍』，最終

---

[3] 金九：《白凡逸志・Ⅲ.나의 소원（我的願望）》（서울：스타북스，2020年），頁405。

成為了真正的春秋五霸之一。他和齊桓公一起成為了決定春秋時期歷史走向的分水嶺。

童書業概括晉文公『勵精圖治』，經『戰於城濮』終以『踐土之會』霸業告成。

> 晉文公歷遊諸國，備嘗艱難，故返國後知『勵精圖治』以求霸。是時宋楚即晉，楚成合鄭、陳、蔡、許四國之師圍宋，宋告急於晉，晉於被廬，作三軍。僖二十八年，晉侵曹、伐衛，楚人救衛，不克。晉入曹，執曹伯，分曹衛之田以宋人。晉楚戰於城濮，楚師敗績。於是晉文為踐土之會，周王策命晉侯為侯伯，晉文霸業告成。[4]

重耳死後其諡號是「晉文公」，其『文』乃指復國之後的業績。而《左傳》也認為晉文公稱霸的原因乃是他『文之教』的結果。城濮之戰一年前的公元前632年，《春秋左傳》敘述了晉文公如何『用人』開始霸業歷程，其文如下。

> 僖二十七年傳：晉侯始入而教其民，二年欲用之。子犯曰：民未知義，未安其居。於是乎出定襄王，入務利民，民懷生矣。將用之。子犯曰：「民未知信，未宣其用」。於是伐原以示之信，民易資者，不求豐焉，明徵其辭。公曰可矣乎？子曰：「民未知禮，未生其共。於是乎大蒐以示之禮，作執秩以正其官，民聽不惑，而後用之，出穀戍，釋宋圍，一戰而霸，文之教也。」[5]

但這個『文』是否與作為現代概念的『文化軟實力』相一致，還有待進一步商榷。

而對於晉文公的行跡，歷史上爭議亦不少。代表性的是關於晉文公和介之

---

4 童書業：《春秋左傳研究》，(35) 晉文、襄霸業（上海：上海人民出版社，1983年），頁321-322。
5 楊伯峻：《春秋左傳注》（北京：中華書局，2009年），頁321-322。

推的故事。盡管介之推為晉文公割股充饑,但是復國之後,晉文公忘記了介之推的功勞。終不言祿的介之推,最後抱樹而死。晉文公為了尋找忠臣而在山上放火的行為當然不是傑出君主的理想形象。《左傳》和《史記》中對此也沒有提及。

①晉侯賞從亡者,介之推不言祿,祿亦弗及。推曰:「獻公之子九人,唯君在矣。惠‧懷無親,外內棄之。天未絕晉,必將有主。主晉祀者,非君而誰?天實置之,而二三子以為己力,不亦誣乎?竊人之財,猶謂之盜,況貪天之功以為己力乎?下義其罪,上賞其姦,上下相蒙,難與處矣。」其母曰:「盍亦求之?以死,誰懟?」對曰:「尤而效之,罪又甚焉。且出怨言,不食其食。」其母曰:「亦使知之,若何?」對曰:「言,身之文也。身將隱,焉用文之?是求顯也。」其母曰:「能如是乎?與女偕隱。」遂隱而死。晉侯求之不獲。以綿上為之田,曰:「以志吾過,且旌善人。」

②僖二十四年傳:介子推從者憐之,乃懸書宮門曰:「龍欲上天,五蛇為輔。龍已升雲,四蛇各入其宇,一蛇獨怨,終不見處所。」文公出,見其書,曰:「此介子推也。吾方憂王室,未圖其功。」使人召之,則亡。遂求所在,聞其入綿上山中,於是文公環綿上山中而封之,以為介推田,號曰介山,「以記吾過,且旌善人」。[6]

晉文公曰:「以志吾過,且旌善人。」可見他是一位坦誠承認自己過錯的君主。抱樹而死的故事看似一個難以相信的虛構故事,但對晉文公形象的負面影響卻長期影響著民間。事實上,抱樹而死的故事出現之前,即使是與晉文公生活較近的時期,對他的評價也比較低。對晉文公的最初批評始於孔子的幾個字批評。

6　楊伯峻:《春秋左傳注》,頁418-419。司馬遷:《史記‧晉世家》,頁1662。

《論語‧憲問》：孔子曰：「齊桓公正而不譎，晉文公譎而不正。」[7]

繼此『譎而不正』一句之後，後世學者對晉文公之評價圍繞『正』與『譎』二字產生諸多爭論。由此，戰國以來諸子在潤色抱樹而死的故事時，會不會從孔子的這一簡短批評中得到了啟示？

因此再回到孔子的這一句評語，試探一下其中蘊含的意義，也看看歷代學者對其的評價。

（二）『譎而不正』評價的兩方向

1. 晉文公在外交常行詭詐

那麼首先需要具體考察一下晉文公的『譎而不正』指的是什麼。『譎而不正』大致可以分為對城濮之戰過程中的外交活動的批判和獲勝之後善後處理過程中的行為的批判。其中，有不少學者關注了晉文公的外交活動，指出了他在城濮之戰中常行詭詐。歷來在評價晉文公時，經常通過與另一個霸者齊桓公的比較來討論其優劣。朱熹就是其中的代表作家之一。朱熹評價說，雖然齊桓公和晉文公都是『持心不正』，但齊桓公沒有施行詭詐，所以比晉文公更好。

> 譎，詭也。二公皆諸侯盟主，攘夷狄以尊周室者也。雖其以力假仁，心皆不正，然桓公伐楚，仗義執言，不由詭道，猶為彼善於此；文公則伐衛以致楚，而陰謀以取勝，其譎甚矣。[8]

朱熹認為，齊桓公的『仗義執言』與晉文公的『陰謀以取勝』，其優劣明顯，至少在心術方面齊桓公更好。

接著，宋代的趙順孫更具體地分析了朱子的批評，認為晉文公的勝利是通過陰謀實現的。

---

[7] 邢昺：《論語註疏》（北京：中華書局，1980年），頁2511。
[8] 朱熹：《四書章句集註》（北京：中華書局，1983年），頁153。

> 桓公責楚以包茅不貢及昭王不復二事，進次而不遂戰，既服而與之盟，是仗義執言，不由詭道也。文公始則伐曹衛以致楚師之救，終則復曹衛以攜二國之交，是伐衛以致楚，而陰謀以取勝也。[9]

此後，在評價晉文公方面，更多的人認為與齊桓公相比，晉文公不如齊桓公。對此，范祖禹提到了『正』和『不正』的定義。

> 晉文公心正而行譎，召王是也，故終之以譎。齊桓公心譎而行正，伐楚是也，故終之以正。夫苟有善心，必行正事，行不正而曰我心善，未之聞也。晉文公心非不善也，而所行不正，是以為譎。[10]

在這裏，范祖禹並非沒有完全反駁朱熹的批評。也就是說，除了對晉文公的不正之風的判斷之外，考慮到當時整個諸侯國的國勢，晉文公的行為被認為是守護姬姓諸侯國維持正統性的關鍵。由此也出現了對晉文公進行衛護的立場。清代的顧棟高就是其代表。顧棟高在審視春秋時期的大趨勢時，深刻地看到了楚國是晉國成為中原霸主的絆腳石。因此，將在與楚國的戰爭中取得勝利看做為走向稱霸的最重要的一步。因此顧棟高不同意朱熹批評在城濮之戰中晉文公的行為。在顧棟高看來，在城濮之戰的勝利比徵召陵之盟重要得多，所以他說：「其功之大小，寧可以數計哉！」

但顧棟高也不反對『譎而不正』的評價。顧氏也和朱熹一樣，以與齊桓公比較的方式補充著對晉文公的批判。顧棟高認為，在光明磊落方面，晉文公的為人與齊桓公有很大差異，因此將其評價為「其規模之正大，事事不如一齊桓」。接著顧棟高列舉了一個具體的事例：「論其譎與正之大者，如齊桓不納鄭子華之請，而晉文因元咺執衛侯；齊桓定王世子而拜天子之胙，晉文則至請隧」。[11]

---

9 趙順孫：《四書纂疏》，《文淵閣四庫全書》第201冊（北京：北京出版社，1987年），頁423。
10 朱熹：《論孟精義》，《文淵閣四庫全書》第198冊（北京：北京出版社，1987年），頁314。
11 顧棟高：《春秋大事表》，載《春秋戰國史研究文獻叢刊》第九冊（北京：國家圖書館出版社，2009年），頁531。

宋代的錢時認為齊桓晉和晉文公的行蹤差異與他們成為霸主的過程有關。即，將兩公成為霸主所需的時間聯繫起來，判斷其優缺點。也就是說，正與邪的差異，與其說是個人修養，不如說是環境因素造成的。齊桓公執政時間較長，態度也較寬容，多取正道。這與時間緊迫、任務緊急、無法處理精細的事物、行為多疑的晉文公形成了鮮明的對比。

> 桓公數十年之規模，管仲之力也，只為正而不譎，所以展拓得去，一匡九合，翕然向附。惜其正是才力識見到，此特假之耳。若就學上得力，豈易量哉！晉文數年成霸，事體故大不同。[12]

像錢時一樣，作為以環境因素區分兩人的學者，還可以列舉出陳祥道。他認為『而不正』有精緻或粗糙的含義，認為晉文公的行為仍有粗淺的地方，所以沒有完全消除詭詐氣氛。

> 晉文之譎非無正也，齊桓之正非無譎也。觀其出定襄王以示民義，伐原以示民信，大搜以示民禮，於君之命有三辭之恭，於國之利有三罪之當，此晉文之正也。然譎不勝正，故謂之譎而不正。[13]

陳氏認為可以用行為的粗糙和精緻來解釋『譎而不正』，這是因為他發現晉文公身上依然展現了某種正氣，只是他的政治手腕還略顯膚淺而已。在這一點上，他和程頤有著共同的認識。程頤認為譎氣掩蓋了文公的正氣，並提到：

> 晉文公實有勤王之心，而不知召王之為不順，故譎掩其正。齊桓公伐楚，責包茅，雖其心未必尊王，而其事則正，故正掩其譎。孔子言之以

---

12 錢時：《融堂四書管見》，《文淵閣四庫全書》第183冊（北京：北京出版社，1987年），頁643。
13 陳祥道：《論語全解》，《文淵閣四庫全書》第196冊（北京：北京出版社，1987年）頁180。

為戒。正者正行其事耳，非大正也，亦猶管仲之仁，止以事功而言也。[14]

2. 戰勝之後，晉文公的舉動

鄭玄對晉文公的評價標準與朱熹不同。鄭玄關注了城濮之戰以後，晉文公和周天子之間的名分和地位。以溫之會為依據，批判了身為一個諸侯對天子犯下的非禮行為，並注釋如下。

> 謂召天子而使諸侯朝之。仲尼曰：「以臣召君，不可為訓，故書曰：『天王狩於河陽』」。[15]

也就是說，鄭玄認為『以臣召君』的行為是根本不可能發生的逆道行為，所以說『不可為訓』。

晉文公的『譎』和『不正』的關鍵主要集中在戰爭勝利後他對待天子的態度上。鄭玄之後的爭論也是以此為中心進行的。此後，宋代的劉敞繼承了鄭玄批判晉文公的視角。他指出的觀點則更加具體。

> 天王狩於河陽，非狩也。何言乎非狩？晉侯召王，以諸侯見，蓋託於狩以至河陽也。孔子曰晉文公譎而不正，此之謂也。[16]

可以說，自鄭玄之後，主要從「諸侯在戰爭中展現出的行為」和「對天子的態度及名分的妥當性」這兩方面對人物進行評價。特別是由於前者的存在，評價戰爭行為時需要考慮的因素更多了。換句話說，正因處於戰爭時期，在這種生死攸關的非常局勢中，必須緊抓敵方弱點，持續探索並伺機而動，各種陰謀詭計也由此應運而生。因此，在評價一個人物時，應該考慮他所處的歷史環境，

---

14 程顥、程頤：《二程集・河南程氏外書》卷6（臺北：漢京文化事業有限公司，1983年）頁387。
15 劉寶楠：《論語正義》卷17（北京：中華書局，1990年），頁570。
16 劉敞：《劉氏春秋傳》，《文淵閣四庫全書》第147冊（北京：北京出版社，1987年），頁413。

不要即興評價。

三、晉文公與齊桓公

（一）春秋五霸以及其資格

關於春秋五霸的說法，大體有兩種：其一，東漢《風俗通義‧五霸》、《史記索隱》等認為是齊桓公、晉文公、秦穆公、宋襄公、楚莊王；其二，《墨子‧所染》、《荀子‧王霸》等認為是齊桓公、晉文公、楚莊王、吳王闔閭、越王勾踐。或將鄭莊公、吳王夫差、晉景公、晉悼公等列入五霸之一。

依據以上的說法，關於春秋時代的五霸共有十一人被提及，那麼春秋五霸到底是誰呢？筆者認同其中真正的霸主只有齊桓公和晉文公兩人的觀點。這一點從孔子只對這兩公加以評價的行為來看，也應該說是很有說服力的。

明代的楊慎在《二伯論》中集中討論了這兩人。他將齊桓和晉文並稱，並認為天下只有這兩伯。此外，秦穆公、宋襄公、楚莊王三人只是『伯之也』，不能與桓文並列。

> 楊子曰：世儒多稱五伯，濫矣！夫予見其二矣，未見其五也。……夫伯何為者也？中國陵四夷，竟有能聯諸侯同會盟，以役社稷以固維城，是之取爾。由此其選者 桓其首也，伯之雄也，文其繼也，桓之匹也。未有三此者也。彼秦宋楚何為者哉！秦伯之繆也，宋伯之虜也，楚伯之寇也。繆虜寇何伯之有焉？[17]

那麼，齊桓晉文兩人被選為真正的霸者的原因是什麼？宋代的王晳曾將之概括為「尊周室安中國」。

> 夫以東周之微，不絕如線，桓文之勢震於天下，卒能尊周室安中國，厥

---

17 楊慎：《升庵集‧二伯論》（上海：上海古籍出版社，1993年）卷五，頁1。

功茂哉！[18]

王皙特別指出晉文公安撫周王室的功勞。即，魯僖公二十四年勤王的事。

> 僖公二十四年傳：初，甘昭公有寵於惠后，惠后將立之，未及而卒。昭公奔齊，王復之，又通於隗氏。王替隗氏．頹叔．桃子曰：「我實使狄，狄其怨我。」遂奉大叔以狄師攻王。王御士將禦之，王曰：「先后其謂我何？寧使諸侯圖之。」王遂出，及坎欿，國人納之。秋，頹叔、桃子奉大叔以狄師伐周，大敗周師，獲周公忌父、原伯，毛伯、富辰。王出適鄭，處於氾。大叔以隗氏居於溫。
> 僖公二十五年傳：秦伯師於河上，將納王。狐偃言於晉侯曰：「求諸侯，莫如勤王。諸侯信之，且大義也。繼文之業，而信宣於諸侯，今為可矣。」……晉侯辭秦師而下。三月甲辰，次於陽樊，右師圍溫，左師逆王。夏四月丁巳，王入於王城。取大叔於溫，殺之於隰城。[19]

清代馬驌發展了這一觀點，指出秦穆公、宋襄公、楚莊王無法躋身真正的霸者之列。

> 秦穆受甘言以縱鄭國，違黃髮而敗殽師，誅賢臣百里奚而以子車氏為殉，《黃鳥》之詩是以作刺。宋襄不度德量力，慕虛名而得實禍，身死國辱，以為天下笑。楚莊僭號淩上，憑威恃強，觀兵而窺周鼎，倚怒而殘宋郊，易子析骸，厥禍亦巨。此三君者，皆無翼戴天子之功，豈能與桓公比烈哉？[20]

在這裡，三人未能成為霸主的主要原因，不論是王皙提出的「尊周室安國」，

---

[18] 王皙：《春秋皇綱論》，《文淵閣四庫全書》第147冊（北京：北京出版社，1987年），頁135。
[19] 楊伯峻：《春秋左傳注》，頁425-426、頁431-432。
[20] 馬驌：《左傳事緯》（濟南：齊魯書社，1992年），頁57。

還是馬驌提到的「翼戴天子之功」，本質上都有相同的含義。這一點是值得特別關注的。換句話說，兩者都強調了在春秋時期『尊王』的重要性。

趙鵬飛也認為春秋只有桓文二伯，春秋五伯之說出自荀孟，而並非孔子的本意。趙氏認為孔子之所以稱述桓文二伯，在於「王室賴之，諸侯賴之，兆民賴之。」張尚同樣堅持春秋只有桓文二霸，其原因卻有兩點：只有桓文二霸得到周天子賜命，且只有桓文二霸能夠尊王維持當時局面，使得小國不亡大國不篡。[21]

晉文公以保護王室的行為被清代的高士奇評價為賢者的行為，與曹操、朱梁不相上下。

> 晉伯所基，惟在定王一舉。當時天子蒙塵，使簡師父告於晉，亦使左鄢父告於秦。秦伯會師河上，將納王。使秦得專定王之美，則天下之望走將在秦，晉之大勢去矣。曹操先得獻帝，而袁紹不能爭；朱梁既反乘輿，而克用不能抗。名分所在，形格勢禁，自然之理也。所以狐偃言於晉侯曰：求諸侯，莫如勤王，取威定霸之謀於是乎在。而文能聽之，蓋亦賢矣。[22]

現代學者童書業以王室、諸侯、戎狄為基礎，分析了『尊王』與『攘夷』的關係。

> 因為王室衰微，所以造成列國互相爭勝的形勢；因為列國互相爭勝，中原內部因不統一而更不安寧，所以又造成戎、狄交侵的形勢。要『攘夷』必先『尊王』，『尊王』的旗幟豎起，然後中原內部才能團結；內部團結，然後才能對外，所以『尊王』與『攘夷』是一致的政策。[23]

---

21 趙鵬飛：《春秋經筌》，《文淵閣四庫全書》第157冊（北京：北京出版社，1987年），頁291。
　張尚瑗：《五霸辯》，載《左傳折諸》，《文淵閣四庫全書》第177冊（北京：北京出版社，1987年），頁21。
22 高士奇：《左傳紀事本末》（北京：中華書局，1979年），頁320。
23 童書業：《春秋史》（上海：上海古籍出版社，2003年），頁157-158。

童書業關於『尊王』與『攘夷』關係的論述，主要是針對齊桓公霸業的分析，與晉文公的情況不完全相符。然而，晉文公在建立霸業時，的確也體現了勤王和攘夷的行動。

綜上所述，晉文公對周王室的貢獻既牽涉到王室內部的分裂，又夾雜著戎狄的干預，以及晉國的外交問題，情況十分複雜。但是，晉文公的勤王幾乎完全依賴於軍事行動，即硬實力的運用和成功，這與奈教授所說的文化軟實力相去甚遠。

（二）呂祖謙痛斥『無往而非譎』

即使晉文公和齊桓公一起被認定為真正的二伯，仍有人對晉文公提出批評。對於晉文公的詭譎，宋代的李琪將其概括為功罪、事義、名實相背等。對此，李琪評價說：

> 文公之功多乎桓公者，罪亦多乎桓公者也。事速乎桓公者，義先壞乎桓公者也。名盛乎桓公者，實衰乎桓公者也。[24]

李琪認為，齊桓公謀求霸主同時遵守了《周禮》，態度也從容不迫，以德報人，以禮得人。然而，晉文公在謀求霸者時，卻沒有遵循禮儀和程序。齊桓公在謀求霸業的過程中，沒有破壞道義，懂得有所作為有所不作為。但晉文公則缺乏這種考量。李琪正是根據道義和名分來判斷晉文公的錯誤之處。

宋代的程頤著眼於實質，考察了歷代的會盟之地，並以此為基礎來考察齊桓公與晉文公的譎與正。

> 齊介居山東，桓公出而會盟，北杏、陽穀在齊境，而幽、檉、貫、葵丘皆宋之地，鄄、首止、咸皆衛之地，寧母、洮則魯曹之地，要以會諸侯而已。文公以河東形勢臨之，一出而為城濮之戰，遂會十國於溫，要天

---

[24] 李琪：《春秋王霸列國世紀編三卷》，《春秋戰國史研究文獻叢刊》第十一冊（北京：國家圖書館出版社，2014年），頁208-209。

王於河陽，盟王人列國於翟泉，皆近在王畿。推其本趣，外則挾王室以警列國，內則怙威勢以逼天子，茲譎正之所由辨也。[25]

也就是說，程頤認為，與召集諸侯舉行會盟的齊桓公相比，晉文公選擇在王畿附近召集天子與諸侯結盟的行動意在拉攏王室以警告諸侯，並向天子顯示威力。這成為判斷譎或正的決定性因素。

葉適把晉文公的譎整理為「貪土地、自封殖、行詐謀、逞威虐」。[26]

但是，真正對晉文公的『詭譎』進行全面而深入分析的，當屬呂祖謙。呂氏將晉文公與齊桓公進行比較，痛斥晉文公的行為，並將其歸結為「無往而非譎」。

> 觀晉文之平生，千源萬派，滔滔汩汩，皆赴於一字之內，動容周旋，橫斜曲直，無往非譎。

呂氏舉列『晉文之譎』，散見於《左氏傳說》《左氏博議》二書，如下列九條。

> 其一，齊桓安定諸侯，晉文危人之國：齊桓成霸業卻無跡，晉文公霸業便有跡。桓公霸業緩成，文公霸業速就。此晉文所以不如齊桓處。……桓公封衛遷邢，以存亡國。文公執曹伯衛使其國亂。桓公遷邢封衛，一舉便得安跡。文公復曹衛，反使其國家危亂，足見文公不如桓公處。[27]
>
> 其二，文公昧於逐利，無復誠信：凡與鄭盟者再矣，亦可以釋怨。至僖三十年復與秦圍鄭，看得文公度量不廣，未到坦然大度處，所以記人之怨而不忘，其不及齊桓又如此。[28]
>
> 其三，晉文專擅，不守天子命卿之舊制：晉文之伯時，始者舉郤縠，後來

---

25 引自余全介：〈晉文公譎而不正疏解〉，《孔子研究》第5期（2013年），頁23。
26 葉適：《習學記言序目》（北京：中華書局，1977年），頁132。
27 呂祖謙：《左氏傳說》，《呂祖謙全集》第七冊，（杭州：浙江古籍出版社，2008年），頁44。
28 同上註，頁44。

又舉原軫,便命將中軍,所謂上卿元帥,初不請命於天子。以管仲得君如此之專,行國政如此之久,尚退然在班次之下,亦不敢爵。[29]

其四,強勢不遜,威逼周王:齊桓九合諸侯一正天下,無非尊王室,天子亦未嘗親出慰勞,若文公踐土之盟,河陽之狩,兩屈天子之尊。蓋周王不畏齊而畏晉。天子視齊桓乃忠臣,不過一誠實,而晉文權謀高大,所以畏晉不畏齊也,舉天子畏與不畏又見文公不如桓公。[30]

其五,居功不仁,取地自肥:周之堙替至此,見之者皆為之憫惻,晉文乃忍於此時多取其地以自肥,亦猶奪糧於陳蔡之間,攫金於原曾之室,其亦不仁甚矣!噫,晉文獨非周之苗裔耶?坐視宗國之危蹙,不能附益反從而漁奪之,是而可忍孰不可忍?[31]

其六,軍制僭越,明知其過,而不能盡改:晉文公始兼三行三軍之制,以擬天子之六軍。曾未數年,知僭侈之過,復蒐於清原,損其一而為五軍焉。晉文公果知過之當改,則亟出令,盡復諸侯之舊可矣。乃於改過之時,而為文過之事,創立軍制,上則異於天子,下則尊於諸侯。明知其過,而不能盡改,外邀恭順之名,內享泰侈之實。其機不可謂不巧,其謀不可謂不譎矣。[32]

其七,信暴不一,刑賞不公:文公之譎,夫豈一端而已哉?三日而去原,若欲自附於王者之師;然毀丘墓以脅曹,果王者之師耶?利小則用信,利大則用暴,吾是以知文公之譎也。三罪而民服,若欲自附於王者之刑矣;然舍魏犨而屈法,果王者之刑耶?疏者則用法,愛者則用私,吾是以知文公譎也。[33]

其八,號稱救宋,實為一詐:我復曹、衛,彼釋宋圍,兩得其欲,何為不許之乎?文公非惟不許,乃執宛春以辱之,又私許復曹衛以挑之,惟恐激而不怒,怒而不戰,是其心果在於勝楚而不在於救宋也。人知文公救宋而止耳,孰知其譎之尤,一至於此乎?

---

29 呂祖謙:《左氏傳說》,頁33。
30 呂祖謙:《左氏傳說》,《呂祖謙全集》第七冊,頁44-45。
31 呂祖謙:《左氏博議》,《呂祖謙全集》第六冊(杭州:浙江古籍出版社,2008年),頁345。
32 同上註,頁381。
33 同上註,頁360。

文公之所以肯退者，先有以必楚之不退也。心欲戰，而形若不欲戰，用以報德，用以驕敵，用以惑諸侯之心，用以作三軍之憤。一世為其所眩惑而不自知。[34]

其九，晉文詭譎已極，出爾反爾：雖然文公始欲譎人，而終不免為人所譎。曹伯之當執當復，衛侯之當殺當釋，出於文公可也。顧乃為巫所譎而還曹伯，為醫所譎而生衛侯，至於反衛侯於國，則為魯所餌，而使恩歸於魯。魯諸侯也，受其譎猶不足深愧，孰謂巫醫下流，其譎又有在文公之上者耶？吾所以深為文公愧，而益知譎之果不足恃也。[35]

（三）晉文公守護中原文化

宋代的沈棐（1152-？）認為，晉國戰勝楚國的意義深遠，並明確指出晉文公的功勞可謂超過齊桓公。

> 小白盟楚之後，楚雖不敢憑陵大國，而滅弦圍許滅黃，伐徐連歲，侵軼不少衰止。至重耳既敗楚師，不見經者七年，雖徐許小國，亦無楚患，則服楚之功與小白又異矣。[36]

---

[34] 呂祖謙：《左氏傳說》，頁359-360。
[35] 同上註，頁360-361。之外可再參考孟子講治道，首重「王霸之分」（《孟子・公孫丑》）。清高士奇《左傳紀事本末》卷25「晉楚爭霸」，卷29「晉悼公復霸」之文獻。以及參考清代姜炳璋《讀左補義》，卷首「綱領下・尊王重霸」。
[36] 沈棐：《春秋比事》，《文淵閣四庫全書》第153冊（上海：上海古籍出版社，1987年），頁29。《春秋比事》之著者待考，《四庫全書總目・經部・春秋類二》曰：《春秋比事》二十卷，舊本題宋沈棐撰，棐始末無可考。惟是書前有陳亮序，稱：『其字文伯，湖州人，嘗為婺之校官。』陳振孫《書錄解題》曰：『按湖有沈文伯，名長卿，號審齊居士，為常州倅，忤秦檜，貶化州，不名棐也。不知同父何以云然，豈別有名棐而字文伯者乎？然則非湖人也』云云，其說與亮迥異。都穆《聽雨紀談》，又據嘉定辛未廬陵譚月卿序，以為莆陽劉朔撰，併稱月卿親見劉氏家本，此本不載月卿序，亦未審穆何所據，疑以傳疑，無從是正。以陳亮去棐世近，姑從所序，仍著棐名。《四庫全書總目》，漢京文化事業有限公司，1981年，頁154。詳參康凱淋：〈即經類事，以見始末──劉朔《春秋比事》中的『屬辭比事』之法〉，《淡江中文學報》第42期，頁47-82。

沈棐接著對晉文公的攘夷之功贊不絕口，曰：

> 昔者宣王中興，伐玁狁威荊蠻，使之竄伏荒陲，屏氣遁跡，不敢內顧。自平王東遷，周道複衰，時無宣王之明，無吉甫方叔之佐，是以荊蠻醜類浸爾跳梁，入蔡伐鄭，侵陳圍宋，鱕狠狼戾，所向披靡，幸賴小白重耳相望而興，或盟會以聲其威，或克伐以折其氣，是以虐焰不逞，中原少寧，則二伯之功亦云盛矣。[37]

沈棐的稱頌集中在晉文公的荊蠻克伐以折其氣上，這與文化軟實力仍有一定距離。因此，網絡傳播媒介對城濮之戰的解讀，尤其是百度將晉文公的勝利歸因於『文化軟實力』的觀點，實際上缺乏充分的史實依據，過度地運用了政治語言而非學術論述。換句話說，晉文公在城濮之戰的勝利主要歸因於軍事戰略和周王室大義名分的有效配合。王冠一的論文將晉文公的勝利簡單歸結為文化軟實力的作用，這一觀點是存在片面性的。

春秋時期的『攘夷』概念中包含了排斥楚國的信念。因此，晉文公在城濮之戰的勝利，被譽為守護姬姓諸侯國的功勞。因此，顧棟高解釋道：『春秋大患在楚，堪敵之者惟晉』。他甚至認為，楚國對中原的威脅堪比唐代的安史之亂，並高度評價城濮之戰的勝利。將其與李靖和郭子儀的功績相提並論。顧氏由此認為，若論伐楚，齊桓公遠不如晉文公。

> 當日之時勢何如者？魯從楚矣，宋亦嘗及楚平矣，魯又乞師伐齊，取穀，楚兵威所未及者周與晉耳。斯時，楚君之橫埒於安史，而晉文之功侔於李郭。
>
> 至論城濮之戰，則勝召陵遠甚。何則？召陵雖盟，而楚滅弦、圍許，毫無顧忌，蔡鄭亦未敢即從齊。至如城濮一勝，而天下之諸侯如決大川而東之。其功之大小，寧可以數計哉！[38]

---

37 沈棐：《春秋比事》，《文淵閣四庫全書》第153冊，頁28。
38 顧棟高：《春秋大事表》，載《春秋戰國史研究文獻叢刊》第六冊，頁91-92、頁531。

歷代學者在評估晉文公時，往往會將其與齊桓公進行比較。但若要全面評估晉文公，可能需要進一步擴大其比較範圍。也就是說，必須將他置於當時的歷史背景中，綜合考慮各種因素，進行均衡評估。正如陳寅恪所言，只有達到『同情』的理解境界，才能得出較為客觀的結論。這意味著，除了通過與典型人物的比較來觀察其異同外，還可以通過與前人的比較來瞭解其成長與變化。進而再通過與同時代人物的比較來觀察其差異，或是通過與後代人物的比較來觀察其影響。

按照這樣的標準，除了和齊桓公的比較之外，我還想進一步擴大視野。評估晉文公時，晉國傳統中引人關注的地方。晉國在與周天子的關係中，歷來缺乏尊重。客觀上說，晉文公在一定程度上改善了與周王室的關係。進入春秋時代後，曲沃莊伯和晉武公的行為對周王室表現出無視甚至敵對的態度。魯隱公五年春記載：「曲沃莊伯以鄭人、行人伐翼、王施尹氏、武氏助之、翼侯奔放」，但那年夏天卻被稱為『曲沃王』。

曲沃伯迅速背叛了周天子，無視周天子權威的態度在史料記錄中表現得淋漓盡致。曲沃莊伯的這種態度讓他成為了周王室的敵人。《左傳‧隱公五年》接著說：「秋，王命虢公伐曲沃而立哀侯於翼」。隨後，曲沃武公一度也與周天子為敵。對此，《史記‧晉世家》記載：「晉小子之四年，曲沃武公晉小子除殺之周桓王，施強力仲曲沃武公，武公入於曲沃，乃立晉侯」。

宋代的李琪注意到，《春秋》中幾乎沒有記載與晉人有關的事情。他提到：「文公以前，晉之君大夫，曾不通於盟會，不著於簡冊。」這可能是因為李琪認為晉人的傳統不夠正統或不太莊重。

但是到了晉文公時代，這一局面已經發生了改變。雖然晉文公對周天子沒有像齊桓公那樣尊重和盡心盡力，但晉人的整體體系在此時發生了根本性的轉變。晉文公雖召周天子到溫地，但並未廢除朝覲之禮。儘管晉文公用武力征伐中原，但卻始終沒有對周天子發動直接戰爭。這一點在評估晉文公『譎』時應該予以特別關注。

在與其他諸侯國的關係中，晉人險惡嗜好的傳統由來已久。但客觀地說，晉文公還是守住了最低限度的底線。魯僖公五年冬天，晉獻公滅亡了虢國和虞

國。《左傳》記載了士莎、內史、史嚚、荀偃等人的言辭，似乎預示了後來的事件，並表現出對虢公的某種譴責。

魯僖公五年，晉獻公再次向虞國借道，宮之奇以慷慨激昂的言辭直言勸諫。通過宮之奇言辭可以看出虞公的腐敗和愚蠢。同樣，晉人的險惡和不顧道義也令人震驚。虞公的不幸在於，他面對的是一個與魯國、衛國完全不同的國家，以及一位與齊桓公截然不同的君主。後來，晉惠公出爾反爾的態度讓人更加覺得他是個不可信的人。因此，楚國大孫伯稱「晉人無信（《左傳・僖公三十三年》）」，士會將晉人稱為『虎狼（《左傳・文公十三年》）』。

瞭解了晉人的這種傳統，有助於我們更為客觀地評價晉文公。晉文公稱霸，雖然沒有像齊桓公那樣委曲求全、禮待諸侯，但並沒有惡化晉國與中原諸侯的關係。雖然晉文公幹涉並擾亂了曹、衛，甚至鄭國的內政，但並沒有計畫吞下這些姬姓的諸侯國。

在評估晉文公時，我們也應該考慮晉國那些不太光彩的歷史。其目的在於通過這樣的比較來揭示晉文公改良晉人傳統所作出的貢獻。如果我們要客觀地評估晉文公，這種上下方向的比較是相當必要的。晉文公的成功更多體現在其卓越的作戰策略、出色的參謀團隊、高效的政治手段等因素上。雖然他在晉國的外交與內政上取得了一定的成就，但將這些成果完全等同於文化軟實力顯得有些牽強。因此，百度等網路媒介將晉文公的勝利簡單地歸因於文化軟實力，實際上是一種政治性的過度解讀。

所有的歷史人物都生活在特定的歷史時空中，一定程度上受到了文化傳統的影響。因此，在評估歷史人物時，我們應最大限度地重新置身於他所處的時空，結合特定的傳統來理解他的行為和貢獻。對晉文公的評估應該延伸到齊桓公之外的相對面，注意全面的比較參照。特別是將以中原姬氏為代表的中原諸侯從視為蠻夷的楚國手中保護下來的意義。從文化的角度來看，可以解釋為晉文公守護了中原的傳統文化。

四、餘論

　　孔子對晉文公『譎而不正』的評估背後蘊含著豐富的歷史內蘊，晉文公的詭譎體現在對周王的不尊重以及對諸侯的欺騙之上。這些詭譎的行為中不僅存在僭越禮制的歷史痕跡，還有擾亂其他國家內政的當時意義。

　　後世學者從各自的角度對『譎而不正』評估進行了解釋，並提出了很多自己的見解。其中蘊含著修道的精粗、譎正的先後、恪守的道義、權術的變化等多重意義。這些觀點進一步豐富了孔子評估的思想內涵，成為今天評估晉文公為人和霸者追求的重要思想資源。

　　齊桓公和晉文公的比較並非簡單的高低之分。二者既有相同的功績，也具備相似的詭譎，並且其志向也不盡相同。雖然齊桓公和晉文公的行為具有差異，但各有其應然，各有其原因。兩者在超前領導方面均起到了重要作用。時至今日，在對晉文公評估時，要關注比較全面的綜合考量，避免一樹遮林，注意評估和討論的妥當性，要把握輕重、量好分寸，不能簡單地劃分優劣。

　　但從文化軟實力的角度來分析晉文公的勝利，我認為晉文公之所以能在城濮之戰中大獲全勝，主要歸功於優秀的作戰策略、出色的參謀團隊和一些幸運因素。如把晉文公的內治成功及其收復晉國百姓民心等成果都稱為軟實力的發揮，這樣的說法或許顯得有些有點勉強。也就是說，和其前後的君主一樣，如果一位君主能夠鞏固國防；向外表現出傑出的外交能力，抵禦外部入侵；向內統治好國內，實現穩定和文治，那麼幾乎都可以冠以軟實力成功的頭銜，不是嗎？中國歷代有不少君主都取得了類似晉文公般的功業。因此將其視為軟實力的勝利，似乎是過於牽強附會的解釋。

　　換句話說，我覺得有必要從軟實力的定義入手，探索一下將這一術語應用於古代中國的歷史事件是否妥當。我引用百度的說明不是想探討百度的學術性，而是想引發思考：如何有效地運用這一不亞於皇帝、總統的政治影響力；甚至某些時候替代了統治集團文化權力的網路傳媒？如果網路傳媒在某些方面存在不當或偏頗的情況，知識份子又應該如何應對並糾正？並且，他們該如何以客觀、科學的方式向大眾傳達學術的本來面目。這看起來當今是知識份子，

特別是經學研究者面臨的另一個新的考驗。另外，作為中國經典之一的《春秋左傳》，雖然蘊含豐富的歷史智慧和道德思想，但對於習慣使用智能手機的年輕人來說，直接通過閱讀原著獲取知識可能存在困難。這也導致了網絡上存在諸多對經典的錯誤認知和誤解。為了引起年輕人的興趣，可以借鑑《三國演義》成功的經驗，採用多樣化的媒體形式，例如將經典改編為生動有趣的漫畫或動畫或各種遊戲，運用鮮明的角色塑造和引人入勝的情節敘述來增強情感共鳴。通過現代媒介手段，可以讓更多年輕人領略到古代經典文化的智慧與魅力。

　　古代中國士大夫和政治權力之間保持著的健康的緊張關係將是最理想的狀態。無論古今中外，迎合權力、奉承權力的學者可以享受一身的榮華，但從長遠來看，往往這樣的行為給國家帶來災難的事例歷來層出不窮。但事實上，始終對政治權力不斷直言不諱、堅守節操底線的硬骨頭士大夫卻並不多。因此，他們的名字更能名垂青史。儘管他們大部分都面臨著淒慘的結局。現在當然不是那樣的時代。但是知識份子仍然要提高警惕，防止任何政治或文化權力介入純學術活動，以避免施加任何非學術的影響或有意圖的指明學術方向。

徵引書目

王　晳：《春秋皇綱論》,《文淵閣四庫全書》第147冊,北京:北京出版社,1987年。

王冠一:〈從城濮之戰的歷史教訓看大國崛起中的軟實力〉,《平頂山學院學報》,2007年,頁27-35。

司馬遷:《史記》,北京:中華書局,1980年。

朱　熹:《四書章句集註》,北京:中華書局,1983年。

朱　熹:《論孟精義》,《文淵閣四庫全書》第198冊,北京:北京出版社,1987年。

余全介:〈晉文公譎而不正疏解〉,《孔子研究》第5期,2013年。

呂祖謙:《左氏博議》,《呂祖謙全集》第六冊,杭州:浙江古籍出版社,2008年。

呂祖謙:《左氏傳說》,《呂祖謙全集》第七冊,杭州:浙江古籍出版社,2008年。

李　琪:《春秋王霸列國世紀編三卷》,《春秋戰國史研究文獻叢刊》第十一冊,北京:國家圖書館出版社,2014年。

沈　棐:《春秋比事》,《文淵閣四庫全書》第153冊,北京:北京出版社,1987年。

沈　棐:《春秋比事》,《四庫全書珍本初集》第153冊,北京:北京出版社,1987年。

邢　昺:《論語註疏》,北京:中華書局,1980年。

金　九:《白凡逸志‧III. 나의 소원(我的願望)》,서울:스타북스,2020年。

馬　驌:《左傳事緯》,濟南:齊魯書社,1992年。

高士奇:《左傳紀事本末》,北京:中華書局,1979年。

乾隆勅撰:《四庫全書總目》,臺北:漢京文化事業有限公司,1981年。

康凱淋：〈即經類事,以見始末——劉朔《春秋比事》中的『屬辭比事』之法〉,《淡江中文學報》第四十二期,頁47-82。

張尚瑗：《左傳折諸》,《文淵閣四庫全書》第177冊,北京：北京出版社,1987年。

陳祥道：《論語全解》,《文淵閣四庫全書》第196冊,北京：北京出版社,1987年。

程　顥、程　頤：《二程集》,臺北：漢京文化事業有限公司,1983年。

童書業：《春秋史》,上海：上海古籍出版社,2003年。

童書業：《春秋左傳研究》,上海：上海人民出版社,1983年。

楊伯峻：《春秋左傳注》,北京：中華書局,1981年。

楊　慎：《升庵集・二伯論》,上海：上海古籍出版社,1993年。

葉　適：《習學記言序目》,北京：中華書局,1977年。

趙順孫：《四書纂疏》,《文淵閣四庫全書》第201冊,北京：北京出版社,1987年。

趙鵬飛：《春秋經荃》,《文淵閣四庫全書》第157冊,北京：北京出版社,1987年。

劉　敞：《劉氏春秋傳》,《文淵閣四庫全書》第147冊,北京：北京出版社,1987年。

劉寶楠：《論語正義》,北京：中華書局,1990年。

錢　時：《融堂四書管見》,《文淵閣四庫全書》第183冊,北京：北京出版社,1987年。

當古經穿越到數位世代
——以多模態創意教學提升《左傳》教學成效與傳播之研究[*]

蔡妙真

國立中興大學中國文學系副教授

摘要

　　本研究針對數位世代的學子，探索多模態教學在《左傳》學習中的應用。透過「去中心化」的思維模式設計課程，旨在激發學生的創造力和學習動機，並強調合作學習的重要。教學設計強調學生的自主性，讓他們在熟悉的媒介中創作，並且與歷史文本進行互動。研究顯示，透過創意教學與合作，能顯著提升學生學習效果與社交技能。

　　課程結合多媒體資源，使學生在吸收知識的同時，能夠在數位平臺展現創作成果，增進表達與溝通能力。最終的成果展示不僅促進了學生的自信心，還加深了對《左傳》文本的理解。學生反映課程內容對其創作及理解經典作品的能力有很大幫助，並表示教師的鼓勵促進了自主學習的意願。

　　通過多模態教學，學生不僅能夠掌握傳統文化，也能靈活應用於當前社會，進一步促進《左傳》的傳播與發展。整體而言，本課程不僅是傳授知識，更是培養學習者的創造力與批判性思維，充分響應數位時代的需求。

關鍵詞：左傳、多模態、創意教學、傳播

---

[*] 臺北：臺北市立大學出版中心，2024年12月，頁507-540。

一、緒論

（一）研究動機與目的

本人2021年《左傳》實踐計畫，目標是打破「經學古老而不合現代社會使用」的錯誤認知，進而探討「教學設計可以提升學生學習興趣、點燃學生自主學習動機、從而提升教學成效」等議題。由校方教學意見回饋、課程前後測，以及課程投放的問卷，都可以看到計畫成效甚著，學生對課程設計給予極高的評價。然而，教學現場面臨的困境依然存在，[1]那是整個教育系統的問題，並非一門課程能夠逆向改變的現實——中學文史教育持續往刪除古文與古典知識的方向前進，學生有樣學樣，甚至主張「學習古文……更有可能傳遞封建、保守、古板的思想。」[2]導致年年臺下的新學生一樣古文閱讀力低落、文史常識不足。時下的教育走向，古文之於學生，完全就是外文，甚且古文教學比教授外文遇到更大的困難——蓋學生學習外文，心中抱著實用的憧憬，渴求所學能支撐未來就業於一二；而對古文的認知卻是「國文老師雖然會教國文，但不一定知道學生想要什麼、不知道社會的需求是什麼。」[3]在大學接手有這種認知的學子，教師如不趁機力挽狂瀾，就要失去世代之間最後對話的機會了。[4]

除了學生端，教師尚得面對時代變遷，「正常來說，我們會假定教育的主要目的是傳遞在社會或特定專業上獲致成功所需的知識、技能與心態。而對於

---

[1] 前計畫曾歸納目前經學教育三大困境：一、學生閱讀古文能力不足，教授字詞翻譯卻又無法引起學習興趣。二、經義闡釋能促使學生深度思考，但難以從而建立學生成就感。三、修身齊家等傳統經學教育目標，無法即時回應學生內心最迫切的就業需求。

[2] 華語熱點新聞：〈課審會學生代表：歌頌唐宋八大家，是在「造神」〉，https://happytify.cc/docdko1bDAzT2haR2c9。

[3] 同前注，https://happytify.cc/docdko1bDAzT2haR2c9。

[4] 2021年本人《左傳》課程實踐計畫曾舉辦「桌遊與《左傳》」演講，當講者在其桌遊臉書專頁分享受邀來校演講的訊息時，不少讀者留言：「好奇為什麼《左傳》會跟桌遊有關？」「這課上起來肯定有趣！」「我大學怎麼沒這種課可以聽QQ」「真不錯，我們以前都沒這種課可以上！」等等，可見，利用大學課程扭正學子對古典經籍的認知，幾乎已是最後機會了。詳見https://www.facebook.com/gameurlife/posts/pfbid02LdT1PL5ThNE9ZkRs57hRrzCg85vAioAC7zi2uECUKJyWLfXSdzKF2nSNpgm6qxa3l。

一個創造力研究者來說,這個目標是相當局限的。例如,它並沒有考慮到我們今日幫助學生為某些工作做好準備,而這項工作卻可能在幾年內消失或產生劇烈的轉型。」[5]數位時代有大數據資料庫的加持與多模態[6]學習環境,AI除了能下棋、與人對答,還能自撰結構完整且說得頭頭是道的文章,連正式的學術論文也能產出,[7]甚至能依文字要求繪出圖畫。多模態學習(Multi-modal Learning)原是一種機器學習方法,它結合了不同類型的數據來源,如文字、圖像、聲音等,以提高模型的表現和理解能力。在這樣的時代環境下,教學模式如果不新化,或要求學生依傳統模式產出學習成果——比如一篇作文或讀書報告,不僅無法提起學生學習興趣,更可能讓學生產生抗拒之心而跑得更遠;或可能在畢業之後,發現他花了大量時間與精力在學校的學習成果,遠遠不及迅猛龍般的電腦一秒間的輸出。因此,利用數位原住民[8]游刃有餘的數位與創新能力來親近古經典,以創意借勢大數據環境,正是本計畫實作導向與整合學生創造力的核心操作策略。

(二)研究問題

教育數位世代遇到的重大挑戰是:「他們厭倦以文本體裁為主的學習方式」以及「教室內的學習與現實世界脫勾」。[9]可惜的是《左傳》課程很難避免

---

[5] 弗拉多·格拉維努(Vlad Glăveanu)著,何玉美譯:《創造力:創意表現的起源、進程與作用》(Creativity: A Very Short Introduction)(臺北:日出出版(大雁文化事業股份有限公司),2023年),頁149。

[6] 多模態(Multimodality),說詳下文。

[7] GPT-3語言模型剛發展初期,就能自己撰寫關於這個語言模型的論文,以下就是它自力完成的驚人成果:〈GPT-3能在最少人類干預下自力完成學術論文嗎(Can GPT-3 write an academic paper on itself, withminimal human input?)〉。https://hal.archives-ouvertes.fr/hal-03701250/document。

[8] 數位原住民(Digital native)指的是從小就生長在有各式數位產品環境的世代。相對的概念為「數位移民」(Digital Immigrant),表示長大後才接觸數位產品並有一定程度上無法流暢使用的族群。詳維基百科。

[9] 語言教育學家安德魯斯(Richard Andrew)所提出,他因此認為「現實世界的經驗更能激發和吸引學生寫作。」詳Richard Andrews, Anna Smith: *Developing Writers: Teaching and Learning in the Digital Age*, Chapter 'Circumstances that suggest a new approach is needed', UK: Open University Press, 2011, pp17-19.

「以文本為體裁」的講授,如果教學內容又因學生基礎知識不足而花大量時間在翻譯字詞及解釋背景,《左傳》大概很快被排入新時代淘汰物的隊伍中。學習最關乎「興趣」,而興趣這個內在動機與成就感常互為因果,因此本課程教學策略納入學習者的學習習慣與擅長媒介,統觀前次計畫中學生作品取材的狀況,也可得到以下幾個可再精進或轉化的著力點:

一、生長於聲光刺激講究速率的網路世代,接觸較多的文本是有聲有色的影視作品,因此作業中以之比附《左傳》的比例高於報刊與書籍;第二分作業中,有聲書等非文字類型的創作仍是文字類型的兩倍有餘。

二、這幾年課堂上「抄筆記」的學生減少了,約有四成的學生使用的是非紙筆記錄工具,桌上攤的不是紙筆,而是筆電與平板數位工具,他們「作筆記」的方式是有時拍照、有時錄音錄影、有時數位筆記畫圖,甚至當場與同學共作共享,顯然,多元媒介與形式的資訊傳播,是數位世代的主流學習方式。[10]以上兩點是本計畫再度運用「學習者誘因」的因素之一。

三、前期計畫原訂的 You tuber 及 Podcast 等新興數位傳播與表現場域的演講活動,因受限於經費與時間,只好由授課教師簡略補充,課程設計中的多元應用面向未能完整搭橋,因此本期計畫預計接續完成此未竟之業。

基於前述幾點反思與因應數位時代資訊傳播的多模態特質,本計畫進一步以多模態學習法創新課程建構、探究創意教學方法與教材教具研發,借力於學生收授資訊慣用的多模態環境,透過實作配合學生興趣帶出自主學習力,目標依然是教學效能或教學品質的提升。「多模態是一種表達、交流和互動的創新方法,它超越語言來研究我們交流的多種方式:綜合圖像、聲音、音樂、手勢、

---

10 這還只是在敝校的一隅觀察,本人有幾次前往臺灣大學電機系旁觀(不敢說旁聽)機器學習、賽局理論等課,有的課千人修習,學生幾乎人手一部筆電在教學現場做筆記。

身體姿勢和空間等等多元模式。」[11]「採用多模式策略可讓課堂互動和教學任務更突出」,[12]本計畫不只教師以多模態教學,學生的學習法與作品也以多模態呈現,以「創造力」引導學生興趣並帶起主動學習。創造力是未來教學亟需關注或借力的能力,相關理論詳「文獻探討」節。總之,本課程新目標冀藉力使力,利用學生的數位興趣、習慣與能力,在課程裏添入創意,採用多模態教學素材與媒介、學生作業也以多模態呈現;最後舉辦公開展示活動,方便學生在升學與就業時,有公開呈現的成果作為人生下一旅程的敲門磚。這樣的教學模式與成品,對《左傳》未來的傳播,也預存能量。畢竟,經學的傳播媒介,也是由口說、抄本、石刻、雕版、活字印刷至數位典藏一路走來,下一個傳播媒介,正是多模態。

(三)文獻探討

本計畫核心策略是多模態與實作學習,因此與本計畫相關參考文獻可略分為實作學習、創造力教學、數位世代的思維、多模態教學等的理論與教學實踐。當前大學文史科系教育的困境主要在於「知識」與「生命」和「社會」隔絕,[13]因此,教育的功能之一,必須是知識轉化:將知識轉化為學生可吸收的模式、以及教導學生轉化知識的能力。轉化知識最好的學習方法當然是「做中學」。實作不只可以達致「去教師中心化」的教學模式,賦予已成年的學生主導與參與課程,復可以讓教學不重在「教學生聽(我聽了,忘了)和看(我看,記得了)了;而重在教學生去做(我做,懂了)。」[14]本計畫除了直接講授,實作教學也是發展階段銜接反思階段的重要橋梁,它能夠減輕過度依賴記憶以及學生在課堂中的被動行為,[15]而且「透過呈現複雜的問題讓學生去解決

---

[11] Carey Jewitt, The Routledge Handbook of Multimodal Analysis (2nd Edition), Routledge, 2014, p1.
[12] Gunther Kress, Carey Jewitt, Jon Ogborn, Tsatsarelis Charalampos, *Multimodal Teaching and Learning: The Rhetorics of the Science Classroom*, Bloomsbury, 2014,p71.
[13] 李丁讚:〈「實作」怎麼「做」?〉清華大學通識教育中心(2017-08-03)教學方法/通識兩三事,http://cge.nthu.edu.tw/cgenews032/。
[14] 高廣孚:《教學原理》(臺北:五南圖書出版公司,2004年),頁305。
[15] Mary Alice Gunter, Thomas H.Estes,Jan Schwab著,賴慧玲譯:《教學模式》(臺北:五南圖書出版公司,2004年),頁255。

的作法，教師證實了對學生身上所具有之推論、做連結、發現答案等能力的信念；簡而言之，（學習是）要好好地去思考和創造，而不是去記憶概念。」[16] 此外，本計畫加入多模態創意教學法，透過學生的已知與熟知去聯想遙遠的《左傳》敘事與義理，不僅能提升學生對《左傳》學習興趣，這種類比學習也得到醫學研究背書：

> 大腦在遇見任何事物時，第一個問的其實不是「這是什麼？」而是「這像什麼？」我們會通過快速類比，將新輸入的資訊與現有記憶連結起來，讓自己擁有由經驗累積出的「知識和關聯之海」。我們對環境的解讀和預測能力取決於我們的過去，但因為我們每天極其頻繁地、不斷地使用這種能力，去檢視我們以前從未看過的東西（並在隨後馬上得知大量資訊），因此大腦的這種強大能力經常沒能得到足夠重視。[17]

實作是思考後的創造物，弗拉多・格拉維努（Vlad Glăveanu）教授[18]為牛津大學出版社的「牛津通識課叢書」撰寫《創造力》，他在書中直言「為了未來而非現在而教」，就「必須足夠了解創造力，也必須明白課程應具備靈活性、預測性與即興創作的重要性。」[19]本課程核心在於相信學生的創造力，邀請學生投入他們的創造力於學習歷程之中。這樣的創造力引導教學，適合經學的「時」之特質，同時觸及學習的反思層次，因為「創造力對於改變我們的共同生活，扮演了一個特別的角色……一個創造性的型態使得我們留意支配性的單一觀點，鼓勵我們找出其他選項並挑戰那種主導性。」[20]

---

16 同前注。（ ）內文字為筆者所加。
17 墨實・巴爾博士（Moshe Bar PhD）著，李婉如譯：《開始分心，就是快要變強了》（MINDWANDERING: How Your Constant Mental Drift Can Improve Your Mood and Boost Your Creativity）（臺北：遠流出版事業股份有限公司，2023年），頁137。本書附標題強調「哈佛醫學院的『思緒漫遊』講座，如何用分心提升思想的廣度與創造力，還能使心情平靜而愉快」。
18 PhD of Social Psychology, The London School of Economics and Political Science 2008-2012.
19 弗拉多・格拉維努（Vlad Glăveanu）著，何玉美譯：《創造力：創意表現的起源、進程與作用》（Creativity: A Very Short Introduction），頁150。
20 弗拉多・格拉維努（Vlad Glăveanu）著，何玉美譯：《創造力：創意表現的起源、進程與作用》（Creativity: A Very Short Introduction），頁154。

實作方面則利用鷹架策略（scaffolding）帶領學生討論《左傳》義理、製作作品，此策略可由「老師單方面講課」的教學典範轉移到「師生對談式的建構教學」。「鷹架理論」衍自認知心理學，也來自蘇俄心理學家維谷斯基（Lev Vygotsky 1896-1934）的「近側發展區」（zone of proximal development，簡稱 ZPD）理論。[21]不同的學者對「鷹架」理論詮釋或有參差，直接以字面義來思考，大概可得其概念：施教者應當為學習者建構鷹架，方便學習者在未知的領域探索，利用已知的知識在施教者的引導（鷹架）中往前遷移，從而建構新知。這種互動能讓學習者透過適度的協助漸漸自我調整，學習效率優於無方向性的茫然摸索；復因學生感覺學習過程有充分自主性，習得的就不僅只於外部知識的累積，反而因為往往與其自身亟欲解決的問題連結，成果容易內化為個人意義，這種在鷹架中以關注解決自身問題為出發點的學習法，剛好又迎合數位世代的學習環境與習慣。「全媒體時代數位科技匯流下，人們透過多重形式的訊息穿梭在不同網際網路平臺的樣態，也強調知識的形塑主要在於關注解決自身問題為出發點，並企圖結合不同系統的知識來形成有效解決問題的新知識。」[22]

　　小組討論或作業的合作，也是既能展現自主學習又能增強社會性與多元視角的學習方式，「合作組的學生能夠增加理解並培養自信心」，[23]「同儕互動可以促進成就；健康的認知、道德和社會發展；以及社會化成為對社會有貢獻的成員所需的能力、態度和價值觀。」「理論、研究和實踐之間的相互作用使合作學習成為教育工作者可用的最有力的教學程序之一。」[24]總之，綜合心理學與教育理論的研究顯示，盡量降低教師的主導權威性，增加學習者的自主與建

---

[21] Vygotsky將認知的發展大致分成三種層次：可獨立解決、需他人協助，以及做不到等三區，教學者可施力的區域在於第二區。詳參張清濱：《課程與教學：理論與實務》（臺北：五南圖書出版公司，2021年），頁158。

[22] 李佩霖，李長潔，沈孟湄，胡全威，秦琍琍，費翠：《數位語藝：理論與實踐》（臺北：五南圖書出版公司，2021年），頁105-106。

[23] Slavin, R. E. *Cooperative learning: Theory, research, and practice*. Boston: Allyn & Bacon. 1995.

[24] David W. Johnson and Roger T. Johnson, Learning Together and Alone, Better: Evidence-based Education, 7 (1) (2015), p4-5.

構能力,對學習興趣與成就感的提升有顯著的正向影響;而諸多教學現場的實踐研究也可以看到創造力、實作應用等教學法,對學習成效的深化廣化皆有助益;數位時代的資訊以多模態之姿紛沓而來,則是教育現場不可忽視甚且需善加利用的時勢。囿於篇幅,詳細參考文獻請見「參考文獻」。

二、教學設計與規劃

前期計畫提到面對的學子是網路世代,事實上,如今世代遞遞的速度簡直如光速飛梭,計算的量尺再也不是「三十年一世」的矩度了,才相隔一年,本期計畫面對的是「數位世代」的學子,[25]此世代「去中心化」的莖根思維（rhizome）特質,[26]「可能為人類迄今為止最有創造力的一種思維模式。」[27]新世代是數位原住民,多模態傳訊是他們熟悉的家鄉,如能巧用,反而是創意的沃壤,利用這樣的支力點順勢而為,可成就學生的自信與學習力,也為推廣《左傳》傳播開發另一股渠道。[28]「在現代環境中,創意已是必備的能力,懂

---

[25] 「1980年代數位革命做為一個分界點……80年代以後,進入到所謂的數位時代,數位時代有兩個特徵,第一個是思維模式的改變,從E世代即所謂的電子世代（Electronic Generation）,轉變為屬於網路世代（Net Generation）的N世代,再轉變為數位世代（Digital Generation）的D世代或者Z世代以至Alfa世代。」洪孟啟:《從文化到文創:迎向數位、佈局全球的文化政策與文創產業》（臺北:時報文化出版事業股份有限公司,2022年）,頁12。

[26] 「步入數位時代,原有傳統的線性或樹狀思維,逐漸為莖根思維（rhizome）。」洪孟啟:《從文化到文創:迎向數位、佈局全球的文化政策與文創產業》,頁12。
「莖根思維」是法國哲學家德勒茲（Gilles Louis René Deleuze, 1925-1995）與瓜達西（Pierre-Félix Guattari 1930-1992）提出的概念,又譯「塊莖思維」,以「塊莖」對反於「樹」的單一特性作為哲學隱喻,主要是一種「去中心,去威權、去階層從屬」的概念,因為塊莖「總是有許多入口,使自身有效地參與各種活動和各種社會實踐,而塊莖本身則既由這些活動和實踐所構成,同時又充實它們的內容……塊莖的這些特徵——關聯、異質、組裝、多向、開放和生成『開創了一種全面的多元構成主義……涉及一種創造性的聯想主義。』」詳參陳永國:《理論的逃逸:解構主義與人文精神》（臺北:秀威出版社,2014年）,頁156。
本研究取其「去中心化」與「創意聯結、異質新生」等概念。

[27] 德勒茲（Gilles Louis René Deleuze）,加塔利（Pierre-Félix Guattari）著,姜宇輝譯:《資本主義與精神分裂（卷2）:千高原》（上海:上海書店出版社,2010年）,頁741。

[28] 數位世代另一個特色是「生產模式的改變,從傳統製造業轉變為以數位和網路為主的資通產業以及創新領域產業。」洪孟啟:《從文化到文創:迎向數位、佈局全球的文化政策與文創產業》,頁12。

得巧用員工的創造力、組織創造性成果並樂於運用好的新想法的公司,將會取得成功。」[29]由前期計畫研究可以看出,學習興趣是可以透過教學設計誘導出來的,本期計畫以多模態創意教授《左傳》,習作也放手讓學生操作熟悉的媒介創意產出,「創造」其實也是一種對歷史的詮解,「所有創造產物說穿了都是共同創造,一個人的創造行動之中,始終有他人有形或無形的參與⋯⋯因為必須與過去各歷史時代連結與呼應的這項附加價值,所以創造力觀念仍然一樣複雜。」[30]此外,教學過程也導入更多討論與合作學習,除了作業的合作,期末的成果展示也是另一種合作學習,合作學習能提升學習成效、改善同儕關係、提高自尊,更有助於促進思考、解決問題及統整應用的能力,從而培養出合宜的社會技能。[31]

凡此課程設計,旨在讓學習者有參與感,清楚學習的自主性與挑戰,很能觸發學習的內在動機;「高創造力與內在動機相關」,[32]「從事活動的動機是他本身的原因(來自內心),因為個體認為活動是有趣的、喜愛的、滿意的或對個人具有挑戰性的;它是著重於工作本身的享受和挑戰性⋯⋯這些人從事某種行為是因為他喜歡做,是為了這個行為本身的樂趣和挑戰性而做的。」[33]內在動機不僅讓學習具有十足的續航力,更有助於創造力,尤其當學習者感受自己的學習過程得到鼓勵支持且被賦與自主性的氛圍下,創造力更是活躍。[34]前者是心理共相,後者則是教學者應當為提高創造力而鋪排的良好學習環境。研究發現,創意思考與實務導向的教學訓練能明顯提升學生創造力,[35]更棒的是創

---

29 John J. Kao: Jamming: Art and Discipline of Corporate Creativity, Harper Business, 1997, Introduction. 本書第一章甚至直接以「創意年代」為標題。
30 弗拉多・格拉維努(Vlad Glăveanu)著,何玉美譯:《創造力:創意表現的起源、進程與作用》(Creativity: A Very Short Introduction),頁20。
31 詳黃俊傑,吳俊憲:《合作學習:發展與實踐》(臺北:五南圖書出版公司,2006年),頁4。
32 'High creativity was associated with an internal locus of evaluation.' Teresa M Amabile, *Creativity in Context: Update To the Social Psychology Of Creativity*, UK: Routledge, 1996, p191.
33 張世彗:《創造力:理論、技法與教學》(臺北:五南圖書出版公司,2013年),頁82。
34 Teresa M Amabile, *Creativity in Context: Update To the Social Psychology of Creativity*, UK: Routledge, 1996, p191-241.
35 張德淵,林熙中:〈融入創意思考之問題導向教學〉,《兩岸職業教育論叢》6卷1期(2022年10月),頁1-13。

造力又反過來「強化學習過程，對知識內容更具彈性思考能力及學習的主動性，而這種效果也能夠延續到畢業之後。」[36]此外，這種創造力是可以由個人擴建到群體的，「個人知識是群體創造力的潛在資源，而群體創造力可以成為知識創造的驅動力。」[37]本計畫預設的教學操作策略正是以多模態展現《左傳》的現代性以及激發學生的創造力，從而推動《左傳》傳播途徑的生新。

　　具體上課實例比如先播放一段靜音影片，然後重播一次有配樂的正常版本，請同學討論音樂節奏對畫面觀感的影響，之後再講解「蔡姬盪公」文本，請同學找出該段的文字節奏；在同學驚呼「《左傳》文章竟然有配樂」的感佩情緒中，趁著高昂的學習興致引領學生進到下一段伐楚文本，由辭章之美轉入「比事」義理，學生就不知不覺、開心有趣的讀了齊桓稱霸史。又比如請同學觀察名畫〈阿諾菲尼的婚禮〉，請他們一一指出畫中「看起來似乎不必要」的道具，或怪怪的道具，前者如畫面最前方的木屐，後者如只剩一根燃亮的蠟燭吊燈，再請同學確認：這些物件的隱喻眾說紛紜，但不論它們隱含甚麼意思，出現在畫裏就難免引起觀看者的猜想。之後上完鄭厲公入國、內蛇外蛇鬥等文本後，請同學思考《左傳》想於其中安放的褒貶或人物形象塑造等，課末若有剩餘幾分鐘的時間，再補充其他藝術，說明旁插材料的功能或導引學生轉化為《左傳》新創作業的切入點。其他則隨機以時事或學生間熱門的話題帶起文本，古今映照，學生會發現《左傳》真的不古老，而且幾乎要涵納萬有了。

　　長久以來，語言一直都是人們主要的溝通模式，當然也成了教學行為最常使用的媒介。從生活就可觀察到，即使是以「說話」進行溝通，通常也得融合姿勢與表情等輔助訊息，「辭達」是儒家的重心，也與學生日後就業能力密切相關。教學過程為了更明確說解知識，可能需添入圖片及實物展示等二維三維的材料；可見五感並用的多模態資訊傳遞，其實早就是常態。數位時代，知識的呈現與資訊的傳播，更不再侷限於口說、文字或圖片等語言模式的單向輸

---

[36] 張世彗：《創造力：理論、技法與教學》，頁11。該段文字係摘要美國水牛城州立大學「國際創造力研究中心」總結創造力的各項功能之一。

[37] Teresa M Amabile, *Creativity in Context: Update To the Social Psychology of Creativity*, UK: Routledge, 1996, p191.

出,數位與人工智慧的迅速發展,使得聲音、影像乃至虛擬實境等雙向往來互動的溝通再也不是難以企及的高科技。傅斯年曾論歷史研究的進步展現在三方面:「直接研究材料」、「擴張它所研究的材料」、「擴充它作研究時應用的工具」,[38]事實上,何止歷史研究,科學家們為了訓練機器學習,餵養給機器的大數據也不再滿足於文字資料庫,反而努力開發多模態機器學習,[39]這與教師在教學現場,努力教導學生新知並綜合應用所學,其實是一樣的過程;所以不論教育的對象是機器或是人,這種多模態學習,都是移仿自現實人生。吸收資訊端如此多模態,反過來說,輸出端亦然,學習成果也不一定只以「文字」模式表現,它理當容許多模態的方式呈現。一如前述,對數位世代而言,他們吸納資訊的媒介十之八九來自數碼文本與多模態,因此,本課程在紙本閱讀之外,適量添入多模態學習素材,滿足學生跨文本(transtextualité)、[40]跨媒體(multi-media)的學習興趣。

三、教學暨研究成果

(一)教學過程與成果

　　本課程督促學生課內與課外學習並進,期待以多於傳統講解字句文義的上課方式,用較輕鬆活潑的多模態教學,轉換刻版印象與思維模式思,激發學生創意,透過實作將所學運用在生活中,也學會如何與他人合作。本計畫整體教學流程詳圖一,由教而學而作,學習的最好方法是教別人,故由作品之展示(亦是某種形式之「教」),完成學習的循環。透過這樣的教學設計,在教學過

---

[38] 傅斯年:《中央研究院歷史語言研究所集刊・創刊發刊詞・歷史語言研究所工作之旨趣》1928年10月,頁4-6。

[39] 比如Chan-Jan Hsu, Hung-yi Lee, and Yu Tsao. "XDBERT: Distilling Visual Information to BERT from Cross-Modal Systems to Improve Language Understanding." arXiv preprint arXiv:2204.07316 (2022).

[40] 「使一文本與另一文本產生明顯或潛在的所有的關係。」詳參(法)熱拉爾・熱奈特(Gérard Genette)著,史忠義譯:〈廣義文本之導論(Introduction à l'architexte)〉,收於《熱奈特論文集》(天津:百花文藝出版社,2001年),頁1-67。

程中置入反饋，達成不斷行動的學習模式，致力讓學生融會貫通《左傳》經、史、文合一的文本特質；也藉由多模態的公開展示模式，激勵學習者的鬥志與創意聯想，讓學習不會因課程終止而停止。學生在學校期末教學意見調查中，上下學期分別給予4.82/4.88（滿分5）的肯定。並表示「《左傳》的屬辭比事技巧是我在這堂課中受益最多的部分，無論是在文學上還是章法及情節設計上都讓我非常欣賞」、「作為中文系學生，我認為學習這樣的敘事技巧能幫助我們更理解經典作品，同時也能應用在自己的創作中」、「老師可以廣泛的補充非常多知識，也聯想許多主題啟發我的感悟能力」、「老師很有想法，也很鼓勵學生培養自主學習的精神」。

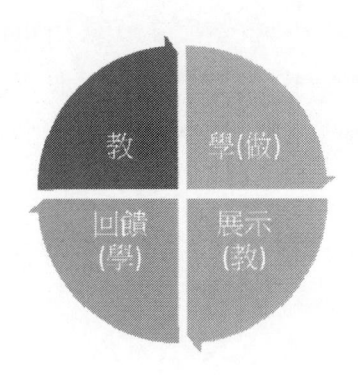

圖一、教學流程圖

閱讀理解的過程須先詮釋與解構文本，再立意、運思後重組為新作品，創作過程等於是第二層次的理解呈現，最後的作品公開展示也是表述與溝通應對等語言能力的訓練，屬於接受回應挑戰的檢討反思層次，落實上述三段流程才算是完整的學習。前期計畫考慮到保護學生的著作權，作業觀摩活動侷限在課堂與學校提供的線上教學平臺進行，但有畢業學生反饋若能更公開展示，對就業與升學更有利。因此本計畫修正觀摩模式，除了在課堂及數位教學平臺等封閉式空間練習，最後利用GATHER TOWN舉辦公開的成果發表會。展場依同學作業區分為四大展廳，學生必須駐守自己作品前，為參展者提供即時答問，並請同學屆時攜帶親朋好友進來參觀。考慮到駐守與觀覽無法同時進行，故不同展廳有輪值與可移動參訪的時段安排。

講座與自主學習也是本課程學習的重要一環，同時收觀摩與學習雙效。除了教師不時提供與課程相關的實體或線上講座提供同學自主參與，本課程於第二學期邀請政大傳播學院陳聖智教授前來演講，講題是〈跨領域人文與科技實作：以數位應用為導向之數位內容設計創意實踐〉。[41]學生對講座回響很大，紛紛表示對自己科系的未來改觀了，原來數位技術是來服務人文的，技術需要人文資料庫及人文精神去填實骨血肉。有了這番領悟，學生了解AI係「為我所用」，而不是「取代我」甚至作為偷懶的工具；有了自信作為底氣，學生的自主學習觸角伸得更遠，思考的問題更深刻，由多位同學的自主學習報告就可見到這種教學策略與教學活動獲致的效果。此外，本課程也參與了歷史系侯嘉星教授必選修課程的專題演講——廖泫銘：〈空間人文學——GIS於人文社會科學跨領域整合應用〉。[42]學生表示「這場講座真的獲益良多，在書寫人文相關的論文時，由於涉及到思想、情感等層面，故而時常要思考，如何論述才不會過於主觀，或是需要援引許多專家的理論來支撐自身的論點，以至於要提出一個全新的見解需要很大的勇氣。而GIS的運用，卻能將抽象的記憶、情感、文字化為數據，使我們詮釋文本時，更多了一份底氣。（陳怡安，1122，GIS講座）」。

　　本計畫的教學成果分為語文基礎與創意傳播等兩面向，前者的檢核以句讀及「比附《左傳》」、「論文摘要」等作業為據；後者的檢核以「論文計畫書」、「改寫」、「桌遊」、「有聲書／Podcast／Youtube」等作業以及「自主學習成果報告」等為據。

　　本課程共實施三次句讀測驗，分別在課程進行之前（第一學期第一週上課時）、課程進行中期（第二學期開學第一周）以及課程結束時（第二學期期末考），全班句讀總平均分別為22.3/69.3/75.75，第一次檢測成績的低落，印證前述「新生古文閱讀力低落」等問題；其後兩次檢測則可以看出透過課程設計的引導，學生的古文閱讀力是可以短期內快速提升的。至於其他教學成果，可以

---

[41] 2024年3月26日10:10-12:00，中興大學人文大樓410教室。

[42] 廖泫銘先生為中央研究院地理資訊科學研究專題中心研究副技師，2024年5月14日10:10-12:00，中興大學人文大樓A422教室。

由學生的回饋窺知，比如多模態教學觸及學生的電影興趣，兩者結合又擊發學生的自主學習：

> 課堂上老師以《刺激1995》說明情節比附。電影作為一種長篇敘事，和文字相同可以作為資訊轉達的媒介，有甚麼相似相異之處呢？藉由閱讀書籍──《看懂好電影的快樂指南》按照其章節分類，一一闡明我在閱讀時所感所悟，並與《左傳》學習過程連結。（邱妤，1121自主學習）

又如教學時以機器學習、動畫、Podcast及Youtube等不同模態來示範作業方向，學生在規畫作業時，除了揣想以何種模態呈現作品，更會思考如何融入上課時不斷強調的「屬辭比事，春秋教也」：

> 本想利用的是過去學習程式語言中的「if...else」語法，但 python 程式語言並非兒童會接觸的知識，基於程式語言的基礎，我改選擇現在國小所學習的程式語言方塊「scratch」來繪製這段「若……是……則……，若非……則……」的抽象概念，也就是若晉是大壞蛋則蓋京觀，若非則蓋廟。……七德分別為：禁暴，戢兵，保大，定功，安民，和眾，豐財；對應的分別是：不可以打架、沒有人出拳頭（使雙方武器收起）、世界和平、10個花花（日本文化中代表表現優異的圖示）、人民開心、大家手牽手、收成好。（邱妤1122作業）

> 改寫由簡單的小插畫作為開頭，吸引青少年或是兒童閱讀，並且有所共感。從插畫帶出青少年們可能正面臨的問題，從而引申至《左傳》（高敏薰，1121作業）

> 我一直在尋找一種比較輕鬆的方式去講述一個故事，忽然發現 LINE 官方帳號可以設定關鍵字自動回覆，上網一查果然發現有許多人做過相似的小遊戲，尤其運用在教育上更是多元。（鄭崧昱1122作業）

> 我是否有能力以我自己的看法說服他人，而不是永遠的做一個妥協的人，這也是我們必須去積極學習說故事的理由之一，說出自己的看法，

被聽見,被採納,被理解。(邱妤,1122自主學習)

之所以從《左傳》故事連結到金融市場,也是我想表達——投資標的的價格由投資人行為所決定,而中國許多經典提供了我們更全面的視野,在小地方描寫了人性的細節。「書中自有黃金屋」,我們真的能在經典中探究、尋寶,運用這些古人留下的寶藏,培養看待許多現今生活會遇到的狀況的大局觀。(李皓翔1122自主學習)

又如教師說明課程最後將舉辦線上作業展,並給予相關展覽資料做為參考之後,也有學生自主學習就採用線上觀展,而且觀察點不僅止於展覽物,而是思考策展的方式與優缺點:

這些線上展,讓一些說明方式可以更為生動活潑,例如「飲酒 Bar——亞洲酒文化特展」,在介紹酒神、曲水流觴時,除了文字外,還可以用動畫來說明,不需要受限實際場地是否有螢幕可以播放,以及避免了從中間才開始觀看的情形發生。策展人許要考慮許多,包含展覽的預設族群(男女老少)、實際參展動線(具故事性或時間先後)、是否安排體驗活動等,皆會影響展覽最中呈現的效果……肉眼不會注意到的部分,反而可以用數位工具來輔助。線上展覽最大的優點便是展期過後仍然可以觀看,故而錯過展期仍舊可以看件文物,進而提升了這些文物的能見度。(陳怡安1122自主學習)

又如上課時介紹並鼓勵學生使用 AI 工具,且提到目下有「詠唱師」職業,是人文學生未來馬上可以銜接的 AI 工作領域,就有學生嘗試使用 AI 改寫或翻譯《左傳》文本,或協助將《左傳》故事繪圖呈現,最重要的是透過這樣的「命令」,去發掘現有的 AI 工具有何侷限、並提出改良策略,完全是詠唱師的角色:

此次藉由 OpenAI 之 ChatGPT3.5功能將鄢之戰原文翻譯為白話文,在翻譯中發現以下幾個可以提前注意之事項:一、對於特殊名詞,如人名、

地名等可以先對 ChatGPT 加以定義與告知。如趙嬰齊，ChatGPT 將趙嬰視為人名，而將「字」解讀為「一同」的意思；又如敖、鄗，ChatGPT 將其視為城池之名，翻譯為敖城、鄗城，然實則敖、鄗為敖山、鄗山，並非敖城鄗城。二、古文，如《詩經》等《左傳》中引用之原文，因其年份較古老，語言模式上與現今相去過遠，因此 ChatGPT 在判讀上較難以還原其真義，故要求 ChatGPT 進行含有年份較古老之文的翻譯前，可以先行對該段文字加以論述解釋，如此 ChatGPT 較能夠進行更加準確的翻譯。（高豐畯，1122自主學習）

欲使 ChatGPT3.5通過用戶回饋來局部更正資訊的難度頗高，經常改善一個問題但系統為了平衡整體文義，反而又製造出更多問題。因此仍無法直接利用 ChatGPT 3.5 進行文言文翻譯，目前較合理辦法是先令其生成一篇草稿，接著依靠人工更正其中錯誤才最符合時間效益。（蕭運澤，1122，自主學習）

由上述諸例，可以看到多模態教學對學生創意的引導與激發，以及學生各展所長結合興趣、能力以及自主學習後延伸的觸角，產出數位世代對《左傳》文本的詮解、應用與推廣。

（二）學生學習回饋

學生學習興趣與能力的提升，在前述「成果」節可以見到，那麼「認知」呢？學生對於《左傳》課程的認知變化，依問卷分析說明如下：

1. 針對「對《左傳》的初步認識」

課前問卷顯示學生對《左傳》的認知模糊，學生答覆「對《左傳》的印象」提問，所答集中在「春秋左氏傳，沒看過」、「簡短、需要思考用意」、「孔子春秋」、「講故事」等。對《左傳》具體內容的認識也極有限，48%回答「鄭伯克段於鄢」（中文系的大學國文教材），30%回答「燭之武退秦師」（高中教材），22%回答「無」或「不記得」曾讀過《左傳》文章或成語，甚至有張冠

李戴，將所有讀過的古文皆歸為《左傳》文章。

修課後學生的認知變化頗大：修課後，學生對《左傳》的認知有了更具體和正面的描述，如「史書、微言大義」、「有點難，但懂故事內容後蠻有趣的」、「晉文公重耳詭譎、晉惠公、晉獻公寵信驪姬，許多人名、故事、戰爭串連的一本故事書」、「春秋、經書、史書、敘事、戰爭」、「屬辭比事、敘事存人、穿插神異故事、不描述殘忍細節」、「戰爭故事都很精彩」等。學生在最喜歡的《左傳》文章（篇名）或成語問卷中，回答具體《左傳》篇章和成語明顯增加且多元，如「鄢之戰」、「病入膏肓」、「晉文公與大臣兼舅舅狐偃的故事」、「晉楚城濮之戰」、「趙盾弒君」、「厲公侵鄭」、「晉楚鄢之戰」、「晏嬰不死君難」、「寺人披見文公」、「趙盾弒其君」。詳附件五：「我最有印象的左傳篇章」問卷統計文字雲。

2. 針對「課程與未來就業的相關性」

課程前，學生認為中文系課程與未來就業極度相關（10、9、8分）的比例為24%。課程與未來就業相關度的平均分數為6.5分（滿分10分）。

這些數據表明，在課程開始前，學生對於中文系課程與其未來就業之間的相關性並沒有很高的信心。只有少數學生（24%）認為課程與就業高度相關，而平均分數6.5也顯示大多數學生對此持中立或略微積極的看法。這突顯了在課程開始前，學生對於中文系課程的就業價值存在較大的認知差距和信心不足。這些數據強調了課程設計和教學方法在提升學生對於課程實用性認知的重要性，課程最後更有學生反饋：

> 雖這次的計畫是因一項學校作業來推動，然而學生並未將此次作業當作業來完成，而是真正嘗試做為一個策畫人來執行。（林俊穎1122作業）

凡此皆說明了透過課程協助學生理解和認同課程在未來就業中的實際應用和價值，是吸引學生學習並取得成就感的要素之一。詳附件四：左傳課程前問卷統計圖。

3. 針對「教學策略成效」

（1）本課程的作業設計能增進我對《左傳》學習的興趣

學生認為「本課程的作業設計能增進我對《左傳》學習的興趣」極度相關（10、9、8分）的比例為88%。平均分數為9.0分（滿分10分）。

這些數據表明，課程中的作業設計對於學生提升學習《左傳》的興趣具有顯著的效果，這強調了作業設計在教學中的重要性。

（2）本課程的作業撰寫能增進我對《左傳》敘事或價值傳遞等的體會

學生認為「本課程的作業撰寫能增進我對《左傳》敘事或價值傳遞等的體會」極度相關（10、9、8分）的比例為94%。平均分數為9.2分（滿分10分）。

這些數據表明，課程中的作業設計對於學生理解《左傳》的敘事和價值傳遞具有顯著的效果。

在學校期末問卷，學生的匿名回饋中，也得以見到自主學習的效能：「自主學習作業真的很有趣」、「老師對教學很有熱情！上課活潑生動，對《左傳》了解透徹，備課跟作業設計都很用心，謝謝老師這學期的教學。如果下學期課堂時間允許的話，會想請老師您分享推薦的書籍跟podcast（每次上課聽老師分享podcast的內容覺得很有趣，想多了解）」。

作業設計不僅是知識檢驗的工具，更是激發學生學習興趣的關鍵手段。這些結果顯示設計作業時的創新和用心，除了能有效引導學生對《左傳》的學習興趣，更重要的是能夠有效引導學生思考《左傳》中的深層意涵。

（3）本課程的多模態呈現《左傳》內容，有助於引起學習《左傳》的興趣

學生認為「本課程以多模態呈現《左傳》內容，有助於引起學習《左傳》的興趣」極度相關（10、9、8分）的比例為82%。平均分數為8.9分（滿分10分）。

多模態教學方法利用了多種媒體和表現形式，如文本、圖像、音頻、視頻等，能夠更加生動地呈現學習內容，從而提高學生的注意力和參與度。這些結

果顯示出教師在教學設計中引入多模態教學方法的成功，能夠有效地激發學生對《左傳》的學習興趣。

上述問卷統計資料請詳附件六：左傳課程後問卷統計圖。

（三）教師教學反思

前國家教育研究院院長吳清山教授曾提到，教育的發展取向在於典範的適時移轉：

> 基本上，學校教育典範的轉移，從教師為中心轉移到以學生為中心的教育、從關注教師教學導向轉移到學生學習結果導向、從知識學習轉移到能力培養的教育。就新世紀的學校教育而言，個人化學習、數位化學習、彈性化教學、挑戰性課程、多樣化學制、變通性評量、全球性課程、生涯教育與實習……等，都將成為學校教育發展新的取向。[43]

本計畫構思的初衷在於「去中心化」，由「經學」或「教師中心」轉移到「學習者中心」——亦即轉換「文化核心的經學應該傳承下去」、「這麼淵博而美好的《左傳》，學生一定要學好」這樣的「科目中心」轉移到「學生生涯教育」為中心；把教學策略由老師竭盡所能說學逗唱以吸引學生學習興趣的「教師中心」，轉移到多模態學習——個人化學習、數位化學習、彈性化教學、挑戰性課程、變通性評量等等以學生的學習習慣為中心。學生可能受到前期學長姐口碑或教學大綱影響，在課前問卷認為《左傳》與數位科技結合的可能性極度相關（10、9、8分）的比例為46%；與數位科技結合的可能性的平均分數為7.3分（滿分10分）。這些數據表明，學生對於《左傳》與數位科技結合的可能性持有較高的認可度。將近一半的學生認為這種結合是高度可能的，也顯示出前來修課的學生對這種創新教學方法抱有期待和信心。

---

[43] 吳清山：〈學校教育典範的轉移〉，《國家教育研究院電子報》，第44期（2012-07），https://epaper.naer.edu.tw/edm.php?grp_no=1&edm_no=44&content_no=1215。

由課後針對教學策略的相關問卷結果[44]也證明了在教學中引入數位科技的重要性和潛力。通過數位科技手段，如多媒體資源、互動式學習工具和數位化教材等，能吸引學生的學習興趣且能夠讓學生更好地理解和欣賞《左傳》這樣的古典文學，從而提升教學效能。因此，在未來的教學計畫中，可以考慮更多地融合數位科技，以提升教學效果和學生的學習體驗。

當然，在時代的浪潮下，數位化學習會是主要模態之一，卻不會也不應該是全部。數位科技融入教學活動或作為資材，只是手段，目的終在學生的創造力。「創造成果不僅是創造過程的終點，更是另一個循環的起點……創造者、受眾與創造物三者間的對話自然地產生，也隨著時間推移持續進行。」[45]也就是說，本課程藉由多模態進行創意教學，並不僅止於引起學生的好奇與興趣，這樣只會讓多模態停留在教學的「引起動機」階段；而筆者更希冀透過這些多模態教學活動，讓學生體會到《左傳》的敘事力與經義的現代性，並激發學生的創造力以接手經學的傳播，這才是真正的「創造者、受眾與創造物三者間的對話」以及產生與時推移的學習動能與傳播渠道。

> 將「新獲得的資訊」和「舊有的思考模板」結合是一種巧妙的心理機制，能讓我們在生活中盡量獲得「意義」和「確定性」，「什麼時候採取什麼方式」取決於我們的意識和實踐。[46]

所以，本計畫的教學策略絕非糖漿式的「好玩、有趣」設計，而是激發創造力，鼓動學生自主學習，蓋自主學習可以讓學習適應學生個別差異、學習速度和進度，[47]如此一來就得以彌平開章提到的教學現場困境：學生國學能力不

---

44 相關統計請詳下節。
45 弗拉多・格拉維努（Vlad Glăveanu）著，何玉美譯：《創造力：創意表現的起源、進程與作用》（Creativity: A Very Short Introduction），頁62。
46 墨實・巴爾博士（Moshe Bar PhD）著，李婉如譯：《開始分心，就是快要變強了》（MIND-WANDERING: How Your Constant Mental Drift Can Improve Your Mood and Boost Your Creativity）（臺北：遠流出版事業股份有限公司，2023年），頁139。
47 「（自學輔導教學法）即是教師引導學生運用有效的學習方法，自行學習教師所指定作業的一

足、程度落差大、學習動機低落、對未來定位渺茫等等。

當然，以學生為教學中心，並不會因此犧牲了經學傳承的責任，弗拉多・格拉維努教授提到創造力時，不斷強調「創造」並非無中生有，反而是舊中生新的轉變機制：

> 我們分析任何創造產物時，最終都必須考慮到文化，因為我們創造的成果都是在特定文化背景之下被定位並賦予意義。事實上，「新」並不是來取代「舊」，而是被整合進「舊」之中。透過包括語言在內的各種文化性工具，我們得以理解並鑑賞新奇的成果。這個過程不僅引領「舊」透過把「新」整合進來而轉變，也改變了我們對新奇事物本身的看法。
> 常態化的過程此時發揮了關鍵作用，它讓新奇逐步轉變為陳舊。但其他對創造力有貢獻的事也同時發生了，例如，文化傳遞（cultural transmission）使得在社會內流通的創造物，產生不同的「化身」……多元化發展與改良，都是文化傳遞的一部分。[48]

這段話明明白白揭示了創新與文化傳遞的一體性，恰恰可作為本計畫的最佳結語。

四、結論：建議與省思

用異於傳統的工具來研究經典，並不會破壞其本身的屬性，甚或瓦解經典；也沒有什麼教學策略是最好的，任何策略都只能是因地因時而適其宜，盡

種教學方法，此種教學法的特色是可以適應學生個別差異，學生可以自行掌握學習速度和進度，遇有疑難問題先自行尋求解決之道，若仍無法解決，才請教老師。在自學輔導教學法實施過程中，教師是協助者，擔負激發學生學習興趣、指定作業、提供參考資料、指導自我學習方法、解答疑難和評定學習成績等工作的角色。」詳王真麗：《生活課程：理論與實務》（臺北：高等教育出版，2005年），頁213。

[48] 弗拉多・格拉維努（Vlad Glăveanu）著，何玉美譯：《創造力：創意表現的起源、進程與作用》（Creativity: A Very Short Introduction），頁60-61。

量展現孔子「時」之教誨。

　　本人2021年實踐計畫執行完成後,由學生作品高度仿效教學示範,可以看出教學成效與教師的教學引導關聯頗大。能利用專長與個人視野而有效吸引學生對知識產生學習興趣,是師者莫大的榮耀,但如果能透過課程設計,逐漸將教師在教學的角色「去中心化」,或許是能行之更遠的做法。也就是除了教師必須更精進專業素養、講授技巧及拓廣個人風格以增強示範功能,設計其他提高學習成效的活動是更能行之久遠的實踐。個人特質也許難以移仿,但教材、課程設計等模組卻是比較容易打包帶走的。除了教師端的示範,在課程中導入學生的能力與興趣資源,這種合作學習的課程操作模式可以增加學習參與感,從而提高學習成效。

　　「周雖舊邦,其命維新」,「(二十一世紀)電腦與網路、社群媒體與創意十足的迷因文化之普及,智能科技的誕生,交通運輸的進展,互聯世界的形成,在在都由創造性的行動所打造,反過來也形塑出創造力的實踐與科學。現在幾乎已經無法想像不使用科技或脫離各種（線上或線下的）社群,該怎麼進行創造？創造者與他們的受眾,比歷史上任何一個時期都更為親近。與他人協同工作,包含跨境合作,隨時都能進行。當然,這不一定代表我們比前述那些時代創造得更多或更好。不過可以確定的是,今日的天才比過往更具『社會性』,他們的創作則更為『流通』」。[49]多模態學習因結合多種知識形式,可以為學習者提供更多信息,有助於提高其理解的準確性或更深入而全面地理解文本內容。多模態學習也提供多角度分析資料,以便更好地了解資料（比如一個戰爭故事）決策背後的原因,從而也有利於跨領域應用。缺點則是,多模態學習對教學者與學習者兩方的個人知識視野仰賴度仍高,設計一個有效的多模態學習模型需要考慮如何將不同類型的資料比附融合,數據收集困難,模型設計難度較大,不過,這可以透過協同教學乃至多辦講座以及線上學習等資源彌補大半。

　　整體說來,多模態學習在大學學習古籍的教學運作上是有潛力的,它可以

---

[49] 弗拉多・格拉維努（Vlad Glăveanu）著,何玉美譯:《創造力:創意表現的起源、進程與作用》(Creativity: A Very Short Introduction),頁17。

為傳統的古籍閱讀方式注入新的活力。最粗淺的作法如結合文字與圖像，利用古籍中的插圖、手繪地圖、人物畫像或古物等視覺元素與文字信息結合，有助於讀者掌握故事背景和角色形象，使讀者更深入理解文章內容。

多模態的創意教學模式，有助於具體化經書的廣博與致用特質；而學生端的創意產出，除了建構學習自信，更能銜接學生對就業市場的觀察與實習，同時裨益新生代加入推廣經學傳播。以下是一些可以再延伸的方向：

1. **語音產出**：朗讀或說解是有效學習與推廣古籍的方式。
2. **視頻教材**：將古籍改編成動畫片或其他影視作品，有助於吸引一般人對古籍的興趣。在觀看影片的同時，他們可以更加直觀地感受故事情節和文化內涵。
3. **虛擬實境（VR）**：利用 VR 技術，可以還原古籍場景，讓讀者身臨其境地體驗古代生活。例如，在 VR 環境中重現春秋時期的禮儀或戰場場面，都能提高讀者理解古籍的程度。
4. **互動式學習**：開發學習古籍的數位平臺，使用者可在線交流、分享心得、共同探討疑難問題並得到其他人的反饋和指導，利用平臺隨時進行自學。
5. **情感分析**：利用情感分析技術，可以挖掘出古籍中隱含的人物情感和心理活動，對於理解作者的創作意圖和人物性格具有重要意義。
6. **開發人工智慧助手**：開發一款 AI 助手，專門針對古籍進行解讀和解釋。當遇到難解之處時，AI 助手可以提供實時解答，方便讀者快速理解。

筆者撰寫計畫時，私下雖知道許多 AI 的工具已具雛型，但多尚未成熟也未面世；計畫才送出未久，ChatGPT 即對公眾公開且頗有撼動學習領域之勢，本來完全掌握未來就是不可能的，在數位時代，要精準預測未來也不容易，但是，多模態學習與創新思考，會有助於我們面對多變的未來：

面對詭譎多變的未來⋯⋯有更多的工具，如即時監測、同步資料、視覺化圖像⋯⋯你是否掃描得更廣？是否藉由研究你的產業內外的創新者，思考各種可能的未來，以及不同於現行事業模式的新事業模式？[50]

「了解另外一個思考的觀點，也找到改變思維模式的可能性。面對未來的不確定性，任何一位領袖都要能夠洞察重要的訊號，及早做出正確的決策。」[51]教師雖不是領袖，但不得不扮演學生啟蒙旅程中的智慧老人，不也應該「改變思維模式的可能性」好帶領學生「洞察重要的訊號，及早做出正確的決策」嗎？

　　總之，多模態學習在大學生對古籍的學習方面具有很大的潛力，通過結合不同類型的資料，我們可以為學習者提供更有趣、生動、高效的學習方式。

50　許毓仁：〈破解精準預測的迷思〉，收入菲利普・泰特洛克（Philip E. Tetlock），丹・賈德納（DanGardner）著，蔡裴驊譯：《超級預測》（Super Forecasting）（臺北：日月文化出版有限公司，2016年），頁10。

51　同前註，頁11。

徵引書目

王應憲：〈民國時期大學經學教育檢視〉，《中國學術年刊》（臺北：國立臺灣師範大學國文學系）第35期（秋季號），2013年9月，頁109-130。

左玉河：《從四部之學到七科之學：學術分科與近代中國知識系統之創建》，上海：上海書店出版社，2004年。

吳宗立：〈杜威知識論及其教育涵義探析〉，《人文及社會學科教學通訊》第8卷第2期，1997，頁116-125。

吳政達：《教育政策分析：概念、方法與應用：Educational Policy Analysis: Concepts, Methods, and Applications》，臺北：高等教育文化事業有限公司，2008年。

周光禮，馬海泉：〈教學學術能力：大學教師發展與評價的新框架〉，《教育研究》2013年第8期（總第403期），2013年。

房德鄰：〈西學東漸與經學的終結〉，收入朱誠如等主編：《明清論叢》第2輯，北京：紫禁城出版社，2001年4月，頁328-351。

林存華，張麗娜：《參與教學》，福建：福建教育出版社，2005年。

林奇賢：《新世代的創新學習模式：互聯網＋PBL 理論與實施策略》，臺北：高等教育文化事業有限公司，2017年。

孫劍秋、陳恆嵩、侯美珍、林慶彰、丁亞傑：〈經書的研讀方法〉，《國文天地》第21卷第1期，2005年6月，頁4-35。

孫憶明：〈不想落伍？快看這16個最新的數位學習趨勢〉，關鍵評論報，2015/2/16，https://www.thenewslens.com/article/12815。

秦冠英：《20世紀70年代美國大學教師發展的理論與實踐》，社會科學文獻出版社，2016年。

張世彗：《創造力：理論、技法與教學》，臺北：五南圖書出版股份有限公司，2013年。

張亞群：《科舉革廢與近代中國高等教育的轉型》，武漢：華中師範大學出版社，2005年。

張春興：《教育心理學——三化取向的理論與實踐》，臺北：東華書局，1996年。

畢　苑：〈經學教育的淡出與近代知識體系的轉移：以修身和國語教科書為中心的分析〉，《人文雜誌》（陝西：社會科學院），2007年第2期，頁141-149。

莊士弘：〈Rhizome 塊莖〉，July, 2010，英文文學與文化資料庫 http://english.fju.edu.tw/lctd/List/ConceptIntro.asp?C_ID=229。

許子濱：〈從《左傳》、《列國志傳》及《新列國志》鄭伯克段故事看經學通俗化的進程〉，《清華中文學報》（新竹：國立清華大學中國文學系）第16期，2016年12月，頁5-66。

許媛翔：〈Dr. Clifton F. Conrad：強調學生學習的形成性新興評鑑法躍居評鑑主流〉，《評鑑雙月刊》第4期，2006年11月，頁44-45。

郭秀蓮：〈Scratch 互動式故事敘說評量〉，新竹：交通大學理學院科技與數位學習學程學位論文，2010年。

陳亦伶：〈韓國經學教育式微原因發覆〉，《人文中國學報》（香港：香港浸會大學）第24期，2017年6月，頁451-467。

陳龍安：《創造思考教學的理論與實際》，臺北：心理出版社，1997年。

彭　剛：《敘事的轉向：當代西方史學理論的考察》，北京：北京大學出版社，2009年。

黃政傑、吳俊憲：《合作學習：發展與實踐》，臺北：五南圖書出版股份有限公司，2006年。

黃國禎，陳德懷：《未來教室、行動與無所不在學習》，臺北：高等教育文化事業有限公司，2018年。

黃聖松：〈成大中文系《左傳》課程之回顧與展望〉，《中國文哲研究通訊》（臺北：中央研究院中國文哲研究所）第28卷第4期，2018年12月，頁43-70。

楊天石：〈儒學在近代中國〉，中國現代文化學會編：《東西方文化交流的道路與選擇》，成都：四川人民出版社，1993年12月，頁311-322。

蒲基維：〈華語文教學與古典文獻閱讀〉，《中原華語文學報》第4期，2009年10月，頁41-71。

鄭苑鳳：《用 Scratch 自己寫程式：互動式遊戲和動畫創意設計（第2版）》，臺北：拓客出版社，2018年。

駱怡男：〈《左傳》對當今新聞寫作之啟示〉，《新聞春秋》2015年第2期，頁88-91。

羅志田：〈清末民初經學的邊緣化與史學的走向中心〉，收入羅志田：《權勢轉移：近代中國的思想、社會與學術》，武漢：湖北人民出版社，1999年7月，頁302-341。

羅慎平：〈「年輕人不應把青春浪費在古文上」？我們來看看英國中學教育和考試有多少「古文」〉，關鍵評論報，2022/03/27，https://www.thenewslens.com/article/164637。

饒見維：《創造思考訓練：創造思考的心理策略與技巧》，臺北：五南圖書出版股份有限公司，2005年。

弗拉多・格拉維努（Vlad Glăveanu）著，何玉美譯：《創造力：創意表現的起源、進程與作用》（Creativity: A Very Short Introduction），臺北：日出出版（大雁文化事業股份有限公司），2023年。

約翰・杜威著，呂金燮、吳毓瑩譯：《明日學校：杜威論學校教育》（Schools of Tomorrow），臺北：商周出版，2018年。

菲利普・泰特洛克（Philip E. Tetlock），丹・賈德納（DanGardner）著，蔡裴驊譯：《超級預測》（Super Forecasting），臺北：日月文化出版有限公司，2016年。

德勒茲、加塔利：《資本主義與精神分裂（卷2）：千高原》，姜宇輝譯，上海：上海書店出版社，2010年。

National Education Association. *Faculty Development in Higher Education: Enhancing Resource.* Washington, D.C.: National Education Association, 1991.

Johnson, D. W., & Johnson, R. T. "Cooperative versus Competitive Efforts and Problem Solving." *Review of Educational Research*, vol. 65, 1995, pp. 129-143.

DuFour, Richard, & Eaker, Robert. *Professional Learning Communities at Work: Best Practices for Enhancing Student Achievement.* Solution Tree, 1998.

Johnson, David W., & Johnson, Roger T. *Learning Together and Alone: Cooperative, Competitive, and Individualistic Learning.* Prentice Hall, 1999.

Melvin, Lonnie. *How to Keep Good Teachers and Principals: Practical Solutions to Today's Classroom Problems.* R & L Education, 2011.

Kress, Gunther, Jewitt, Carey, Ogborn, Jon, & Tsatsarelis, Charalampos. *Multimodal Teaching and Learning: The Rhetorics of the Science Classroom.* Bloomsbury, 2014.

Johnson, David W., & Johnson, Roger T. "Learning Together and Alone." *Better: Evidence-based Education*, vol. 7, no. 1, 2015, pp. 4-5.

Eaker, Robert, DuFour, Rebecca, & DuFour, Richard. *Getting Started: Reculturing Schools to Become Professional Learning Communities.* Solution Tree Press, 2015.

DuFour, Richard, DuFour, Rebecca, Eaker, Robert, Many, Thomas W., & Mattos, Mike. *Learning by Doing: A Handbook for Professional Learning Communities at Work.* Solution Tree Press, 2016.

Slavin, R. E. *Cooperative Learning: Theory, Research, and Practice.* Allyn & Bacon, 1995.

Watson, C. Edward. "Faculty Development's Evolution: It's Time for Investment in Higher Education's Greatest Resource." *Peer Review*, vol. 21, no. 4, Fall 2019, pp. 4+. Gale Academic OneFile, link.gale.com/apps/doc/A634680358/AONE?u=anon~c636660&sid=googleScholar&xid=b07577a5. Accessed 3 Dec. 2022.

"Learning by Doing: What You Need to Know." *The Learning Curve*, 9 Mar. 2020, https://www.the-learning-agency-lab.com/the-learning-curve/learning-by-doing.

"Applying 'Learning by Doing' and Group Work in Class." 7 Feb. 2018, https://www.crissh2020.eu/applying-learning-group-work-class/.

附件

附件一　教學意見調查與句讀檢測統計

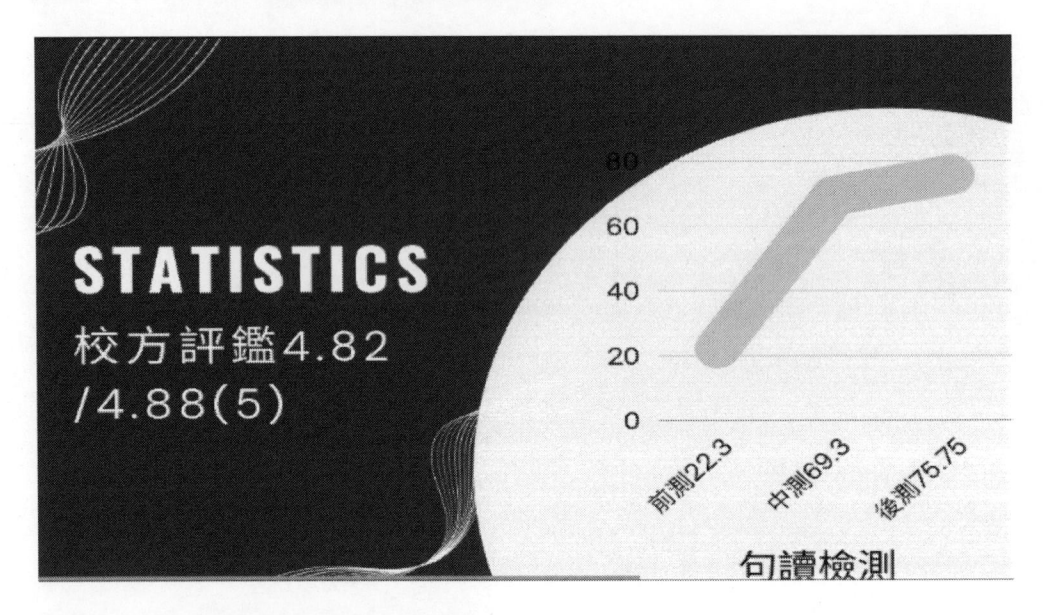

STATISTICS
校方評鑑4.82/4.88(5)

前測22.3　中測69.3　後測75.75
句讀檢測

附件二、左傳課程前問卷統計圖

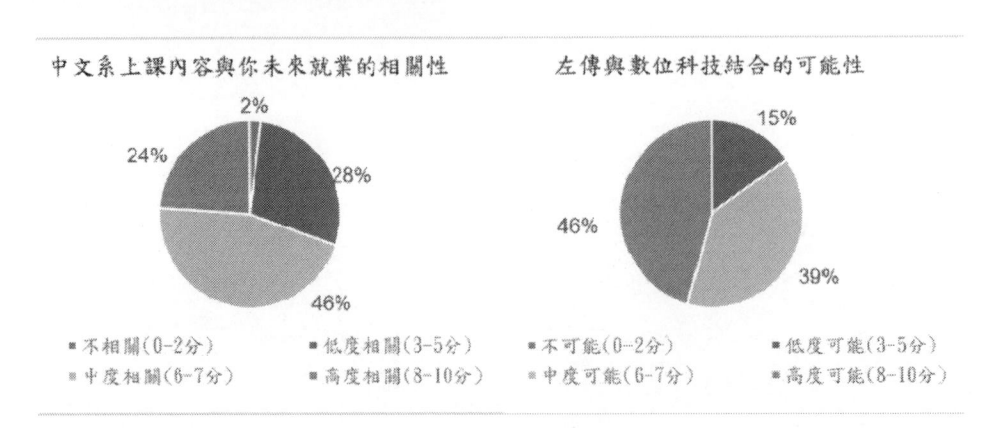

中文系上課內容與你未來就業的相關性
- 不相關(0-2分)：2%
- 低度相關(3-5分)：28%
- 中度相關(6-7分)：24%
- 高度相關(8-10分)：46%

左傳與數位科技結合的可能性
- 不可能(0-2分)：15%
- 低度可能(3-5分)：39%
- 中度可能(6-7分)：46%
- 高度可能(8-10分)

附件三、「我最有印象的左傳篇章」問卷統計文字雲（左圖：課程前；右圖：課程後）

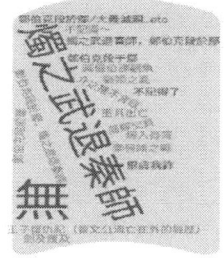

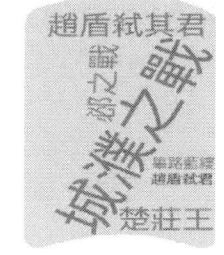

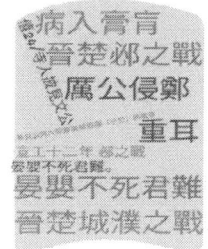

附件四、左傳課程後問卷統計圖

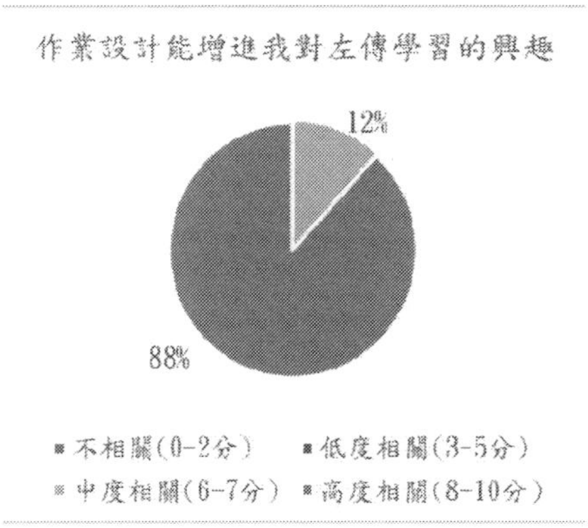

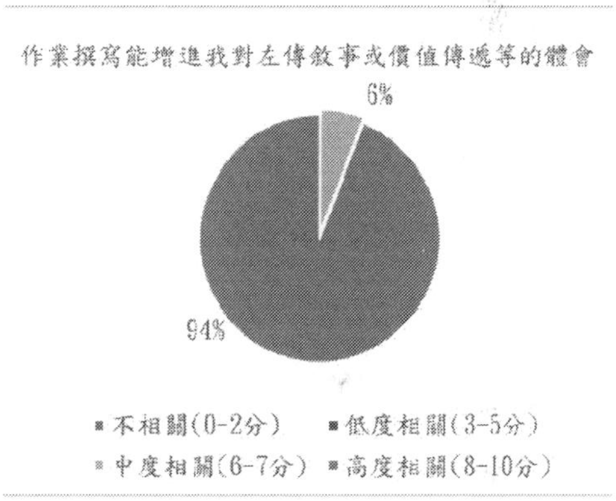

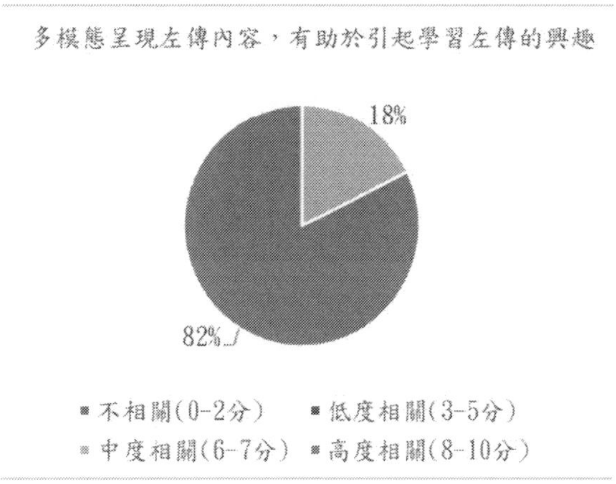

附件五、112學年度上下學期《左傳》課綱

週次	主題	講授章節
1	一、課程簡介與作業規定 課程開始前之「句讀前測」	指定教材：（晉）杜預《春秋經傳集解》，七略或楊伯峻《春秋左傳注》，洪業 參考教材：（清）高士奇《左傳紀事本末》，里仁書局 楊伯峻《春秋左傳辭典》，文史哲 簡宗梧《鎔裁文史的經典》，黎明 張高評《左傳英華》，萬卷樓 張高評《辭比事與《春秋》詮釋學》，新文豐 張高評《解析經史一：左傳導讀【修訂重版】》，五南 張高評《解析經史二：左傳之文學價值【修訂重版】》，五南 郁賢皓等《新譯左傳讀本》，三民 孫鐵剛《諸侯爭盟記——左傳》，時報 李夢生《春秋三傳——亂世的青史》，中華
2	二、《左傳》概論	1.經與傳　2.說《春秋》　3.《左傳》與《春秋》之關係 4.《左傳》之作者與傳遞　5.《左傳》成書時代與背景 6.《左傳》體例（附：三傳概說） 7.《左傳》與《國語》之關係 8.《左傳》之價值　9.《左傳》之重要注本及相關著作
3	三、篇章選讀 （一）周室之衰	諸侯慢王：周鄭交惡（隱三）、周鄭繻葛之戰（隱六、十一、桓五、七）
4		庶孽之禍：王子克之亂（桓十八）、王子頹之亂、王子帶之亂
5	（二）鄭莊強國	周鄭交惡：隱三 鄭伯克段於鄢：隱元
6		鄭莊入許：隱十一 鄭太子忽辭婚：桓六 諸公子爭立：桓十一、十五、十七、十八、莊十四
7	（三）魯國內變	魯隱嗣國與被弒：隱元、五、十一 文姜之亂：桓三、十八、莊元、二、六、七、十九 慶父亂國：莊二十四、三十二、閔元、二

週次	主題	講授章節
8	（四）衛亂與亡國	州吁之亂：隱三、四 宣姜之亂：桓十六、十七、莊五 狄入衛：閔二、僖元
9	講座：如何出版一本書以及數位出版現況／傳播平臺現況評析	
10	（期中考週）	句讀檢測
11	（五）齊桓稱霸	齊襄見弒：莊八
12		齊桓霸業：莊八、閔元、二、僖元、三、四、八、九、十三、十七、十九 五公子爭立：僖十七、十八
13		課內作業觀摩一
14	（六）宋襄圖霸	宋襄之立：僖八、九、十六
15		宋襄伐齊：僖十七、十八 執滕、屬夷、圍曹、鹿上之盟：僖十九、二十、二十一 宋楚泓之戰：僖二十二、二十三
16	（七）晉文建霸首部曲：顢頇老父	晉滅虞虢：莊三十二、僖二、五 驪姬亂國：莊二十八、僖四
17	（八）晉文建霸二部曲：忌克兄弟	太子申生之死：閔元、二、僖四、五 惠公之立：僖五、六、九、十、十一
18	期末考	句讀30％與申論題70％（句讀比例將視期中考狀況而調整）

週次	主題	講授章節
1	一、引言與導論	本學期課程簡介、作業規定暨成績計算方法；前情提要：晉惠公與秦晉韓原之戰
2	（九）晉文建霸三部曲：王者歸來	重耳之亡：僖二十三 晉文入國：僖二十四 勤王伐原：僖二十五
3		晉文治國與晉楚城濮之戰：僖二十七、二十八
4		秦晉殽之戰：僖三十、三十二、三十三
5	講座：影音製作與剪輯技巧／互動軟體與多模態平臺介紹	

週次	主題	講授章節
6	（十）秦穆霸西戎	納晉惠公文公：僖九、十、十五、二十四 取梁伐鄭：僖十八、三十 伐晉：文元、二、三、四、六
7	（十一）楚莊問鼎	立於憂患：文十四、十六 問鼎中原：宣三
8		入陳納諫：宣九、十、十一
9	課內作業觀摩二	
10		晉楚邲之戰：宣十二、拒築武軍
11		圍蕭伐宋：宣十二、十四、十五
12		趙盾弒其君：宣二
13	（十二）主角再換：卿大夫的折衝角力	子產執政：夙慧襄八、沈著十、迂迴前進：三十、昭元、二
14	子產	任賢：襄三十一、不毀鄉校、立法：昭四、六、二十、理智與迷信：昭七、十六、十八、十九、博學形象：昭七
15	晏嬰	崔杼弒其君：襄二十五、晏嬰不死君難：襄二十五
16	伍子胥 線上作業展開始	伍子胥悲歌：昭二十、三十、三十一、定四、哀元
17	課程結束後之「句讀後測」	句讀前後測內容皆是未曾教過的內容
18	期末考 線上作業展結束	句讀與申論題

國際暨海峽兩岸《春秋》《左傳》學術研討
會論文選集.第四屆 / 張曉生, 蔡瑩瑩主編.
-- 初版. -- 臺北市：臺北市立大學，2024.12
　　面；　公分

ISBN 978-626-410-033-5(平裝)

1.CST: 春秋 2.CST: 左傳 3.CST: 文集

621.707　　　　　　　　　　113020436

第四屆國際暨海峽兩岸《春秋》《左傳》學術研討會論文選集

出版單位	臺北市立大學
發 行 人	邱英浩
主　　編	張曉生、蔡瑩瑩
編輯委員	吳俊德、吳肇嘉、吳智雄、陳逢源、曾昱夫、黃聖松、劉德明
地　　址	臺北市中正區愛國西路1號 臺北市士林區忠誠路二段101號
電　　話	02-2311-3040、02-2871-8288
網　　址	https://www.utaipei.edu.tw/
出版日期	2024年12月

ISBN 978-626-410-033-5
GPN 1011301952
定價：新臺幣780元

經 銷 商	萬卷樓圖書股份有限公司
地　　址	臺北市羅斯福路二段41號6樓之3
電　　話	(02)23216565
傳　　真	(02)23218698
電　　郵	service@wanjuan.com.tw

如有缺頁、破損或裝訂錯誤，請寄回更換
版權所有・翻印必究
Copyright©2024 by University of Taipei
All Rights Reserved　　Printed in Taiwan